ANDREA DAVID

SZENE FÜR SZENE die Welt entdecken

CON BOOK.

Für Hendrik & Niclas

Without my imagination,
I couldn't go anywhere.
(Vigdís Grímsdóttir)

Inhalt

Einleitung

»Was gibt es denn hier zu sehen?«, fragen mich zwei junge Spanierinnen, als ich gerade Bilder an einem Treppenaufgang im New Yorker Stadtteil Greenwich Village mache. Eine berechtigte Frage, vor allem, wenn man bedenkt, dass die umliegenden Häuser wirklich alle sehr ähnlich aussehen. »Hier wohnte Carrie Bradshaw in *Sex and the City*«, antworte ich und bemerke, wie sich ihre Gesichter schlagartig erhellen. Eine der beiden Frauen streckt mir begeistert ihre Kamera entgegen. Keine zehn Sekunden später mache ich ein Foto von den beiden – vor den Stufen, die ihnen gerade noch völlig bedeutungslos vorkamen.

Es ist genau dieser Perspektivwechsel, der es für mich so spannend macht, die Drehorte bekannter Filme und Serien aufzusuchen. Sogar scheinbar banale Orte werden zu Sehenswürdigkeiten, bekommen eine besondere Aura durch eine zwar fiktive, jedoch vertraute Geschichte, die ich mit ihnen verbinde. Reiseerlebnisse werden sowieso meist erst in unserem Kopf besonders. Wenn das, was wir sehen, mit unseren eigenen Erinnerungen, Erwartungen und Emotionen verschmilzt. Deshalb erleben wir Orte und Momente auch häufig so unterschiedlich. Für Filmtouristen wie mich macht die fiktive Rolle von Gebäuden und Landschaften einen reizvollen Unterschied, da sie durch diese mit der Story und den Bildern des Filmes oder der Serie aufgeladen sind.

Zum ersten Mal hatte ich dieses »Wie-im-Film«-Gefühl bei einer Reise durch die schottischen Highlands. Ich war verzaubert von der Landschaft und den alten Burgen. Bei der zufälligen Begegnung mit bekannten Drehorten aus *Braveheart* und *Highlander* spürte ich jedoch diese ganz besondere Magie. Es war das Aufeinandertreffen von Fiktion und Realität, die in meinem Kopf augenblicklich miteinander verschmolzen. Davon inspiriert, erforschte ich zum Abschluss meines Studiums den Einfluss von Filmen und Serien auf die Wahl unserer Reiseziele. Was mir zuvor nicht klar war: Es gibt eine Fülle an faszinierenden Drehorten, die man tatsächlich besuchen kann.

Und so bin ich 2004 erst recht auf den Geschmack gekommen, regelmäßig selbst an Filmdrehorte zu reisen.

Von diesen Reisen erzähle ich hier. Von besonderen Entdeckungen, wie etwa dem See aus der legendären Hebefigur-Szene in *Dirty Dancing*, der auf wundersame Weise verschwunden ist, dem gruseligen Hotel, das Stephen King zu seinem Buch *Shining* inspirierte, oder dem kleinen, charmanten Ort aus *Grüne Tomaten*, den es ohne den Film überhaupt nicht mehr geben würde. Und von überraschenden Begegnungen – sei es mit Einheimischen, Tourguides, Locationscouts und Schauspielern, anderen Filmtouristen, zurückgelassenen Filmkulissen oder einem Wolf, auf den ich ausgerechnet am Strand von *Twilight* treffe.

Solltest du Lust bekommen, selbst einmal Filmlocations zu besuchen, kannst du das Buch einfach als Reiseführer nutzen. Dafür habe ich nach jedem Reisebericht passende Drehortinfos und -adressen zur Region oder zum jeweiligen Film – beziehungsweise zur jeweiligen Serie – ergänzt. So findest du quer durch das Buch kleine Reise-Inspirationen für Filmfans. Hinten im Buch stehen ein paar Regeln und Tipps, die du als Filmtourist kennen solltest. Auf den letzten Seiten helfen das Orts- und das Filmregister bei deiner gezielten Suche nach Drehorten und es ist Platz für deine persönlichen Notizen und Wunschlisten.

Doch jetzt nehme ich dich erst einmal mit auf eine Reise entlang der Grenze zwischen Fantasie und Wirklichkeit, die für einzelne Momente gerne mal verwischt. Mit Nostalgie und Fernweh im Gepäck tauchen wir zusammen in die Filmwelt ein, entdecken Sehnsuchtsorte, die wir bislang nur von Leinwand und Bildschirm kannten – rund um die Welt, Szene für Szene.

Andrea David, 2022

Introduction

Jason Reitman, 2022

We don't casually watch our favorite movies. We become them.

When *The Graduate* was released in 1967, applications to UC Berkley doubled. The summer *Top Gun* hit theaters, the Navy was overrun with recruits. When *Breathless* made its debut, the pixie haircut became a phenomenon. The best films never fade out. They burrow into our language, shape our wardrobes, and bookend our mixtapes. We dream of becoming our heroes. To drive their cars, wear their clothes ... and stand in their shoes.

Andrea David found a way to do exactly that. To stand in the footsteps of filmmaking giants and touch the movies that have defined us for generations. Her concept is brilliant in its simplicity. To place the cinematographer's frame back into the location itself and remind the viewer that these fantastical stories are woven from our own world. In that way, Westeros is no different from Omaha. Two dots on a planet that were visited by a location manager, followed by a tech scout, and finally a full blown film production. From there, thirty five millimeters of film, a postage stamp, can reach millions.

Andrea has bonded with Bond and won the Game of Thrones. She has landed at Isla Nublar, matriculated at Hogwarts, and overlooked the Overlook. She's climbed Rocky's steps, run with Lola, and walked with the dead. She's killed Bill, awoken the force, and busted ghosts.

Andrea David has touched movies like no person before her. She has filled her passport and held her lens where Steven, Quentin, Alfonso, Kathryn, Ridley, and Ang held their own. She even visited the corner of Varick Street and North Moore, where my father once looked upon an aging firehouse and saw a Ghostbusters headquarters (S. 134).

Film life is circus life. Andrea has followed that circus around the world and brought back a collection of playful photography that fills our hearts with nostalgia. A tribute to everything inside the frame and of course a peek beyond. This incredible cinematic body of work is more than a social media sensation. It is the reminder that movies are handmade by those who are willing to travel to foreign cities, distant deserts, and far flung reaches of the human experience.

Vorwort

Jason Reitman, 2022

Als 1967 *The Graduate* erschien, verdoppelte sich die Anzahl der Bewerbungen an der University of California, Berkeley. Im Sommer, als *Top Gun* in die Kinos kam, wurde die Navy von Rekruten überrannt. Als *Breathless* sein Debüt feierte, wurde der Pixie-Haarschnitt zu einem Phänomen. Die besten Filme verblassen nie. Sie verankern sich in unserer Sprache, prägen unsere Garderobe und werden Teil unserer Mixtapes. Wir träumen davon, selbst zu unseren Helden zu werden. Ihre Autos zu fahren, ihre Kleider zu tragen … und an ihrer Stelle zu stehen.

Andrea David hat einen Weg gefunden, genau das zu tun. Sie tritt in die Fußstapfen von Filmgiganten und berührt die Filme, die uns seit Generationen prägen. Ihr Konzept ist so einfach wie brillant. Sie bringt das Szenenbild aus dem Film zurück an den Ort des Geschehens und erinnert den Zuschauer daran, dass diese fantastischen Geschichten aus unserer eigenen Welt stammen. In dieser Hinsicht unterscheidet sich Westeros nicht von Omaha. Zwei Punkte auf einem Planeten, die von einem *Location Manager* besucht wurden, anschließend von einem technischen *Scout* und schließlich von einer kompletten Filmproduktion. Von dort aus können fünfunddreißig Millimeter Film, nicht größer als eine Briefmarke, Millionen erreichen.

Andrea David hat Filme auf eine Art und Weise berührt wie niemand vor ihr. Sie hat ihren Reisepass befüllt und ihre Linse dorthin gehalten, wo dies auch schon Steven, Quentin, Alfonso, Kathryn, Ridley und Ang taten. Sie hat sogar die Ecke zwischen Varick Street und North Moore besucht, wo mein Vater einst auf eine alternde Feuerwache blickte und ein Ghostbusters-Hauptquartier sah (siehe Seite 134).

Filmleben ist Zirkusleben. Andrea ist diesem Zirkus um die Welt gefolgt und hat eine Sammlung spielerischer Fotografien mitgebracht, die unsere Herzen mit Nostalgie erfüllt. Eine Hommage an alles innerhalb des Rahmens und natürlich ein Blick darüber hinaus. Dieses unglaubliche filmische Werk ist mehr als eine Sensation in den sozialen Medien. Es ist eine Erinnerung daran, dass Filme von denjenigen handgemacht werden, die bereit sind, in fremde Städte, ferne Wüsten und an abgelegene Orte zu reisen.

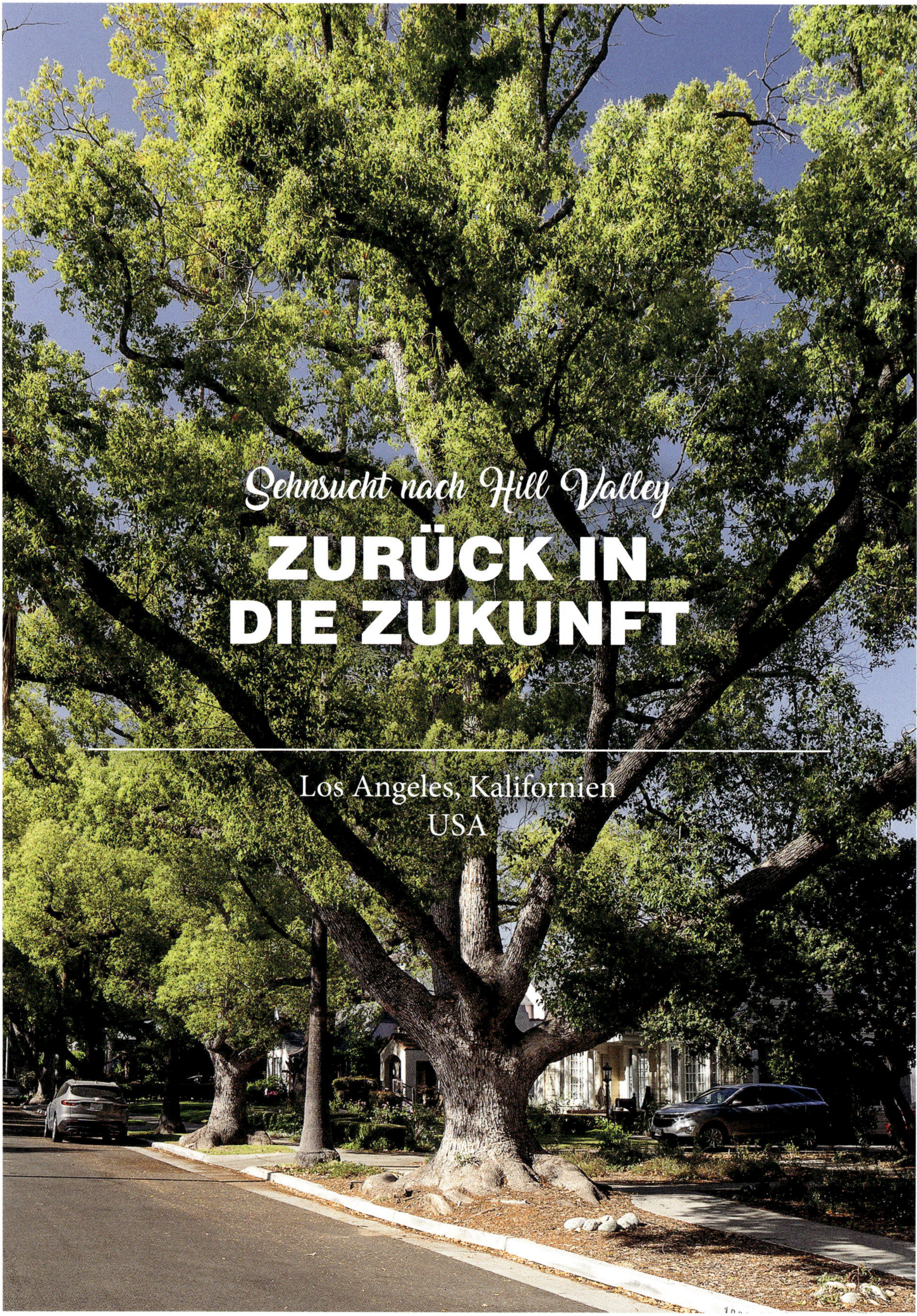

Sehnsucht nach Hill Valley

ZURÜCK IN DIE ZUKUNFT

Los Angeles, Kalifornien
USA

»Welchen Film magst du eigentlich am liebsten?«

Immer wenn ich diese Frage höre, schwirren mir hundert Antworten gleichzeitig durch den Kopf. Aber wenn ich mich unbedingt festlegen muss, sage ich *Zurück in die Zukunft*. Der Zeitreisefilm aus den Achtzigern ist einer der wenigen Streifen, die ich wirklich immer anschauen kann und bei dem ich von der ersten Minute an Spaß habe. Science-Fiction trifft auf Coming-of-Age und Comedy. Für mich die perfekte Mischung.

Wenn Michael J. Fox als Marty McFly versehentlich und unbeholfen durch die Zeit reist, tut er das mit so unheimlich viel Charme, dass er damit in der Filmhandlung sogar seine eigene Existenz gefährdet. Story und Effekte funktionieren auch heute noch mühelos. Das wurde mir spätestens zu dem Zeitpunkt bewusst, als sich auch mein Sohn und meine Nichten für den Film begeistern konnten. Eine zeitlos gute Zeitreisegeschichte, die sehr wahrscheinlich die nächsten Generationen noch gut unterhalten wird.

Die Beliebtheit des Filmes ist es auch, die mir auf verschiedenen Drehorttouren durch Los Angeles unerwartet viele Türen und Schranken öffnet, denn vor Ort entpuppen sich sowohl Anwohner als auch Studiomitarbeiter und Sicherheitsleute selbst als Anhänger des Filmes – oder gleich der ganzen Trilogie.

Das beginnt schon am Film-Wohnhaus der Familie McFly im fiktiven Hill Valley, an dem ich sozusagen selbst zur Zeitreisenden werde, denn die hier gedrehten Szenen von *Zurück in die Zukunft* spielen hauptsächlich im Jahr 1985, in dem auch der Film erschien. Das Gebäude, das sich in Wahrheit im L.A.-Stadtteil Arleta befindet, ist dank der beiden markanten Strommasten im Hintergrund kaum zu verfehlen.

Ich bin keine fünf Minuten da, da kommt aus dem Nachbarhaus schon eine Frau auf mich zu, in der Hand ein bedrucktes Blatt Papier. Und bevor ich überlegen kann, was dies wohl zu bedeuten hat, reden wir auch schon über die Dreharbeiten von *Zurück in die Zukunft*. Darüber, dass das Filmteam sehr nett war und ihr eigenes Haus aufgrund des seitlichen Hauseingangs als Drehort leider nicht in Frage kam. Das Blatt Papier ist für mich. Es ist bedruckt mit Fotos, die sie selbst an einem der Drehtage in den Achtzigern gemacht hat, sowie einer Kopie von Martys Führerschein. Darauf lese ich zum ersten Mal seine komplette Film-Adresse: 9303 Lyon Drive, Hill Valley.

Ich sei heute schon die dritte, die wegen des Filmes in die Straße kommt, sagt sie, jedoch nicht verärgert, sondern vielmehr stolz darauf, an einem so populären Ort zu wohnen. Die anderen Besucher kamen laut der Nachbarin aus Argentinien und Belgien. Vermutlich ist es im Laufe der Zeit zu ihrem Hobby geworden, Filmtouristen aus aller Welt hier zu begrüßen und sich mit ihnen auszutauschen, überlege ich. Nach einem kurzen Hinweis, dass die Bewohner des McFly-Hauses nichts dagegen haben, wenn man Fotos von der Straße aus macht, verabschiedet sie sich jedoch wieder von mir. Man muss sich eben zwischendurch auch um die Gegenwart kümmern.

Noch ein Stück weiter zurück in die Vergangenheit, und das ganz ohne Plutonium, reise ich bei meiner halbstündigen Weiterfahrt nach Pasadena in die Straße namens Bushnell Avenue. Hier befinden sich eine ganze Reihe von Filmhäusern, die in meinem Lieblingsfilm auf der Zeitachse im Jahr 1955 verortet sind. Dazu gehören das Zuhause von George McFly und das von Lorraine Baines, Martys zukünftigen Eltern, sowie das von Fiesling Biff Tannen, der hier, noch ganz ahnungslos über den Wert eines Sportalmanachs aus der Zukunft, bei seiner Oma wohnt.

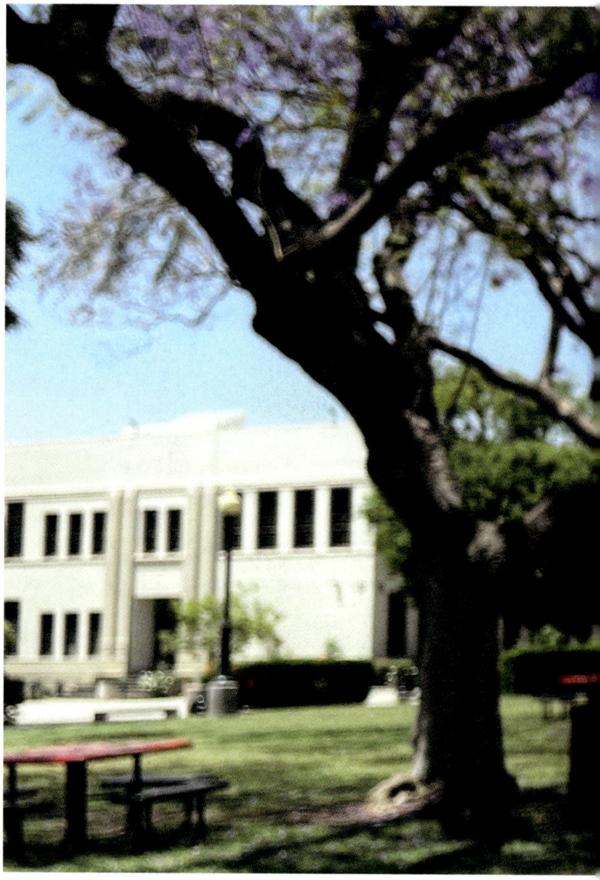

Als ich aus dem Auto steige, habe ich anscheinend einen kurzen Aufenthalt in einer Zeitkapsel beziehungsweise in einem DeLorean hinter mir, die Straße hat sich seit den Dreharbeiten jedenfalls kaum verändert. Und würde man die Autos hier austauschen, hätte man schnell wieder die Kulisse einer Fünfzigerjahre-Nachbarschaft hergestellt. Auch der riesige Baum, von dem George McFly mit seinem Fernglas auf die Straße plumpst, steht noch hier, wenn auch um ein paar Jahresringe dicker.

Bei meinem letzten Besuch habe ich genau an dieser Stelle einen Nachbarn kennengelernt, der über die *Zurück-in-die-Zukunft*-Fans am George-McFly-Baum sogar eine Dokumentation erstellt hat. Und auch ich wurde schließlich vor Ort von ihm über meine Liebe zu dem Film interviewt. Heute wohnt er leider nicht mehr hier. Für Doc Brown wäre das ein Indiz, dass die Zeit eben nirgends stehen bleibt. Außer natürlich bei der Rathausuhr im Film, als dort der Blitz einschlägt.

Das Rathaus von Hill Valley befindet sich übrigens auf dem Studiogelände der Universal Studios Hollywood. Und hätte ich nicht vor ein paar Jahren von einem netten Studiomitarbeiter, der meine Fotos kennt und selbst großer *Zurück-in-die-Zukunft*-Fan ist, einen Besucherpass bekommen, hätte ich es vermutlich immer noch nicht dorthin geschafft. Während meiner regulär gebuchten Studiotour hatte ich jedenfalls Pech: Der Rathausplatz wurde damals gerade für eine Produktion als Set genutzt und daher auf der Tour ausgelassen.

Ein weiterer Ort, an dem ich auf freundliche Unterstützung treffe, ist die Schule. Während Marty im Film zu spät kommt und Ärger von Schuldirektor Strickland bekommt, bin ich an der Whittier High School, die in die Rolle der Hill Valley High School schlüpft,

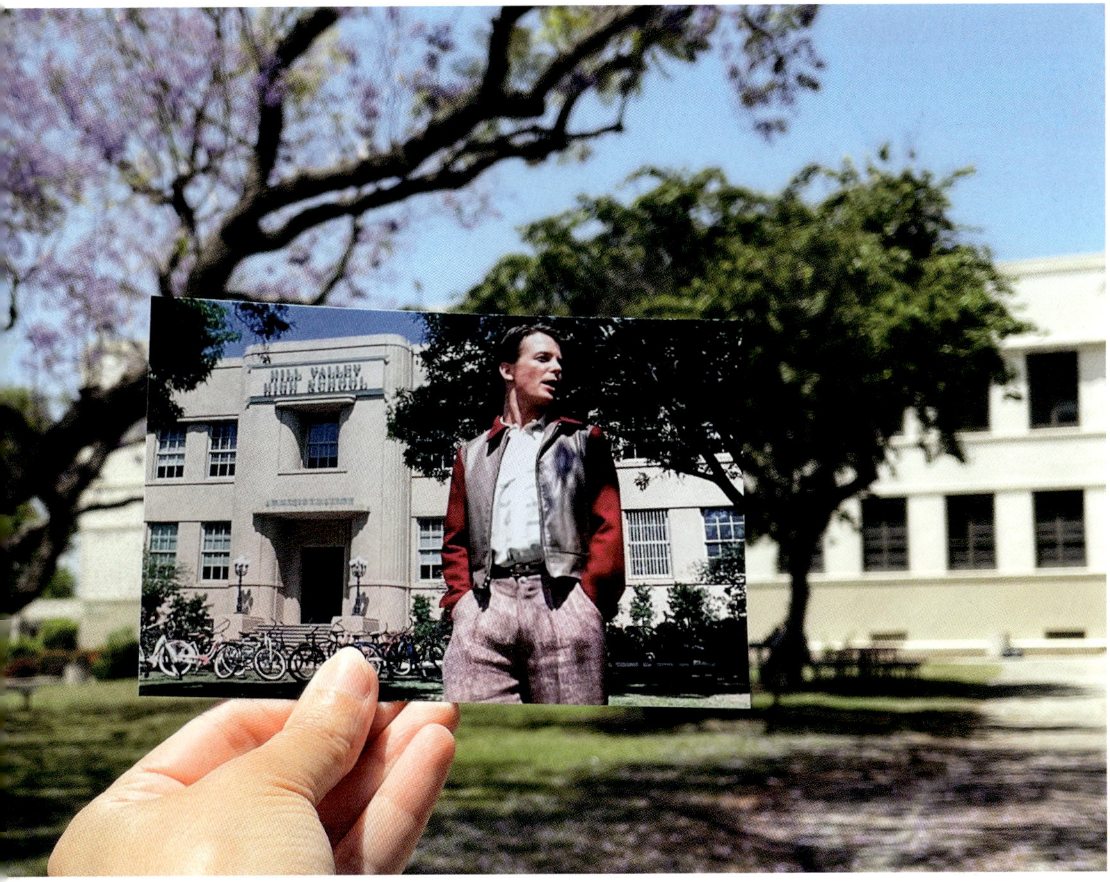

ein paar Stunden zu früh dran. Am Eingang werde ich nett aber bestimmt darauf hingewiesen, erst nach Schulschluss um 15:30 Uhr wiederzukommen. Kein Problem, immerhin kam Marty hier auch zweimal an, wenn auch zweimal zur selben Zeit.

Als ich zur vereinbarten Uhrzeit zurück an der Schule bin, bekomme ich eine kleine Drehorttour mit der Sicherheitsfrau. Sie erzählt mir, dass sie sich an jedem Schuljahresende alle drei *Zurück-in-die-Zukunft*-Filme ansieht. Den Filmtouristen einen Einblick in die Schule zu geben, bezeichnet sie sogar als besten Teil ihres Jobs. Nach dem Gang über den Schulhof, auf dem sich George im Film endlich Biff in den Weg stellt, entdecke ich in einem der Innenräume an der Wand eine kleine *Back-to-the-Future*-Sammlung aus Fotos und Zeitungsausschnitten sowie einem Filmzitat, das den Schülern hier mit auf den Weg gegeben wird: »*If you put your mind on it, you can accomplish anything.*« Auf Deutsch: »Wenn man sich nur ordentlich bemüht, kann man alles auf die Beine stellen.«

Mein Fazit: An fast allen Drehorten von *Zurück in die Zukunft* kommen immer noch von Zeit zu Zeit die Fans vorbei. Und so wird es vermutlich auch in der Zukunft noch sein, obwohl selbst die Zukunft aus dem Film, sprich 2015, heute schon Vergangenheit ist. Klingt verwirrend? Nennen wir es einfach das Filmtourismus-Paradoxon.

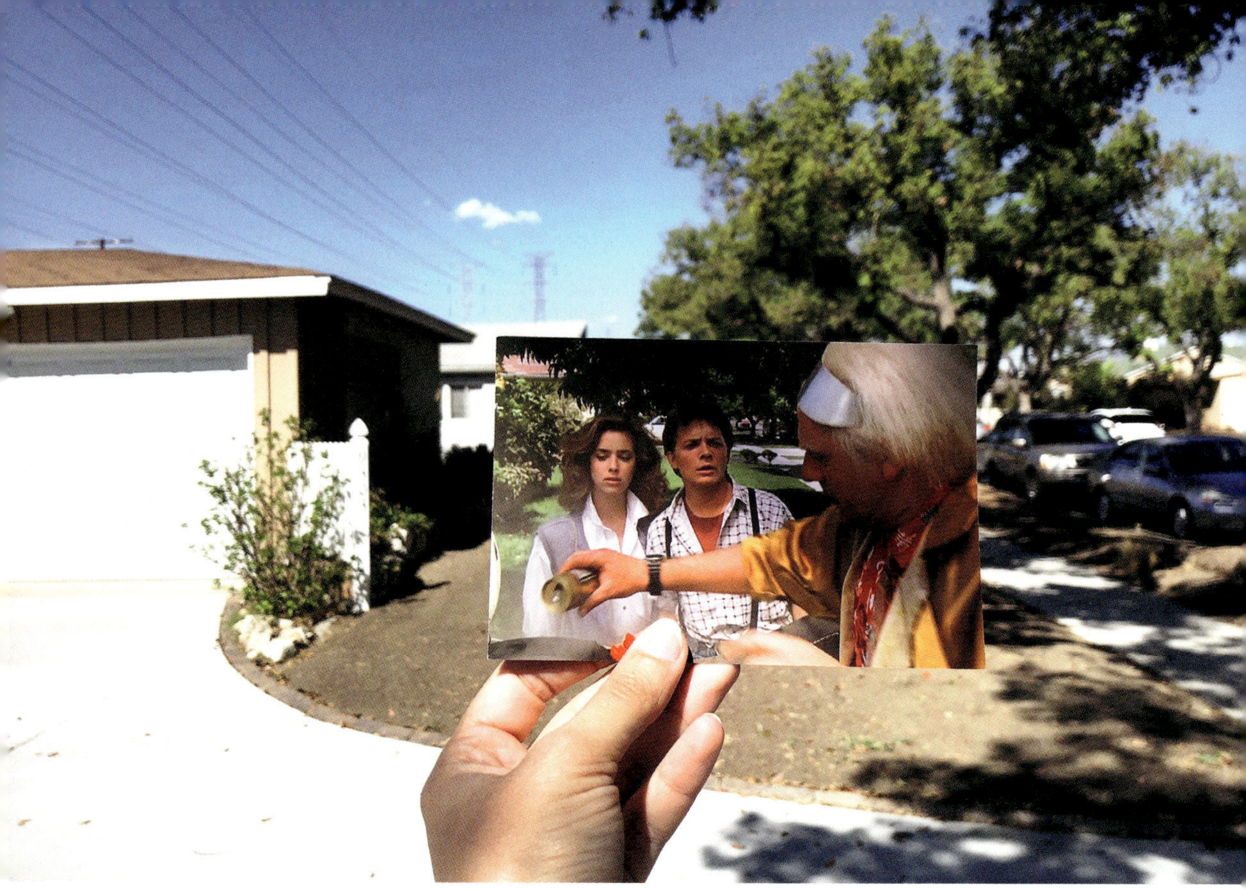

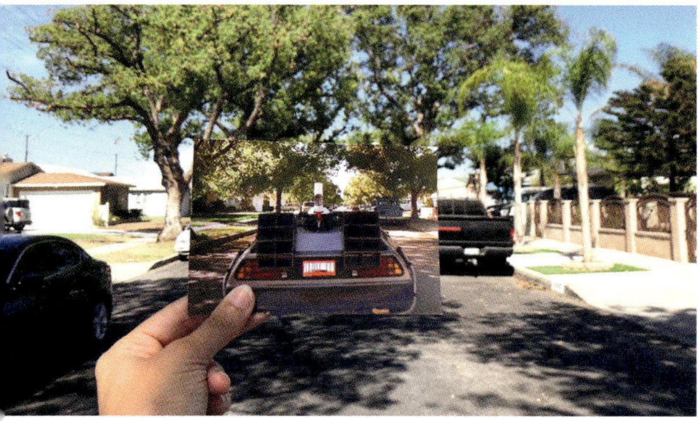

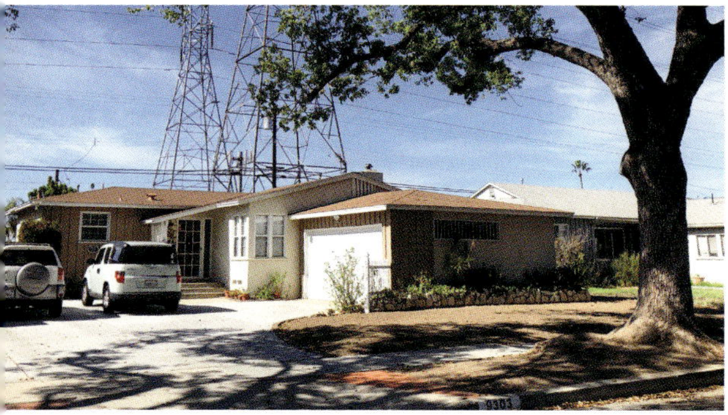

9303 Roslyndale Avenue ★1

Arleta, Los Angeles, Kalifornien

Als Außenkulisse für Marty McFlys Zuhause in der Gegenwart diente ein Wohnhaus im Norden von Los Angeles, genauer gesagt im Stadtteil Arleta im San Fernando Valley. Die Anwohner haben nichts dagegen, wenn Besucher vorbeikommen, solange diese das Grundstück nicht betreten. Mit der Nachbarin aus dem Haus links daneben kann man sich nett über die damaligen Dreharbeiten unterhalten.

Bushnell Avenue 2

South Pasadena,
Los Angeles, Kalifornien

In der Bushnell Avenue in South Pasadena befinden sich fast alle Wohnhäuser, die in *Zurück in die Zukunft* im Jahr 1955 angesiedelt sind. Zur Orientierung genügen drei Hausnummern: 1727 für das Zuhause von Lorraine Baines und dem »George McFly Tree« gegenüber, 1711 für George McFlys Haus und 1809 für Biff Tannens Adresse.
Doc Browns Zuhause in den Fünfzigern ist das nur zehn Autominuten entfernte Gamble House, 4 Westmoreland Place, ebenfalls in Pasadena. Es wurde 1908 für die Familie von Procter & Gamble erbaut und ist für Besucher geöffnet. Die Werkstatt im Film ist heute der Gamble House Bookshop.
gamblehouse.org

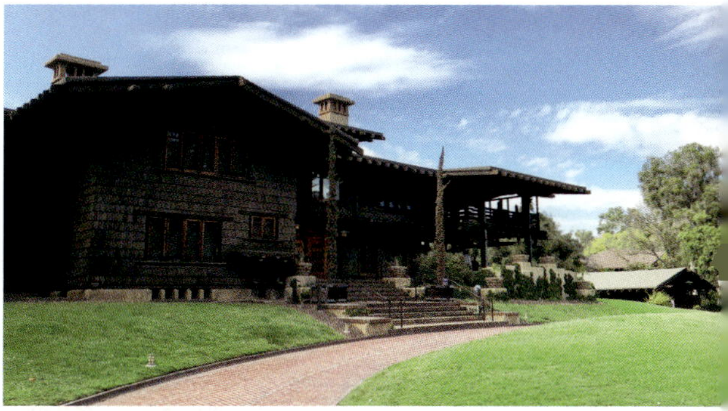

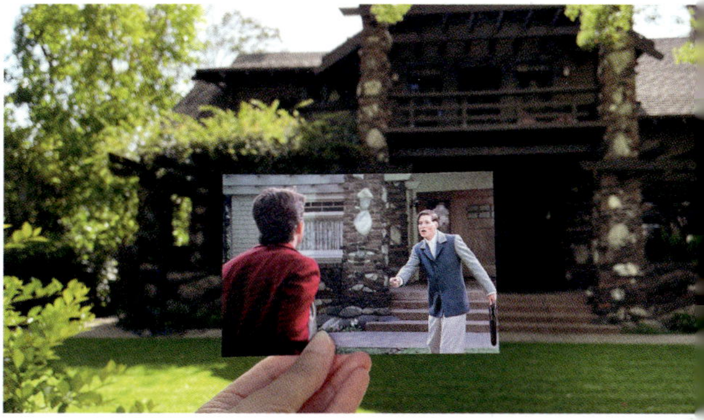

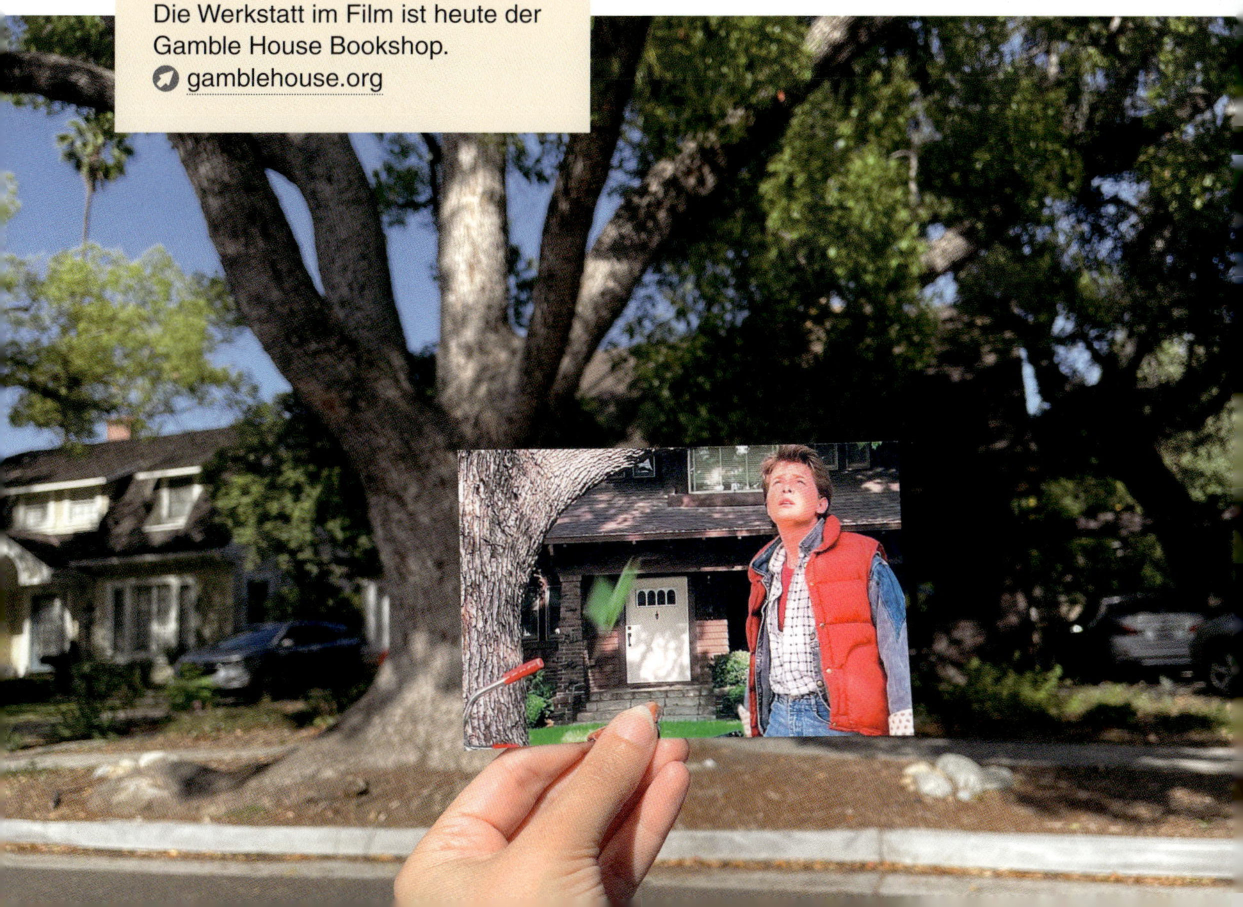

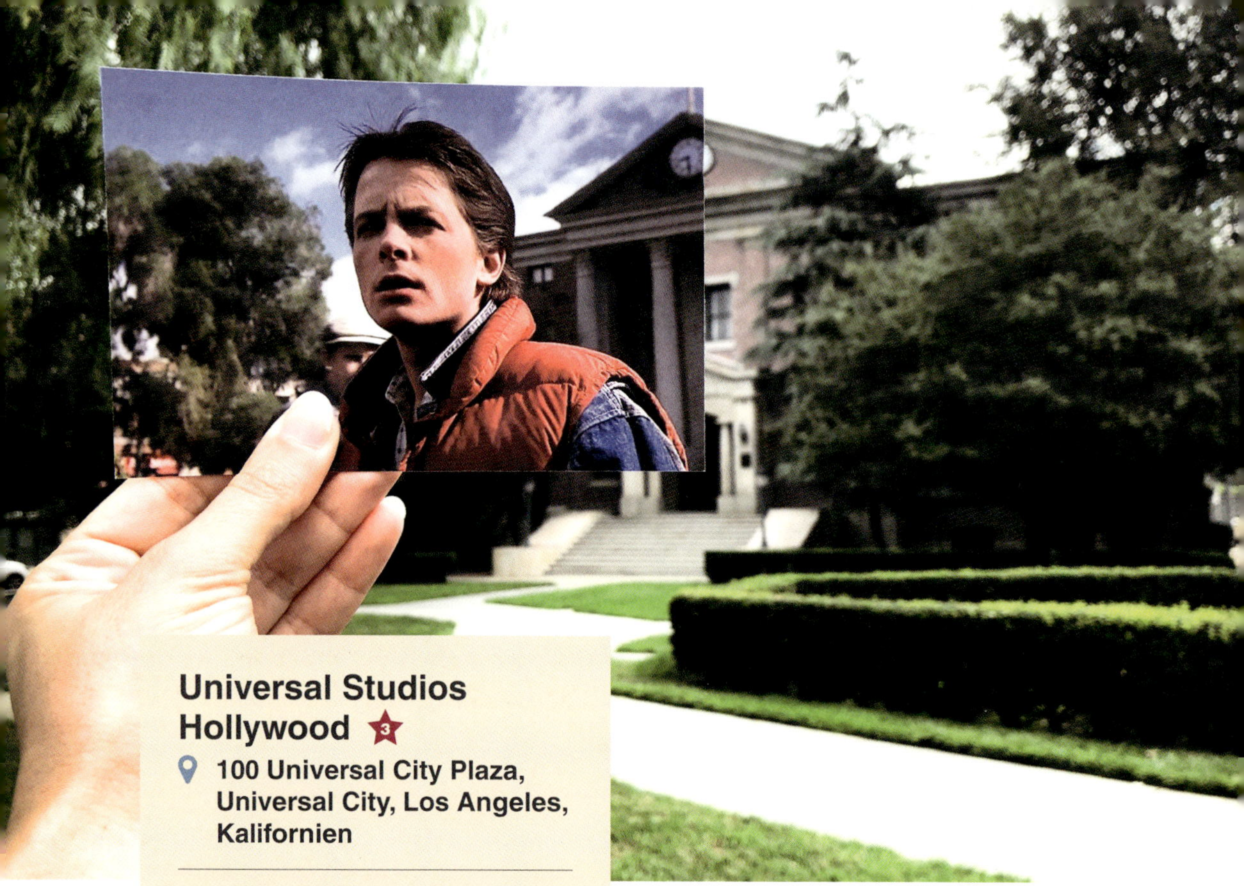

Universal Studios Hollywood

100 Universal City Plaza, Universal City, Los Angeles, Kalifornien

Hier entstanden die Studioaufnahmen von *Zurück in die Zukunft.* Vor einigen Jahren wurde ein Teil des Sets bei einem Brand zerstört, die Rathauskulisse aus dem Film ist jedoch noch erhalten und Bestandteil der Studiotour, sofern dort nicht gerade gedreht wird. Bei der VIP-Tour ist unter derselben Voraussetzung ein kurzer Aufenthalt auf dem Rathausplatz eingeplant.
Im Vergleich zu den anderen großen Filmstudios in Los Angeles kann man bei Universal nicht nur die Kulissen und Requisiten bekannter Filme bestaunen, sondern auch einen Freizeitpark mit verschiedenen Shows und animierten Abenteuerfahrten rund um beliebte Filmfiguren und Geschichten besuchen. Der frühere *Back-to-the-Future-Ride* schloss leider 2007.
universalstudioshollywood.com

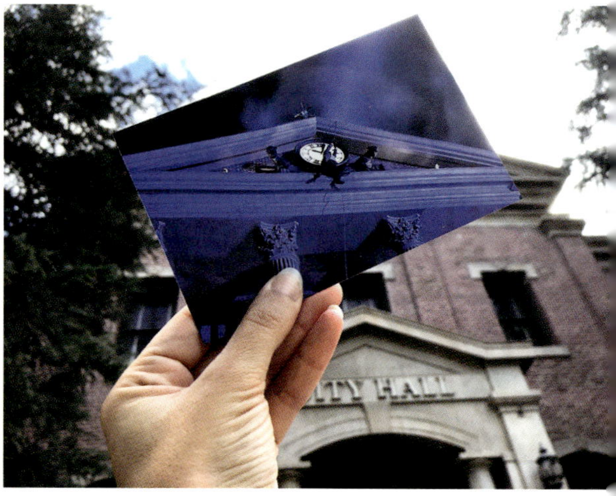

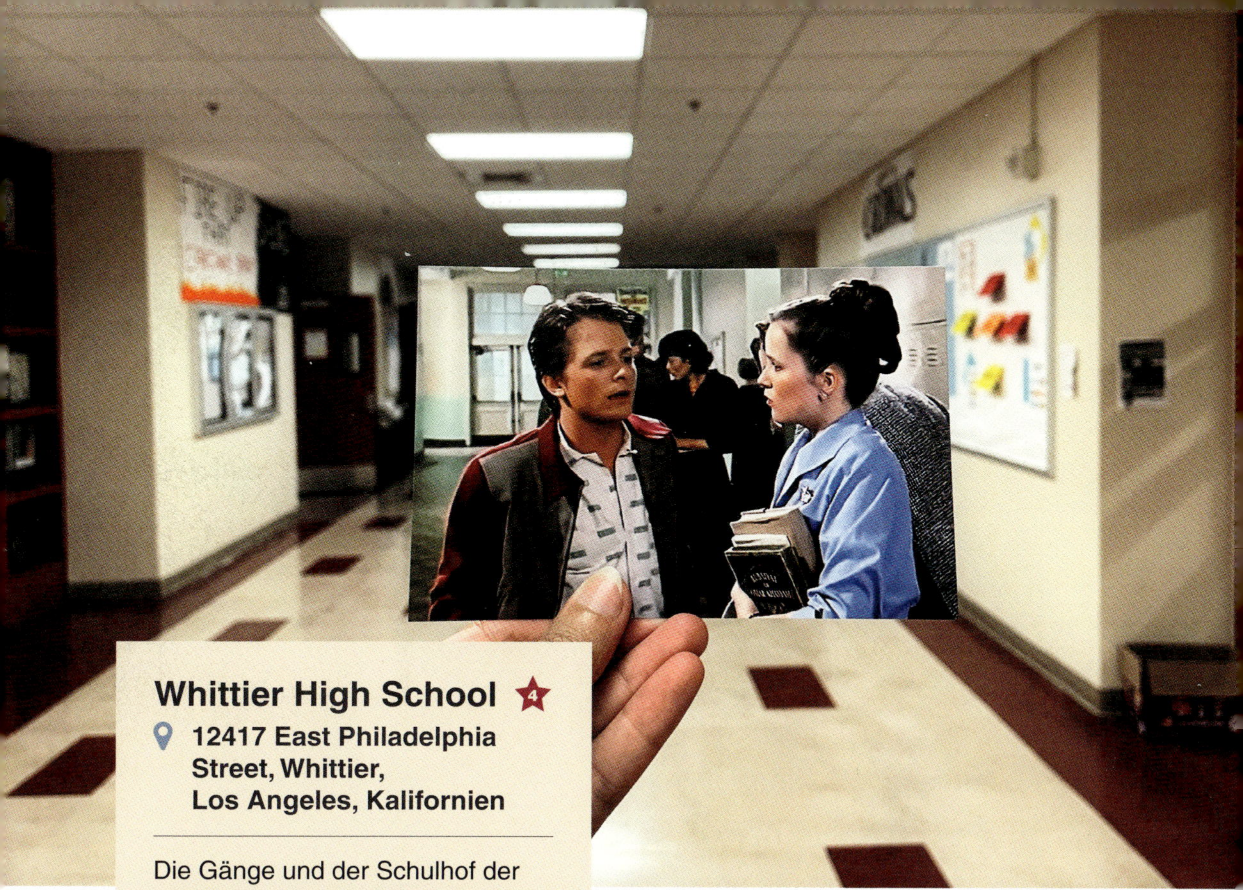

Whittier High School ★4

12417 East Philadelphia Street, Whittier, Los Angeles, Kalifornien

Die Gänge und der Schulhof der Hill Valley High School gehören in Wahrheit zur Whittier High School im Südosten von Los Angeles. Eine Chance, aber keine Garantie auf Zugang hat man nach Schulschluss. Dafür sollte man sich am Front Office anmelden.
Die Innenaufnahmen des Schulballs, in denen Marty seine legendäre Rock'n'Roll-Nummer zu *Johnny B. Goode* abzieht, wurden hingegen in der Turnhalle der First United Methodist Church of Hollywood gedreht. Da diese zu einer Grundschule gehört, ist sie leider nicht zugänglich.

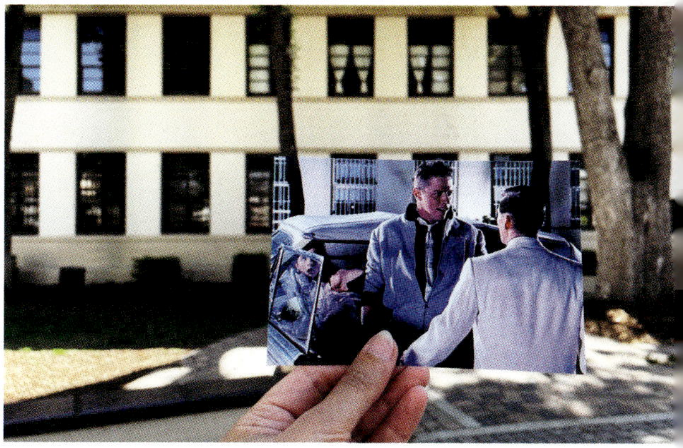

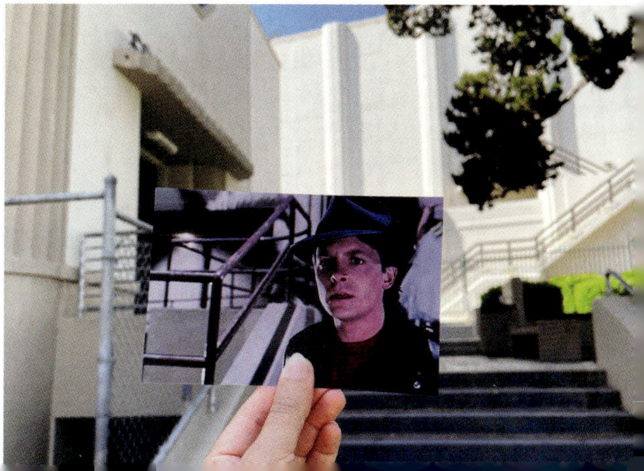

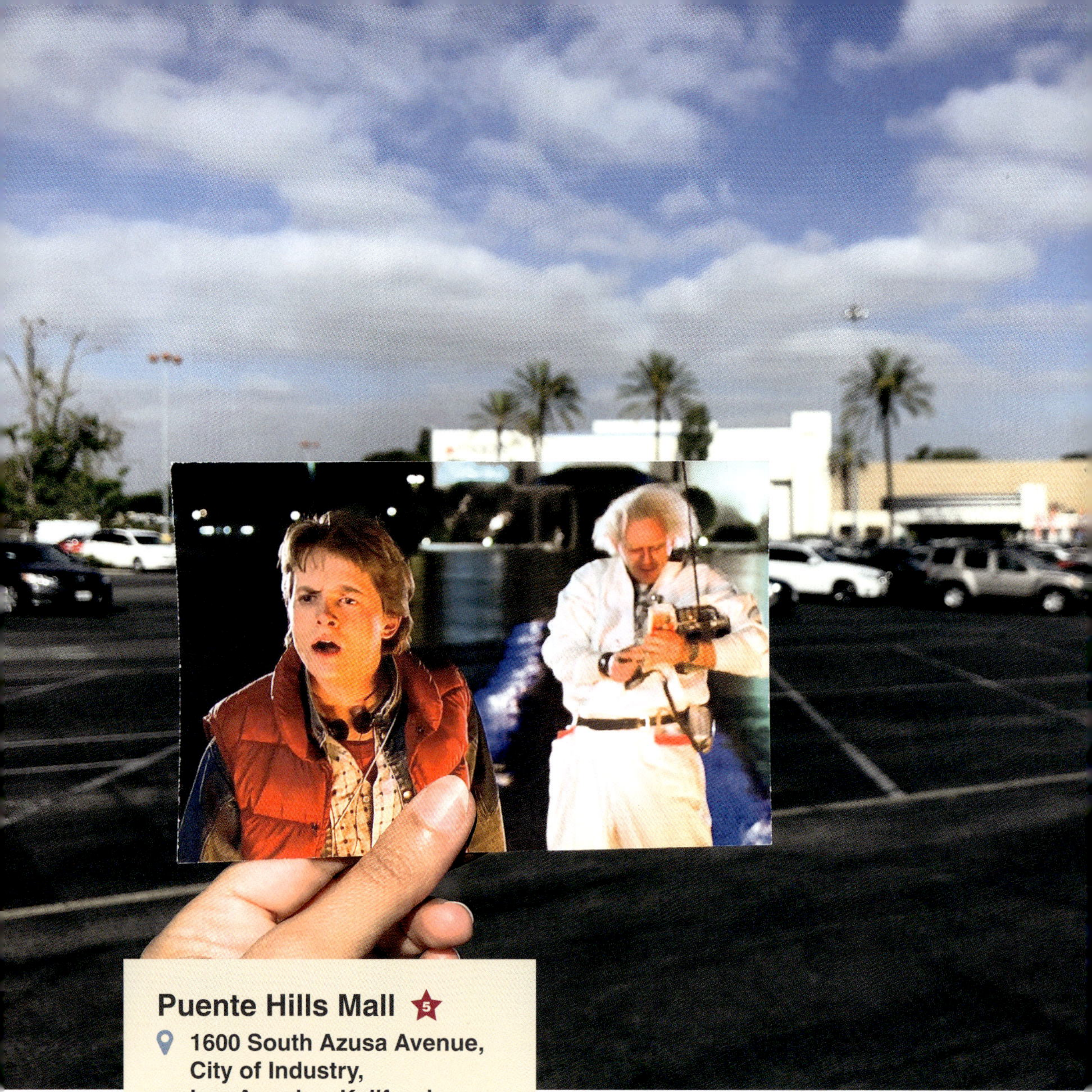

Puente Hills Mall

1600 South Azusa Avenue,
City of Industry,
Los Angeles, Kalifornien

Das Einkaufszentrum Twin Pines Mall, auf dessen Parkplatz Doc Brown Marty zum ersten Mal seine Zeitmaschine vorführt, ist in Wahrheit die Puente Hills Mall. Auch wer dort nichts einkaufen möchte, sollte mal einen kurzen Blick hineinzuwerfen, da dort im Erdgeschoss ein riesiges »Twin Pines Mall«-Schild ausgestellt ist.

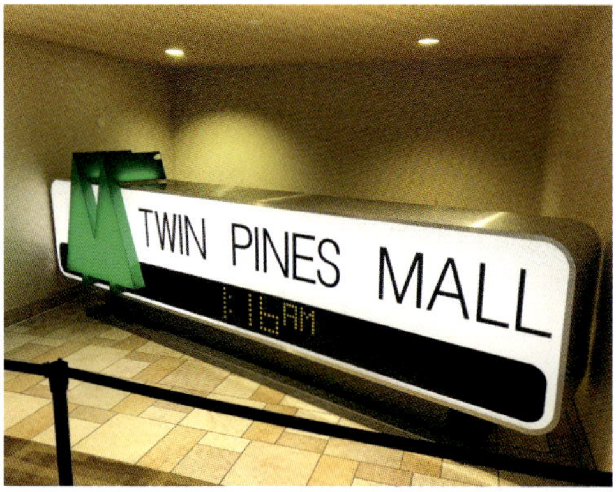

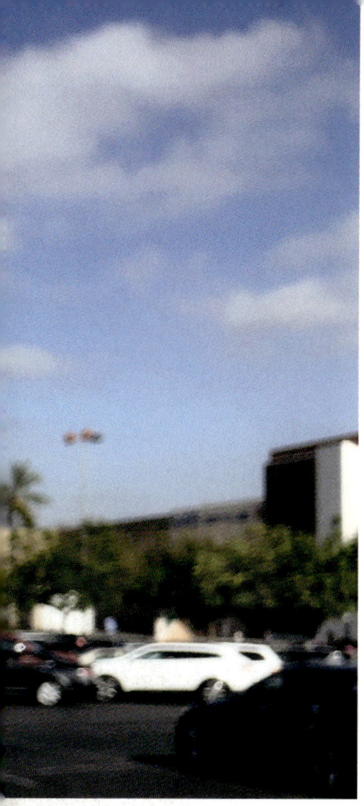

Mount Hollywood Tunnel ★6

Mount Hollywood Drive, Griffith Park, Los Angeles, Kalifornien

Der Tunnel, in dem Marty Biff den Sportalmanach abnehmen möchte, ist der Mt. Hollywood Tunnel, den man auf dem Weg zum Griffith Observatory hindurchfährt. In *Zurück in die Zukunft* wirkt er um einiges länger, da das Filmteam die Lampen an der Tunnelwand mit immer kürzer werdendem Abstand angebracht hat. Derselbe Tunnel führt im Film *Falsches Spiel mit Roger Rabbit,* bei dem ebenfalls Robert Zemeckis Regie führte und Christopher Lloyd eine Hauptrolle spielte, nach Toontown.

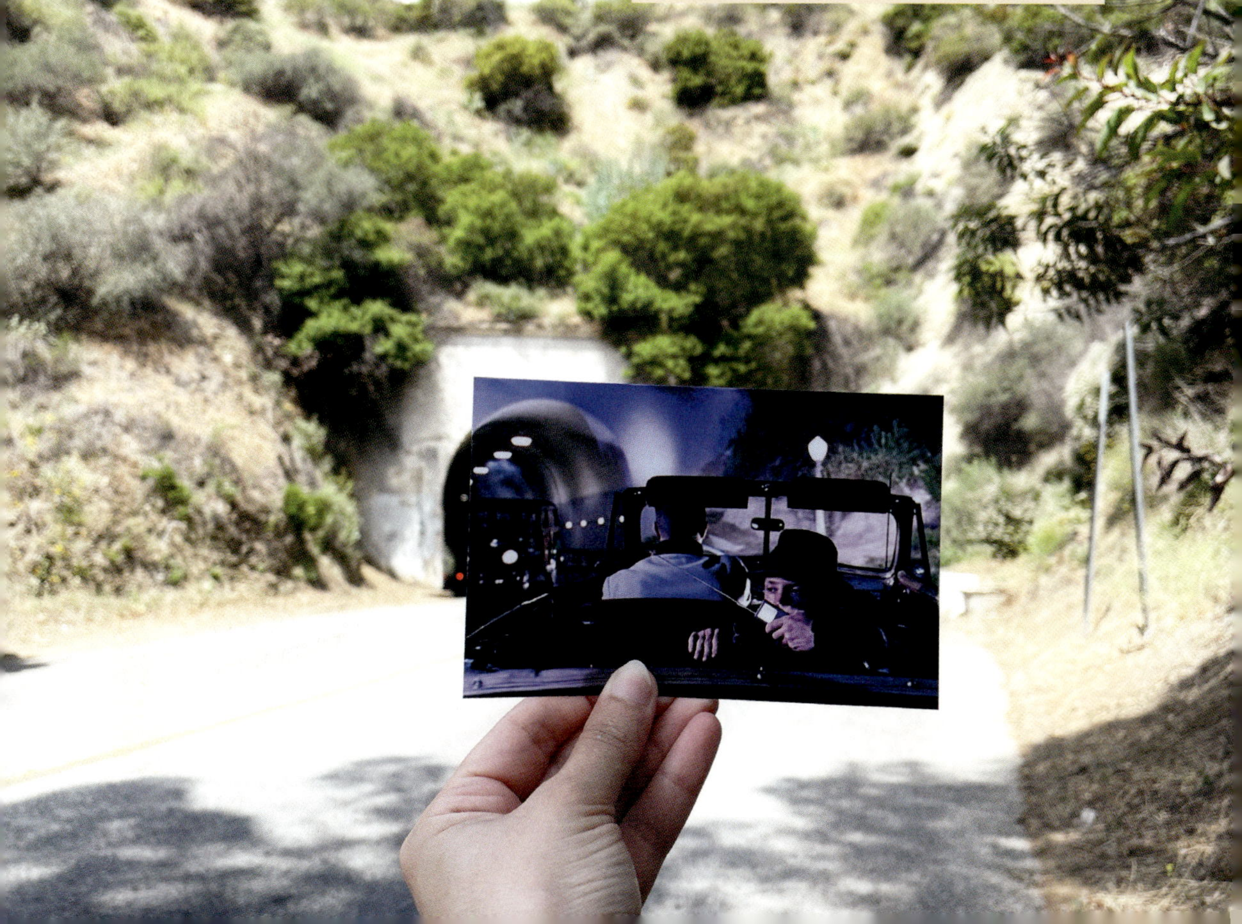

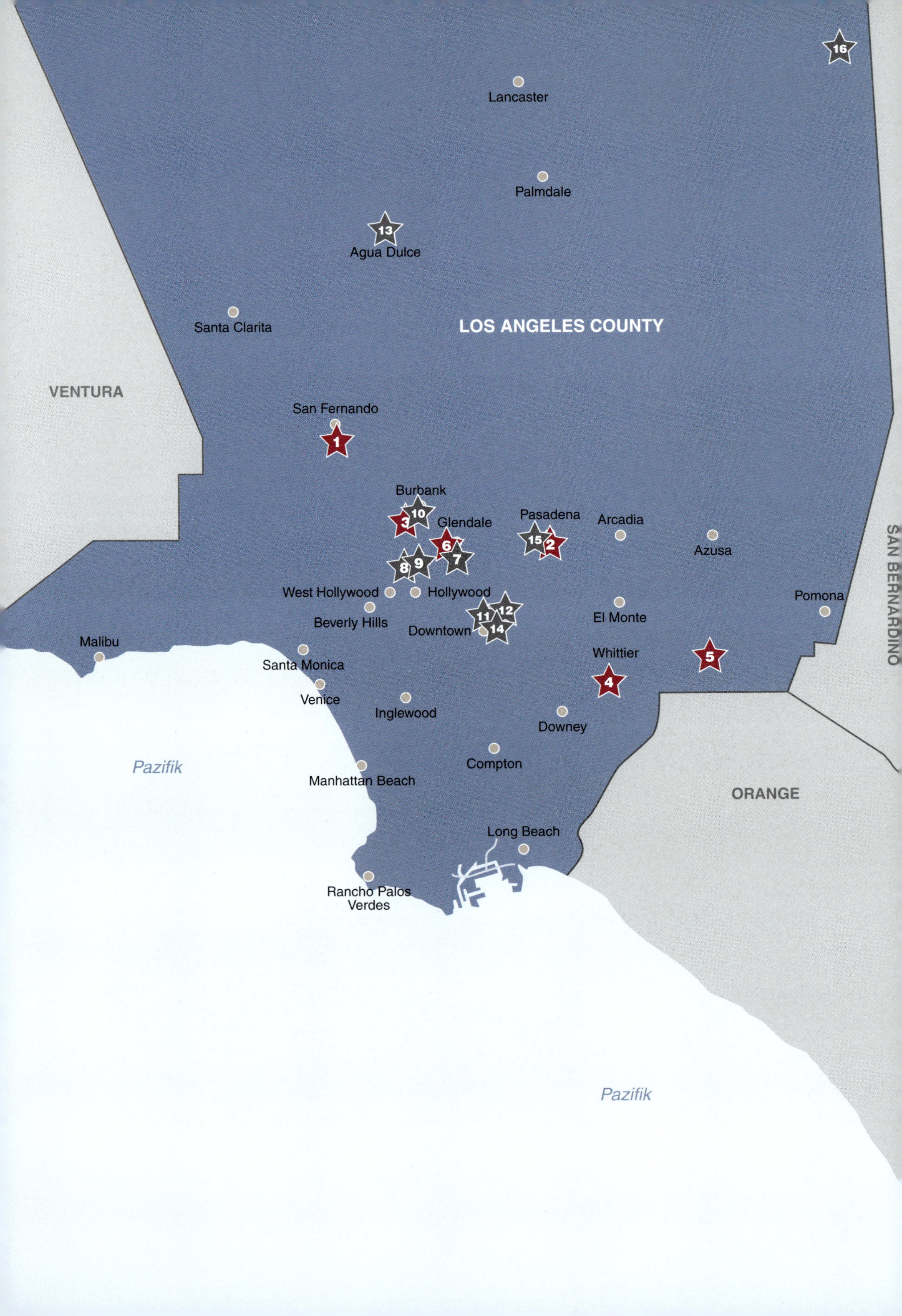

16
Lancaster
Palmdale
13
Agua Dulce
Santa Clarita
LOS ANGELES COUNTY
VENTURA
San Fernando
1
Burbank
10
3
Glendale
6
7
8
9
Pasadena
15
2
Arcadia
Azusa
West Hollywood
Hollywood
12
11
14
Beverly Hills
Downtown
El Monte
Pomona
SAN BERNARDINO
Malibu
Santa Monica
Whittier
5
4
Venice
Inglewood
Downey
Pazifik
Compton
Manhattan Beach
ORANGE
Long Beach
Rancho Palos Verdes
Pazifik

Weitere Filmtourismus-Tipps zu

Los Angeles

Griffith Observatory ★7

2800 East Observatory Road, Griffith Park, Los Angeles, Kalifornien

Das Griffith Observatory ist einer der schönsten L.A.-Drehorte und thront über der Stadt. Der Kuppelbau tauchte bereits quer durch alle Filmgenres auf, besonders ikonisch in Filmen wie *Terminator,* in dem Arnold Schwarzenegger nackt oder sozusagen wie Skynet ihn schuf, im Jahr 1984 ankommt oder im Filmklassiker *... denn sie wissen nicht, was sie tun* mit James Dean, dem man hier oben sogar ein eigenes Denkmal gewidmet hat.
In *La La Land* tanzen Ryan Gosling und Emma Stone durch das Planetarium. Wer den Film mag, kann von hier aus etwa eine Stunde entlang des alten Mt. Hollywood Drive bis zu Cathy's Corner wandern, wo eine weitere Tanzeinlage bei Sonnenuntergang gedreht wurde. Da die Location nur zu Fuß erreichbar und die Straße nicht beleuchtet ist, empfehle ich, diese lieber tagsüber zu besuchen.

griffithobservatory.org

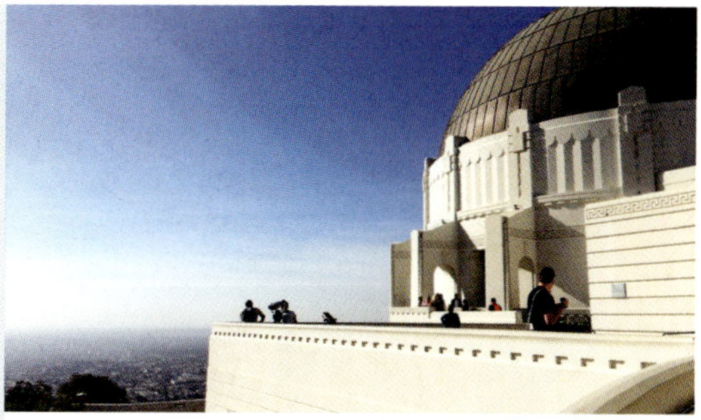

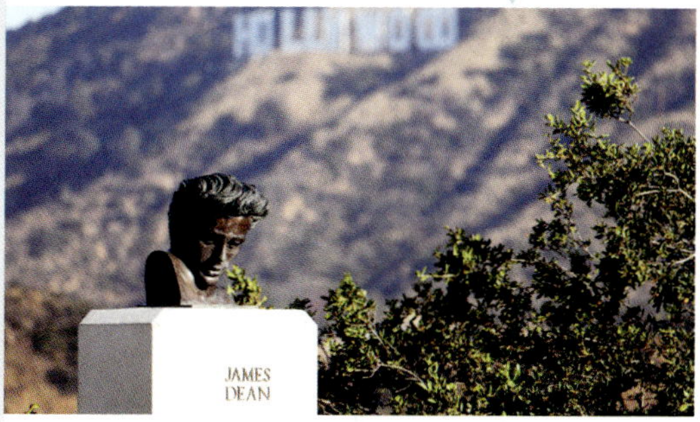

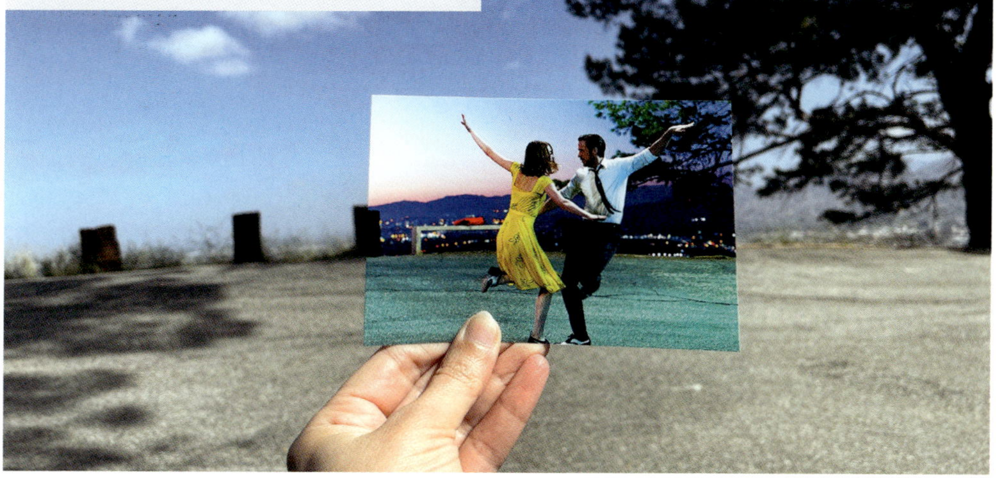

The Hollywood Roosevelt 8

7000 Hollywood Boulevard, Hollywood, Los Angeles, Kalifornien

Das Hollywood Roosevelt liegt direkt am Walk of Fame und hat selbst schon Hollywood-Geschichte geschrieben. Seit seiner Eröffnung im Jahr 1927 waren viele Generationen von Filmstars im Hotel zu Gast, Marilyn Monroe wohnte sogar zwei Jahre hier. Im Blossom Ballroom des Hotels fand 1929 die allererste Oscar-Verleihung statt. Am Pool des Hotels entstanden unter anderem Filmszenen für die Produktionen *Catch Me If You Can* und *Almost Famous.* Wer Lust auf Kino hat, geht am besten schräg gegenüber ins legendäre TCL Chinese Theatre. Das Premierenkino, vor dem sich schon Hunderte Schauspieler mit Hand- und Schuhabdrücken in Zement verewigten, gehört zu den größten IMAX-Kinos der Welt.

thehollywoodroosevelt.com

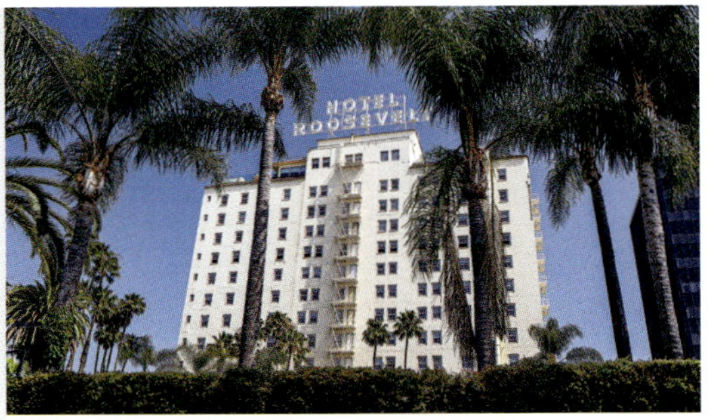

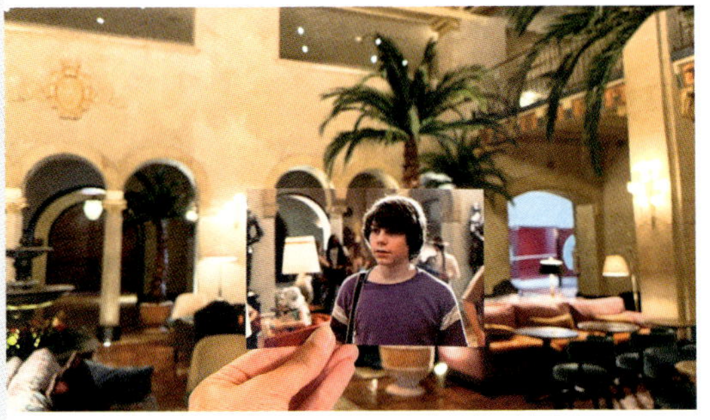

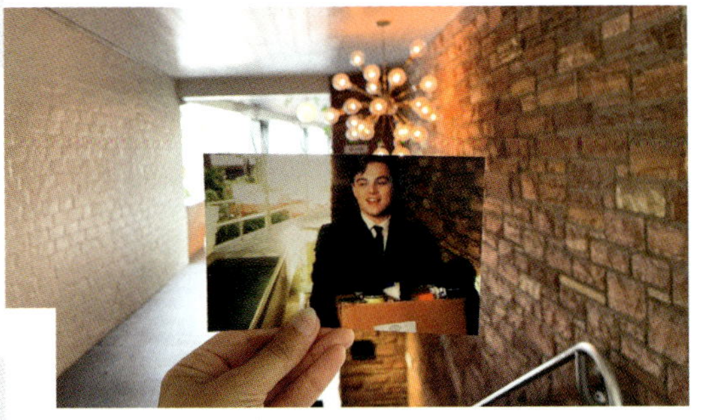

Musso & Frank Grill 9

6667 Hollywood Boulevard, Hollywood, Los Angeles, Kalifornien

Musso & Frank Grill ist Hollywoods ältestes Restaurant und bekannt für seine Martinis. Hier trifft Leonardo DiCaprio als TV-Star Rick Dalton in Quentin Tarantinos *Once Upon a Time in Hollywood* auf Al Pacino, der diesen in seiner Rolle als Produzent überreden möchte, künftig für Spaghetti-Western vor der Kamera zu stehen. Auf dem Parkplatz findet er Trost bei seinem Stuntdouble Cliff Booth alias Brad Pitt. Zur Stammkundschaft des Lokals gehört angeblich auch Tarantino selbst.

mussoandfrank.com

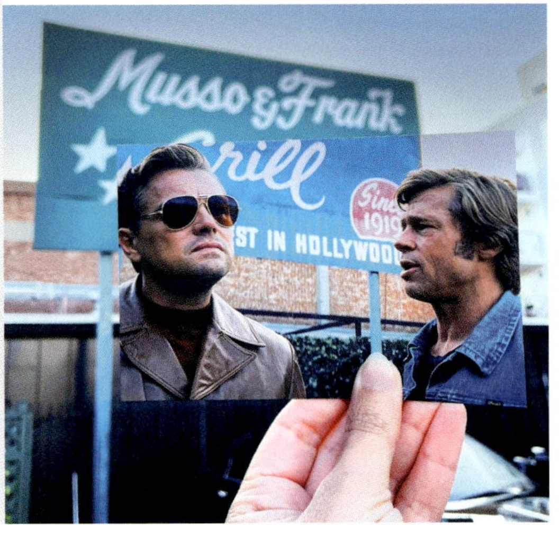

Warner Bros. Studios Burbank

3400 Warner Boulevard, Burbank, Los Angeles, Kalifornien

In den Dreißigern entsprossen hier die Zeichentrickfilme der Looney Tunes, weshalb man am Eingang immer noch von Bugs Bunny und Daffy Duck begrüßt wird. In den letzten Jahrzehnten entstanden in den Warner Bros. Studios erfolgreiche Serien wie *Friends, Gilmore Girls* oder *The Big Bang Theory,* von denen man auf der Studiotour einige Kulissen zu sehen bekommt. Wechselnde Ausstellungen zeigen Kostüme und Filmfahrzeuge aktueller Filmproduktionen.

wbstudiotour.com

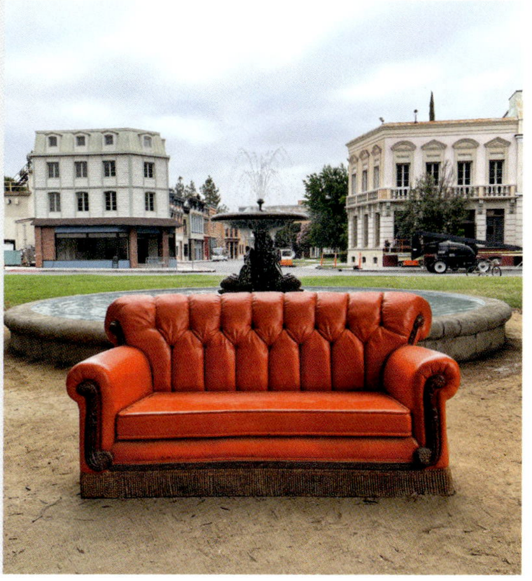

Angels Flight

351 South Hill Street, Los Angeles, Kalifornien

Einen Moment des Glücks erleben Sebastian und Mia in *La La Land* in der Standseilbahn Angels Flight in Downtown Los Angeles. Die historische Bahn von 1901 verbindet auf ihrer 91 Meter langen Strecke die Hill Street mit dem California Plaza auf dem Bunker Hill. Die Fahrtkosten von einem Dollar kann man einfach oben an der Station bezahlen. Die Bahn ist übrigens in der vierten Staffel der Serie *Bosch* als Tatort zu sehen.

angelsflight.org

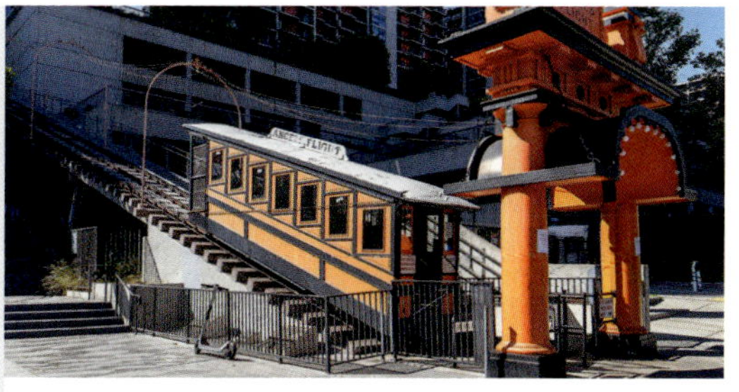

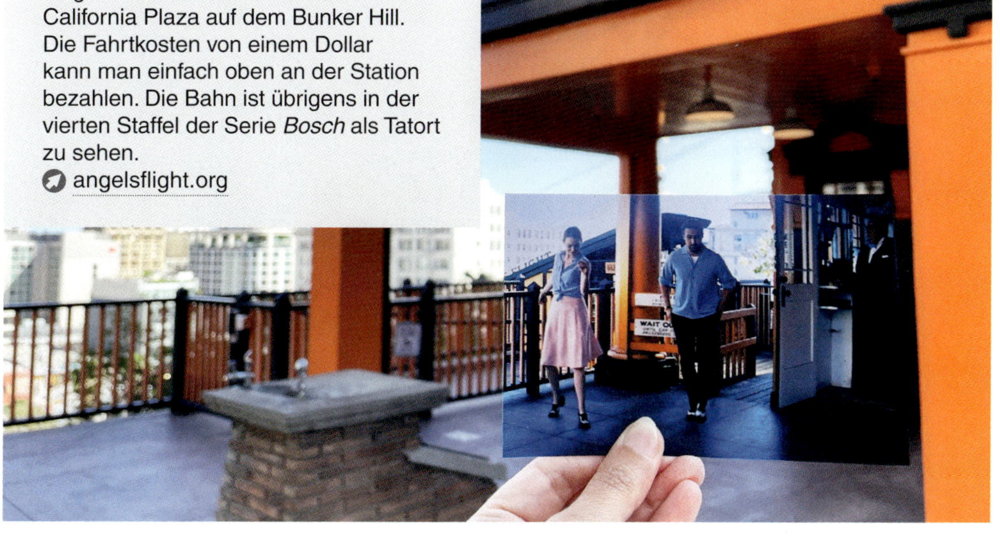

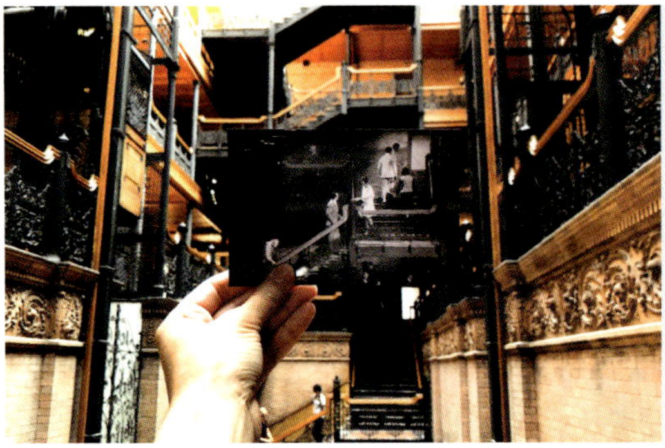

Bradbury Building

304 South Broadway, Los Angeles, Kalifornien

Das 1893 erbaute Bradbury Building ist eines der ältesten Bürogebäude von Los Angeles. Seine wohl bekannteste Filmrolle hatte es als Wohnung des Genetik-Designers Sebastian in Ridley Scotts *Blade Runner.* Das markante Gebäudeinnere wurde außerdem für *Chinatown, The Artist, (500) Days of Summer* und viele weitere Filme genutzt. Besucher dürfen die Eingangshalle und die Treppen bis zum ersten Stock besichtigen, nicht jedoch die Obergeschosse und die schmiedeeisernen Aufzüge.

laconservancy.org/locations/bradbury-building

Vasquez Rocks

10700 Escondido Canyon Road, Agua Dulce, Kalifornien

Mit mehr als 200 gedrehten Filmen und Serien können sich die Vasquez Rocks nördlich von Los Angeles mit gutem Recht als beliebteste Felsen Hollywoods bezeichnen. Besonders bekannt sind sie durch die *Star-Trek*-Episode *Arena* von 1967 geworden, in der Captain Kirk zum Duell gegen einen verfeindeten Gorn, ein Reptilienwesen mit messerscharfen Zähnen, antreten muss.
Diese Kultszenen brachten einem der Felsen die Bezeichnung Kirk's Rock ein und machten ihn zur Pilgerstätte für Trekkies, darunter auch die Nerd-WG aus *The Big Bang Theory.*

parks.lacounty.gov/vasquez-rocks-natural-area-and-nature-center

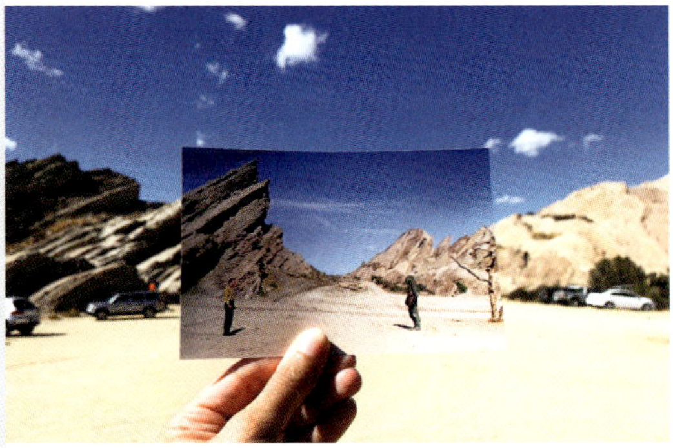

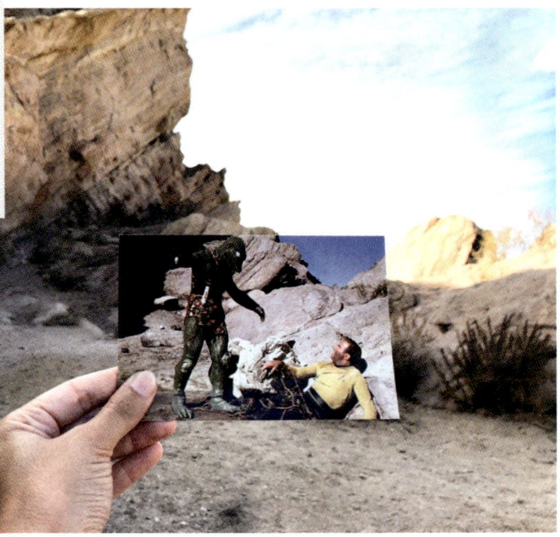

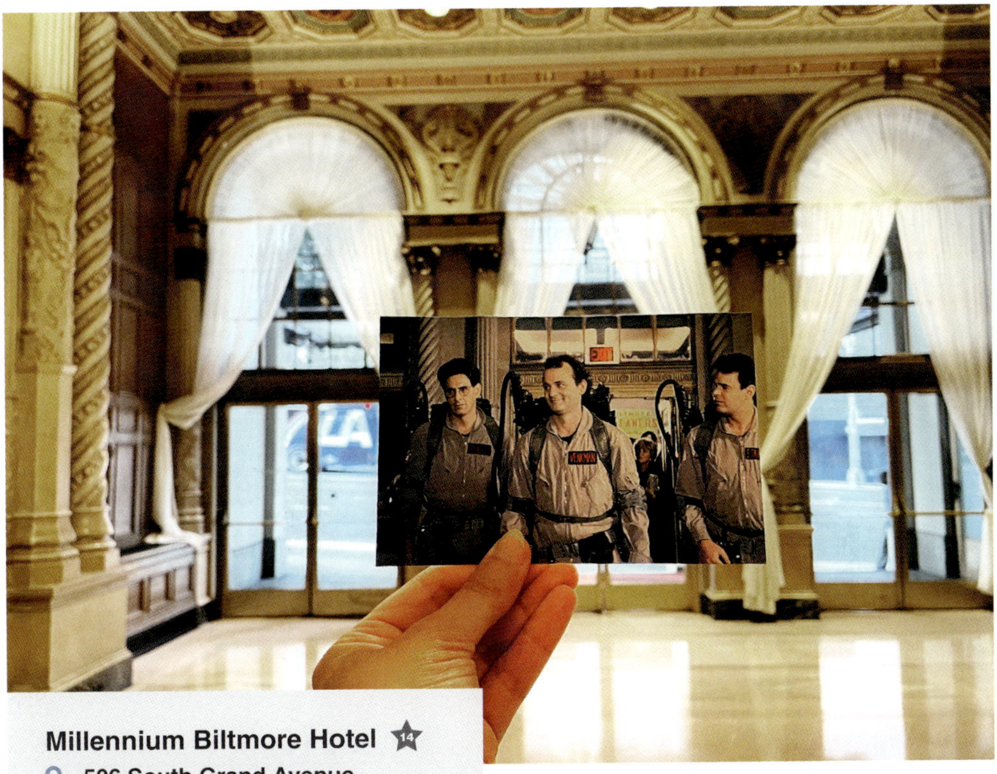

Millennium Biltmore Hotel 14

506 South Grand Avenue, Los Angeles, Kalifornien

Zwischen den Wolkenkratzern von Downtown L.A. verbirgt sich das prunkvolle Millennium Biltmore Hotel, das beinahe schon 100 Jahre auf dem Buckel hat. Filmdreharbeiten wurden zwar erst seit Mitte der Siebzigerjahre erlaubt, davon hat Hollywood aber ordentlich Gebrauch gemacht. Von *Bodyguard* bis *Blow*, von *Ghostbusters* bis *Independence Day*, um nur ein paar zu nennen, wurden die Innenräume des altehrwürdigen Hotels genutzt.

millenniumhotels.com/en/los-angeles

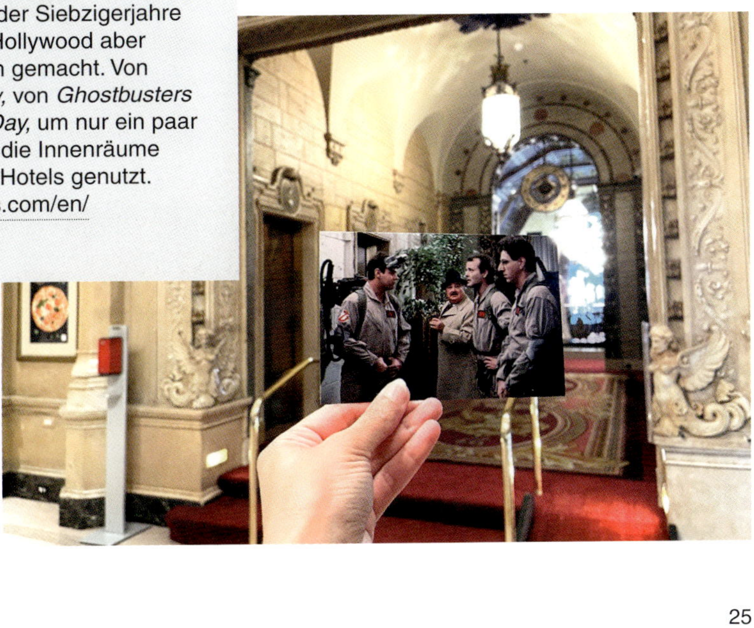

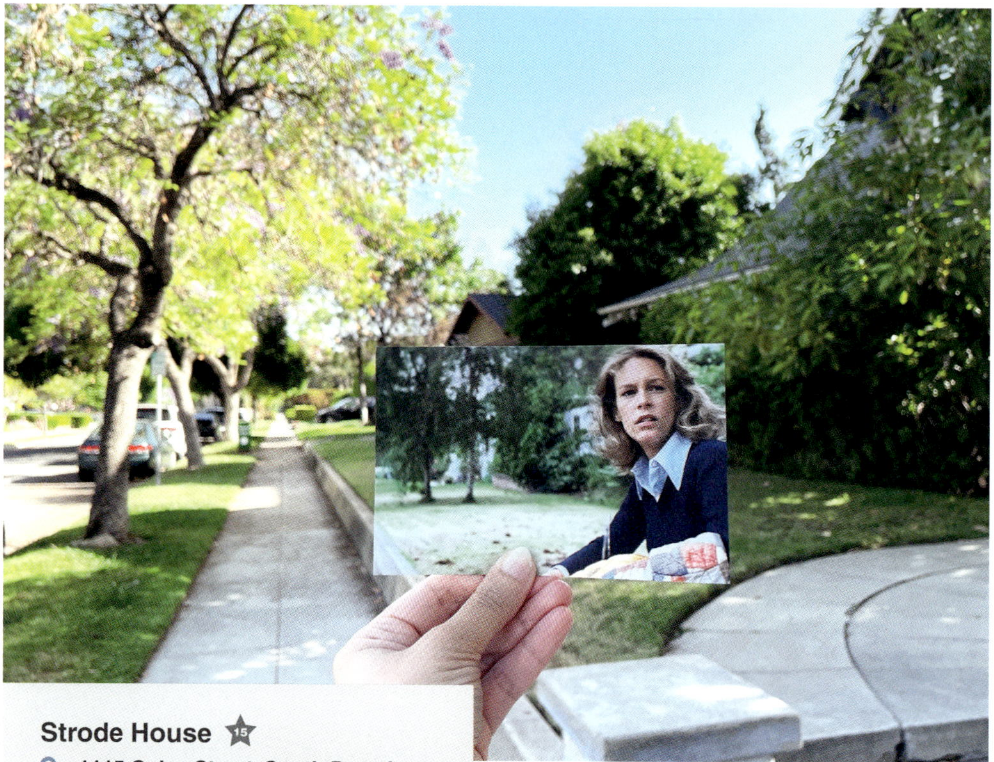

Strode House

1115 Oxley Street, South Pasadena, Los Angeles, Kalifornien

Der Horror-Klassiker *Halloween* von 1978 spielt im fiktiven Städtchen Haddonfield, das sich aus verschiedenen Drehorten in Los Angeles zusammensetzt. Das Haus, im Film als Zuhause der Strodes zu sehen, befindet sich in South Pasadena. Die Bewohner dort haben für Filmtouristen einen Kürbis auf die Veranda gelegt. Den darf man sich ausleihen, um die Szene, in der Laurie an der Ecke zur Fairview Avenue auf Annie wartet, selbst nachzustellen.

Zum Michael-Myers-Haus in der 1000 Mission Street sind es von da nur fünf Minuten Fußweg. Das kleine Gebäude steht als California Historical Landmark unter Denkmalschutz.

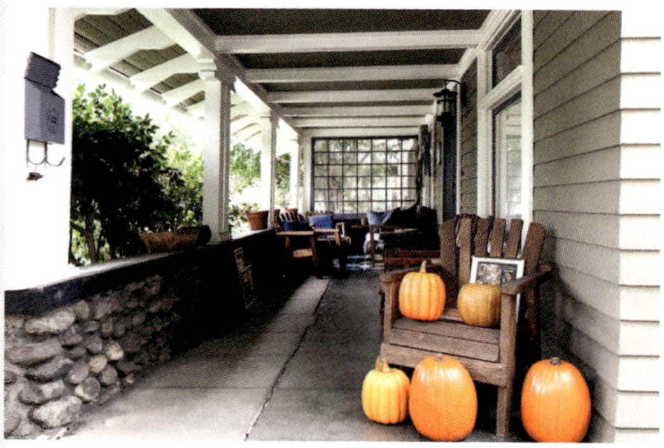

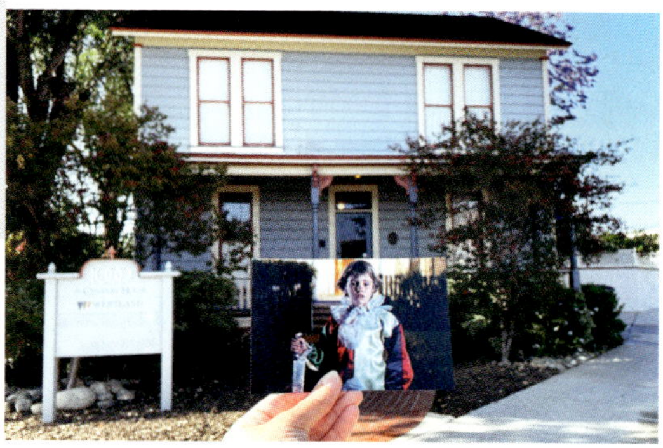

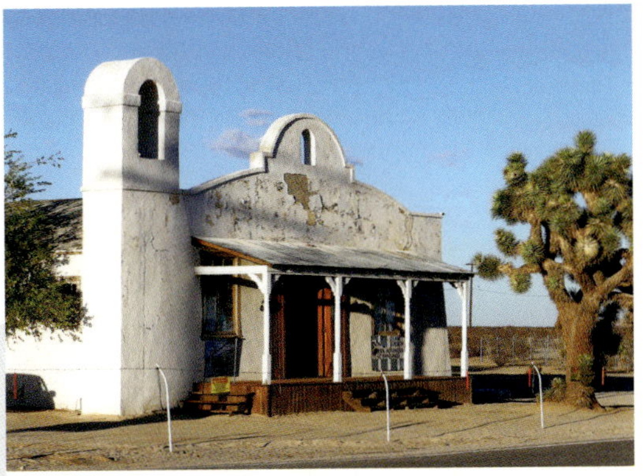

Kill Bill Church 16

19809 East Avenue G, Lancaster, Kalifornien

»Bang bang, he shot me down ...«
Dieser Drehort aus *Kill Bill* befindet sich mitten im Nirgendwo, ist aber für Tarantino-Fans vielleicht doch einen Abstecher wert. Die sogenannte »Kill Bill Church« war zum Zeitpunkt der Dreharbeiten noch ein Gemeindehaus und wurde erst zwei Jahre später tatsächlich zur Kirche mit Namen Sanctuary Adventist Church.
Wenn man Glück hat, lässt einen der Pfarrer einen Blick hineinwerfen und man darf sich ins Gästebuch eintragen. Bereits lange vor den beiden *Kill-Bill*-Filmen war das Gebäude auch schon in *Fesseln der Macht* mit Robert De Niro als Priester zu sehen.

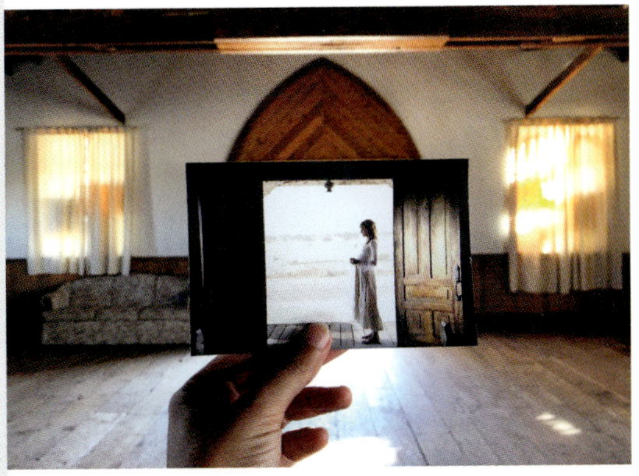

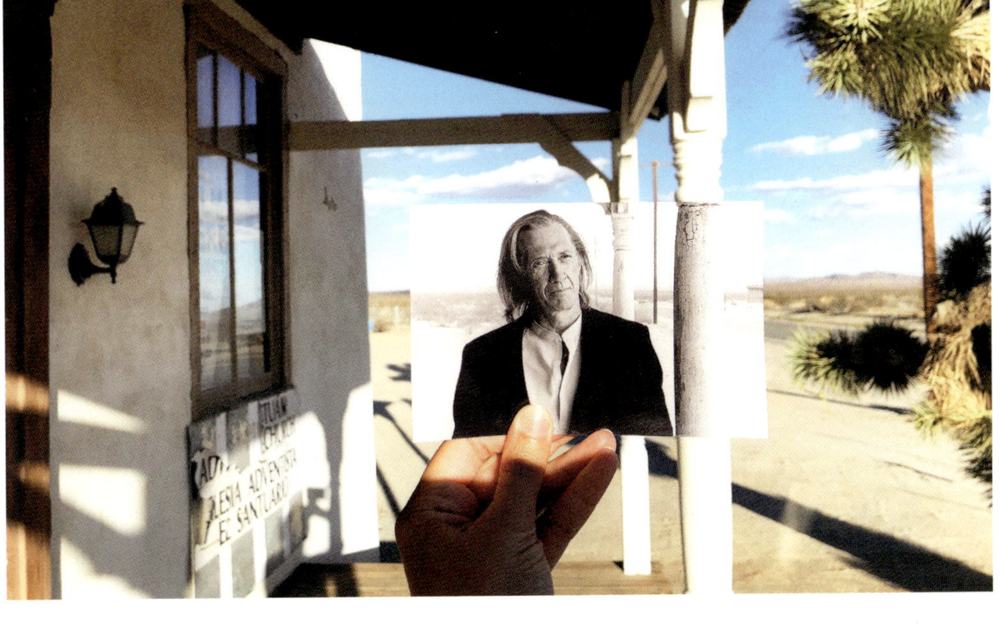

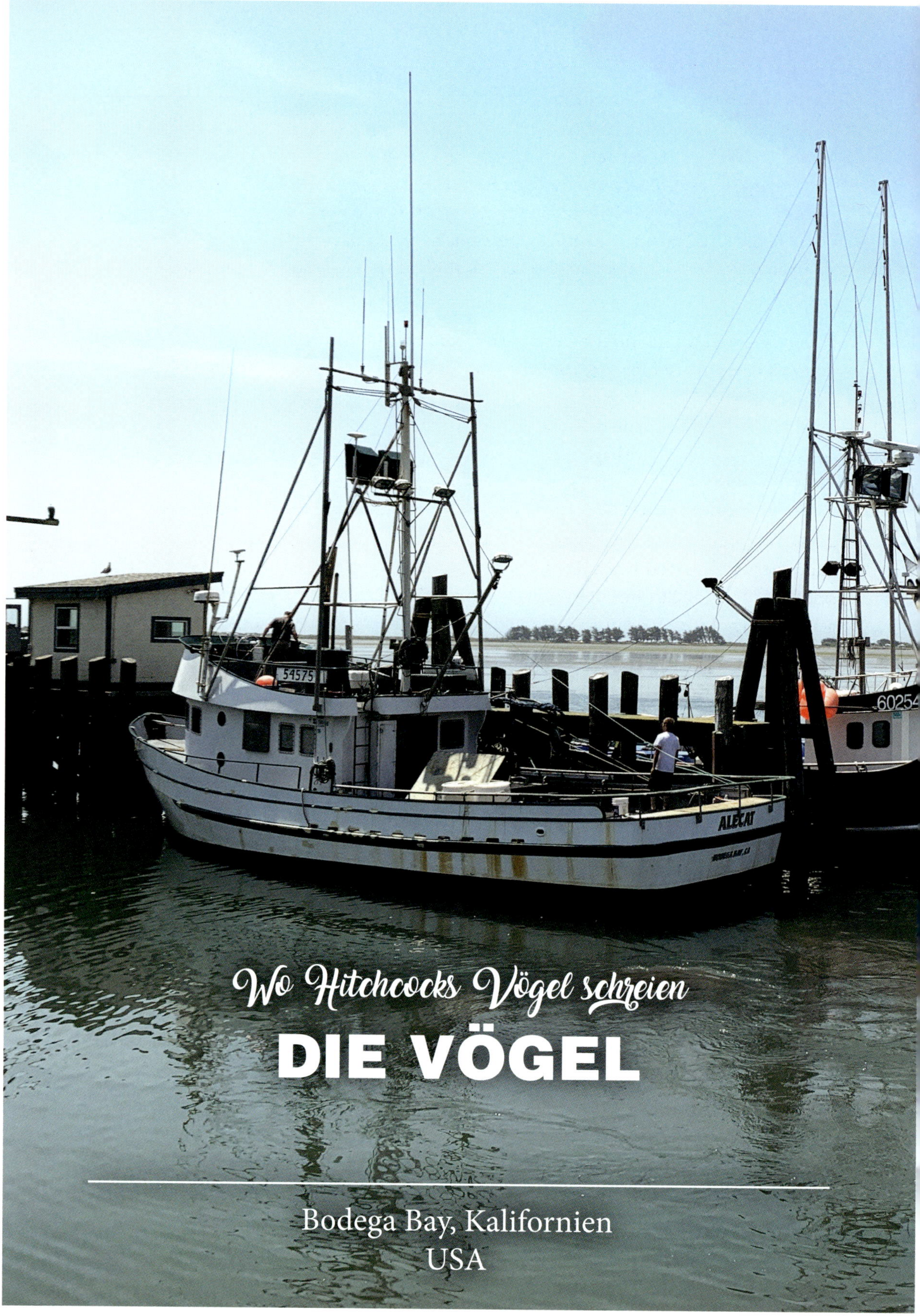

Wo Hitchcocks Vögel schreien

DIE VÖGEL

Bodega Bay, Kalifornien
USA

Horror ist eigentlich nichts für mich. Eine früh gewonnene Erkenntnis, die mich bis heute davon abhält, tief in dieses Genre abzutauchen. An dessen unscharfem Rand bewege ich mich aber gerne hin und wieder, vor allem wenn es um Gruselklassiker geht. Dazu gehört für mich Hitchcocks *Die Vögel*, meine erste Erfahrung mit dieser Filmgattung und daher auch eine ganz besondere, die in bestimmten Momenten heute noch bei mir nachwirkt. Zum Beispiel, wenn sich irgendwo in meiner Nähe ungewöhnlich viele Vögel versammeln.

Viele Vögel sehe ich im Moment zwar nicht. Genau genommen sitzt auf dem nahen Geländer bloß eine einzige Möwe, die äußerst frech auf meinen Shrimpssalat blickt. Für Möwen ein ganz gewöhnliches Verhalten. Doch allein der Ort, an dem ich mich befinde, macht sie irgendwie verdächtig. Denn hat nicht in Bodega Bay, dem Schauplatz des *Die Vögel*-Thrillers, alles mit eben einer Möwe begonnen? Die Stelle, an der Tippi Hedren alias Millionärstochter Melanie Daniels von dieser angegriffen wird, kann ich von meinem Tisch aus sogar sehen.

Heute Morgen bin ich von San Francisco aus anderthalb Stunden Richtung Norden gefahren, um den Film wieder mit dem Ort seiner Entstehung verschmelzen zu lassen, zumindest auf meinen Fotos. Die schlechte Nachricht zuerst: Das filmbekannte Küstenstädtchen Bodega Bay mit Pier, Restaurant und Schule gibt es in dieser zusammenhängenden Form nicht. Und nun die gute: Die Orte, aus denen es zusammengepuzzelt wurde, trennt nur eine Zehn-Minuten-Fahrt.

Das Tides Wharf, in dem ich gerade eine kurze Mittagspause mit Möwenblick einlege, diente im Film als Außenkulisse des Restaurants, das den Leuten im Film als Schutz vor den angreifenden Vögeln dient. Es wurde mittlerweile allerdings stark umgebaut und beherbergt nun Lokal, Hotel und Shop. Im Inneren erinnern Szenenfotos und ein Miniatur-Nachbau des ursprünglichen Restaurants an die Filmhistorie des Standorts.

Heute Morgen war ich im Nachbarsort Bodega beim Potter School House, wie der Drehort für die Bodega Bay School in Wahrheit heißt. Früher war das Gebäude tatsächlich mal eine Schule, jetzt ist es ein Wohnhaus. Irgendwie fand ich es beruhigend, dass dort kein Klettergerüst mehr war, auf dem sich die Krähen hätten sammeln können, denn diese Szene gehört für mich immer noch zu den unheimlichsten des Filmes. Genau wie die darauffolgende, in der die Kinder aus der Schule und den Hügel hinunterrennen.

Nun schaue ich an »meiner« Möwe vorbei zur anderen Seite der Bucht, wo Melanie das Papageienpaar heimlich bei der Familie Brenner abliefert. Obwohl ich weiß, dass das für die Dreharbeiten genutzte Farmhaus nicht mehr existiert, da es bereits Ende der Sechziger abgebrannt ist, möchte ich dort gleich noch hinfahren. Schon alleine wegen dem Blick zurück auf die Bucht und raus aufs Meer.

Die Bodega Bay ist heute übrigens ein wichtiges Vogelschutzgebiet und laut American Bird Conservancy ausgewiesenes Paradies für Amerikas gefährdete Vögel. Viele Touristen kommen daher auch zur Vogelbeobachtung her. Ich finde, es kann so oder so nicht schaden, dass sie jemand genau im Auge behält.

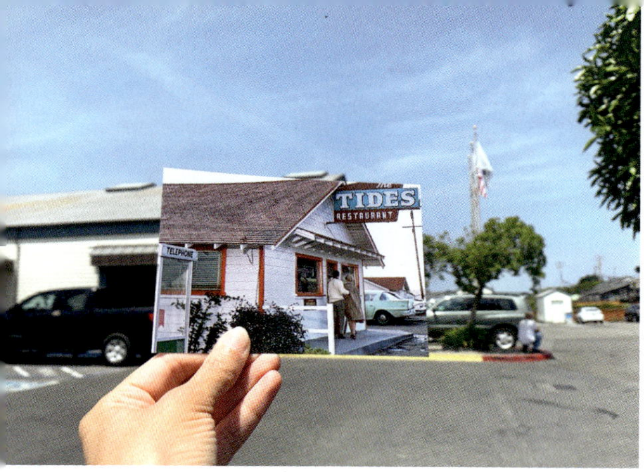

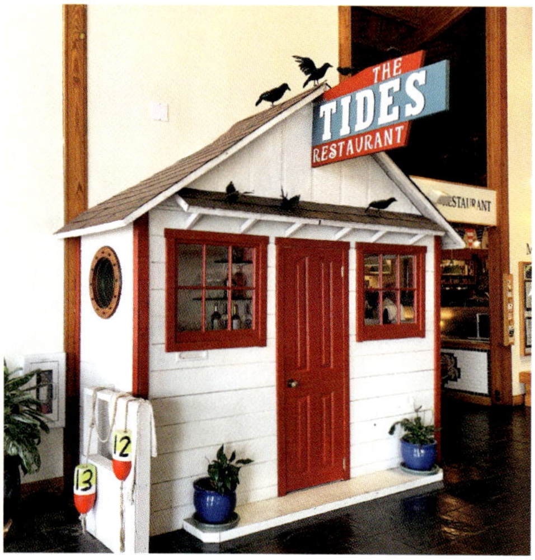

The Tides Wharf & Restaurant

835 Bay Highway, Bodega Bay, Kalifornien

Das Restaurant Tides Wharf befindet sich gleich neben dem Hafen von Bodega Bay, von dem aus Tippi Hedren das Papageienpaar mit dem Boot transportiert und bei ihrer Rückkehr von einer Möwe angegriffen wird. Auf dem Parkplatz des Tides Wharf standen im Film die Telefonzelle, in der sie von mehreren Vögeln attackiert wird, sowie die Tankstelle, bei der es sich allerdings nur um eine Filmkulisse handelte und deren Explosion man sicherheitshalber im Filmstudio drehte.

innatthetides.com

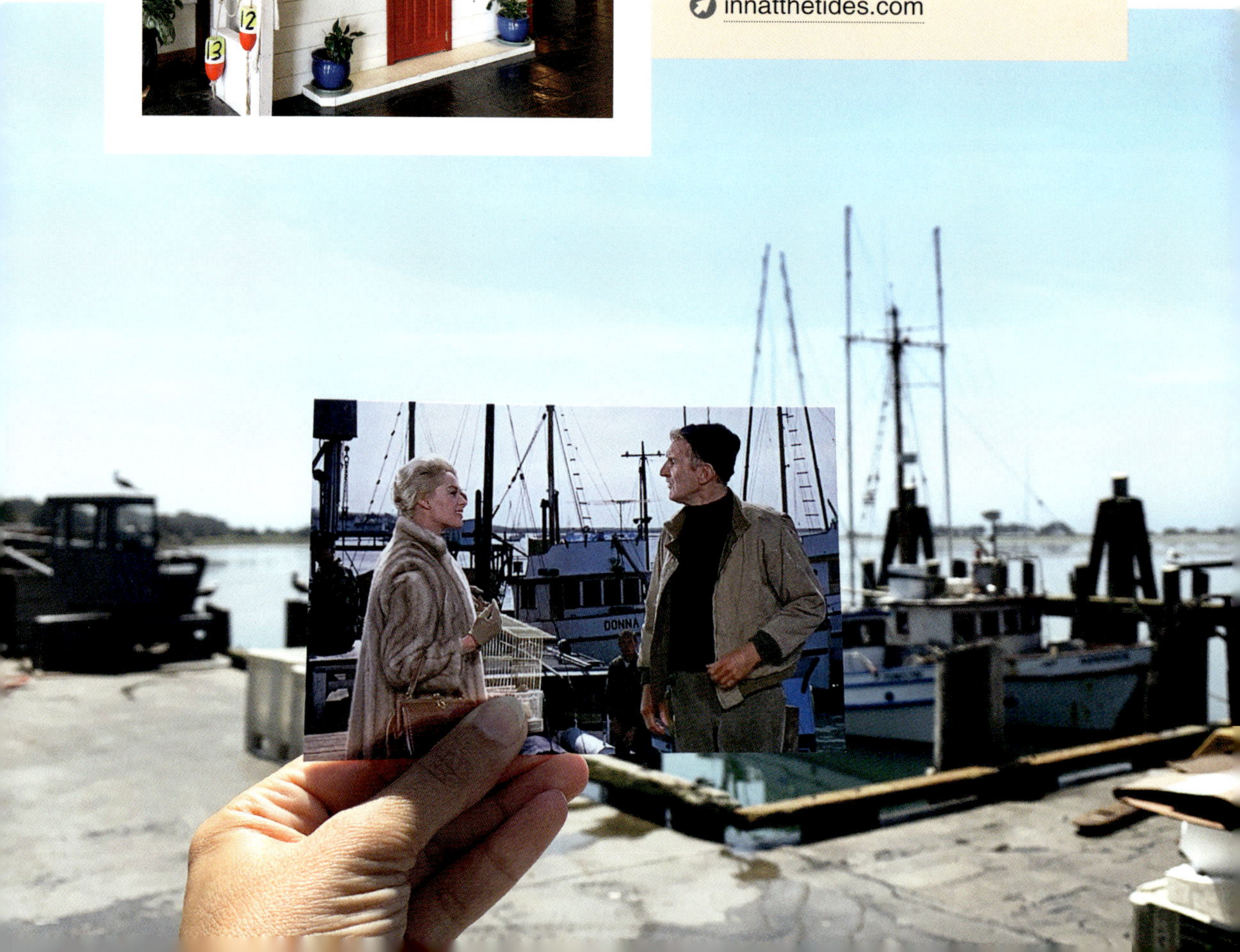

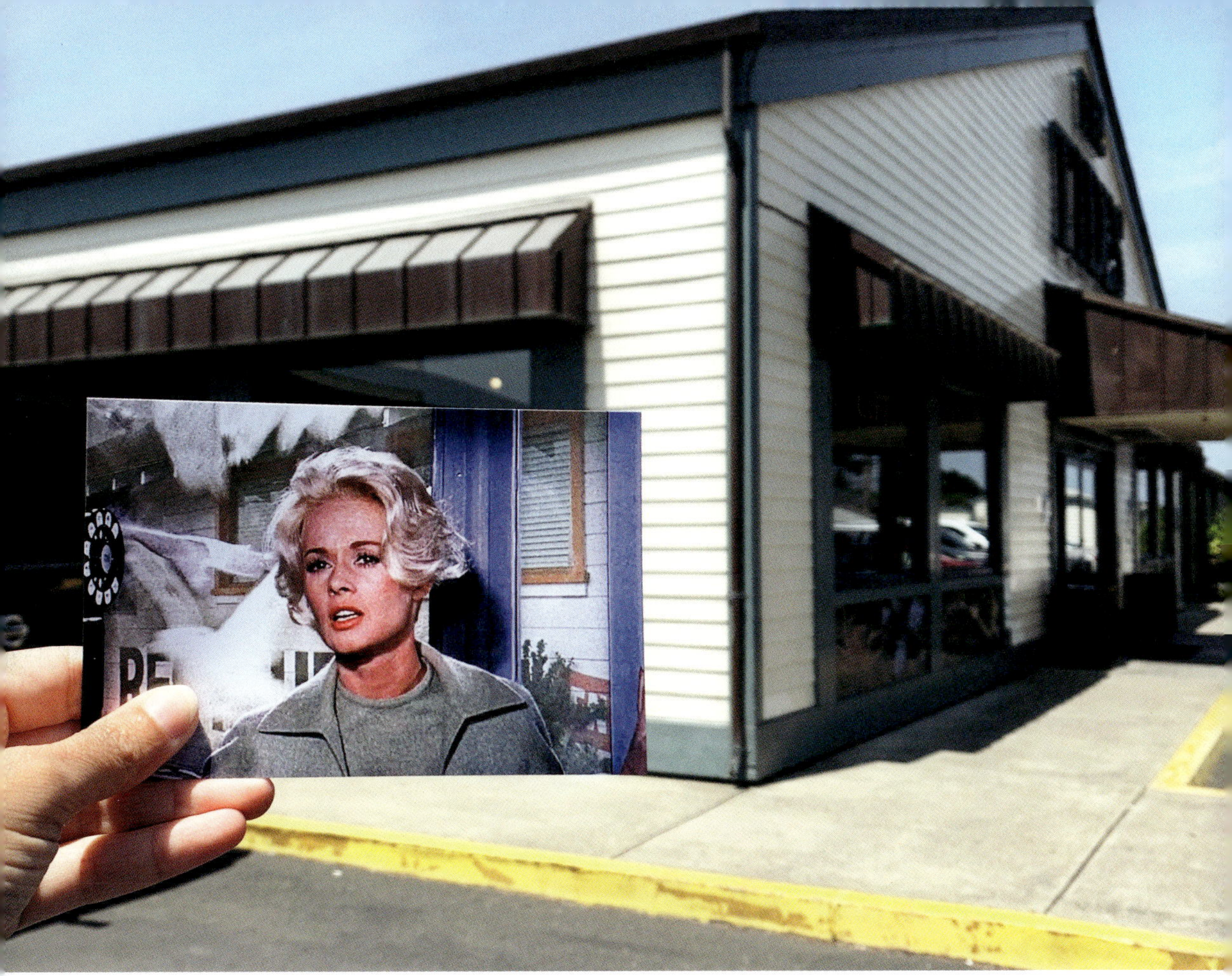

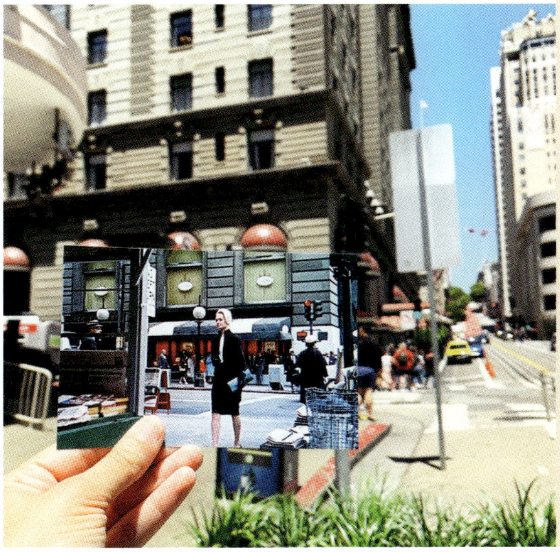

Union Square 2

335 Powell Street / Geary Street, San Francisco, Kalifornien

Tippi Hedren macht sich zu Beginn des Filmes am Union Square in San Francisco auf den Weg zur Zoohandlung, die sich angeblich in der Nähe des legendären Westin St. Francis Hotels in der Powell Street befindet. Die Ladenszenen inklusive Alfred Hitchcocks Cameo-Auftritt mit seinen eigenen beiden Terriern wurden allerdings in den Universal Studios Hollywood gefilmt.

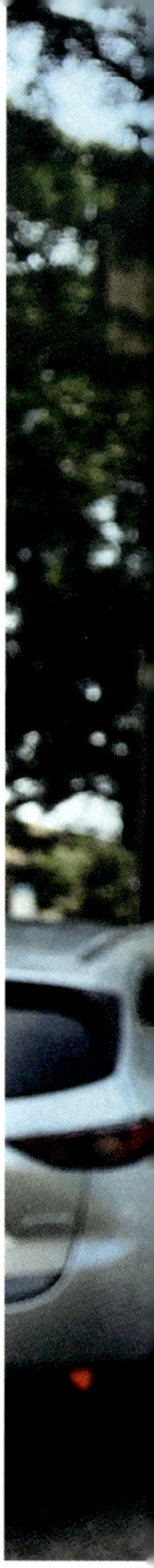

Potter School House

17110 Bodega Lane, Bodega, Kalifornien

Das ehemalige Schulgebäude wurde im Jahr 1873 eröffnet und lange als solches genutzt. Nach den Dreharbeiten zu *Die Vögel* im Jahre 1962 wurde es verkauft und befindet sich seither in Privatbesitz. Schräg dahinter steht die Saint Teresa of Avila Church, die sich bis heute kaum verändert hat. Das Haus der Lehrerin, das gleich neben der Schule stand, existiert dagegen nicht mehr.

bodegaschool.com

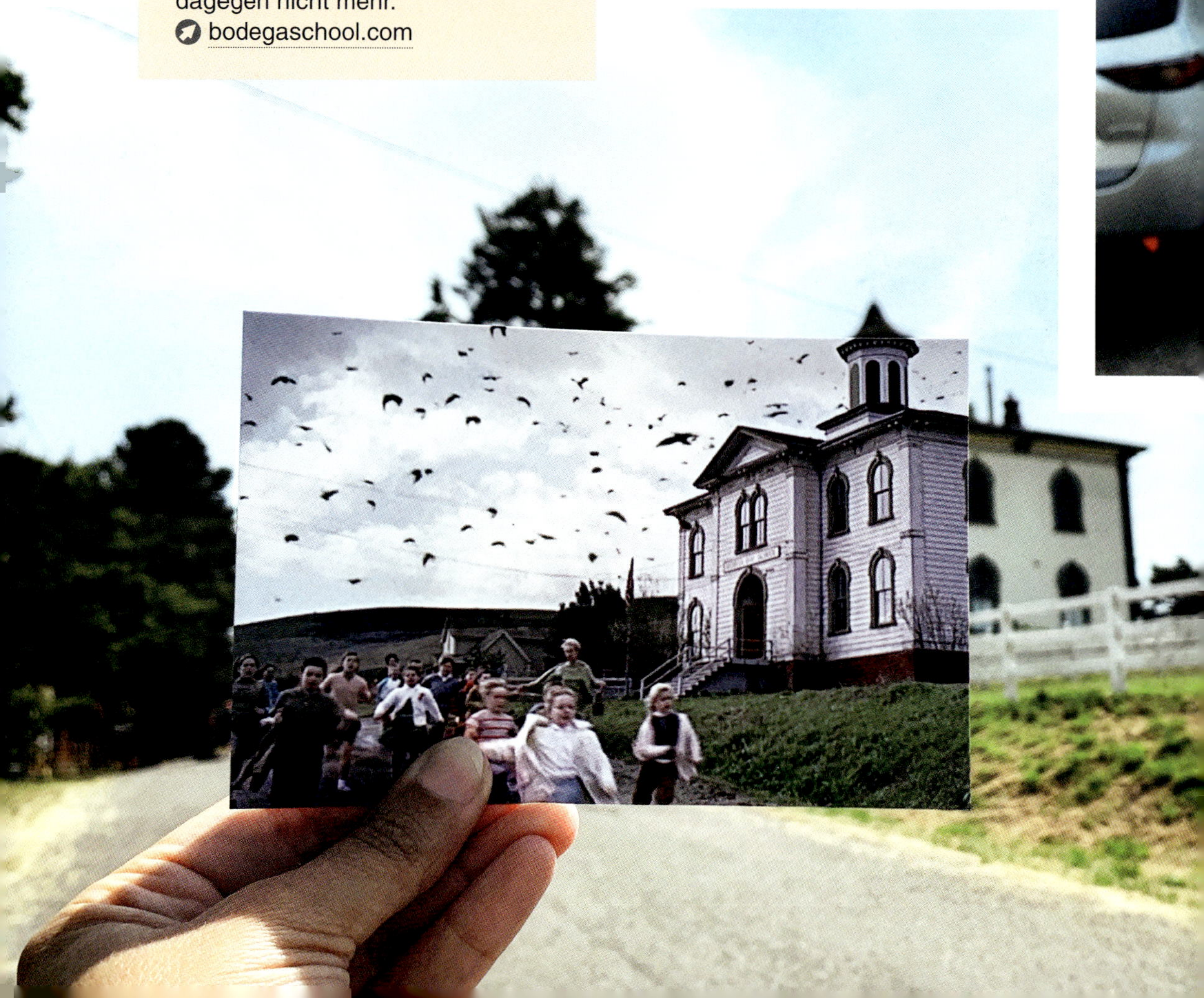

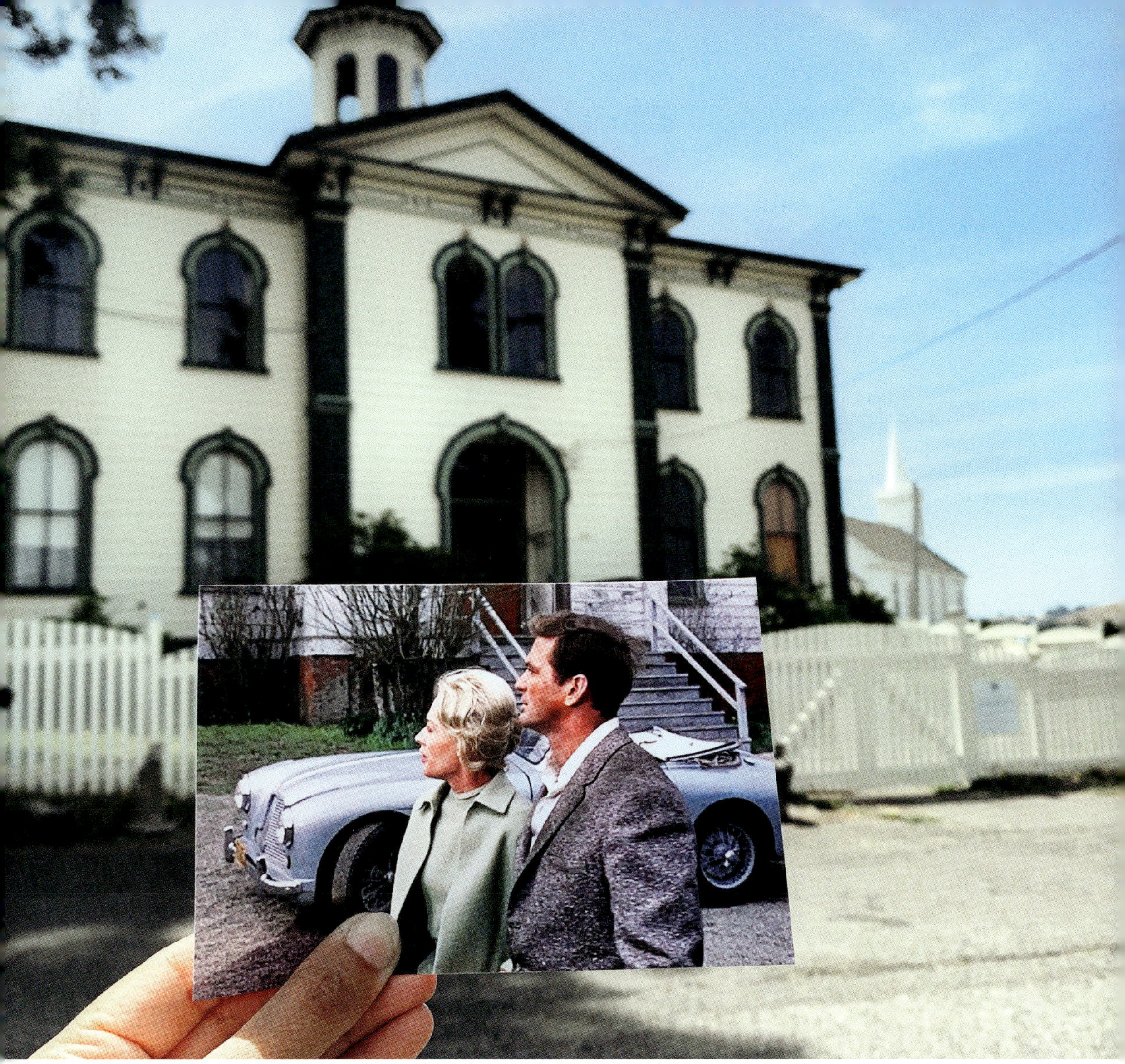

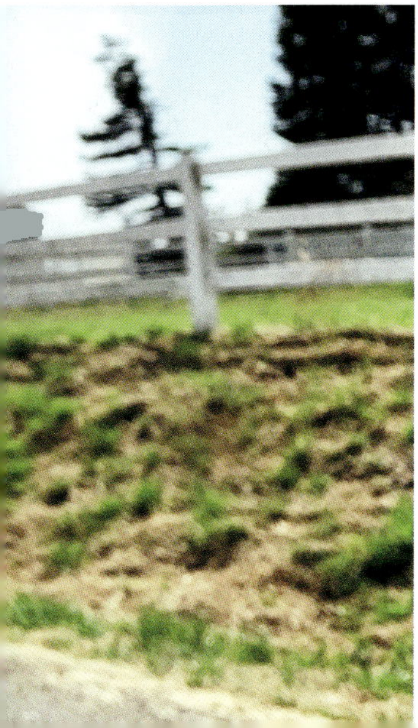

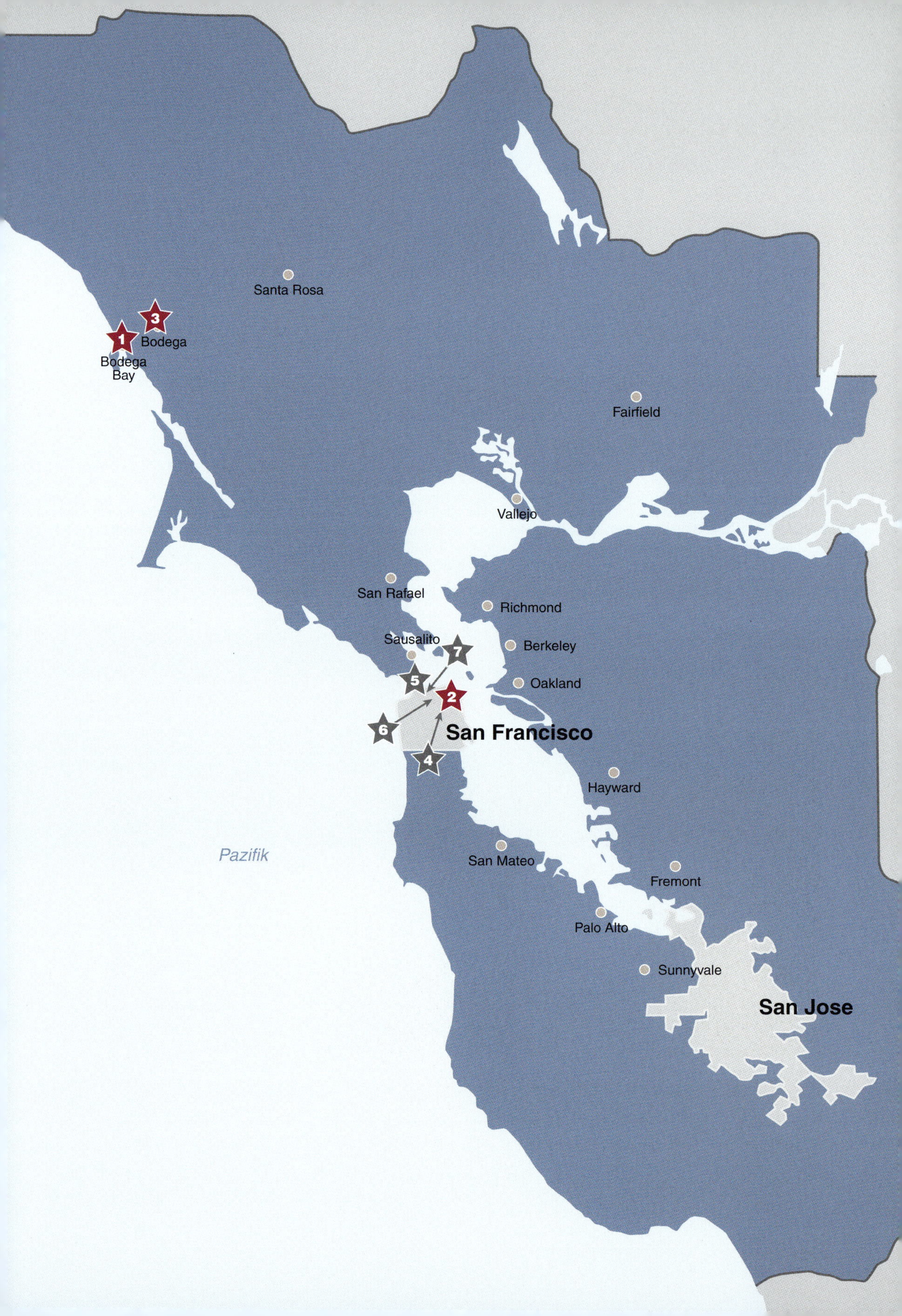

Santa Rosa
3
1
Bodega
Bodega
Bay
Fairfield
Vallejo
San Rafael
Richmond
Sausalito
7
Berkeley
5
Oakland
2
6
San Francisco
4
Hayward
Pazifik
San Mateo
Fremont
Palo Alto
Sunnyvale
San Jose

Weitere Filmtourismus-Tipps zu

San Francisco

San Francisco City Hall 4

1 Dr Carlton B Goodlett Place, San Francisco, Kalifornien

Diese Treppenstufen haben Filmgeschichte geschrieben: Im großen Foyer der City Hall schritten Indy und Marion am Ende von *Indiana Jones – Jäger des verlorenen Schatzes* hinunter. Weitere Filme, die hier gedreht wurden: *Dirty Harry, Milk* und *Pretty Woman.* An Wochentagen ist die Eingangshalle für Besucher geöffnet.

sf.gov/location/san-francisco-city-hall

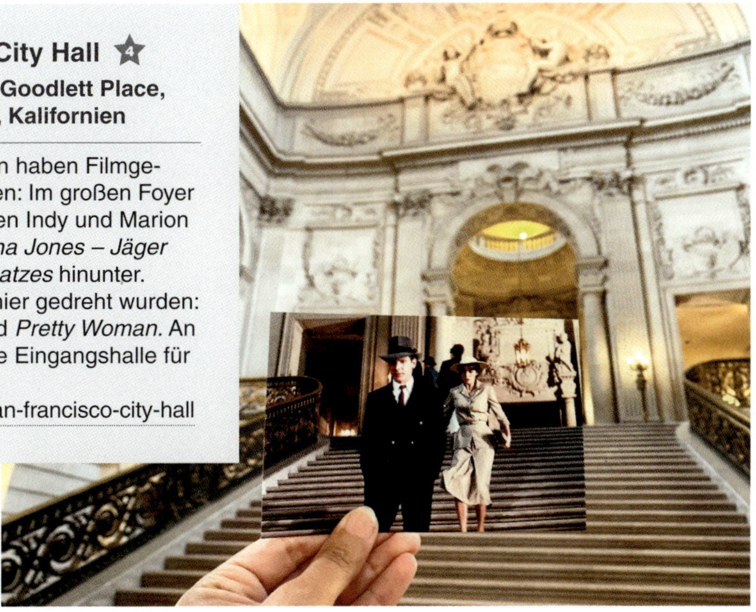

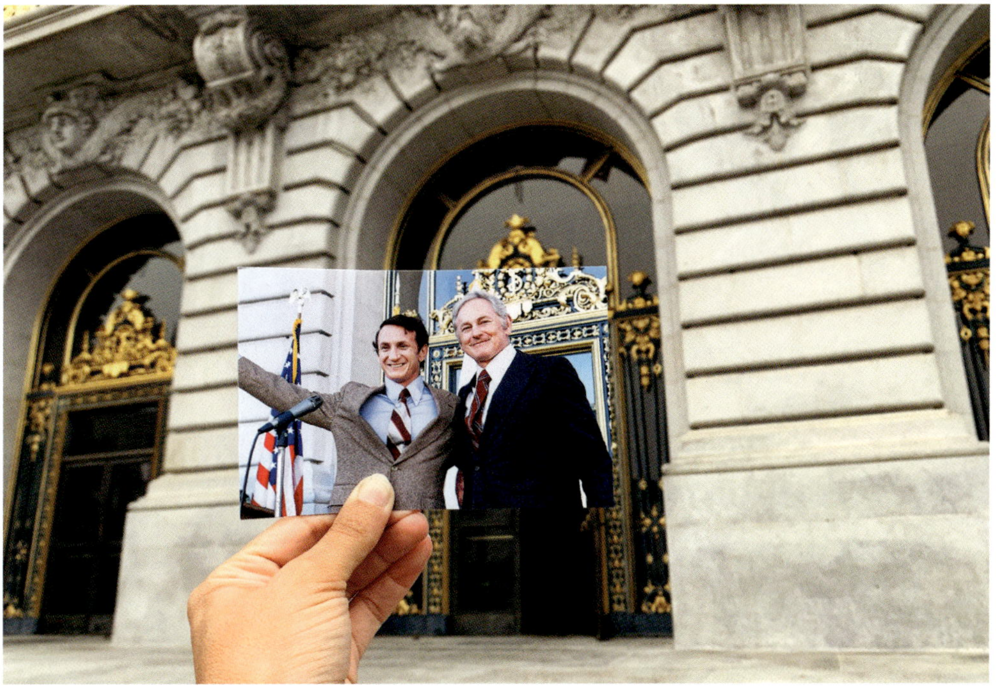

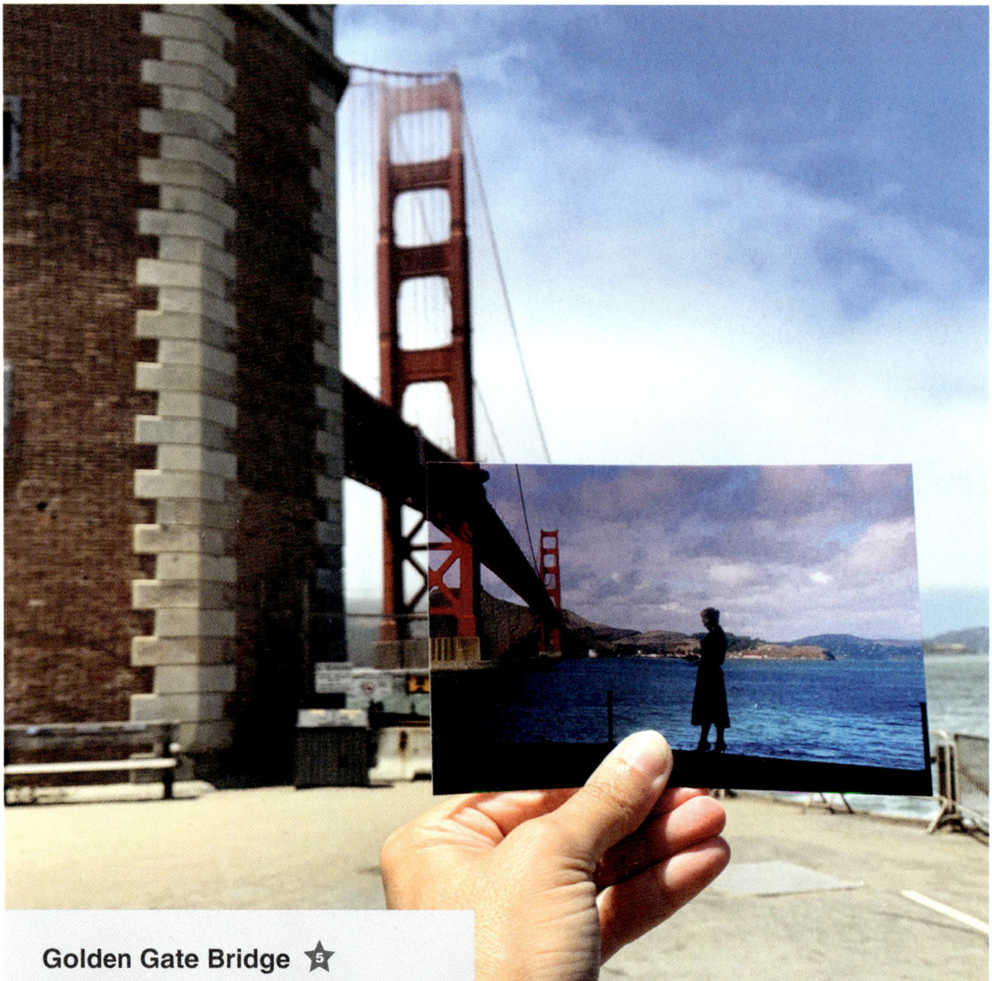

Golden Gate Bridge

San Francisco, Kalifornien

Wer an die weltbekannte Golden Gate Bridge denkt, hat sicher Dutzende unterschiedliche Filmbilder mit ihr im Kopf. Um den Rahmen hier nicht zu sprengen, nenne ich nur vier: Mal ist auf deren Stahlseilen Käfer *Herbie groß in Fahrt,* mal wird sie von *Godzilla* zerstört, mal springt Kim Novak unter ihr in *Vertigo* ins Wasser und mal fliegt ein klingonisches Raumschiff unter ihr hindurch, so geschehen in *Star Trek IV: Zurück in die Gegenwart*.
Für Filmtouristen empfehle ich, die Golden Gate Bridge einmal in Ruhe mit dem Fahrrad zu erkunden.

goldengate.org

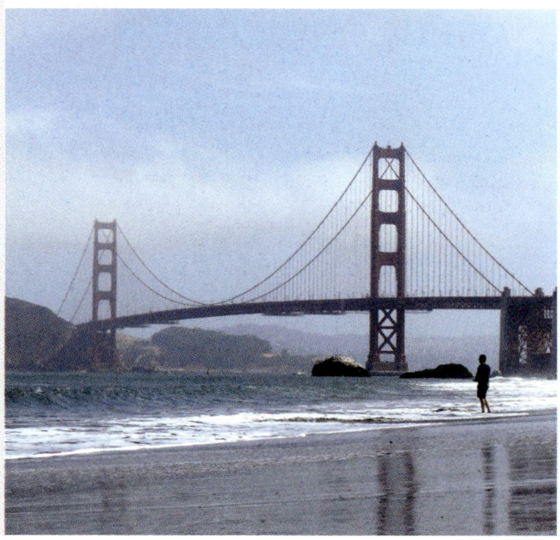

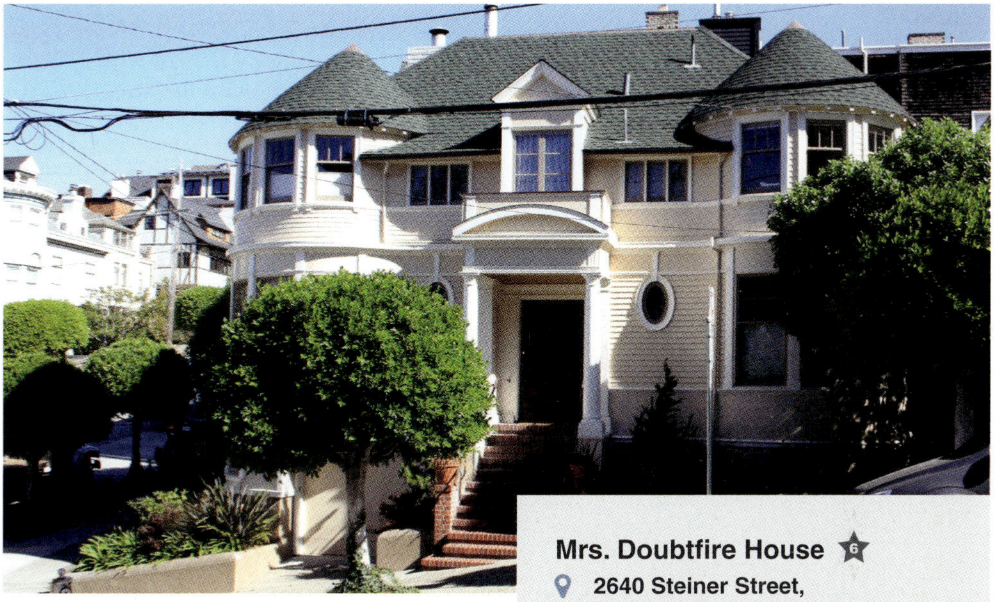

Mrs. Doubtfire House

2640 Steiner Street,
San Francisco, Kalifornien

Das schmucke Haus der Familie Hillard im Film *Mrs. Doubtfire* befindet sich in den Pacific Heights. Für 2015 war eigentlich eine Fortsetzung des Filmes geplant, zu der es nach dem unerwarteten Tod von Robin Williams jedoch nicht mehr kam. Vor dem Filmhaus im viktorianischen Stil wurden Blumen und Kerzen zur Erinnerung an den Schauspieler abgelegt. Bitte beachten: Das Haus befindet sich in Privatbesitz.

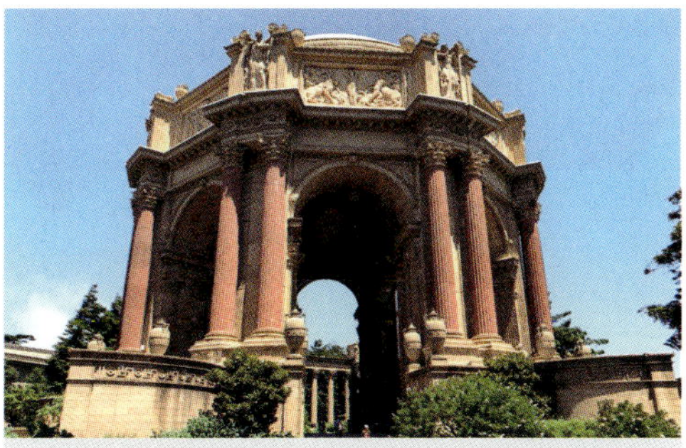

The Palace of Fine Arts

3601 Lyon Street,
San Francisco, Kalifornien

Bei *The Rock* denkt man vermutlich sofort an die Gefängnisinsel Alcatraz, doch wer sich auf den Spuren dieses Filmes durch San Francisco bewegt, kann auch den Palace of Fine Arts im Marina District besuchen, in dem sich Sean Connery mit seiner Filmtochter trifft. Der Palast im griechisch-römischen Stil wurde 1915 ursprünglich für die Weltausstellung Panama-Pacific International Exposition erbaut und ist öffentlich zugänglich.

palaceoffinearts.com

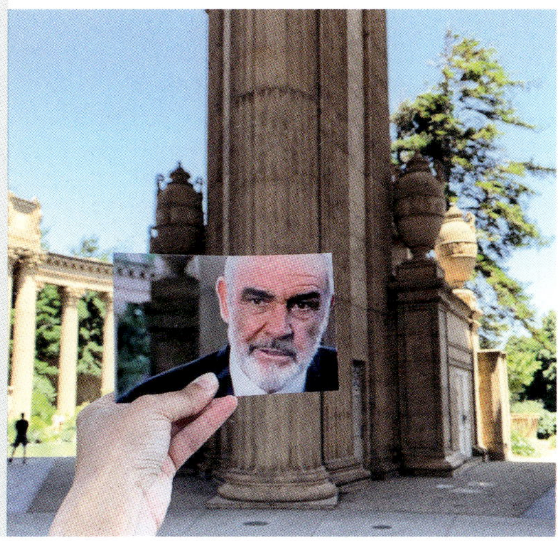

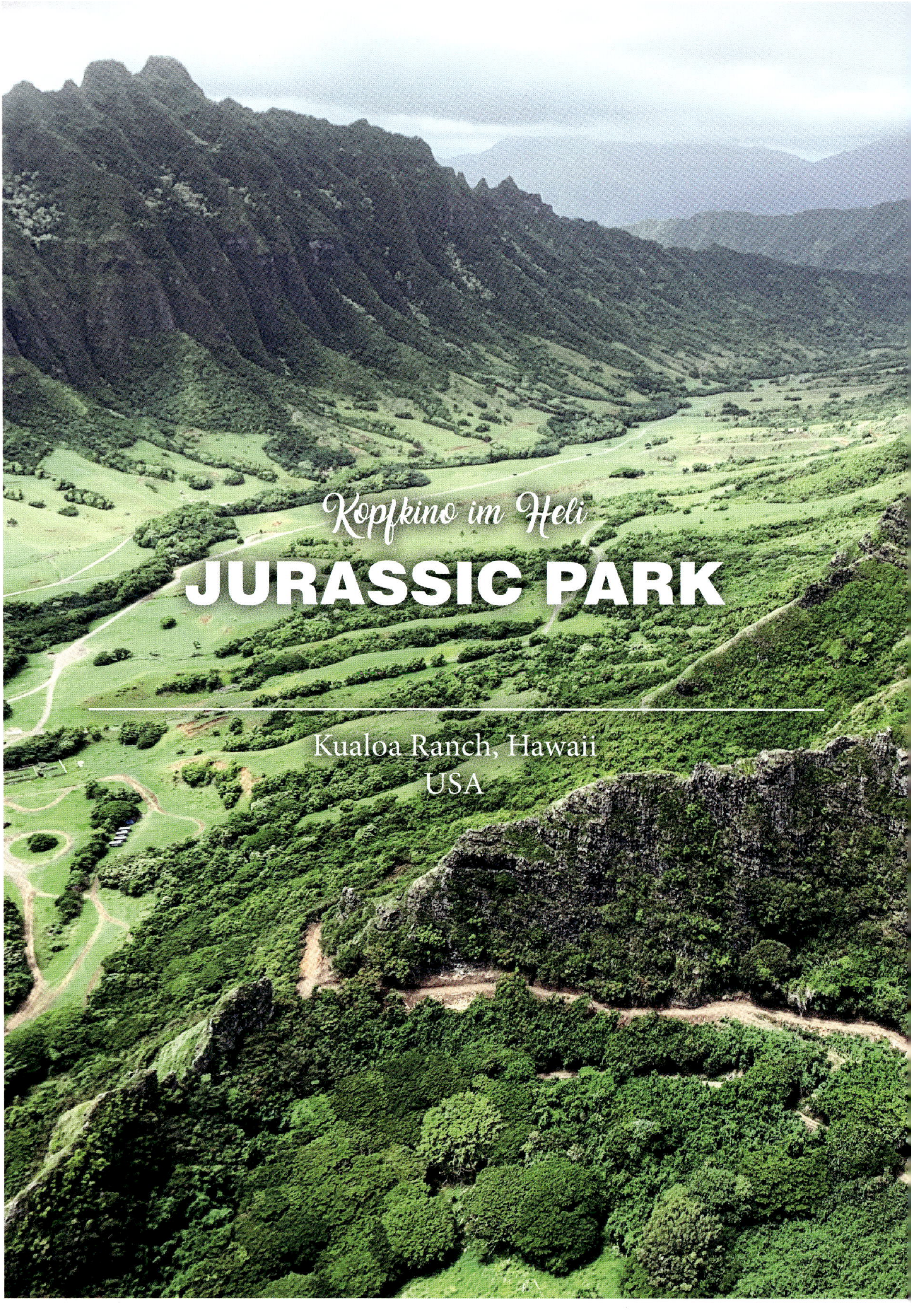

Kopfkino im Heli

JURASSIC PARK

Kualoa Ranch, Hawaii
USA

»Das ist er wohl, der Kinohimmel!«, denke ich als ich die geriffelten grünen Bergrücken erspähe, die aussehen, als gehörten sie selbst zu gewaltigen, schlafenden Urzeittieren.

Als 1993 die Dinosaurier in *Jurassic Park* die Kinos eroberten, saß ich als Teenager staunend vor der Leinwand. Zu sehen, wie Multimilliardär John Hammond auf der fiktiven Insel Isla Nublar einen Erlebnispark voller echter Dinosaurier plant, gehört zu meinen frühesten und schönsten Kinoerinnerungen. So um die 25 Jahre träumte ich davon, diese spektakulär exotische Landschaft einmal mit eigenen Augen zu sehen, wenn auch gezwungenermaßen ohne Saurier. Und nun bin ich endlich da!

Das Jurassic Valley ist in Wahrheit das Ka'a'awa Valley und liegt inmitten der Kualoa Ranch, einem privaten Anwesen im Nordosten der hawaiianischen Insel O'ahu. Die familiengeführte Ranch wurde 1850 errichtet und spielte schon in mehr Filmen mit als Tom Cruise.

Für Cineasten gibt es eine Movie Bus Tour sowie eine Premium Movie Tour. Bei beiden Touren kommt man ins Tal mit dem berühmten umgestürzten Baum aus *Jurassic Park,* unter dem Dr. Alan Grant und Hammonds Kinder Schutz suchten. Weitere Stationen sind die riesigen Fußstapfen aus der Anfangsszene von *Godzilla* aus dem Jahr 1998 und das knochenübersäte Set aus *Kong: Skull Island.* Vor ein paar Tagen erst war ich bei der Premium Tour dabei, um auch das Gehege des Indominus Rex aus *Jurassic World* besichtigen zu können. Bereits dort konnte ich es kaum fassen, mich selbst durch diese Filmkulissen zu bewegen.

Doch die Helikopter-Tour, auf der ich mich jetzt gerade befinde, kann es noch toppen: Ich sitze in einer originalgetreuen Replik des *Magnum*-Choppers und sehe nun alle Locations noch mal von oben. Die Herausforderung für mich: Wir fliegen ohne Türen. Zu Beginn bin ich mental irgendwo zwischen »Du bist doch total verrückt!« und »Wann sind wir endlich wieder am Boden?«. Nach ein paar Minuten Doors-off-Flug zieht meine Höhenangst jedoch den Rückzug an und ich staune nur noch über den Anblick, der sich mir bietet.

Mein Pilot auf der sogenannten Valleys & Waterfall Tour ist Josh Lang, der selbst schon in vielen Filmproduktionen als Stuntman mitgewirkt hat. Er kennt sich sehr gut mit der Insel aus und liefert zu allen Spots, die von oben noch mal weitaus beeindruckender wirken, die nötigen Hintergrundinfos. Ich mache Fotos und Videos, bis der Akku ächzt.

Nach einem kleinen Stopp am Eden Point mit Blick über das Tal biegen wir mit dem Hubschrauber in das mir schon vertraute Jurassic Valley ein. Die Landschaft breitet sich vor mir aus wie eine riesige IMAX-Leinwand. Anstelle von Joshs Stimme höre ich plötzlich das *Jurassic-Park*-Theme von John Williams über die Kopfhörer. Ein Gänsehaut-Moment, der sich fest einbrennt. Gleich neben dem Kinoerlebnis von damals.

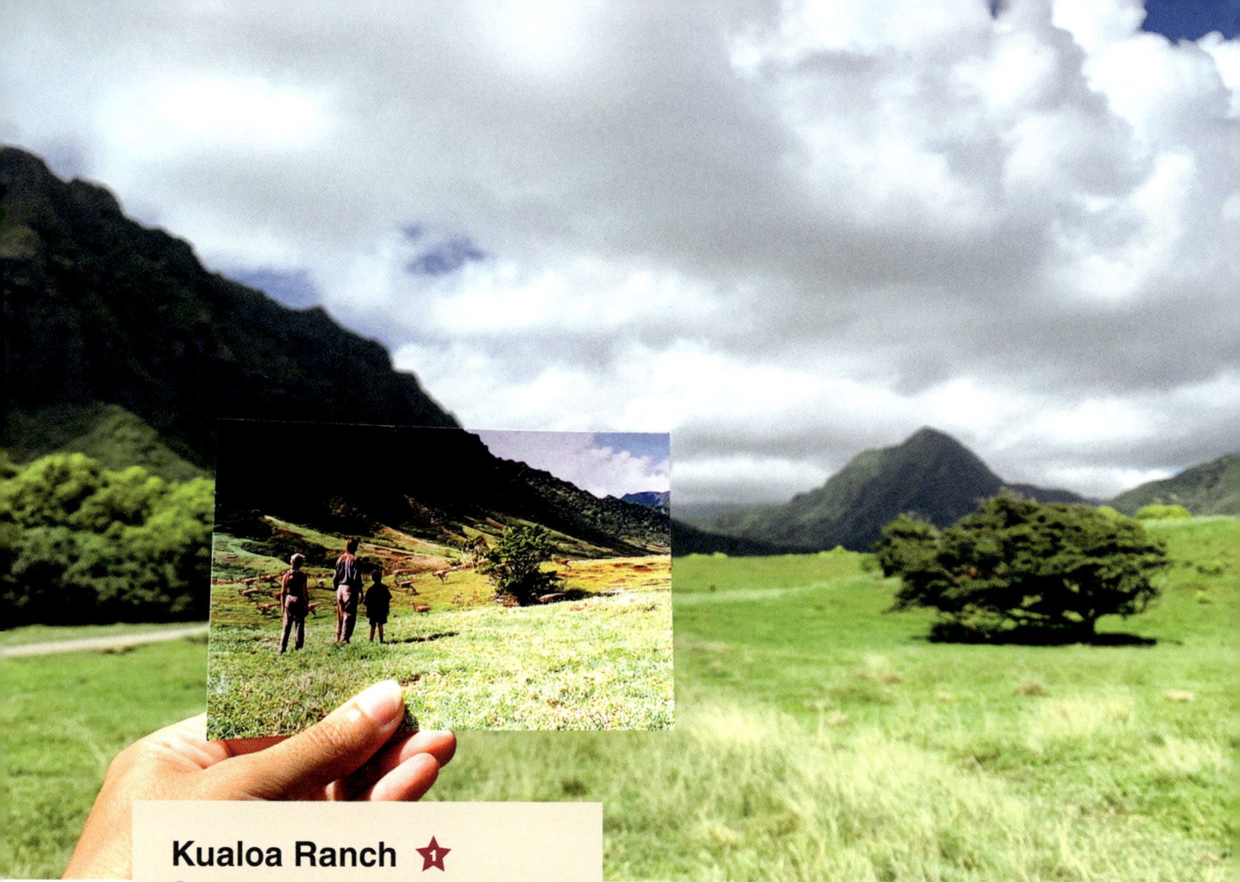

Kualoa Ranch

49-560 Kamehameha Highway, Kaneohe, O'ahu, Hawaii

Neben den Filmreihen *Jurassic Park* und *Jurassic World* diente die Ranch unter anderem als Drehort für *Kong: Skull Island, Godzilla, 50 erste Dates, Jumanji* sowie die TV-Serien *Magnum, Lost* und *Hawaii Five-0,* die das Bild Hawaiis über verschiedene Generationen stark prägten.
Das Areal erstreckt sich über 1.600 Hektar. Um es zu erkunden, gibt es die unterschiedlichsten Touren, bei denen man mal mit dem Pferd, mit dem Bus, mit dem Quad, mit dem Kayak oder sogar per Zipline unterwegs ist. Bei den schnell ausgebuchten Filmtouren fährt man mit dem Bus.

kualoa.com

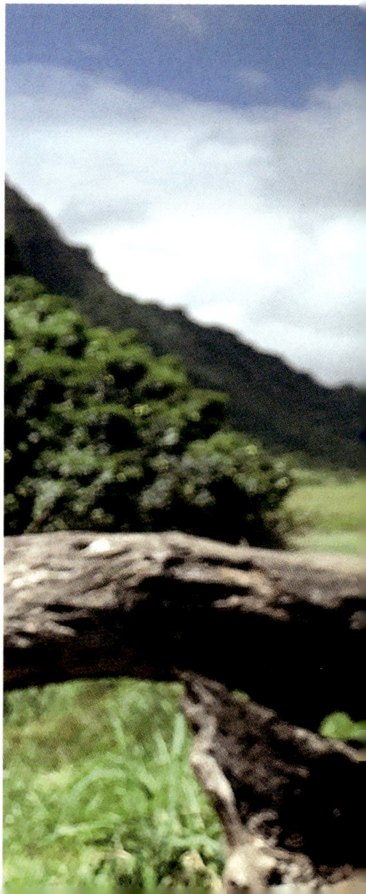

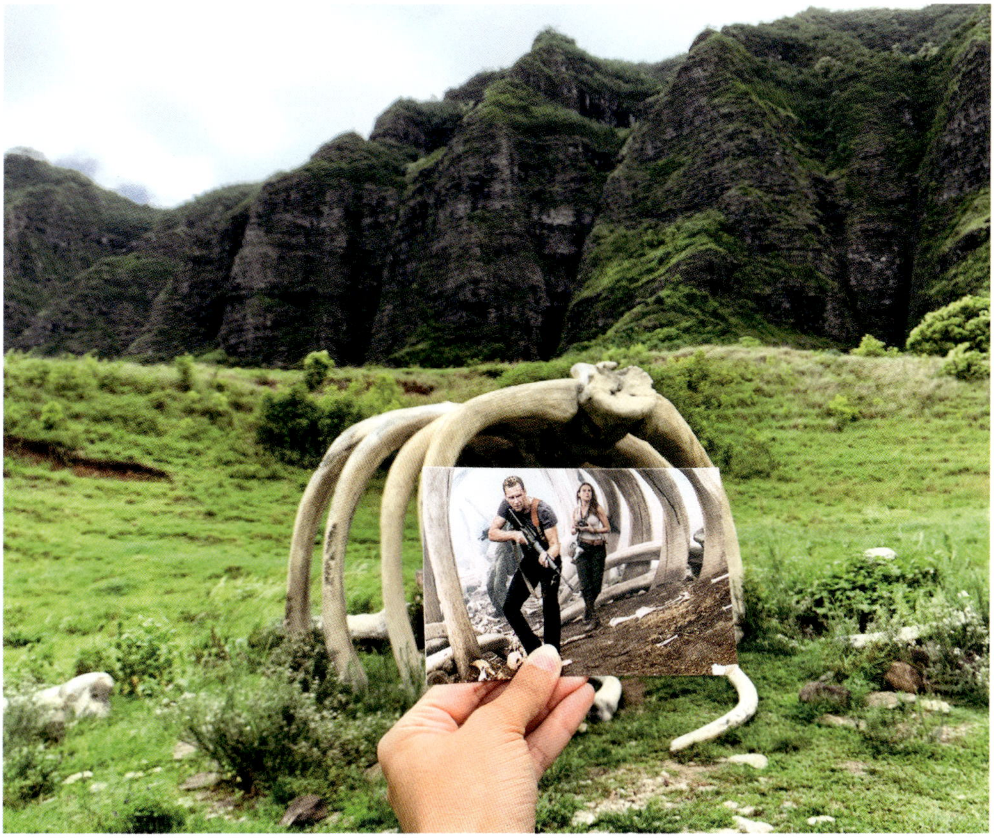

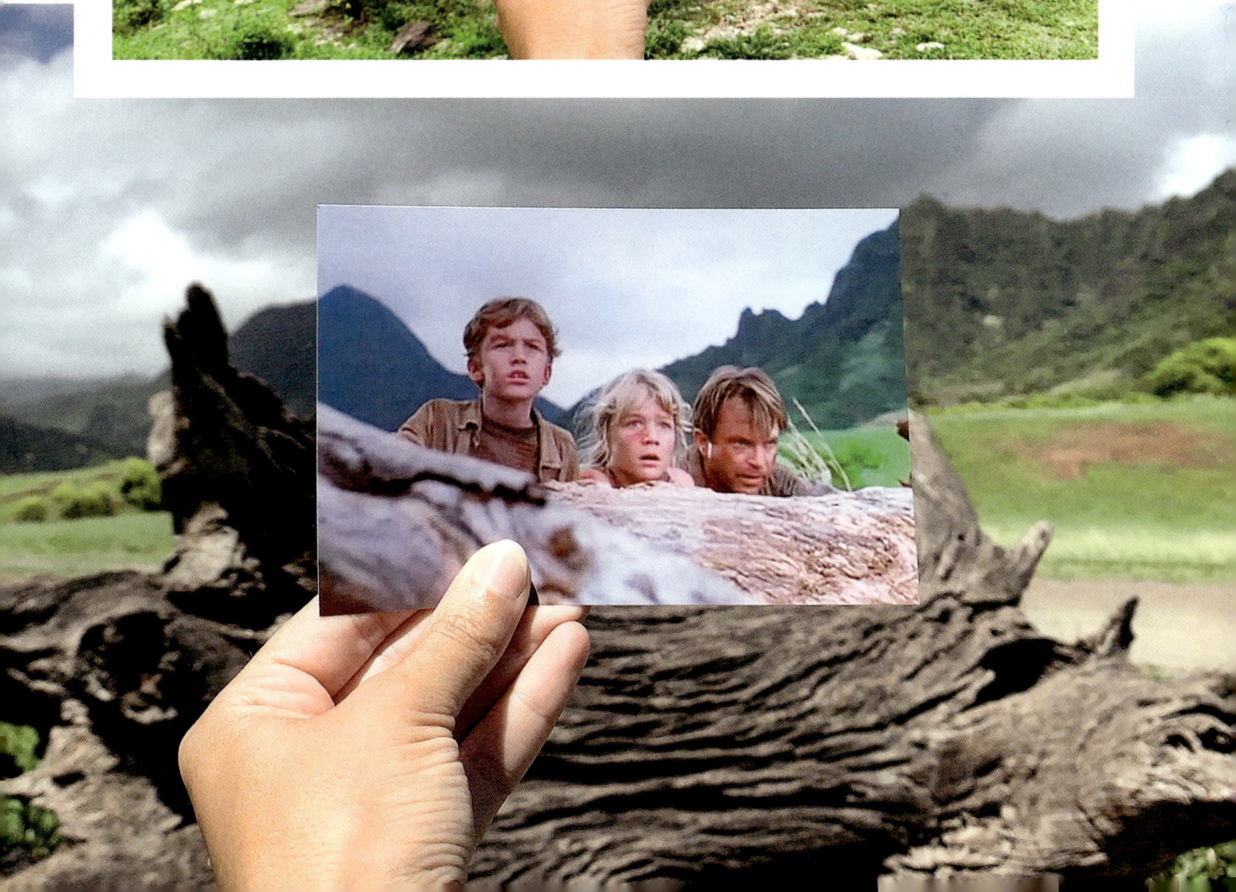

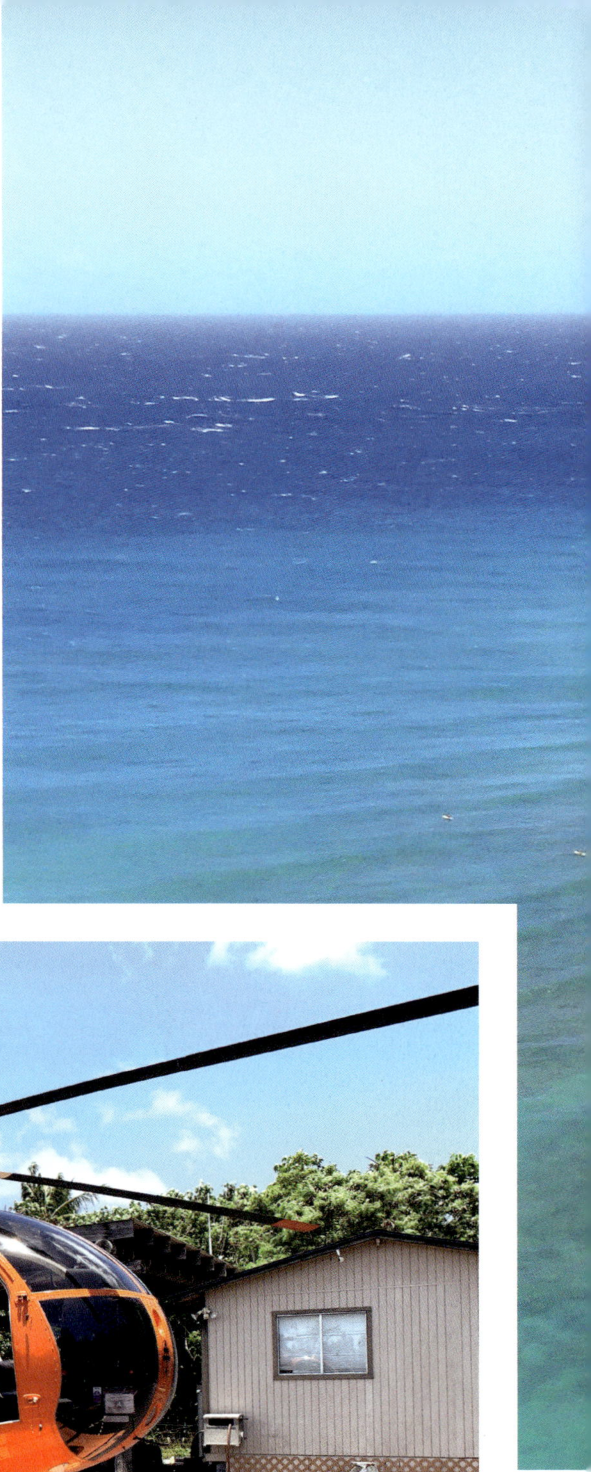

Turtle Bay Resort ②

57-091 Kamehameha Highway, Kahuku, O'ahu, Hawaii

Startpunkt der Helikopter-Tour mit dem *Magnum*-Chopper ist das Turtle Bay Resort ganz im Norden der Insel. Der Hotelkomplex und das Gelände drum herum wurden selbst schon häufig zur Filmkulisse, zum Beispiel in *Die Tribute von Panem – Catching Fire, Lost* oder der Komödie *Nie wieder Sex mit der Ex,* in der Mila Kunis an der Rezeption des Resorts arbeitet.

paradisecopters.com
turtlebayresort.com

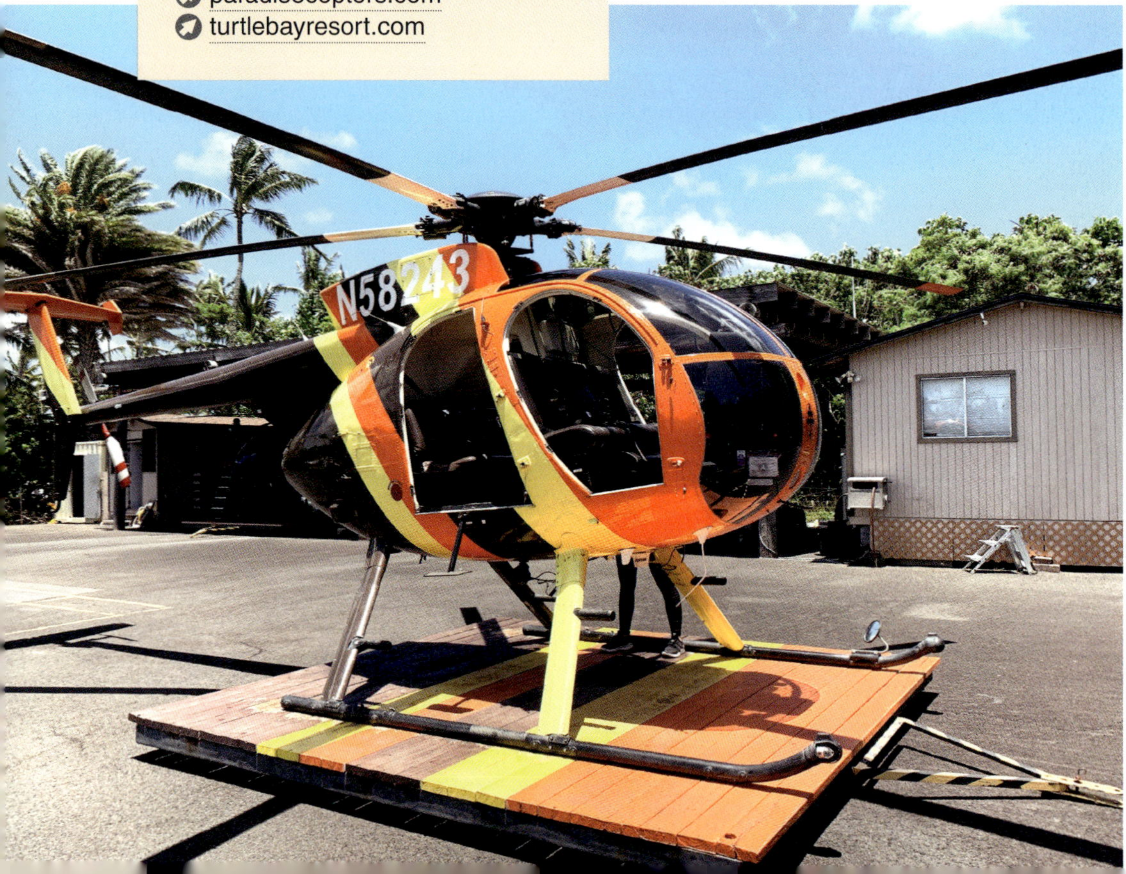

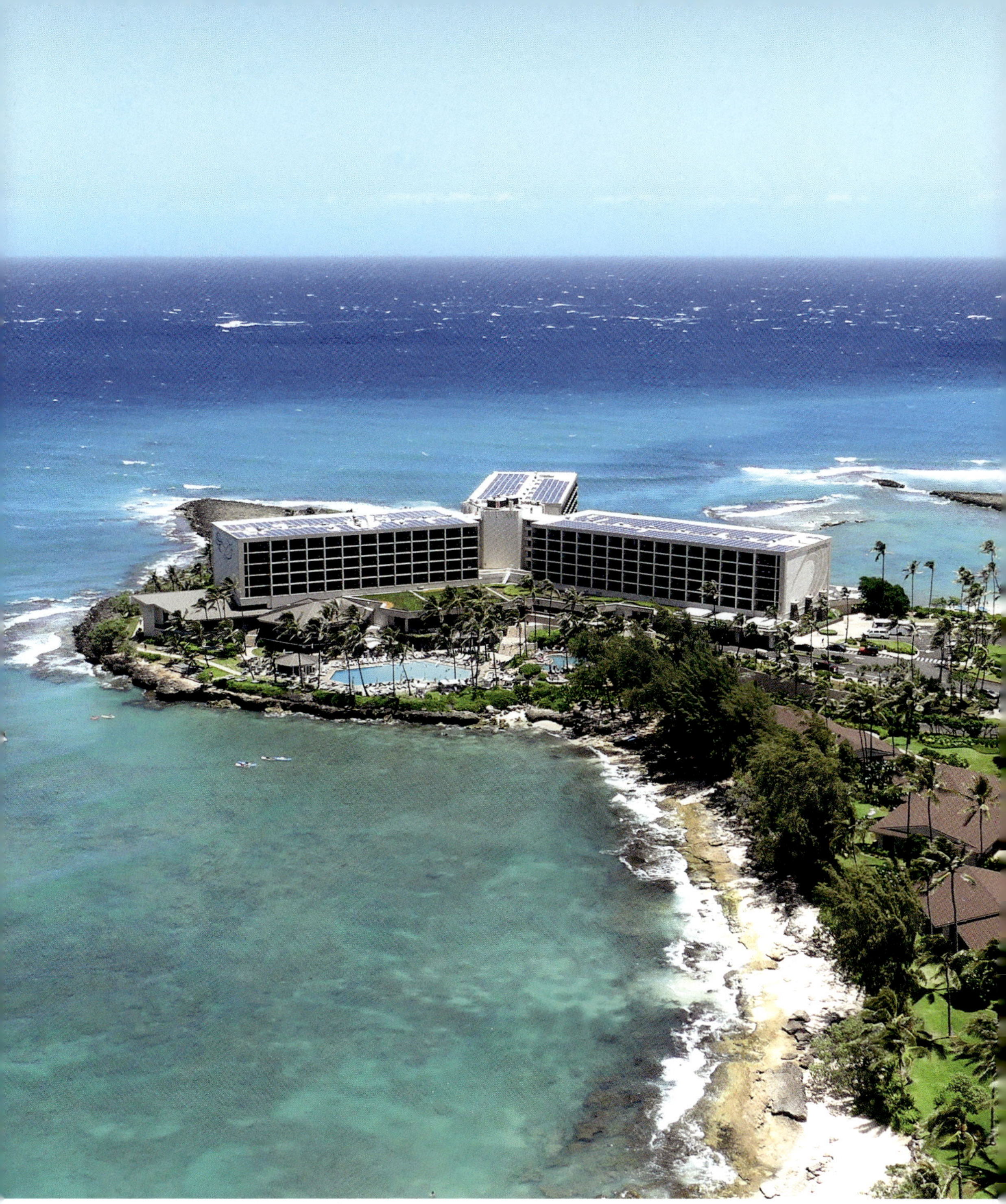

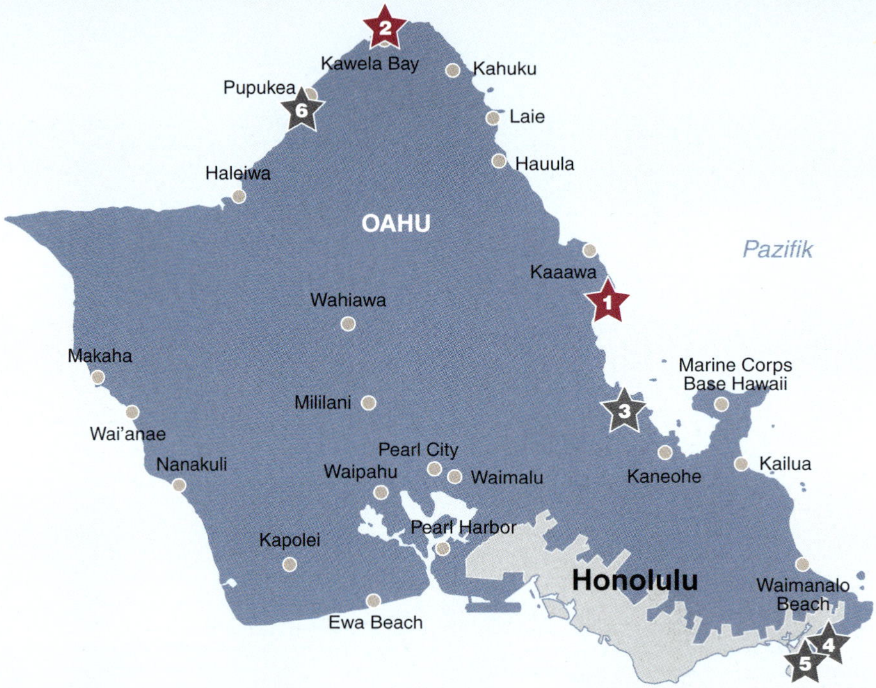

Weitere Filmtourismus-Tipps zu

Hawaii

Byodo-In-Tempel 3

47-200 Kahekili Highway, Kaneohe, O'ahu, Hawaii

Für Fans der Serie *Lost* gibt es auf O'ahu eine ganze Fülle an Locations zu entdecken. Hier wurden nämlich nicht nur die Szenen, die auf der geheimnisvollen Insel spielen, gedreht, sondern auch jene, die in Sydney, Los Angeles und sogar Korea angesiedelt sind. So wird der buddhistische Byodo-In-Temple in der Serie zur Hochzeitslocation von Jin und Sun.

Der Tempel wurde 1968 den ersten japanischen Immigranten auf der Insel gewidmet und war in der Vergangenheit schon öfter auf dem Bildschirm zu sehen, zum Beispiel in der Kult-Serie *Magnum.* Er ist eine maßstabsgetreue Nachbildung des Tempels im japanischen Uji und wurde komplett ohne Nägel erbaut.

byodo-in.com

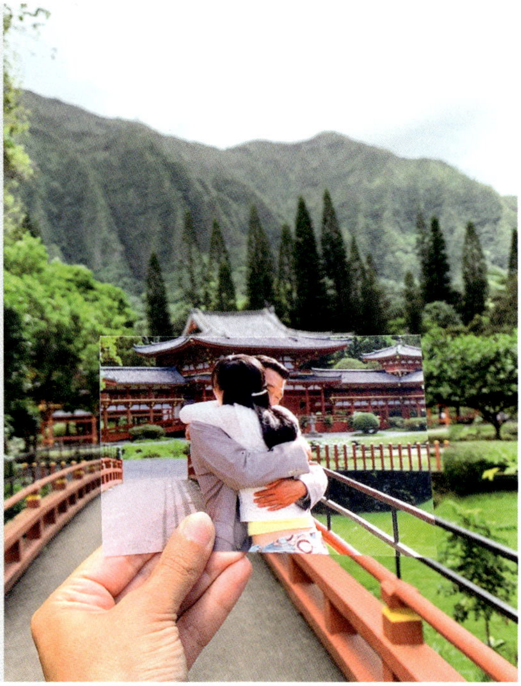

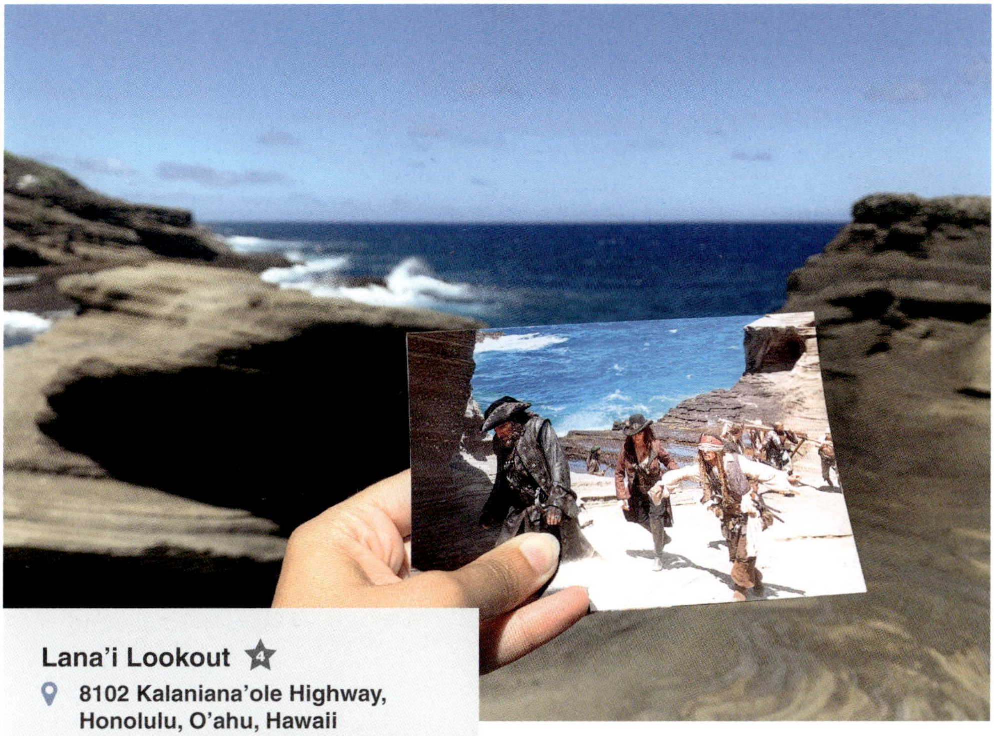

Lana'i Lookout ④

8102 Kalaniana'ole Highway, Honolulu, O'ahu, Hawaii

Die von Lava bizarr geformte Küste am Lana'i Lookout diente als Drehort für *Pirates of the Caribbean – Fremde Gezeiten.* Achtung: Bei starker Tide sind hier unglaubliche Kräfte am Werk, die man nicht unterschätzen sollte. Nicht weit von hier befindet sich die Halona Bucht und der gleichnamige Strand, der übrigens auch Eternity Beach genannt wird, seit hier 1953 der Filmklassiker *From Here to Eternity* gedreht wurde. Dazu wurde die Bucht in *Jurassic World* zum Schauplatz.

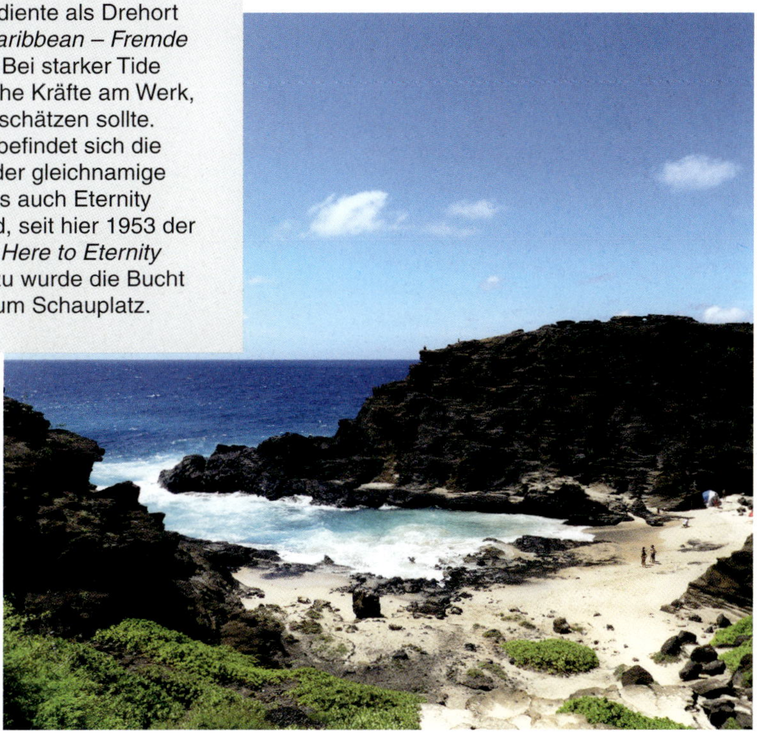

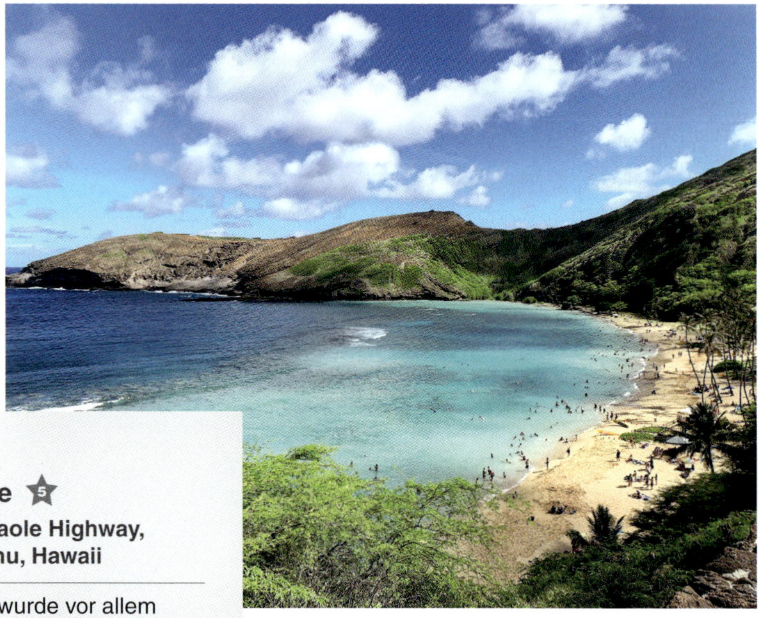

Hanauma Bay Nature Preserve

7455 Kalanianaole Highway, Honolulu, O'ahu, Hawaii

Die Hanauma Bay wurde vor allem durch den Film *Blaues Hawaii* bekannt. Nachdem Elvis Presley hier 1961 den Song *No More* zum Besten gab, wurde die Bucht, die aus einem erloschenen Vulkankrater entstand, zu einem der Hauptreiseziele O'ahus. Wer Zutritt zum Strand möchte, muss vorher ein Ticket kaufen und sich einen kurzen Infofilm über die zu beachtenden Verhaltensregeln ansehen.

hanaumabaystatepark.com

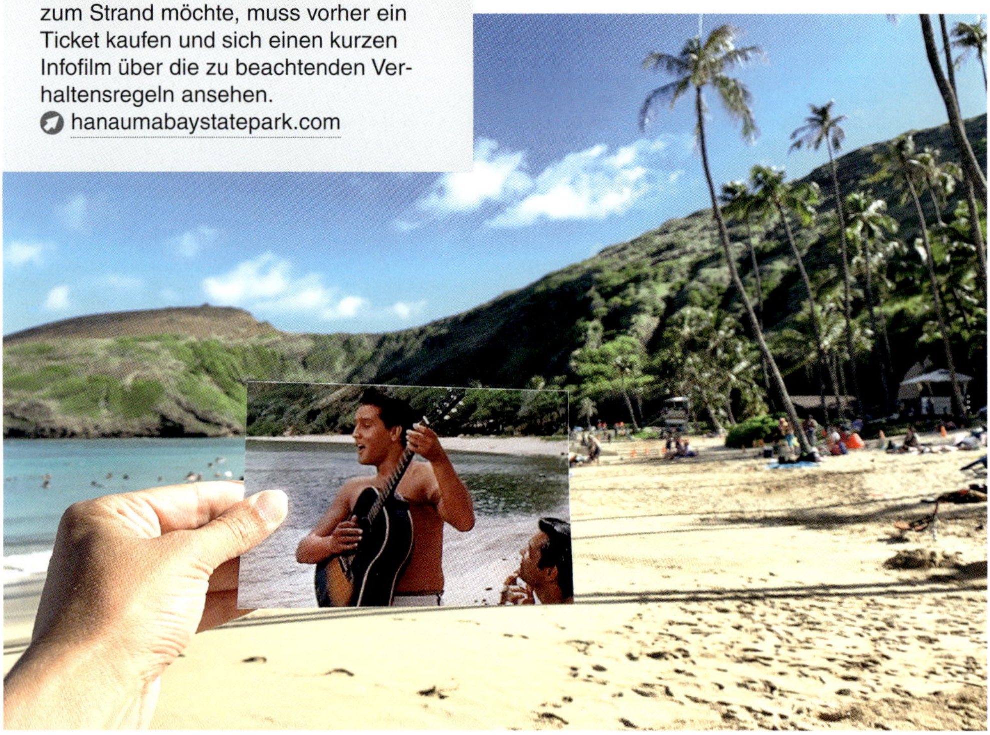

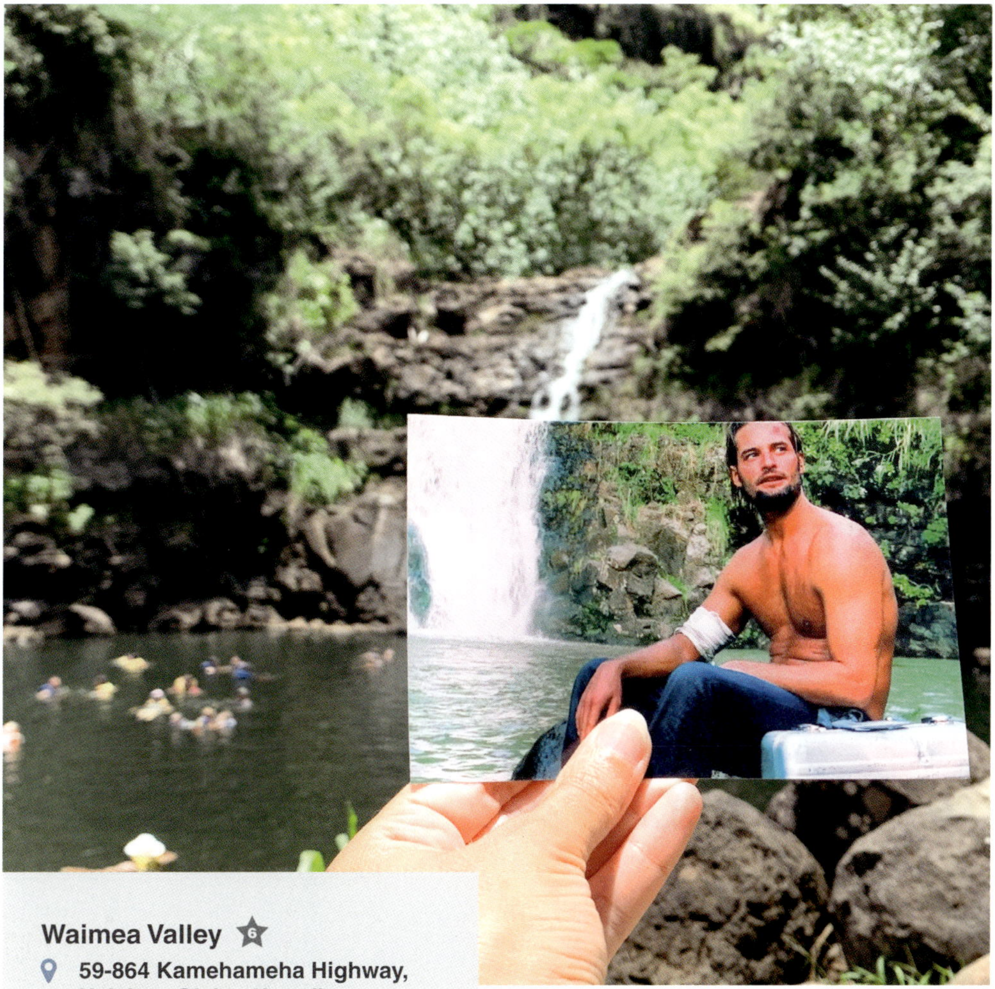

Waimea Valley ★6

59-864 Kamehameha Highway, Haleiwa, O'ahu, Hawaii

In der Nähe der Surferhochburg Haleiwa befindet sich das Waimea Valley, in dem es eine tolle Pflanzenwelt zu entdecken gibt, sowie die typischen Hütten, in denen man früher in Hawaii gelebt hat. Für Filme wurde das Tal rege genutzt, wie schon die zahlreichen Filmplakate gleich am Eingang des Parks verraten.
Darunter befinden sich viele Komödien wie *Ich, Du und der Andere* und *Mädelstrip,* aber auch bekanntere Produktionen wie *Jumanji* und wiederum *Lost,* wofür verschiedene Szenen am Wasserfall Waimea Falls gedreht wurden.

waimeavalley.net

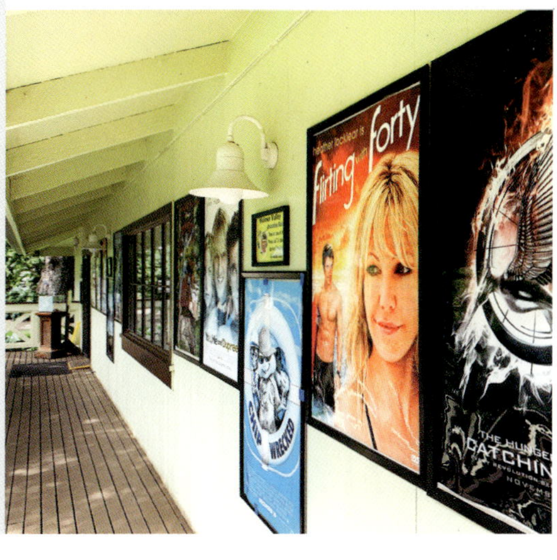

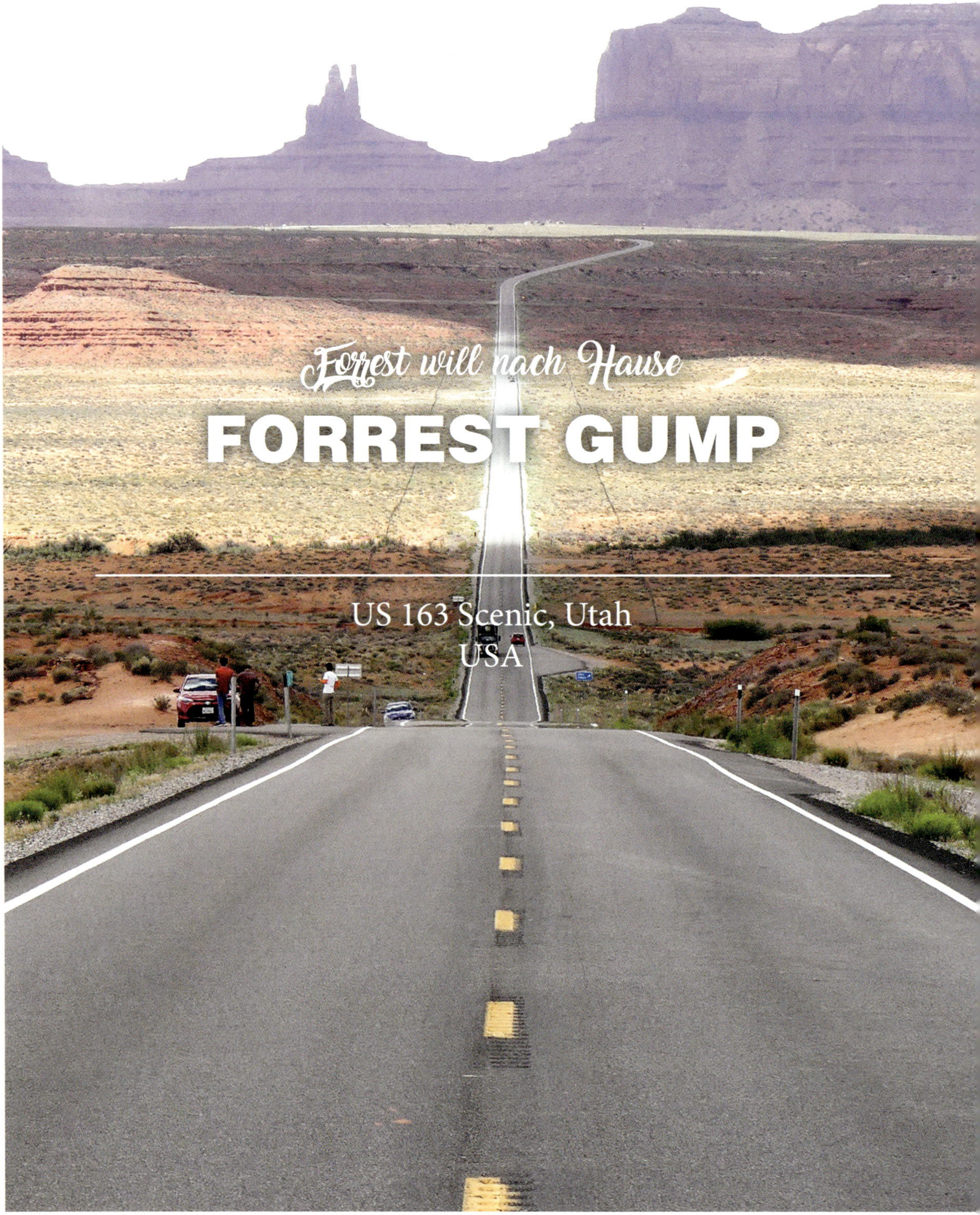
Forrest will nach Hause
FORREST GUMP
US 163 Scenic, Utah
USA

Ich liebe Roadtrips. Und Filme über Roadtrips. Und Drehorte von Filmen über Roadtrips. Daher werden gelegentlich auch Straßen und Brücken zu meinem eigentlichen Reiseziel.

Manche geben eine hervorragende Kulisse für eine Verfolgungsjagd, wie zum Beispiel die Seven Mile Bridge auf den Florida Keys, die für Filme wie *James Bond 007 – Lizenz zum Töten, True Lies* und *2 Fast 2 Furious* zum actionreichen Schauplatz wird. Andere sind stark mit einer Stadt verbunden, wie die Golden Gate Bridge in San Francisco (siehe Seite 36).

Und dann gibt es Streckenabschnitte, die so perfekt in die Landschaft eingebettet sind, dass sie besonders gut das Gefühl von Freiheit und Abenteuer vermitteln. Dabei muss nicht zwingend ein Fahrzeug im Spiel sein. Die meiner Meinung nach ikonischste Straßen-Filmszene überhaupt kommt jedenfalls ganz ohne aus, nämlich die mit einem besonders ausdauernden Läufer namens Forrest Gump.

Der Moment, wenn der mittlerweile vollbärtige Forrest, mit einer kleinen Gruppe von Läufern im Schlepptau, nach drei Jahren, zwei Monaten, vierzehn Tagen und sechzehn Stunden plötzlich beschließt, dass nun Schluss ist mit dem Laufen und er jetzt nur noch nach Hause möchte, ist mir jedenfalls ganz besonders im Filmgedächtnis geblieben. Und mit der Szene die Szenerie dahinter. Denn die schier endlos wirkende Straße führt geradewegs Richtung Monument Valley, dessen Umrisse wie riesige Kathedralen in der Ferne zu sehen sind.

Darum gehört der sogenannte Forrest Gump Point zu den Sehenswürdigkeiten meines Utah-Roadtrips. Vor Ort wird meine Erwartung bestätigt, dass er absolut sehenswürdig ist. Aber längst kein Geheimtipp mehr. Touristen aus aller Welt setzen sich hier in unterschiedlichsten Posen in Szene. Ein paar von ihnen schlüpfen sogar deutlich erkennbar in die Rolle der Filmfigur, für die Tom Hanks 1995 den Oscar als bester Hauptdarsteller bekam. Manche scheinen zwischendurch zu vergessen, dass sie sich auf einer vielbefahrenen Straße befinden und nicht auf einem Studioset.

Dass genau diese Stelle am Highway 163 bei Reisenden so beliebt ist, liegt nicht allein an *Forrest Gump.* Zum einen kamen hier schon viele andere filmischen Berühmtheiten vorbei: *Doctor Who,* die *Easy Rider* oder auch die ganze Riege der *Transformers.* Zum anderen eignet sich der Ort einfach bestens für das perfekte Fernweh-Foto. Und ohne dieses will hier heute keiner nach Hause.

Der Kultfilm mit Tom Hanks und der berühmten Pralinenschachtel hat jedoch selbstverständlich immens zur Bekanntheit beigetragen und wird dies auch in Zukunft tun. So wie Tom Hanks noch heute laut eigener Aussage von Fans häufig mit *»Run, Forrest, run!«* angefeuert wird, werden auch weiterhin Leute hierherkommen, um diese Filmszene nachzustellen.

Eine Zeit lang verfolge ich das Schauspiel, das sich mir bietet – und von dem ich freilich selbst ein Teil bin. Da fällt mir plötzlich ein etwas ramponiertes Holzschild auf,

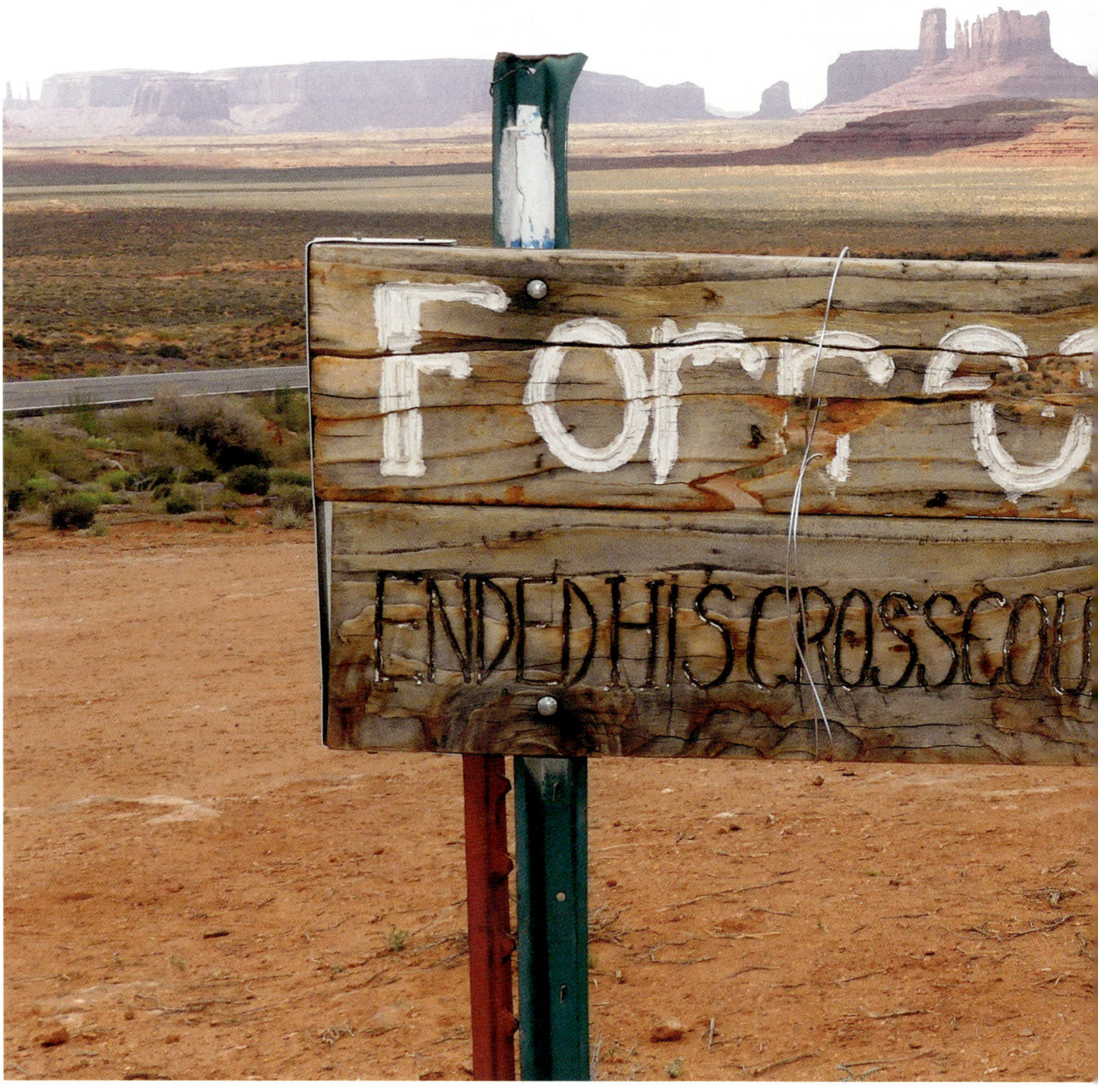

das mir vor lauter Trubel beinahe entgangen wäre. Um die Aufschrift lesen zu können, gehe ich näher ran. Auf zwei angeschraubten Holzlatten steht: *»Forrest Gump ended his crosscountry run at this spot 1980.«* Und ein wenig fühlt es sich so an, als würde es sich dabei nicht um eine Filmszene, sondern um einen echten historischen Moment handeln.

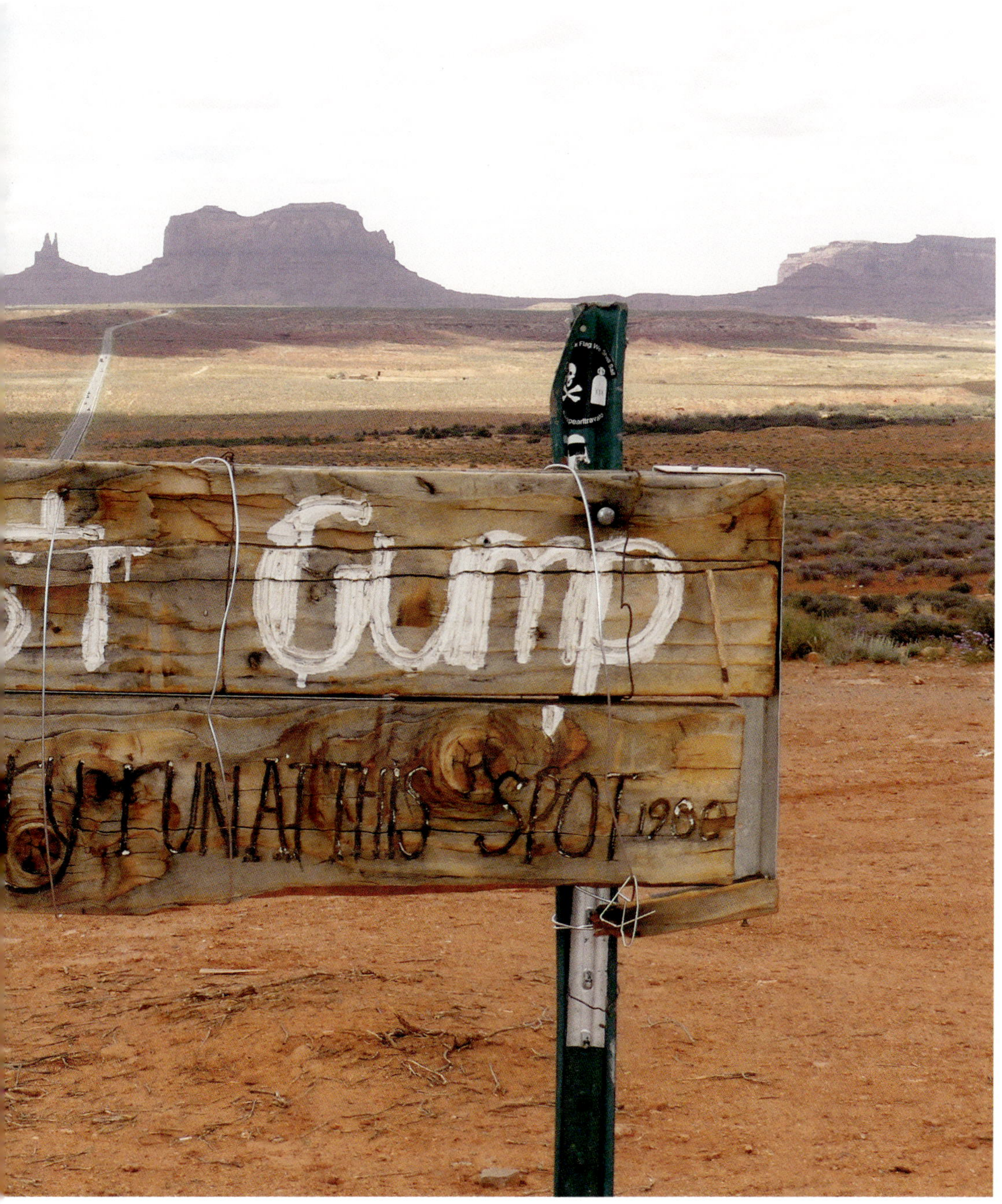

Genauso wie die historischen Ereignisse, in die Forrest Gump mittels Bluescreen-Technik für den Film hineingeschnitten wurde. Beim Blick zurück auf das bunte Treiben auf und neben der Straße wird mir klar, dass diese Unterscheidung hier und heute überhaupt gar keine Rolle spielt.

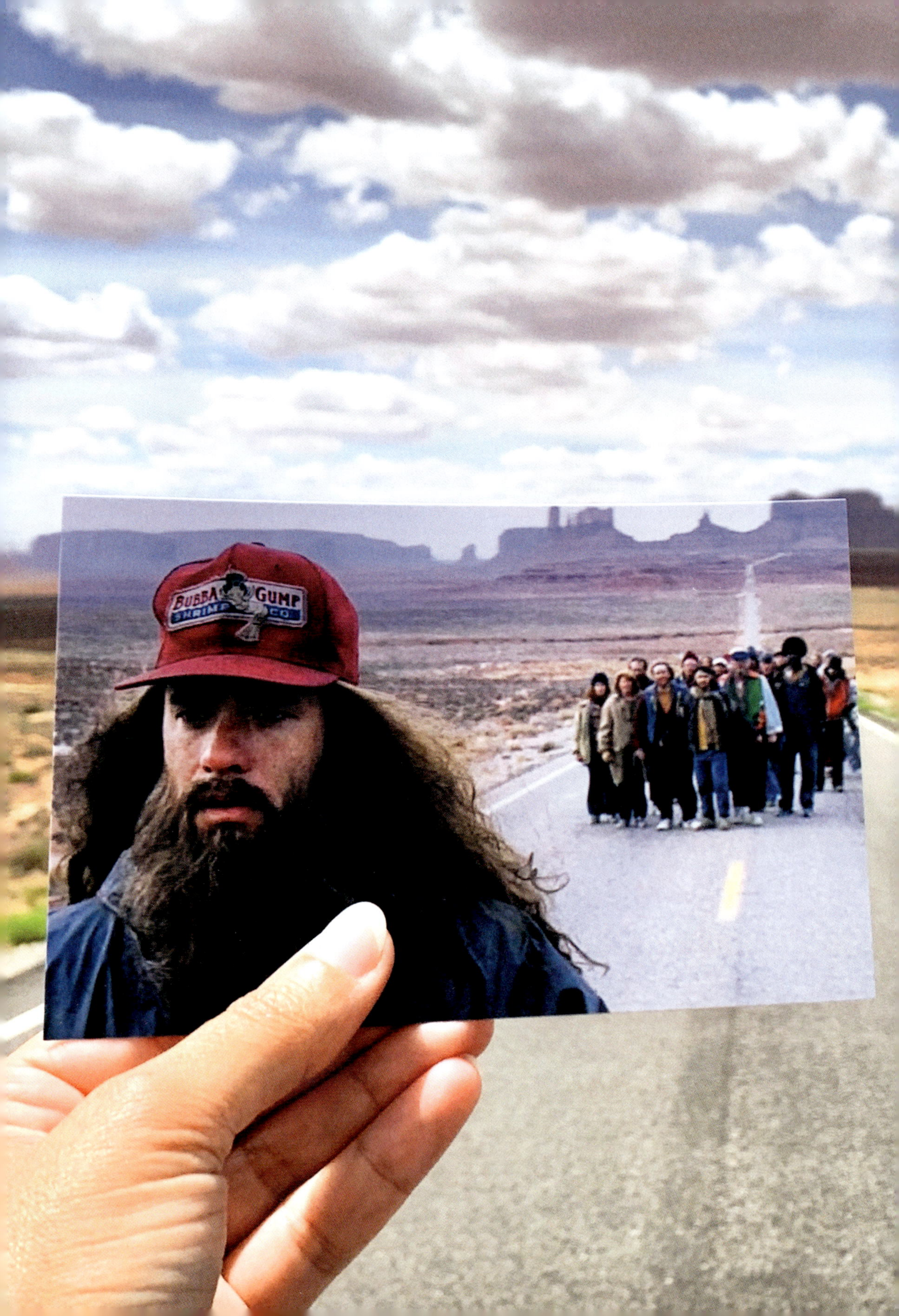
BUBBA GUMP
SHRIMP CO.

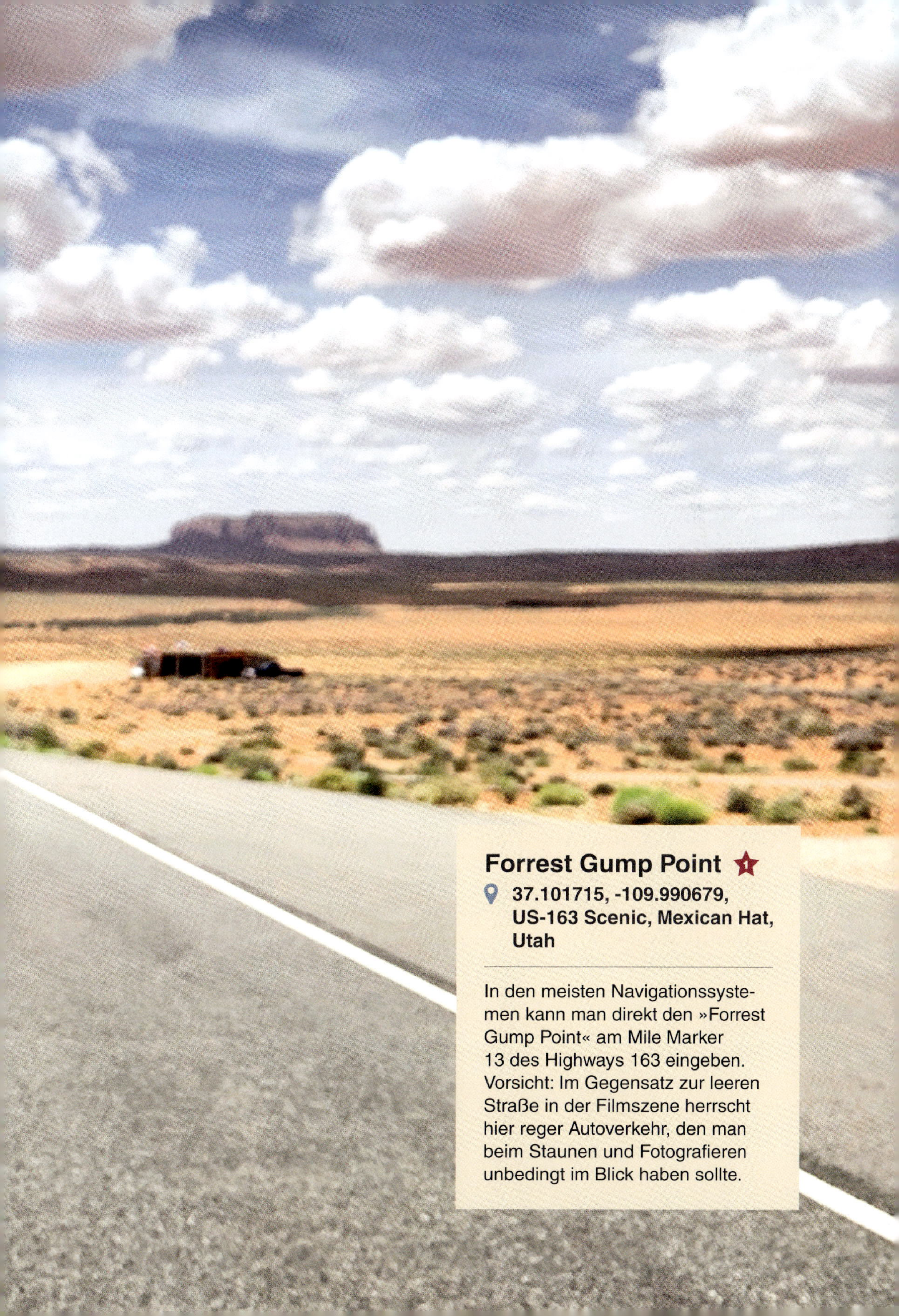

Forrest Gump Point ★1

37.101715, -109.990679,
US-163 Scenic, Mexican Hat,
Utah

In den meisten Navigationssystemen kann man direkt den »Forrest Gump Point« am Mile Marker 13 des Highways 163 eingeben. Vorsicht: Im Gegensatz zur leeren Straße in der Filmszene herrscht hier reger Autoverkehr, den man beim Staunen und Fotografieren unbedingt im Blick haben sollte.

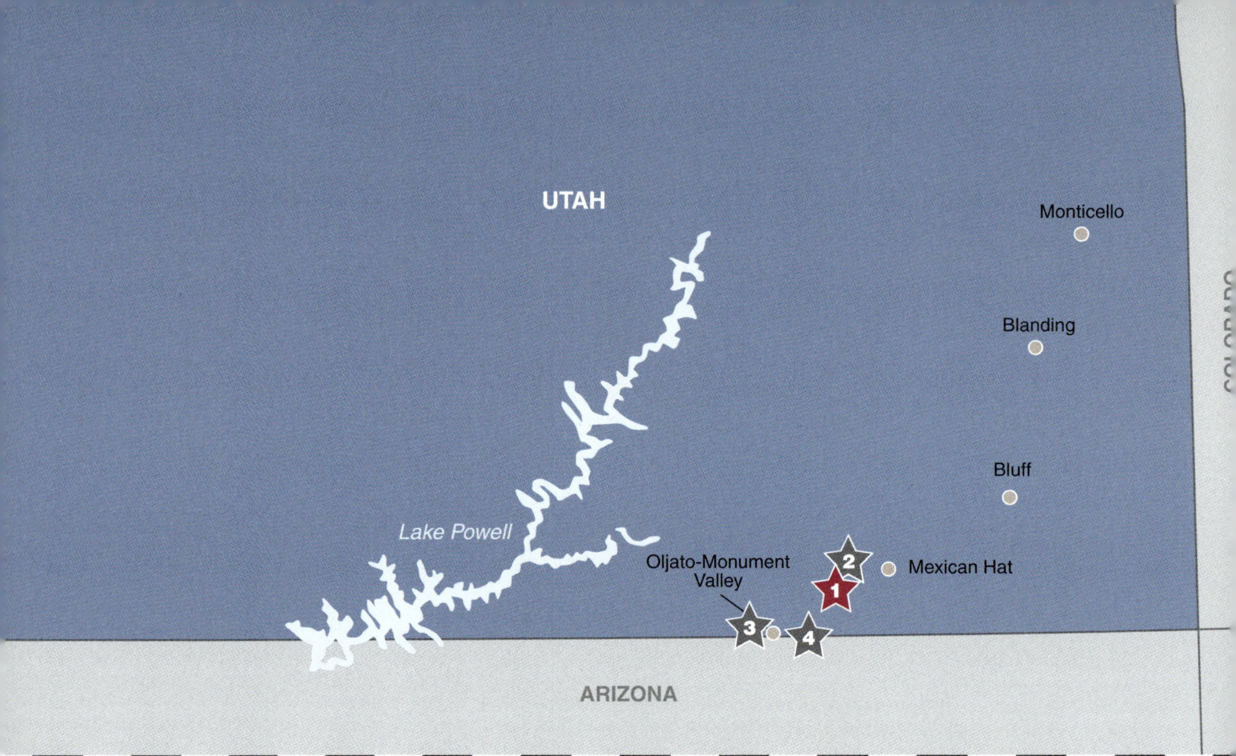

Weitere Filmtourismus-Tipps zum

Monument Valley

Brick Arch 2

37.129337, -109.973317, Oljato, Utah

Nur zehn Minuten Autofahrt sind es vom Forrest Gump Point bis zu den Überbleibseln des gemauerten Gewölbebogens aus Sergio Leones Westernklassiker *Spiel mir das Lied vom Tod.* Hier entstand die Szene, in der der namenlose Mundharmonikaspieler seinen Bruder am Galgen auf seinen Schultern trägt.

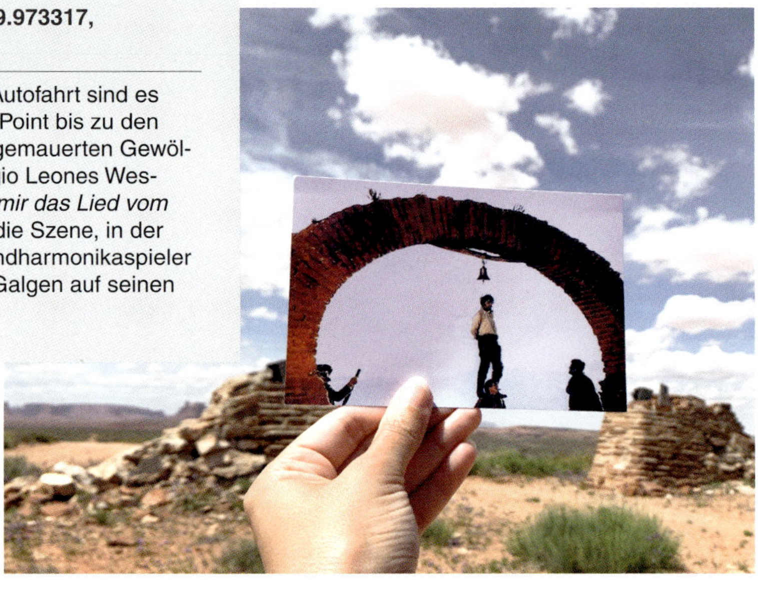

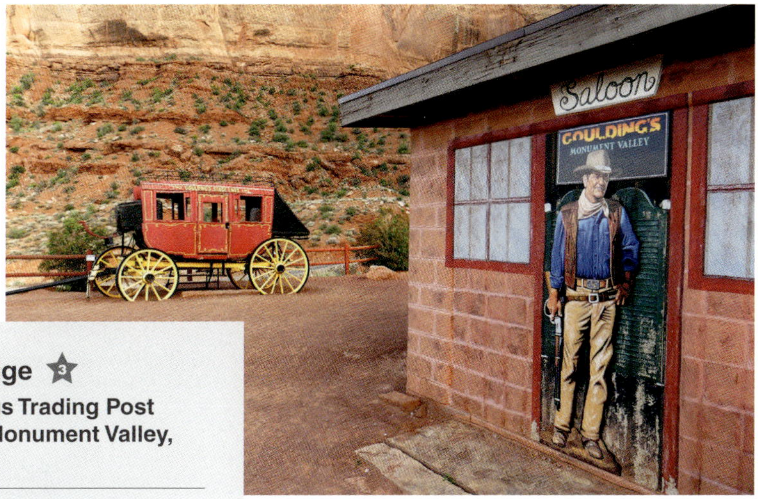

Goulding's Lodge

1000 Gouldings Trading Post Road, Oljato-Monument Valley, Utah

Mein Übernachtungstipp für Filmtouristen im Monument Valley ist die Goulding's Lodge, die über ein kleines Filmmuseum verfügt, in einem kleinen Kino alte Filme zeigt sowie selbst schon in einem John-Wayne-Film mitspielen durfte, nämlich in *Der Teufelshauptmann* von 1949. Am liebsten würde man von hier aus selbst mit dem Planwagen weiterziehen.

gouldings.com

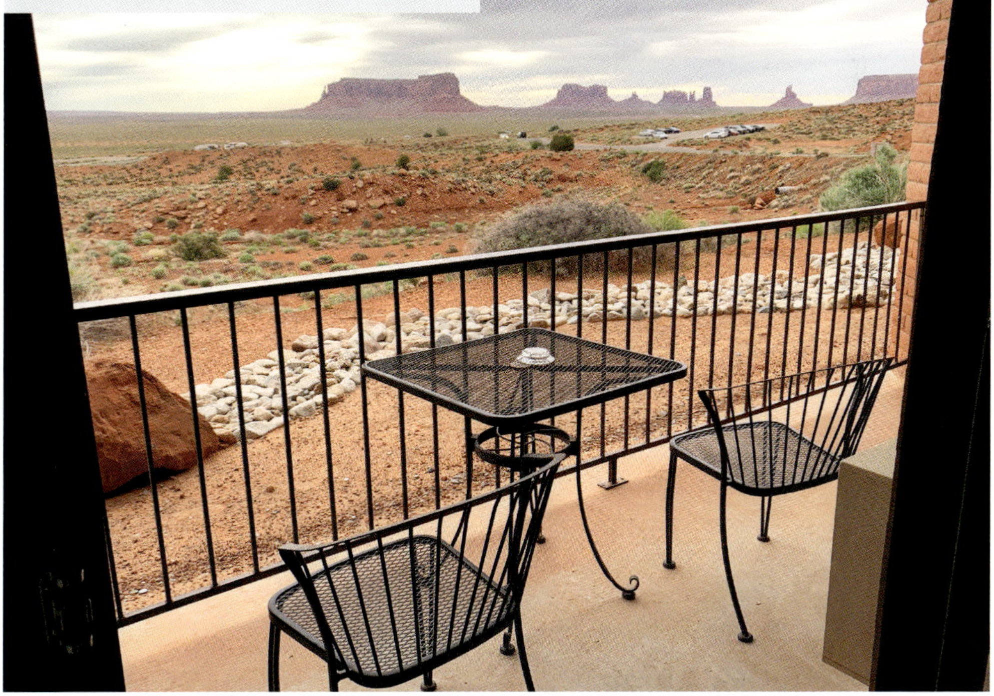

Monument Valley Navajo Tribal Park

US-163 Scenic, Oljato-Monument Valley, Utah / Arizona

Das Monument Valley gehört zu den Stars unter den Filmschauplätzen. Schon vor 80 Jahren fuhr hier die Postkutsche in *Ringo* mit John Wayne und unzählige Western zeigten die ikonische Landschaft auf der Kinoleinwand. Später raste hier ein DeLorean mitsamt Marty McFly (Michael J. Fox) in *Zurück in die Zukunft 3* in die Vergangenheit. Ich empfehle auf jeden Fall, den Loop im Monument Valley Navajo Tribal Park zu erkunden. Zu bestimmten Öffnungszeiten und gegen Eintritt kann man diesen auf eigene Faust befahren. Wer kein Auto mit Allradantrieb hat hat, kann alternativ eine Tour bei den Navajos buchen.

navajonationparks.org/tribal-parks/monument-valley

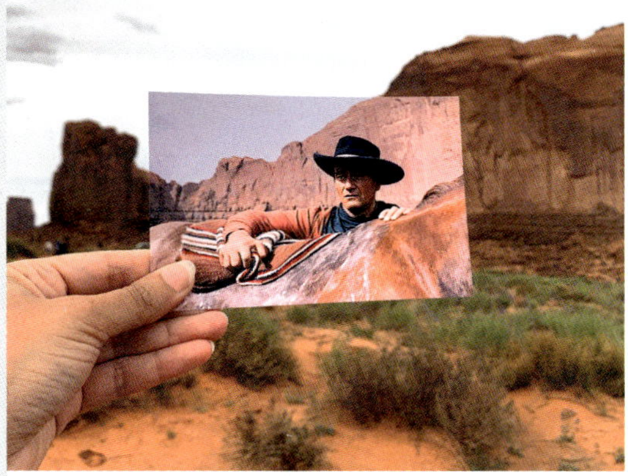

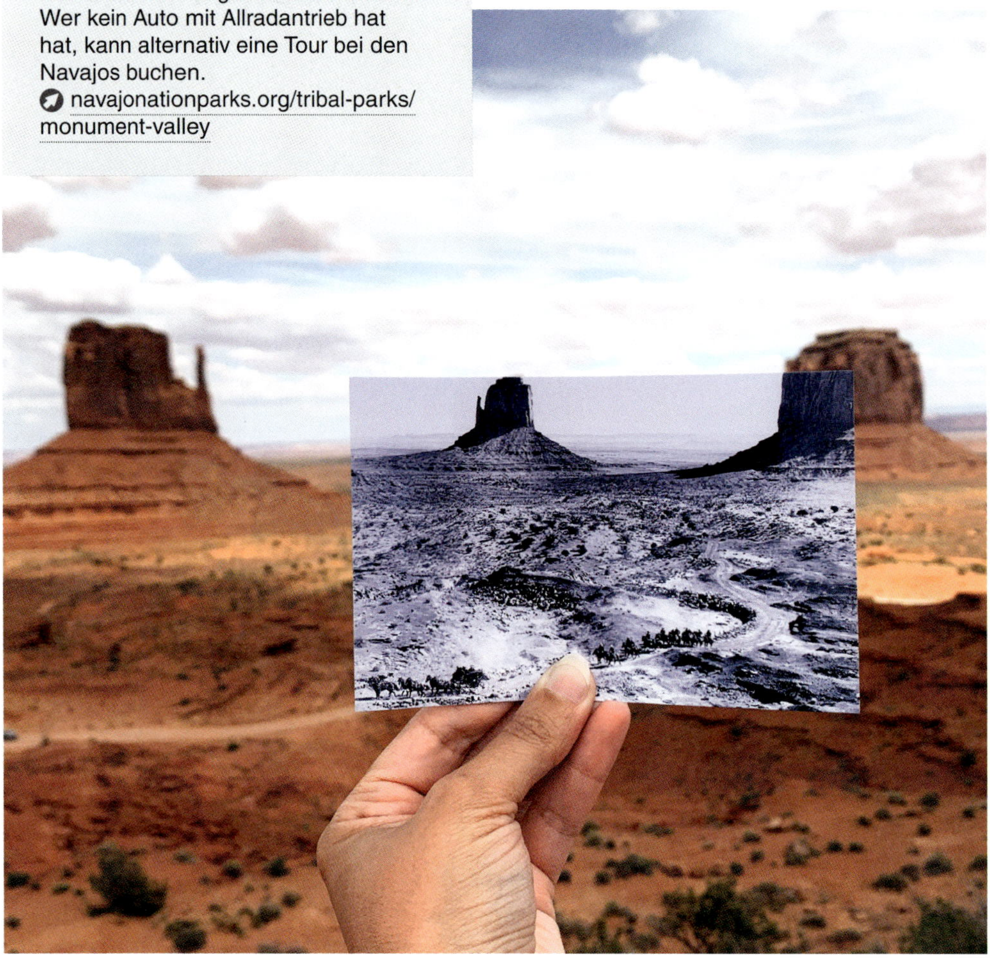

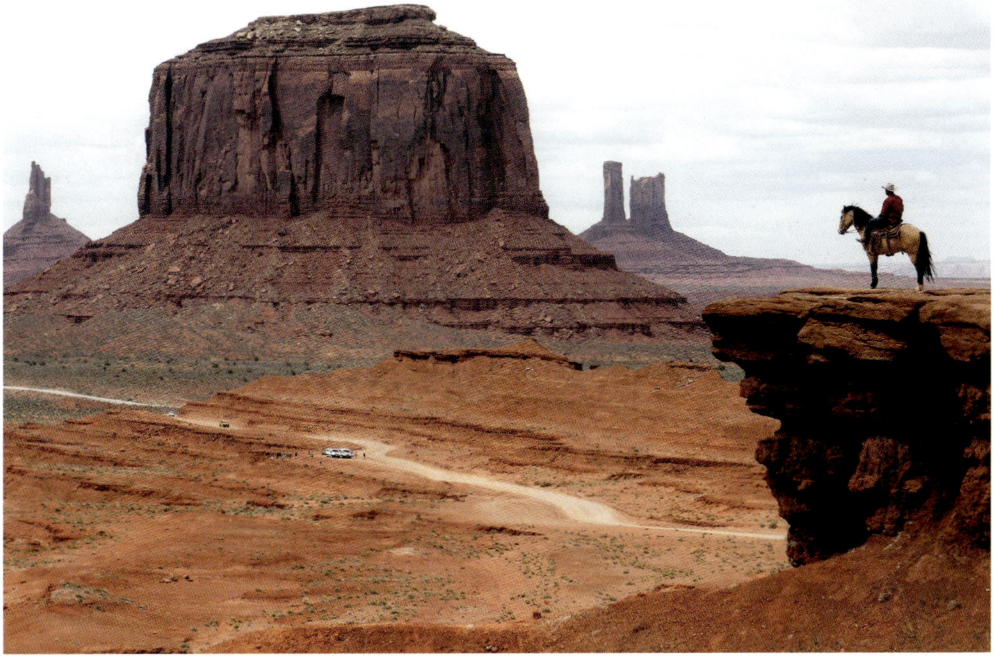

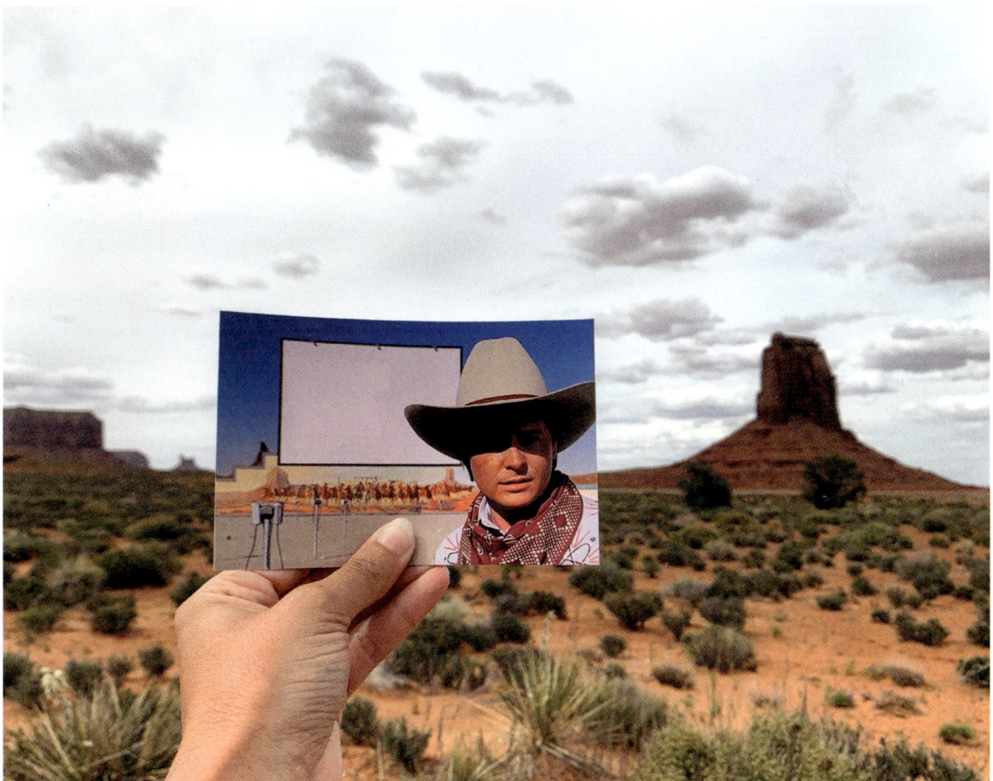

Bruchlandung auf der Erde

PLANET DER AFFEN

Lake Powell, Utah
USA

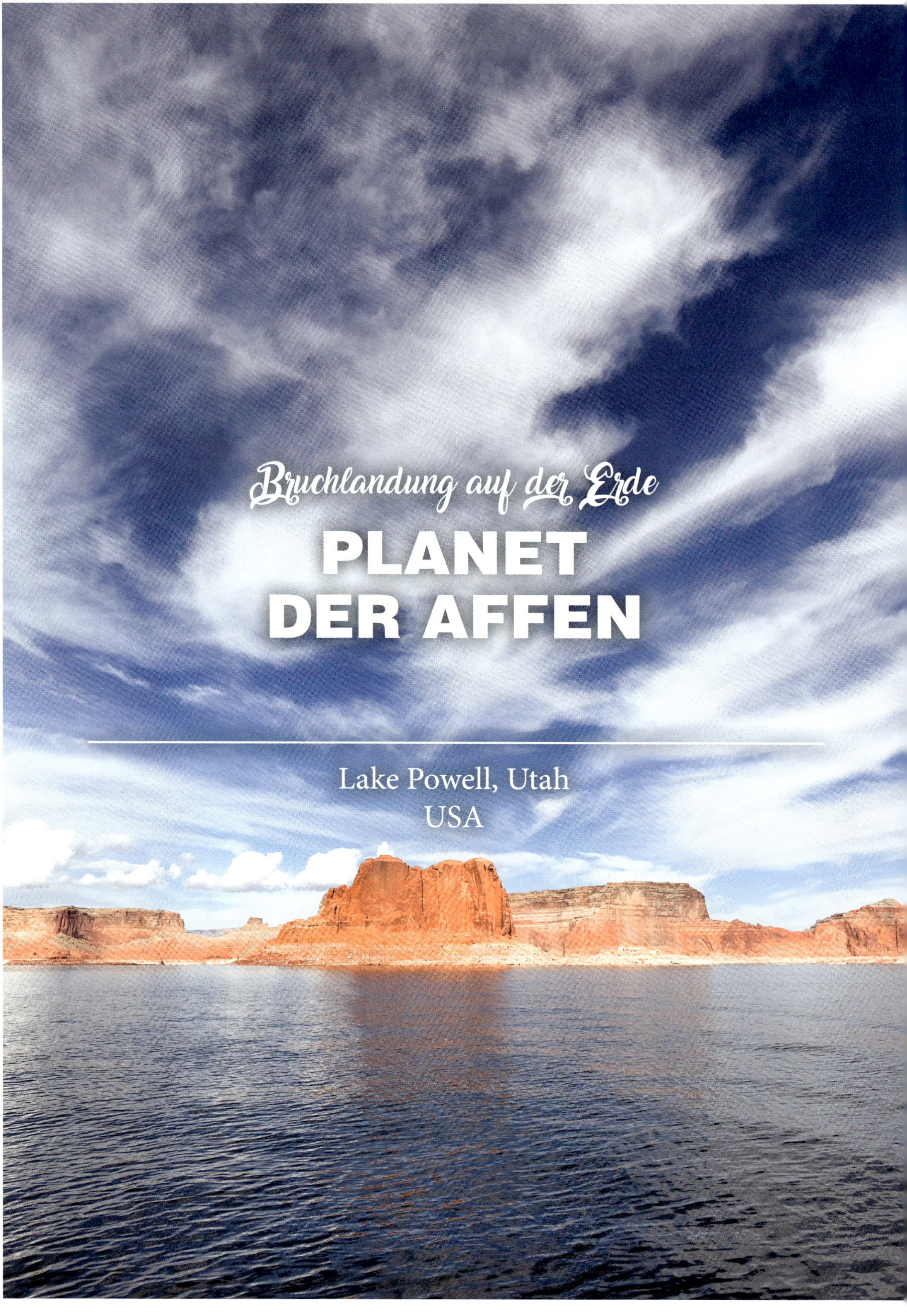

Die Tatsache, dass es diesen surrealen Ort wirklich gibt und nicht nur der Fantasie eines Filmemachers entsprungen ist, hat mich schon bei meinem ersten Besuch fasziniert. Und auch diesmal bleibt mir wieder der Mund offenstehen, als wäre ich gerade auf einem fernen Planeten gelandet und nicht am Lake Powell. Die Filmgeschichten, die der See zu erzählen hat, reichen jedenfalls von der Erde bis zum Mars.

Heute erkunde ich den riesigen Stausee, dessen Existenz übrigens dem Colorado River und dem Glen Canyon Dam zu verdanken ist, zum ersten Mal mit dem Boot. Denn außer dem Lone Rock Beach, der in der *Doctor-Who*-Episode *Der Astronaut, den es nie gab* zu sehen war, sind alle Filmlocations nur vom Wasser aus erreichbar.

Aramark-Bootsführer David French kennt den Lake Powell wie seine Westentasche und steuert uns sicher durch dessen Schluchtenarme. Gar nicht so einfach, denn heute stürmt es wie verrückt und die meterhohen, rotbraunen Felswände links und rechts würden uns bei einem Aufprall alles andere als sanft abfedern.

Während mir eine Mischung aus Sturm und Fahrtwind um die Nase fegt, denke ich an die zwei berühmten Bruchlandungen der Filmgeschichte, die hier auf diesem See gedreht wurden: Charlton Heston landete 1968 auf dem *Planet der Affen* und 35 Jahre später stürzte Sandra Bullock in *Gravity* mit ihrer Kapsel vom Himmel zurück auf die Erde. Den Standort der *Gravity*-Szene kennt David ganz genau, war er es schließlich selbst, der die Hauptdarstellerin für die zweitägigen Dreharbeiten mit dem Boot zum Drehort brachte.

Als wir an der exakten Stelle in der sogenannten Padre Bay ankommen, wird mir klar, dass ich diese nicht wiedererkannt hätte. Der Wasserpegel muss beim Dreh wesentlich höher gewesen sein und die kargen Berge wurden erst von der Postproduktion grün eingefärbt. David stoppt das Boot so nah wie möglich und lässt mich zu einem der Felsen rüberspringen. Fast hätte ich meine eigene filmreife Bruchlandung erlebt, die ich gerade noch mit zwei Fingern in einer Felsspalte verhindern kann. Am sandigen Ufer angelangt, freue ich mich, wieder sicheren Boden unter den Füßen zu haben. In meinem Kopfkino sehe ich Sandra Bullock als Astronautin Dr. Ryan Stone, die lächelnd ihre Finger in den Strand krallt, nur mit Mühe aufstehen kann und unendlich dankbar ist, wieder auf der Erde gelandet zu sein.

Dreißig Minuten später klettere ich zufrieden zurück aufs Boot. Zu meinem Glück fehlt jetzt nur noch der 68er-Drehort aus *Planet der Affen,* den jedoch auch David nicht kennt. Da ich das Szenenfoto ausgedruckt dabeihabe, vergleiche ich die Hügel um uns herum laufend mit dem Hintergrund auf dem Bild – und tatsächlich erkenne ich den Schauplatz nicht allzu weit vom *Gravity*-Strand entfernt.

David freut sich, durch unsere gemeinsame Tour noch mal einen neuen Blickwinkel auf den Lake Powell kennenzulernen, und ich mich, den entlegenen Entstehungsort einer Kultszene entdeckt zu haben. Denn genau hier landen Charlton Heston & Co. im Erdenjahr 3978 auf einem scheinbar unbekannten Planeten. Und wenn ich mich hier so umsehe ... Ich würde wohl auch nicht auf die Idee kommen, dass das in Wahrheit die Erde ist.

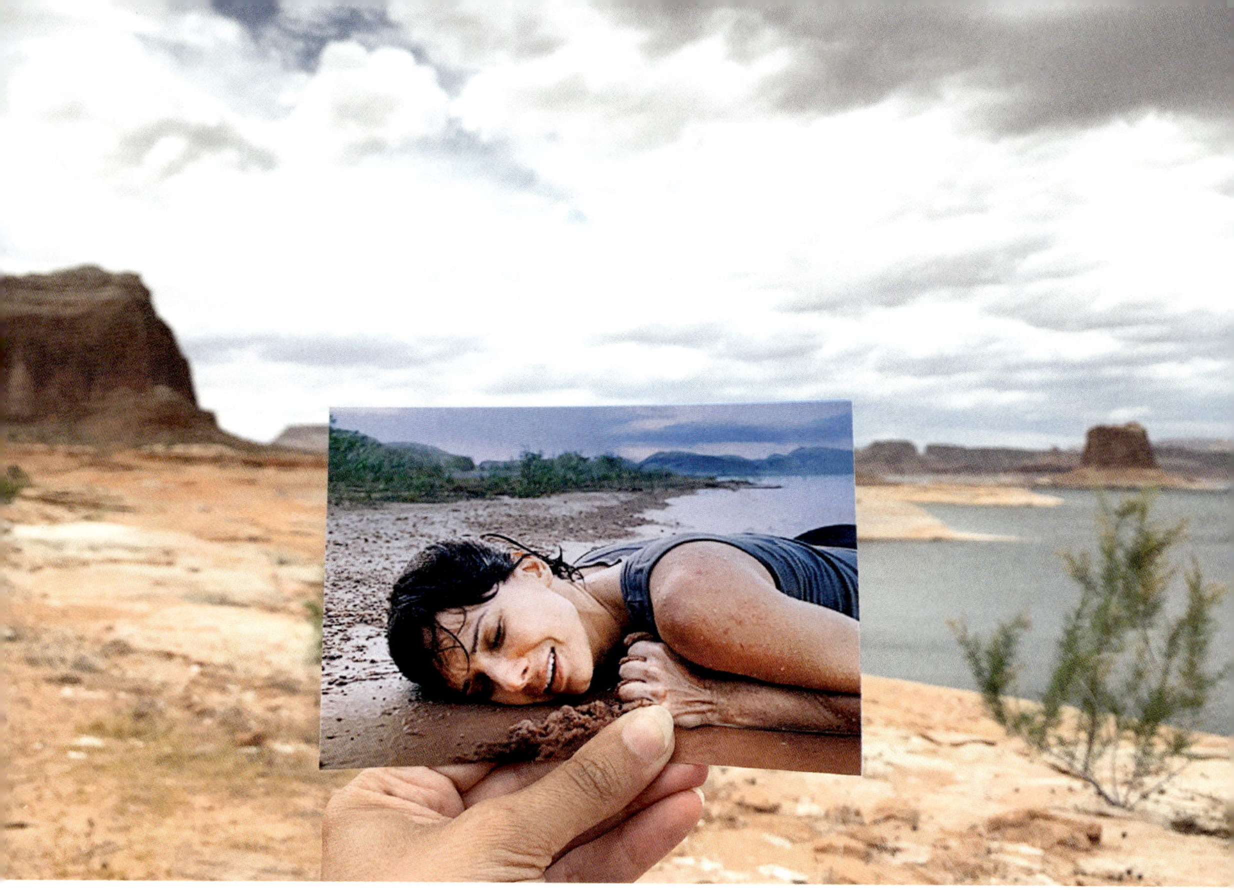

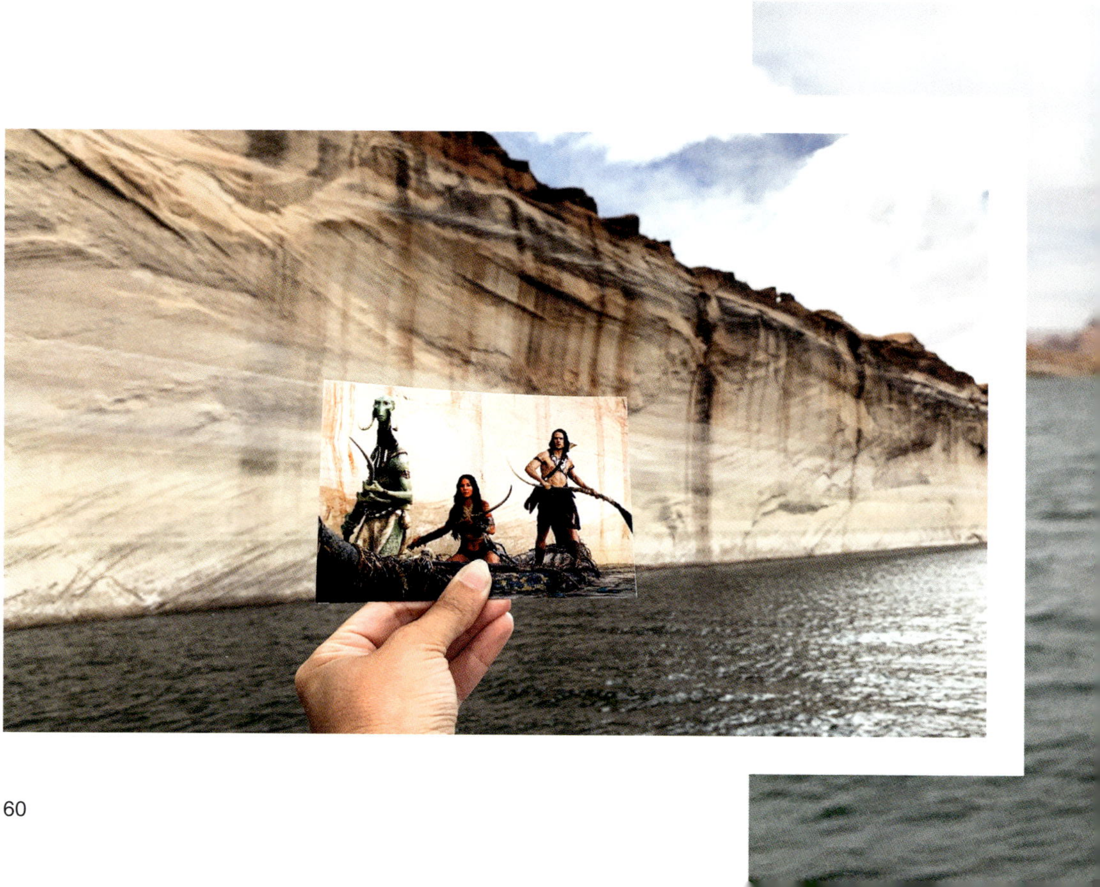

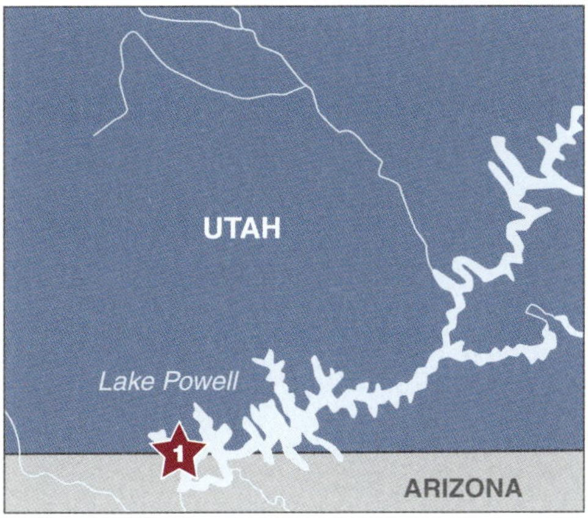

Lake Powell Resorts & Marinas ★1

100 Lakeshore Drive, Page, Utah / Arizona

Bootstouren starten regelmäßig ab Lake Powell Resorts & Marinas in Page, Arizona. Weitere Filme, die hier gedreht wurden, sind das Science-Fiction-Epos *John Carter,* das den See in einen Schauplatz auf dem Mars verwandelt, sowie der Actionfilm *Gefährliche Brandung,* in dem die Fallschirmszene mit Patrick Swayze und Keanu Reeves den Lake Powell von oben zeigt.

lakepowell.com

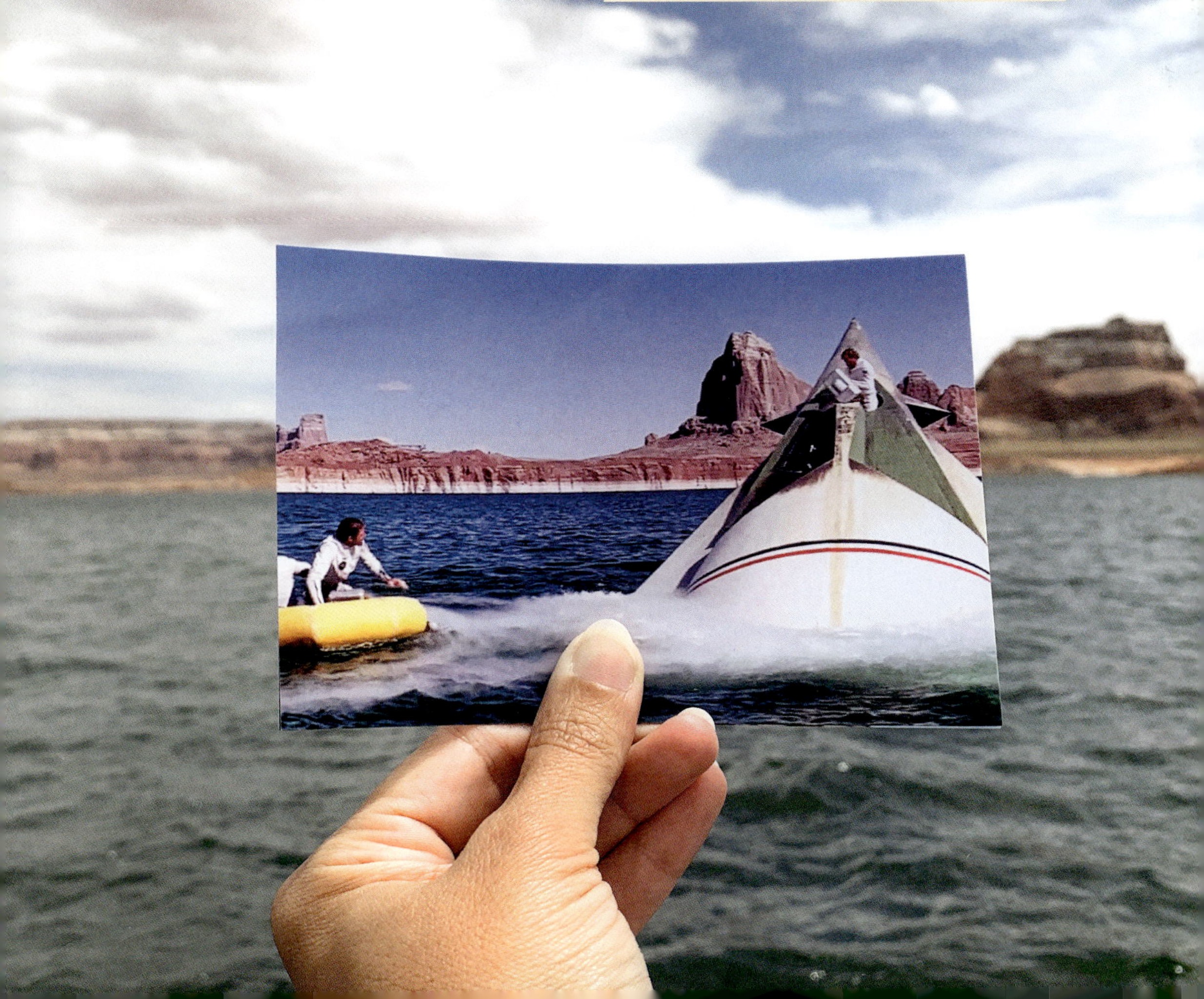

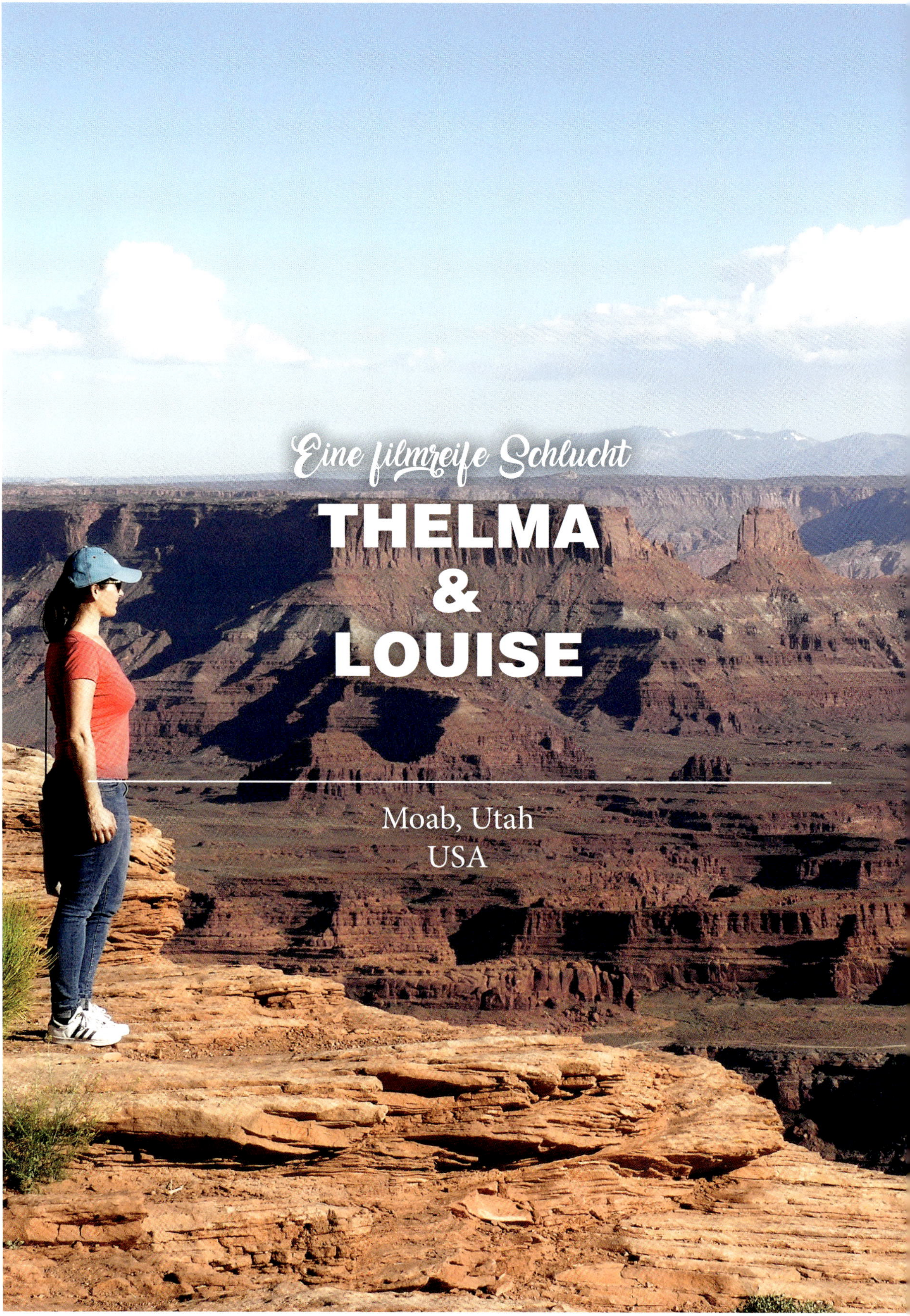
Eine filmreife Schlucht
THELMA
&
LOUISE
Moab, Utah
USA

»Das halt ich nicht aus, was ist das?« – »Keine Ahnung, sieht aus wie der gottverdammte Grand Canyon!« Mit diesen Worten startet die dramatische Schlussszene von *Thelma & Louise,* allerdings mehr als 300 Meilen entfernt vom berühmten Grand Canyon. Denn gedreht wurde sie in den Canyonlands von Utah.

Jetzt stehe ich hier direkt an der Schlucht, auf die Thelma & Louise in ihrer ausweglosen Lage mit ihrem Ford-Thunderbird-Cabrio zusteuern. Die Sonne und auch der Blick in den Abgrund treiben mir die Schweißperlen auf die Stirn. Neben mir steht Larry Campbell, der damals als Locationscout für den Film gearbeitet hat. »Das ganze Filmprojekt hat riesigen Spaß gemacht«, sagt er mit verträumtem Gesichtsausdruck.

Larry kommt aus Moab, von wo aus wir zusammen mit seinem Pick-up hergefahren sind. Das Städtchen ist ein alter Hase im Filmgeschäft, was vor allem an seiner Lage zwischen dem Arches- und dem Canyonlands-Nationalpark liegt. Schon 1949 wurde der Ort zum beliebten Western-Hotspot und John Ford drehte seine Filmklassiker *Rio Grande* und *Wagon Master* in der Gegend. Die Moab Film Commission ist mit ihrem siebzigjährigen Bestehen die am längsten bestehende der Welt.

Auch Larry hat in fast vierzig Jahren als Location Manager für zahlreiche Filmproduktionen gearbeitet, aber am liebsten erinnert er sich immer noch an *Thelma & Louise,* da er während der Dreharbeiten viel Zeit mit Regisseur Ridley Scott verbrachte, die Drehorte für den Film mit aussuchte und sogar die Filmautos baute. Larry sieht aus wie ein waschechter Cowboy und darauf angesprochen, erfahre ich von ihm, dass er schon als Marlboro-Mann fotografiert wurde. Noch bevor er mir das Foto davon zeigt, kann ich es mir vor meinem inneren Auge genau vorstellen.

Doch zurück zu den beiden Freundinnen, absolut brillant gespielt von Geena Davis und Susan Sarandon, für die ein harmloser Wochenendausflug allmählich zur halsbrecherischen Flucht vor der Polizei wird. Während ihre Reiseroute sie von Arkansas über Oklahoma und Colorado nach Arizona führt, entstand der halbe Film in Wahrheit im Umkreis von maximal 50 Meilen rund um Moab. Unter den Drehorten befindet sich auch die Geisterstadt Cisco, was, wie Larry mir erzählt, einzig und allein an Ridley Scotts Liebe für das Roadmovie *Vanishing Point* – auf Deutsch *Fluchtpunkt San Francisco* – aus dem Jahr 1971 lag.

Als wir auf die direkt vor uns gedrehte Schlussszene zu sprechen kommen, berichtet Larry vom Bau einer riesigen Rampe, an der 1990 insgesamt zwei Monate gearbeitet wurde. Darüber ließ das Filmteam damals zwei Autos fahren. Ein weiteres, baugleiches Auto stand schon bereit, um ebenfalls in die Schlucht zu stürzen. Doch Ridley Scott genügten schließlich die ersten beiden Takes. Als ich Larry frage, was denn aus diesem verschonten Ford Thunderbird wurde, grinst er und verrät mir, dass dieser noch immer in seiner Werkstatt steht. Zu gern würde ich ihn mir ansehen und trotz Larrys munterer Vorwarnung, dass er zuletzt nicht zum Aufräumen gekommen sei, machen wir uns kurz darauf auch schon zusammen auf den Weg zurück nach Moab.

Bei seiner Werkstatt angelangt, verstehe ich, was er mit dem angekündigten Chaos meint, das laut Larry auch seiner Tochter zunehmend Sorgen bereitet. Zwischen zahlreichen mit Planen abgedeckten Autos stehen und liegen unterschiedlichste Fahrzeugteile, vor allem Chassis und Reifen. Ein paar der hier gelagerten Wagen hatten schon einen Einsatz vor der Kamera. Die Filmtitel, die Larry aufzählt, sagen mir allerdings nichts. Und endlich öffnet er das Garagentor, hinter dem sich das einst begnadigte Gefährt befindet.

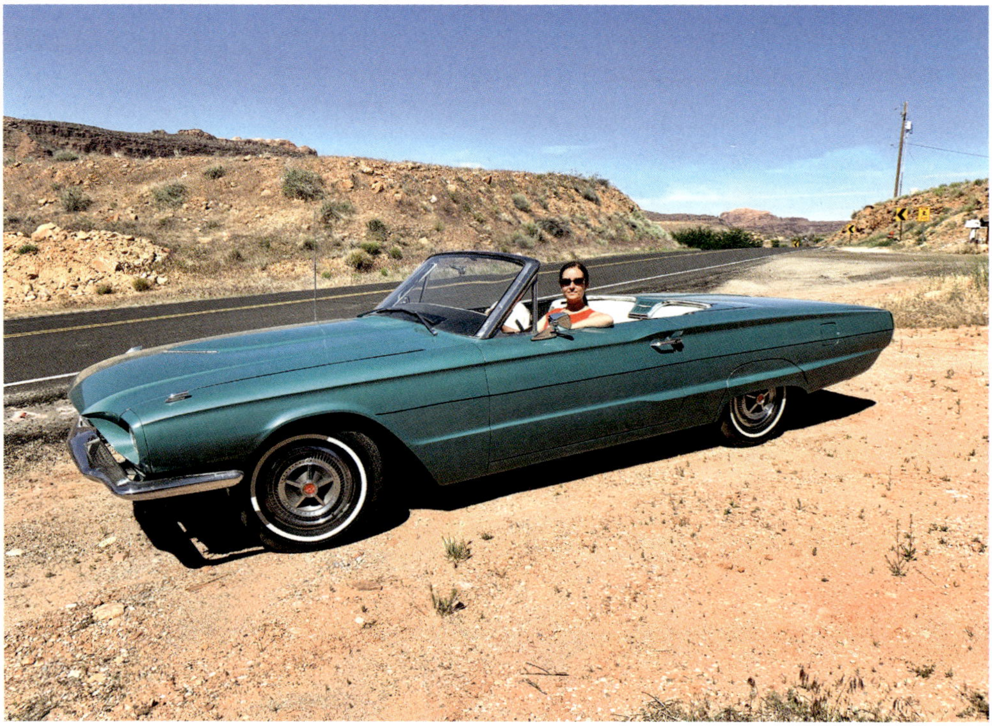

Ich mache mir ansonsten nicht viel aus Autos, aber der Anblick dieses schicken, metallic-türkisen 1966er Ford Thunderbird Convertible lässt sogar meinen Puls höherschlagen. Es braucht drei Anläufe, bis der Wagen anspringt, Larry ihn herausfahren und ich mich hinter das Steuer setzen kann. Und auch wenn Thelma und Louise hier selbst gar nicht drinsaßen – insgesamt gab es für den Dreh fünf identische T-Birds – fühle ich mich gleich in die Rolle der beiden Frauen versetzt, deren gemeinsamer Roadtrip sie fest zusammenschweißt.

Hier und jetzt fehlt eigentlich nur noch Brad Pitt mit Cowboyhut auf dem Rücksitz, der durch diesen Film überhaupt erst zum Star wurde. Und während ich noch so vor mich hinträume, fällt mein Blick auf ein quaderförmiges Blechpaket neben der Garage. Larry bestätigt meine Vermutung: Es ist eines der beiden Stunt-Autos, die man in die Schlucht

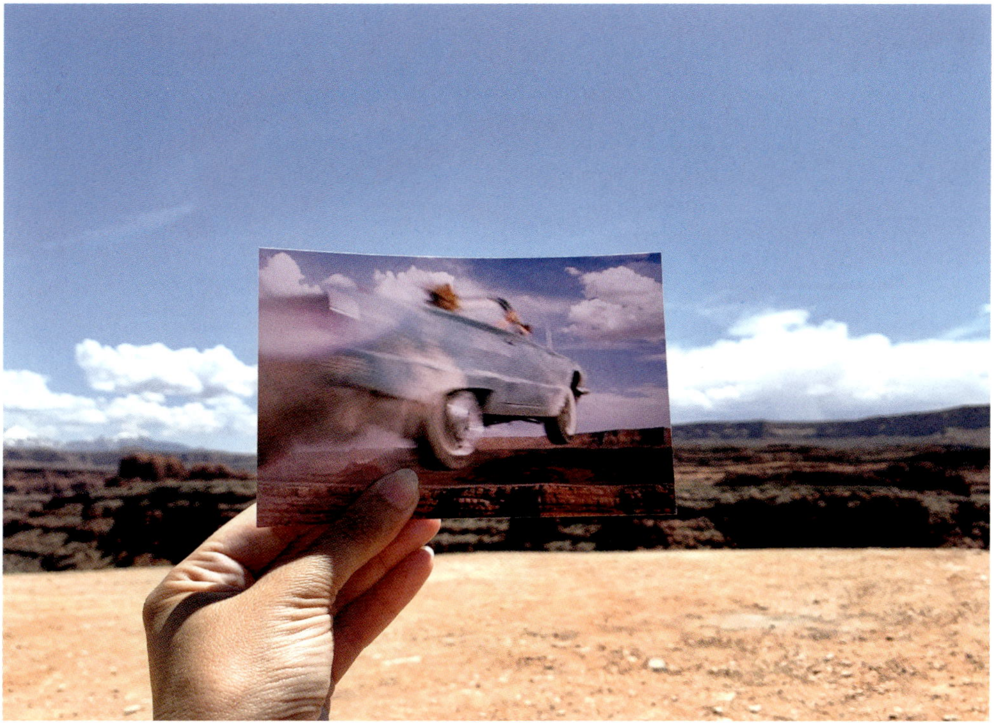

des Colorado River hat stürzen lassen. Womöglich ist es sogar das Modell, das am Ende des Filmes im eingefrorenen Bild, dem sogenannten Freeze Frame, in der Luft hängen bleibt und vor seinem Absturz eine schier unendliche Freiheit verkörpert. Noch nie in meinem Leben habe ich ein Stück Schrott so wehmütig angeschaut wie in diesem Augenblick.

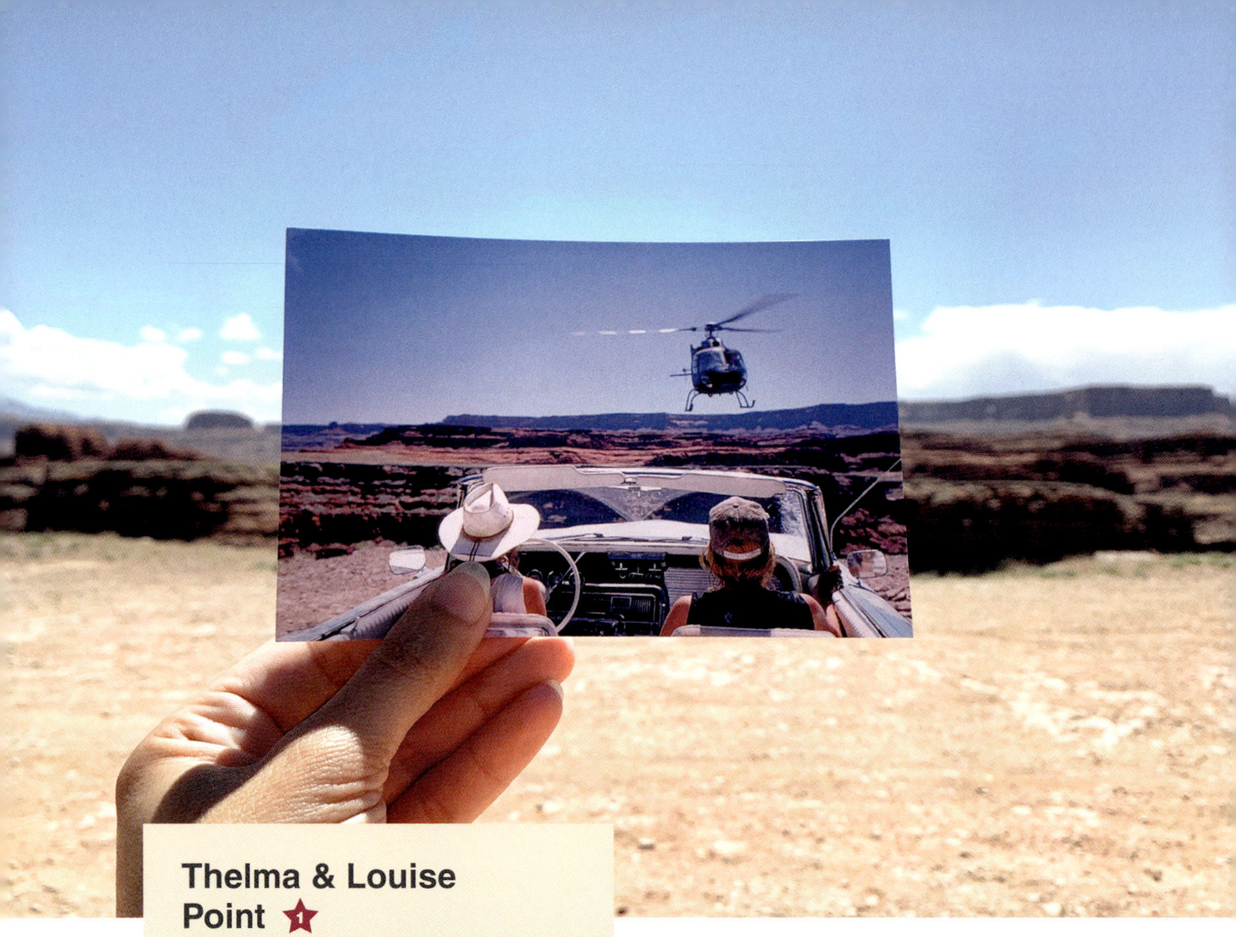

Thelma & Louise Point ★ 1

38.451963, -109.734756, Canyonlands, Utah

Den genauen Punkt erreicht man aus dem Westen über den Canyonlands-Nationalpark oder von Osten her über die 279 und die San Juan County Road 142, auch Shafer Trail oder Potash Road genannt. Google weist den Punkt sogar als Thelma & Louise Point aus. Von Moab aus braucht man mit einem Geländewagen für beide Strecken etwas mehr als eine Stunde.

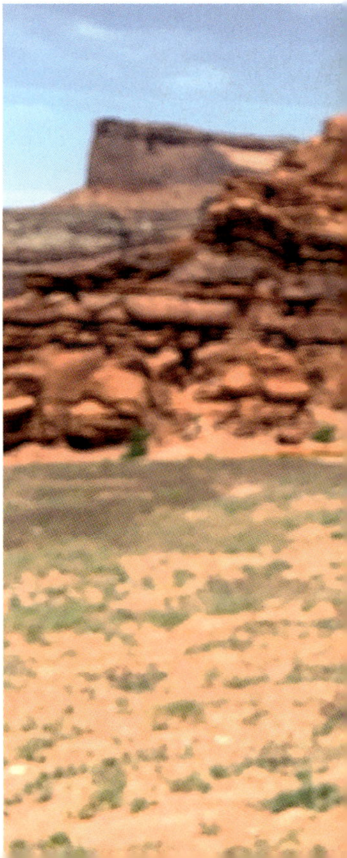

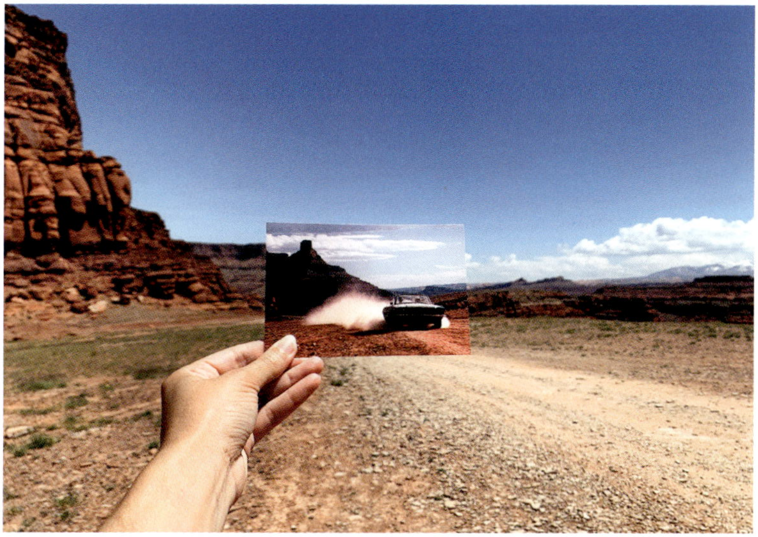

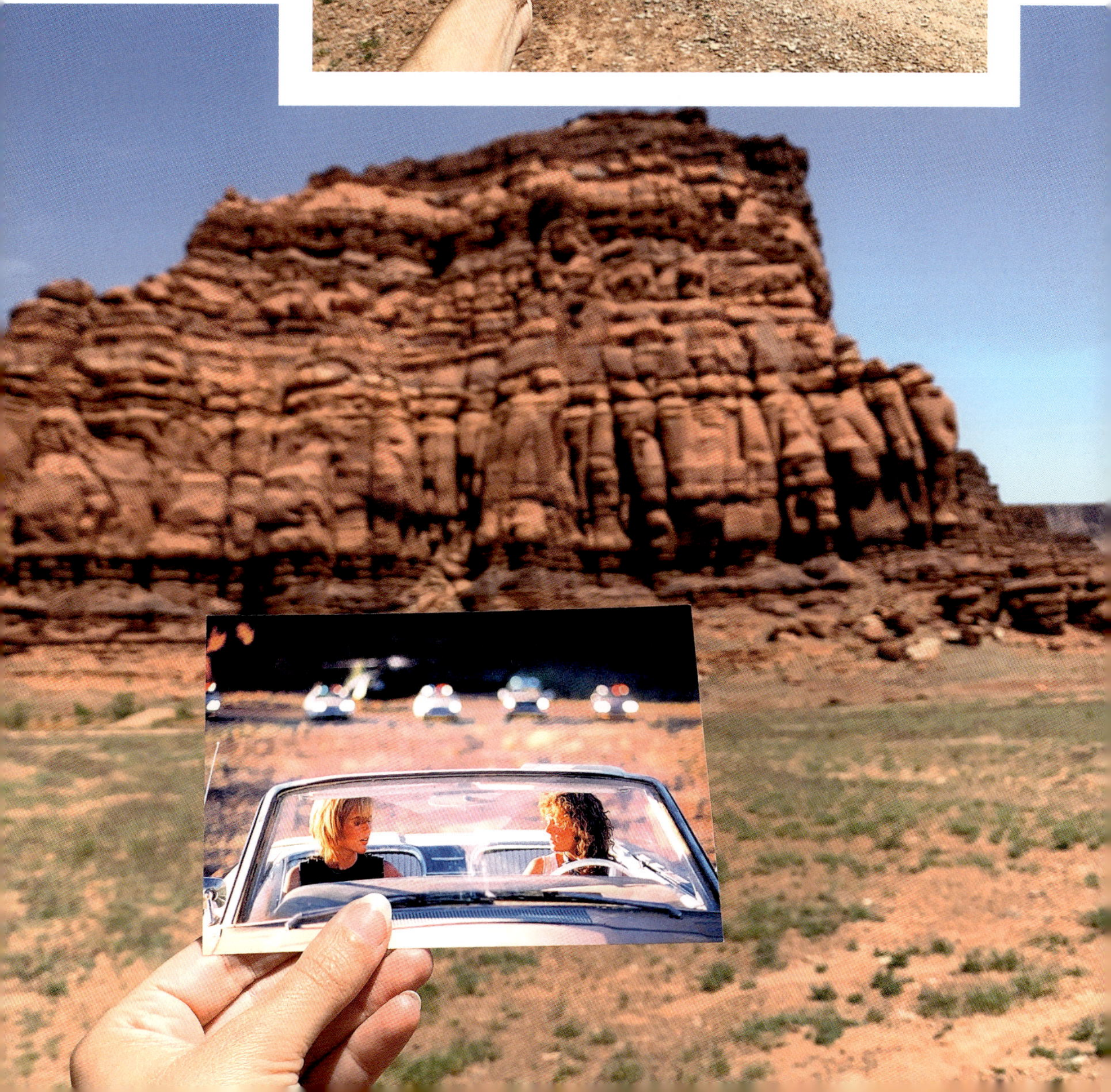

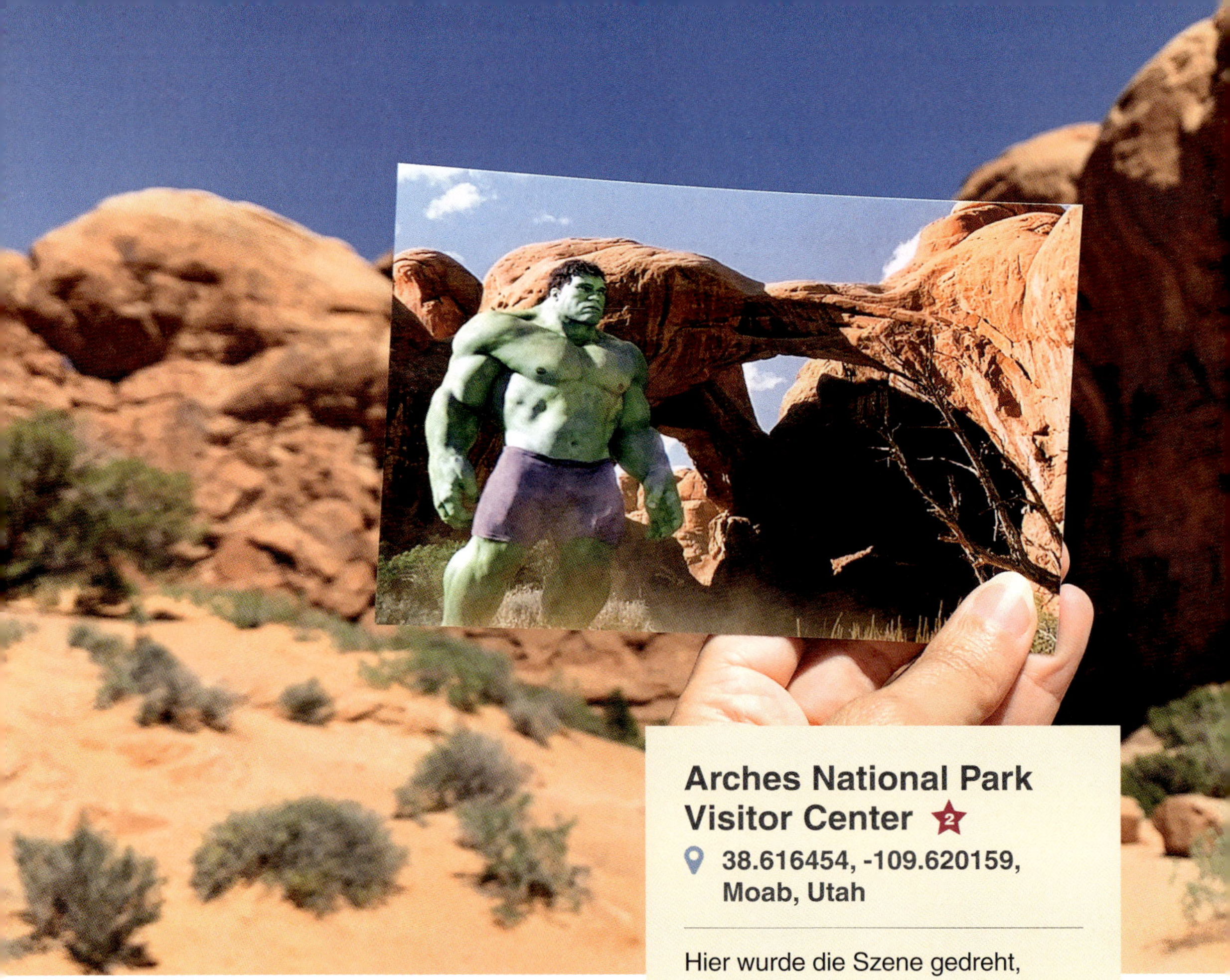

Arches National Park Visitor Center

38.616454, -109.620159, Moab, Utah

Hier wurde die Szene gedreht, in der Thelma und Louise in eine Polizeikontrolle geraten, die für den Beamten jedoch überraschend im Kofferraum endet. Die exakte Location befindet sich am Parkplatz der Courthouse Towers, einer Reihe hoher Steinsäulen nicht weit vom Eingang des Nationalparks entfernt. Insgesamt mehr als 2.000 Steinbögen gibt es hier zu entdecken, einige sieht man sofort von der Straße aus, andere sind über Trails erreichbar, wie zum Beispiel der Double Arch, der in der Anfangsszene aus *Indiana Jones und der letzte Kreuzzug* oder auch *Hulk* zu sehen ist. Wichtig: Für den Parkeintritt ist mittlerweile eine Vorabreservierung notwendig.

nps.gov/arch

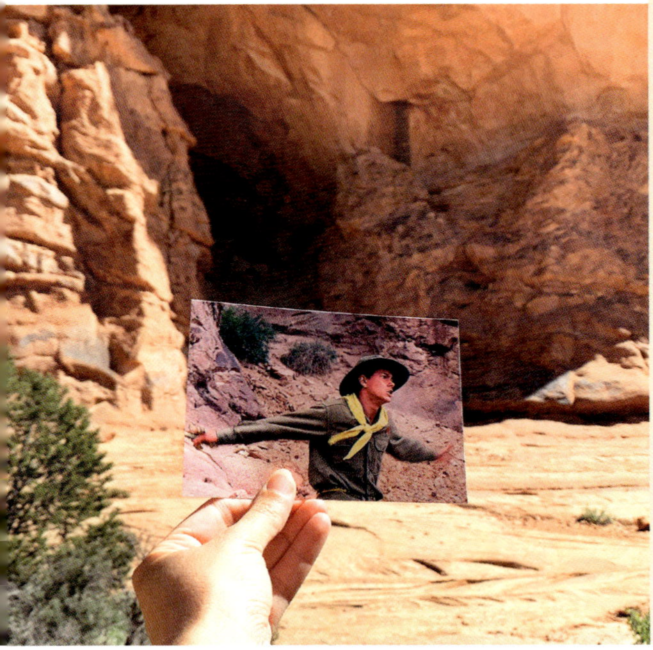

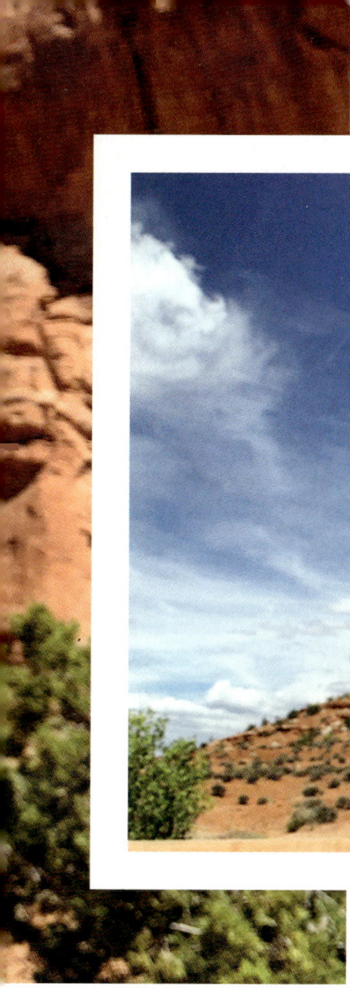

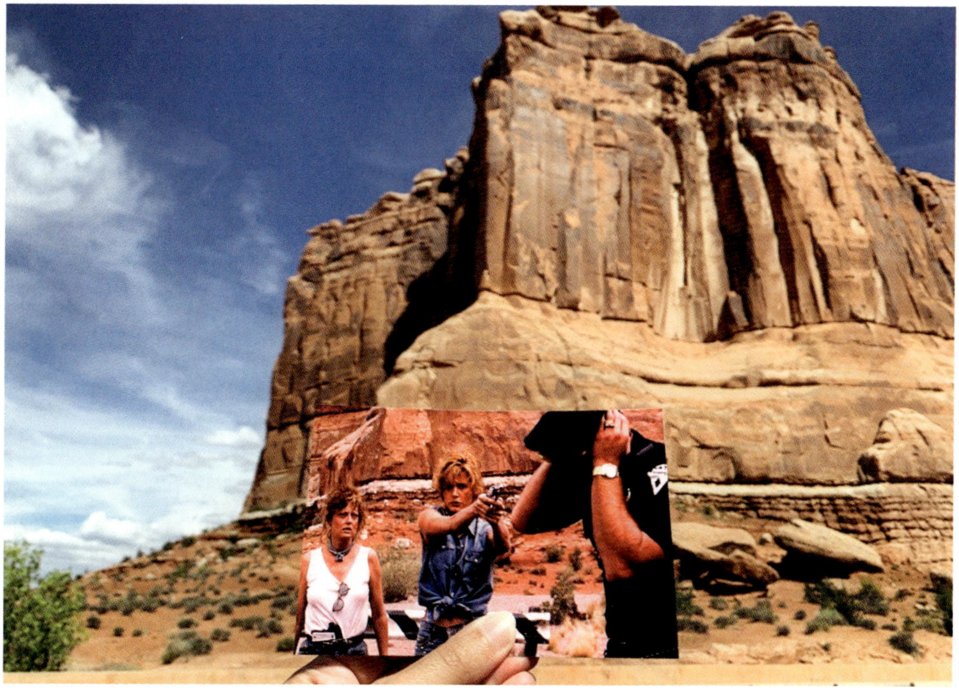

Red Cliffs Lodge

Mile Post 14, UT-128, Moab, Utah

Wer sich für Filme interessiert, sollte auch der Red Cliffs Lodge am Colorado River einen Besuch abstatten. Hier nächtigte schon John Wayne, viele Western entstanden direkt hier auf der ehemaligen Ranch und einen Einblick in die Filmgeschichte von Moab gibt es im hoteleigenen Movie Museum. Zu den dort ausgestellten Requisiten gehört auch die Puppe, die als Thelma in die Schlucht stürzte.

redcliffslodge.com

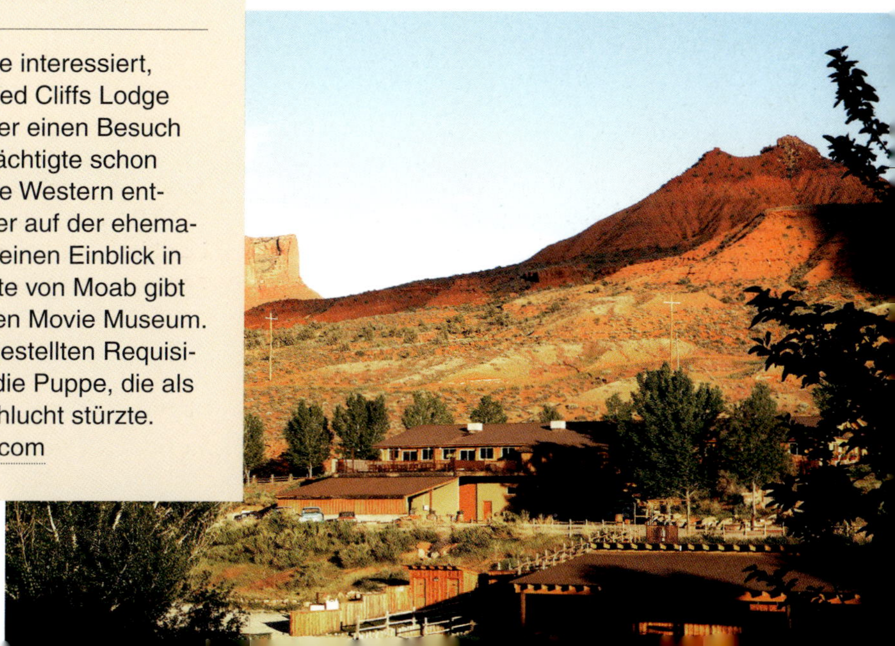

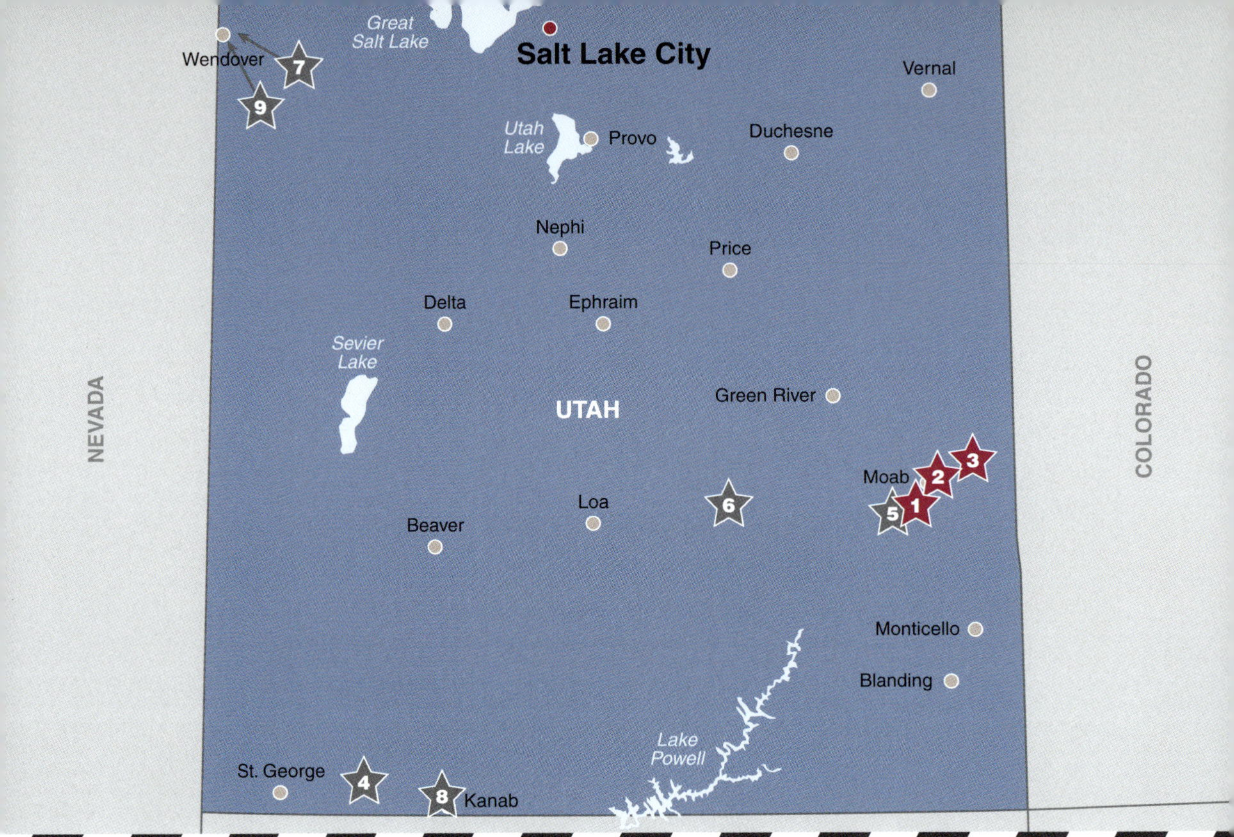

Weitere Filmtourismus-Tipps zu

Utah

Grafton Ghost Town

37.167420, -113.081770, Springdale, Utah

Grafton am Virgin River wurde so häufig von schweren Überschwemmungen heimgesucht, dass die Einwohner nach und nach in die höhergelegenen Gebiete auf der anderen Flussseite umzogen. 1944 verließen die letzten Menschen den Ort, der bis heute unter Denkmalschutz steht, aber für Besucher öffentlich zugänglich ist. Die heutige Geisterstadt diente neben dem Zion-Nationalpark als Drehort für den 1969-Filmklassiker *Zwei Banditen,* in dem Paul Newman und Robert Redford als sympathische Zug- und Bankräuber Butch Cassidy und Sundance Kid zu sehen sind.

graftonheritage.org

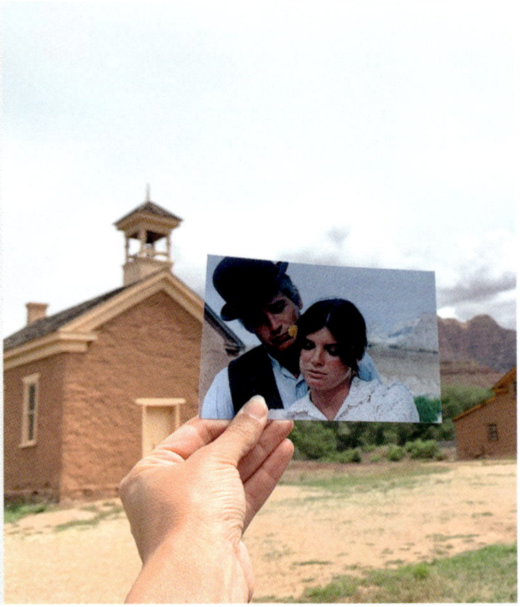

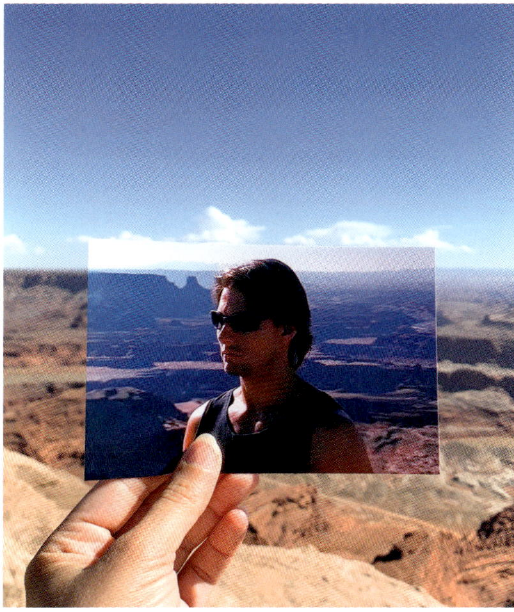

Dead Horse Point State Park

38.474869, -109.740400, UT-313, Moab, Utah

Der Dead Horse Point State Park bot unter anderem einer Episode von *Westworld,* der Pilotfolge von *MacGyver* als auch dem Actionfilm *Mission: Impossible 2* die passende Kulisse. In letzterem sieht man Tom Cruise alias Ethan Hunt gleich zu Beginn des Filmes wagemutig die Felsen hochklettern und schließlich vor einem atemberaubenden Panorama stehen. Von dort aus ist übrigens auch der Thelma & Louise Point zu sehen.

stateparks.utah.gov/parks/dead-horse

Goblin Valley State Park

38.573761, -110.706944, Goblin Valley Road, Green River, Utah

Ein Highlight für Filmtouristen und Geologen gleichermaßen ist der Goblin Valley State Park, in dem die Erosion durch Wind und Wasser kleine Gesteinsfiguren geformt hat. Hier macht sich die Crew aus der Star-Trek-Parodie *Galaxy Quest – Planlos durchs Weltall* auf die Suche nach Beryllium und Commander Tim Allen sieht sich mit einem Schweinesaurier und einem Gorignak, einem wütenden Steinmonster, konfrontiert.

stateparks.utah.gov/parks/goblin-valley

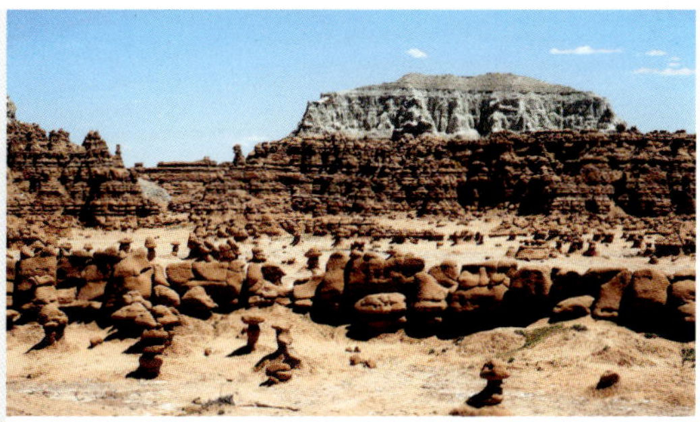

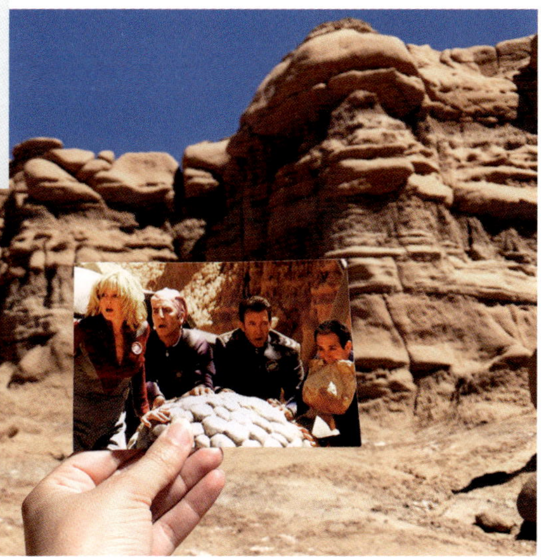

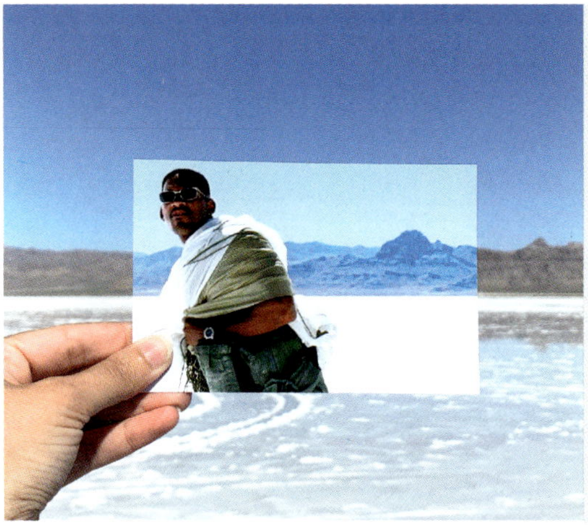

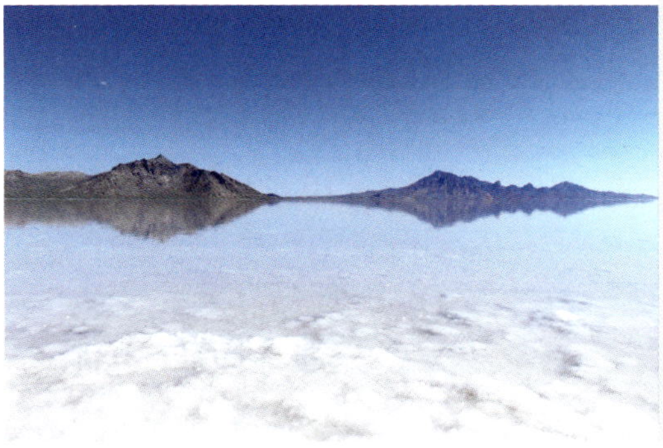

Bonneville Salt Flats State Park 7

40.778545, -113.850299, Wendover, Utah

Von Salt Lake City aus sind es anderthalb Stunden Autofahrt zu den Bonneville Salt Flats, einer großen Salzwüste im Nordwesten Utahs. Im Film *Independence Day* zog hier Will Smith alias Captain Hiller einen bewusstlosen, stinkenden Außerirdischen hinter sich her, um ihn zur Area 51 zu bringen. Ebenfalls auf den Bonneville Salt Flats landete Johnny Depp als Captain Jack Sparrow mitsamt seiner Black Pearl in *Pirates of the Caribbean – Am Ende der Welt.*
Gute Plätze, um die strahlend weiße Salzwüste von der Straße aus zu bewundern, sind die Rest Area an der Interstate 80 und der geteerte Weg zum Bonneville Salt Flats International Speedway, wo jährlich im August die Bonneville Speed Week stattfindet. Auf den Salt Flats selbst sollte man nur fahren, wenn diese richtig trocken sind, da man sonst schnell stecken bleibt.
blm.gov/visit/bonneville-salt-flats

Parry Lodge 8

89 East Center Street, Kanab, Utah

Als Hollywood Utahs Süden in den Dreißigern entdeckte, war Kanab von Anfang an dabei. Weit über 200 Western, TV-Serien und Spielfilme entstanden hier und brachten der Stadt den Spitznamen »Little Hollywood« ein. In der Parry Lodge logierten die Schauspieler damals während der Dreharbeiten. John Wayne, Ronald Reagan, Gregory Peck und Frank Sinatra gaben sich hier die Klinke in die Hand.
Auch in der Gegenwart werden Kanab und Umgebung gerne als Drehorte genutzt. Für die HBO-Serie *Westworld* wurde beispielsweise in den Coral Pink Sand Dunes und am Kanab Movie Fort gefilmt.
parrylodge.com

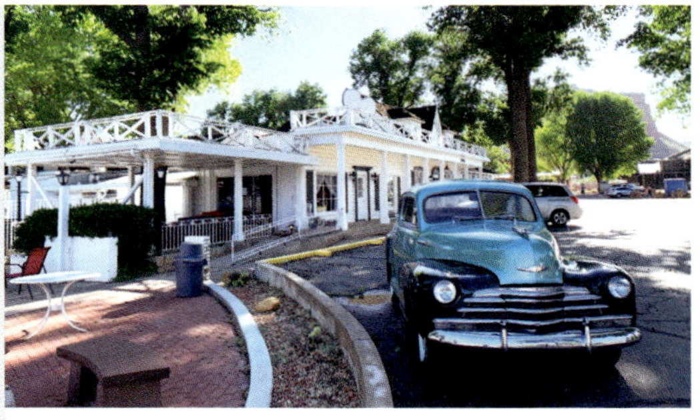

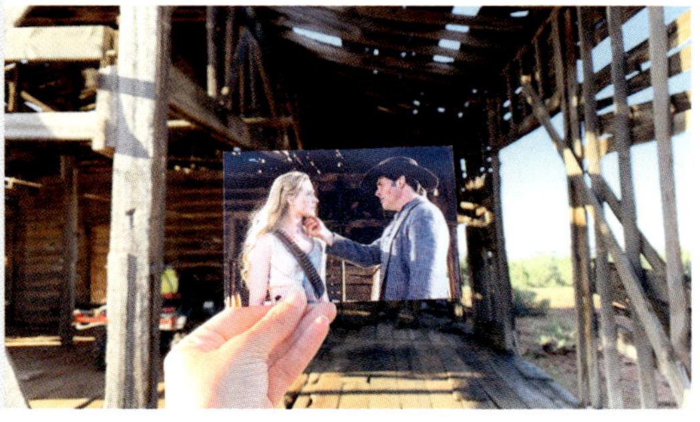

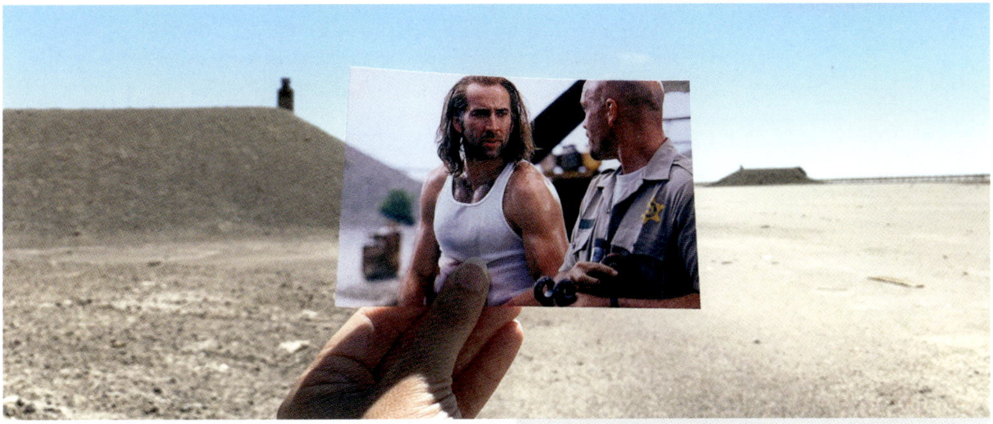

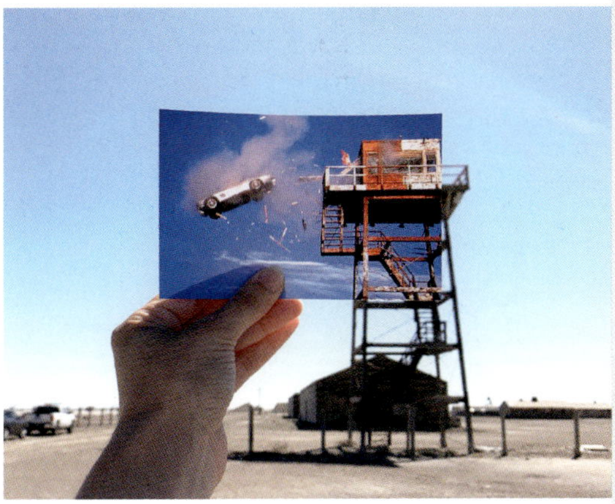

Historic Wendover Airfield 9

352 Airport Way, Wendover, Utah

Gleich in der Nähe der Bonneville Salt Flats, an der Grenze zu Nevada, befindet sich das Wendover Airfield, das nicht nur vor Geschichte, sondern auch vor Filmhistorie strotzt. Neben *Independence Day* und *Jurassic Park III* entstand hier der Actionfilm-Klassiker *Con Air,* für den sich die South Base des ehemaligen Militärgeländes in das fiktive Lerner Airfield verwandelte. Noch heute kann man die Gebäude und den Turm aus dem Film leicht wiedererkennen. Wer die South Base besichtigen möchte, sollte sich vorher anmelden.

wendoverairfield.org

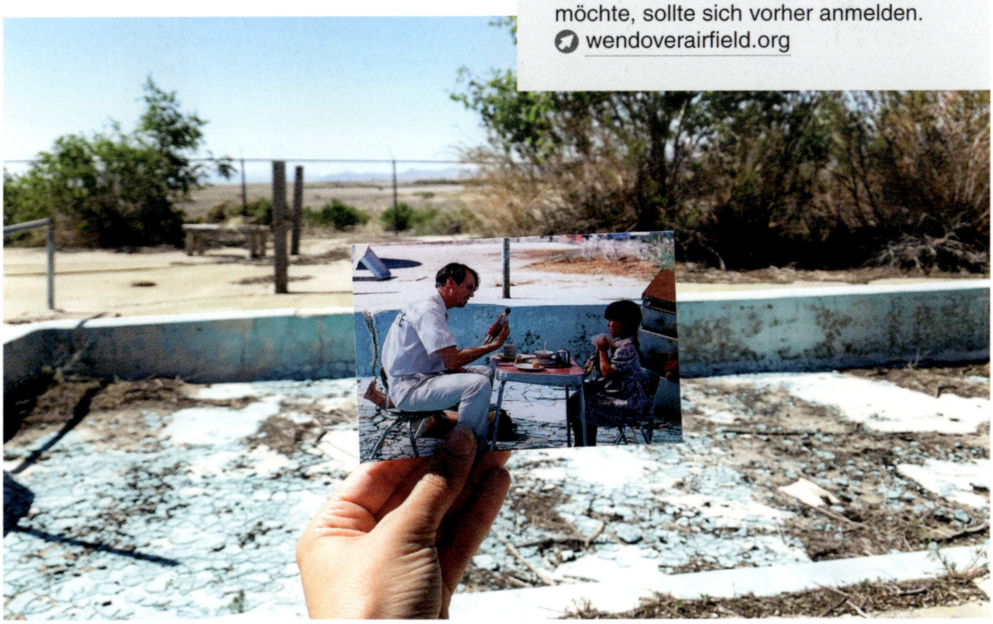

Die Geister, die ich rief …

SHINING

Stanley Hotel, Colorado
USA

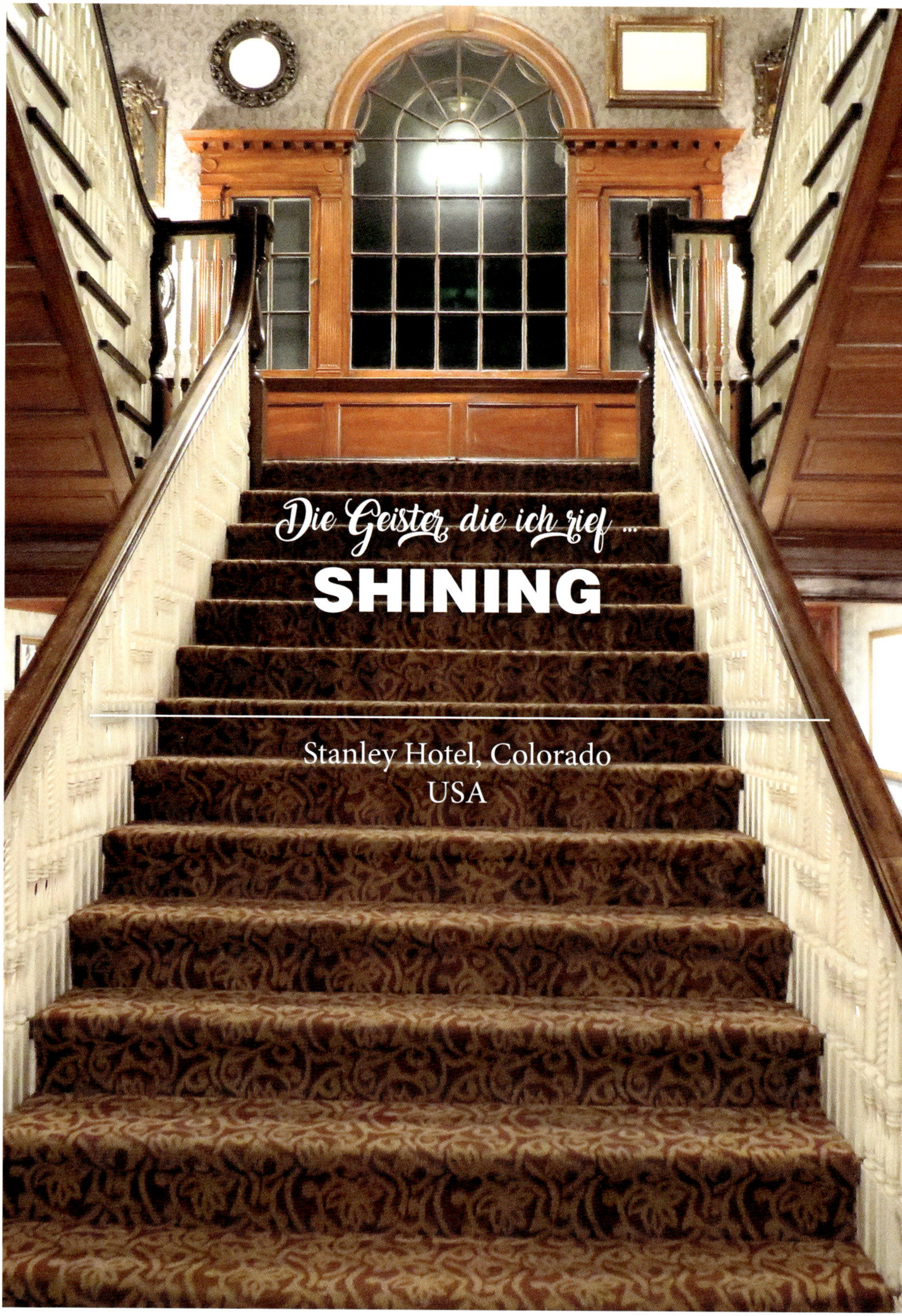

»Was Stephen King hier wohl geträumt hat?«, überlege ich, als ich durch die langen Flure des Stanley Hotels zu meinem Zimmer gehe. Der berühmte Horror-Autor übernachtete hier einst mit seiner Familie. Gezwungenermaßen, da die Trail Ridge Road, die sich durch den nahegelegenen Rocky Mountain Nationalpark schlängelt, aufgrund starken Schneefalls gesperrt war.

Jedenfalls muss es ein äußerst schlimmer Alptraum gewesen sein, denn dieser inspirierte King schließlich zu seinem Buch *The Shining,* welches mir als Teenager viele schlaflose Nächte beschert hat. Zum einen, weil ich nicht aufhören konnte, darin zu lesen, zum anderen, weil mich die Nachwirkung schlecht einschlafen ließ. Später brannte sich Jack Nicholsons wahnsinniger Blick in mein Langzeit-Gruselgedächtnis ein, als dieser in Stanley Kubricks Verfilmung die Axt in die Badezimmertür hackt und sein fieses *»Here's Johnny!«* durch den Spalt zischelt.

Drehort für die Fassade des Overlook Hotels war die abgeschiedene Timberline Lodge in Oregon, doch scheint mir das Stanley Hotel als Inspirationsort und Schauplatz der Geschichte noch eine Spur unheimlicher zu sein. Unter Geisterjägern gehört das Stanley ohnehin schon lange zu den Hotels, in denen es am meisten spukt. Ich bin daher schon sehr gespannt, ob und wie ich hier schlafen werde. Doch bis dahin dauert es noch. Erst einmal will ich alles genau erkunden.

Um mich richtig einzustimmen und um mehr über die Geschichte des Hauses zu erfahren, nehme ich an einer Hotelführung teil. Sie beginnt im Untergeschoss des Hotels, in dem man auf einige *Shining*-Relikte, wie beispielsweise das Drehbuch der Kubrick-Verfilmung oder die Schreibmaschinen-Requisite von Autor Jack Torrance, stößt. Nach einer gruselig-lustigen Begrüßung von Scary Mary erklärt unser Guide mit ernster Miene: *»Die Wahrheit ist oft noch mysteriöser als die Fiktion.«* Er spielt damit auf die vermeintlich realen Geister des Hotels an. Dazu gehört unter anderem das Zimmermädchen Mrs. Wilson, das bereits 1911 starb, jedoch angeblich immer noch in Zimmer 217 »aufräumt«. Dies bekämen vor allem unverheiratete Paare zu spüren.

Im Zimmer 217 hat auch Stephen King in jener Nacht geschlafen, als ihn ein Alptraum aus dem Schlaf riss. Es war der 30. September 1974, einen Tag bevor das Hotel für den Winter schloss. Bei einer nächtlichen Zigarette auf dem Balkon dachte er sich schließlich die Geschichte um einen Autor aus, der über die Wintermonate mit seiner Familie den Hausmeisterdienst in einem abgelegenen Hotel übernimmt. »Du musst mir versprechen, dass du dort nicht hineingehst, das Zimmer musst du meiden«, wird dem kleinen Danny schließlich im Buch über das Zimmer mit der Nummer 217 eingebläut.

In Kubricks Film wurde es übrigens die Nummer 237, da die Timberline Lodge als Drehort eine nicht vorhandene Zimmernummer bevorzugte. Man hatte schlicht und einfach Angst, dass das Zimmer sonst nicht mehr gebucht würde. Paradoxerweise ist jedoch genau die 217 im Stanley am beliebtesten, wie uns der Guide berichtet. Außerdem ist das

Zimmerschild mit der Nummer 217 auch das einzige, das festgeschraubt werden musste, da es so oft geklaut wurde. Im Shop des Hotels kann man es jetzt als Schlüsselanhänger kaufen. Dort endet auch die Tour und ich habe die Wahl zwischen diversen Souvenirs mit filminspirierter »Redrum«-Aufschrift.

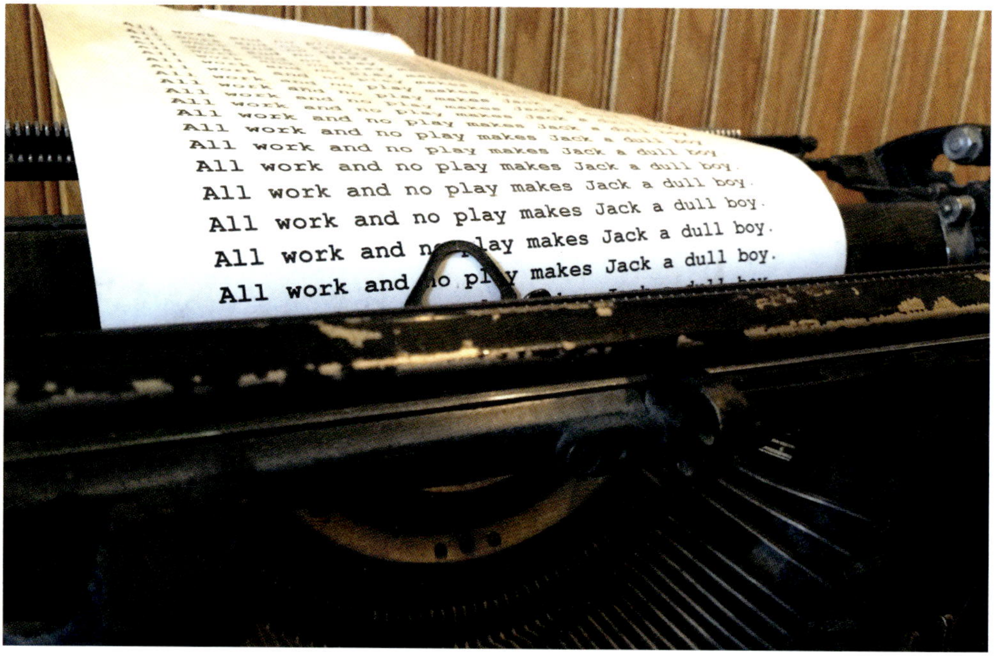

Vor dem Hotel hat man, nachdem die Gäste jahrelang danach gefragt haben, der Geschichte aus *Shining* entsprechend sogar ein Labyrinth angepflanzt. Bis man sich darin richtig verirren kann, muss es jedoch noch deutlich an Höhe gewinnen.

Mittlerweile ist es abends, die Tagesgäste der Führungen sind weg – vermutlich erleichtert zurück in ihren weniger geisterhaften Hotels – und die Flure lichten sich. Etwas gruselig ist es nun wirklich im über 100 Jahre alten Stanley Hotel. Und Stephen King ist daran nicht unschuldig. Für die Verfilmung von *Shining* als TV-Miniserie – King selbst war von Kubricks Version enttäuscht – ordnete er einige Änderungen mit Holzelementen nach der Devise *»Make it scary, put in wood«* im Hotel an. In der Serie, die 1997 erschien, durfte dann schließlich tatsächlich das Stanley in die Rolle des Overlook Hotels schlüpfen.

Um nachher besser schlafen zu können, entscheide ich mich nach dem Abendessen für einen Gute-Nacht-Drink an der Bar. Natürlich bestelle ich als bekennende Filmtouristin den Redrum Punch, einen rotorange leuchtenden Cocktail mit Brugal Anejo Rum. Neben mir plaudert ein Gast mit dem Barmann über seltsame Vorkommnisse im Hotel. An der Wand hängen die Fotos aller Stars, die sich getraut haben, im berüchtigten

Zimmer 217 zu schlafen. Darunter Schauspieler Danny Lloyd, der den Jungen Danny Torrance im Film spielte, und Jim Carrey, der während der Dreharbeiten des teils im Hotel entstandenen Films *Dumm und dümmer* dort untergebracht wurde. Wie ich auf der heutigen Tour erfahren habe, verließ Carrey allerdings noch vor Ende der Nacht eilig das Hotel. Er erzählte jedoch nie, was passiert war.

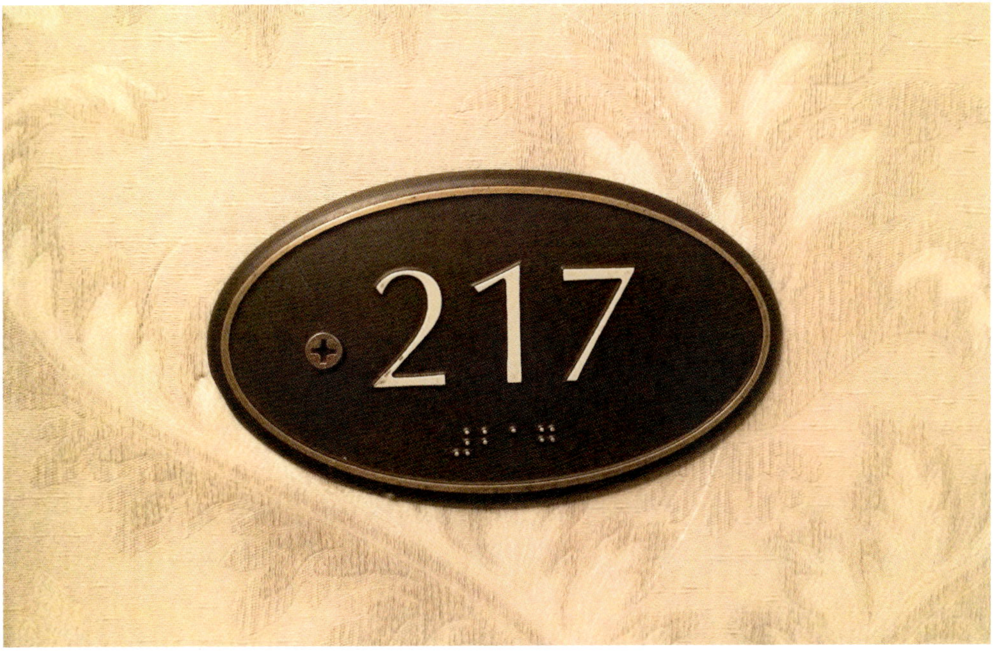

Nach all den Geschichten bin ich nun doch etwas beruhigt, nicht das Zimmer 217 bekommen zu haben, sondern mein Bett in Zimmer 308 anzusteuern. So dürfte mich zumindest Mrs. Wilson in Ruhe lassen. Nur einmal wache ich in dieser Nacht kurz auf und habe das Gefühl, jemand zieht an meiner Decke. Mir läuft es eiskalt den Rücken hinunter und für einen Moment überlege ich, das Licht anzumachen. Doch die Müdigkeit ist zu groß, der Redrum Punch zeigt immer noch seine Wirkung und so schlummere ich wieder zurück in einen sonderbaren Traum. Ein Bestseller wird daraus aber eher nicht.

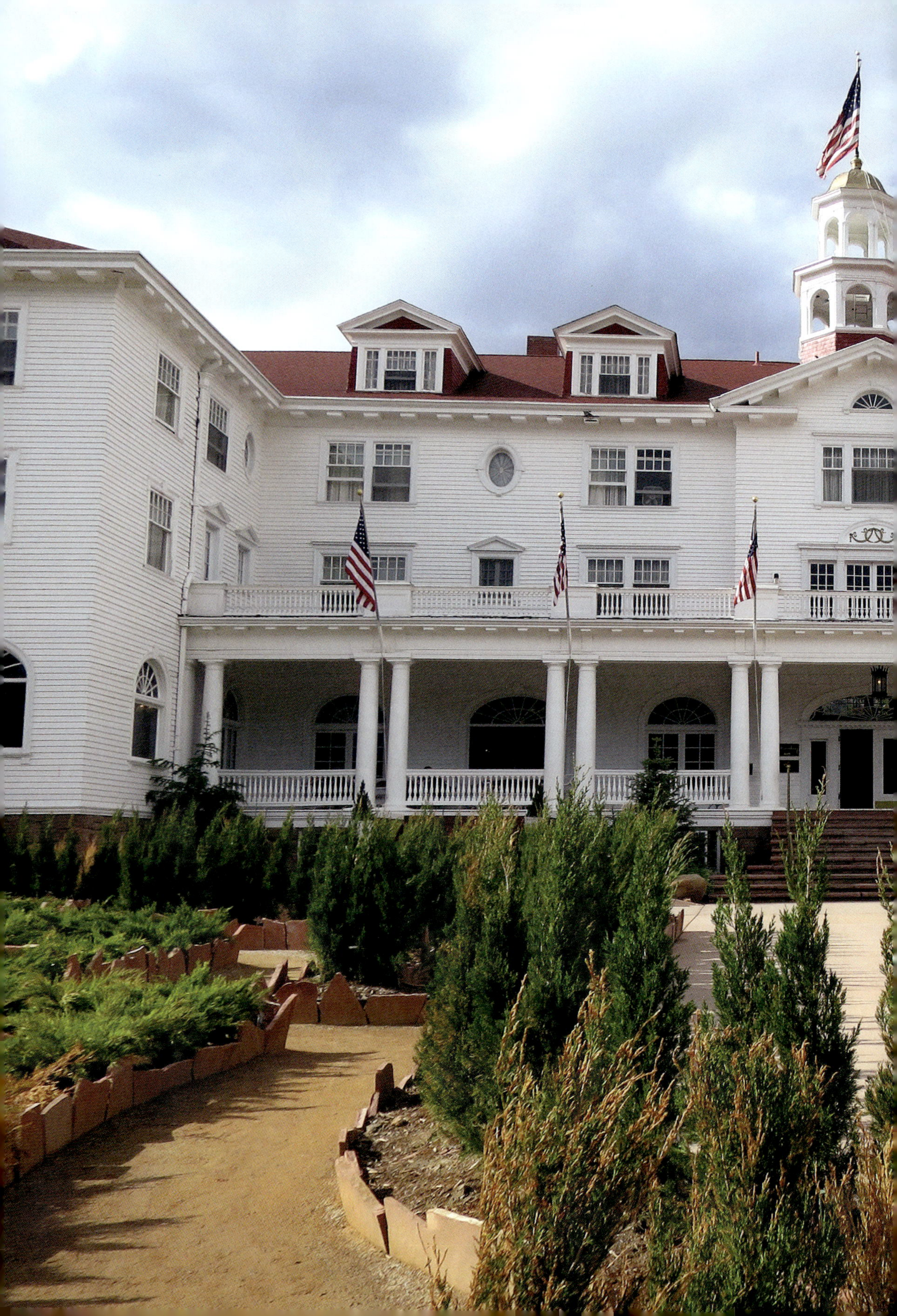

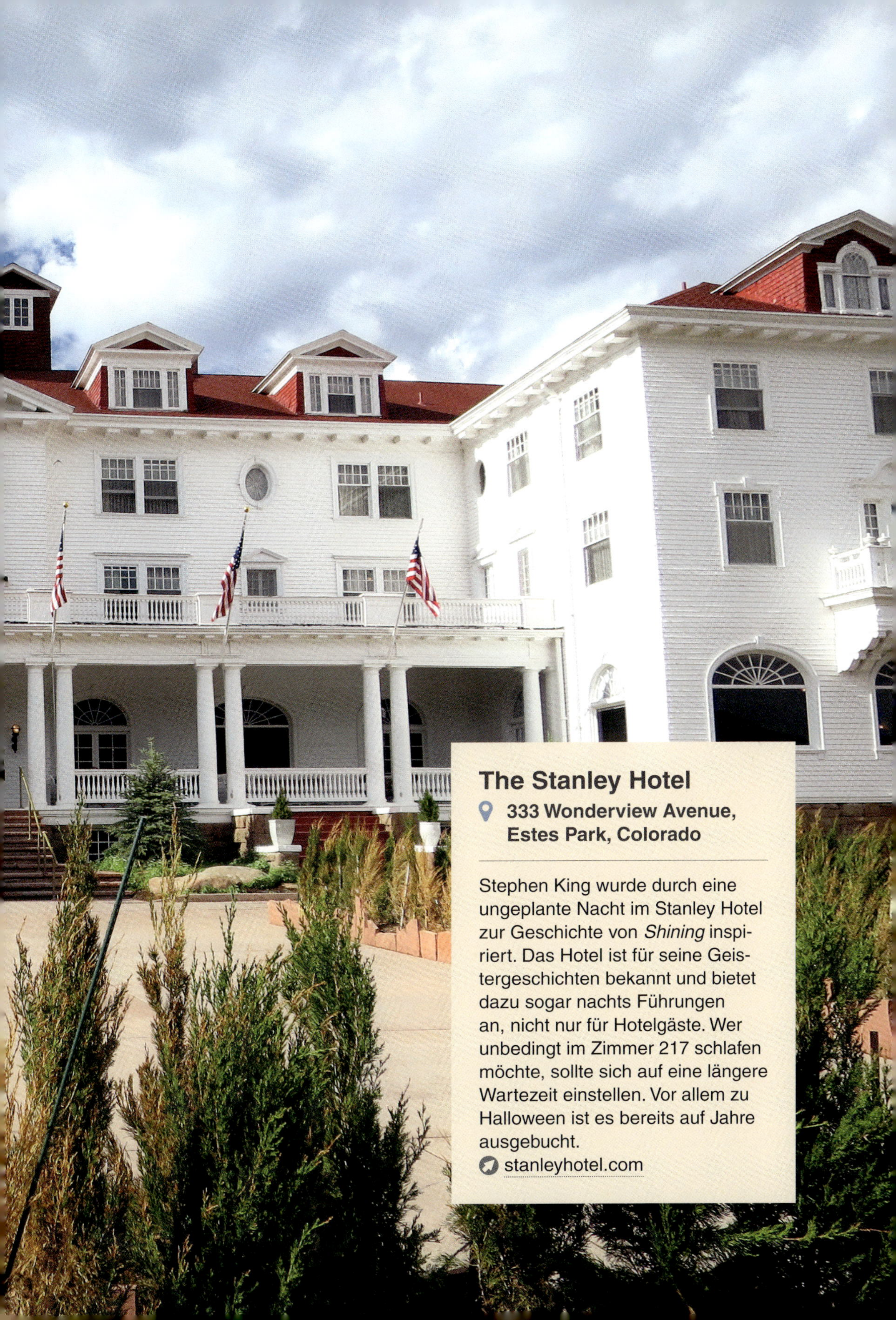

The Stanley Hotel

333 Wonderview Avenue,
Estes Park, Colorado

Stephen King wurde durch eine ungeplante Nacht im Stanley Hotel zur Geschichte von *Shining* inspiriert. Das Hotel ist für seine Geistergeschichten bekannt und bietet dazu sogar nachts Führungen an, nicht nur für Hotelgäste. Wer unbedingt im Zimmer 217 schlafen möchte, sollte sich auf eine längere Wartezeit einstellen. Vor allem zu Halloween ist es bereits auf Jahre ausgebucht.

stanleyhotel.com

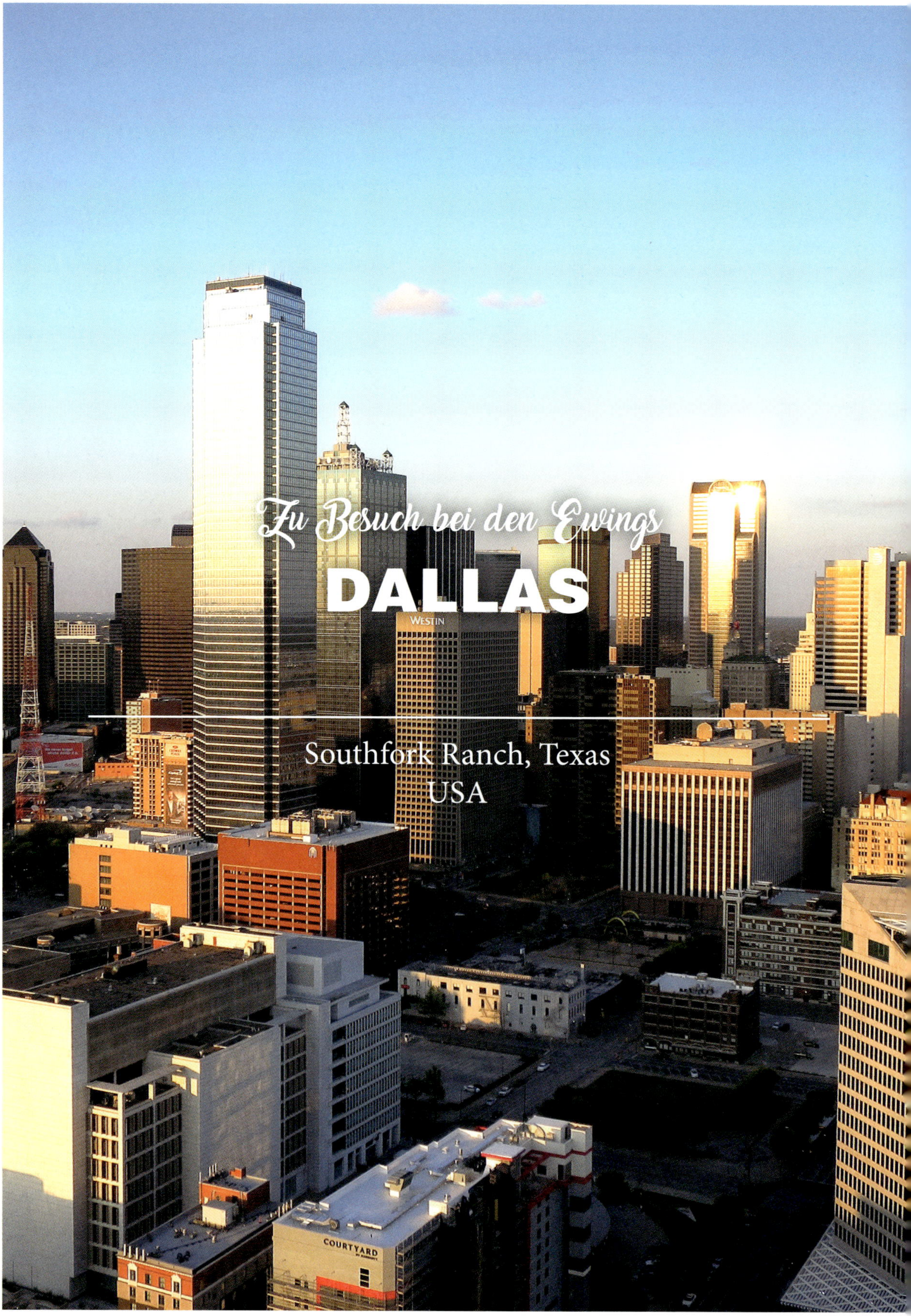

Zu Besuch bei den Ewings

DALLAS

Southfork Ranch, Texas
USA

»*Who shot J. R.?*« So lautet wohl einer der gemeinsten Cliffhanger der Fernsehgeschichte. Die halbe Welt rätselte in den Achtzigern monatelang darüber, wer wohl auf den fiesen Ölbaron geschossen hatte. *Dallas* war ein echter Straßenfeger und eine der ersten Erwachsenen-Serien, die ich als junger Teenager sehen durfte. Wann immer ich heute die Intro-Musik höre, bin ich im Geiste sofort wieder das Mädchen, das dienstagabends im Nachthemd gespannt auf dem Sofa saß, um gemeinsam mit den Eltern *Dallas* zu schauen, bevor es dann aber schnell ins Bett ging. Die Geschichten rund um die Ewings auf der Southfork Ranch gehören zu meinen liebsten Kindheitserinnerungen.

Deshalb sage ich auch sofort zu, als ich zum 40. Jubiläum der Serie nach Dallas eingeladen werde, um über die Drehorte zu berichten und die Schauspieler zu interviewen. Mit überaus nostalgischen Gefühlen stehe ich genau vier Wochen nach der Anfrage mitten auf der Southfork Ranch, etwa 30 Autominuten außerhalb von Dallas. Mit sechsstelligen Besucherzahlen im Jahr gehört sie zu den größten Touristenattraktionen in Texas, während die TV-Serie, die sie berühmt gemacht hat, längst in den Archiven schlummert.

Auf den weiß eingezäunten Koppeln rund um die legendäre Ranch grasen friedlich die Pferde und Langhornrinder sowie irritierenderweise auch ein paar Lamas. Das Gelände ist mit seinen etwa 120 Hektar sehr weitläufig. Das Hauptgebäude kommt mir hingegen als Anwesen der Millionärsfamilie Ewing fast zu klein vor. Vor allem der Pool, der häufig als Schauplatz diente, erschien mir auf dem Fernsehbildschirm wohl dank Weitwinkelobjektiven weitaus größer. Doch ja, genau hier entstanden – bis auf die allerersten Folgen, die damals noch auf der Cloyce Box Ranch in Frisco gedreht wurden – sämtliche Außenaufnahmen von *Dallas*. Hier wurde wahrlich Fernsehgeschichte geschrieben und als ich mir bewusstmache, dass ich nun wirklich selbst hier stehe, spüre ich die Gänsehaut an meinen Unterarmen.

Direkt am Haus steht der originale Glastisch, an dem die gutmütige Miss Ellie immer wieder versuchte, die Familie zu einen, während J. R. munter Intrigen spann, Sue Ellen sich einen Drink zu viel genehmigte, Lucy von einer Affäre in die nächste schlitterte und Bobby sich meist um Pamela oder eben eine andere Frau sorgte, wenn er nicht gerade für eine komplette Staffel in der Dusche verschwand.

Überhaupt kommen mir auf meinem Nostalgie-Trip nach und nach einige *Dallas*-Déjà-vus. Die kleine überdachte Terrasse zum Beispiel erinnert mich an die Szene, in der sich J. R. nach einer trinkseligen Nacht mit seinen Geschäftspartnern einen Kater-Cocktail mischte und kurz darauf Vater Jock nach einem Streit mit ihm über Bobby einen Herzanfall erlitt. Ach, was habe ich mich über J. R. geärgert ... Im Vergleich zu heutigen Serien-Bösewichten zwischen *Game of Thrones* oder *The Walking Dead* erscheint er mir jetzt jedoch beinahe harmlos.

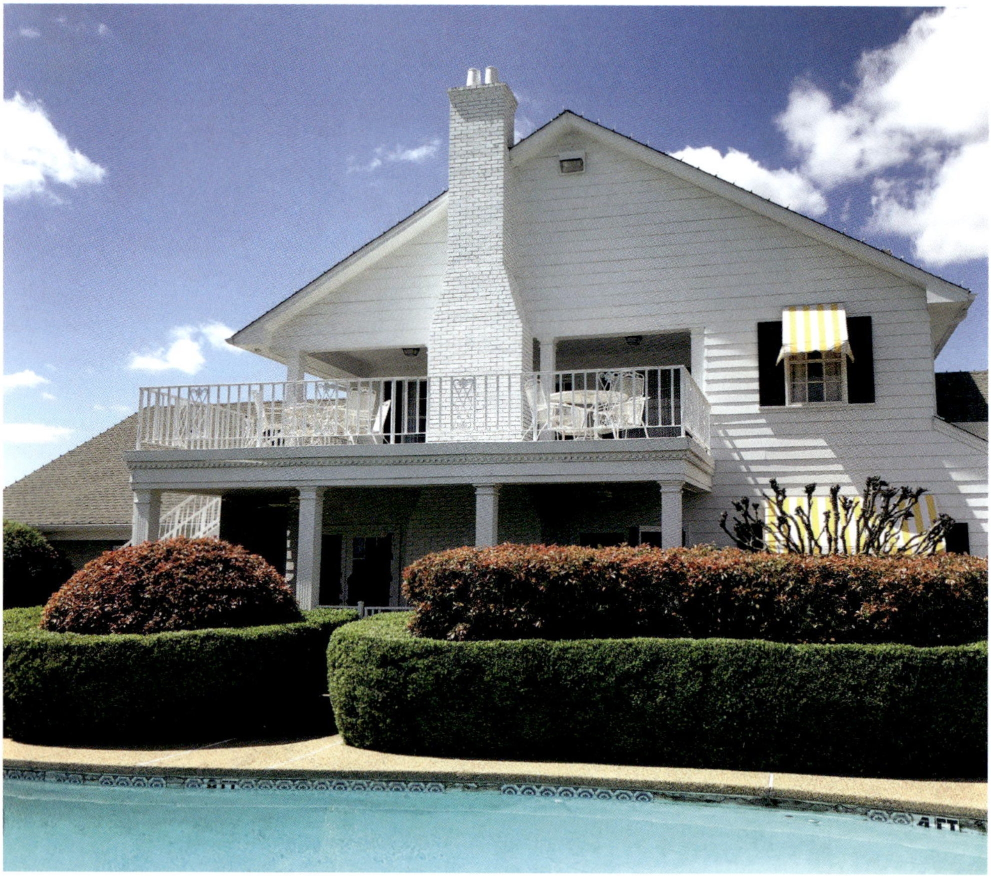

Zusammen mit einer kleinen Gruppe von Journalisten aus Deutschland, Großbritannien, Frankreich, Mexiko und den USA werde ich schließlich durch das Haus geführt. Die Innenaufnahmen von *Dallas* wurden zwar nicht hier, sondern in den Hollywood Studios aufgenommen, die Räume des Hauptgebäudes hat man jedoch für die Besucher den Studiokulissen nachempfunden. Es gibt ein Bobby-Zimmer, ein Lucy-Zimmer und so weiter. Eigentlich ist hier keine Übernachtung möglich, zum 40-Jährigen wird jedoch zum ersten Mal tatsächlich ein Gast in J. R.s großem Himmelbett schlafen. Diesen Luxus lässt er sich über 1.000 Dollar kosten, wie uns Sally Peavy, seit über 20 Jahren Sales Managerin auf der Southfork Ranch, verrät.

»Unsere Besucher kommen aus aller Welt«, erzählt Peavy stolz, »die meisten aus den USA, dem Vereinigten Königreich und Deutschland. Die Southfork Ranch ist sozusagen das zweitbekannteste weiße Haus!« Vor 40 Jahren konnte das freilich noch keiner ahnen. Die Farm gehörte Joe und Natalie Duncan, die hier bis 1984 lebten. Besucher waren bei ihnen laut Peavy überhaupt nicht willkommen, diese wurden häufig auf die texanische Art – das heißt mit einem Gewehr – verjagt. Als der Ansturm an Serientouristen, gerade nach der berühmten Cliffhanger-Folge, immer größer wurde, zogen die Duncans nach

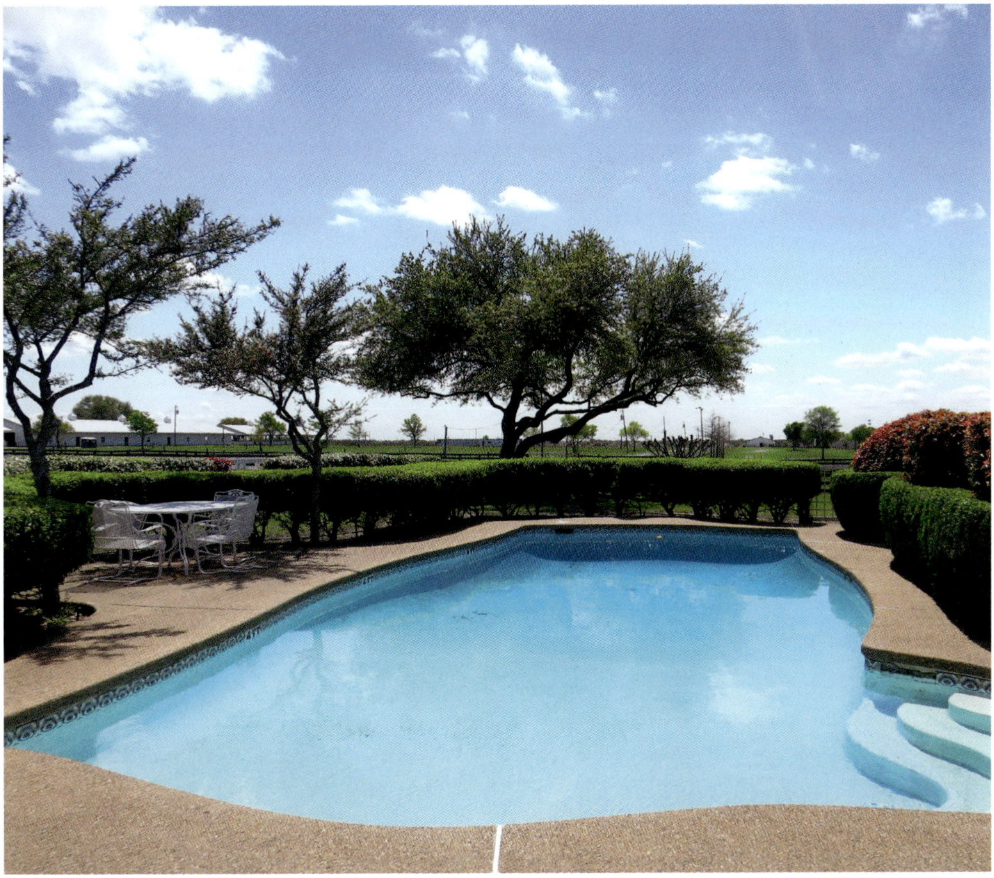

Oklahoma. Verrückt, denke ich, aber sicher auf Dauer die beste Lösung. Zumal heute am Jubiläumstag, also Jahrzehnte später, bis zu 1.200 Besucher erwartet werden.

Schon seit 1985 ist die Ranch also eine echte Touristenattraktion. Für *Dallas*-Fans gibt es ein kleines Museum mit Requisiten aus der Serie. Dort entdecke ich zum Beispiel Lucys Hochzeitskleid, Sue Ellens Ledersattel und natürlich den Revolver, mit dem auf J. R. geschossen wurde. Im Souvenirshop nebenan warten die passenden Andenken zum Mitnehmen, von der Southfork-Ranch-Christbaumkugel bis zum Cowboyhut. Selbst Larry »J. R.« Hagman hat sich hier einmal als normaler Besucher mit Southfork-Gläsern eingedeckt, verrät Peavy auf unserem weiteren Rundgang. Für meinen Papa kaufe ich eine Tasse mit aufgedruckten J.-R.-Zitaten. Eines davon lautet: »*Like my Daddy always said: where there's a way there's a will!*«

Ihren Willen bringen zwischenzeitlich auch mehrere hundert Fans zum Ausdruck, die eine lange Schlange bilden. An deren Ende, neben dem 1978er Lincoln Mark V von Jock Ewing, erhasche ich einen Blick auf die Schauspieler, die sich für die Fotos mit den Fans aufgestellt haben und trotz des regen Andrangs sehr entspannt wirken. Dort stehen Patrick Duffy (Bobby), Linda Gray (Sue Ellen), Charlene Tilton (Lucy) und Steve Kanaly

(Ray). Und so langsam macht sich auch bei mir die Aufregung breit. Denn noch am selben Tag treffe ich die vier Serienstars zum Interview.

Bei Interviews mit Schauspielerinnen und Schauspielern gelingt es mir eigentlich immer ganz gut, das Fangirl in mir zu unterdrücken, ruhig zu bleiben und einigermaßen professionell meine Fragen zu stellen. Als ich an diesem Abend im Flur eines Luxushotels in Downtown Dallas auf meinen Slot warte, bin ich jedoch unheimlich nervös. Es erscheint mir so unwirklich, gleich die Personen zu treffen, die schon in meiner Kindheit auf dem Röhrenbildschirm unseres Wohnzimmers flimmerten. Und nun sitze ich hier über 8.000 Kilometer und etwa 30 Jahre entfernt von dieser Erinnerung und werde sie gleich persönlich sprechen.

Es fröstelt mich etwas, was vermutlich auch an der zu stark eingestellten Klimaanlage des Hotels liegt, und ich kritzele noch mal in meinen Fragen auf einem Zettel herum,

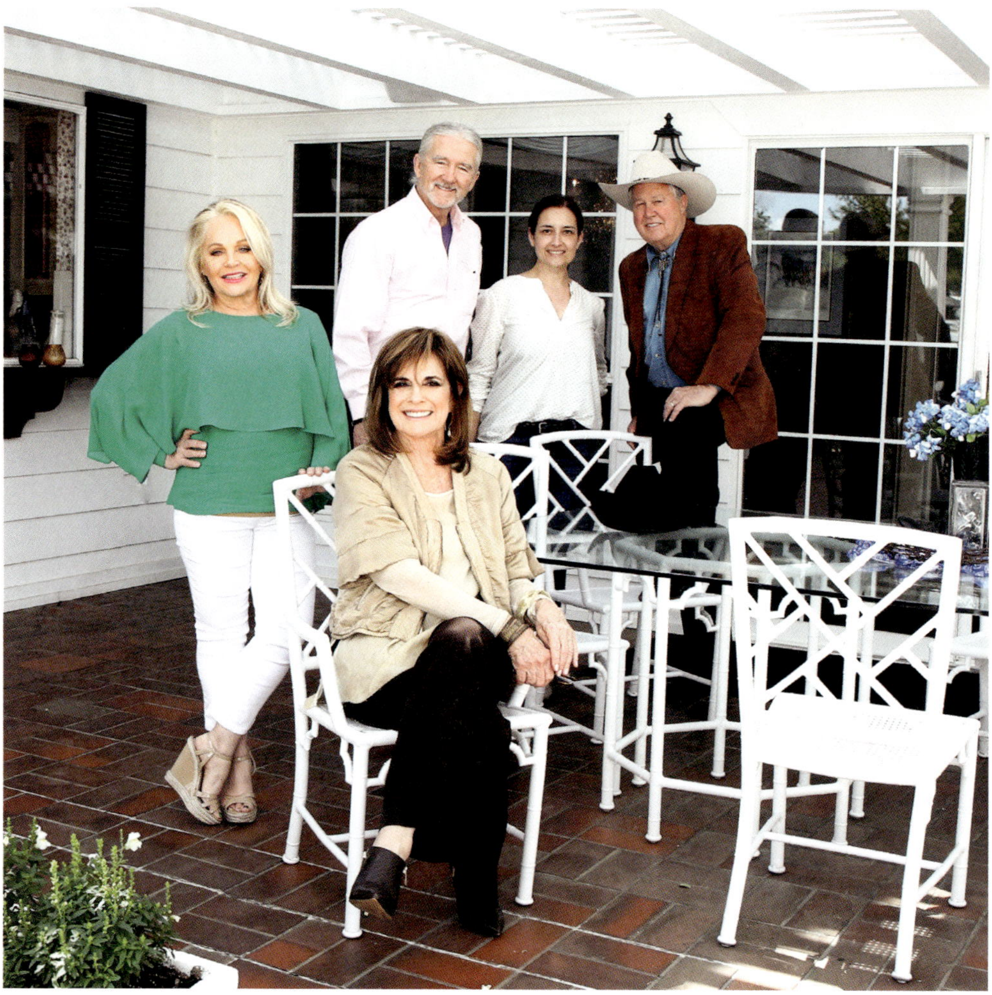

streiche welche durch und notiere mir neue. Da kommt plötzlich ein PR-Mann und sagt: »Der Nächste bitte!« Ich zucke zusammen und spüre augenblicklich meinen Herzschlag bis zum Hals, denn nun bin ich an der Reihe. »Reiß dich zusammen«, sage ich zu mir selbst und ich schaffe es tatsächlich, den Raum ohne einen Kniefall zu betreten.

Nachdem ich mich kurz vorgestellt und jedem die Hand gegeben habe, setzen wir uns. Die vier Schauspieler nehmen auf einem Sofa gegenüber von mir Platz, uns trennt nur ein kleiner Glastisch. Steve und Charlene würde ich an einem anderen Ort vermutlich nicht sofort wiedererkennen. Linda sieht mit ihren 77 Jahren erstaunlicherweise noch fast genauso aus wie früher Sue Ellen. Patrick trägt seine langen grauen Haare zu einem Pferdeschwanz zusammengebunden, doch sein Gesicht ist mir eindeutig als das von Bobby Ewing vertraut.

Einen kurzen Moment lang bin ich wieder das Mädchen auf dem Sofa an einem Dienstagabend Ende der Achtziger, doch dann lege ich mein Handy zur Aufzeichnung des Gesprächs auf den Tisch und stelle meine erste Frage: »Wie fühlt es sich an, für viele Menschen so etwas wie fiktive Familienmitglieder geworden zu sein?« Da ich dabei Patrick anschaue, ist er es auch, der mir mit freundlichem Blick antwortet: »Für die Fans sind wir, denke ich, ähnlich wie ein Blick in ein Familienalbum. Wenn sie uns sehen, verbinden sie das mit früheren Zeiten, erinnern sich an Ereignisse in der Zeit, in der auch die Serie lief. Wir sind sehr dankbar, ein Teil dieses Phänomens sein zu dürfen.«

Und in diesem Moment fällt mir ein Stein vom Herzen, denn ich hatte befürchtet, dass meine Frage ins Leere läuft und keiner so richtig weiß, worauf ich eigentlich hinauswill. Die nächsten Fragen fallen mir deutlich leichter. Wir reden noch darüber, wie schön es für sie selbst ist, hin und wieder zur Southfork Ranch zurückzukehren, wo sie in der Vergangenheit so viele Tage miteinander verbracht haben, über die *Dallas*-Fans in Deutschland und den USA und Reisen an Drehorte im Allgemeinen.

Gerade, als wir richtig ins Plaudern kommen und eine lockere Stimmung herrscht, flüstert mir der PR-Mann ins Ohr: »Nur noch eine Frage.«

Ich schaue auf meinen Zettel und streiche in Gedanken zwei Fragen, um eine letzte auszuwählen: »Wann wurde euch eigentlich bewusst, welche Berühmtheit die Serie einmal erlangen würde?«

Patrick antwortet ohne groß nachzudenken: »Ganz klar, als sich gefühlt die ganze Welt damit beschäftigte ›*Who shot J. R.*‹?«

Und so schließt sich für mich der Kreis, der damals an einem der Dienstagabende seinen Anfang nahm, als die Southfork Ranch für mich nicht weniger als die große weite Welt war.

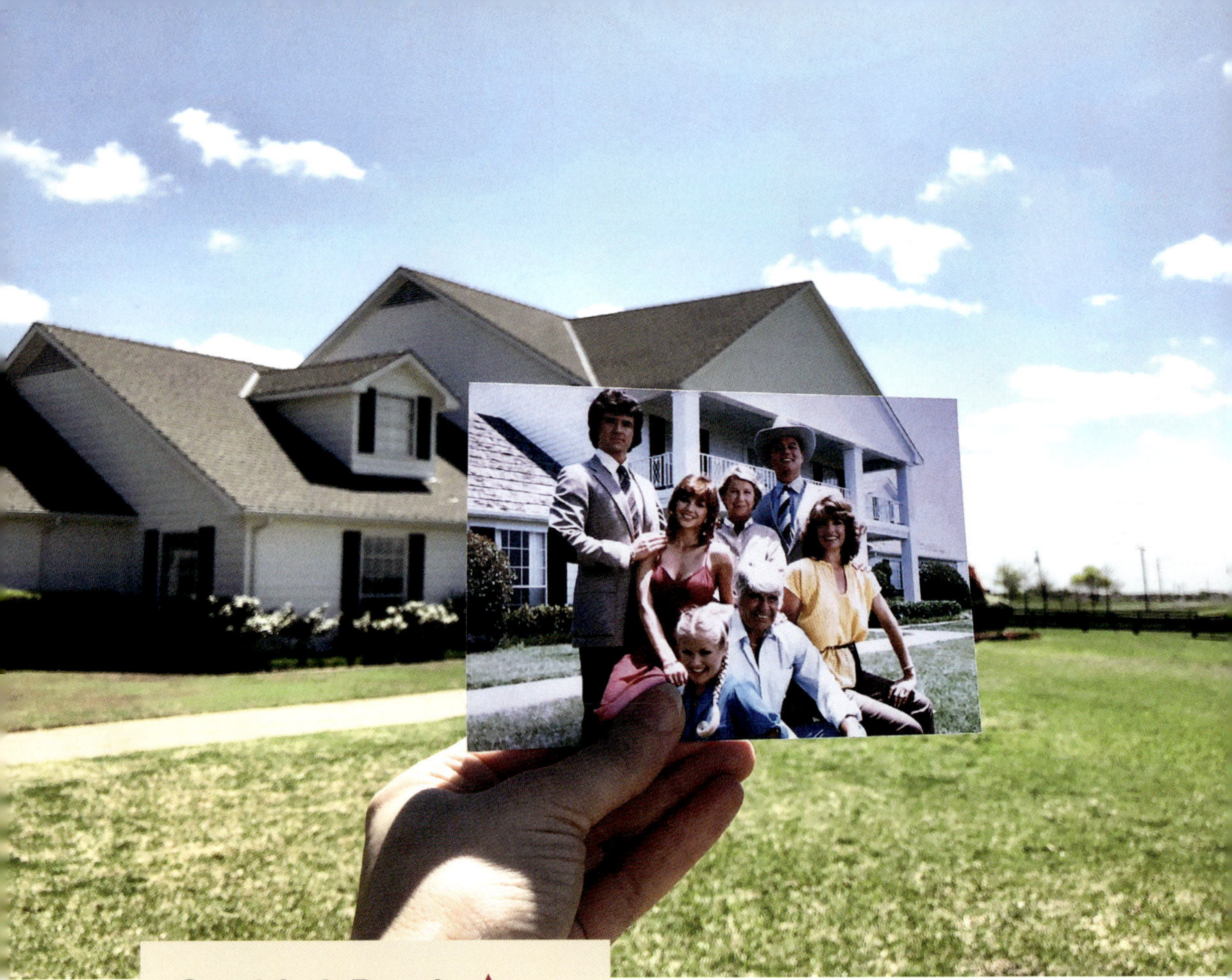

Southfork Ranch ★1

3700 Hogge Dr, Parker, Texas

Die 1970 errichtete Ranch wurde als Wohnsitz der Familie Ewing in *Dallas* bekannt und ist heute mit einem Museum und Souvenirshop für Besucher zugänglich. Außer an Weihnachten und Thanksgiving ist die Ranch an jedem Tag des Jahres geöffnet.

southforkranch.com

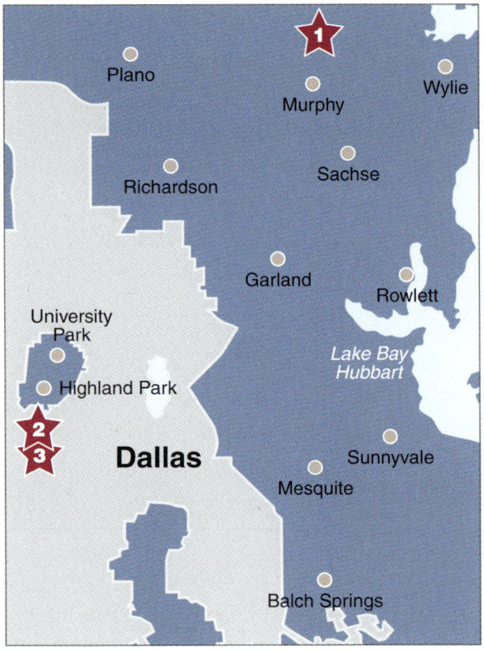

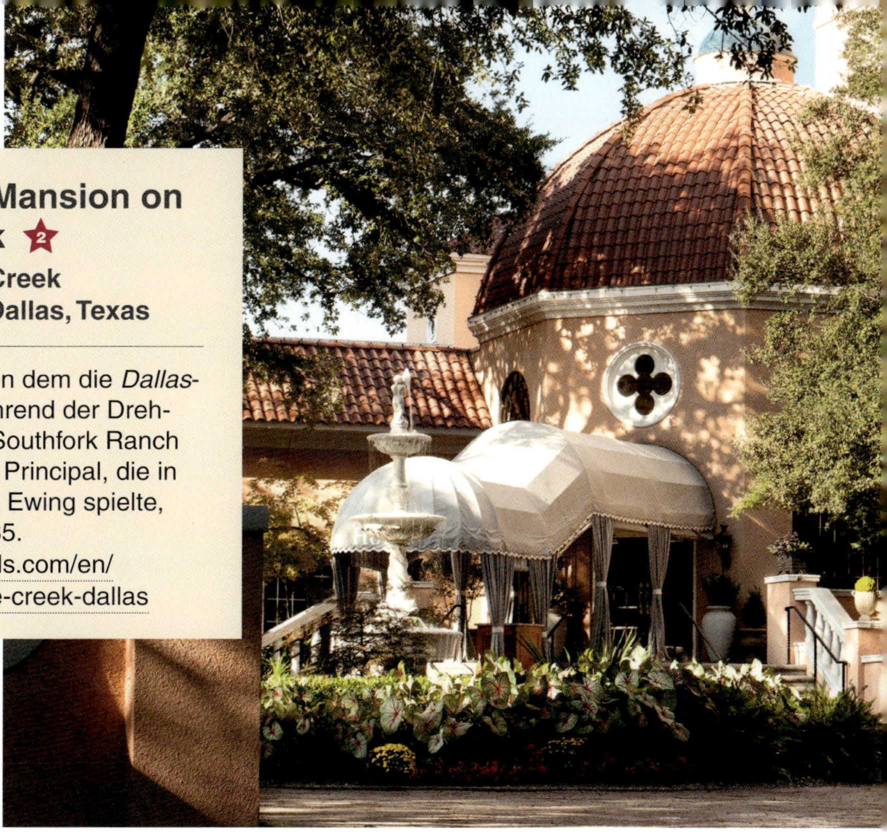

Rosewood Mansion on Turtle Creek ★ 2

2821 Turtle Creek Boulevard, Dallas, Texas

Es ist das Hotel, in dem die *Dallas*-Schauspieler während der Dreharbeiten auf der Southfork Ranch wohnten. Victoria Principal, die in der Serie Pamela Ewing spielte, heiratete hier 1985.

rosewoodhotels.com/en/mansion-on-turtle-creek-dallas

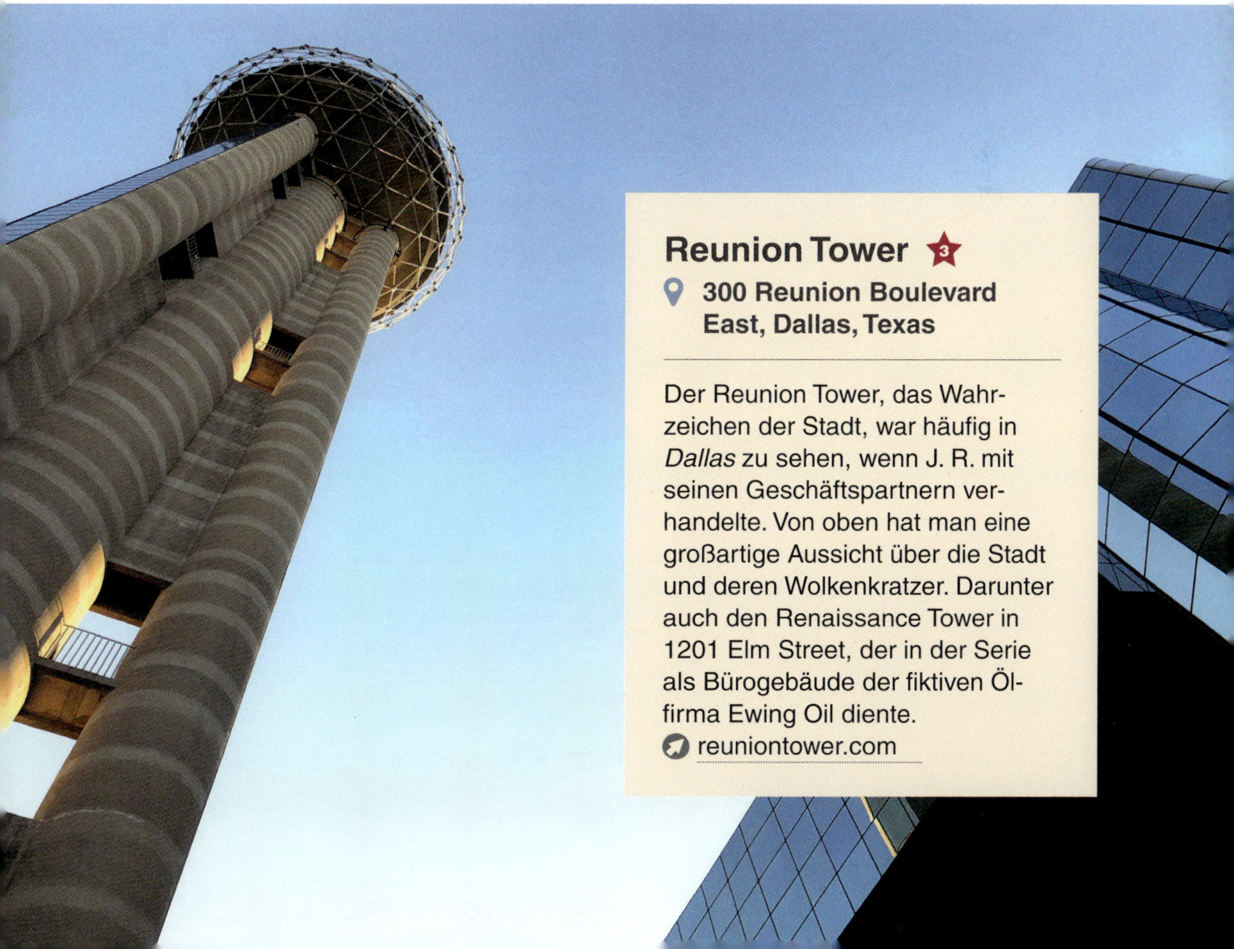

Reunion Tower ★ 3

300 Reunion Boulevard East, Dallas, Texas

Der Reunion Tower, das Wahrzeichen der Stadt, war häufig in *Dallas* zu sehen, wenn J. R. mit seinen Geschäftspartnern verhandelte. Von oben hat man eine großartige Aussicht über die Stadt und deren Wolkenkratzer. Darunter auch den Renaissance Tower in 1201 Elm Street, der in der Serie als Bürogebäude der fiktiven Ölfirma Ewing Oil diente.

reuniontower.com

Der letzte Nachbar

EDWARD MIT DEN SCHERENHÄNDEN

Lutz, Florida
USA

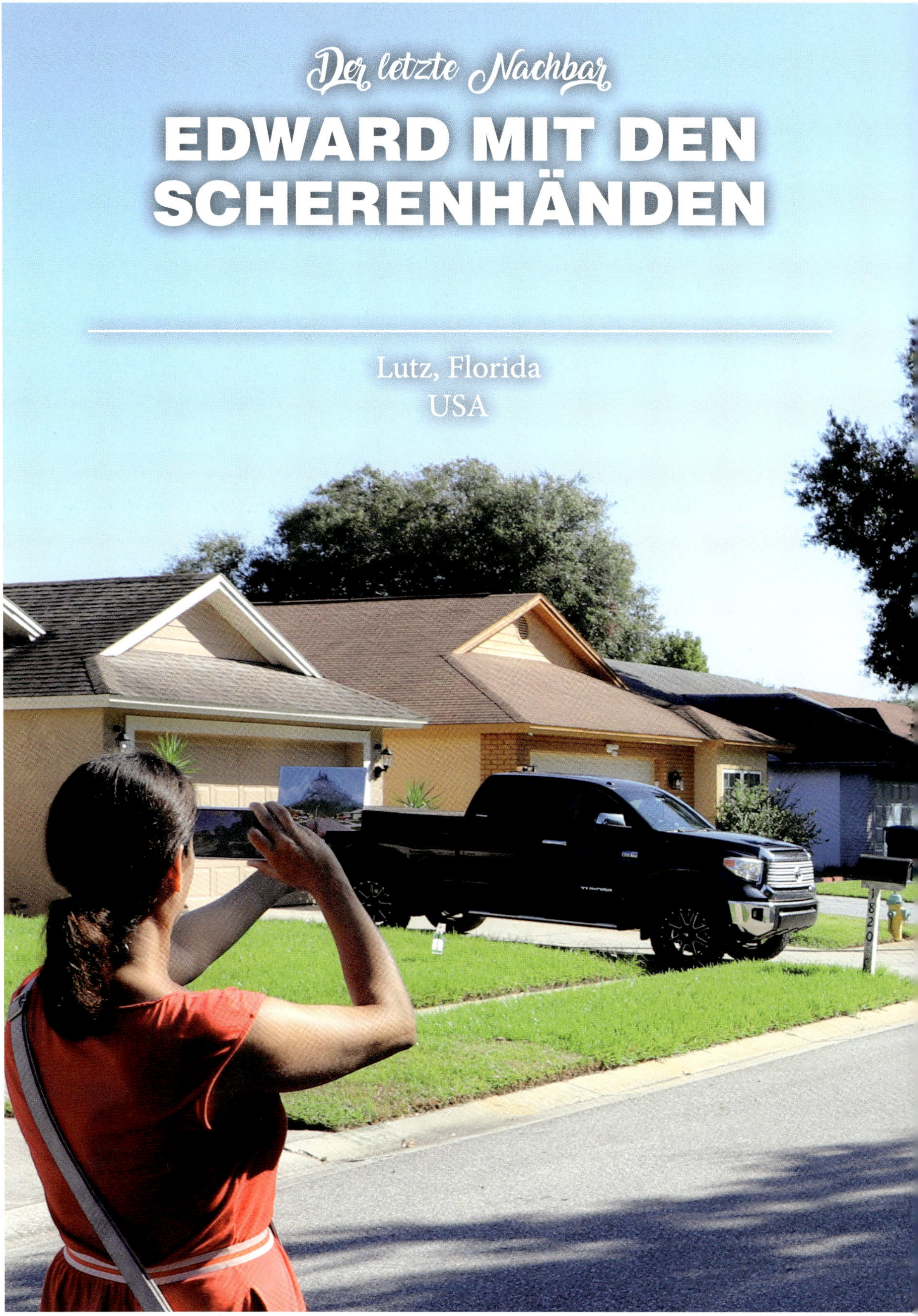

Es gibt sie zuhauf. Die berühmten Drehorte, die fernab der bekannten Sehenswürdigkeiten liegen und nichts weiter sind als ganz normale Wohngegenden. Für mich sind sie oft am spannendsten, gerade weil sie so unscheinbar wirken. Gleichzeitig sind sie jedoch auch eine große Herausforderung. Nicht, weil die Orte so schwer ausfindig zu machen wären, sondern weil ich mich dort immer ein wenig wie ein Eindringling fühle.

Inmitten von Touristen kann ich ungeniert Fotos machen, in offener Landschaft in Ruhe einen Ort inspizieren. Doch zwischen normalen Wohnhäusern werde ich oft das Gefühl nicht los, fehl am Platz zu sein. Zumal gerade in den USA jegliche verdächtig wirkenden Aktivitäten schnell mal der Polizei gemeldet werden. Und jemand, der ohne ersichtlichen Grund Fotos von Häuserfassaden macht, wirkt schon von Natur aus suspekt – verständlicherweise.

In der Vergangenheit hatte ich Glück. Kein Anwohner hat mich je angemotzt oder seinen Hund auf mich gejagt. Private Grundstücke betrete ich wirklich nur, wenn mich jemand dazu einlädt. Häufig wissen die Anwohner aber auch gar nicht, dass um ihr Haus herum ein bekannter Film gedreht wurde, gerade wenn der Dreh schon Jahrzehnte zurückliegt. So kassiere ich nicht selten fragende Blicke und erkläre, warum ich eigentlich dort bin und was ich mache. Und natürlich weiß man nie, wer oder was einen am nächsten Drehort erwartet.

Daher habe ich ein mulmiges Gefühl, als ich an einem sonnigen Samstag in einem Vorort von Tampa, Florida, aus dem Auto steige. Am Tag zuvor war ich noch in Orlando, der Hauptstadt der Freizeitparks, und schon morgen geht es weiter ins schillernde Miami Beach. Doch hier herrscht Ruhe, kein Mensch ist unterwegs. Die kleine Straße wirkt wie ausgestorben. Werde ich vielleicht von einer Überwachungskamera gefilmt oder zumindest kritisch beäugt durch die Fenster der umliegenden Gebäude?

Doch die Freude, hier zu sein, überwiegt. Denn ich stehe inmitten der Locations meines Lieblingsfilms von Tim Burton: *Edward mit den Scherenhänden.* Hier im Tinsmith Circle im Städtchen Lutz frisierte Johnny Depp als blasser Edward fleißig Hecken, Hunde und Nachbarn. Sein Erfinder träumte davon, einen Menschen künstlich zu erschaffen, verstarb jedoch, bevor dessen Hände fertig waren. Und so lebt dieser, lediglich mit Scherenhänden ausgestattet, einsam in einem Schloss auf einem Hügel, bis er eines Tages ganz unverhofft Besuch von der Avon-Beraterin Peg bekommt. Als diese ihn schließlich mit zu sich nach Hause nimmt, hat er zum ersten Mal Kontakt zu den anderen Bewohnern der Kleinstadt.

Und irgendwie passt es ja, dass ich mich hier als Fremde fühle. Nicht anders erging es schließlich der Hauptfigur Edward den kompletten Film über. Das Vertrauen der Nachbarschaft konnte er trotz der ganzen Anstrengungen partout nicht gewinnen. Eine Avon-Beraterin, die mich zum Abendessen mit ihrer Familie einlädt, ist hier in der Realität weit und breit nicht in Sicht.

Stattdessen habe ich große Mühe, die Drehorte wiederzuerkennen. Die Häuser sind längst nicht mehr pastellig bunt gestrichen und in den 30 Jahren seit dem Dreh sind hohe Bäume gewachsen, so dass es richtige Detektivarbeit ist, die einzelnen Fassaden aus dem Film auszumachen. Zur Zeit der Dreharbeiten waren die Häuser hier gerade neu gebaut worden und eigens für den Film für drei Monate umgestaltet. Wäre der Ort ein Schauspieler, er hätte nur eine große Rolle in seinem Leben gehabt und sich äußerlich so sehr verändert, dass keiner ihn auf der Straße je wiedererkennt.

Die bunte Fantasiewelt, die Burton hier kunstvoll erschaffen hat, habe ich jedoch deutlich vor meinem inneren Auge: Eine imaginäre Kamerafahrt durch die märchenhafte Kulisse der Straße mit ihren farblich abgestimmten Häusern und den perfekt gepflegten Vorgärten, auf deren Rasen die Hecken in Elefanten-, Delfin- oder Pinguinform thronen. In meinem Kopf spielt dazu die zauberhaft träumerische Filmmusik von Danny Elfman.

Als ich gerade das Wohnhaus mit der Hausnummer 1774 genauer in Augenschein nehme, in dem der schüchterne Edward im Film zeitweise lebt, steuert plötzlich ein älterer Mann vom anderen Ende der Straße auf mich zu. Ich kann nicht sagen, ob er heiter oder böse ist, sein Gesicht wirkt neutral. Ich überlege, wie ich ihm möglichst schnell und einleuchtend begreiflich machen kann, weshalb ich hier am Wochenende die Vorstadtidylle störe und eifrig Bilder von Wohnhäusern mache, ohne eine Kriminelle oder Immobilienspekulantin zu sein.

Meine Gedanken kreisen darum, ob er je von Tim Burton, Edward mit den Scherenhänden oder wenigstens Johnny Depp gehört hat. Einen Moment lang befürchte ich, er könnte in der Vergangenheit sogar schon schlechte Erfahrungen mit Filmfans vor seiner Haustür gemacht haben. Vielleicht hat ihm ja jemand eine Ballerina in die Hecke geschnitzt?

Ich denke an das Haus in Albuquerque, das in der Serie *Breaking Bad* als das Zuhause des Chemielehrers Walter White zu sehen war. Fans hatten dort wiederholt eine Pizza auf das Dach geworfen, eine beliebte Szene, die in der Serie vorkam. Als es kein Ende nahm, ließ der Besitzer einen Schutzzaun um das Haus errichten. Filmtouristen sind dort nicht mehr willkommen.

Während ich mich mental irgendwo zwischen »Was habe ich hier zu suchen?« und »Wie komme ich hier am schnellsten wieder weg?« befinde, ist der grauhaarige Mann mit dem Pokerface nun fast bei mir angekommen. Sein Gesicht erinnert mich an das von Gandalf aus *Der Herr der Ringe,* doch statt eines Spitzhuts trägt der Mann eine rote Baseballcap, statt Magiermantel ein graues T-Shirt mit ebensograuen Shorts und statt Zauberstab hält er ein paar Fotos in der Hand.

Auf einmal macht sich ein sanftes Lächeln auf seinem Gesicht breit und in diesem Moment löst sich auch meine Anspannung. Mit meinem anfänglichen Gedanken, er sei misstrauisch, was ich hier so treibe, lag ich völlig daneben. Im Gegenteil, er weiß ganz genau, weshalb ich hier bin, noch bevor ich überhaupt ein Wort sage. »Auf der Suche nach

Edward?«, fragt er freundlich und zeigt mir stolz einen ganzen Stapel Fotos, die er selbst vom damaligen Filmset gemacht hat.

Es sind Bilder von seinem Haus, auf dem die Schweinwerfer montiert wurden, um die fiese Einbruchszene in der Nacht zu drehen, sowie der Sackgasse, in der man das Eingangstor zu Edwards gotischem Schloss errichtete, damals noch ohne die Neubausiedlung, die sich heute dahinter befindet. Dank der Set-Bilder habe ich langsam einen guten Überblick und erkenne noch zwei weitere Häuser, die eine Rolle im Film bekamen. Der Nachbar erzählt mir, dass es sich bei den kunstvoll geschnittenen Hecken in Wahrheit nur um begrünte Metallgestelle handelte. Das Schloss selbst sei als Filmset in Dade City, etwa 30 Minuten Autofahrt nordöstlich von hier, aufgebaut worden.

Das letzte Foto zeigt eine lachende Frau zusammen mit Regisseur Tim Burton, der den Drehort selbst ausgewählt und seinem Geburtsort Burbank vorgezogen hat. »Das ist meine Frau«, sagt der Mann nicht ohne Stolz. Als mir ein »Wow!« herausrutscht, schaut er mich strahlend an.

Unsere Begegnung hat sich nun eindeutig zu einem Win-Win entwickelt: Ich bin froh, jemanden mit Infos aus erster Hand zu treffen, und er scheint äußerst zufrieden, mal wieder mit jemandem über den Film sprechen zu können. Und wie sich im Laufe unseres Gesprächs herausstellt, sind er und seine Frau sogar die einzigen verbliebenen Anwohner, die auch schon zur Zeit der Dreharbeiten hier gelebt haben.

Ich erfahre, dass der Besitzer des »Edward-Hauses«, in dessen Garten Edward gegen Ende des Filmes seiner Angebeteten Kim eine Engel-Eisskulptur schnitzt, das Geld, das er für den Dreh erhalten hat, gleich damals in ein größeres Haus investiert hat und er schon vor 30 Jahren weggezogen ist. Eine Handvoll anderer Nachbarn, deren Häuser im Film zum Einsatz kamen, konnten mit der Zahlung immerhin einen Teil ihrer Schulden tilgen.

»Alle waren sehr nett«, sagt der Mann über die Filmleute, die hier für mehrere Wochen die ganze Straße auf den Kopf stellten, während viele der Anwohner in einem nahegelegenen Motel wohnten. Seine Stimme klingt etwas wehmütig. Doch dann verabschiedet er sich plötzlich, seine Tochter kommt gleich zu Besuch. Ich danke ihm für seine Zeit.

Wie schade, denke ich, als ich ihm nachsehe. Denn gerne hätte ich ihn noch gefragt, wie ihm der Film eigentlich selbst gefallen hat, wie oft er ihn gesehen hat und ob Tim Burton später noch einmal zurück zum Drehort kam. Und ich hätte ihm erzählt, wie gerne ich damals, als ich den Film zum ersten Mal sah, in der Straße gewohnt hätte, völlig ahnungslos, dass es diese in Wirklichkeit gab.

Doch nun stehe ich wieder allein da, dank meiner Begegnung mit dem netten Nachbarn den Kopf voll mit Infos und Eindrücken, fast so, als wäre ich selbst bei den Dreharbeiten dabei gewesen. Der Rückblick durch die Fotos hat mir den Film erst wieder richtig vergegenwärtigt und ich bin etwas traurig bei dem Gedanken, dass sich hier in der Straße irgendwann keiner mehr an den Dreh oder Film erinnern wird. Doch irgendein Filmtourist, sage ich mir, wird es den Anwohnern dann sicher erklären.

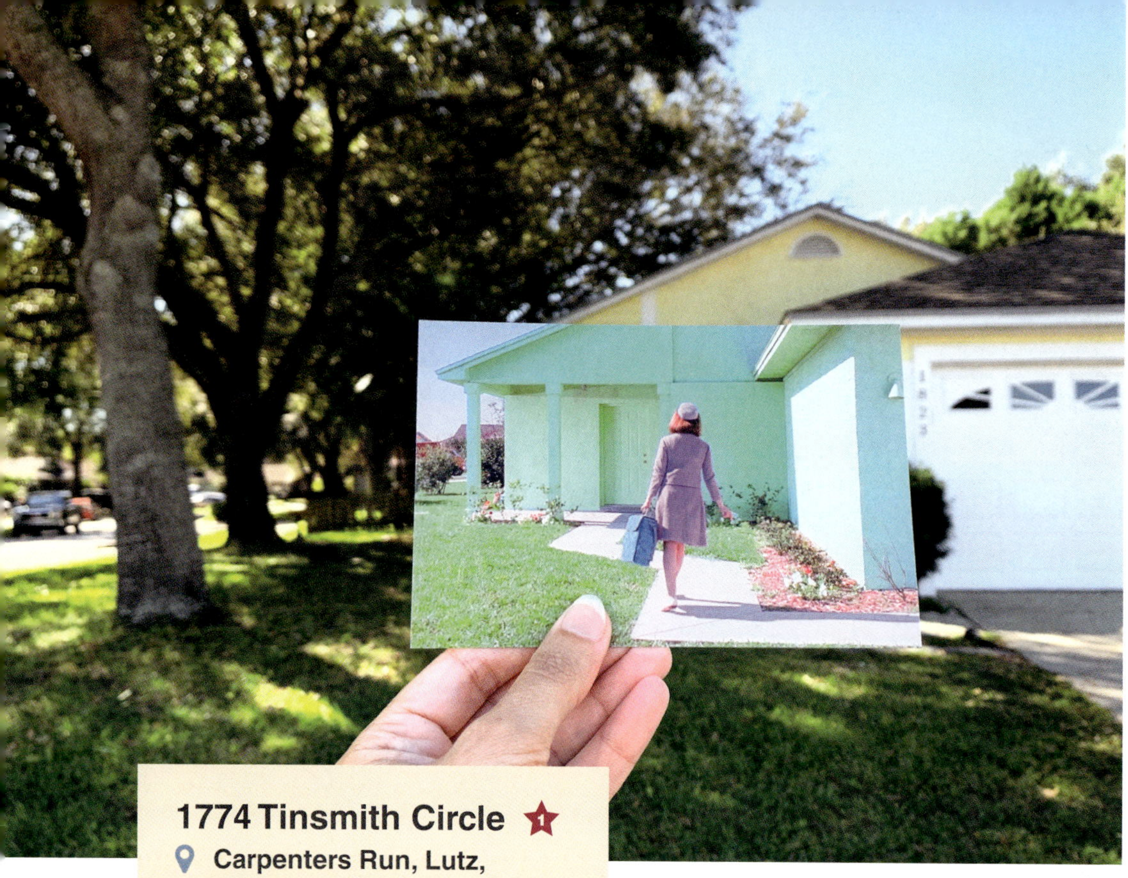

1774 Tinsmith Circle ★1

Carpenters Run, Lutz, Florida

Das Wohnhaus in Lutz diente in *Edward mit den Scherenhänden* als Zuhause der Avon-Beraterin Peg Bogg, die Edward bei sich und ihrer Familie wohnen lässt. Zuletzt haben die Bewohner des Hauses dem Film sogar eine kleine, öffentlich zugängliche Ausstellung mit Requisiten gewidmet.
Gleich gegenüber steht das Haus mit der Nummer 1823, welches im Film das grüne Wohnhaus von Nachbarin Helen darstellt. Die riesige Ballerina-Hecke befand sich vor dem damals rosafarbenen Haus mit der Nummer 1837.

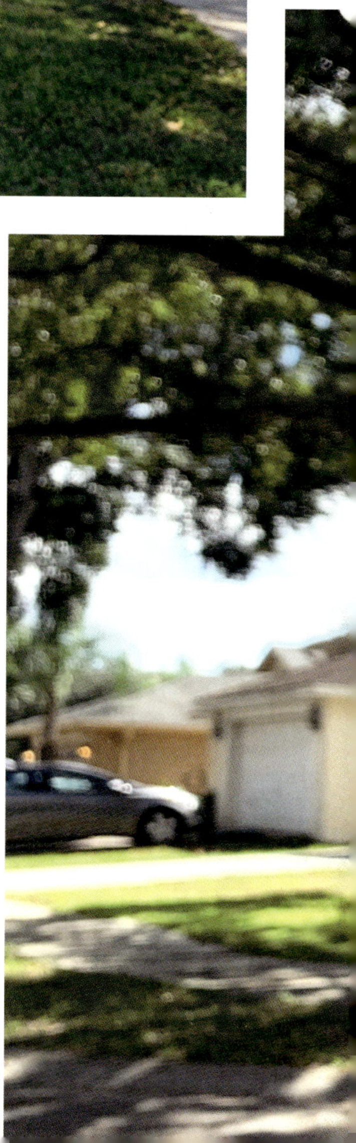

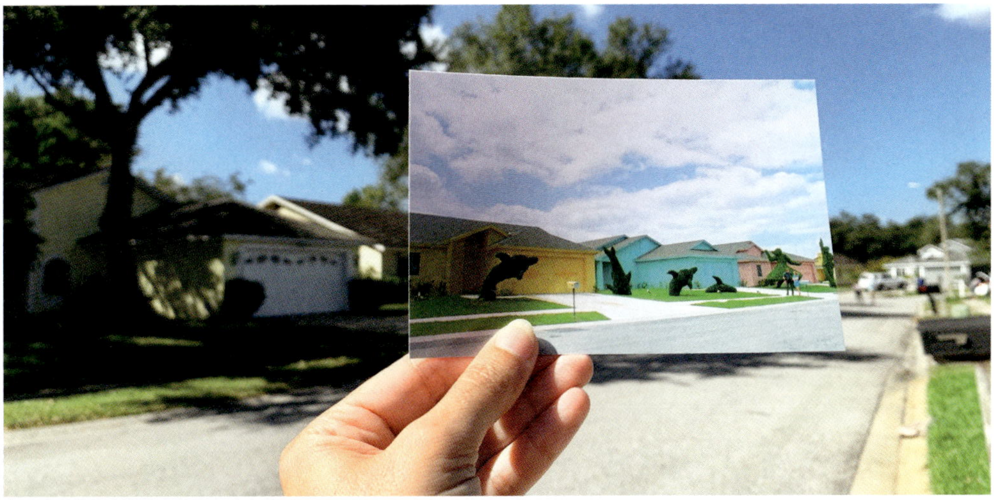

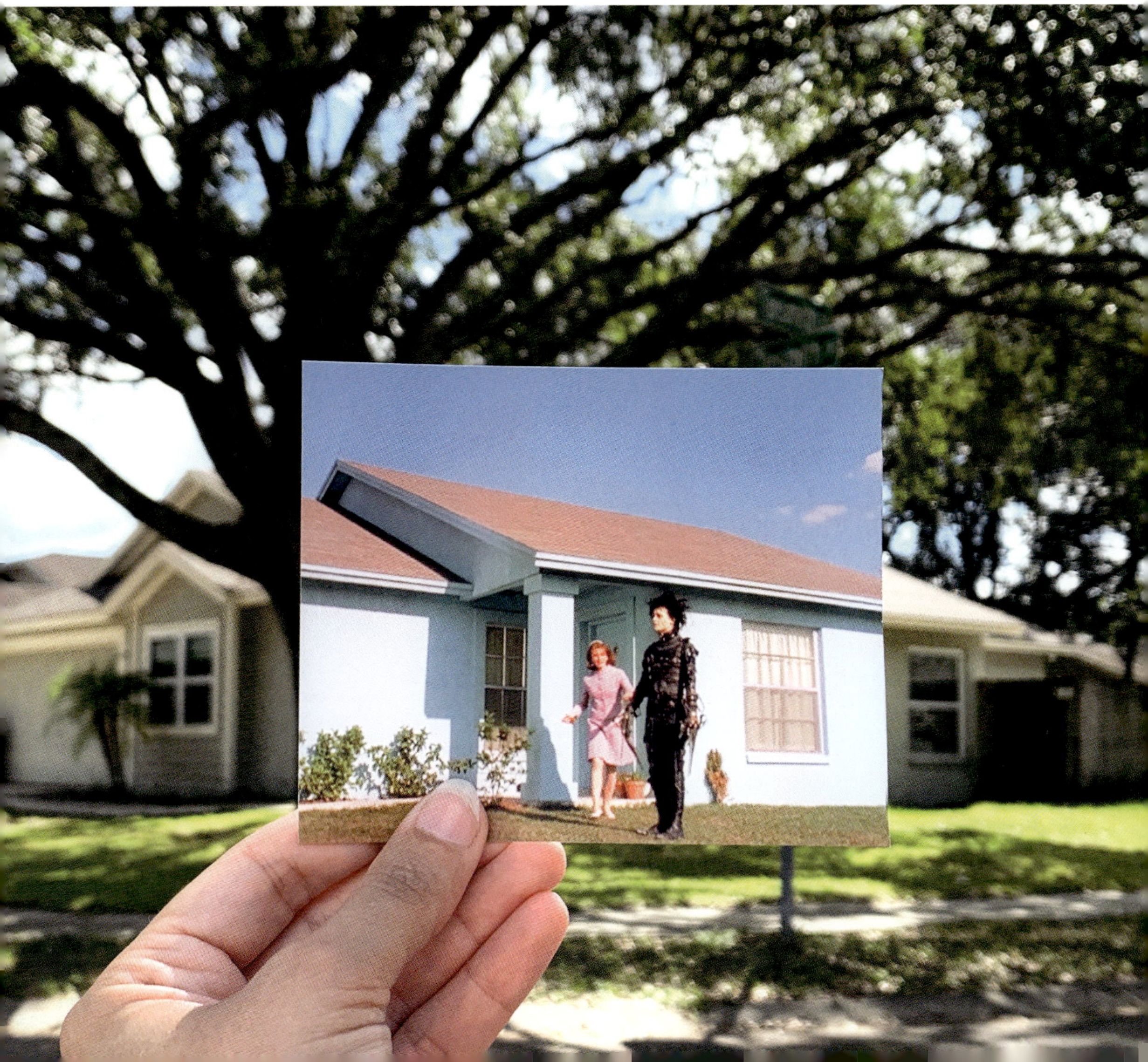

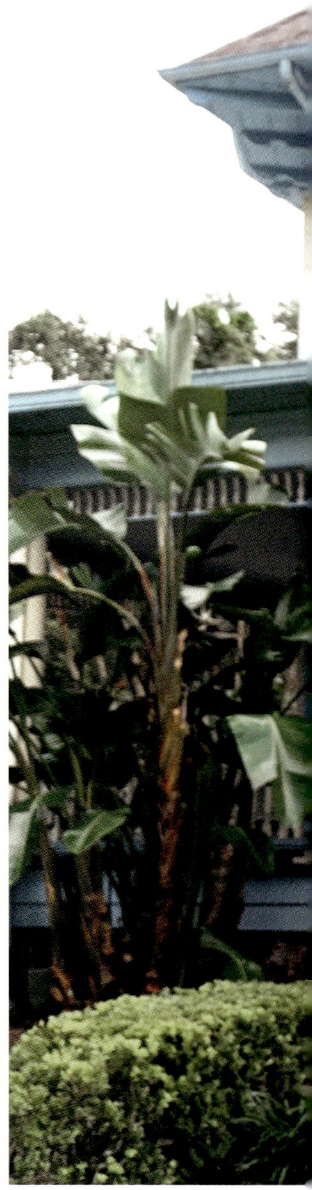

Southgate Shopping Center ★2

📍 **2515 South Florida Avenue, Lakeland, Florida**

In dem Einkaufszentrum in Lakeland soll Edward im Film seinen eigenen Haarsalon aufmachen und wird bei der Besichtigung der Räumlichkeiten von Nachbarin Joyce belästigt. Der riesige Schriftzug des Shopping Centers sieht immer noch gleich aus.

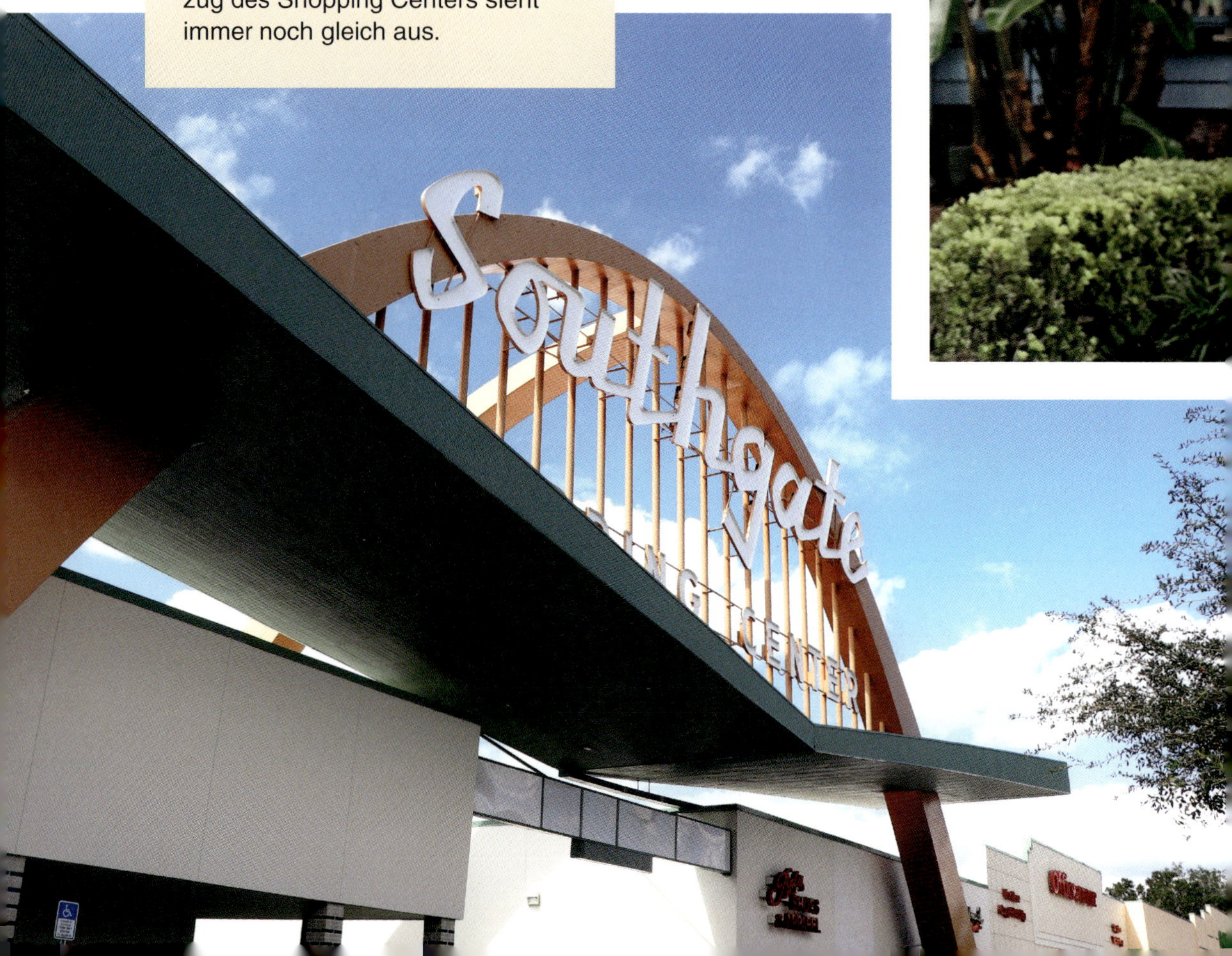

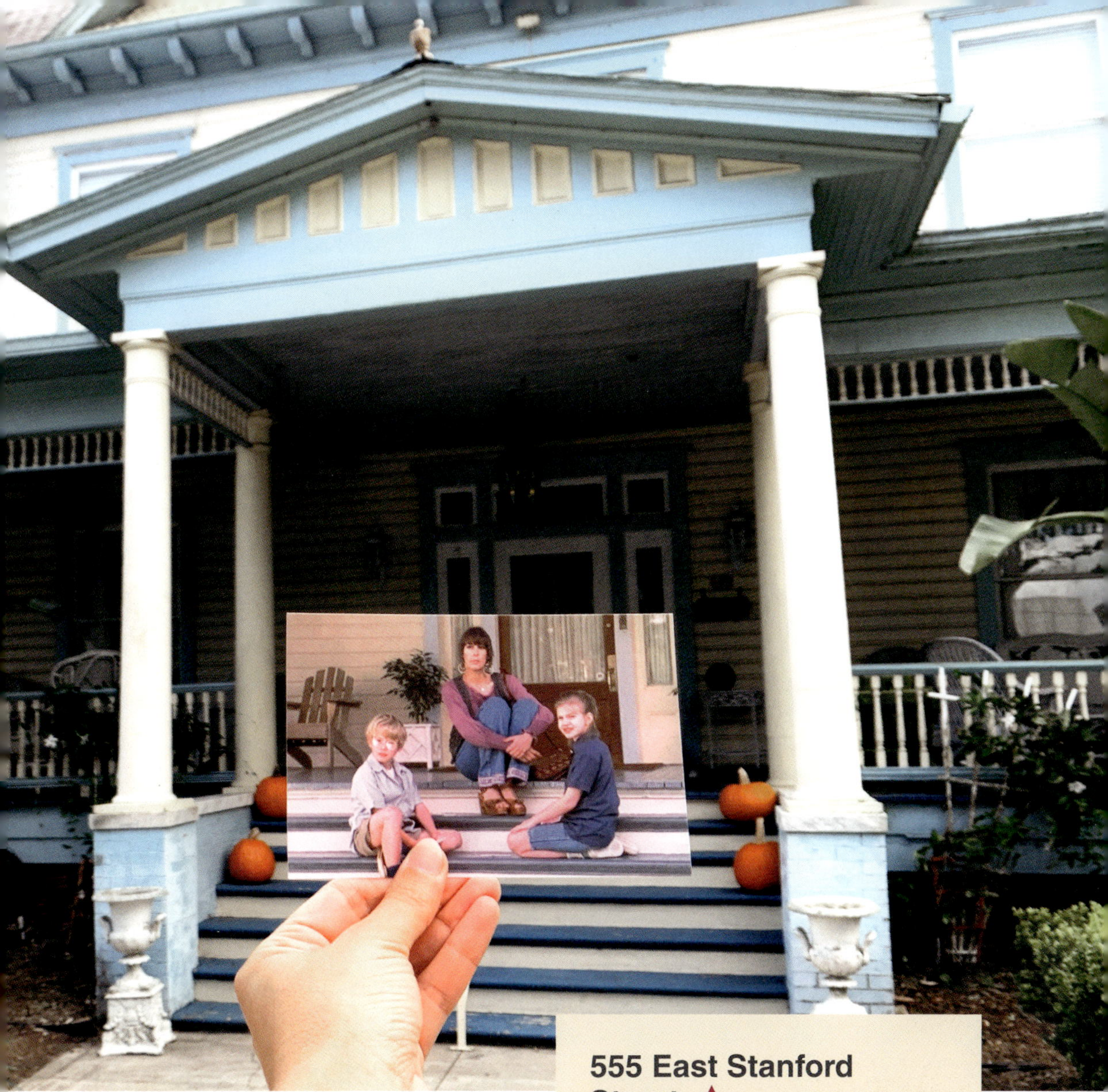

555 East Stanford Street 3

Bartow, Florida

Von Lakeland sind es nur zwanzig Autominuten nach Bartow. Hier steht das Haus, das im Film *My Girl* zu Sultenfoss Parlor wurde. Früher wurde es sogar als Bed & Breakfast betrieben, aktuell ist es jedoch leider geschlossen.

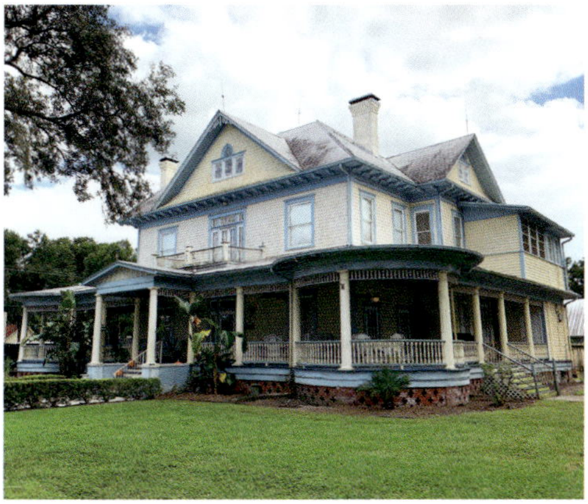

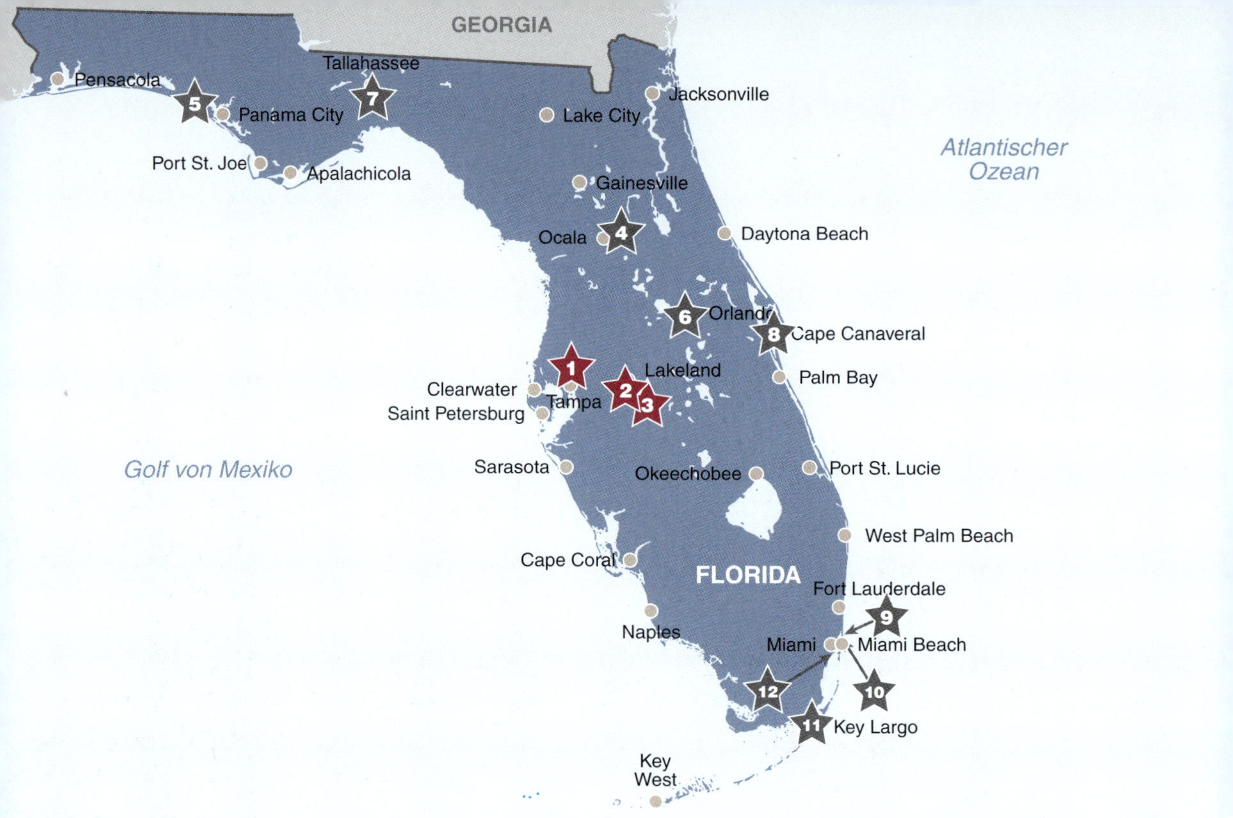

Weitere Filmtourismus-Tipps zu

Florida

Silver Springs State Park ★4

5656 East Silver Springs Boulevard, Silver Springs, Florida

Das Wasser ist hier so klar wie in Wakulla Springs und eignete sich ebenfalls gut für Unterwasseraufnahmen, darunter für die *James-Bond*-Filme *Sag niemals nie, Feuerball* und *Moonraker* mit der Kampfszene zwischen Roger Moore und einer Pythonschlange.
In den Dreißigern schwang sich Johnny Weissmüller in seinem ersten Tarzan-Auftritt in *Tarzan, der Affenmensch* hier von Baum zu Baum. Bei einer Tour mit dem Glasbodenboot kann man heute noch den berühmten Tarzan Tree sehen.
silversprings.com

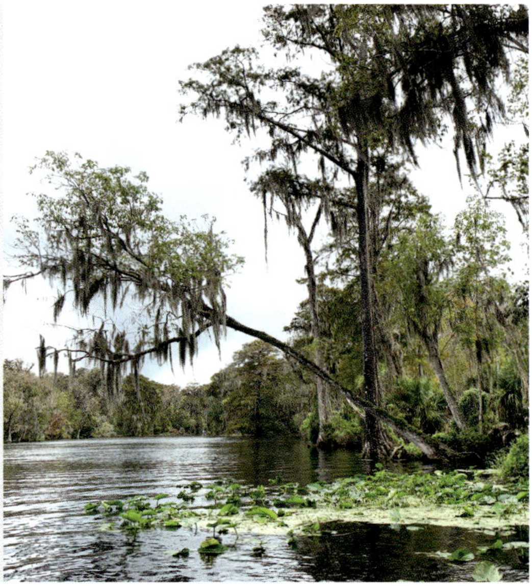

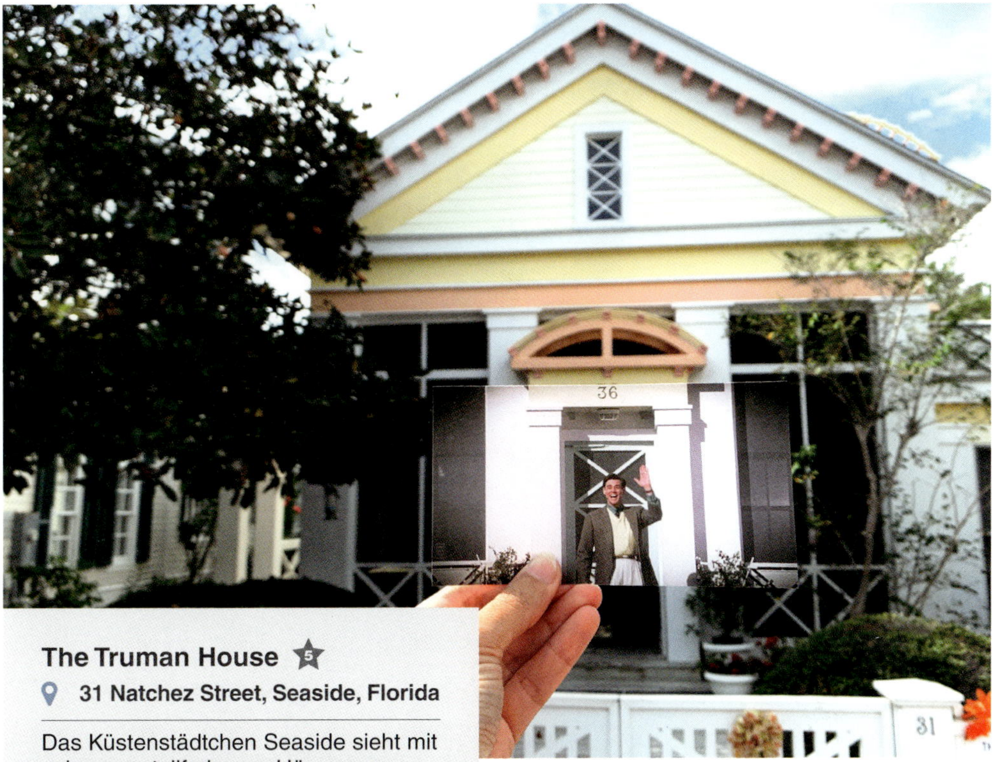

The Truman House

31 Natchez Street, Seaside, Florida

Das Küstenstädtchen Seaside sieht mit seinen pastellfarbenen Häusern aus wie Florida aus dem Bilderbuch. Im Film *Die Truman Show* entpuppt sich der Ort unter dem Namen Seahaven als Schauplatz einer Dauer-Realityshow mit Jim Carrey in der Rolle des unfreiwilligen Protagonisten. Das Haus von Truman Burbank findet man in der Natchez Street.
Obwohl die 31 die richtige Hausnummer ist, prangt über dem Hauseingang immer noch die Nummer 36 aus dem Film. Am Zaun hängt ein Schild mit der Aufschrift »The Truman House«, das Gebäude befindet sich allerdings in Privatbesitz und ist nur von außen zugänglich.

Universal Orlando Resort

6000 Universal Boulevard, Orlando, Florida

Orlando ist mit seinen zahlreichen Themenparks ein regelrechtes Entertainment-Imperium und Filmfans können neben dem World Disney World Resort vor allem im Universal Orlando Resort tief in die berühmten Leinwand-Welten von Hogwarts und *Jurassic Park* eintauchen.
universalorlando.com

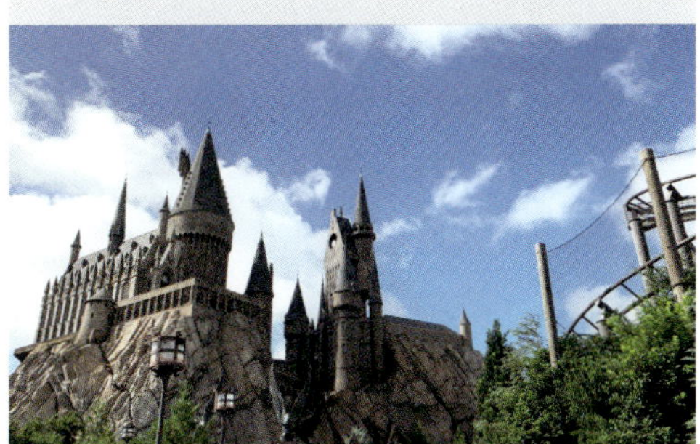

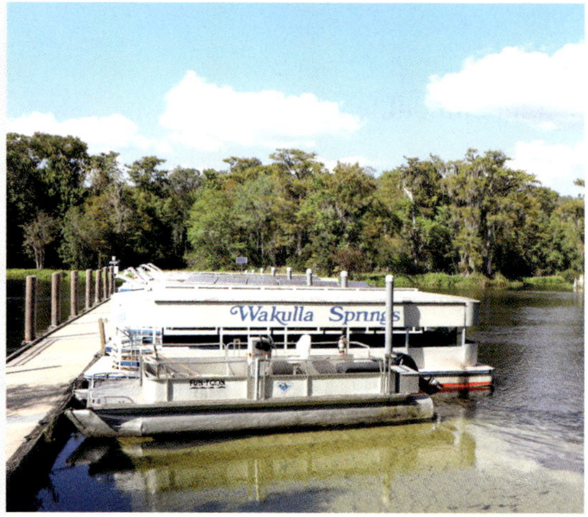

Wakulla Springs State Park 7

465 Wakulla Park Drive, Wakulla Springs, Florida

Nahe Floridas Hauptstadt Tallahassee befindet sich die Süßwasserquelle Wakulla Springs. Mit seinem Urwald ist der State Park wie gemacht für Dschungelfilme. In den Vierzigerjahren wurden hier tatsächlich einige *Tarzan*-Filme mit Johnny Weissmüller gedreht. Aufgrund des klaren Wassers entstanden hier schon früh Unterwasseraufnahmen für Filmproduktionen wie zum Beispiel für den Horrorklassiker *Der Schrecken vom Amazonas* von 1954. Den Park und seine Tierwelt kann man auf einer Bootstour erkunden.

wakullasprings.org

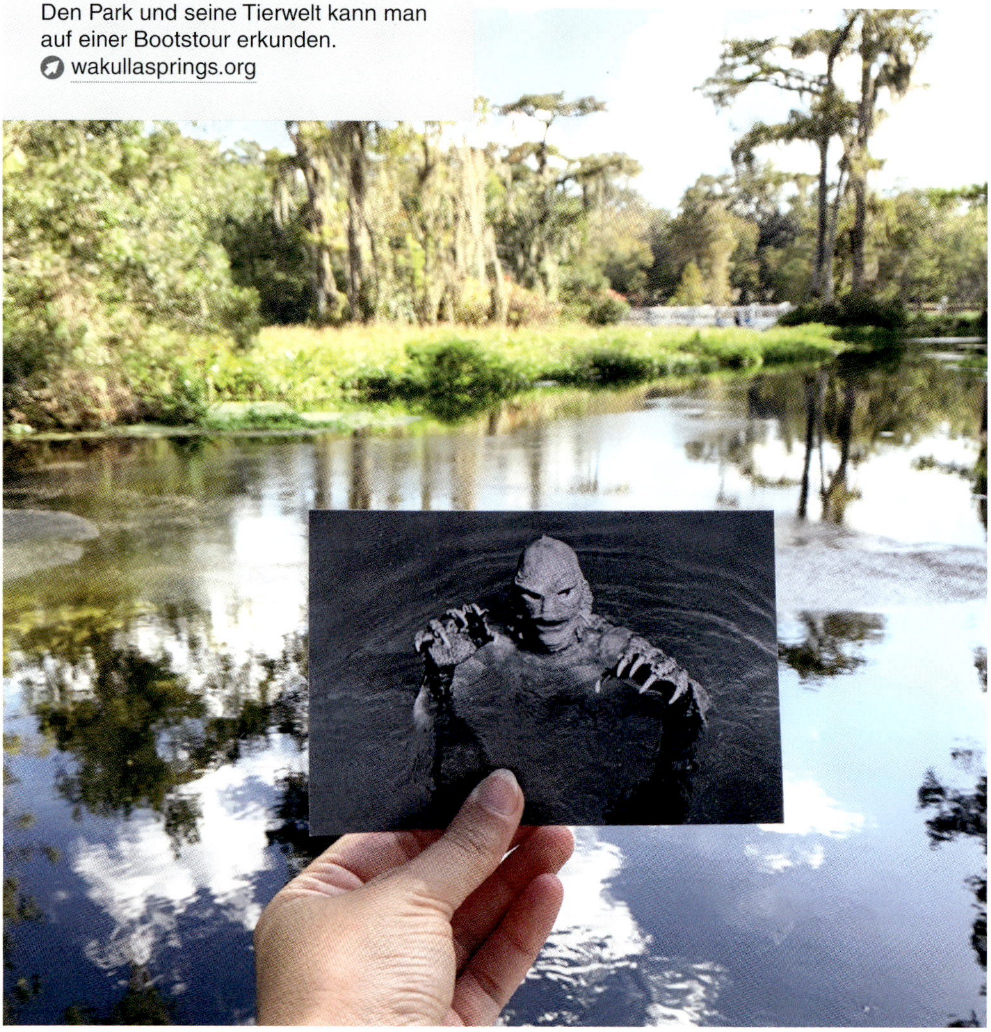

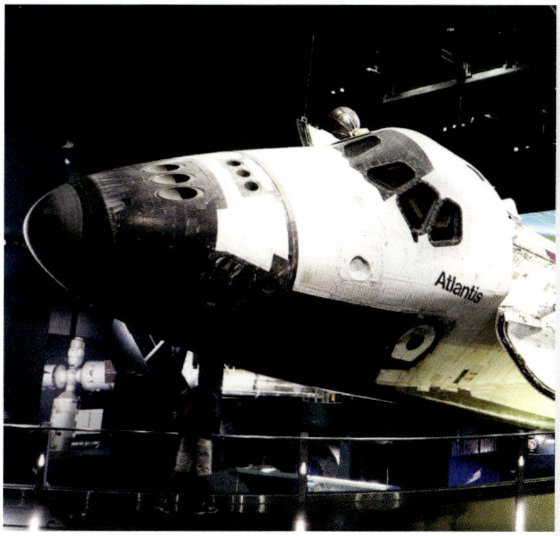

Kennedy Space Center 8

Space Commerce Way, Merritt Island, Florida

Der berühmte Weltraumbahnhof der NASA wurde für Filme wie *Armageddon, Men in Black 3, Apollo 13* oder auch *Der Marsianer* als Drehort genutzt. Im Visitor Complex beeindruckt vor allem das originale Space Shuttle Atlantis, das man dort nach über 33 Missionen und 126 Millionen Meilen Raumfahrt bewundern kann. Die hundert Meter lange Saturn V Rakete wurde übrigens für die per CGI, sprich mit computergenerierten Effekten bearbeiteten Aufnahmen im Film *First Man – Aufbruch zum Mond* mit Ryan Gosling in der Rolle von Neil Armstrong verwendet.

kennedyspacecenter.com

Fontainebleau Miami Beach 9

4441 Collins Avenue, Miami Beach, Miami, Florida

Im Luxushotel Fontainebleau hat Whitney Houston einen großen Auftritt in *Bodyguard,* die *Police Academy* checkt hier im fünften Film *Auftrag Miami Beach* ein, ebenso wie Terence Hill und Bud Spencer in *Zwei bärenstarke Typen.* Der Poolbereich diente außerdem als Schauplatz in *Scarface* und im *James-Bond*-Streifen *Goldfinger*. Bei letzterem wurde dieser allerdings, heute leicht erkennbar, als Hintergrund in den Film montiert.

fontainebleau.com

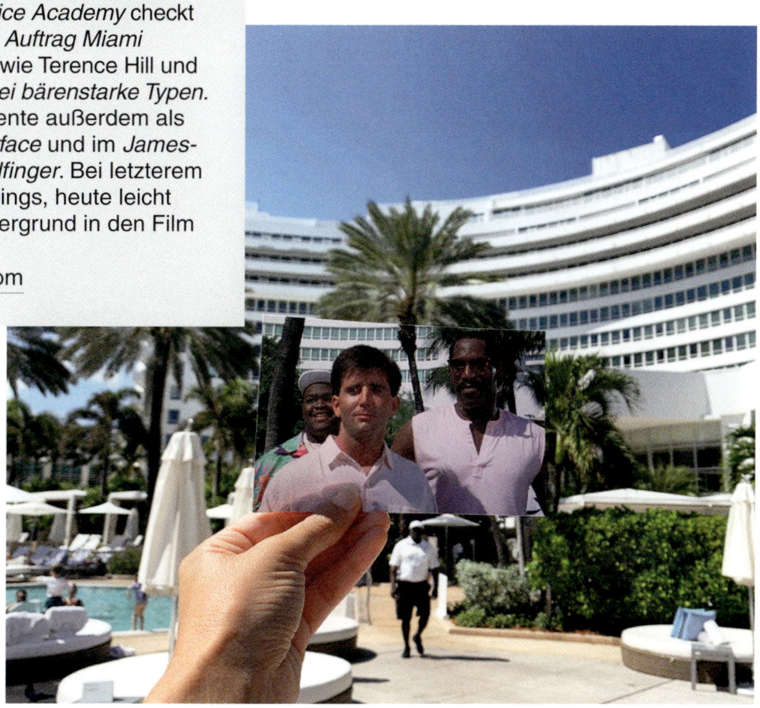

Ocean Drive

Miami Beach, Miami, Florida

In der Film- und Serienwelt sehen wir von Miami vor allem eine Straße, den Ocean Drive mit seinen vielen Art-déco-Hotels. Besonders gerne wird vor dem The Carlyle gefilmt, das bereits in *Miami Vice* mit Don Johnson zum Einsatz kam und in der Komödie *The Birdcage* mit Robin Williams sogar in einen Nachtclub verwandelt wird.
Die berüchtigte Kettensägen-Szene aus *Scarface* entstand ebenfalls am Ocean Drive. Das Gebäude mit der Hausnummer 728, in dem im Film ein Drogendeal komplett schiefläuft, beherbergt heute ironischerweise einen Drug Store. Neben der Treppe weist ein Schild auf das Hollywood Landmark hin.

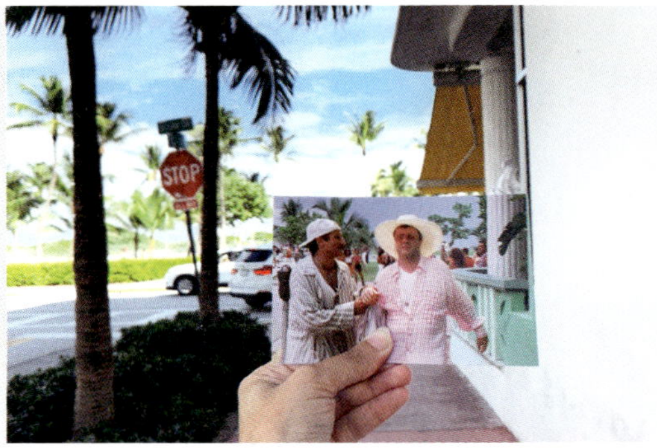

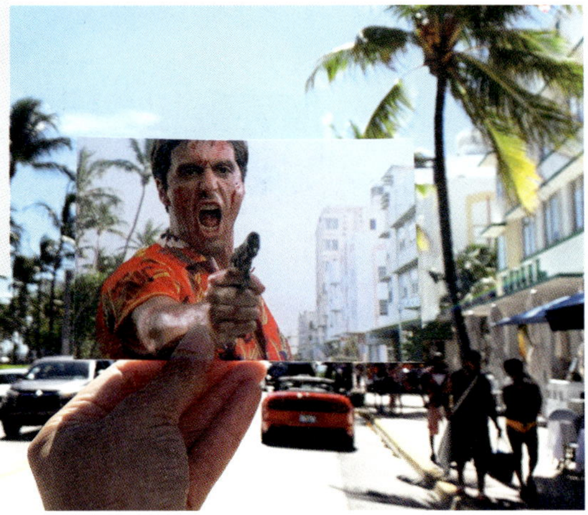

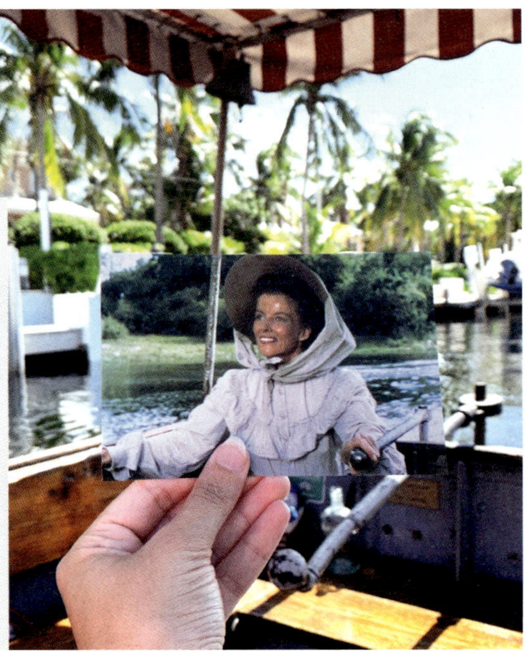

The African Queen

99701 Overseas Highway,
Key Largo, Florida

Das 100 Jahre alte Dampfboot spielte eine Hauptrolle im Abenteuerfilm *African Queen* aus dem Jahre 1951. Während es am Ende des Filmes effektvoll in die Luft flog, steht es in Realität in einem kleinen Hafen auf Key Largo und schippert immer noch regelmäßig Besucher aus aller Welt durch die Kanäle von Port Largo.

africanqueenflkeys.com

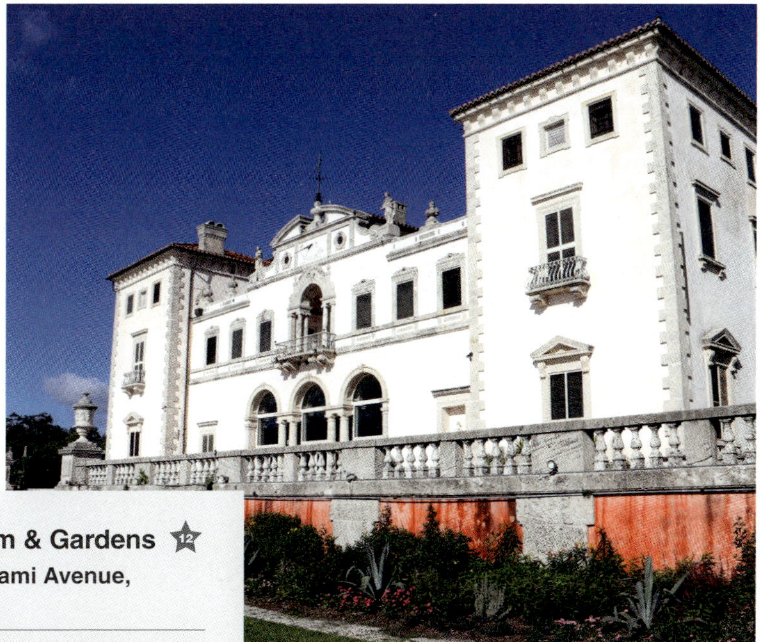

Vizcaya Museum & Gardens 12

3251 South Miami Avenue, Miami, Florida

Das Vizcaya Museum südlich von Downtown Miami diente für Filme wie *Ace Ventura, Bad Boys 2* und *Iron Man 3* als Szenerie. Bei einem Spaziergang durch die Gärten wähnt man sich eher in Italien als in Florida.

vizcaya.org

► Weiterer Florida-Drehort im Kapitel *James Bond* (siehe Seite 256)

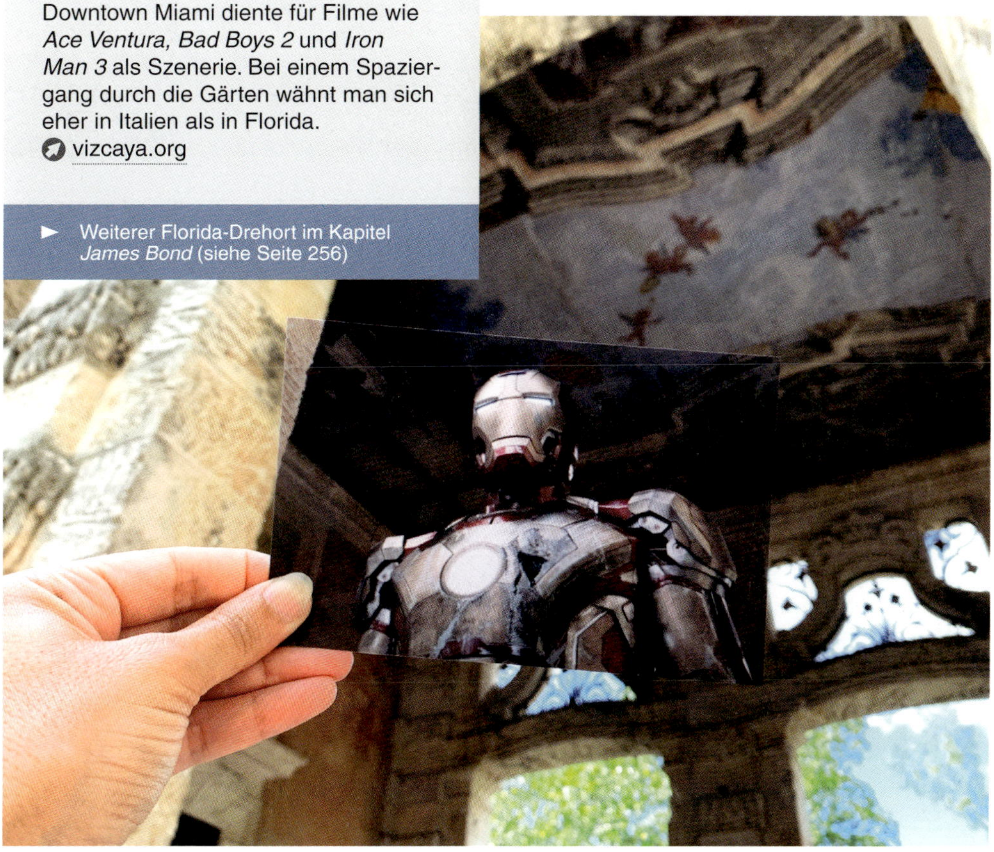

Ein Südstaaten-Märchen

GRÜNE TOMATEN

Juliette, Georgia
USA

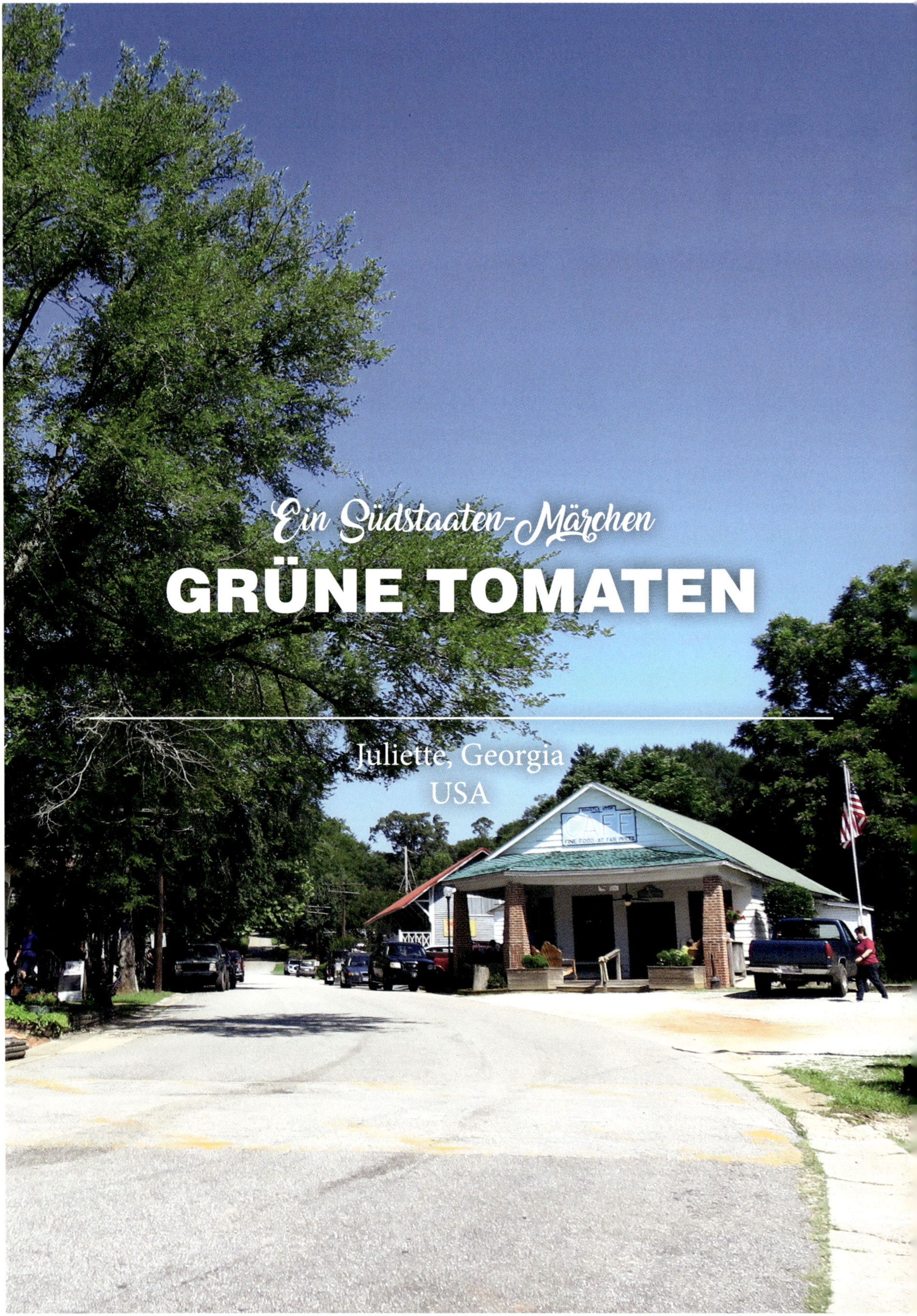

Immer wenn ich auf Drehortreise bin, ist es, als sprängen bei mir feine Sensoren an, um auch wirklich jede Kleinigkeit aufspüren zu können, die an den Film erinnert oder von diesem beeinflusst wurde. Denn selbst wenn die Filmteams längst wieder abgereist sind, wirken die Filmbilder am Ort ihrer Entstehung noch lange nach. Bei manchen Locations brauche ich die Fühler jedoch gar nicht erst so weit ausfahren, da ihre ganze Existenz einem Film zu verdanken ist. So auch der kleine, charmante Ort aus *Grüne Tomaten*.

In der Tragikomödie über die tiefe Freundschaft zweier Frauen betreiben die Protagonistinnen Idgie und Ruth das Whistle Stop Café in einem Dorf in Alabama. Fast alle Szenen entstanden allerdings in Juliette, etwa eine Stunde südöstlich von Atlanta, Georgia. Juliette hieß früher eigentlich mal Glover und wurde erst mit Bau der Eisenbahnlinie Ende des 19. Jahrhunderts nach Juliette McCracken, der Tochter des Eisenbahningenieurs, umbenannt. Jahrzehntelang florierte das Geschäft in Juliette – bis es in den Fünfzigern wirtschaftlich bergab ging und die örtliche Getreidemühle schloss. Nach und nach verschwanden auch die Geschäfte und der Ort geriet beinahe ganz in Vergessenheit. Erst der Filmdreh von *Grüne Tomaten* hauchte Juliette 1991 wieder Leben ein und brachte es dauerhaft zurück auf die Landkarte.

Dass dies nachhaltig gelang, liegt sicher auch an der Zeitlosigkeit des hier entstandenen Südstaaten-Filmklassikers. Darin geht es an erster Stelle um die Unerschütterlichkeit von Freundschaft: In den Dreißigerjahren bedienen zwei Frauen in ihrem Restaurant gleichermaßen Schwarze wie Weiße. Zur damaligen Zeit eine undenkbare Situation, weshalb sie immer wieder von rassistischen Mitbürgern angefeindet werden. Dazu kommen weitere Probleme, etwa mit Ruths gewalttätigem Ehemann. Doch ganz egal, mit was sie konfrontiert werden, sie halten zusammen.

Einen engen Zusammenhalt gibt es auch bei den Einwohnern von Juliette. Nach den Dreharbeiten renovierten sie die Filmbauten entlang der Hauptstraße, um sie für touristische Zwecke zu nutzen. Dieser Abschnitt der McCrackin Street ist daher bis heute eine Art begehbares Filmset. Bei meinem Besuch in Juliette wird mir klar, wie sehr es den Einsatz vieler einzelner Personen braucht, um die einst verlassene Geisterstadt lebendig zu halten.

Darunter beispielsweise Tommy Moon, der seit vierzig Jahren Bienen züchtet, und den Laden The Honey Comb betreibt. Neben Honig kann man bei ihm weitere lokale Produkte sowie Souvenirs zu Ort und Film kaufen. Gleichzeitig ist Tommy Vorsitzender des jährlichen Green Tomato Festivals, mit dem man den für Juliette so bedeutsamen Film ehrt. Ein weiterer Ladenbesitzer ist Don Carl Jost, in dessen Gift Shop auf einem kleinen Bildschirm *Grüne Tomaten* in Dauerschleife läuft.

Wie ich im Gespräch mit den Bewohnern erfahre, hält der private Besitzer des Ortes, Robert Williams, ein besonderes Auge darauf, dass sich Juliette weiter so präsentiert, wie

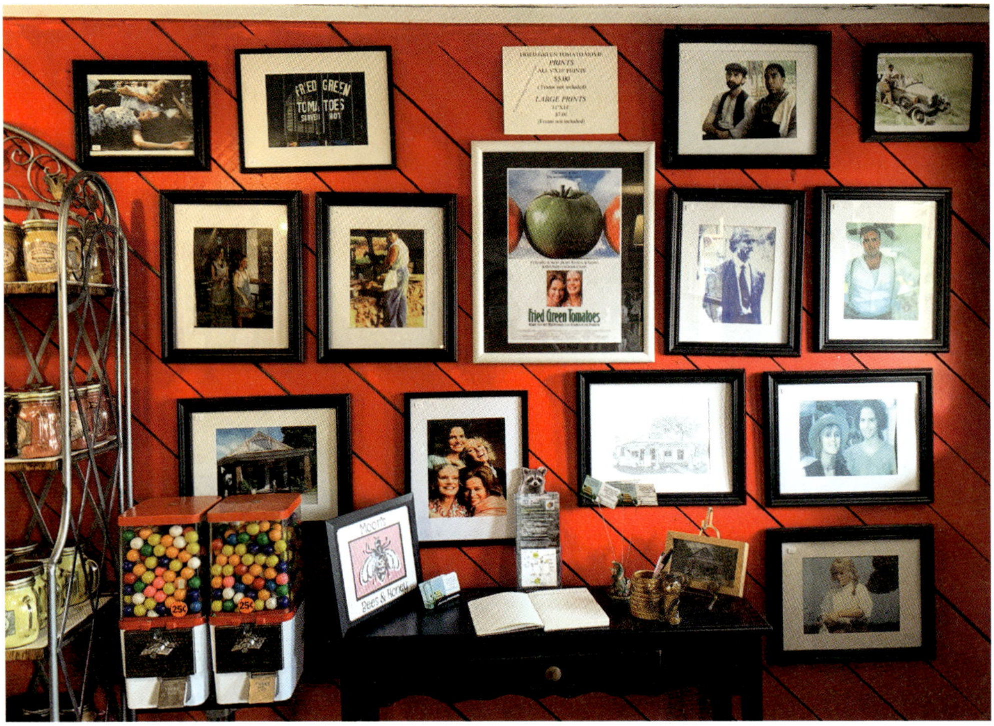

man es auch aus dem Film kennt. Diese Devise gilt auch für das Whistle Stop Café, das 1927 von Roberts Großvater Edward L. Williams gebaut und von ihm 45 Jahre lang als Lebensmittelladen betrieben wurde. Angesichts der vielen Gäste, die auch mal busseweise kommen, könnte man hier sicher locker ein paar zusätzliche Tische und Stühle aufstellen, doch sowohl deren Anzahl als auch Position ist immer noch exakt so, wie man es in *Grüne Tomaten* gesehen hat.

Daher warte ich, wie auch einige andere Besucher, mit knurrendem Magen auf der Veranda des Lokals, bis dort nach zwanzig Minuten ein Plätzchen für mich frei wird. Im Whistle Stop Café werde ich von Powerfrau Elizabeth Bryant begrüßt, die das Restaurant seit 2002 betreibt. Selbstverständlich bestelle ich die frittierten grünen Tomaten mit hausgemachter Rettich-Soße. Laut Film liegt das Geheimnis ja bekanntlich in der Soße. Elizabeth empfiehlt mir außerdem noch weitere Spezialitäten wie den *Yard Bird,* wie das Hähnchen hier früher hieß, und dazu faustgroße Zwiebelringe. Danach bin ich pappsatt.

Ein kleiner Verdauungsspaziergang führt mich hinter das Gebäude, wo sich immer noch die Feuerstelle befindet, auf der im Film ein, ähm sagen wir recht außergewöhnliches Fleisch gegrillt wurde. Daneben erinnert eine Grabplatte an den spurlos verschwundenen Film-Ehemann Frank Bennett, den aber auch niemand so wirklich vermisst. Beim weiteren Gang durch den Ort finde ich an der McCrackin Street noch ein weiteres filmisches Relikt, das auf den Zugunfall des kleinen Buddy hinweist: das Grab mit der Aufschrift *»Here lies Buddy's Arm – 1929–1936«*.

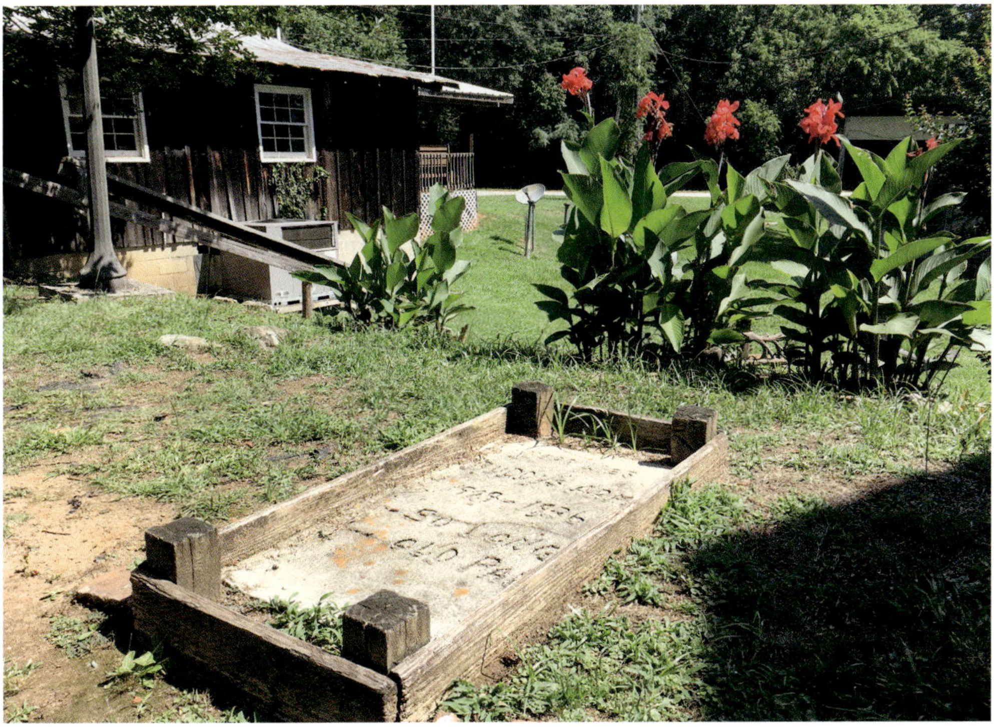

Das bringt mich darauf, auch der Kirche und dem Friedhof, die beide am Ende des Filmes zu sehen sind, einen Besuch abzustatten. Viel verändert hat sich auch hier nicht. Die Juliette United Methodist Church scheint genauso konserviert zu sein wie der restliche Ort. Fehlt eigentlich nur noch eins: das Honigglas der Bienenbetörerin mit der Nachricht »*I'll always love you, the Bee Charmer*«. Und fast wundert es mich, dass ich es hier nicht finde.

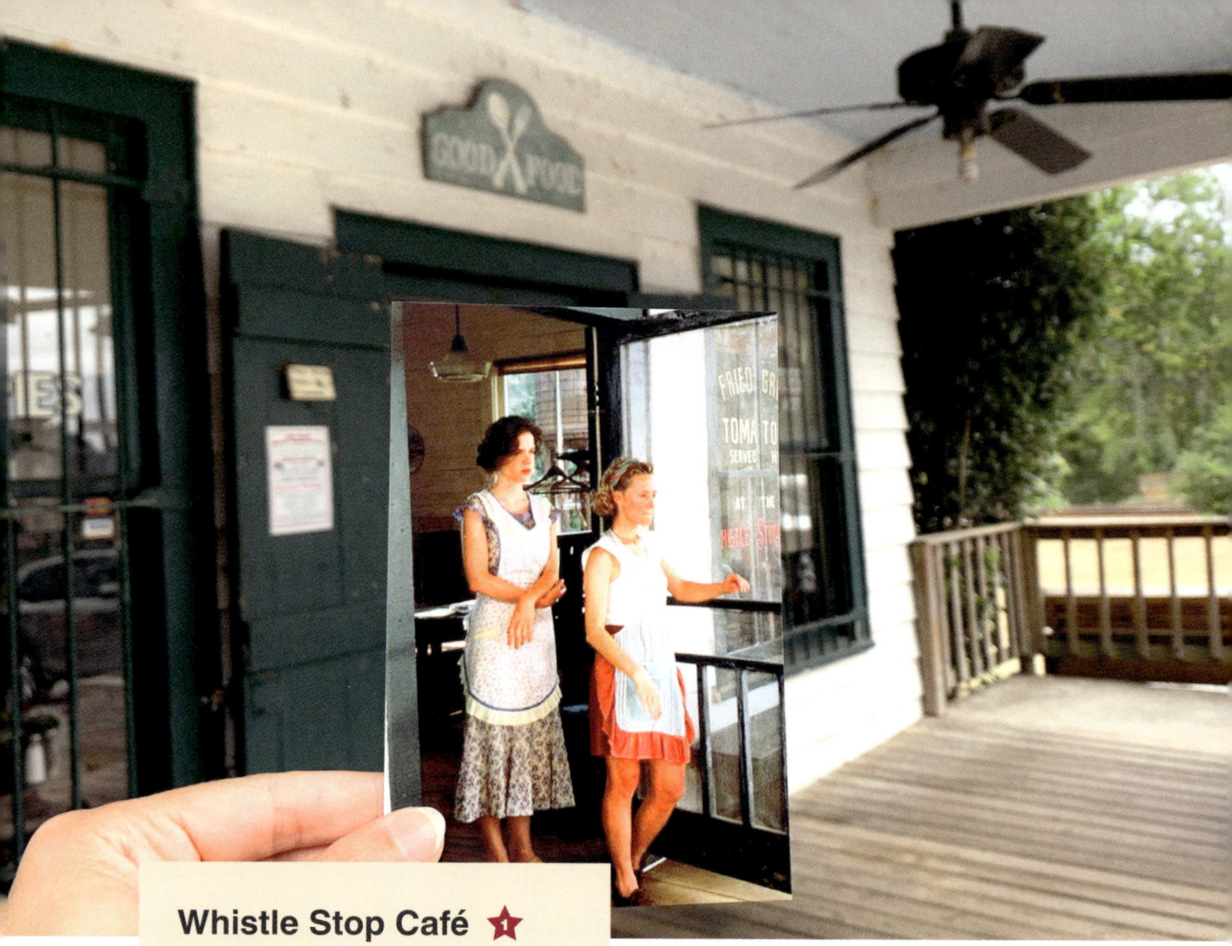

Whistle Stop Café ★1

443 McCrackin Street, Juliette, Georgia

Schon wenige Monate nach dem *Grüne Tomaten*-Dreh öffnete das Lokal mit der originalen Einrichtung aus dem Film und passender Südstaatenküche. Bis heute hat sich daran wenig verändert. Eine Reservierung ist nicht möglich, man sollte bei einem Besuch immer etwas Wartezeit einrechnen.

thewhistlestopcafe.com

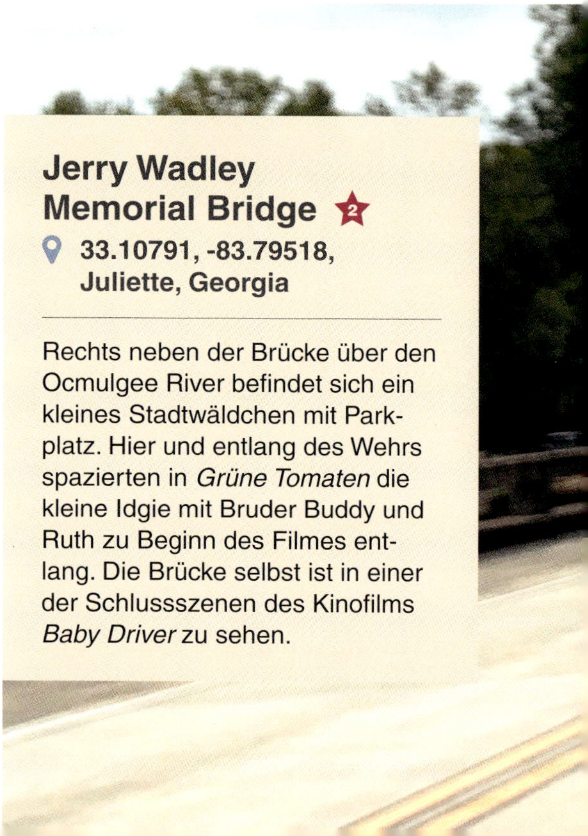

Jerry Wadley Memorial Bridge ★2

33.10791, -83.79518, Juliette, Georgia

Rechts neben der Brücke über den Ocmulgee River befindet sich ein kleines Stadtwäldchen mit Parkplatz. Hier und entlang des Wehrs spazierten in *Grüne Tomaten* die kleine Idgie mit Bruder Buddy und Ruth zu Beginn des Filmes entlang. Die Brücke selbst ist in einer der Schlussszenen des Kinofilms *Baby Driver* zu sehen.

Juliette United Methodist Church ★3

69 McCrackin Street, Juliette, Georgia

Nur fünf Autominuten vom Whistle Stop Café entfernt und ebenfalls an der McCrackin Street befinden sich die Kirche und der Friedhof, die die angefreundeten Frauen Evelyn Couch und Ninny Threadgoode gegen Ende des Filmes besuchen.

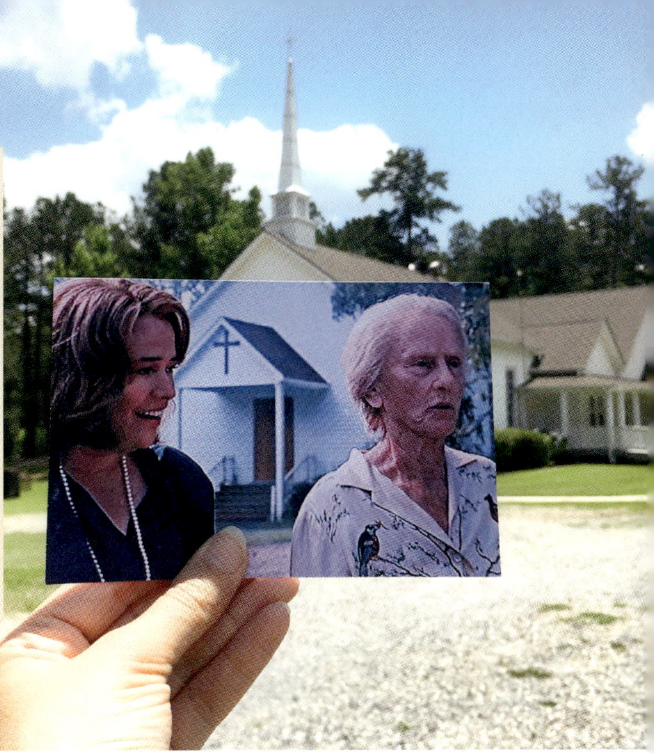

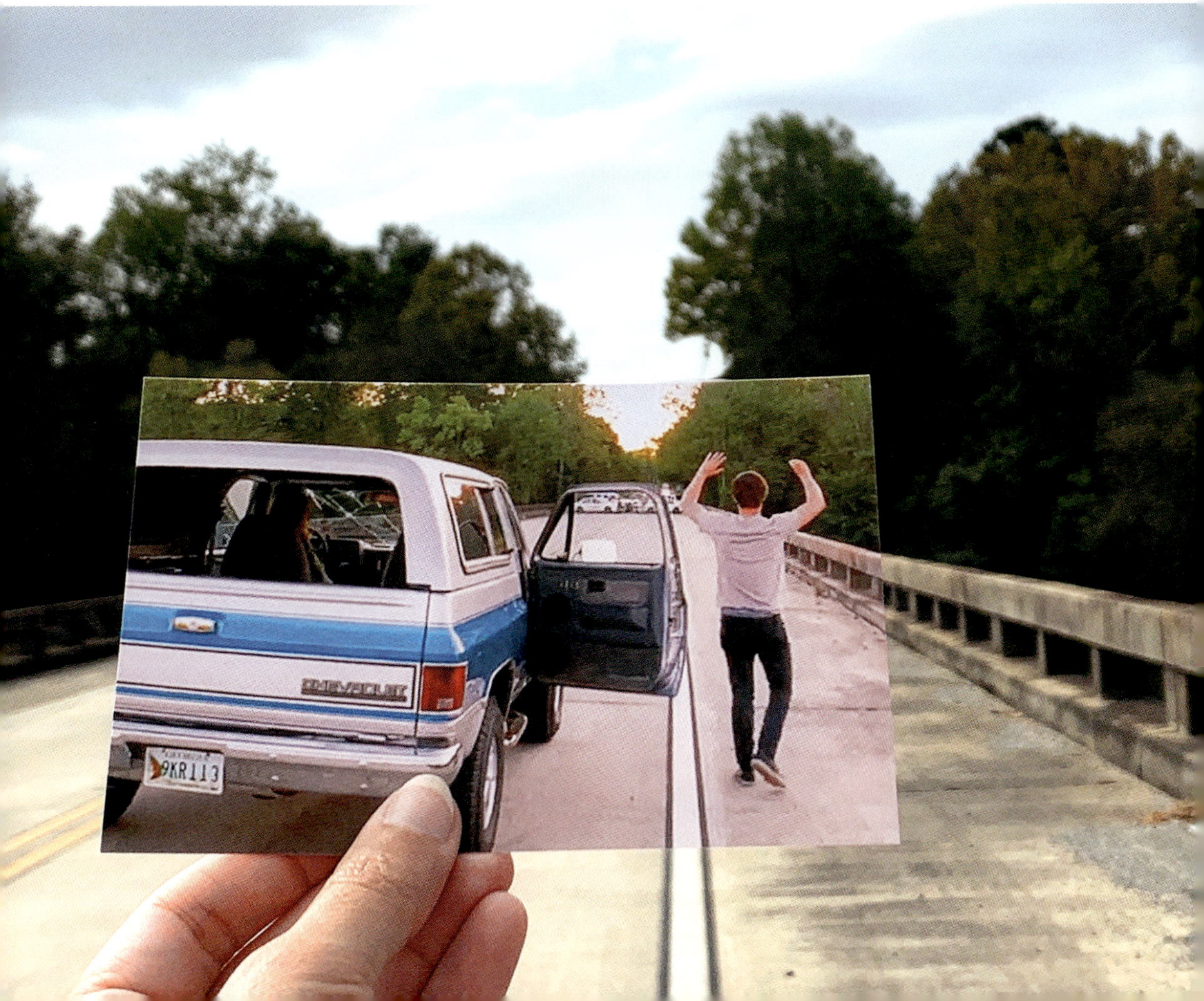

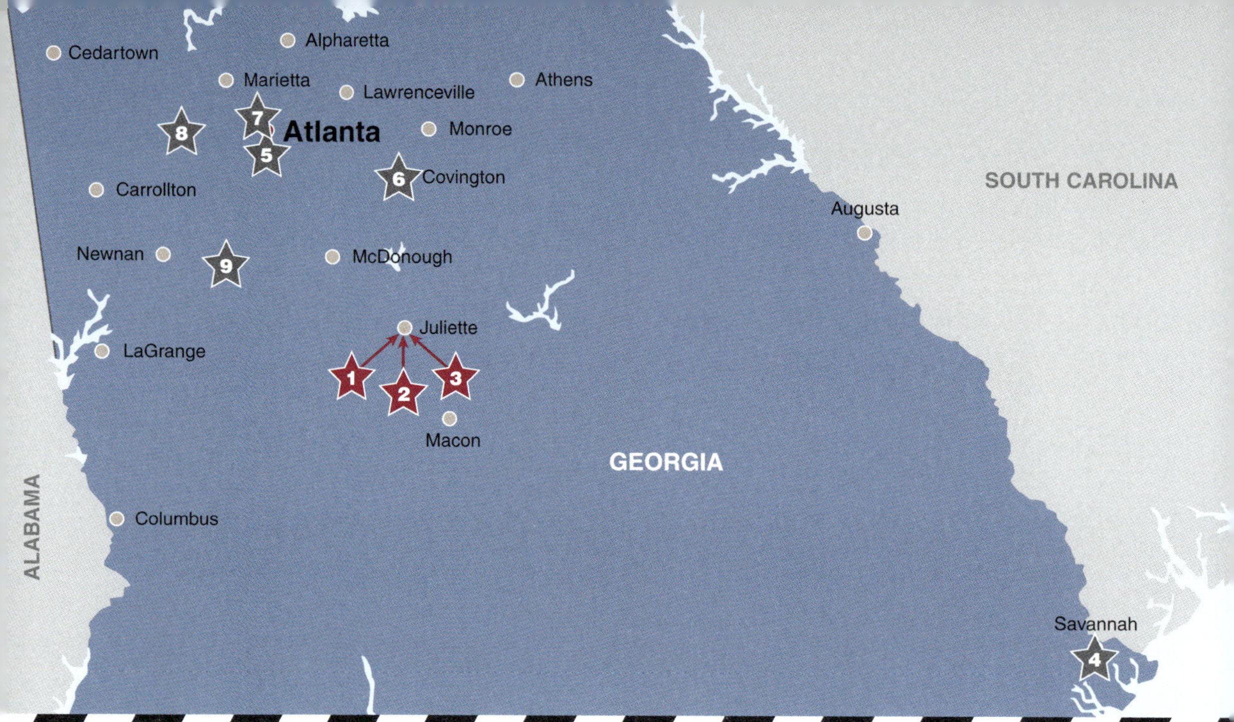

Weitere Filmtourismus-Tipps zu

Georgia

Chippewa Square

32.075865, -81.093143, Savannah, Georgia

Eine der berühmtesten Szenen der Filmgeschichte entstand am Chippewa Square in Savannah, denn hier sitzt *Forrest Gump* mit einer Schachtel Pralinen auf dem Schoß und erzählt aus seinem ereignisreichen Leben. Die originale Bank aus dem Film findet man im Savannah History Museum, wo übrigens auch einer der Oscars des Filmkomponisten Johnny Mercer ausgestellt ist.

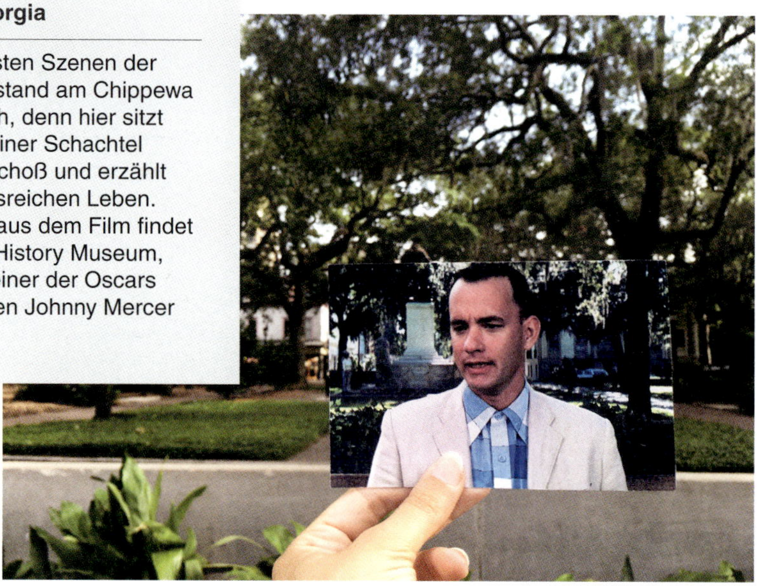

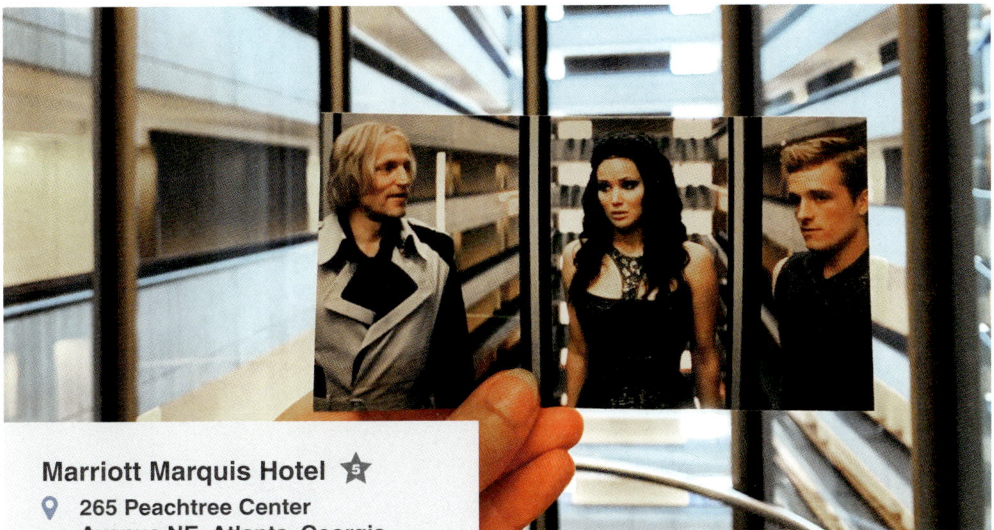

Marriott Marquis Hotel

265 Peachtree Center Avenue NE, Atlanta, Georgia

Das fast 150 Meter hohe Atrium des Hotels gilt als das höchste der USA. In *Die Tribute von Panem* ist die futuristische Kulisse mit den gläsernen Aufzügen als Luxusquartier der Tribute zu sehen. Hier entstand für den zweiten Teil *Catching Fire* die Fahrstuhlszene, in der Katniss, Peeta und Haymitch unerwartete Bekanntschaft mit Johanna Mason aus Distrikt 7 machen. Das Marriott Marquis wurde auch für die Serie *Loki* als Drehort genutzt.

marriott.com/en-us/hotels/atlmq-atlanta-marriott-marquis

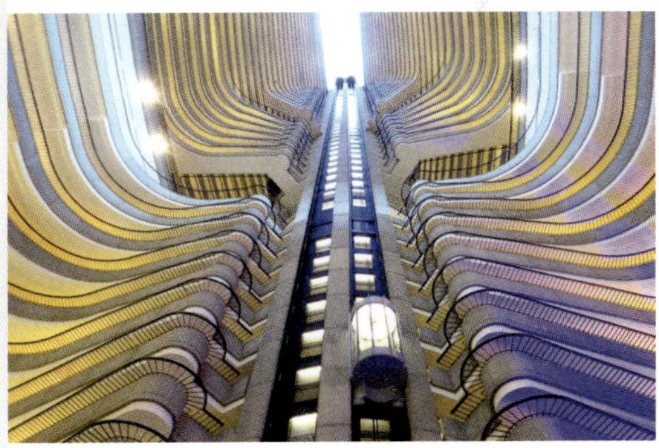

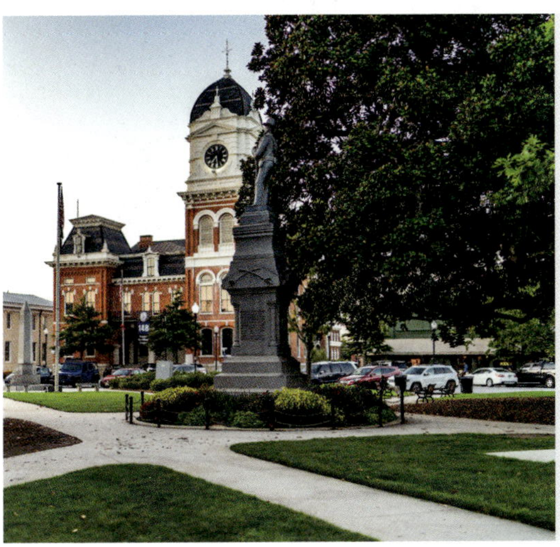

Mystic Grill

1116 Clark Street SW, Covington, Georgia

In Covington entstand in den Achtzigern die Serie *Ein Duke kommt selten allein.* Viele werden die Stadt jedoch als Mystic Falls aus *Vampire Diaries* erkennen. Wo früher noch eine Anwaltskanzlei war, steht heute das Mystic Grill Restaurant, das dem der Serie nachempfunden wurde. In der Netflix-Serie *Süße Magnolien* schlüpft Covington in die Rolle der Kleinstadt Serenity.

mysticgrill.restaurant

Swan House

130 West Paces Ferry Road NW, Atlanta, Georgia

Das prächtige Anwesen diente als Kulisse für Präsident Snows rauschende Siegesfeier in *Die Tribute von Panem.* Auch einige Innenaufnahmen mit Philip Seymore Hoffman entstanden hier in den Räumen des Erdgeschosses. Übrigens: Im Reboot der Serie *MacGyver* wurde das Anwesen in Italien verortet, als Villa am Comer See.

atlantahistorycenter.com/buildings-and-grounds/swan-house

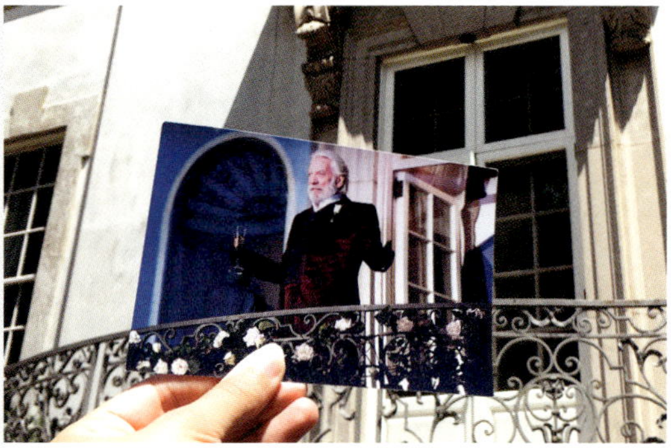

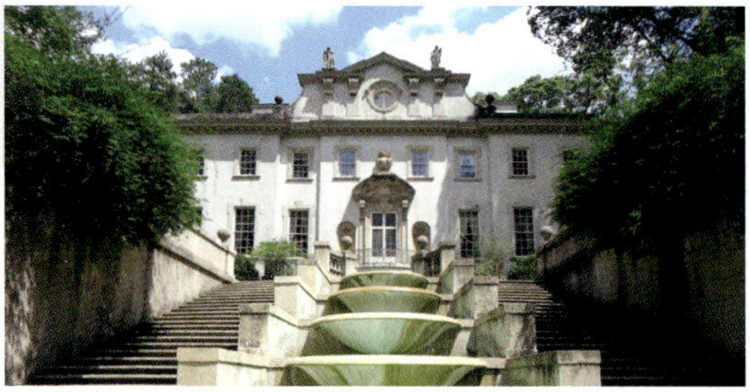

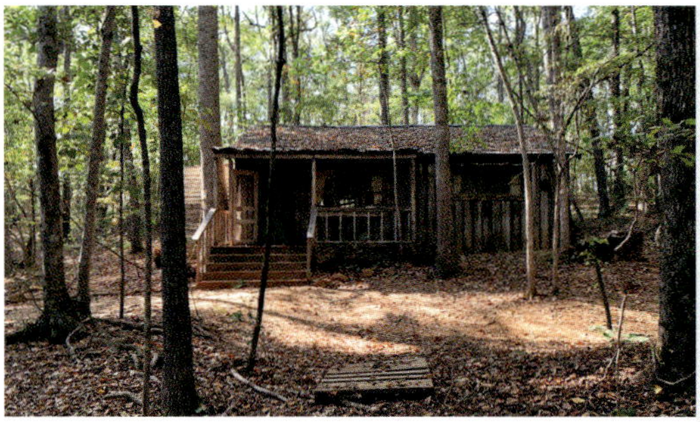

Sleepy Hollow Farm

628 Sleepy Hollow Road, Powder Springs, Georgia

Auf dem Grundstück der Sleepy Hollow Farm steht Hoppers Hütte aus der Serie *Stranger Things.* Sie wurde eigens für die Produktion errichtet und blieb nach Abschluss der Dreharbeiten stehen. Unter dem Namen Hopper's Cabin kann sie nun als Escape Room gebucht werden. Auf der Farm ist auch das Kürbisfeld Merill's Pumpkin Patch, wo Hopper den Eingang zur »anderen Seite« entdeckt.

escapewoods.com

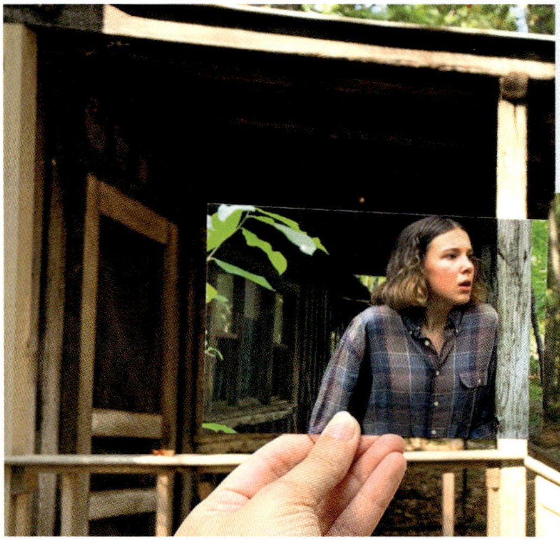

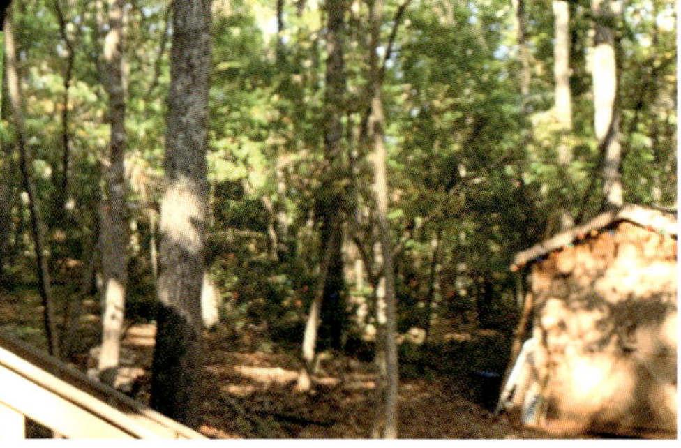

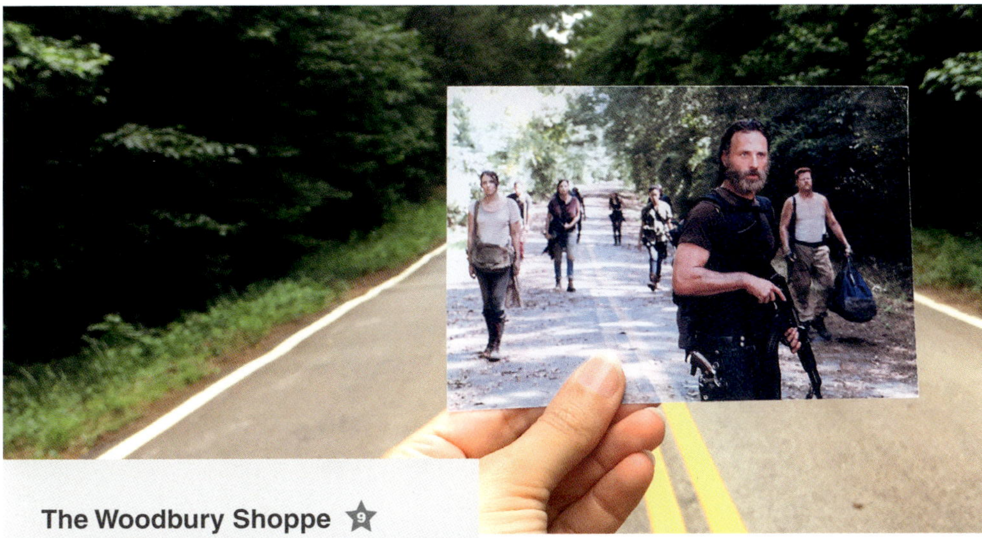

The Woodbury Shoppe ⑨

48 Main Street LL3, Senoia, Georgia

Dank *The Walking Dead* mauserte sich auch Senoia zu einem Mekka für Serienfans. Der Ort diente in der Zombieserie als Kulisse für die fiktiven Schauplätze Woodbury und Alexandria. Von hier aus starten verschiedene Touren, mit denen man auch die zahllosen Drehorte in der Umgebung erkunden kann. Im Woodbury Shoppe gibt es Souvenirs zu kaufen und im Untergeschoss einige Requisiten zu bestaunen.

woodburyshoppe.com

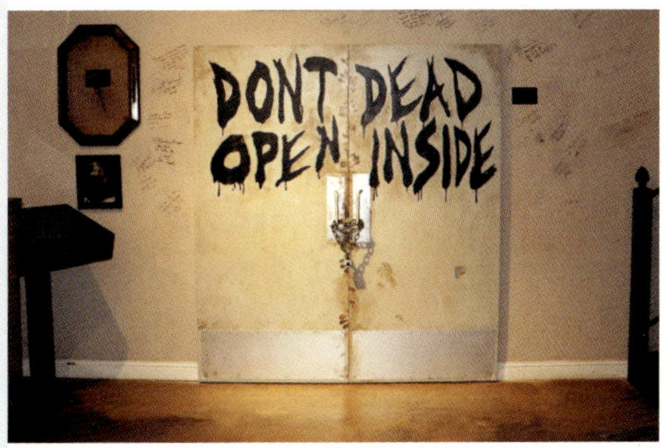

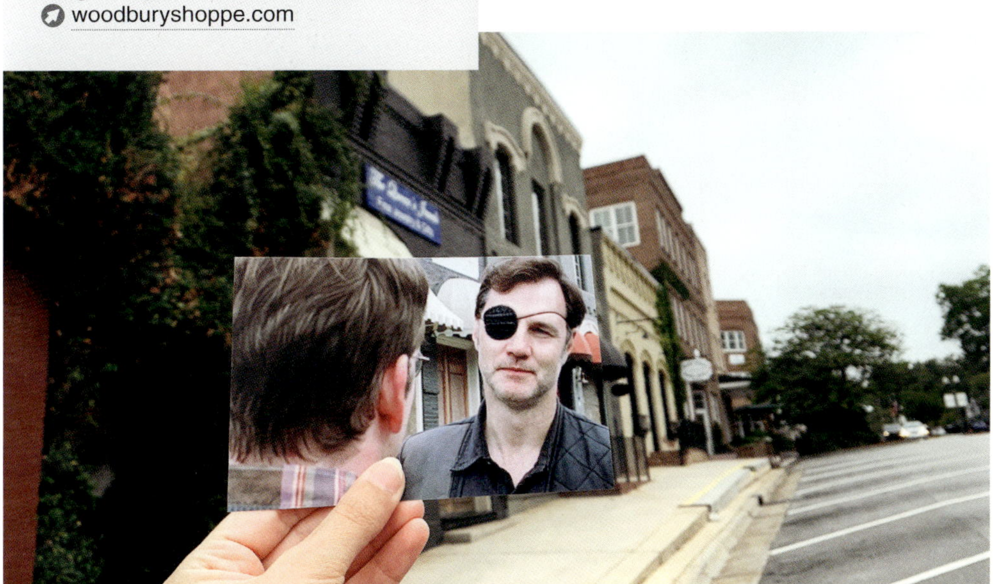

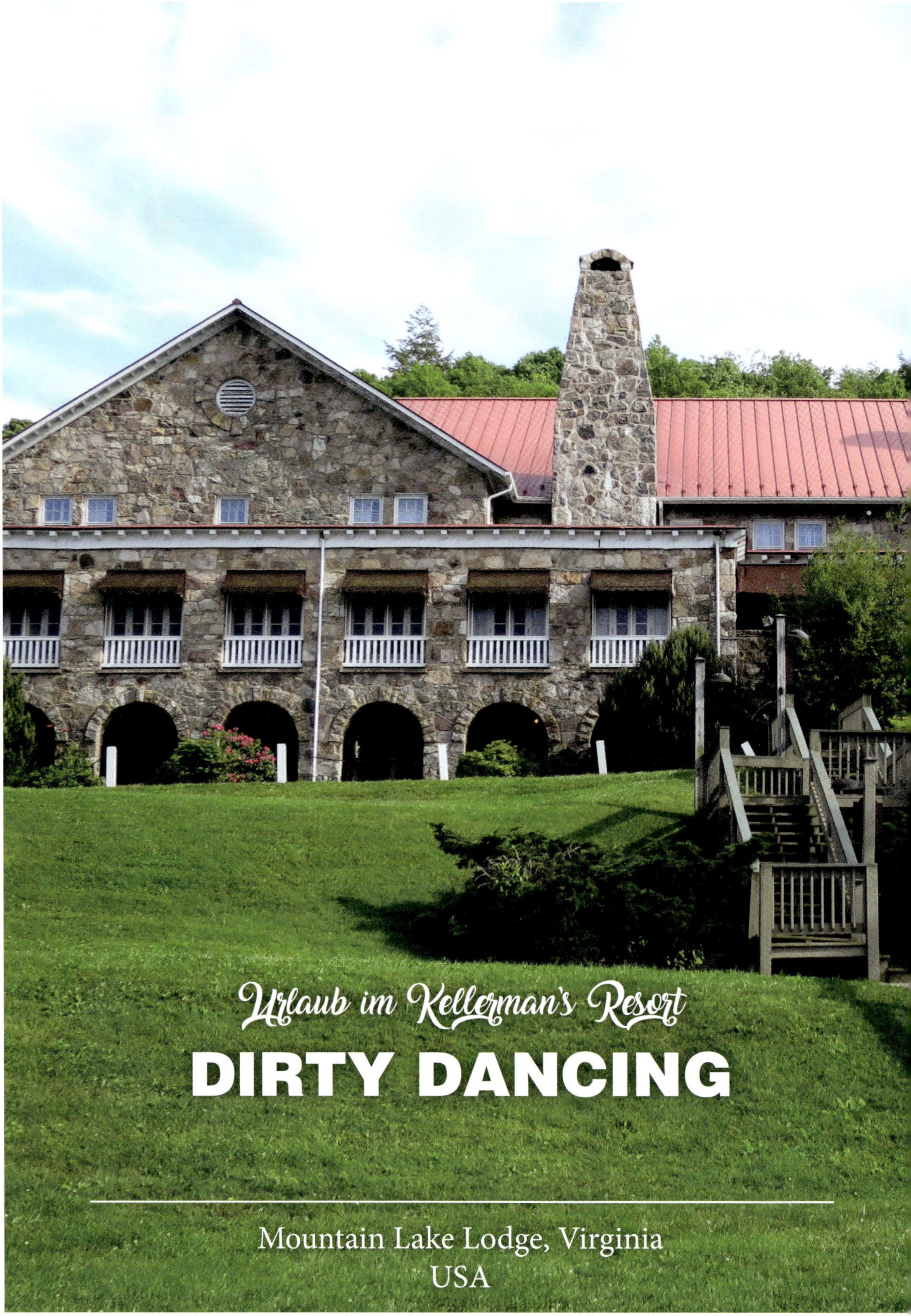

Urlaub im Kellerman's Resort

DIRTY DANCING

Mountain Lake Lodge, Virginia
USA

Es ist eine der bekanntesten Filmszenen der Achtziger: Ein Mann und eine Frau stehen sich in einem See gegenüber, er hebt sie hoch, hält sie für ein paar Sekunden über sich, bevor sie hinter ihm wieder ins Wasser platscht. So übten Jennifer Grey und Patrick Swayze die Hebefigur im Kultfilm *Dirty Dancing*, mit dem sie sich tanzend in eines der berühmtesten Paare der Filmgeschichte verwandelten.

Nun stehe ich exakt an derselben Stelle und dennoch auf dem Trockenen, denn der See ist weg. Wo ist er hin? Und was wurde aus dem Hotel, das einst als Kellerman's Resort bekannt wurde? Was ist übrig geblieben von der Atmosphäre der Leinwand-Romanze zwischen der jungen Baby Houseman und dem Tanzlehrer Johnny? Die Suche nach den Antworten darauf hat mich hierher in die Blue Ridge Mountains, zwischen Washington D.C. und Atlanta, geführt.

»Mountain Lake Lodge, Pembroke, Virginia«, lautet die Eingabe ins Navi und fünf lange Stunden nach meiner Abfahrt in der US-Hauptstadt schlängelt sich eine schmale Straße den bewaldeten Berg hinauf. Bei meiner Ankunft in der Lobby des Resorts finde ich zunächst keinerlei Hinweise auf den Film, doch an der Rezeption entdecke ich ein kleines Faltblatt mit der Aufschrift »Dirty Dancing – Self-Guided Tour«, mit dem man die Drehorte auf eigene Faust erkunden kann. Damit bleiben der Empfangsdame eine ganze Reihe Fragen von meiner Seite erspart und meine Vorfreude steigt, ein paar Orte aus dem Film hier wiederzuerkennen. Als ich nach dem Check-in die steinerne Fassade des Haupthauses sehe, weiß ich, ich bin zweifellos im Kellerman's Resort angekommen.

Die kleine Hütte, die ich beziehe, ist von außen gesehen schon etwas in die Jahre gekommen. Doch innen ist sie tipptopp renoviert. Durch das Fenster meines Zimmers schaue ich direkt auf ein weißes Häuschen mit türkisfarbenem Dach. Es ist die Hütte, in der in *Dirty Dancing* die Familie Houseman untergebracht ist, und aus der sich Baby für ihre heimlichen nächtlichen Erkundungstouren herausschleicht. Meistens natürlich, um tanzen zu gehen, aber wie wir alle wissen, auch mal, um einfach eine Melone zu tragen.

Und dann sehe ich es ... der See ist weg! Ich habe bereits vor meiner Reise davon gelesen, konnte es mir aber beim besten Willen nicht vorstellen. Doch es ist wahr: Neben der »Houseman«-Hütte erstreckt sich lediglich ein grünes Band aus Wald und Wiese. »Wie kann bitte ein ganzer See verschwinden?«, frage ich mich baff und mache mich gleich auf den Weg zum Seeufer, das diesen Namen eigentlich nicht mehr verdient.

Ein Schild klärt mich auf. Bis 2005 war der Mountain Lake noch vollständig da, doch Risse im Boden ließen das Wasser langsam versickern, so dass er 2008 fast völlig austrocknete. In der Vergangenheit war der 6.000 Jahre alte See schon öfter verschwunden, was immerhin die Hoffnung nährt, dass er sich auch in Zukunft wieder füllen wird. Nämlich dann, wenn sich die unterirdischen Abflüsse im Laufe der Zeit wieder durch Ablagerungen verschließen. Ein geologisches Phänomen, das regelmäßig auch Naturwis-

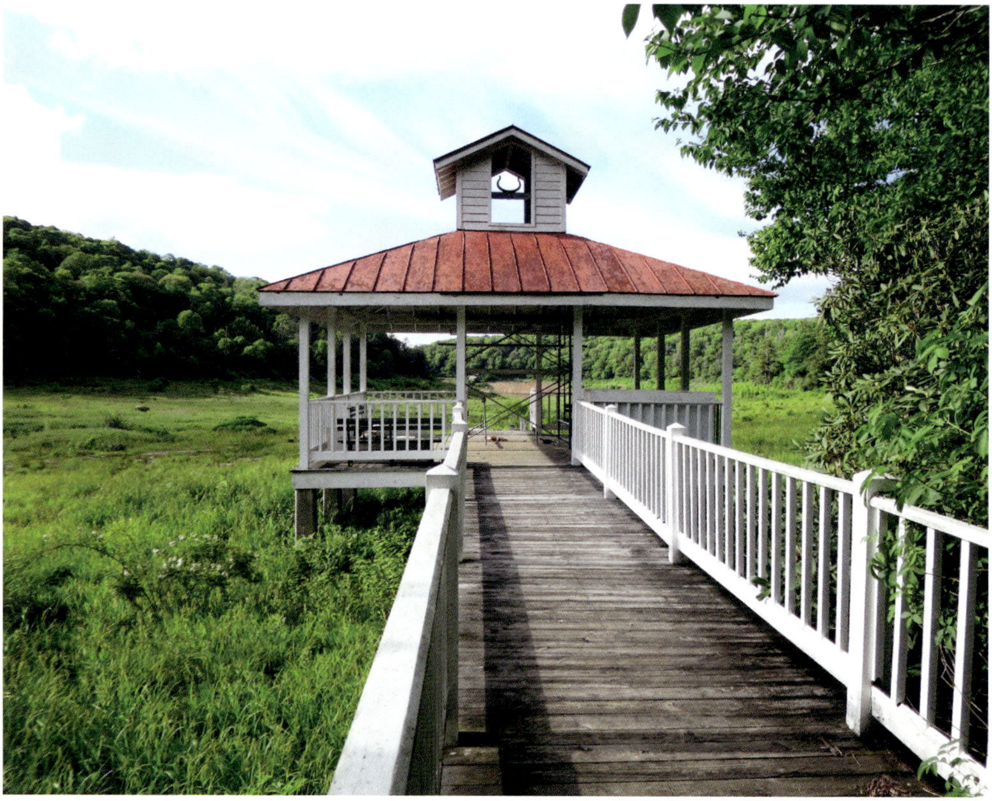

senschaftler in die Mountain Lake Lodge zieht. Wann genau der See sein großes Comeback feiern wird, lässt sich leider nicht vorhersagen.

Ausgestattet mit Flyer, Kamera und einigen Szenenfotos begebe ich mich weiter auf Erkundungstour. Mein nächstes Ziel ist die Virginia Cottage, die Hütte der Housemans. Deren Veranda darf man nur betreten, wenn man die Hütte gebucht hat oder sie nicht vermietet ist. Zu meinem Glück ist sie gerade unbewohnt. Hier stand Patrick Swayze alias Johnny, der all seinen Mut zusammennimmt, um bei Babys Papa, Dr. Jake Houseman, gespielt von Jerry Orbach, an die Tür zu klopfen. Der Ort stimmt mich traurig, nicht wegen der Filmszene, sondern weil beide Schauspieler heute nicht mehr leben. Besonders das Schicksal Patrick Swayzes, der mit nur 57 Jahren an Krebs starb, schmerzt in diesem Augenblick. Nur ein paar Meter von der Hütte entfernt steht ein Gedenkstein, den das Hotel für ihn aufgestellt hat.

Dort befindet sich auch der Pavillon, in dem in *Dirty Dancing* die Tanzkurse mit Penny stattfinden und Baby ein klärendes Gespräch mit ihrem von ihr enttäuschten Vater sucht. Und wieder erscheint – bis auf den fehlenden See natürlich – alles noch unverändert. Das nahegelegene Bootshaus wirkt ohne umgebendes Wasser besonders verloren. Nicht weit vom Steg soll die Szene mit der Hebefigur im See gefilmt worden sein. Dies beansprucht allerdings auch ein anderer Drehort des Filmes, Lake Lure in North Carolina, für sich. Beide sind als Kulisse für die berühmte Szene vorstellbar, wobei die Berge hier meiner Meinung nach etwas besser passen. Die Tanzübungen auf dem Baumstamm sollen in der Nähe des Resorts bei einem kleinen Wasserfall gedreht worden sein. In alle Richtungen führen kleine Trails in die umgebende Natur.

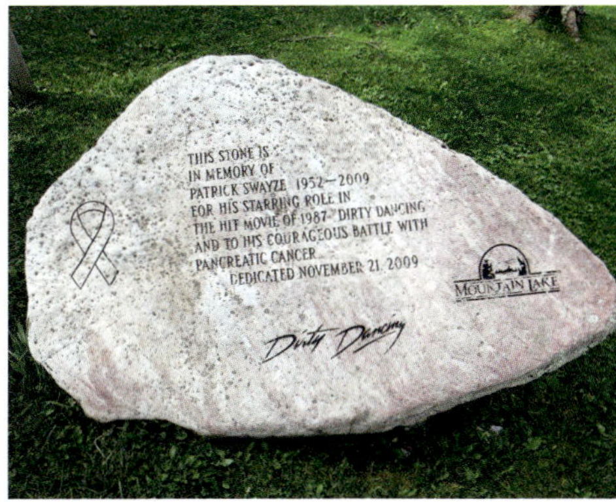

Mich interessiert besonders der Bald Knob Trail. Der kleine Pfad, der oberhalb des Hotels an ein paar Gastanks startet, ist genau der Weg, den Baby bei ihrem nächtlichen Ausflug trotz des Schildes mit der Aufschrift »*Staff Quarters – No Guests Please*« hinaufgeht und dabei auf Johnnys Cousin Billy trifft. Kurz darauf trägt sie, diesmal definitiv in North Carolina, eine riesige Melone die Treppe hinauf und staunt, was das Hotelpersonal um Tanzlehrer Johnny Castle für »schmutzige« Schritte draufhat. Ebenfalls auf dem Bald Knob Trail gehen Baby und Johnny später in Deckung, damit sie Herr Houseman nicht zusammen entdeckt. Die Stelle befindet sich direkt oberhalb des Torbogens, durch den die beiden anschließend mit dem Auto wegfahren. Allerdings in die verkehrte Richtung.

Auf dem Rückweg zu meiner Hütte entdecke ich ein kleines Häuschen, das mit vielen Filmfotos und alten Zeitungsausschnitten ganz dem hier gedrehten Kultfilm gewidmet ist. Etliche Fans haben sich in das *Dirty-Dancing*-Gästebuch eintragen. Es ist randvoll mit bekannten Zitaten aus dem Film: »*I carried a watermelon*«, »*I'll never be sorry*« und natürlich »*Nobody puts Baby in a corner*«, was übrigens im Deutschen mit »Mein Baby gehört zu mir, ist das klar?« äußerst kreativ übersetzt wurde. Ein weiteres Zitat an der Wand stammt von Patrick Swayze selbst, wenige Wochen vor seinem Tod: »*I've had more lifetimes than any 10 people put together, and it's been an amazing ride... So this (dying) is O.K.*« Zum zweiten Mal heute habe ich einen Kloß im Hals.

Abends gehe ich zum Dinner ins Harvest, wo viele der Restaurantszenen im Kellerman's Resort gedreht wurden. Beispielsweise, als Baby die Einweisung des Personals belauscht oder auch als Familie Houseman beim Frühstück zusammensitzt. Die einst offene Terrasse ist mittlerweile mit Fenstern versehen. Ich entscheide mich für die *Lamb Chops* und *Fried Green Tomatoes.* Zu gerne würde ich auch einen Blick in die Küche werfen, wo Baby im Film zufällig die weinende Penny entdeckt, doch das ist leider nicht erlaubt. Die Ecke, aus der Johnny Baby am Ende des Filmes schließlich herausholt, findet man hier nicht. Die Kulisse für den Abschlussabend wurde, weitaus weniger romantisch, in einer Turnhalle am Lake Lure aufgebaut.

Ich lasse den Tag an der Bar ausklingen. Auf einem kleinen Bildschirm flimmert *Dirty Dancing.* Ein älteres Ehepaar sitzt direkt davor. Barkeeper Michael Richardson entpuppt sich als wahrer *Dirty-Dancing*-Experte und weiß einiges über die Umstände des Film-

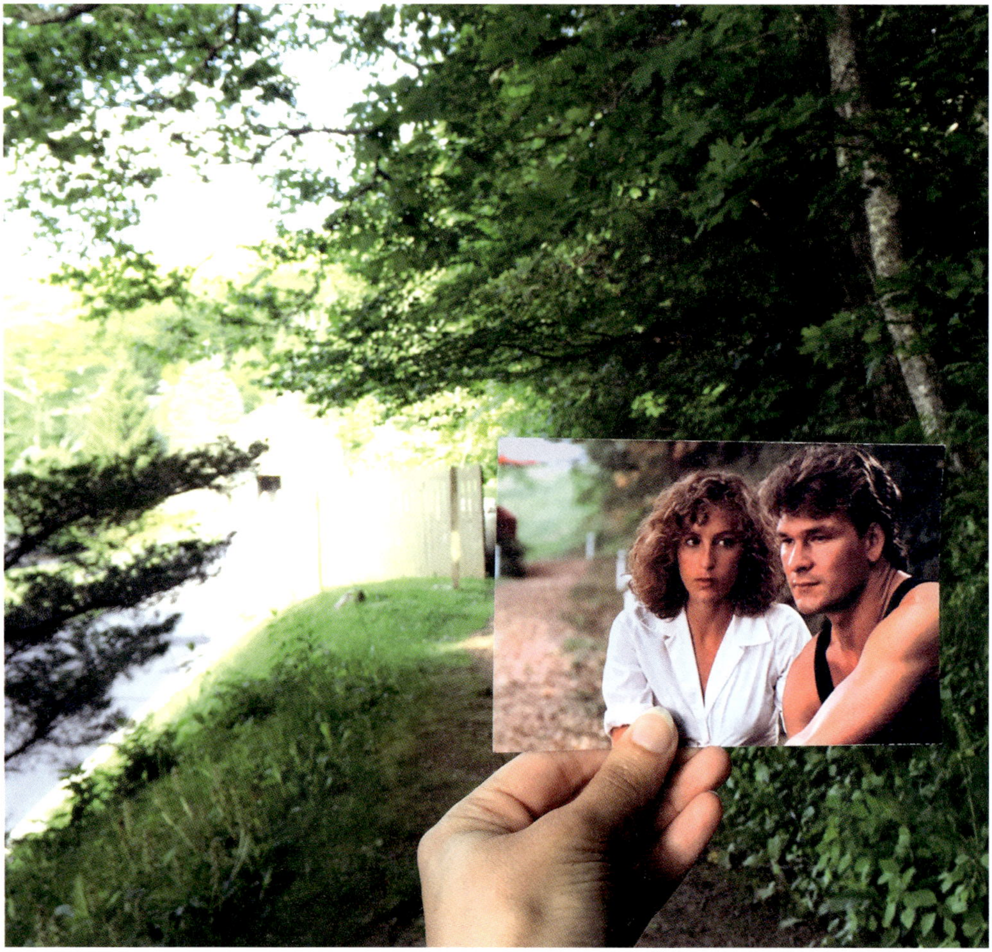

drehs zu berichten. Von ihm erfahre ich, dass die Filmemacher im Magazin von Delta Airlines zufällig eine Anzeige der Mountain Lake Lodge entdeckten. Trotz des bereits bestehenden Vertrages mit der Stadt Lake Lure, North Carolina, entschlossen sie sich, auch hier zu drehen. »Die Anzeige hat sich auf jeden Fall gelohnt!«, lacht Michael, der bereits seit 1989 im Hotel arbeitet und an den regelmäßig stattfindenden *Dirty-Dancing*-Wochenenden die Filmtouristen über das Areal führt.

Ich erinnere mich an meinen Besuch am Lake Lure vor ein paar Jahren. Dort wohnten die Schauspieler während der Dreharbeiten im Lake Lure Inn & Spa, das Hotel selbst diente jedoch nicht als Drehort, wie ursprünglich vom Filmteam geplant. Wie man mir sagte, entschied sich das Hotelmanagement damals dagegen, da man das Projekt aufgrund des Filmtitels zu heikel fand und man Angst vor einem Imageschaden hatte. Noch heute ärgert man sich dort über diese Entscheidung. Als Michael berichtet, dass der Arbeitstitel des Filmes zu Beginn des Drehs in der Mountain Lake Lodge noch schlicht »*Dancing*« lautete, ahne ich jedenfalls, weshalb man ihn abgekürzt hat.

Für Michael steht fest, dass die Aufnahme der Hebefigur im Wasser hier am Mountain Lake entstand. Da die Szene im Oktober gedreht wurde und das Wasser sehr kalt war, brauchten die beiden Hauptdarsteller alle fünf bis zehn Minuten eine Pause. Wir kommen auf Patrick Swayze zu sprechen. Michael erzählt mir, dass dieser eigentlich gar nicht die erste Wahl für die Hauptrolle des Filmes war. Im Gespräch war wohl zuerst Billy Zane, der aber keine Zeit hatte, und dann Val Kilmer, dem jedoch das Tanzen nicht so lag. Patrick Swayze hingegen konnte sich sehr gut bewegen, da seine Mutter ein Tanzstudio hatte. »Und wie konnte man Patrick Swayze nicht mögen?«, fragt mich Michael – natürlich, ohne ernsthaft eine Antwort zu erwarten. In der Mountain Lake Lodge war der Star während des Drehs in Zimmer Nr. 232 untergebracht, weshalb dort ständig das Schild geklaut wird.

Michael schätzt, dass etwa 70 Prozent der Gäste wegen *Dirty Dancing* in das Hotel kommen: Männer, die ihre Freundinnen damit überraschen, Mütter mit ihren Töchtern und natürlich Mädels- und Frauencliquen unterschiedlichsten Alters. Im Film orakelt Hotelchef Max Kellerman: »Bald kommen die jungen Leute nicht mehr zu uns, wollen lieber nach Europa reisen, 22 Länder in drei Tagen.« Für die Mountain Lake Lodge hat sich diese Prophezeiung auch mehr als 30 Jahre später, vor allem dank eines berühmten Tanzfilmes, nicht bewahrheitet. Daran kann auch ein fehlender See nichts ändern.

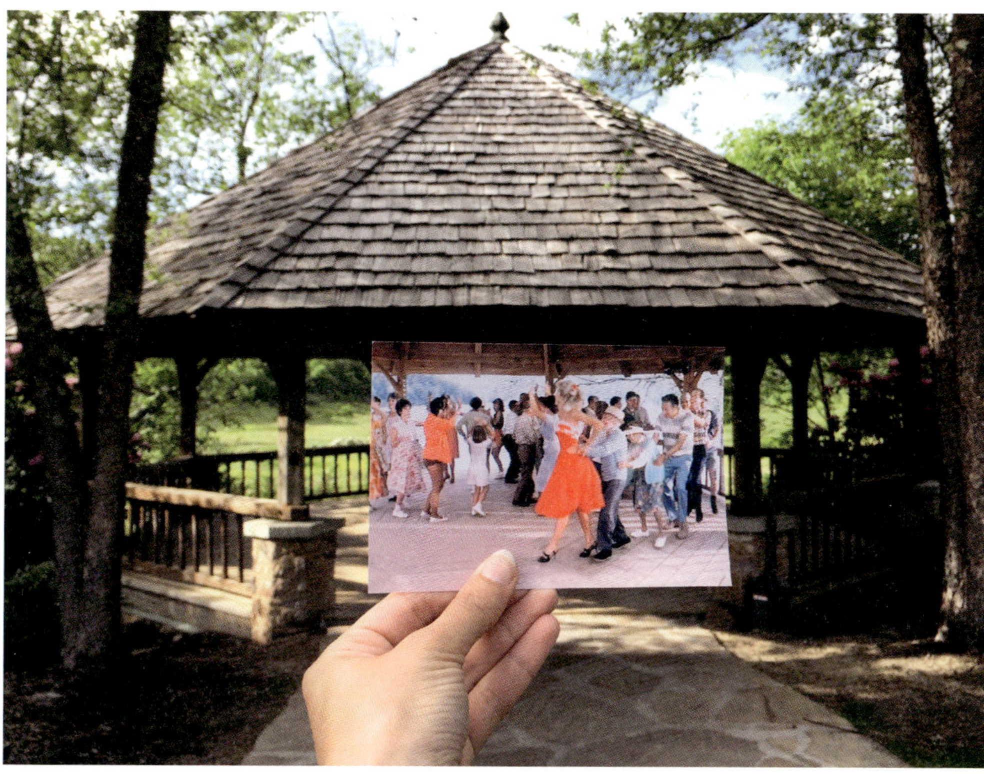

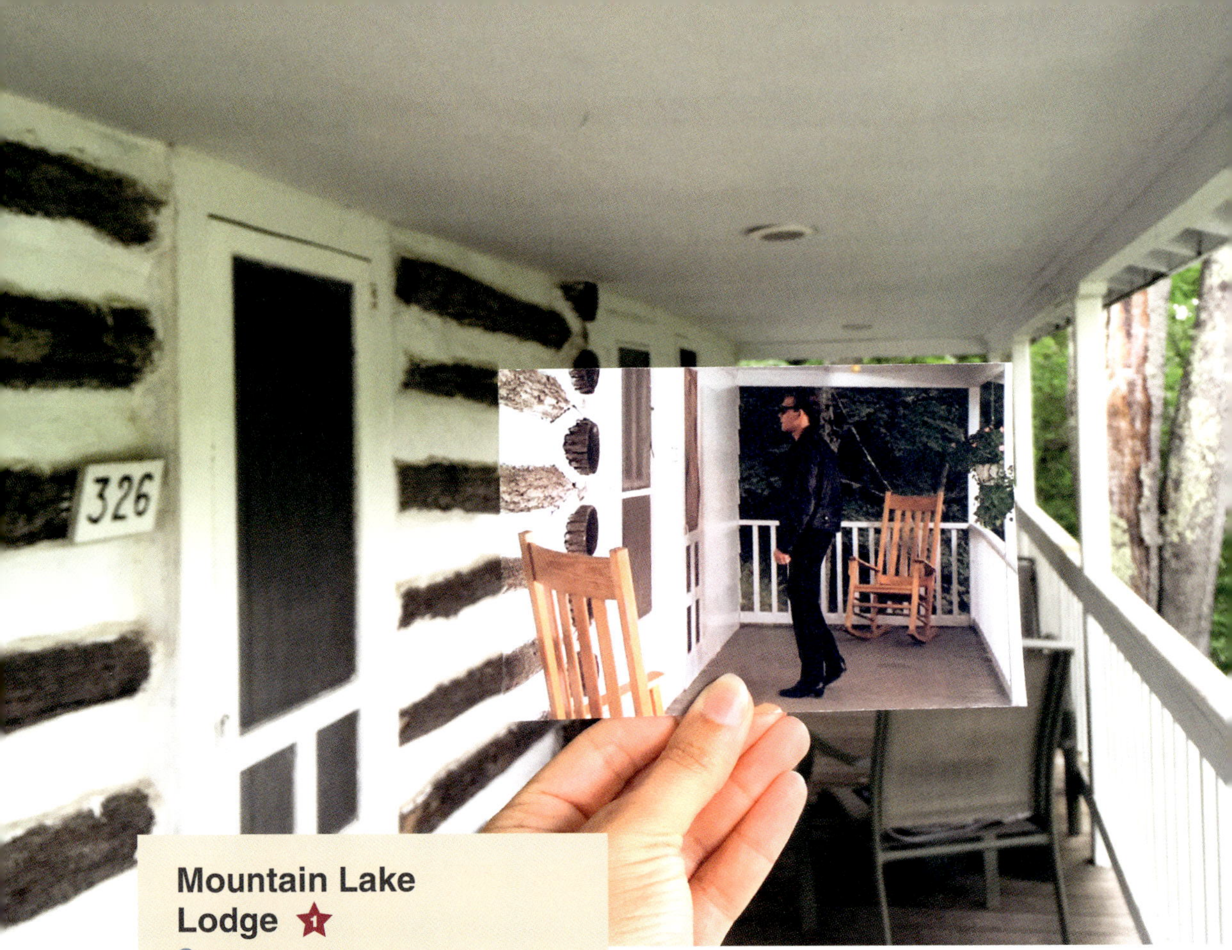

Mountain Lake Lodge ★1

115 Hotel Circle, Pembroke, Virginia

Die Mountain Lake Lodge wurde als Kellerman's Resort berühmt. Der namensgebende See ist jedoch seit ein paar Jahren verschwunden. Von Washington D.C. aus sind es etwa fünf Stunden Fahrt bis zur Mountain Lake Lodge, von Charlotte, North Carolina, benötigt man etwas mehr als drei Stunden. Im Sommerhalbjahr finden im Hotel regelmäßig thematische *Dirty-Dancing*-Wochenenden statt.

mtnlakelodge.com

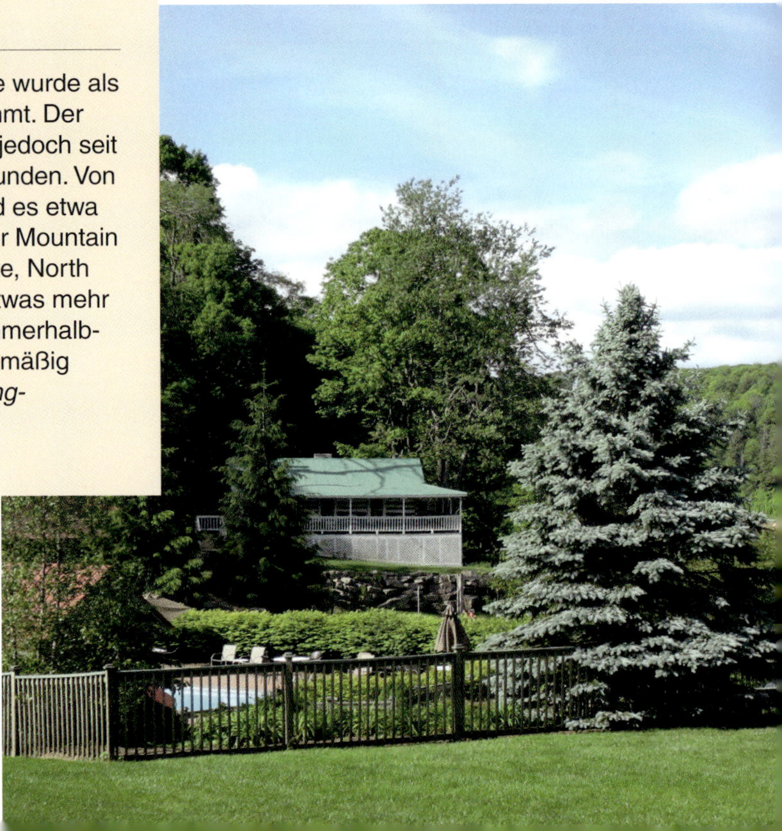

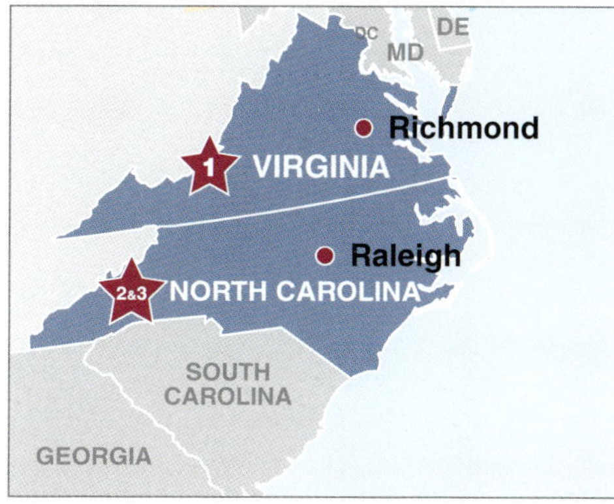

Lake Lure ②

North Carolina

Laut National Geographic gehört der Lake Lure in North Carolina zu den zehn schönsten künstlichen Seen der Welt. Am See befand sich in der Bucht Firefly Cove die Hütte von Tanzlehrer Johnny und den anderen Hotelangestellten, die mittlerweile leider nicht mehr stehen. Auf einer Bootstour kann man aber immer noch die Treppe sehen, auf der Baby die Melone hochträgt, um kurz darauf ihre erste Begegnung mit dem »schmutzigen Tanzen« zu haben. Die gleichnamige Stadt Lake Lure veranstaltet jährlich im Spätsommer ein *Dirty-Dancing*-Festival mit Wettbewerben rund ums Tanzen, Hebefiguren und natürlich auch Wassermelonen.

dirtydancingfestival.com

Lake Lure Inn & Spa ③

2771 Memorial Highway,
Lake Lure, North Carolina

Während der *Dirty-Dancing*-Dreharbeiten am Lake Lure wohnten hier die Schauspieler. So gibt es auch heute noch die Patrick Swayze Suite und die Jennifer Grey Suite, die für einen Aufenthalt gebucht werden können. Darüber hinaus findet man dort eine Fitzgerald Suite, da der Autor von *The Great Gatsby* von 1936 bis 1937 immer mal wieder im Hotel zu Gast war.

lakelure.com

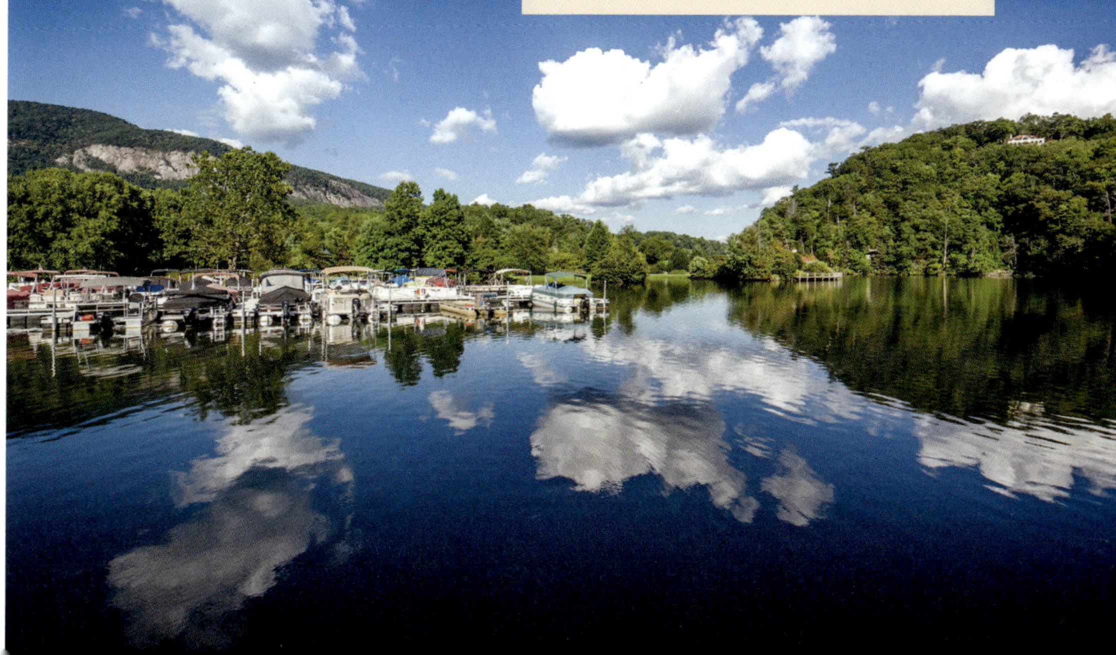

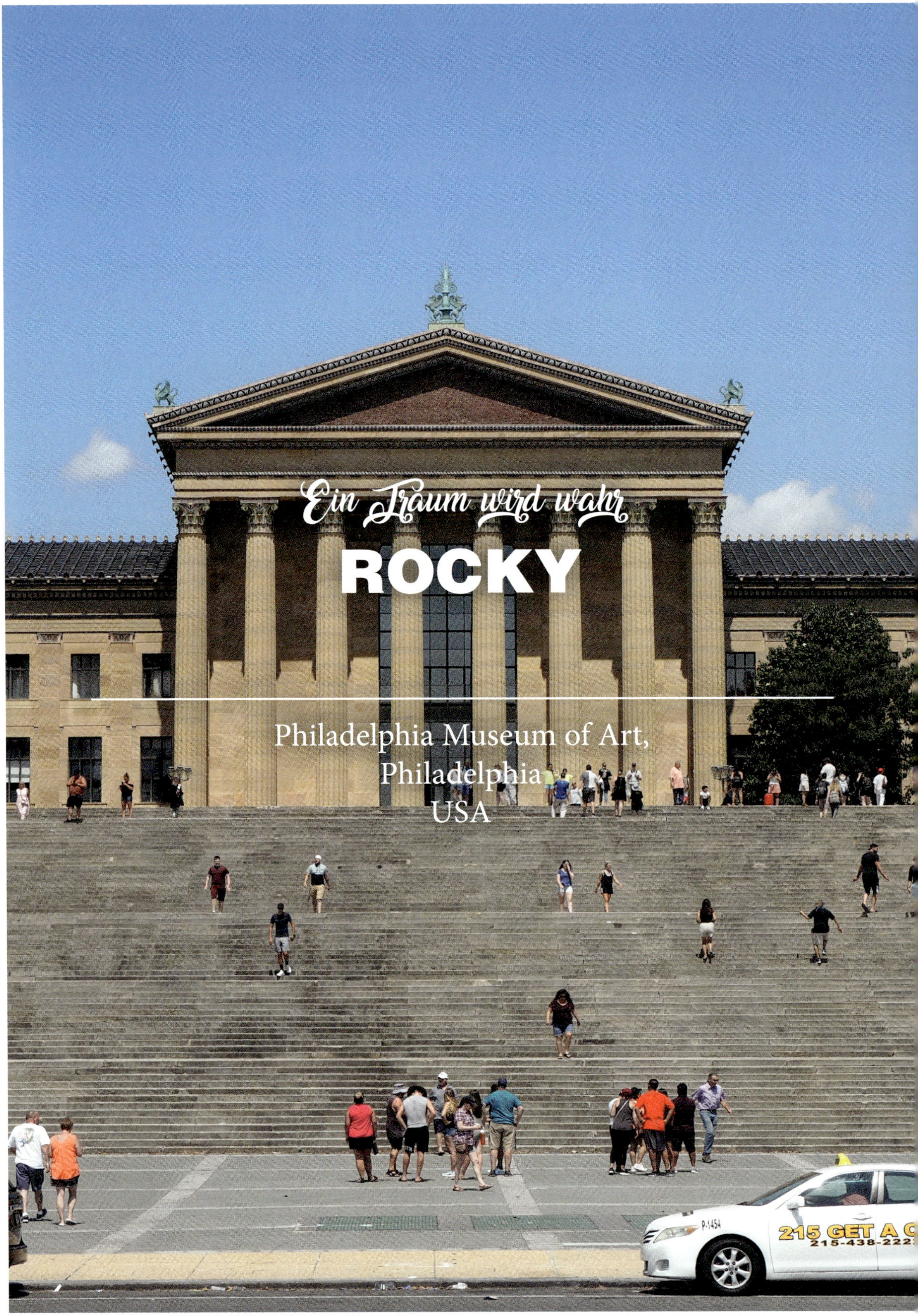

Ein Traum wird wahr

ROCKY

Philadelphia Museum of Art,
Philadelphia
USA

Philadelphia ist reich an Statuen. Ein besonders imposantes Denkmal widmete man George Washington, dem ersten Präsidenten der Vereinigten Staaten und einem der Gründerväter der USA. Die riesige Reiterstatue, umrahmt von vier Springbrunnen, blickt vom Museum of Art majestätisch in Richtung Rathaus. Doch nur wenige Meter weiter stiehlt ihm heimlich ein anderer die Show: Es ist die wesentlich kleinere Rocky-Statue, etwas abseits der Museumstreppe. Hier herrscht Hochbetrieb, denn ein paar Dutzend Leute stehen in einer Schlange, um ein Bild mit dem bronzenen Italian Stallion zu ergattern. Ja, auch wenn er niemals lebte, ist und bleibt Rocky der bekannteste Sohn der Stadt.

Davon zeugt auch die Treppe mit den 72 Stufen, die Sylvester Stallone alias Rocky schon vor über vierzig Jahren erklomm. Im Minutentakt beobachte ich, wie Nachahmer von jung bis alt nach ganz oben spurten und triumphierend die Arme in die Höhe reißen. Schon beim Zusehen habe ich augenblicklich die *Rocky*-Musik im Ohr, eine Endlosschleife aus »*Gonna fly now*« und »*Flyin' high now*«. Und dann kann auch ich mich nicht länger dem fröhlichen Treiben entziehen, jogge durch die Mittagshitze die Treppe hinauf und strecke die Fäuste gen Himmel. Mehr Rocky geht nicht, denke ich. Doch es sollte noch mehr gehen.

Für eine *Rocky*-Tour durch Philadelphia wurde mir Mike Kunda als Guide empfohlen. Es hieß, er kenne wie kein anderer die Insidergeschichten rund um die Filme und Drehorte. Als ich wenig später in seinem schwarzen Honda Odyssey sitze, habe ich jedoch nicht nur einen *Rocky*-Experten neben mir am Steuer sitzen, sondern auch jemanden, der die Filmfigur selbst wie kein anderer verkörpert. Es ist nicht nur sein Äußeres. Er hat Rocky quasi verinnerlicht, spricht wie er, bewegt sich wie er. Bei einem Rocky-Look-Alike-Wettbewerb gab es laut Mike einige Kandidaten, die Sylvester Stallone noch ähnlicher sahen, doch auf die Frage, was er zum Frühstück hatte, wusste er als einziger die richtige Antwort darauf: fünf rohe Eier! Und er gewann.

Stallone selbst war es, der Mike 2005 auf die Idee brachte, aufgrund seiner Ähnlichkeit mit Rocky solch eine Tour anzubieten. Bei einer zufälligen Begegnung während der Dreharbeiten zu *Rocky Balboa* meinte dieser zu ihm: »Die Leute würden es lieben.« Nach einer schleppenden Anfangszeit fährt er nun etwa fünfzig Touren pro Jahr. Immer für kleine, private Gruppen mit maximal sieben Leuten, um die Tour mit dem Titel »The Yo, Philly! Rocky Film Tour« jeweils den Wünschen seiner Gäste anpassen zu können.

Mein erster Wunsch ist es, den Drehort für Rocky Balboas Apartment zu sehen. Diesen hat Mike schon vielen Touristen erfüllt. Wir fahren dafür in den Norden der Stadt, denn als Underdog-Schauplatz South Philadelphia diente in Wahrheit das Problemviertel Kensington. Das war schon zu Zeiten des Drehs eine raue Gegend. Heute ist es aufgrund der Drogenproblematik sogar ein noch schlechterer Ort für einen längeren Aufenthalt. Als wir an unserem Ziel in der East Tusculum Street 1818 ankommen, bin ich auf jeden

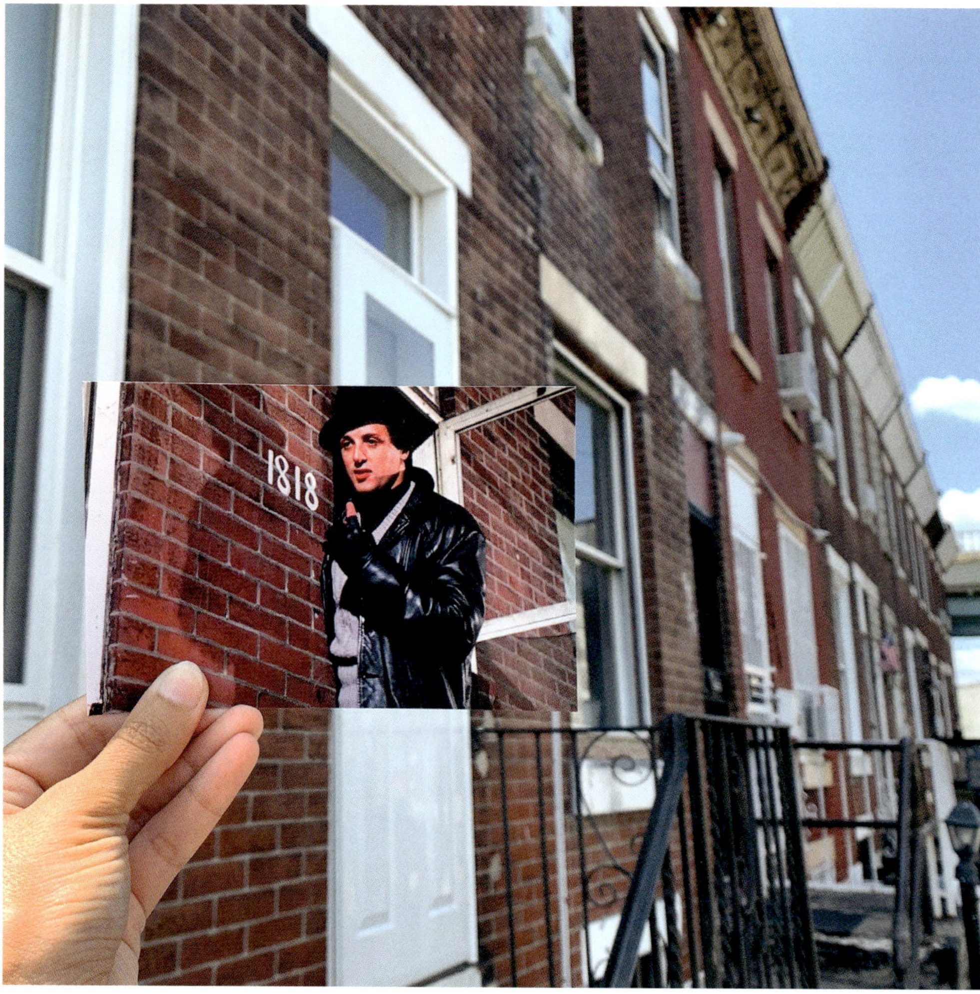

Fall froh, nicht allein hier zu sein. Die derzeitigen Bewohner des Apartments, die Mike und seine Touren kennen, stören sich nicht an den Rocky-Fans, die hier tagsüber für einen kurzen Foto-Stopp herkommen. Doch von Passanten ernten wir äußerst argwöhnische Blicke und Mike beendet unseren fünfminütigen Aufenthalt hastig mit einem »Okay, weiter geht's!«

Wieder im Auto auf dem Weg zur nächsten Location erzählt mir Mike, dass das Filmteam bei den Dreharbeiten des ersten *Rocky*-Filmes die Aufnahmen ebenfalls schnell im Kasten haben musste. Allerdings nicht, weil es gefährlich wurde, sondern da sie keine Drehgenehmigung hatten. Das Budget für den Film war so gering, dass Stallone im Film seine eigenen Trainingsklamotten trägt, teilweise mit Löchern oder etwas zu kurz geraten. Mike findet, das passt gut zur Botschaft des Filmes. Schließlich gehe es darum, immer wieder aufzustehen, wenn das Leben dich schlägt, nie aufzugeben und weiter für seinen Traum zu arbeiten.

Auch Mike musste hart und ausdauernd an seinem Traum arbeiten. Mit elf Jahren sah er *Rocky* bei der Erstausstrahlung im Fernsehen. Von seiner *Rocky*-Leidenschaft, die damals 1979 begann, bis zu seinem heutigen Beruf war es eine lange Reise. Auf dieser versuchte er sich in über zwanzig verschiedenen Jobs, von denen keiner von Dauer war. *Rocky* aber blieb immer seine Passion. »Ich wollte Rocky sein!«, bringt es Mike auf den Punkt. Viele Jahre wurde er belächelt, doch heute kann er darüber lachen. Das Geschäft als Tourguide läuft gut und über Mike und seinen steinigen Weg gibt es inzwischen sogar eine eigene Doku: *The Pretender.*

Ich finde es immer wieder erstaunlich, wie sehr Filme das wahre Leben beeinflussen können. Schon Oscar Wilde wusste: »*Life imitates art far more than art imitates Life.*« Mike ist dafür das beste Beispiel.

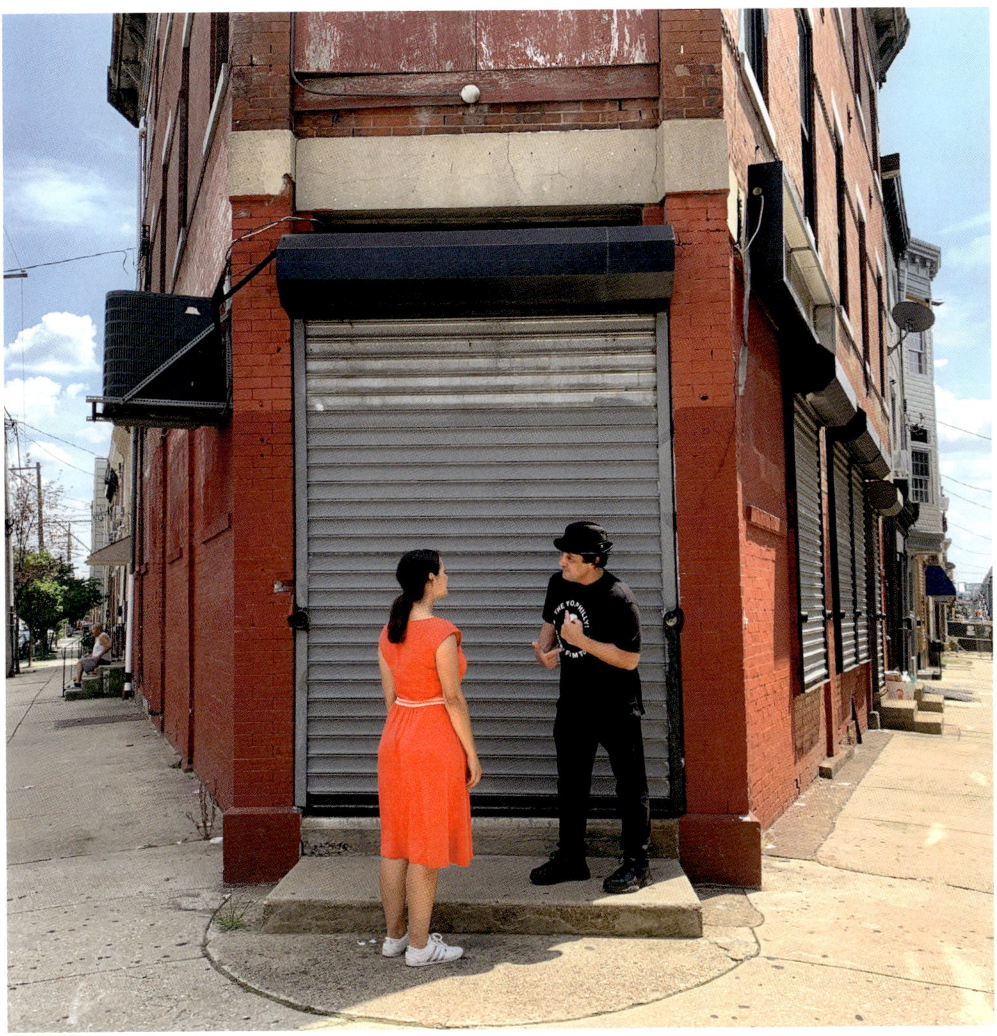

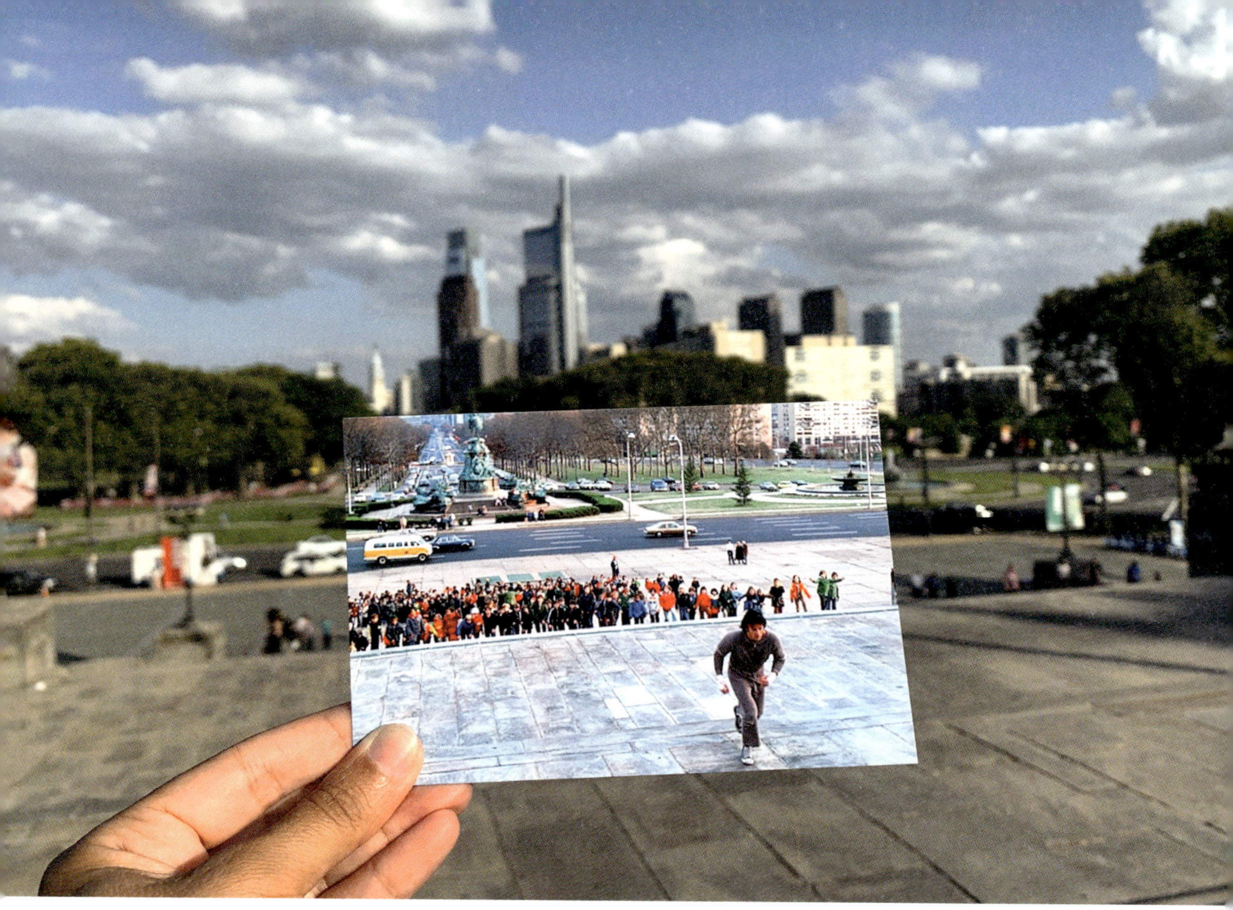

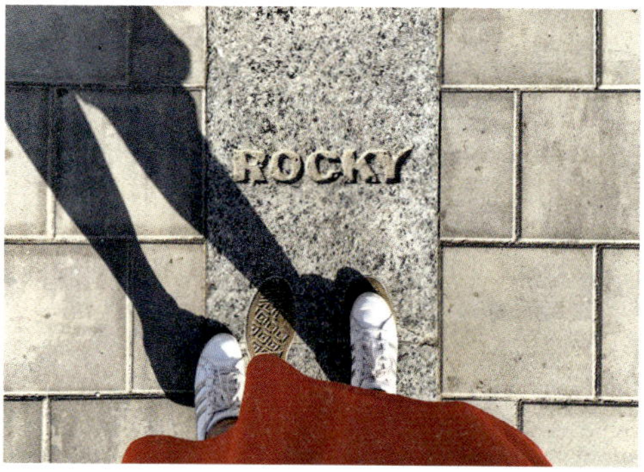
ROCKY

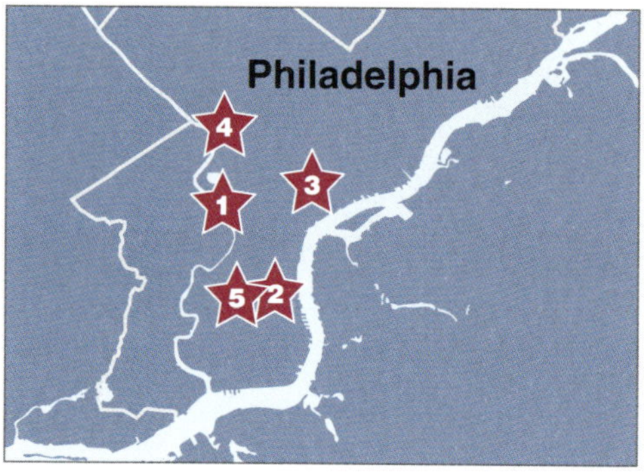
Philadelphia
4
3
1
5
2

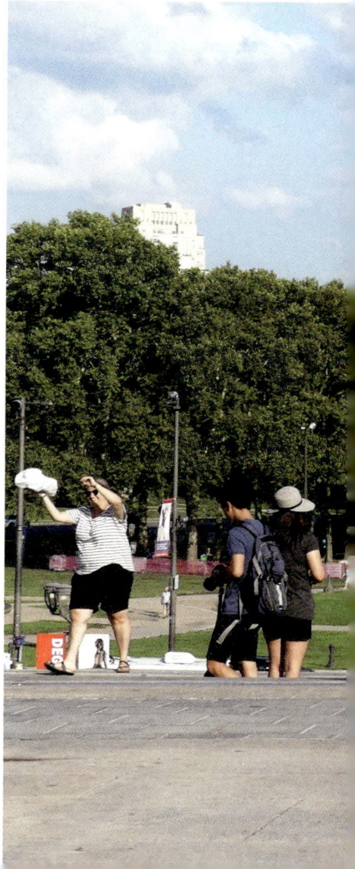

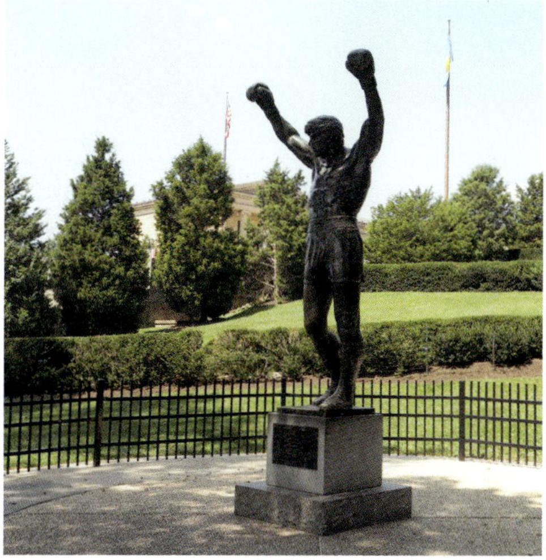

Philadelphia Museum of Art ★1

2600 Benjamin Franklin Parkway, Philadelphia, Pennsylvania

Die *Rocky*-Treppe befindet sich auf der Rückseite des Museums. An deren oberen Ende erinnern zwei in Bronze gegossene Fußabdrücke an die berühmte Filmszene, in der Rocky Balboa die Fäuste in die Luft streckt. Die Statue, die im Film *Rocky 3* zum Einsatz kam und ein Geschenk von Sylvester Stallone an die Stadt Philadelphia war, findet man rechts am Fuße der Treppe.

philamuseum.org

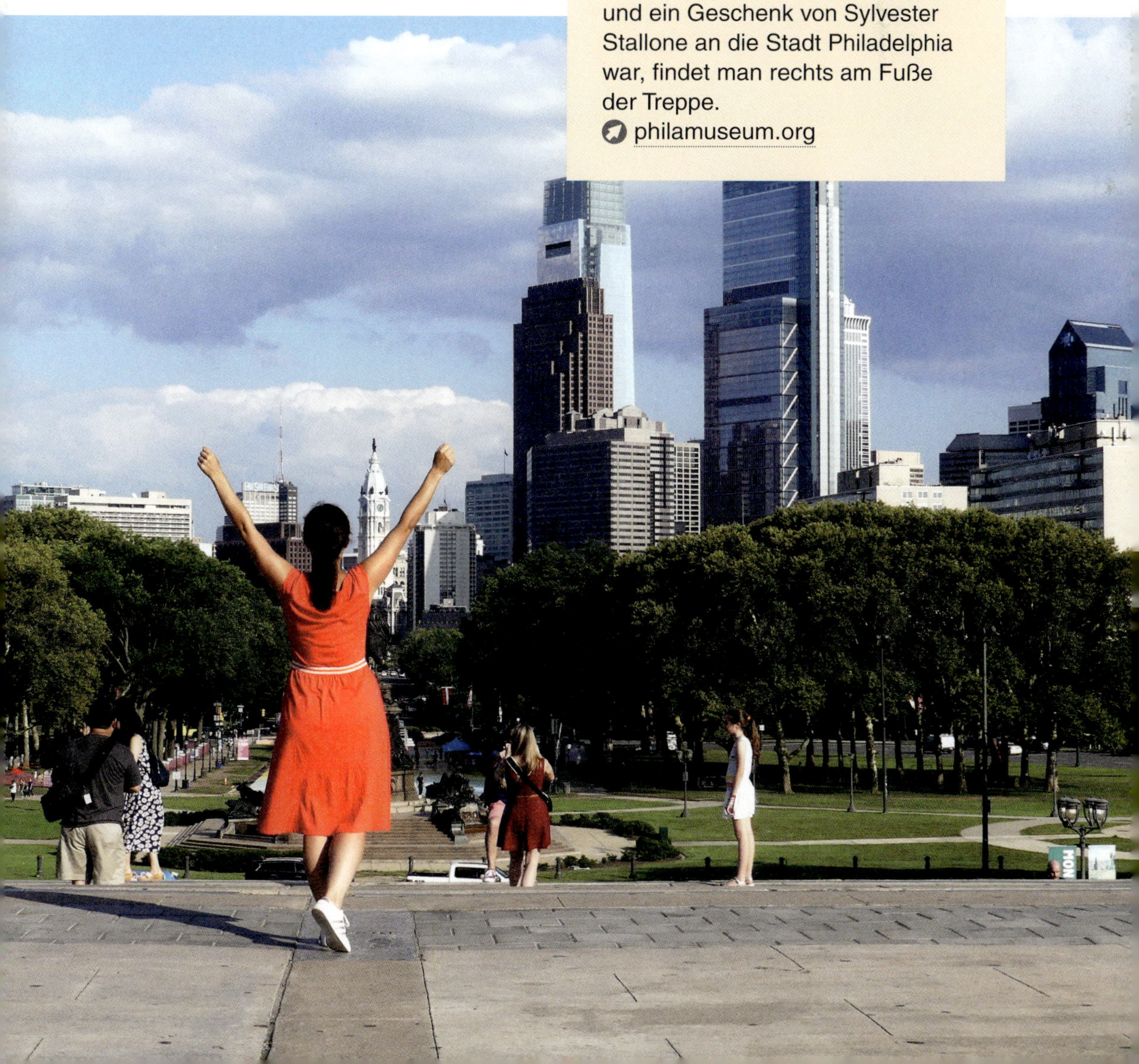

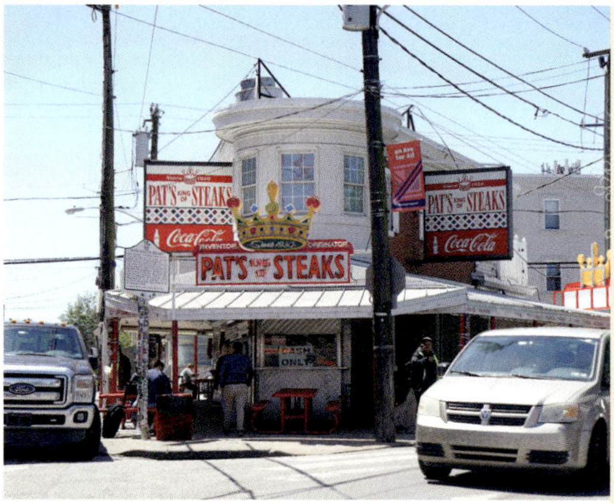

Pat's King of Steaks

1237 East Passyunk Avenue, Philadelphia, Pennsylvania

Wer nach *Rocky*-Manier ein legendäres »Philly Cheesesteak« essen möchte, geht ins Pat's King of Steaks am Ende des Italian Market, wo Rocky mit Geldhai Gezzo essen war. Gleich an der Ausgabe ist dort eine Film-Erinnerungstafel im Boden eingelassen.

patskingofsteaks.com

Mighty Mick's

2147 North Front Street, Philadelphia, Pennsylvania

Das Eckgebäude, dessen Fassade im Film als Mighty Mick's Boxstudio zu sehen war, steht leer und ist vom Abriss bedroht. Auf der anderen Straßenseite befand sich der Drehort für Adrians Tierladen. Dieser war auch in Realität ein Zoogeschäft, das Haus wurde jedoch schon im Jahr 2017 abgerissen.

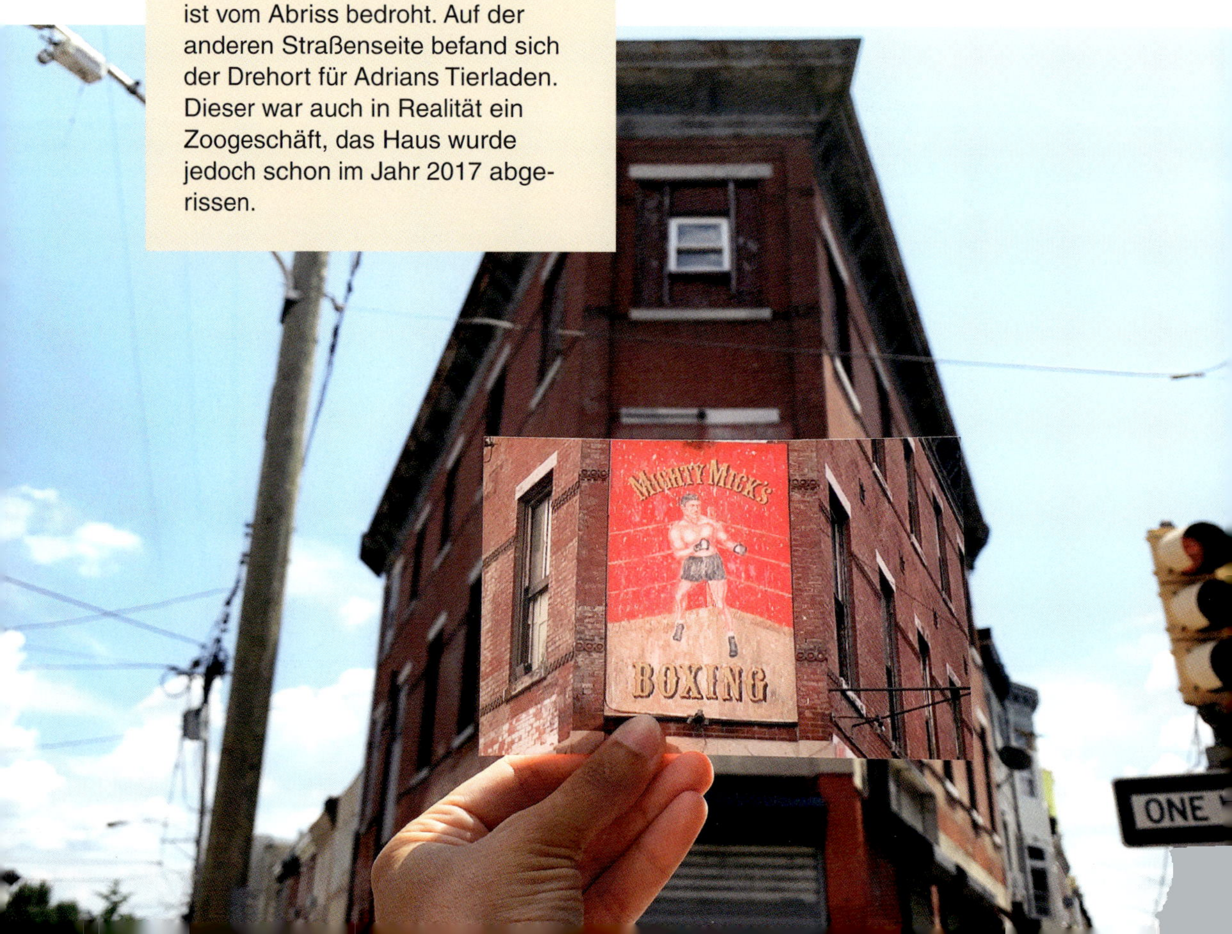

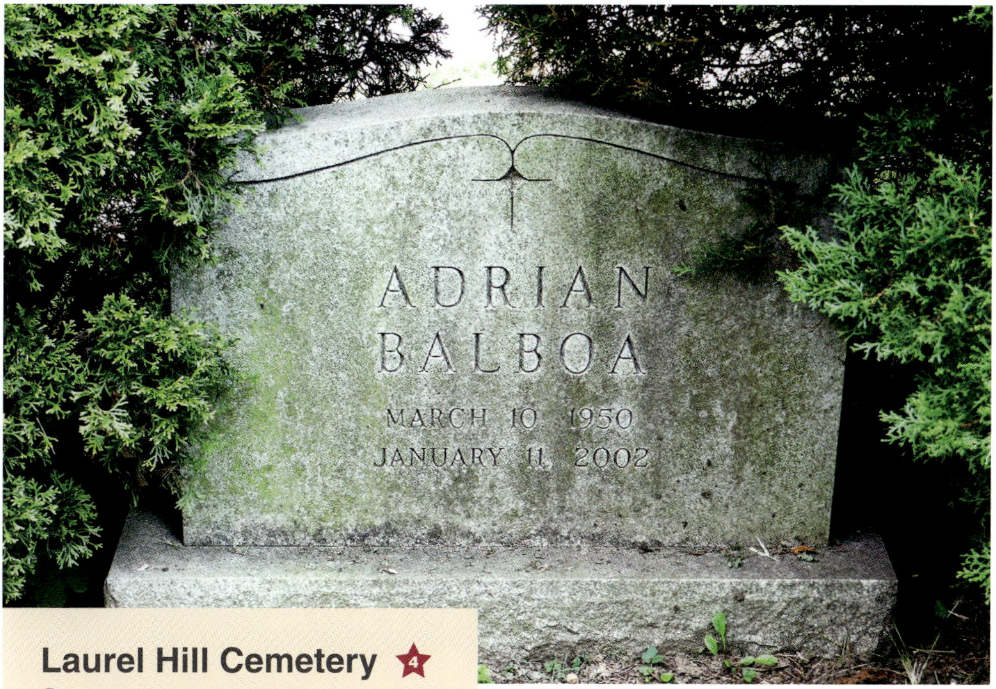

Laurel Hill Cemetery 4

3822 Ridge Avenue, Philadelphia, Pennsylvania

Lange befanden sich die Filmgräber an ihrem ursprünglichen Ort, mussten jedoch aufgrund eines umgestürzten Baumes versetzt werden. Die Grabsteine von Adrian und Paulie findet man nun gleich auf der linken Seite des Haupteingangs. Der Friedhof, den man übrigens mit dem Auto befahren darf, diente auch schon für andere Filme als Drehort, darunter Michael Bays *Transformers – Die Rache.*

thelaurelhillcemetery.org

The Victor Café 5

1303 Dickinson Street, Philadelphia, Pennsylvania

Das schon seit 1918 in Philadelphia ansässige Victor Café dürfte *Rocky*-Fans aus Teil 6 als »Adrian's« bekannt sein. Das Essen ist traumhaft und zwischen den Gängen wird man von den Kellnern mit Operngesang unterhalten. Im oberen Stock hängen viele Erinnerungen an die Dreharbeiten von *Rocky* und *Creed.* Reservierung empfohlen.

victorcafe.com

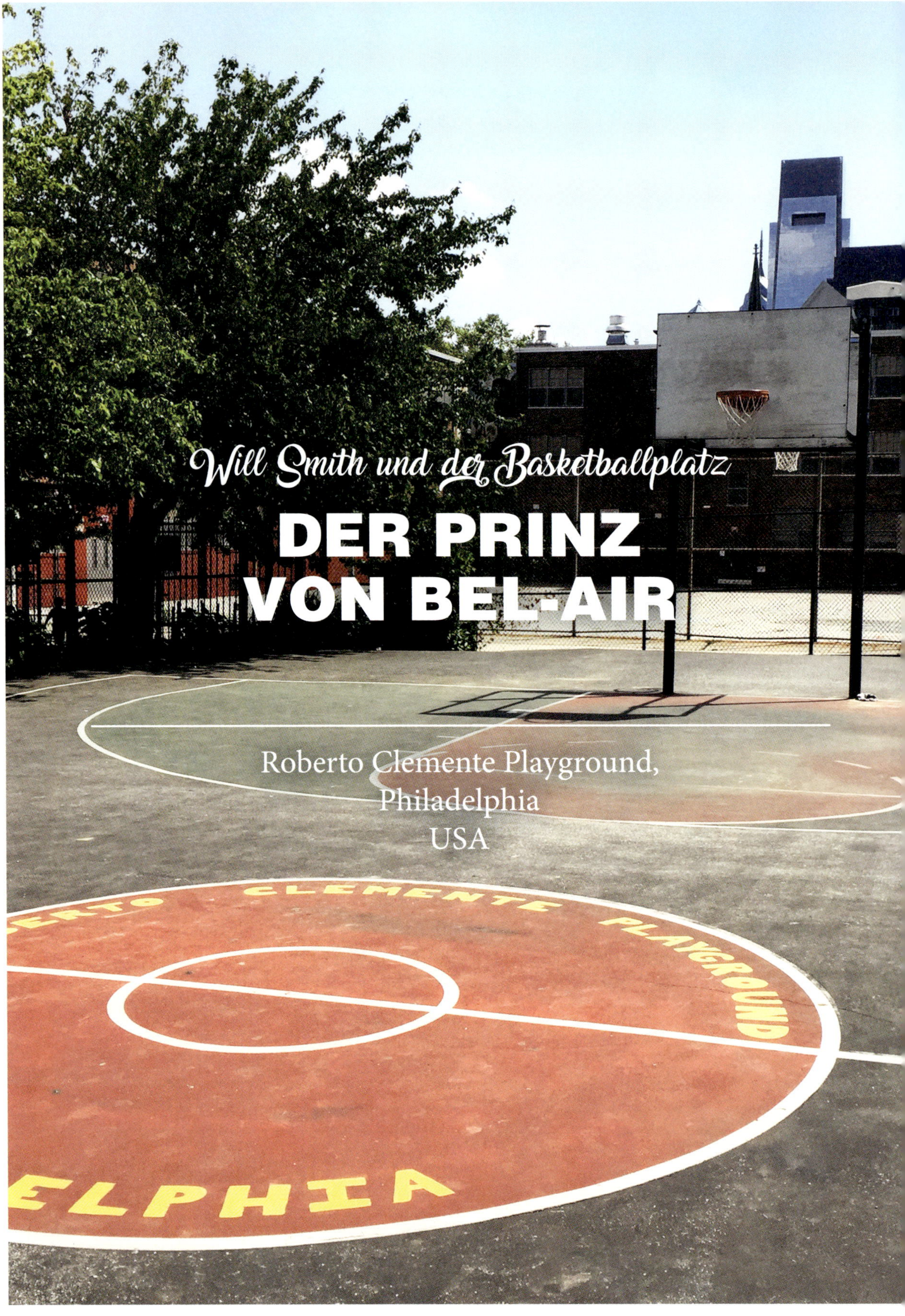

Will Smith und der Basketballplatz

DER PRINZ VON BEL-AIR

Roberto Clemente Playground,
Philadelphia
USA

»*Now this is a story*«, ohrwurmt es in meinem Kopf als ich mitten auf einem Basketballplatz in Philadelphia stehe. Touristen sind hier weit und breit keine zu sehen, die Stadt hat ohne Frage sehenswertere Orte zu bieten.

Hätte ich den Abstecher hierher nicht gemacht, würde ich jetzt vermutlich in der Schlange zur berühmten Liberty Bell stehen. Diese wurde geläutet, als die Unabhängigkeitserklärung der USA 1776 zum ersten Mal verlesen wurde.

Doch heute habe ich den unauffälligen Roberto Clemente Playground zu meiner ganz persönlichen Sehenswürdigkeit erklärt, verlasse die Stadthistorie für etwas Popkultur. Denn bei Philadelphia muss ich neben Rocky automatisch an die Neunziger-Sitcom *Der Prinz von Bel-Air* denken. Der junge Will wird aus Philly von seiner Mutter zu Tante Vivian und Onkel Philip nach Bel-Air geschickt, um dort seinen Schulabschluss zu machen.

»*In West Philadelphia born and raised*«, wie es im Song des Intros heißt, wurde auch Hauptdarsteller Will Smith selbst und obwohl die Serie bis auf eine Folge komplett in Los Angeles gefilmt wurde, erscheinen im Intro auch Drehorte aus Philly. Darunter ist eben dieser Basketballplatz, auf dem Will »*got in one little fight*« – also in eine klitzekleine Prügelei geriet – woraufhin ihn seine Mutter schließlich besorgt in die Obhut seiner wohlhabenden Verwandten gab.

Mit Dauerohrwurm im Kopf und kribbelndem Kindheitsgefühl scanne ich alles sorgfältig ab. Der Platz hat sich so gut wie nicht verändert. Die Jungs der benachbarten Schule kommen zum Basketball spielen her. Sogar das Adler-Graffiti, das ebenfalls im Intro der Serie erscheint, finde ich um die Ecke. Nur die Bäume waren damals, vor etwa 30 Jahren, noch nicht da.

Als die Basketballer das Feld räumen, mache ich schnell ein Foto, in der Annahme, dass dieser Ort sicherlich noch andere nostalgisch werden lässt. Doch habe ich in diesem Moment nicht die leiseste Ahnung, welche Kreise mein kurzer Besuch hier noch ziehen wird.

Nur ein paar Tage später fällt mir dann fast das Handy aus der Hand: Will Smith hat mein Foto mit seinen 40 Millionen Followern auf Instagram geteilt. Darunter stehen die Worte: »*Hahaha... I love that!*« Ich reiße die Augen weit auf und denke mir: »*Now this is a story!*«

Die Liberty Bell wird es mir verzeihen.

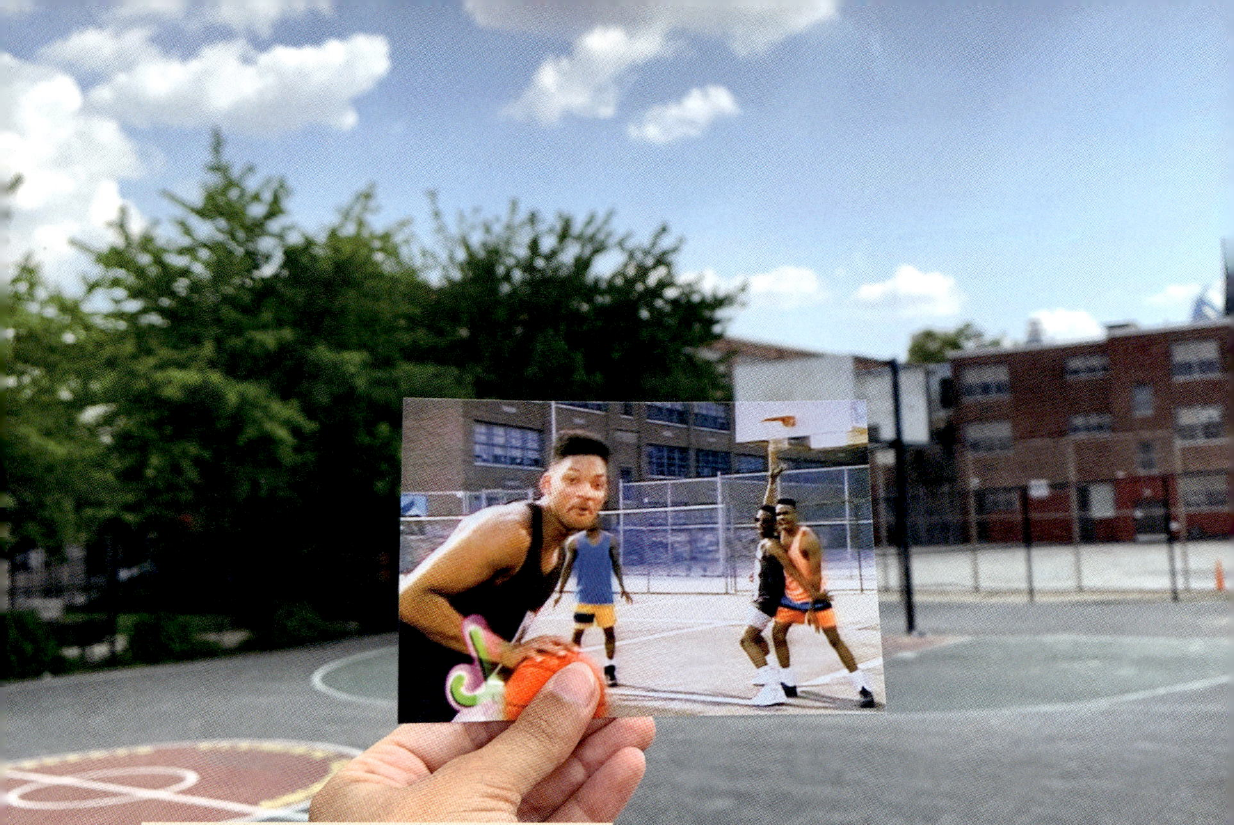

Roberto Clemente Playground ★ 1

1800 Wallace Street, Philadelphia, Pennsylvania

Der Basketballplatz erscheint im Intro von *Der Prinz von Bel-Air* und ist gut wiederzuerkennen. In Wahrheit befindet er sich jedoch nicht in West Philadelphia, sondern im Norden der Stadt.

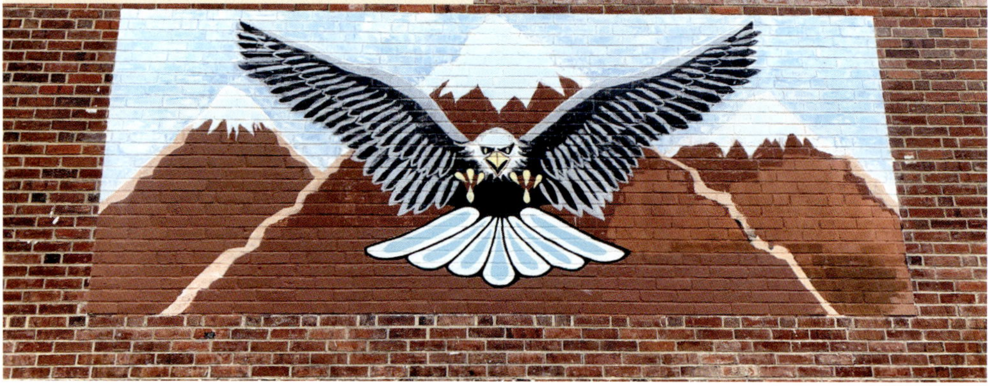

Fresh Prince House

251 North Bristol Avenue, Brentwood, Los Angeles, Kalifornien

Auf den Hollywood-Homes-Touren in Los Angeles wird fälschlicherweise oft das Gebäude in der Amapola Lane in Bel Air als Außenkulisse der Serie präsentiert. Das private Anwesen, das als Zuhause der Familie Banks zu sehen ist, befindet sich allerdings in Wahrheit im ruhigen Viertel Brentwood.

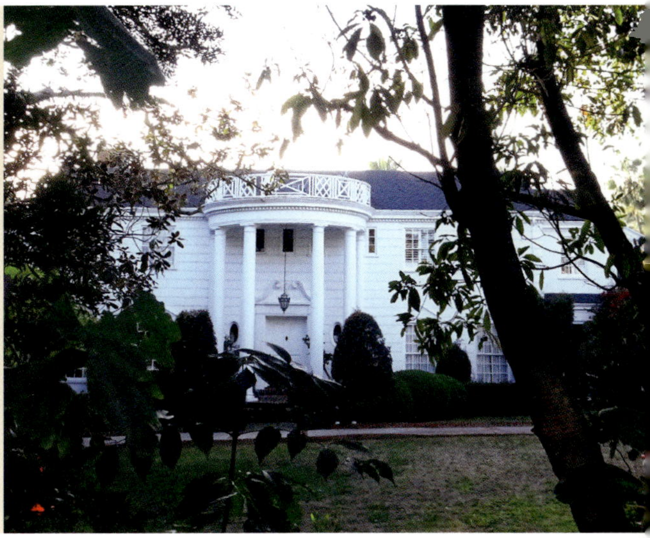

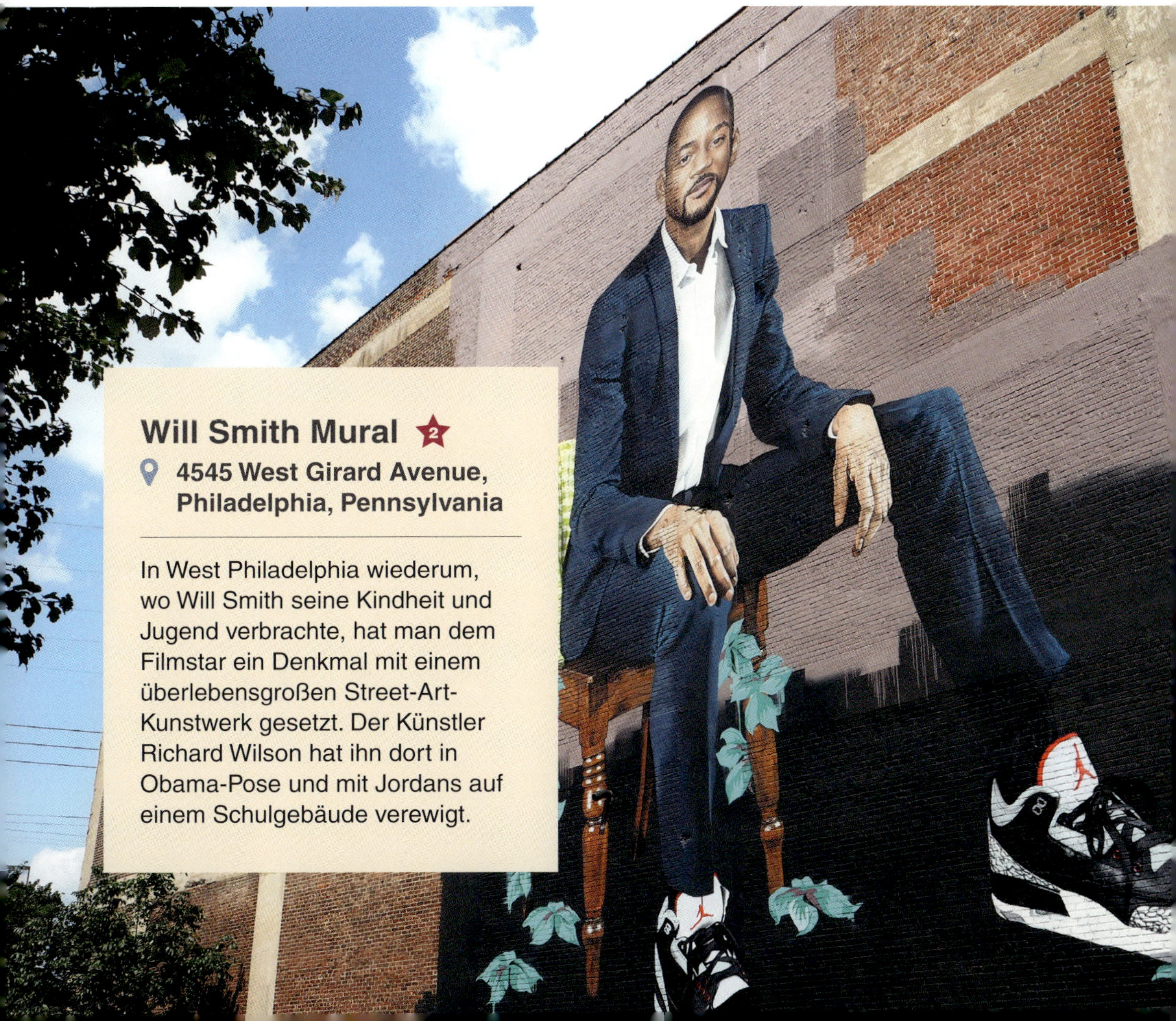

Will Smith Mural

4545 West Girard Avenue, Philadelphia, Pennsylvania

In West Philadelphia wiederum, wo Will Smith seine Kindheit und Jugend verbrachte, hat man dem Filmstar ein Denkmal mit einem überlebensgroßen Street-Art-Kunstwerk gesetzt. Der Künstler Richard Wilson hat ihn dort in Obama-Pose und mit Jordans auf einem Schulgebäude verewigt.

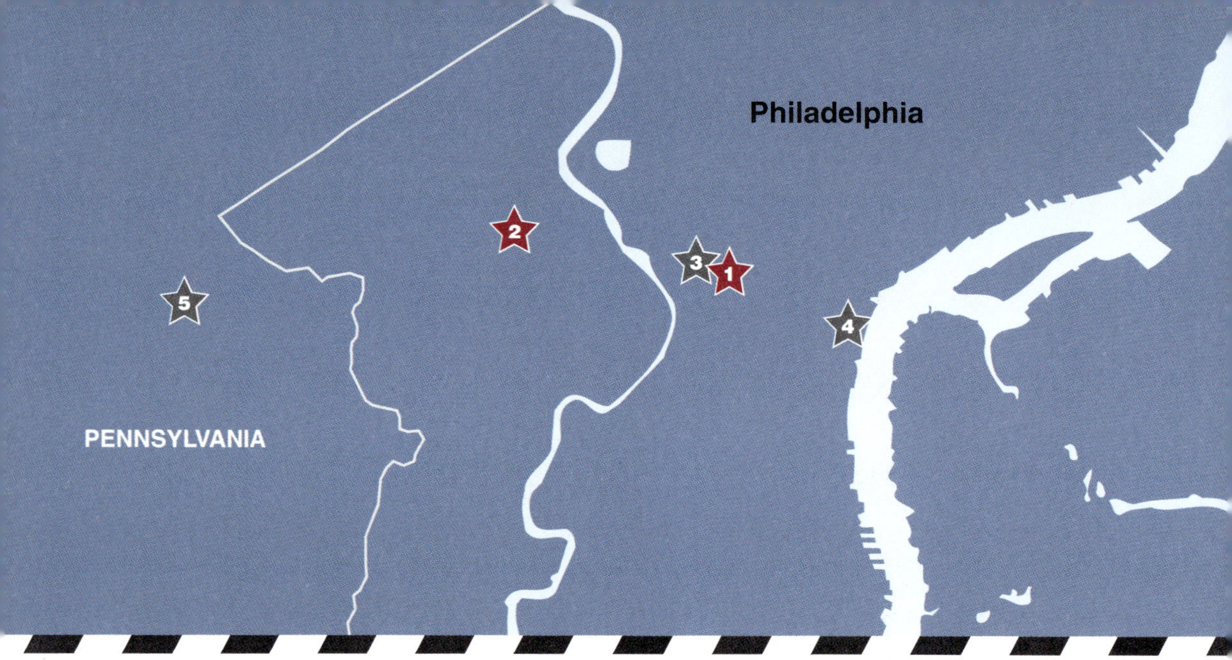

Weitere Filmtourismus-Tipps zu

Philadelphia

Eastern State Penitentiary ★3

2027 Fairmount Avenue, Philadelphia, Pennsylvania

Im Film *12 Monkeys* soll Bruce Willis die Menschheit vor einer Katastrophe bewahren und landet als »Freiwilliger« James Cole in einer psychiatrischen Klinik, in der er auf den verrückten Jeffrey, gespielt von Brad Pitt, trifft. Diese Psychiatrie ist in Wahrheit das Eastern State Penitentiary, eine ehemalige Strafanstalt, die von 1829 bis 1971 als solche genutzt wurde und heute besichtigt werden kann.
Der genaue Drehort des Filmes befindet sich an der Stelle, an der die Zellblöcke zwei, zehn und elf zusammenlaufen. Dort hängt sogar ein Schild, das auf diesen und weitere hier gedrehte Filme hinweist. Noch ein Tipp für Filmfans: Unbedingt den Audioguide nehmen, denn damit führt einen die Stimme von Steve Buscemi durch die geschichtsträchtigen Gemäuer.
easternstate.org

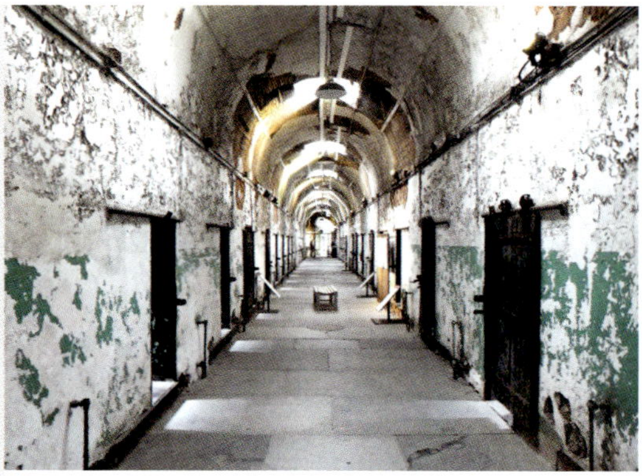

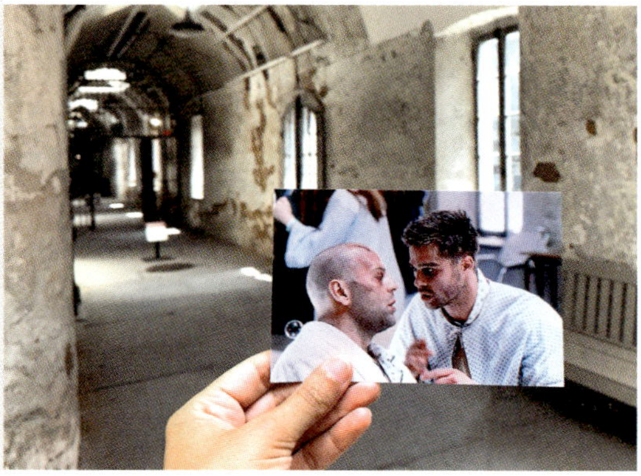

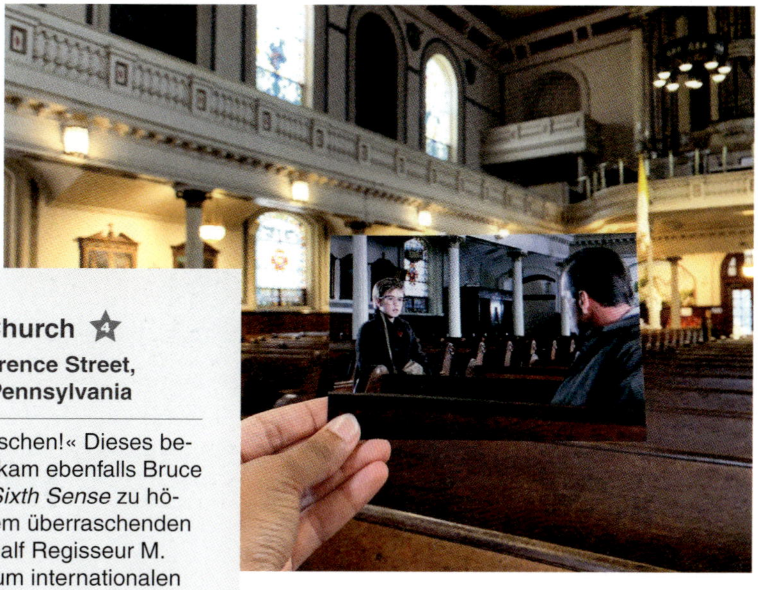

St. Augustine Church

243 North Lawrence Street, Philadelphia, Pennsylvania

»Ich sehe tote Menschen!« Dieses berühmte Filmzitat bekam ebenfalls Bruce Willis im Film *The Sixth Sense* zu hören. Der Film mit dem überraschenden Twist am Ende verhalf Regisseur M. Night Shyamalan zum internationalen Durchbruch. Zu den *The-Sixth-Sense*-Drehorten gehört neben verschiedenen Ecken im Stadtviertel Fairmount auch die St. Augustine Church in der Nähe des Franklin Square.

st-augustinechurch.com

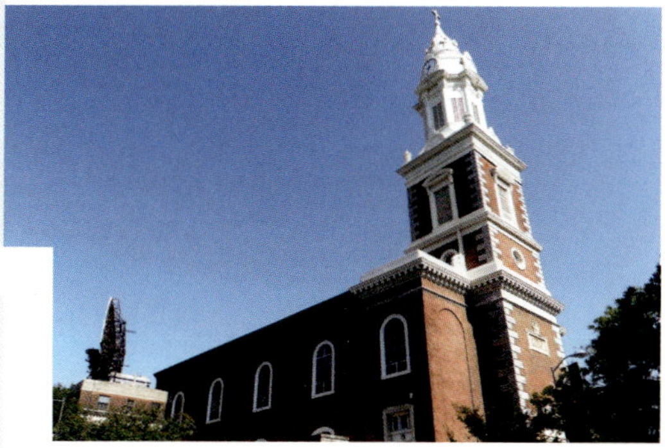

Llanerch Diner

95 East Township Line Road, Upper Darby, Philadelphia, Pennsylvania

Ebenfalls in Philadelphia ist die Story von *Silver Linings* angesiedelt, mit Bradley Cooper und Jennifer Lawrence in den Hauptrollen. Die Geschichte spielt in den westlich gelegenen Vororten Ridley Park und Upper Darby. Leicht wiederzuerkennen sind das Llanerch Diner sowie das Lansdowne Theater, vor dem sich die beiden im Film heftig streiten.
Während man im Llanerch Diner am gleichen Tisch sitzen kann wie Pat und Tiffany bei Müsli und Tee im Film, ist das Lansdowne Theater zurzeit geschlossen, soll jedoch mit Hilfe von Spendengeldern restauriert und als Konzerthalle wiedereröffnet werden.

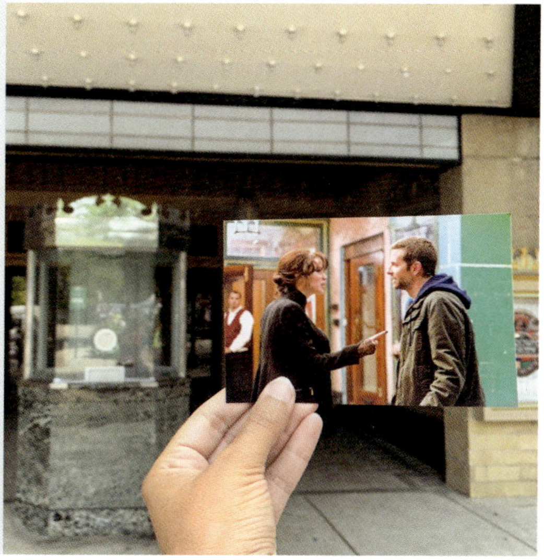

Rendezvous mit alten Bekannten

GHOSTBUSTERS

Tribeca, New York City
USA

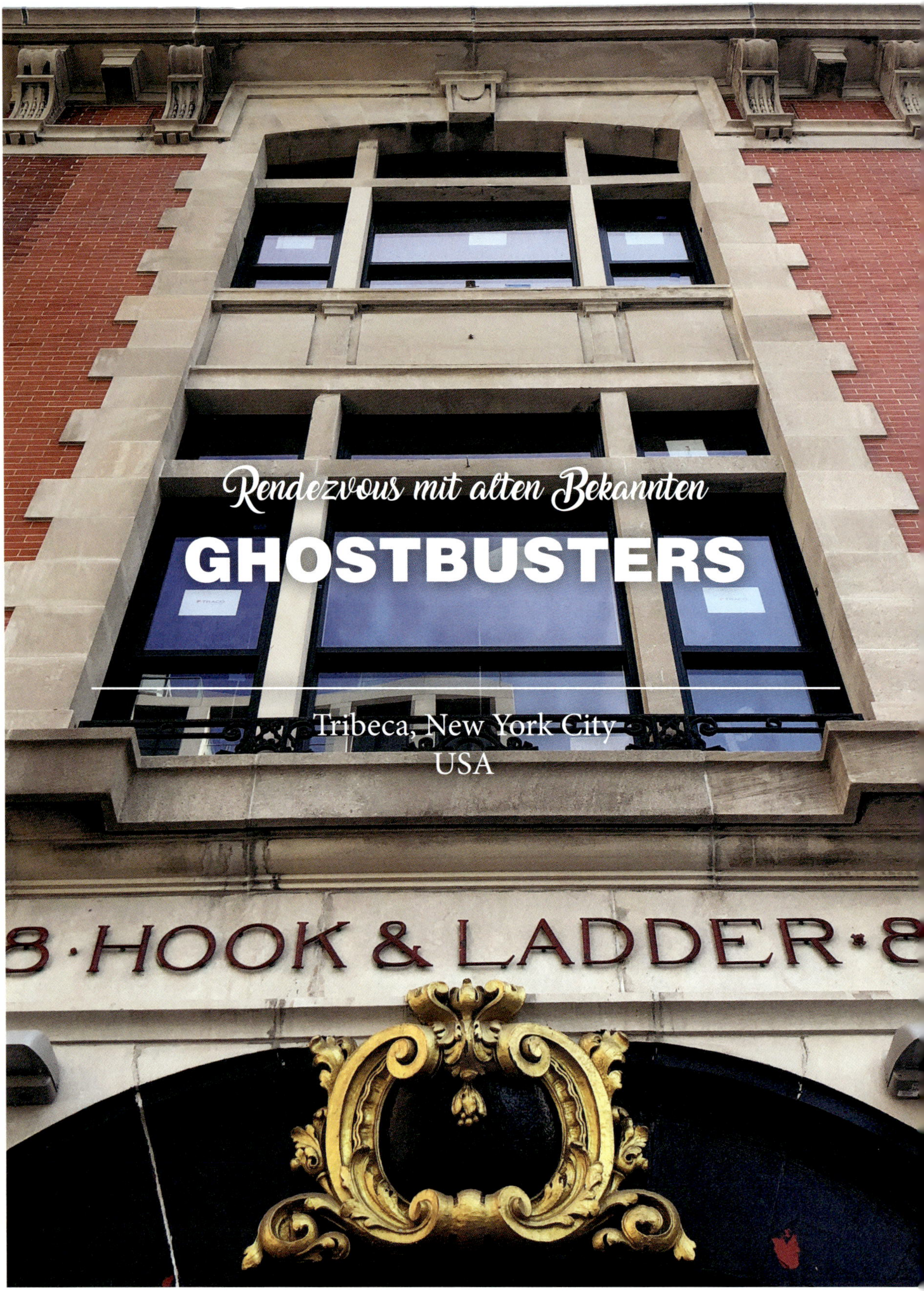

Ausgerechnet in New York fühle ich mich immer wie zu Hause. Woran das liegt? Sicher an den geschätzt hundert Filmen und Serien, die mein Bild von dieser Stadt geprägt haben – und zwar schon lange, bevor ich zum ersten Mal dagewesen bin. So viele Ecken kommen mir vertraut vor, denn die ganze Stadt scheint durchwebt mit Filmszenen. Da trifft Kevin die Taubenfrau im Central Park, dort schaut Holly Golightly ins Schaufenster bei Tiffany's, anderswo zwängt sich ein riesiger Marshmallow Man durch die Straßen, Carrie & Co. essen Cupcakes und Harry erkundet mit Sally die Stadt. Und jeder Film, jede Serie erschafft ein ganz eigenes New York.

Die einzelnen Drehorte sind für mich wie alte Bekannte, bei denen man sich immer wieder aufs Neue freut, sie zu sehen. Und New York ist zum Bersten voll davon. Manche von ihnen zählen zu den großen Stars, wie das Empire State Building oder der Times Square, andere sind eher versteckte Zeitgenossen, die erst aufgespürt werden müssen. Dazu gehört auch ein besonders kultiger Spot: die Feuerwache aus *Ghostbusters.*

Auf den Spuren der Geisterjäger zieht es mich daher ins Viertel Tribeca in den Süden von Manhattan. Das Ghostbusters-Hauptquartier ist in Wahrheit das Hook & Ladder Company 8 Firehouse, ein echtes Feuerwehrhaus des New York City Fire Department. So viel weiß ich aus dem Internet, viel mehr jedoch nicht, denn mein Reisehandbuch entpuppt sich schnell als Popkultur-Banause. Ein New-York-Reiseführer ohne Drehortinfos ist in etwa so nützlich wie ein Ghostbuster ohne Protonenstrahler, finde ich. Aber egal, ich sollte ohnehin auf anderem Wege noch zu ein paar Infos kommen.

Schon von Weitem erkenne ich schließlich das Gebäude mit dem großen, roten Tor, das sich im Film für die Einsätze der berühmten drei, später vier Geisterjäger und ihrem Auto Ecto-1 öffnet, damit sie sich den paranormalen Phänomenen der Stadt widmen können. Vor der Feuerwache steht eine Gruppe von Leuten, die um etwas auf dem Boden einen Kreis bilden. Erst als ich näherkomme kann ich erkennen, dass dort ein Mann mit Farbeimer und Pinsel zugange ist.

Wie sich herausstellt, handelt es sich dabei um einen der Feuerwehrmänner und ich staune nicht schlecht: Er malt gerade das berühmte No-Ghost-Emblem, den in einem Verbotsschild gefangenen Geist, auf den Gehweg rechts neben dem Tor. Das hätte ich nun wirklich nicht erwartet und umso mehr freue ich mich, dass man dem Filmklassiker von Ivan Reitman hier sogar mit handwerklichem Aufwand Tribut zollt. Als die Gruppe, übrigens alle Teilnehmer der NYC TV & Movie Tour, sich wieder verabschieden, komme ich mit dem Feuerwehrmann ins Gespräch. Er erklärt mir, dass sie das Motiv hier alle paar Wochen nachmalen. Mit dem Kultstatus der *Ghostbusters*-Filme wuchs auch der Kultstatus dieses Gebäudes, erzählt er mir. Filmtouristen kommen immer noch täglich vorbei.

Auch heute erfüllt das Feuerwehrhaus von 1903 noch seinen Zweck, was jedoch alles andere als selbstverständlich ist, wie ich erfahre. 2011 sollte der Standort geschlossen werden, da der stationierte Löschzug hier die wenigsten Einsätze im ganzen Stadtgebiet hatte. Eine Initiative der Anwohner konnte dies jedoch verhindern. Selbst Schauspieler Steve Buscemi setzte sich dafür ein. Netterweise darf ich noch einen kurzen Blick in die Feuerwache werfen. Gedreht wurde hier zwar nicht, aber an der Wand prangt stolz ein Ghostbusters-Schild, das, wie ich höre, aus dem zweiten Film stammt. Bill Murray alias Dr. Peter Venkman würde wohl sagen: »Das ist jedenfalls etwas, das man nicht jeden Tag sieht.«

Bei meinem Abschied hoffe ich, dass die Feuerwache weiterhin erhalten bleibt und man die Filme noch lange in Ehren hält. Und tatsächlich: Als ich Jahre später wieder einmal an der Wache vorbeischaue, ist sie immer noch in Betrieb und auch das Logo auf dem Boden noch da. Wie ein alter Bekannter mit seinem vertrauten Markenzeichen.

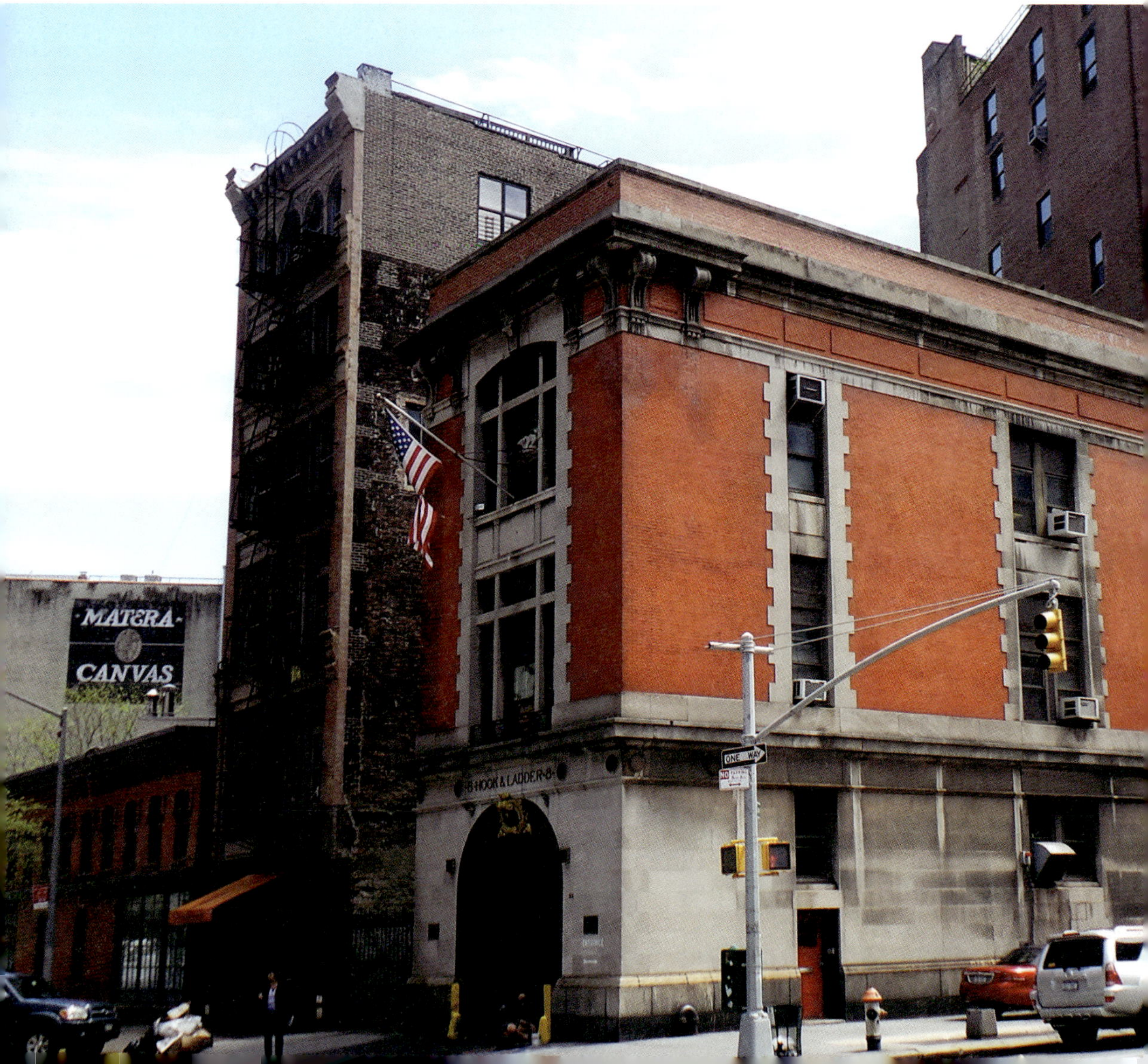

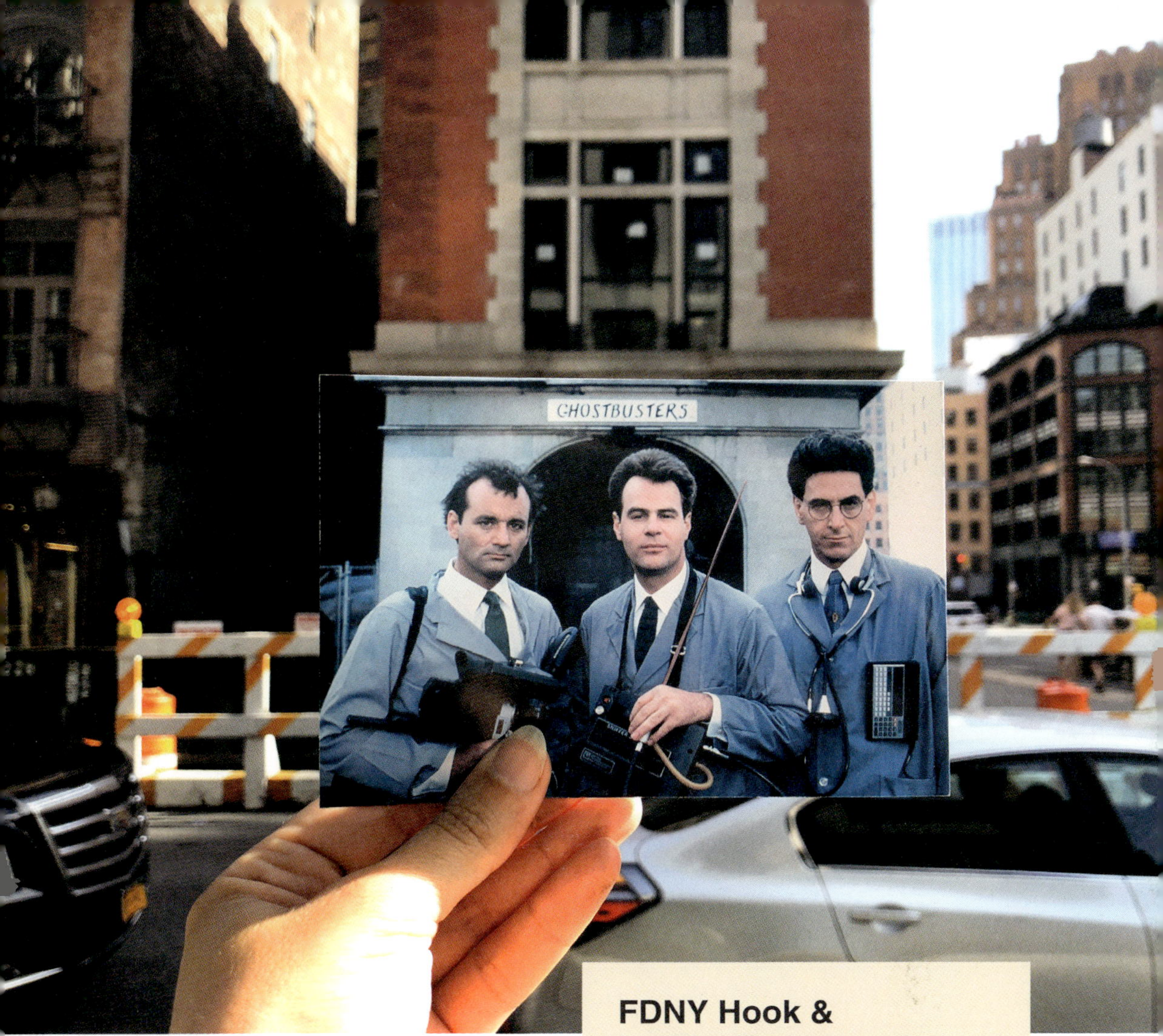

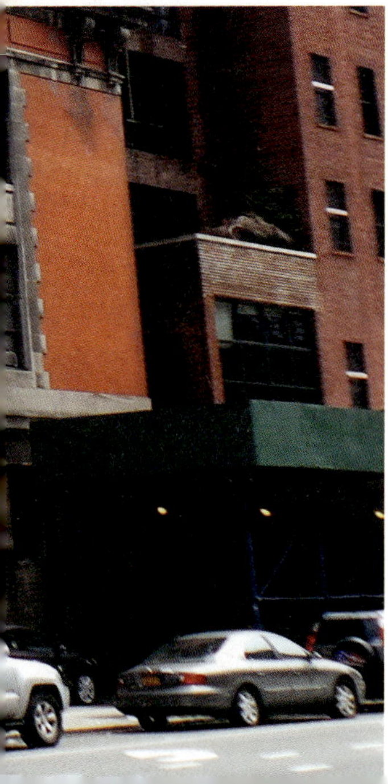

FDNY Hook & Ladder Company 8 Firehouse

14 North Moore Street, New York City, USA

Die Feuerwache im New Yorker Stadtteil Tribeca wurde als Außenkulisse des *Ghostbusters*-Hauptquartiers bekannt. Das *Ghostbusters*-Schild aus dem zweiten Film wurde mittlerweile durch eine neue, spendenfinanzierte Replik ersetzt. Hook & Ladder 8 ist zudem in *Hitch – Der Date Doktor* mit Will Smith als Arbeitsstelle eines seiner Kunden zu sehen.

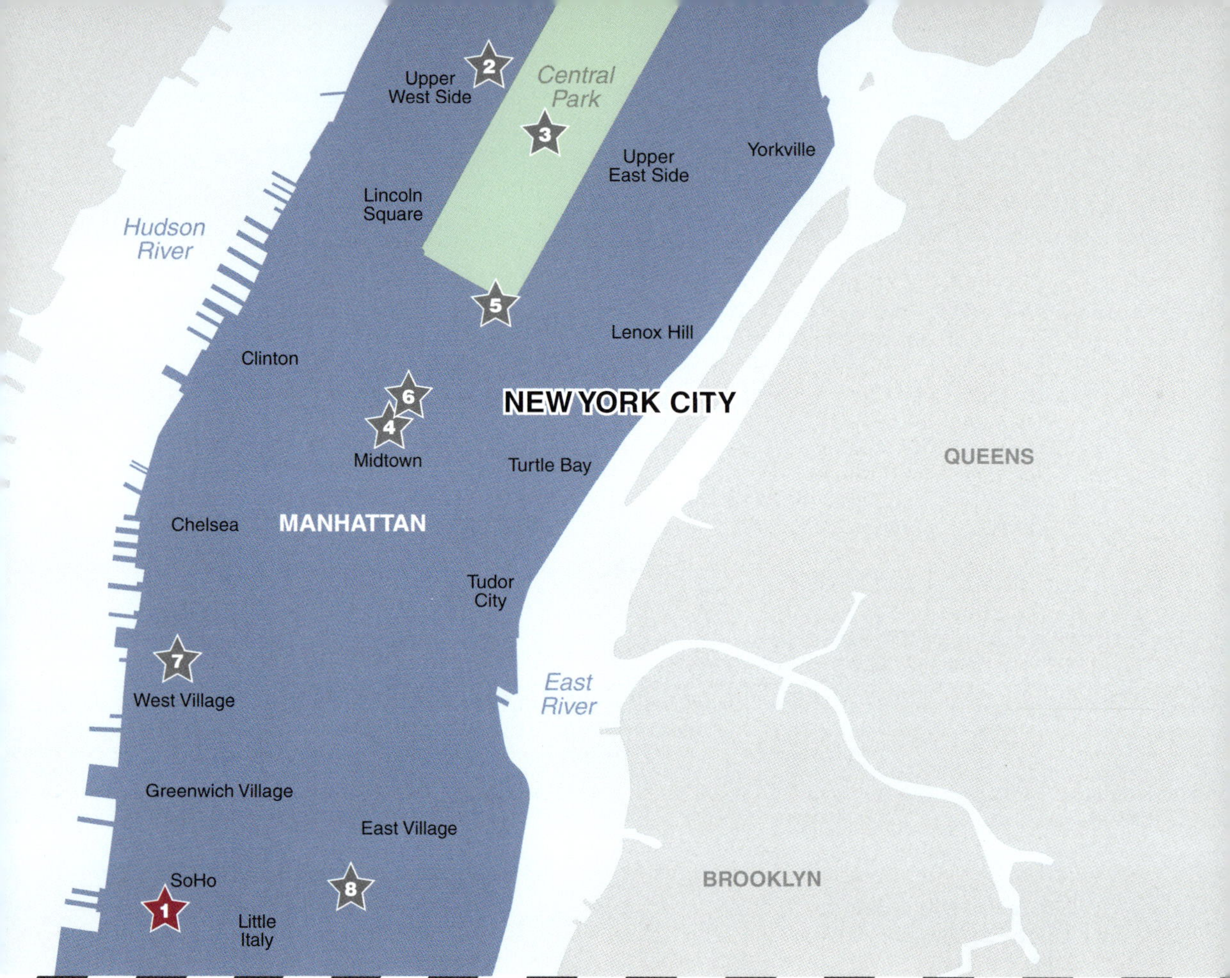

Weitere Filmtourismus-Tipps zu
New York City

American Museum of Natural History ☆2

200 Central Park West, New York City

Im Westen des Central Parks befindet sich das American Museum of Natural History, das größte Naturkundemuseum der Welt. Hier wird Daryl Hannah in *Splash – Jungfrau am Haken* festgehalten und Ben Stiller arbeitet *Nachts im Museum,* um die Ausstellungsstücke auf unheimliche Art kennen zu lernen. In *Tage wie dieser* spaziert George Clooney mit zwei Kindern durch das Museum.
amnh.org

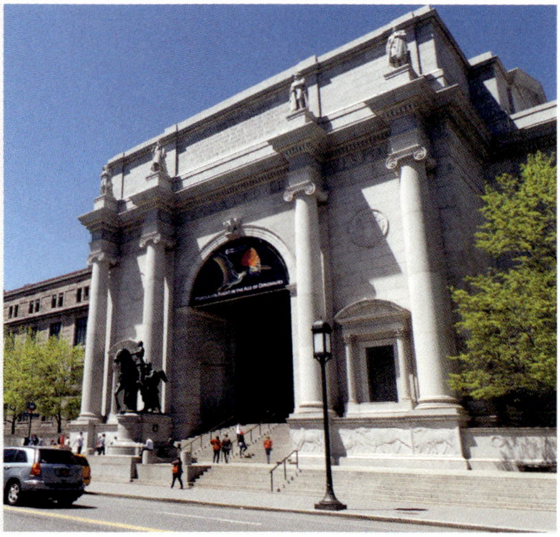

Central Park 3

New York City

Der New Yorker Central Park ist einer der meistgenutzten Drehorte weltweit und die Bandbreite der hier gefilmten Szenen ist riesig. Eine kleine Kostprobe: In *Kevin – Allein in New York* stößt der von Gangstern verfolgte Kevin hier auf die hilfsbereite Taubenfrau, in *Sex and the City* saust Carrie Bradshaw mit Aleksandr Petrovsky in einem Pferdeschlitten durch den winterlichen Park und in *Harry und Sally* trifft sich Meg Ryan alias Sally mit ihren Freundinnen in Loeb's Boathouse.
Die beliebtesten Schauplätze des Parks sind unter anderem die Bow Bridge, auf der der *Highlander* nach hundert Jahren einen Freund wiedersieht, der Springbrunnen Bethesda Fountain, in dessen Nähe sich die *Avengers* von Loki verabschieden, und die Eislauffläche Wollman Rink, die zum Beispiel schon 1970 in *Love Story* eine Rolle spielte. Lange Rede, kurzer Sinn: Am besten nimmt man sich einen ganzen Tag Zeit, den Central Park zu erkunden.

centralparknyc.org

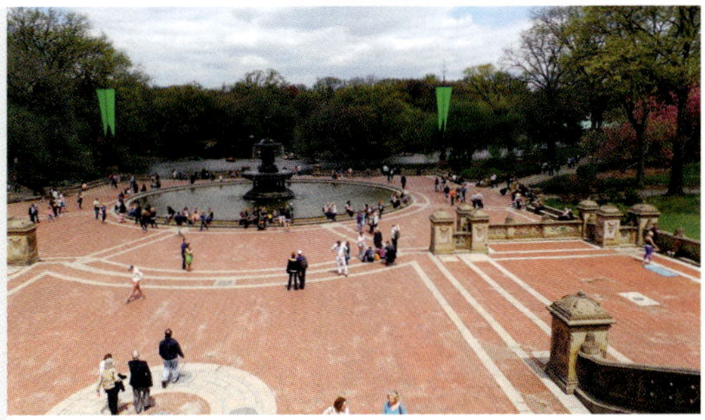

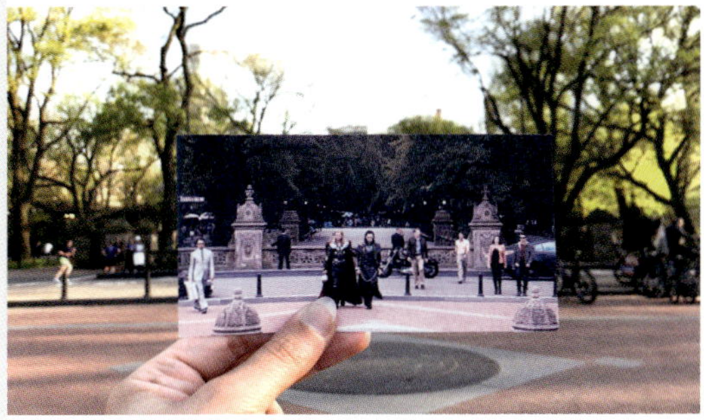

Empire State Building 4

20 West 34th Street, New York City

Das Empire State Building ist einer der beliebtesten Aussichtspunkte der Stadt. Zwei Filmszenen bleiben wohl für immer mit dem ehemals höchsten Gebäude der Welt verbunden: Die Schlussszene von *Schlaflos in Seattle,* in der ein kleiner Junge seinen Vater mit der von ihm ausgewählten Traumfrau zusammenbringt. Und, weitaus weniger romantisch, die Szene in *King Kong und die weiße Frau,* in der der Riesenaffe auf die Spitze des Wolkenkratzers klettert und dort von Flugzeugen angegriffen wird.
Alle Ticketbesitzer können in der 2. und 80. Etage verschiedene Ausstellungen besuchen. Filmfans sollten nach der Multimedia-Installation Ausschau halten, in der King Kong über zahlreiche Bildschirme und zwei große, vibrierende Hände zum Leben erweckt wird, sowie dem 180-Grad-Surround-Sound-Theater mit einer Montage von 600 Clips aus Filmen, Serien und Werbespots.

esbnyc.com

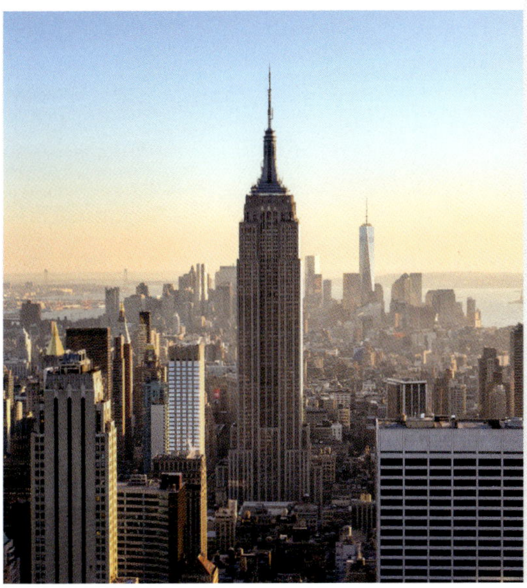

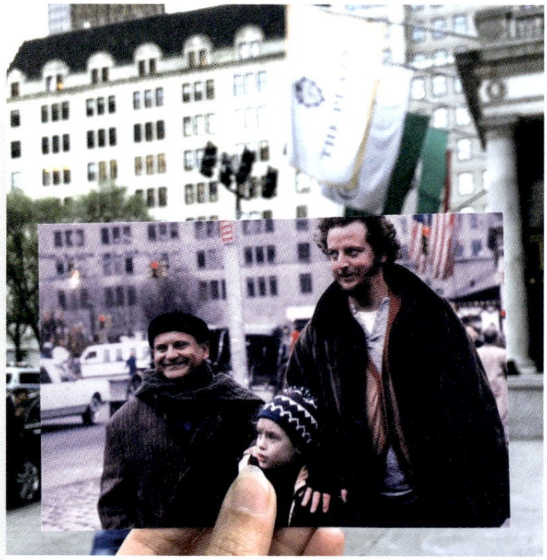

The Plaza Hotel

5th Avenue at Central Park South, New York City

Eine lange Filmliste kann auch das benachbarte The Plaza Hotel vorweisen. Hier wurde ebenfalls *Kevin – Allein in New York* gedreht und eben jener lässt es sich in diesem Luxushotel so richtig gutgehen. Eine weitere Auswahl von Filmklassikern, die im oder vor dem Hotel entstanden: *Der unsichtbare Dritte, Crocodile Dundee, König der Fischer, Barfuß im Park* und *So wie wir waren.* Schriftsteller F. Scott Fitzgerald wählte The Plaza als Schauplatz für seinen Roman *Der große Gatsby,* welcher zuletzt 2013 mit Leonardo DiCaprio verfilmt wurde. Zwar wurden die Hotelaufnahmen im Studio gedreht, dennoch kann man im The Plaza heute die Fitzgerald Suite buchen.

theplazany.com

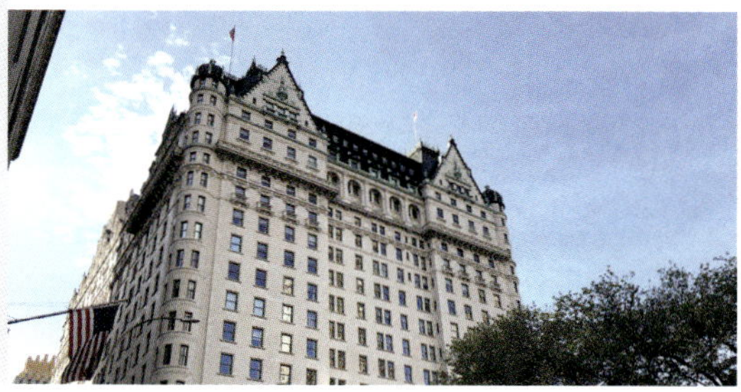

New York Public Library

476 5th Avenue, New York City

Die New York Public Library diente unter anderem für *Spiderman* und *Ghostbusters* als Drehort und hier sollte die *Sex-and-the-City*-Traumhochzeit von Carrie Bradshaw mit ihrem Mr. Big stattfinden. Es lohnt sich, hineinzugehen und die Atmosphäre des großen Lesesaals auf sich wirken zu lassen. Im Katastrophenfilm *The Day After Tomorrow* finden einige Überlebende in der Bibliothek Zuflucht und verheizen in der Not sogar die Buchbestände.

nypl.org

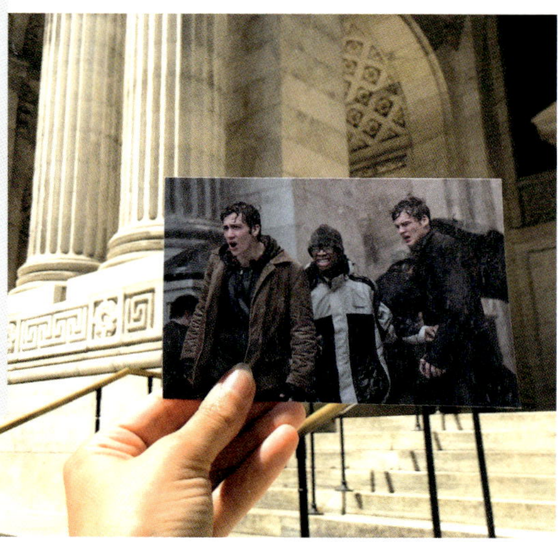

Magnolia Bakery

West 11th Street, 401 Bleecker Street, New York City

Die leckeren Cupcakes aus *Sex and the City* gibt es in der Magnolia Bakery in Greenwich Village. Und während Carrie in der Serie angeblich in der Upper East Side wohnt, sind die Stufen zu ihrem Apartment in Wahrheit in der Perry Street 66 zu finden, nur zwei Gehminuten von der Bäckerei entfernt. Für echte Fans gibt es die kultige Sex and the City Hotspots Tour vom Anbieter On Location Tours.

onlocationtours.com/new-york-tv-and-movie-tours

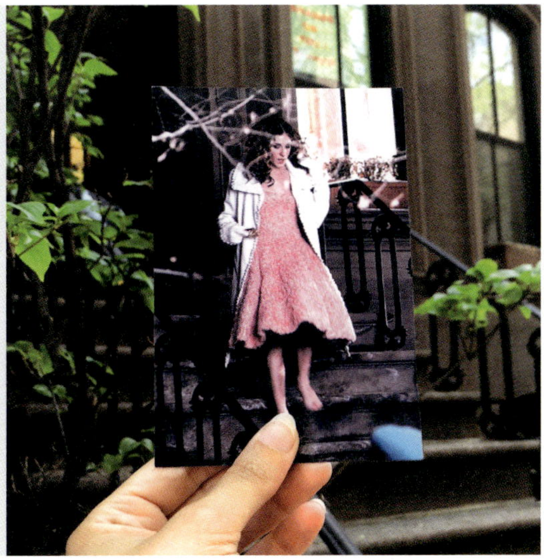

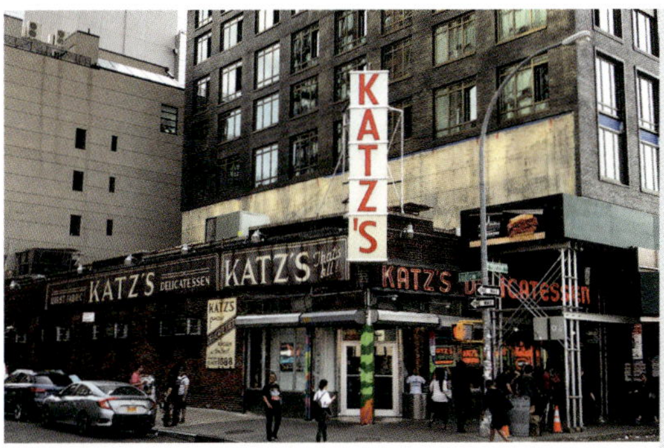

Katz's Delicatessen

205 East Houston Street, New York City

Die wohl bekannteste Szene aus *Harry und Sally,* in der Sally dem verdutzten Harry am Tisch sitzend einen Orgasmus vorspielt, entstand bei Katz's Delicatessen in der Lower East Side. Über ihrem Platz baumelt noch immer ein Schild, das auf diesen Filmmoment hinweist. Die Dame vom Nachbartisch, von der das berühmte Filmzitat »Ich will genau das, was sie hatte« stammt, war übrigens die Mutter von Regisseur Rob Reiner. Angesichts der Massen an Fleisch ist das Katz's für Vegetarier kein Place to be. *Pastrami-* und *Cheesesteak*-Liebhaber dürften sich dagegen im ältesten Deli New Yorks im Himmel wähnen.

katzsdelicatessen.com

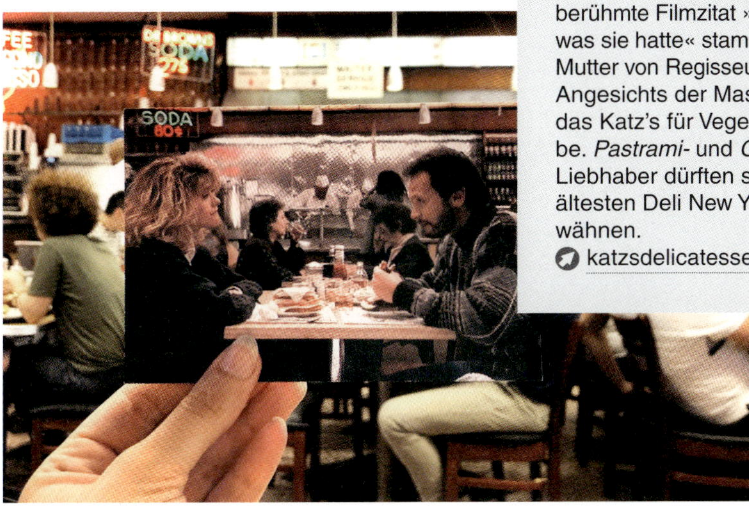

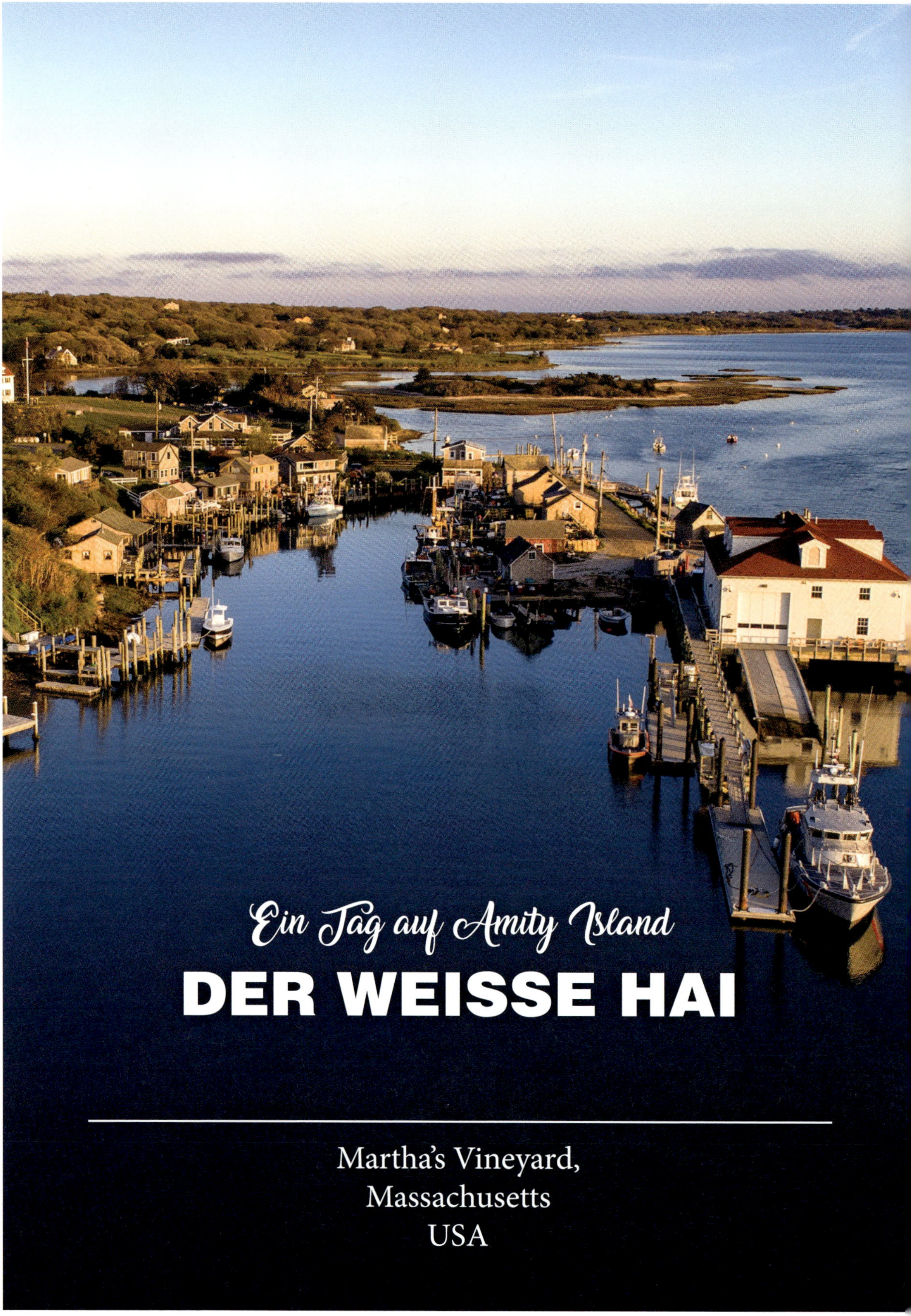

Ein Tag auf Amity Island

DER WEISSE HAI

Martha's Vineyard,
Massachusetts
USA

»Wir mögen keine Veränderungen«, verrät mir Tourguide John Tiernan über die Bewohner von Martha's Vineyard. Als Filmtouristin höre ich das natürlich gerne, denn es nährt meine Hoffnung, möglichst viele der Drehorte wiederzuerkennen, die bereits 1975 in Steven Spielbergs Kult-Thriller *Der Weiße Hai* über die Kinoleinwände flimmerten. Ein Jahr, in dem ich noch nicht einmal auf der Welt war.

Die Insel vor der Küste Massachusetts schlüpfte im Film in die Rolle des haigebeutelten Ferienorts Amity Island. Statt hier also faul am Strand rumzuliegen, mache ich mich einen Tag lang mit John auf die Suche nach den Schauplätzen. Welche filmreife Begegnung dabei noch auf mich wartet, ahne ich zu Anfang aber noch nicht.

Schon seit meiner Überfahrt mit der Fähre drehen sich meine Gedanken um eine Frage: Gibt es hier wirklich Haie? Auf dem Weg zum ersten Drehort kann ich sie endlich loswerden. John erzählt mir, dass tatsächlich hin und wieder Haie in die Nähe der Küste kommen, aber es gab in der Vergangenheit wohl lediglich zwei Verletzte in Verbindung mit einer Haiattacke und noch nie ein Todesopfer, weshalb man im Gegensatz zum Film auch nie über eine Strandsperrung nachdenken musste. Polizeichef Martin Brody hätte in der Realität wohl ein deutlich ruhigeres Leben geführt.

Kurz darauf stehe ich auch schon am Strand, an dem *Der Weiße Hai* die Badegäste durch einen tödlichen Angriff in Panik versetzt. Er trägt den Namen Joseph A. Sylvia State Beach. Ein Hai ist heute nicht in Sicht. Badegäste auch nicht. Doch der Sommer kommt ja erst noch.

In *Der Weiße Hai* treibt die Filmmusik mit einem sich langsam steigernden und immer lauter werdenden »Dumdum« die Spannung auf die Spitze. Und während ich hier am Drehort mit Blick auf das Wasser stehe, habe auch ich sie plötzlich wieder im Ohr. Faszinierend wie bedrohlich das simple Leitmotiv wirkt, besteht es doch nur aus zwei, später drei verschiedenen Noten. Kein Wunder, dass Komponist John Williams für diese Meisterleistung einen Oscar bekam.

Ganz beduselt von den imaginären Dumdum-Klängen freue ich mich schon auf das nächste Ziel unserer Drehorttour: den Hafen von Menemsha. Von hier aus bricht Brody zusammen mit Haijäger Quint und Meeresbiologe Hooper auf, um dem Weißen Hai endgültig den Kampf anzusagen. Quints Hütte finde ich hier leider nicht und John berichtet, dass das Produktionsteam diese zwar eigens für den Film errichtete, aufgrund der strengen Bauvorschriften auf Martha's Vineyard nach dem Dreh jedoch wieder abreißen musste. Von einem kleinen Hügel aus kann ich jedoch erkennen, dass die übrigen Hütten am Hafen, an denen die Orca mit den drei mutigen Männern vorbeifuhr, heute alle noch stehen.

Auf der anderen Seite des Fischereihafens machen wir Halt am Fish Market von Stanley Larsen. Während ich an einem kleinen Becher Fischsuppe nippe, den Stanley mir unaufgefordert in die Hand drückte, erzählt er mir etwas wehmütig, wie er einst in den Achtzigern selbst einen Hai gefangen hat, was heute freilich verboten ist. Ein paar alte Fotos, auf dem Boden des Ladens aufgereiht, zeugen noch von dieser vergangenen Zeit. Darauf sieht man Stanley mit drei weiteren Männern stolz neben einem toten Hai posieren. Bräuchte man heute plötzlich einen Quint, der es mit einem gefräßigen Weißen Hai aufnimmt, wäre man mit Stanley sicher bestens gerüstet.

Frisch gestärkt fahren wir weiter zum Gay Head Lighthouse bei Aquinnah im Südwesten der Insel. Hier stand im Film das Amity-Island-Schild, über dessen kreative Bemalung sich der Bürgermeister mächtig aufregt und gleichzeitig mit Brody debattiert, dass er in der Hochsaison beim besten Willen nicht die Strände sperren kann. Das würde hier sicherlich auch zu Diskussionen führen, denn wie die fiktive Insel aus dem Film lebt auch Martha's Vineyard heutzutage vor allem vom Tourismus. Die Hauptsaison dauert vom Memorial Day Ende Mai bis zum Labour Day Anfang September.

Rund um den Leuchtturm hat sich wenig verändert. Sogar das Toilettenhäuschen steht immer noch an derselben Stelle wie damals. Doch eine notwendige Veränderung gab es, die man gar nicht vermuten würde: Der Leuchtturm selbst musste 2015 aufgrund fortwährender Erosion der Küste um mehr als 20 Meter versetzt werden. Sonst wäre er irgendwann abgestürzt.

Mit unserem nächsten Stopp in Edgartown komme ich schließlich vollends auf Amity Island an. Da ist beispielsweise die Main Street, auf der im Film die Parade zum 4. Juli stattfindet, der holzverschindelte Laden, in dem Brody das Material für die »Strand geschlossen«-Schilder besorgt, und das Rathaus, in dem es zu heftigen Debatten um den Problemhai kommt, wird dessen Existenz von einigen Hotelbesitzern doch stark angezweifelt. Die Marina, an der man im Film feierlich den gesuchten Hai präsentierte – wie wir wissen allerdings den falschen –, hat immerhin ein neues Hauptgebäude bekommen.

Was mich besonders erstaunt, ist die Tatsache, dass sogar die kleine Fähre, die Chappaquiddick Island Ferry, noch immer verkehrt. Sie befördert Fußgänger, Fahrradfahrer und maximal drei Fahrzeuge vom Edgartown Memorial Wharf nach Chappaquidick. Einen Fahrplan gibt es nicht. Sie fährt, sobald es sich lohnt, also immer »on time«. Im Film nutzt Brody die Fähre gemeinsam mit dem Bürgermeister, der von harmlosen Bootsunfällen spricht. Könnte er doch nur die Filmmusik hören ... dumdum ... er würde sicher alles etwas ernster nehmen.

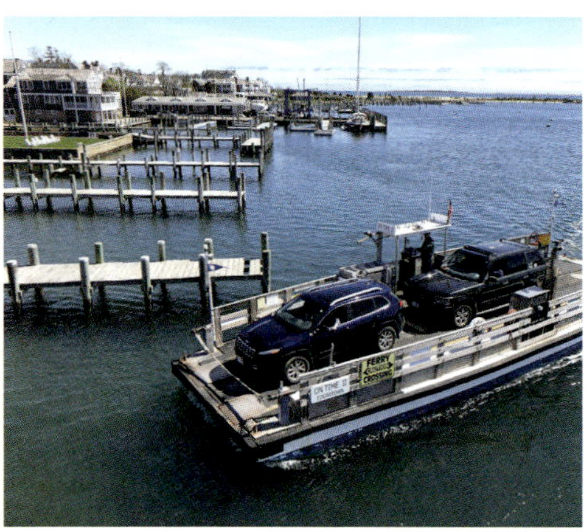

Zurück in der Main Street meldet sich mein Hunger wieder. John schlägt das Restaurant The Wharf vor und meint, dann könnte ich auch gleich noch Alex Kintner treffen. Alex Kintner? War das nicht der Junge auf der Luftmatratze, der im Film vom Hai gefressen wird? Ich weiß noch,

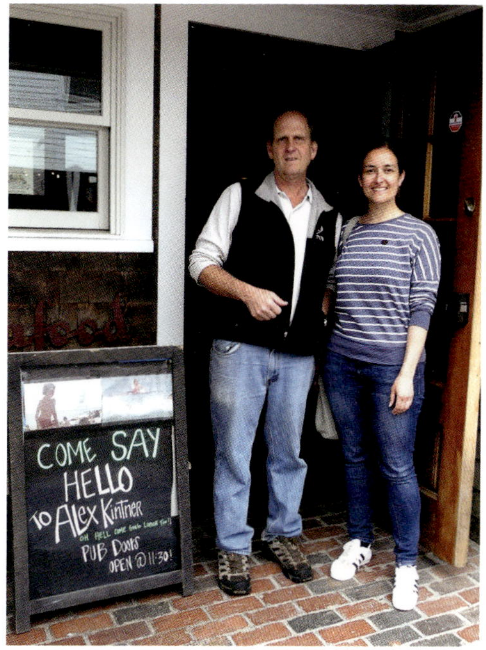

wie schrecklich ich die Szene damals fand, als ich den Streifen zum ersten Mal sah. Vielleicht ist das ja die einmalige Gelegenheit, diesen Schockmoment von damals zu überwinden.

Und tatsächlich, vor dem Lokal angekommen, sehen wir eine Tafel mit zwei Szenenfotos und der Aufforderung »*Come Say Hello To Alex Kintner*«. Alex Kintner heißt in Wahrheit Jeffrey Voorhees und arbeitet im The Wharf. Er erzählt mir, dass man alle Statisten auf der Insel fand. Was ihn damals überzeugt hat, in diese Rolle zu schlüpfen, frage ich ihn. Da grinst er schelmisch und sagt: »140 Dollar pro Tag. Das war eine Menge Geld für einen Zwölfjährigen.«

Wie Jeffrey berichtet, musste er dafür aber auch mehrmals ins eiskalte Wasser. Und er hatte Respekt vor dem maschinenbetriebenen Hai, um den man bei seinen Attacken das Fake-Blut sprudeln ließ. Es brauchte schließlich sechs Anläufe, bis die Szene im Kasten und Spielberg zufrieden war. Viel Aufwand für ein paar Sekunden Filmmaterial. An den Namen Alex Kintner würde ich mich vermutlich gar nicht mehr erinnern, wären da im Film nicht die Plakate mit der Aufschrift »*Wanted – The shark that killed Alex Kintner*« gewesen.

Gerne hätte Jeffrey auch in der Fortsetzung des Weißen Hais mitgespielt, doch man fürchtete, das Kinopublikum könnte ihn als den bereits filmtoten Alex wiedererkennen. Somit blieb es für ihn bei dem einen Film. Nichtsdestotrotz besuchen ihn heute noch Menschen aus der ganzen Welt. Den anhaltenden Hype um seine verkörperte Figur findet er zwar etwas seltsam, stören tut es ihn allerdings auch nicht und so darf der Restaurantbetreiber weiter auf seinen aus *Der Weiße Hai* bekannten Mitarbeiter hinweisen.

Noch voller Eindrücke vom Tag entdecke ich abends in der Bibliothek meiner Unterkunft ein großes Buch mit dem Titel *Jaws: Memories from Martha's Vineyard*. Darin finde ich etliche Fotos, Zeichnungen, Infos und Berichte von Beteiligten zur Filmproduktion. Neben vielen anderen kommt auch Jeffrey Voorhees zu Wort. Während ich so darin blättere, denke ich mir, John hatte schon Recht als er meinte, auf den ersten Blick mag es hier nicht so erscheinen, »aber das Phänomen um *Der Weiße Hai* ist immer noch am Leben.«

Und für alle, die jetzt immer noch keinen Ohrwurm haben, hinterlasse ich hier ein kurzes Dumdum...dumdum...dumdum...dumdum...dumdumdumdumdumdum.

Joseph A. Sylvia State Beach

41.417641, -70.548238, Edgartown, Martha's Vineyard, Massachusetts

Der Joseph A. Sylvia State Beach, der im Film mehrmals vom Weißen Hai heimgesucht wird, befindet sich zwischen Oak Bluffs und Edgartown. Gleich neben dem Strand ist die American Legion Memorial Bridge, gerne auch Jaws Bridge genannt, unter der der Hai in einer späteren Szene zur angeblich sicheren Bucht schwimmt. Während die Brücke 2011 durch eine neue ersetzt wurde, sind die großen Steine, über die Brody eilt, um seinen Sohn Michael zu retten, immer noch exakt dieselben.

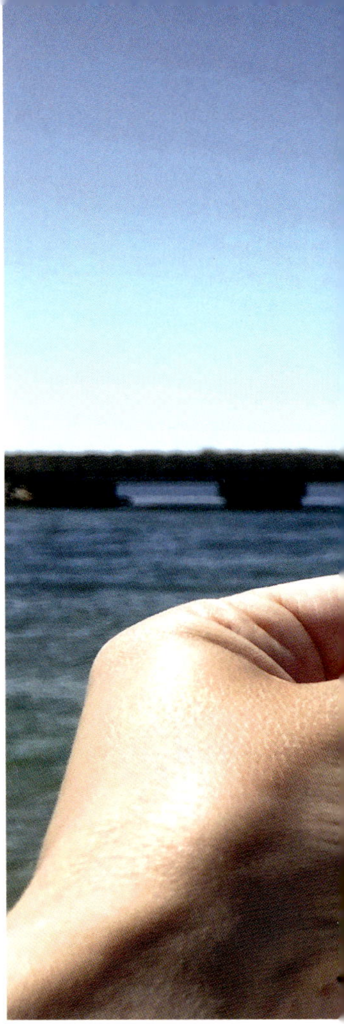

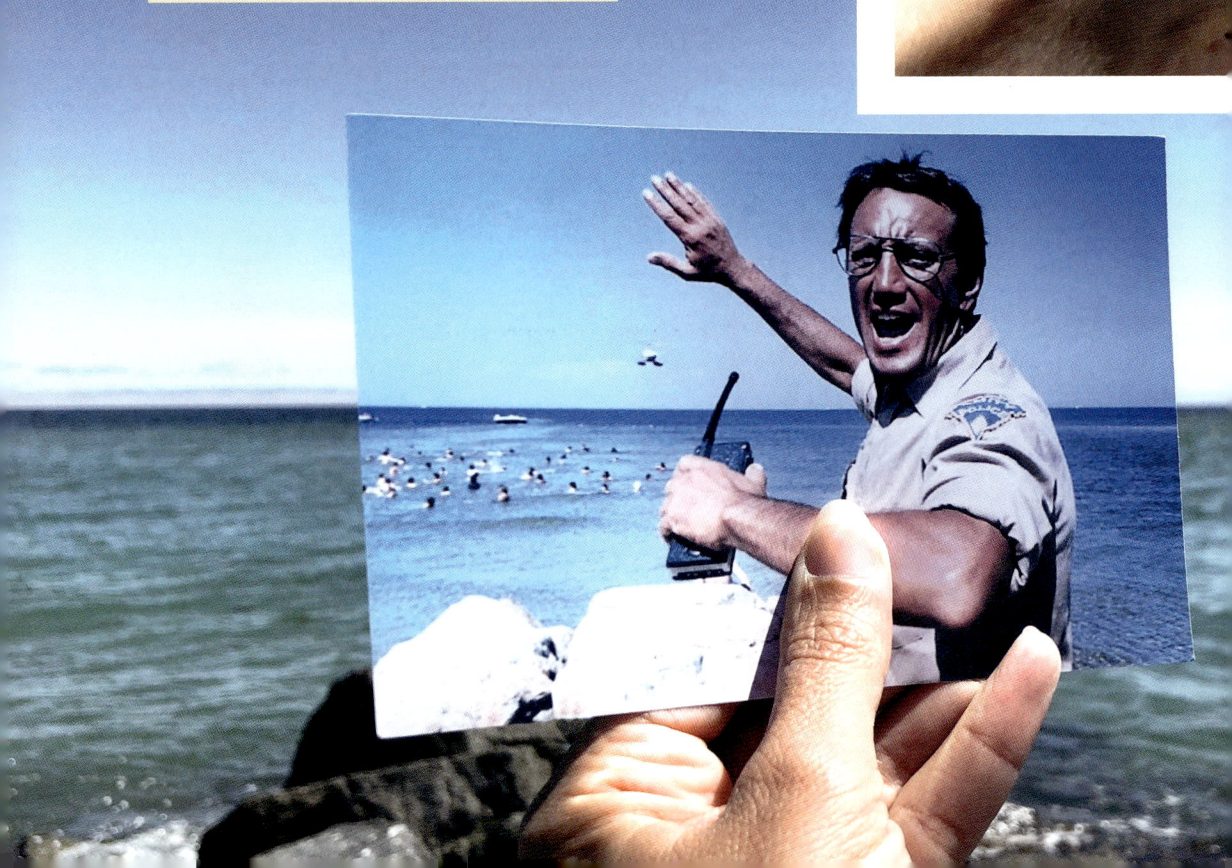

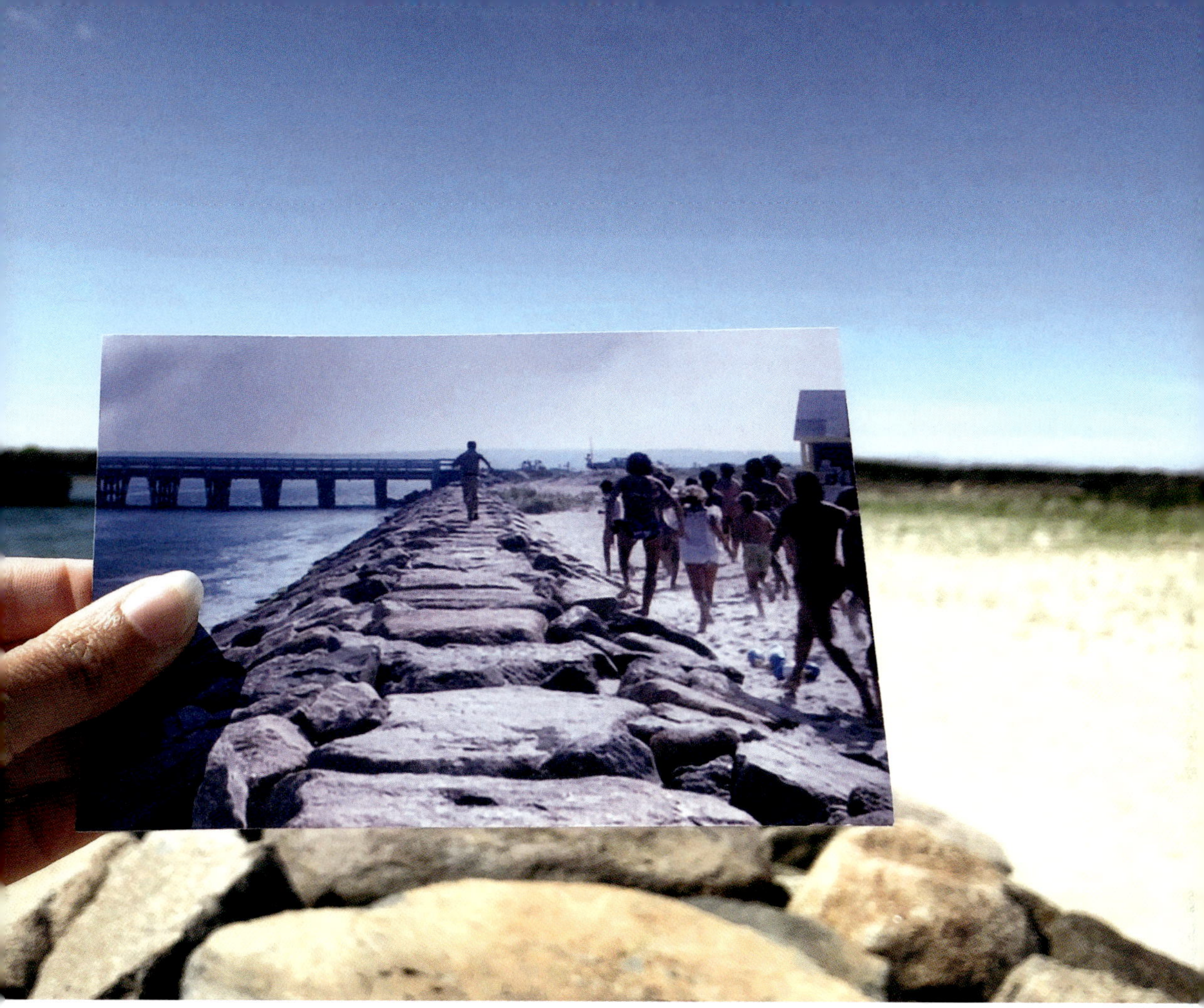

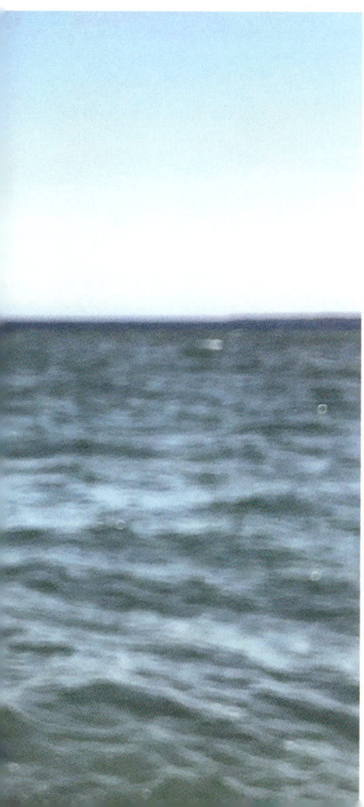

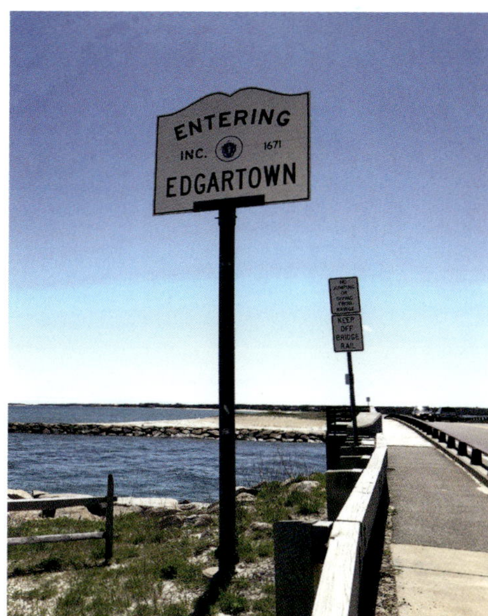
ENTERING
INC. 1671
EDGARTOWN
KEEP OFF BRIDGE RAIL

Town Hall 2

70 Main Street, Edgartown, Martha's Vineyard, Massachusetts

Viele Drehorte aus *Der Weiße Hai* befinden sich rund um das Rathaus und die Main Street. Von dort sind es nur fünf Minuten Fußweg zur Marina, wo die Chappaquiddick Island Ferry ablegt. Die kleine Insel Chappaquiddick spielt übrigens eine Rolle im gleichnamigen Kinofilm, der die Geschichte um den hier 1969 geschehenen mysteriösen Autounfall von Ted Kennedy thematisiert.

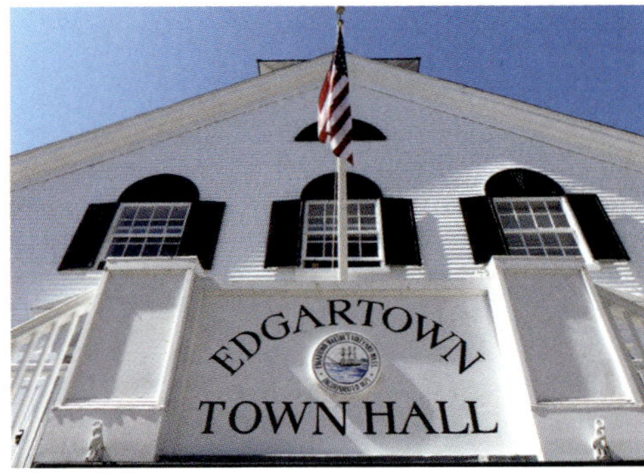

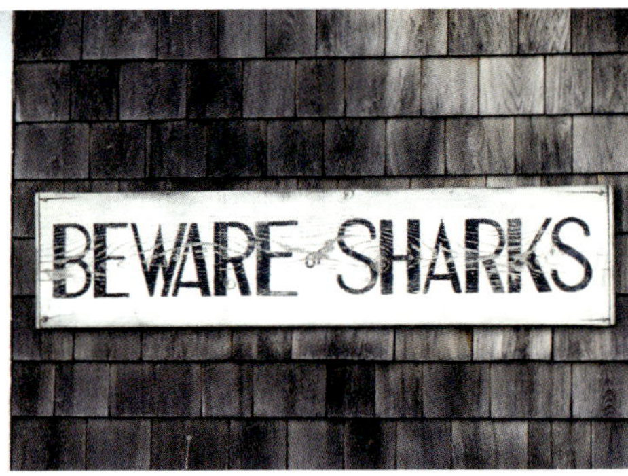

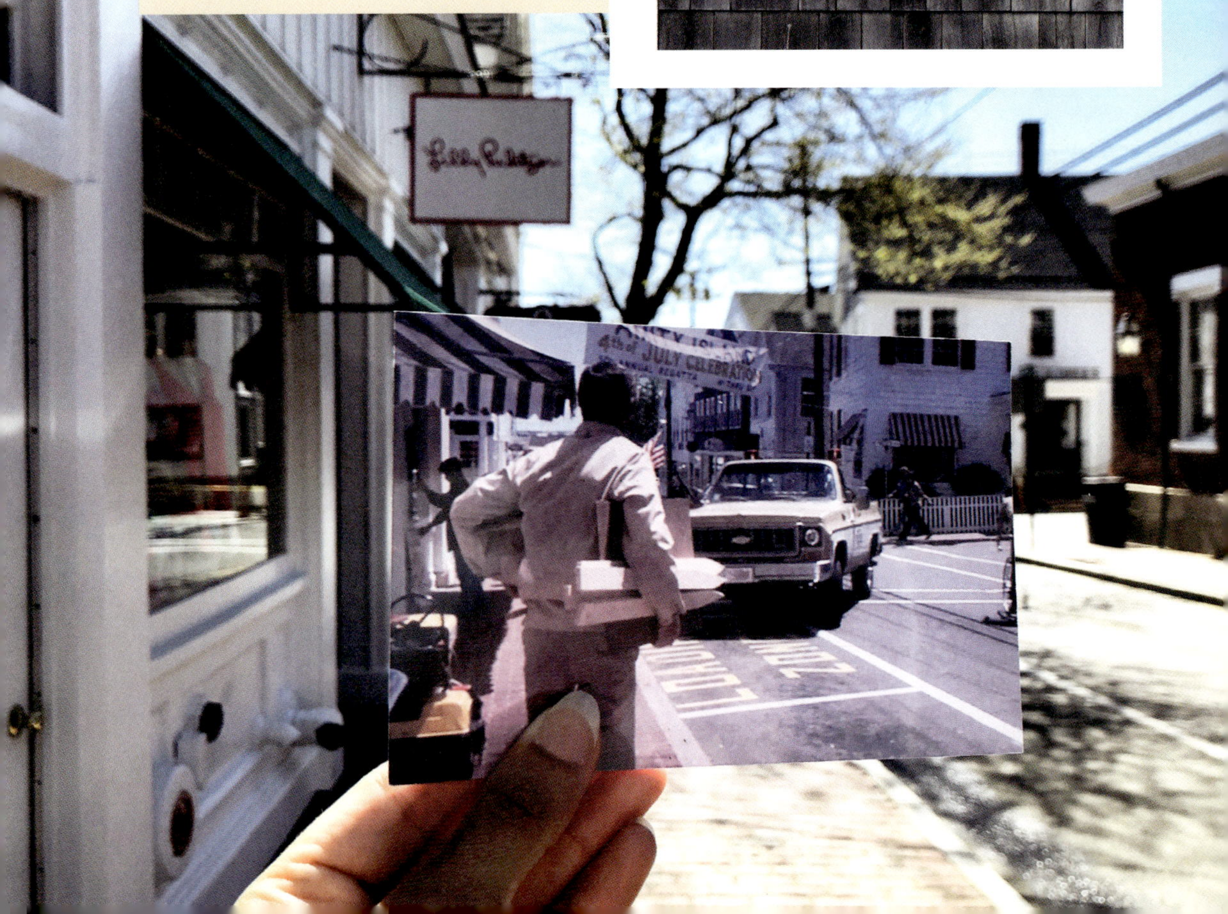

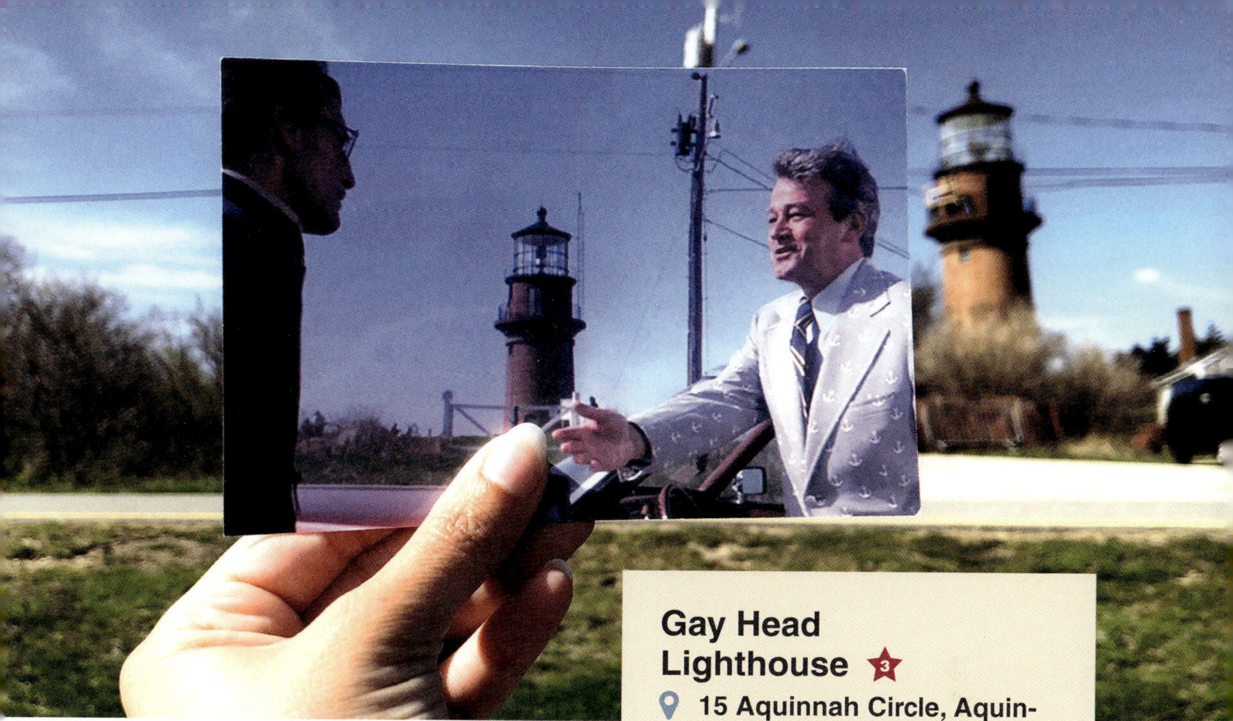

Gay Head Lighthouse ★3

📍 **15 Aquinnah Circle, Aquinnah, Martha's Vineyard, Massachusetts**

In der Nähe des Leuchtturms stand im Film das Amity-Island-Schild, dessen kreative Bemalung Bürgermeister Vaughn zur Weißglut treibt. Von der Straße, die am Leuchtturm vorbeiführt, biegt gegenüber von den Parkplätzen ein kleiner Weg über eine Treppe zu ein paar Souvenirläden ein. Gleich im ersten Laden bekommt man ein großes Replikat des Amity-Island-Schildes zu sehen.
gayheadlight.org

Menemsha Galley ★4

📍 **515 North Road, Menemsha, Chilmark, Martha's Vineyard, Massachusetts**

Am Hafen von Menemsha erinnert noch vieles an den Filmklassiker von 1975. Die Orca, Quints Boot, fährt im Film durch das Hafenbecken Menemsha Basin. Quints Hütte wurde damals als Filmset zwischen dem General Store und dem Galley Restaurant errichtet. Im Menemsha Galley gibt es mittags leckere Snacks für *Jaws*-Touristen, von der Lobster Roll bis zum Schwertfisch-Sandwich.
menemshagalley.com

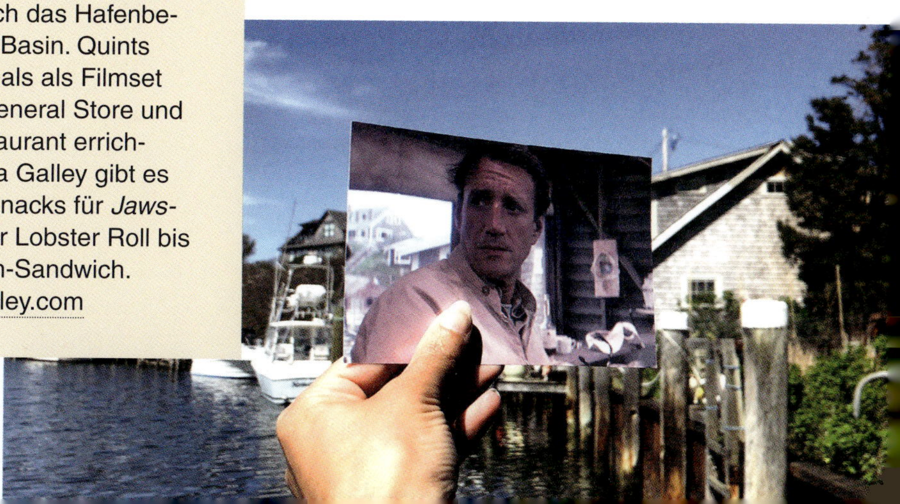

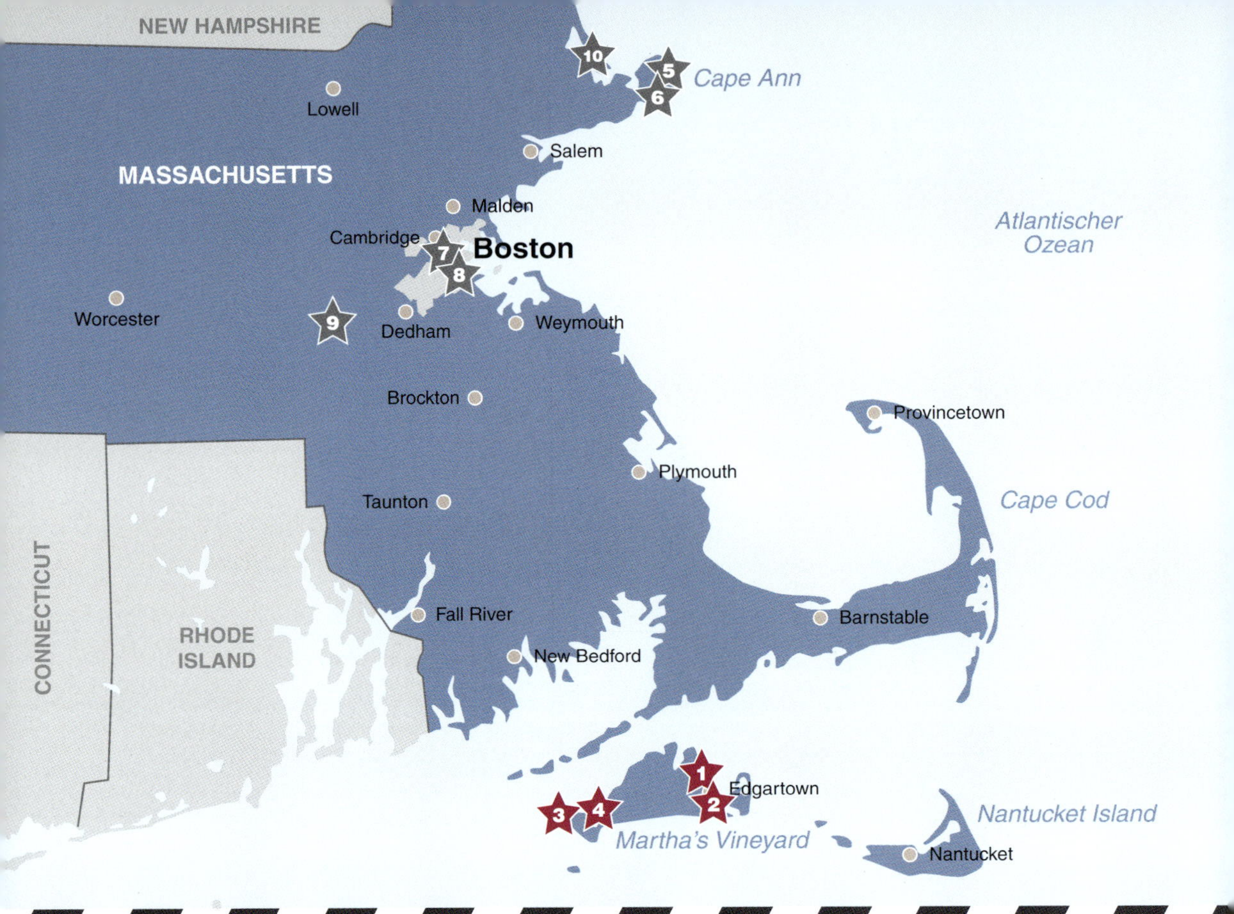

Weitere Filmtourismus-Tipps zu

Massachusetts

Motif #1

Bradley Wharf, Rockport, Massachusetts

Rockport ist ein hübsches Fischernest auf Cape Ann. Für die Handlung im Film *Selbst ist die Braut* wurde es allerdings in Sitka umbenannt und nach Alaska verlegt. Am Motif #1, der Nachbildung einer ehemaligen Fischerhütte, klettert Sandra Bullock gekonnt die Kaimauer hinunter. Weitere Szenen des Filmes entstanden entlang der Straße Bearskin Neck mit vielen kleinen Läden und Lokalen.

bearskinneck.net

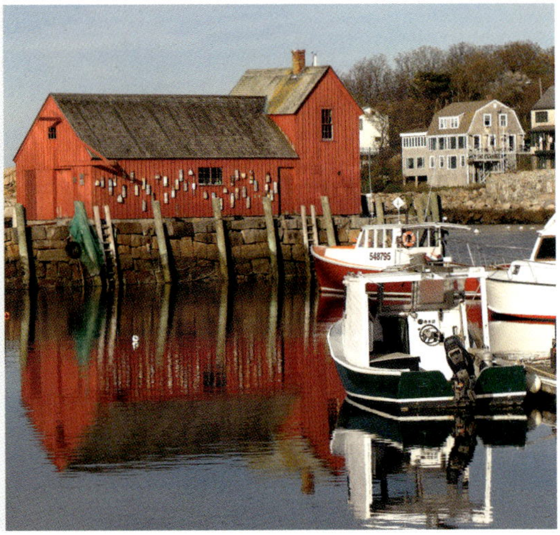

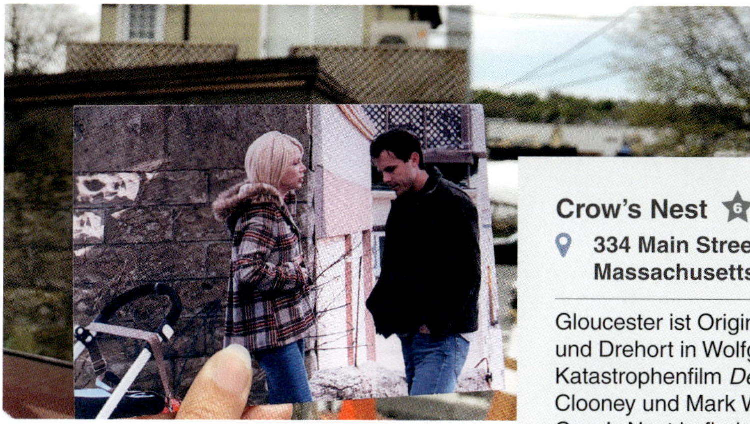

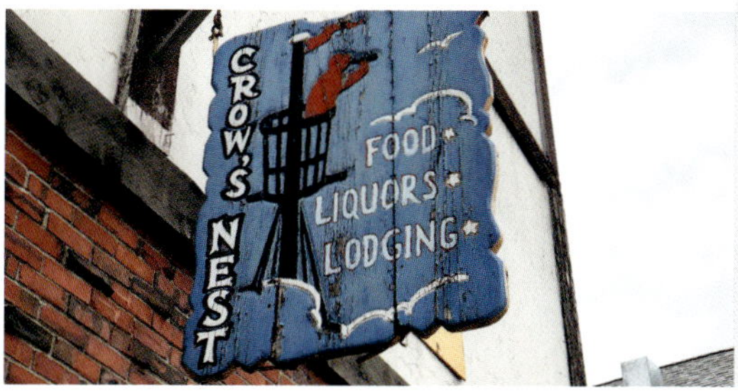

Crow's Nest ★6

334 Main Street, Gloucester, Massachusetts

Gloucester ist Originalschauplatz und Drehort in Wolfgang Petersens Katastrophenfilm *Der Sturm* mit George Clooney und Mark Wahlberg. Die Bar Crow's Nest befindet sich zwar nicht wie im Film direkt am Steg, an dem die Andrea Gail zu ihrer verhängnisvollen Fahrt ablegte. Es gibt sie jedoch wirklich und noch heute erinnern dort Bilder an die Männer, die an Bord des Schiffes waren. Gleich dahinter, im Gässchen Herrick, entstand eine herzzerreißende Szene aus *Manchester by the Sea.*

crowsnestgloucester.com

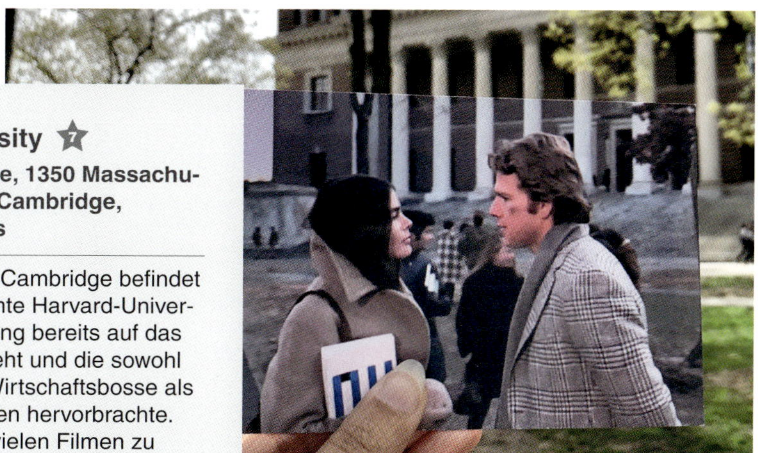

Harvard University ★7

Harvard Square, 1350 Massachusetts Avenue, Cambridge, Massachusetts

Im Bostoner Vorort Cambridge befindet sich die weltberühmte Harvard-Universität, deren Gründung bereits auf das Jahr 1936 zurückgeht und die sowohl Nobelpreisträger, Wirtschaftsbosse als auch US-Präsidenten hervorbrachte. Die Elite-Uni ist in vielen Filmen zu sehen, darunter *Love Story, Zeit der Prüfungen, Natürlich Blond* und *The Social Network.*
Wer möchte, kann den weitläufigen Campus auf einer von Studierenden durchgeführten Tour erkunden. Diese starten in der Regel am Harvard Square, wo auch eine weitere Szene von *Good Will Hunting* entstand.

trademarktours.com

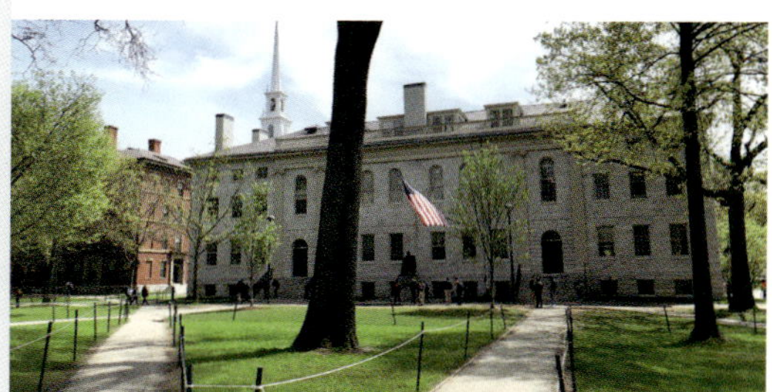

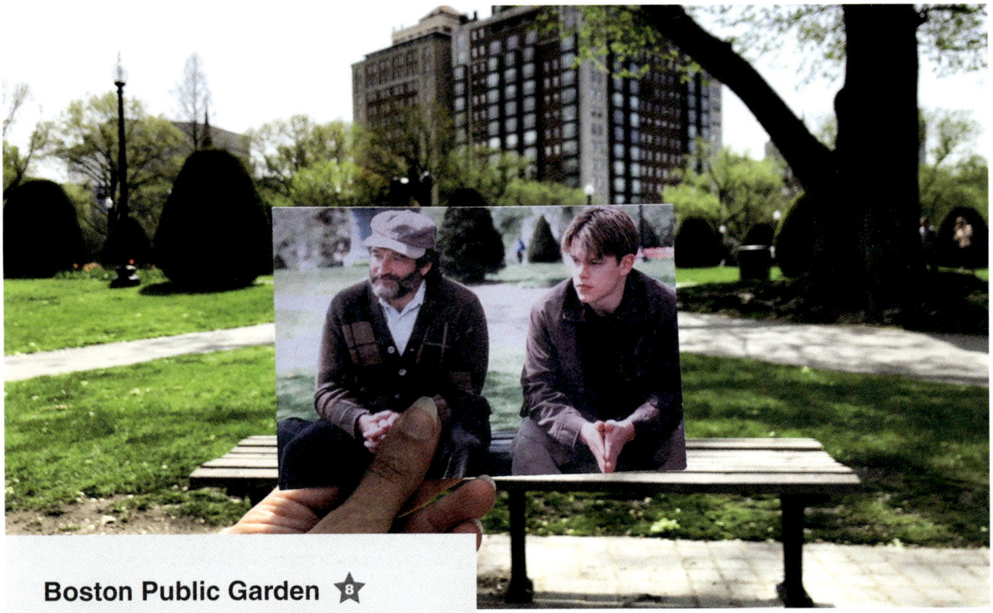

Boston Public Garden

4 Charles Street, Boston, Massachusetts

Im Boston Public Garden entstand eine der Schlüsselszenen von *Good Will Hunting:* Psychologe Sean Maguire versucht, Genie Will dazu zu bringen, seinem Herzen zu folgen. Das Bänkchen, auf dem Robin Williams und Matt Damon sitzen, befindet sich direkt am See in der Nähe der George Washington Statue. Es ist die dritte Bank vom westlichen Ende der Brücke aus. Von hier aus kann man im Sommer sowohl die Schwäne als auch Schwanenboote mit Touristen beobachten.
Auf der anderen Seite des Sees führten auch Mark Wahlberg und *Ted* einige Gespräche, wenn auch weitaus weniger tiefgründig. Geführte Filmtouren durch Boston gibt es von On Location Tours.

boston.gov/parks/public-garden
onlocationtours.com/boston-movie-tv-tours

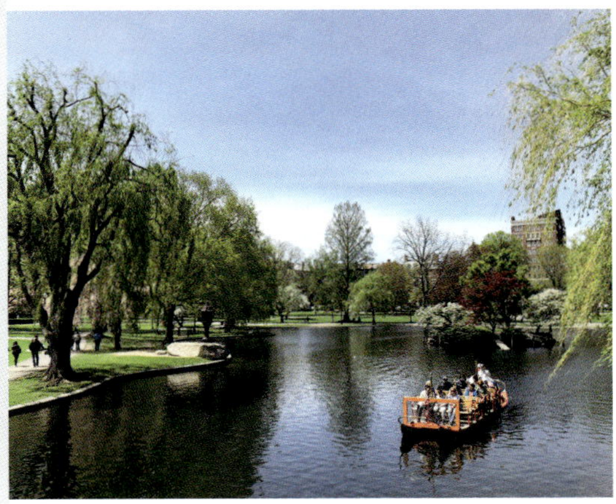

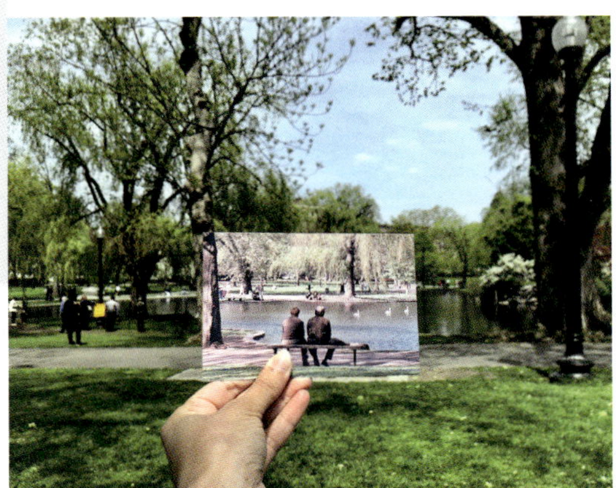

Medfield State Hospital

100 Service Drive, Medfield, Massachusetts

Für Lost-Places-Fans lohnt sich von Boston aus ein Abstecher zum Medfield State Hospital. Die verlassene Anlage eines ehemaligen psychiatrischen Krankenhauses schlüpft im Film *Shutter Island* mit Leonardo DiCaprio in die Rolle des Ashecliffe Hospitals. Die Gebäude wurden für den Filmdreh um einige Kulissenbauten erweitert. Das Areal des alten Krankenhauses ist zudem in den Filmen *The Box, New Mutants* und *Knives Out* zu sehen.

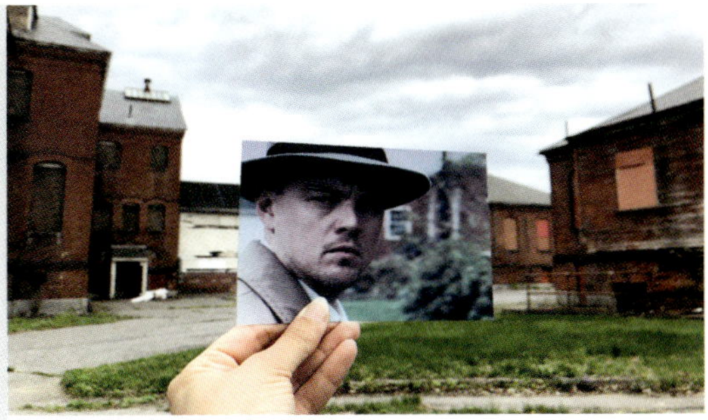

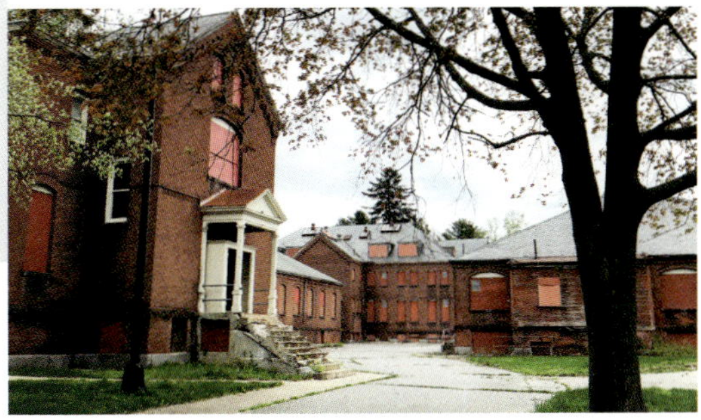

Castle Hill

Crane Estate, 290 Argilla Road, Ipswich, Massachusetts

Das Crane Estate in Ipswich schlüpfte bereits in viele Rollen. Einen seiner bekanntesten Filmauftritte hatte das Anwesen in *Die Hexen von Eastwick* mit Cher, Susan Sarandon, Michelle Pfeiffer und Jack Nicholson. Zuletzt wurde das Anwesen mit dem italienischen Garten in der Buchverfilmung *Little Women* als Drehort genutzt. Ich empfehle auch, das Dach des Great House zu besichtigen, mit Blick bis zum Meer.

thetrustees.org/place/castle-hill-on-the-crane-estate

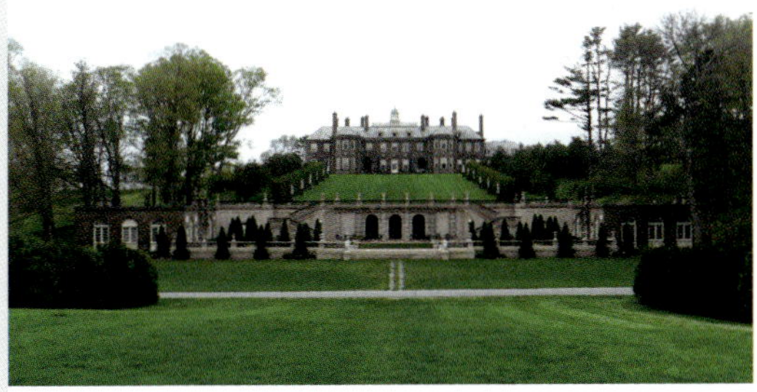

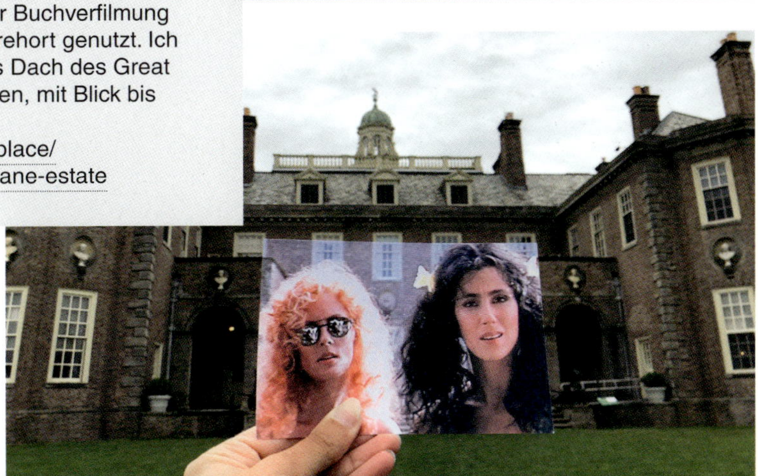

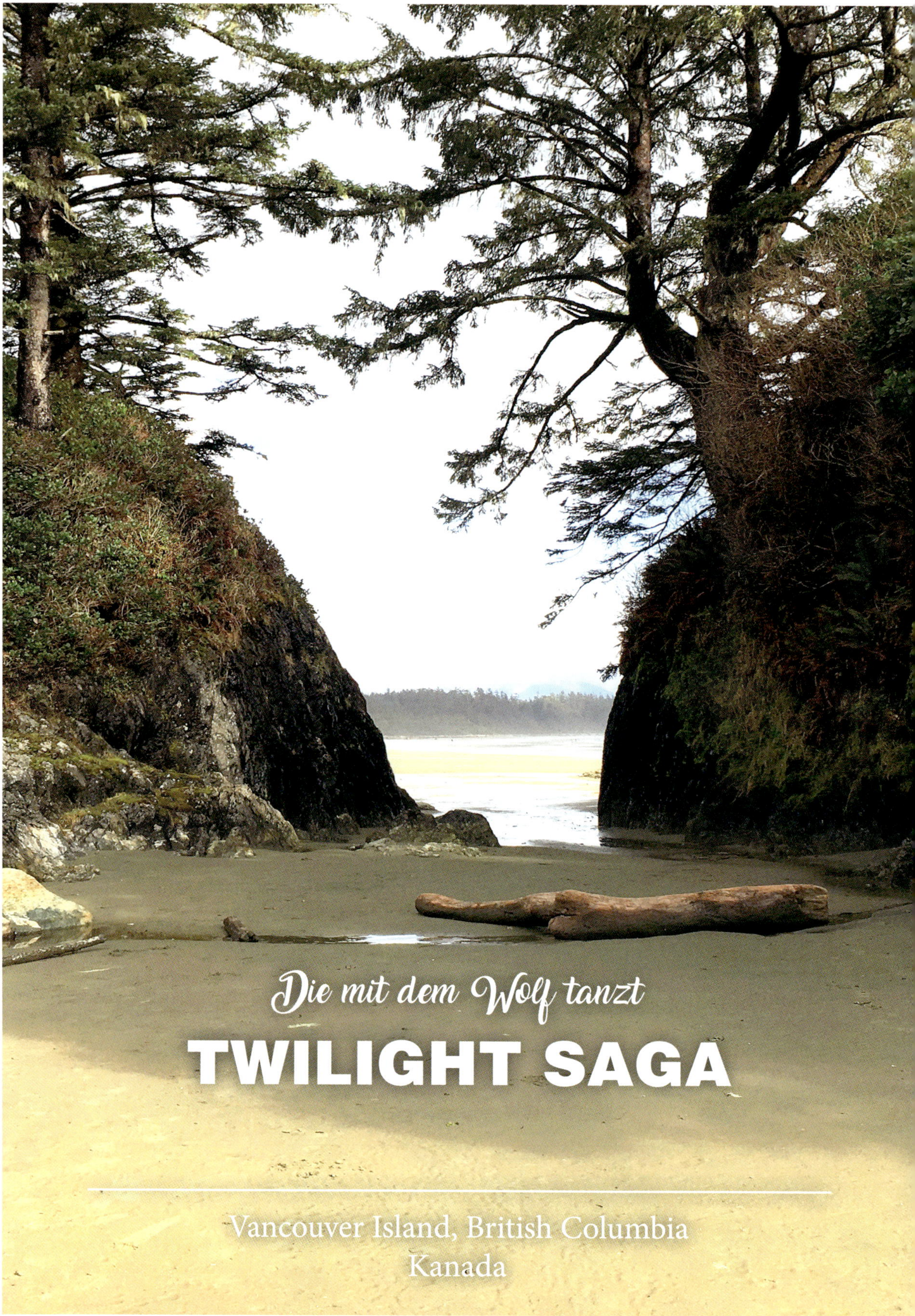

Die mit dem Wolf tanzt

TWILIGHT SAGA

Vancouver Island, British Columbia
Kanada

Als hätte mich Batmans Gegenspieler Mr. Freeze getroffen, bin ich völlig erstarrt. Ich reiße die Augen auf, mache sie für eine Sekunde zu, dann schnell wieder auf. Der Wolf steht immer noch da, keine hundert Meter entfernt, unten am Strand, den Blick fest auf mich gerichtet. Mir bleibt die Luft weg, es ist im wahrsten Sinne ein atemberaubender Moment. Gerade eben bin ich aus dem Auto gestiegen, um meine Hütte am Meer zu beziehen. Es ist meine allererste Begegnung mit einem Einheimischen hier auf Vancouver Island. Niemals hätte ich gedacht, dass dies ein Wolf sein wird.

Wolf oder Vampir? Eine Frage, die die *Twilight*-Fans schon seit dem ersten Buch der Reihe spaltet. Und obwohl ich kein großer *Twilight*-Fan war oder bin und sogar eine starke Abneigung gegen Werwolf-Filme habe, bin ich hier ausnahmsweise Team Wolf – oder besser gesagt Team Jacob – der sich in einen Werwolf verwandeln kann. Im Moment meiner Wolfsbegegnung hat sich dies nun auf wundersame Weise bestätigt, denn einer der *Twilight*-Drehorte befindet sich nur einen Strand weiter von hier: Am Wya Point Beach, wo früher die First Nations siedelten, entstand die Szene in *New Moon,* in der Bella in Gedanken an ihren Vampir-Freund Edward von einer Klippe springt und Wolf Jacob sie danach aus dem Wasser rettet. Für die beiden Teile *Eclipse* und *Breaking Dawn* kehrte man später an denselben Strand zurück.

Während der Wolf und ich uns immer noch ohne jegliche Bewegung anstarren, komme ich mir vor, wie in einem Western, in dem sich zwei Kontrahenten im Pistolenduell gegenüberstehen. Ennio Morricone wäre sicher die passende musikalische Begleitung eingefallen, vielleicht sowas wie »Spiel mir das Lied vom Wolf«? Der Wolf zieht schließlich schneller, oder besser gesagt, er zieht weiter! Immer noch gebannt von meiner unerwarteten Begegnung, jetzt jedoch wieder in der Lage mich zu bewegen, schieße ich schnell noch ein paar Beweisfotos von der Terrasse meiner Hütte aus, solange »Jacob« noch zu sehen ist.

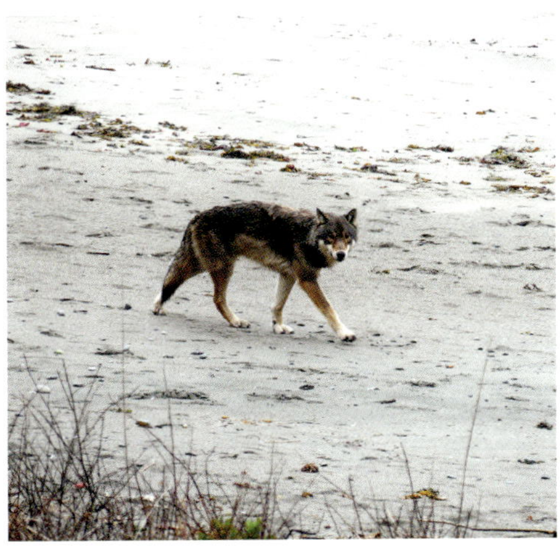

Perfekt auf *Twilight* eingestimmt, fahre ich am nächsten Tag an den Long Beach in der Nähe von Tofino, der ebenfalls zu den *New-Moon*-Drehorten gehört. Jacob erklärt Bella hier, dass die Wölfe nur Vampire töten, keine Menschen. Sehr beruhigend! Danach habe ich einen Termin mit Samantha Fyleris vom Tourismusamt Tofino. Ich erzähle ihr von meinem besonderen Erlebnis und ihre Antwort darauf macht es gleich noch besonderer: »Ich habe in meinen zehn Jahren auf dieser Insel nicht einen Wolf gesehen!«

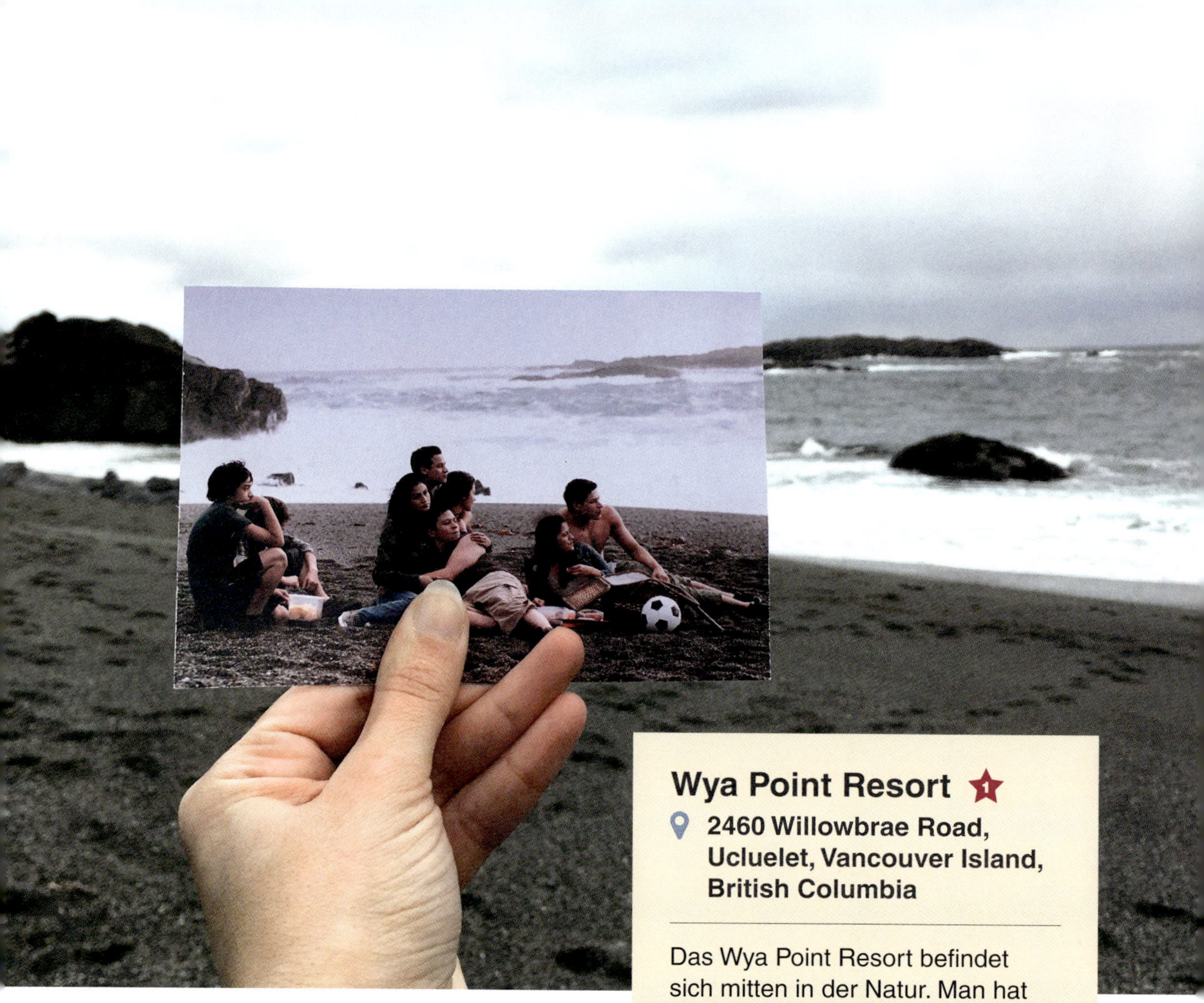

Wya Point Resort ★ 1

2460 Willowbrae Road, Ucluelet, Vancouver Island, British Columbia

Das Wya Point Resort befindet sich mitten in der Natur. Man hat die Wahl zwischen den Hütten am Ucluth Beach, an dem ich den Wolf gesehen habe, den Jurten am *Twilight*-Drehort Wya Point Beach oder dem Campingplatz dazwischen.
wyapoint.com

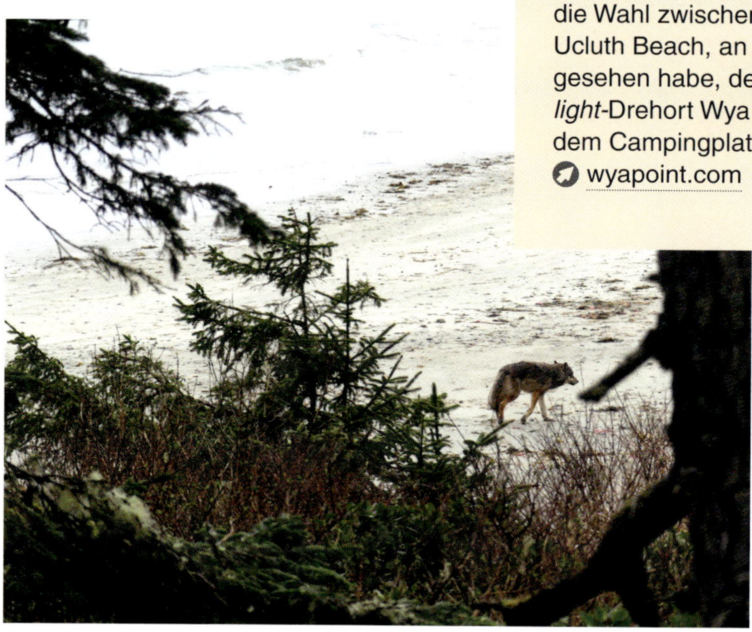

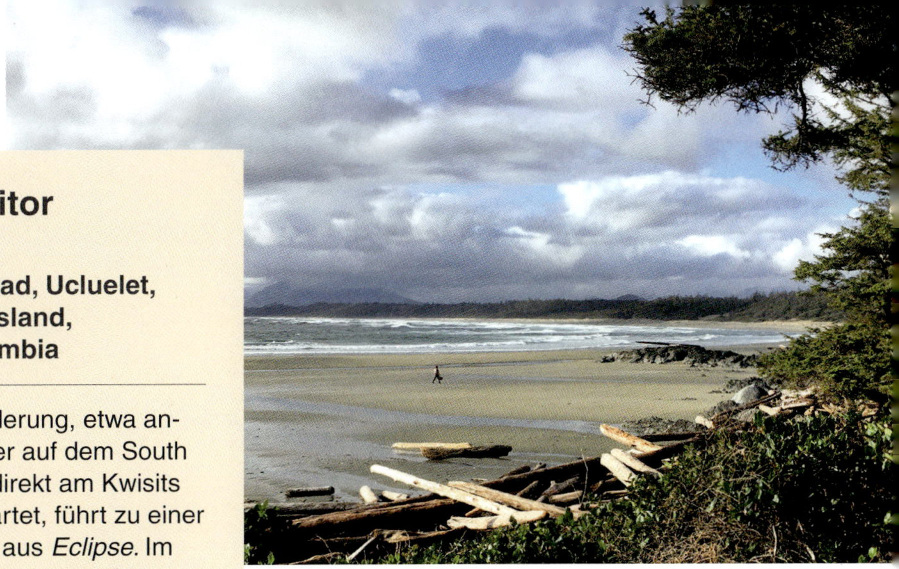

Kwisitis Visitor Centre ★2

485 Wick Road, Ucluelet, Vancouver Island, British Columbia

Eine kleine Wanderung, etwa anderthalb Kilometer auf dem South Beach Trail, der direkt am Kwisits Visitor Centre startet, führt zu einer *Twilight*-Location aus *Eclipse.* Im Film taucht hier eine neue Armee von Vampiren auf. Das Besondere an diesem Strand: der Klang der Kieselsteine, die vom Meer aneinander gewaschen werden.

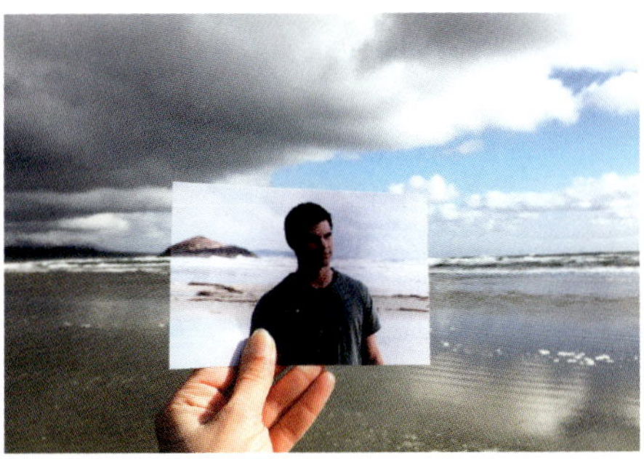

Incinerator Rock ★3

49.070418, -125.756732, Long Beach, Tofino, Vancouver Island, British Columbia

Long Beach, der längste Strand im Pacific Rim National Park Reserve an der Westküste von Vancouver Island, gehört zu den *New-Moon*-Drehorten. Der genaue Schauplatz befindet sich am Incinerator Rock. Seinen eigenartigen Namen bekam der Fels im Meer daher, dass das Militär darauf früher seinen Müll verbrannte. Hier ritten auch Caesar & Co. in *Planet der Affen: Survival* entlang.

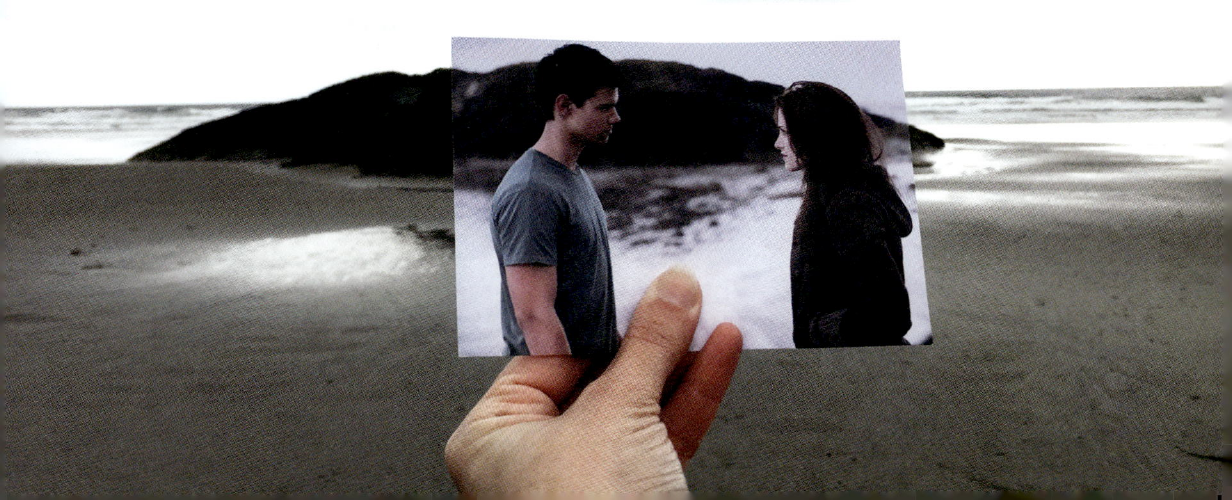

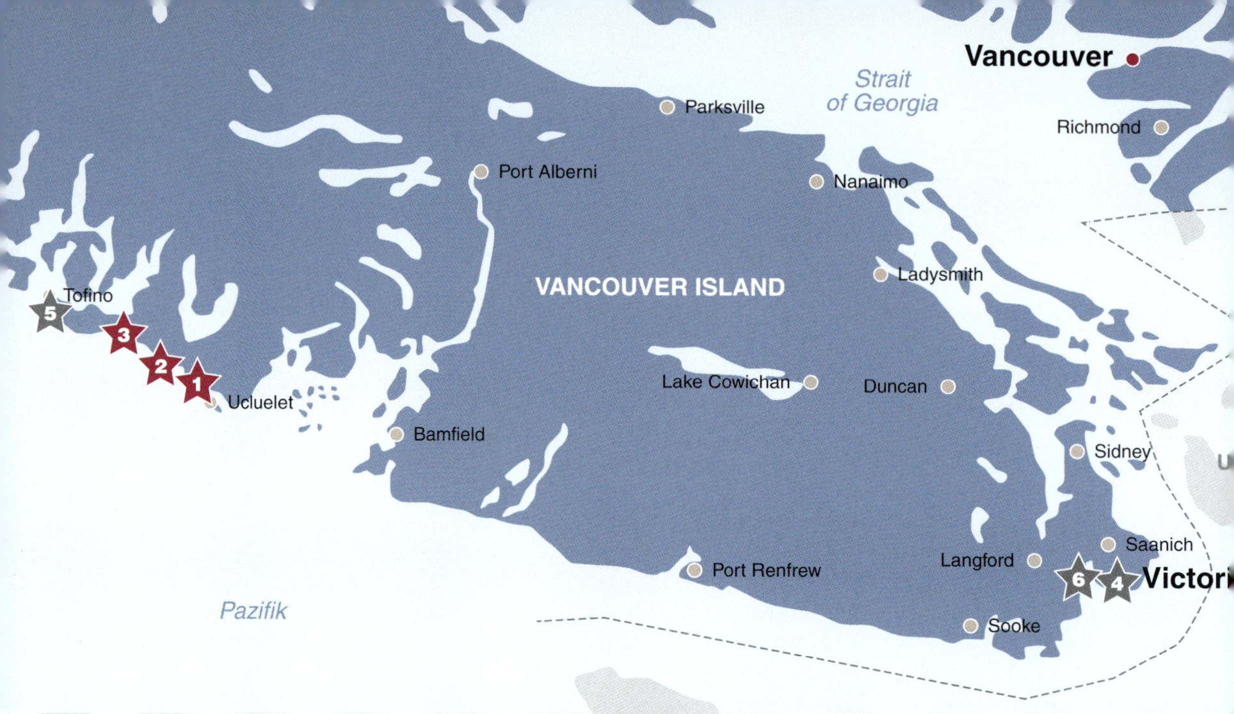

Weitere Filmtourismus-Tipps zu
Vancouver Island

Downtown Victoria ☆4

Vancouver Island, British Columbia

Hier wimmelt es nur so von Filmschauplätzen, auch wenn diese oft in andere Städterollen schlüpfen. Zu meinen Tipps gehören der Bastion Square, auf dem sich die Freunde im Mystery-Schocker *Final Destination* in Paris in Sicherheit wähnen, sowie die Fan Tan Alley, Kanadas schmalste Straße, durch die Mel Gibson und Goldie Hawn auf dem Motorrad in *Ein Vogel auf dem Drahtseil* flüchten.

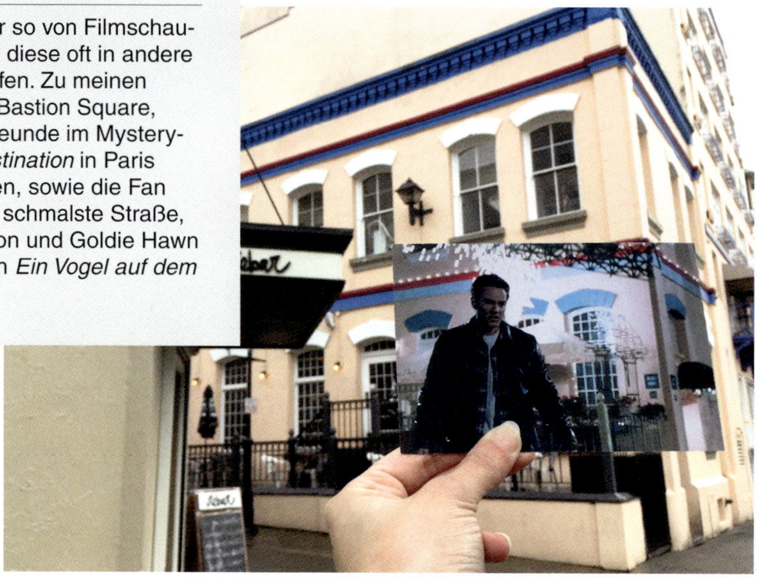

Wickaninnish Inn

500 Osprey Lane, Tofino, Vancouver Island, British Columbia

Das Eco-Hotel eignet sich besonders gut fürs Storm Watching, sprich den Blick auf den stürmischen Pazifik in den Wintermonaten. Mit Regenjacken und Ferngläsern auf den Zimmern werden die Gäste bei jedem Wetter nach draußen gelockt. Es ist Schauplatz und Entstehungsort des Science-Fiction-Thrillers *Der Schwarm* von Frank Schätzing. Man darf gespannt sein, ob es auch für die Verfilmung der Geschichte genutzt wird.

wickinn.com

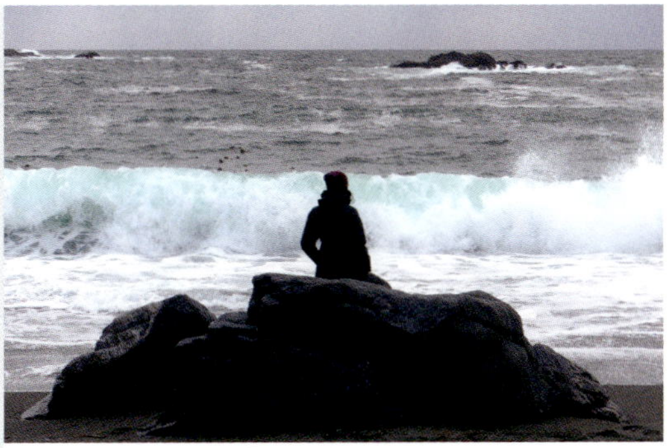

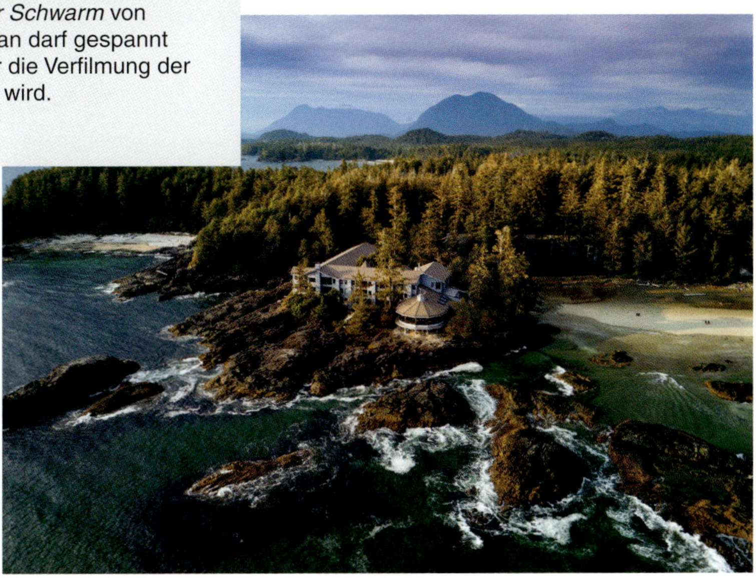

Hatley Castle

2005 Sooke Road, Victoria, Vancouver Island, British Columbia

Das Anwesen befindet sich etwa 20 Autominuten außerhalb von Victoria und gehört heute zur Royal Roads University. In der *X-Men*-Reihe übernimmt das Hatley Castle die Rolle von Professor Xaviers Schule für begabte junge Menschen, an der Superhelden wie Wolverine und Storm studieren. Auch *Deadpool* schaut hier vorbei, um sich Unterstützung zu holen.

hatleycastle.com

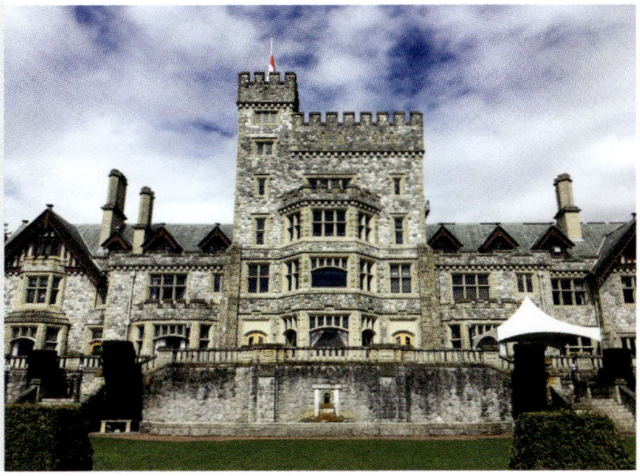

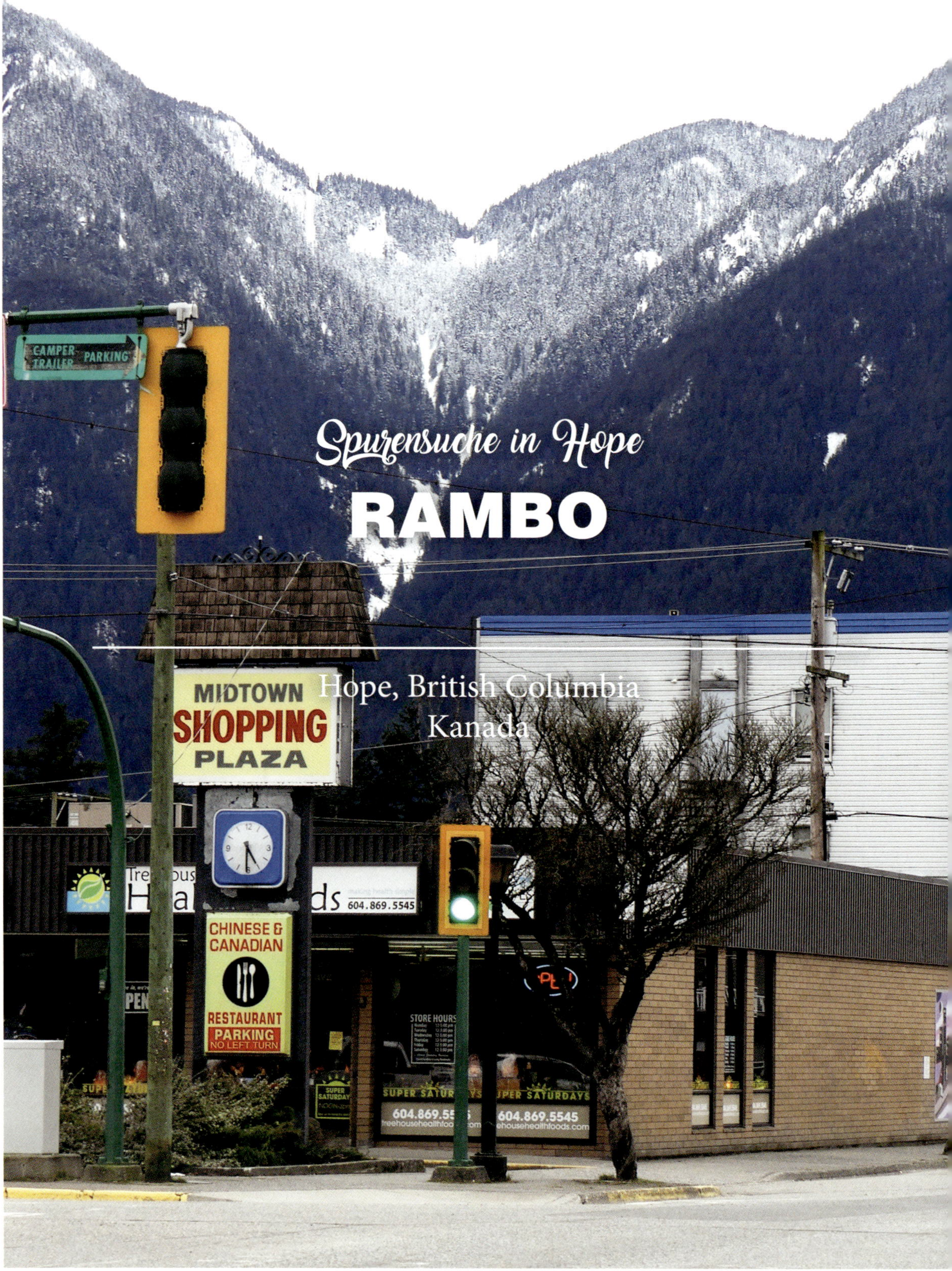

Spurensuche in Hope

RAMBO

Hope, British Columbia
Kanada

Noch zwanzig Minuten bis Hope. **Aus den Boxen meines Mietwagens klingt die melancholische Melodie des *Rambo-Themes* und mit Blick auf die dunkelbewaldeten Berge mit ihren weißen Schneespitzen bin ich gedanklich schon in der Filmwelt meines nächsten Zieles angekommen. Denn genau so sah die Umgebung auch aus, als sich Sylvester Stallone als wortkarger Vietnamkriegsveteran John Rambo auf den Weg nach Hope macht. Der Drehort heißt tatsächlich wie die Kleinstadt im Film. Doch während ich mich im kanadischen British Columbia befinde, war das Film-Hope im benachbarten US-Staat Washington angesiedelt.**

Ich kann zwar nicht mehr sagen, wann genau ich den ersten *Rambo*-Film aus dem Jahr 1983 zum ersten Mal gesehen habe, doch es muss wohl irgendwann Mitte der Neunziger gewesen sein. Der Spielfilm lief spätabends im Fernsehen und ich weiß noch gut, dass er mir sehr naheging. Da wird einem Kriegsveteranen das Leben in der Heimat schwergemacht, er wird als Landstreicher abgestempelt und gedemütigt, bis er sich wehrt und das ganze schließlich völlig eskaliert.

Rambo wurde in Deutschland und vielen anderen Ländern zur Kultfigur. Der Begriff hat es sogar in den Duden geschafft, als umgangssprachliche Bezeichnung für einen brutalen Kraftprotz. Dies mag auf Rambos Charakter in den Fortsetzungsfilmen zutreffen, meiner Meinung nach jedoch nicht auf seinen Auftritt im ersten Teil. Statt einer gefühllosen One-Man-Army erlebe ich da einen enttäuschten und verzweifelten John Rambo, der am Ende des Filmes aufgrund seiner traumatischen Erlebnisse nervlich zusammenbricht.

Bei meiner Ankunft in Hope entdecke ich als allererstes einen gewaltigen Baumstamm mit der Aufschrift »*Gateway to Holidayland*«. Und ja, es ist exakt das Willkommensschild, unter dem der Kriegsheimkehrer in die Kleinstadt spaziert, im Grunde nur, weil er dort etwas essen möchte. Ich hätte nicht gedacht, dass dieses Stück Holz die lange Zeit seit den Dreharbeiten Anfang der Achtziger überdauert hat. Da liegt es wie ein Relikt aus der Vergangenheit vor dem Polizeirevier, in das künftig das Visitor Centre & Museum einziehen wird.

Weiter geht es durch die Straßen der Stadt, in denen ich noch so einige Déjà-vus erleben sollte. Denn an vielen Ecken liegt jene schwere Stimmung in der Luft, wie ich sie auch aus *Rambo* in Erinnerung habe. Fast so, als würde die Stadt mit einem atmosphärischen Rest ihres Filmes schwanger gehen. Die Kälte sowie die schneebedeckten Berge ringsum tragen sicher ihren Teil dazu bei.

In der Tourist-Info von Hope B.C. treffe ich auf Brian McKinney, der sich für mich als absoluter Glücksgriff erweist. Denn kaum ein anderer hätte mir so viel Hintergründiges zu den Dreharbeiten und Drehorten berichten können als er. Stand er doch mit elf Jahren selbst am Set, als in Hope im November und Dezember 1981 für *Rambo* gedreht wurde. Stolz zeigt er mir ein Replikat des *Rambo*-Filmmessers, das Original-Drehbuch von *First*

Blood, wie der Film im Original heißt, sowie alte Aufnahmen und Zeitungsartikel zu den damaligen Dreharbeiten.

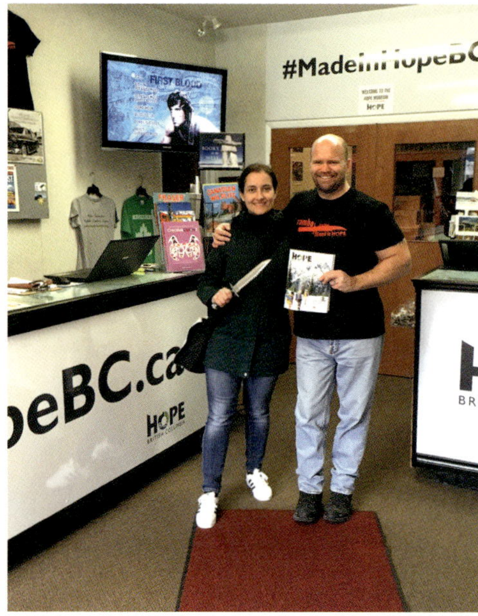

Laut Brian hat *Rambo* nicht nur das Filmbusiness in Hope angestoßen, sondern genau genommen auch den Startschuss für Vancouver und Umgebung als das heutige »Hollywood North« gegeben. Viele Leute, die damals an der Produktion beteiligt waren, sind im Filmgeschäft geblieben und haben andere wiederum mit ihrer Begeisterung angesteckt, berichtet er mir.

Einige Gebäude, wie die Tankstelle, der Waffenladen und auch das Sheriff-Büro, erfahre ich von Brian, wurden nur für den Film aufgebaut, damit Rambo sie wieder zerstören konnte. Für den Dreh wurden auch einige Billboards aufgestellt, um das Kamera-Equipment zu verstecken. Brian hätte große Lust, die Stadt wieder mehr dem Erscheinungsbild aus dem Film anzupassen. Schließlich kommen jährlich immer noch etwa 15.000 *Rambo*-Fans nach Hope.

Als wir auf die ikonische Brücke zu sprechen kommen, über die Sheriff Teasle Rambo wieder aus der Stadt befördert hat, wird Brians Miene plötzlich ernst. Er erzählt mir von den Versuchen, die Kawkawa-Brücke für die Nachwelt zu erhalten, Unterschriftenaktionen von Einwohnern und Filmfans sowie langen Diskussionen mit den Verantwortlichen der Stadt. Trotzdem wurde das Bauwerk 2011 abgerissen. Der Hauptgrund dafür war, dass das Holz der Brücke mit dem für die Umwelt problematischen Kreosot behandelt wurde.

Eine Zeitlang stand sogar im Raum, dass die Brücke im Planet Hollywood Resort in Las Vegas ein neues Zuhause finden sollte. Sylvester Stallones Managerin nahm dazu Kontakt mit der Stadt Hope auf. Doch das Kreosot machte auch dieser Idee einen Strich durch die Rechnung und das einzige, was heute noch von der *Rambo*-Brücke übrig ist, ist ein Regalfach mit kleinen Holzstückchen, die, in einer Patronenhülse eingefasst, in der Tourist-Info als Fansouvenir verkauft werden.

Bevor ich mich aufmache, die weiteren *Rambo*-Drehorte ausfindig zu machen, hat Brian für mich noch eine kleine Überraschung parat. In einem Lagerraum bekomme ich das Originalschild des Sheriff-Büros zu sehen. Im Prinzip wartet es hier nur darauf, bald einen Platz in einer Ausstellung zum Film neben einigen anderen Erinnerungsstücken zu bekommen. In Brians Garage zu Hause schlummern jedenfalls noch weitere solcher Requisiten.

Das Sheriff-Büro steht im Film an der Kreuzung Wallace Street und Third Avenue. Heute ist hier das Bezirksrathaus. Gleich gegenüber befindet sich das Windsor Motel, in dem ich heute Nacht schlafen werde. Im Film ist es kurz im Hintergrund zu sehen, als sich Rambo für seine Flucht mitten auf der Straße ein Motorrad schnappt. Auf der anderen Straßenseite steht das Schild des Midtown Shopping Plaza auch nach 35 Jahren noch völlig unverändert. Lediglich die Namen der Läden, deren Schaufenster Rambo im Film demoliert, haben sich hier und da geändert. Es fühlt sich an, als wären die Dreharbeiten gerade mal ein Jahr her.

Der Third Avenue weiter Richtung Süden folgend komme ich an den Bahnübergang der Canadian National Railway. Rambo springt hier mit dem Motorrad über die Gleise, immer noch von der Polizei verfolgt. Eine weitere Motorradszene wurde an der Ecke Hudson Bay Street und Fifth Avenue gedreht. Ich erkenne die Stelle leicht anhand der Bäume. Die Chevron-Tankstelle, über die er schließlich quer davonbraust, gibt es ebenfalls noch.

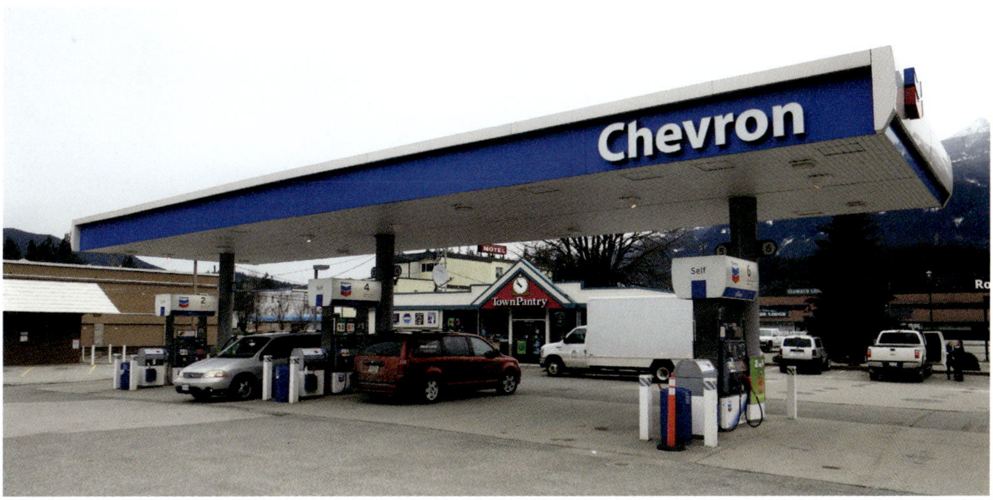

Zum Schluss meiner Tour fahre ich zu der Stelle am Coquihalla River, wo bis vor ein paar Jahren noch die Kawkawa-Brücke über den Fluss führte. Für deren Erhalt hatte sich Brian so vehement, jedoch letztendlich vergeblich, eingesetzt. Nur ein paar Meter versetzt befindet sich heute eine wesentlich breitere Brücke. Aber auch ich habe jetzt das Gefühl, dass hier etwas fehlt. Vermutlich werden manche Orte durch ihr Verschwinden erst recht zu einem Sehnsuchtsort.

Abends bin ich mit Brian auf einen *Rambo*-Burger im Silver Chalice Pub verabredet. Wir reden über Sylvester Stallone sowie über berühmte Filme und ihre Fans. Darüber, wie sich Orte über Jahrzehnte allmählich zu popkulturellen Pilgerstätten entwickeln, ohne dass dies jemand geplant hätte. Brian bringt seine Einstellung dazu mit einem Satz auf den Punkt: »Wenn es das ist, was die Leute wollen, sollte man es ihnen einfach geben!«

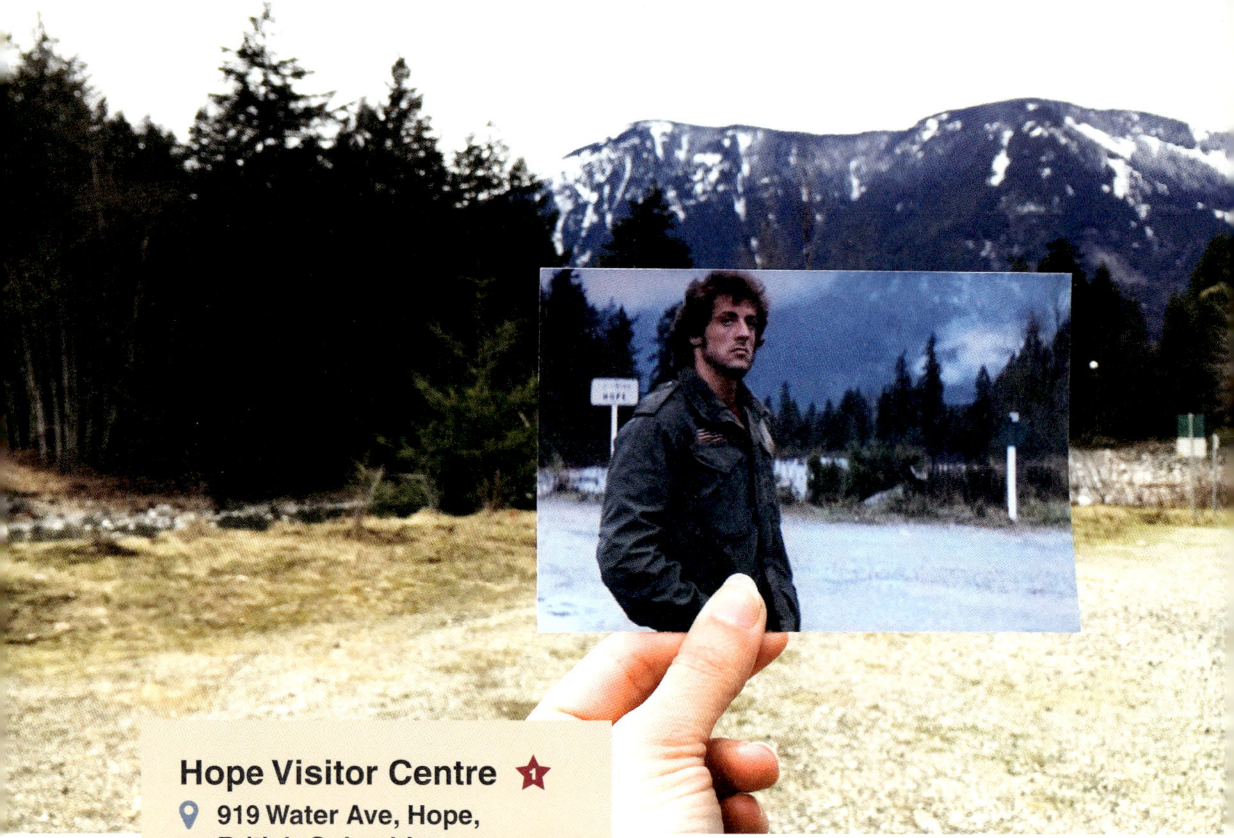

Hope Visitor Centre ★1

919 Water Ave, Hope, British Columbia

In der Tourist-Info von Hope erhält man das Infoblatt »Rambo Site Tour« mit einer Übersichtskarte zu den Drehorten der Stadt. Hier arbeitet auch Brian McKinney, der alles zu den *Rambo*-Locations in Hope sowie den damaligen Dreharbeiten weiß. Der Film-Baumstamm, der vor dem Gebäude lag, wurde mittlerweile zersägt und an verschiedenen Locations platziert.

hopebc.ca

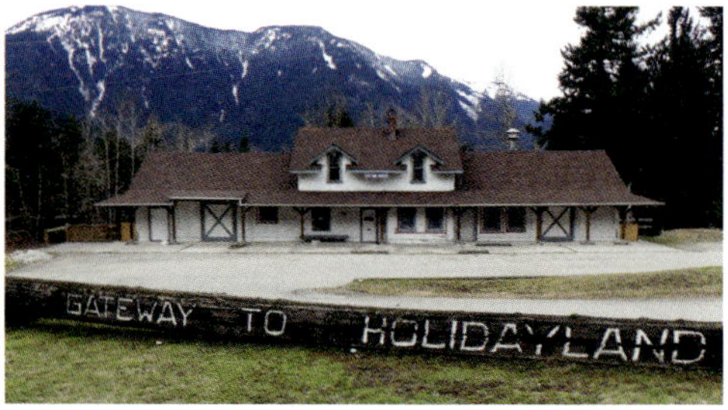

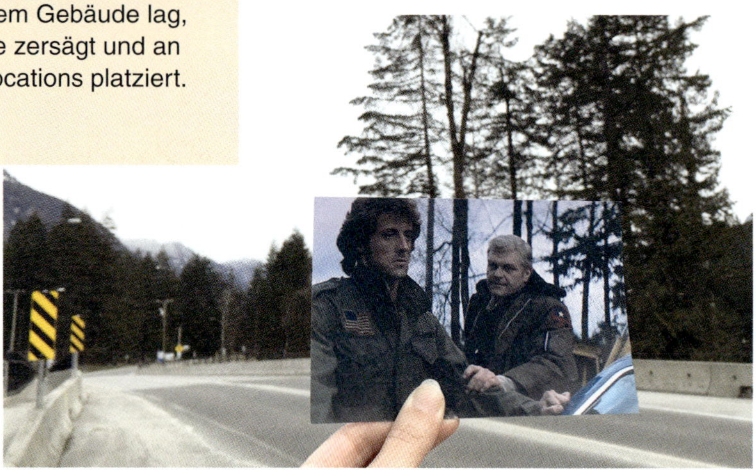

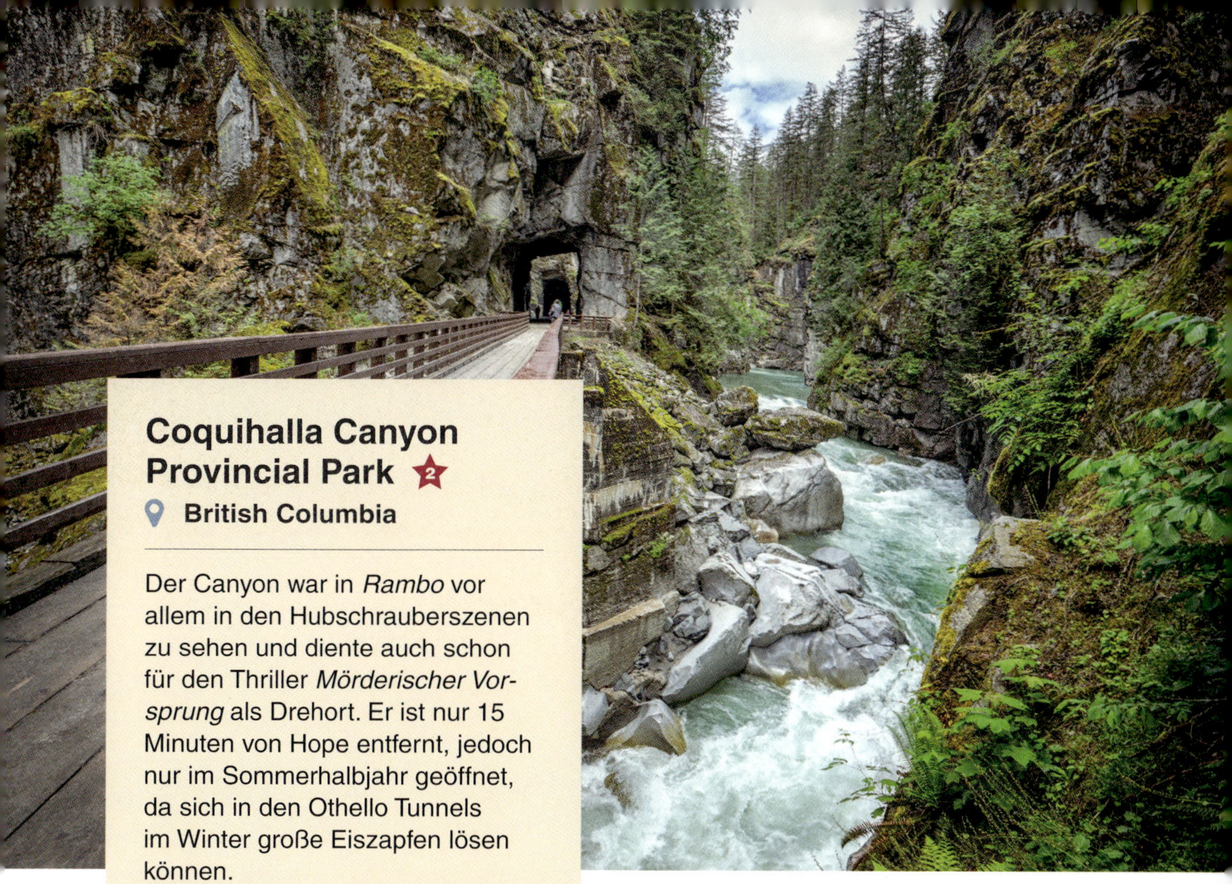

Coquihalla Canyon Provincial Park

British Columbia

Der Canyon war in *Rambo* vor allem in den Hubschrauberszenen zu sehen und diente auch schon für den Thriller *Mörderischer Vorsprung* als Drehort. Er ist nur 15 Minuten von Hope entfernt, jedoch nur im Sommerhalbjahr geöffnet, da sich in den Othello Tunnels im Winter große Eiszapfen lösen können.

bcparks.ca/explore/parkpgs/coquihalla_cyn

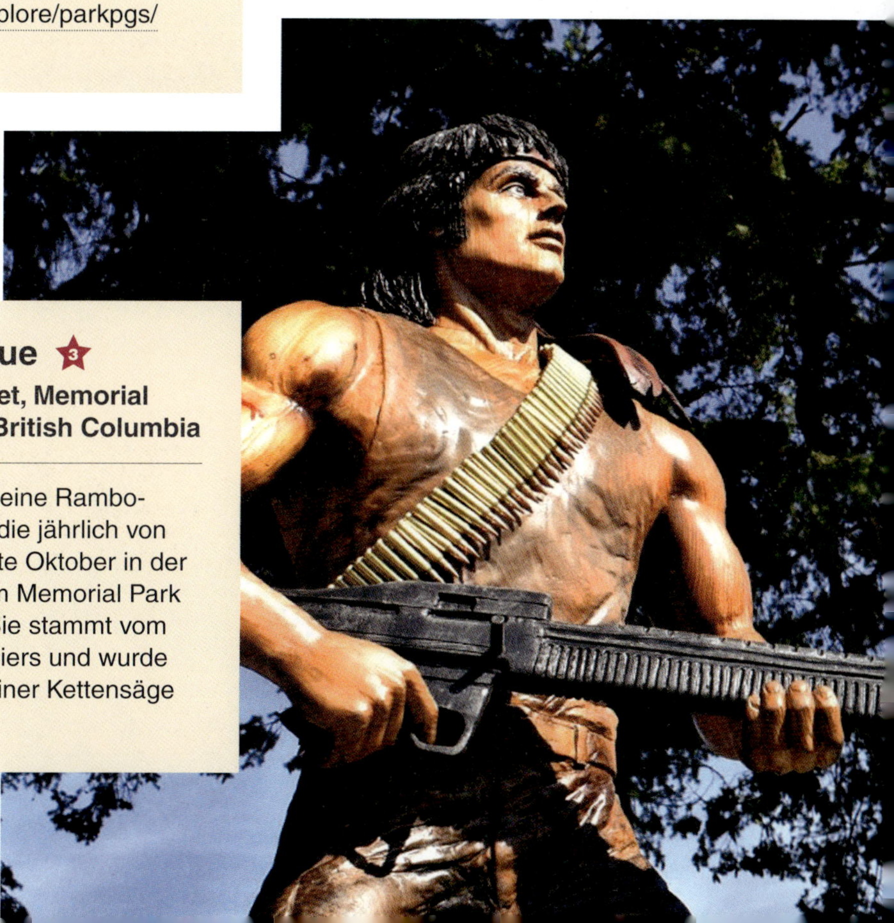

Rambo Statue

Wallace Street, Memorial Park, Hope, British Columbia

Seit 2020 gibt es eine Rambo-Statue aus Holz, die jährlich von Mitte April bis Mitte Oktober in der Wallace Street am Memorial Park aufgestellt wird. Sie stammt vom Künstler Ryan Villiers und wurde größtenteils mit einer Kettensäge geschnitzt.

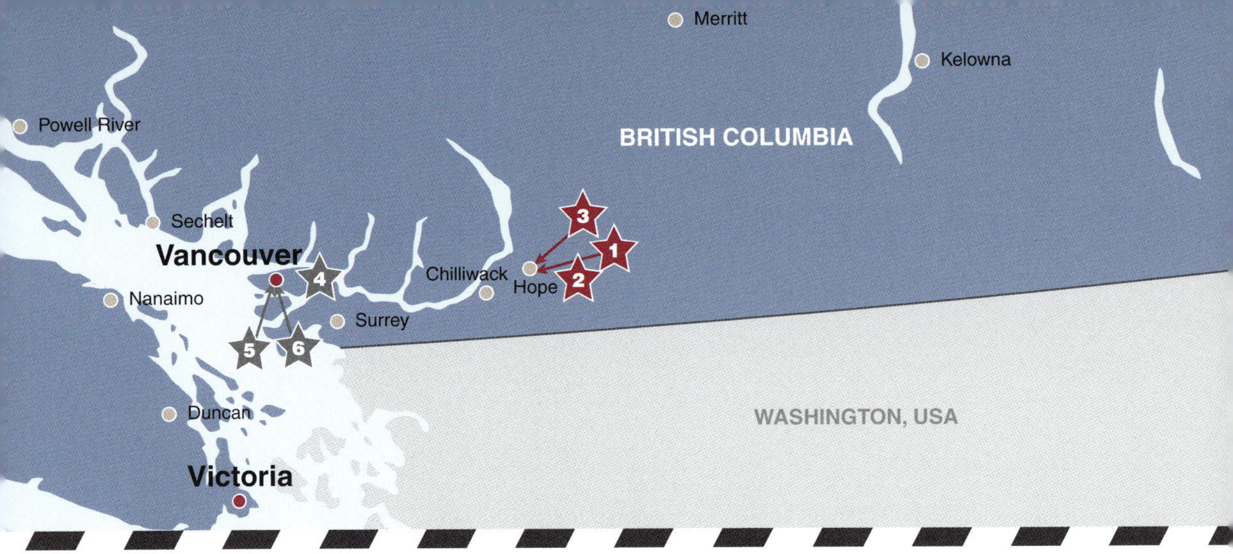

Weitere Filmtourismus-Tipps zu

British Columbia

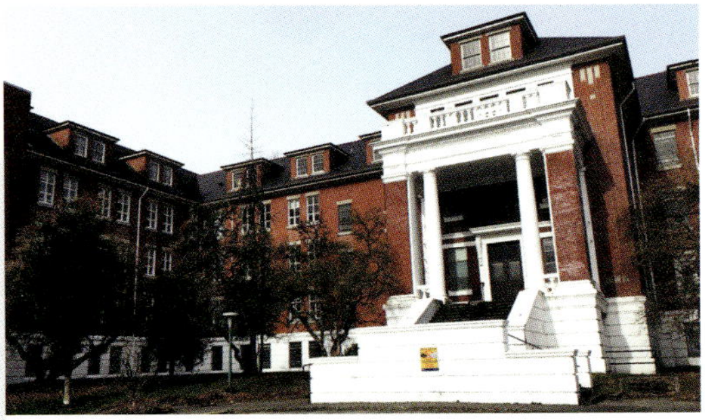

Riverview Hospital

500 Lougheed Highway, Port Coquitlam, British Columbia

Das über 100 Jahre alte, verlassene Riverview Hospital östlich von Vancouver gilt als meistgenutzte Filmlocation Kanadas. Der ehemalige Krankenhaus-Komplex besteht aus mehreren Gebäuden und wurde beispielsweise für die Serien *Akte X, Supernatural, Smallville* und *Riverdale* als Filmlocation genutzt.

sumiqwuelu.com

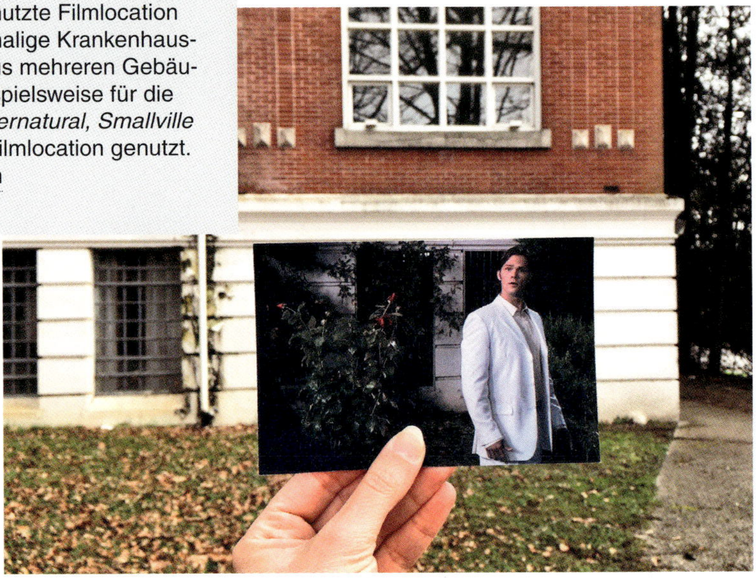

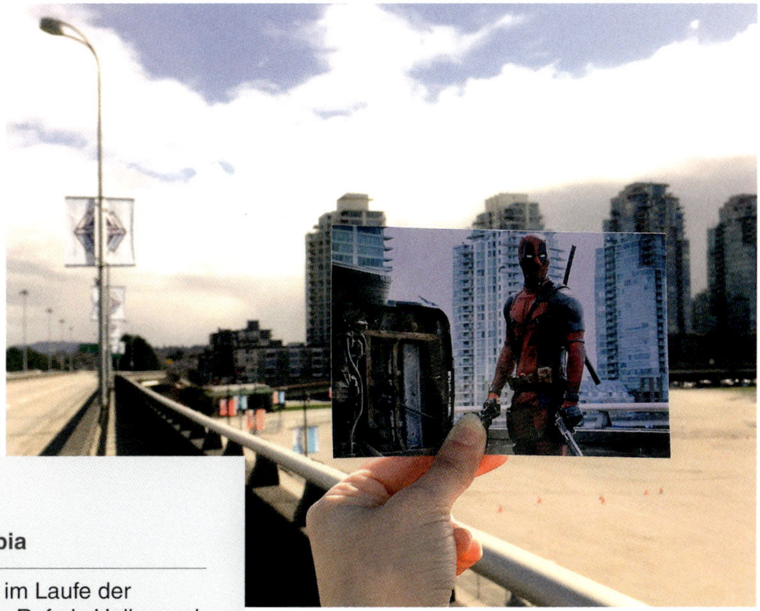

Vancouver ★ 5

British Columbia

Vancouver hat sich im Laufe der letzten Jahre seinen Ruf als Hollywood North aufgebaut und gilt als beliebtes Stand-in für eine ganze Reihe von US-Städten wie zum Beispiel Seattle in *Fifty Shades of Grey,* San Francisco in *Planet der Affen: Prevolution,* New York in *The Interview* oder auch eine namenlose Stadt in *Deadpool.*
Wer einen genaueren cineastischen Blick auf die Stadt werfen möchte, ist bei Arthur von Fans of Vancouver Tours gut aufgehoben.

fansofvancouver.com

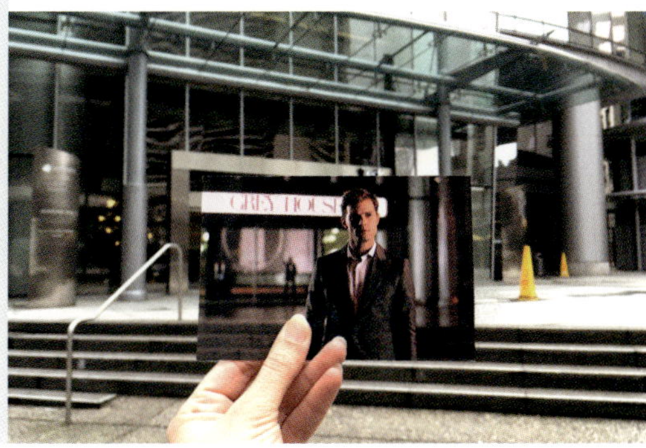

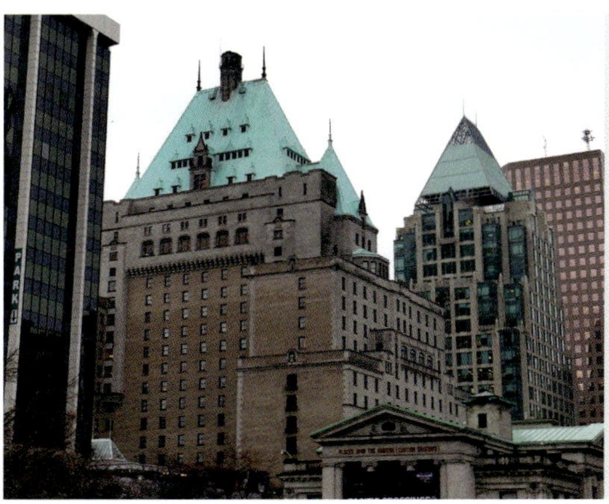

Fairmont Hotel Vancouver ★ 6

900 West Georgia Street, Vancouver, British Columbia

Das Fairmont Hotel schlüpfte in *Fifty Shades of Grey* in die Rolle des Heathman Hotels in Portland. Sowohl für den ersten Film als auch für die Fortsetzung entstanden viele Innenaufnahmen in dem Hotel, das auch bei Celebrities beliebt ist.

fairmont.com/hotel-vancouver

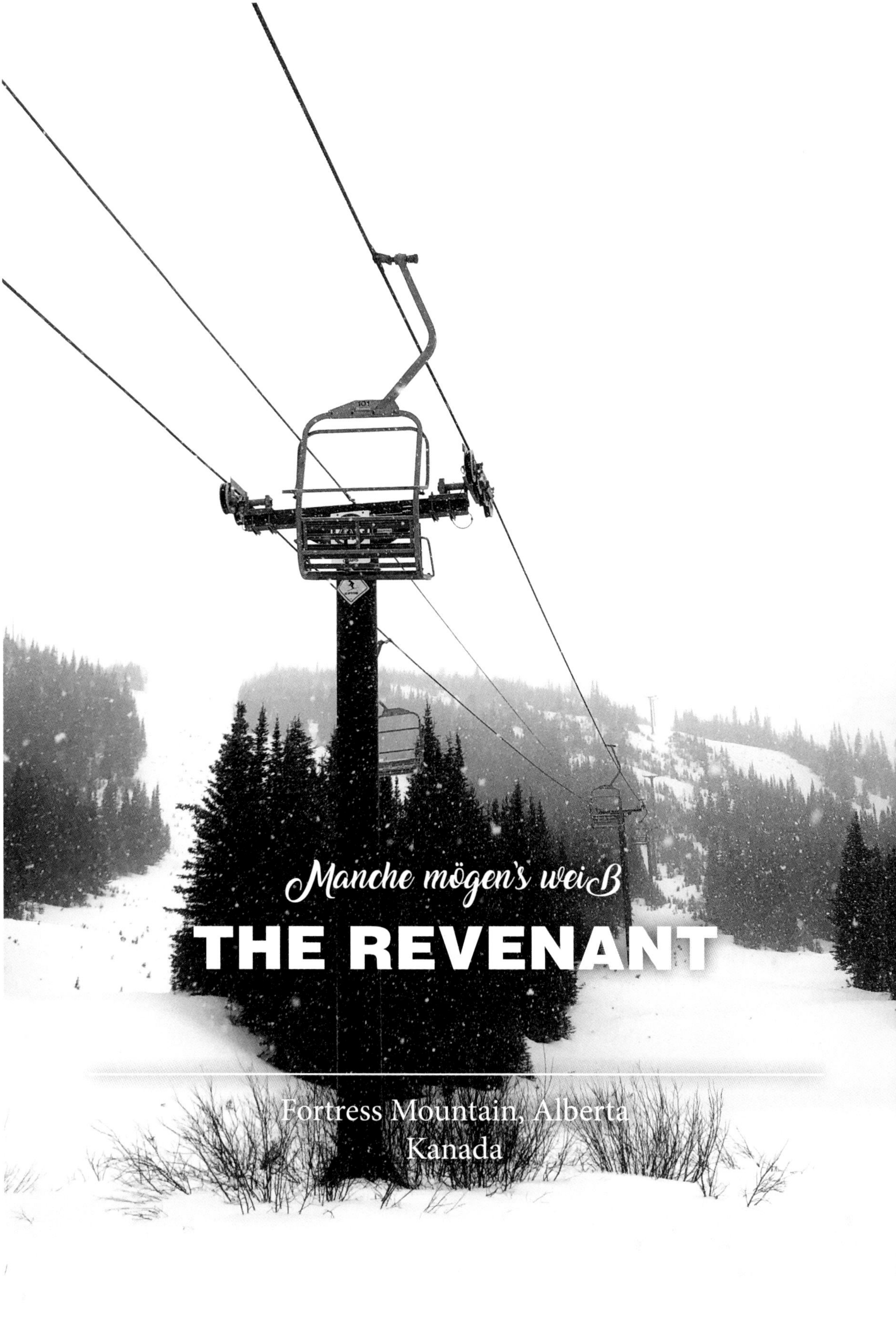

Manche mögen's weiß

THE REVENANT

Fortress Mountain, Alberta
Kanada

Es schneit wie verrückt, die Flocken peitschen mir ohne Pause ins Gesicht. Immer fester kralle ich mich um die seitlichen Griffe des Schneemobils, das raketenähnlich den steilen Berg hoch rast. Für einen Moment habe ich das Gefühl, in einem Agentenfilm gelandet zu sein, einer Szene aus *James Bond* oder *Mission: Impossible,* jedenfalls inmitten einer halsbrecherischen Verfolgungsjagd durch die Kälte. Tom Cruise, der Stunts ja gerne selbst macht, wäre sicher stolz auf mich.

Direkt vor mir am Lenker sitzt jedoch nicht Cruise, sondern Chevy, eigentlich Chris Chevalier, der über den Winter Catskiing Touren im Fortress Mountain Resort anbietet. Er führt mich an einen der Drehorte aus dem Rache-Thriller *The Revenant,* in dem sich Leonardo DiCaprio oscarreif durch die eisige Wildnis quält. Heute bekomme ich eine leise Ahnung davon, wie viel Durchhaltevermögen den Schauspielern beim Dreh abverlangt wurde.

Regisseur Iñárritu suchte für seinen Film jahrelang nach abgelegenen, fast unberührten Orten. Die meisten fand er hier im kanadischen Alberta. Und der Fortress Mountain ist einer von ihnen. Die Lifte stehen hier schon seit 2007 still, doch in den letzten Jahren kamen immer wieder Filmteams für ihre Aufnahmen hierher, vor allem für Autowerbespots und Kinoproduktionen. Die Leute hier haben jede Menge Erfahrung mit Dreharbeiten und machen fast alles möglich. Für *The Revenant* wurde sogar eine Lawine kontrolliert gesprengt, erzählt Chevy.

So geben sich die Filmemacher hier quasi den Schneeball in die Hand. Wie ich von Chevy erfahre, war kurz vor meiner Ankunft noch ein Locationscout da, auf der Suche nach passenden Motiven für eine große Hollywood-Produktion. Diese ist jedoch noch streng geheim. Es ist noch nicht lange her, dass Liam Neeson hier für *Hard Powder* vor der Kamera stand und die Kulissen für Disneys *Togo: Der Schlittenhund* werden gerade gebaut. Auch Leonardo DiCaprio war für *The Revenant* nicht zum ersten Mal hier. Schon fünf Jahre vorher stapfte er in diesem Gebirge für Christopher Nolans *Inception* durch Schnee. Paradoxerweise mit Tom Hardy an seiner Seite und nicht als Kontrahenten.

Chevy und ich donnern weiter durch die Bergwelt. Durch den weißen Vorhang kann ich nur wenig erkennen. Aber egal, bereits die Fahrt an sich ist nach dem anfänglichen Schreck über die steilen Hänge ein großer Spaß. Am besagten *Inception*-Drehort machen wir einen kleinen Stopp. Als ich vom Schneemobil absteige, wackeln mir die Knie, als käme ich gerade aus der Achterbahn im Disneyland. Doch ich stehe jetzt auf etwa 2.400 Metern Höhe an genau der Stelle, an der die Winterszenen der dritten Traumebene von *Inception* entstanden. Das Gebäude, das im Film zu sehen ist, wurde hier tatsächlich aufgebaut, nur bei der Explosion wurde digital nachgeholfen, erzählt mir Chevy. Nicht weit von hier ritten die Affen in *Planet der Affen: Survival* durch den Schnee. Für den Filmdreh montierte man die alten Gondeln aus dem früheren Skibetrieb wieder an die Seilbahn – und da hängen sie noch heute.

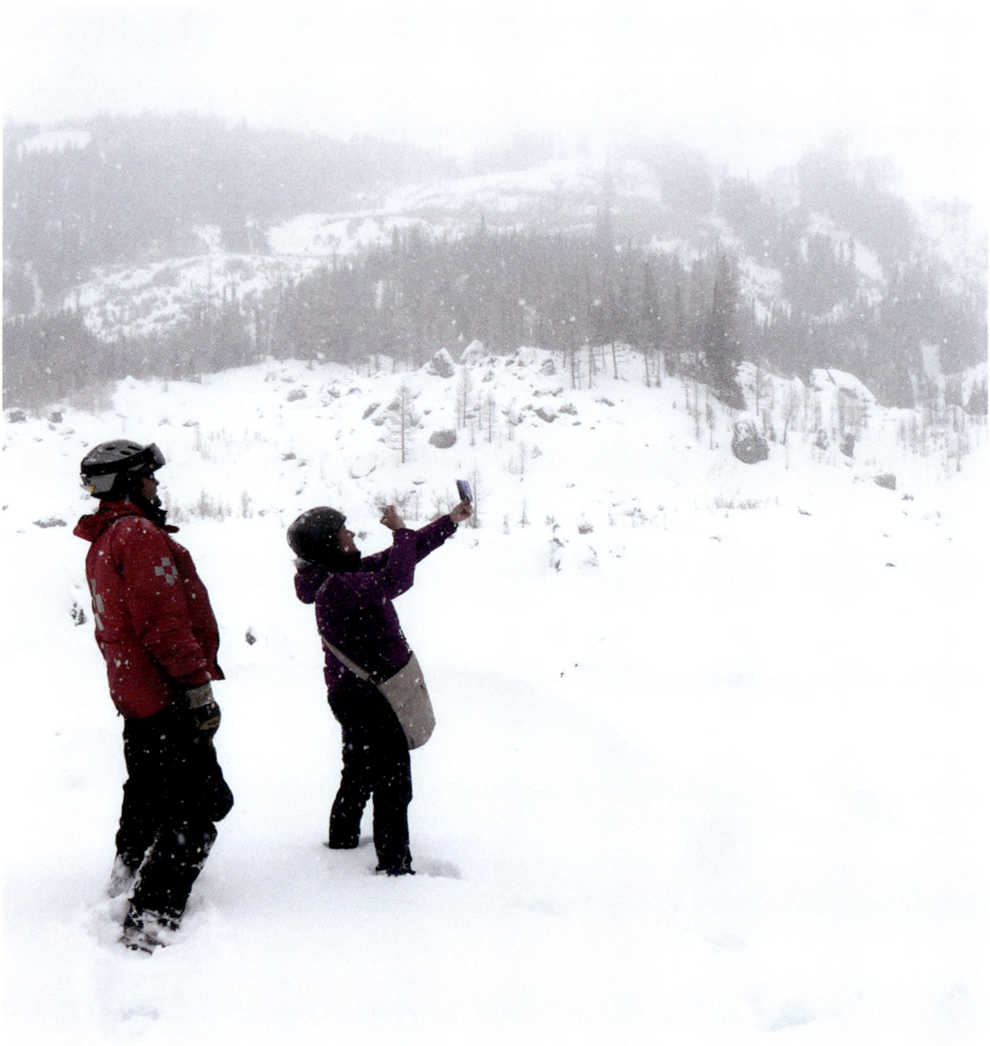

Zehn Schneemobil-Minuten später erreichen wir endlich den Schauplatz aus *The Revenant,* an dem es in der Rache-Story, die übrigens samt Grizzly-Angriff auf wahren Begebenheiten beruht, zum finalen Kampf kommt. Es schneit und schneit und schneit. Wie in der Filmszene zeigen sich die Bergumrisse nur schemenhaft. Beinahe nahtlos gehen sie über in den weißgrauen Himmel. Der Schnee schluckt alle Geräusche. Es herrscht eine geheimnisvolle, friedliche Atmosphäre und mein Puls geht nach der actionreichen Fahrt langsam wieder runter. Allerdings nur für kurze Zeit.

Denn plötzlich entdecken wir verdächtige Spuren im Schnee. Sie führen zum Ufer des kleinen Baches, den auch Leo als Trapper Hugh Glass im Film durchquert. Auf meinen fragenden Blick hin antwortet Chevy, dass die Bären noch nicht im Winterschlaf sind. Manchmal bin ich der Filmwelt näher, als mir lieb ist.

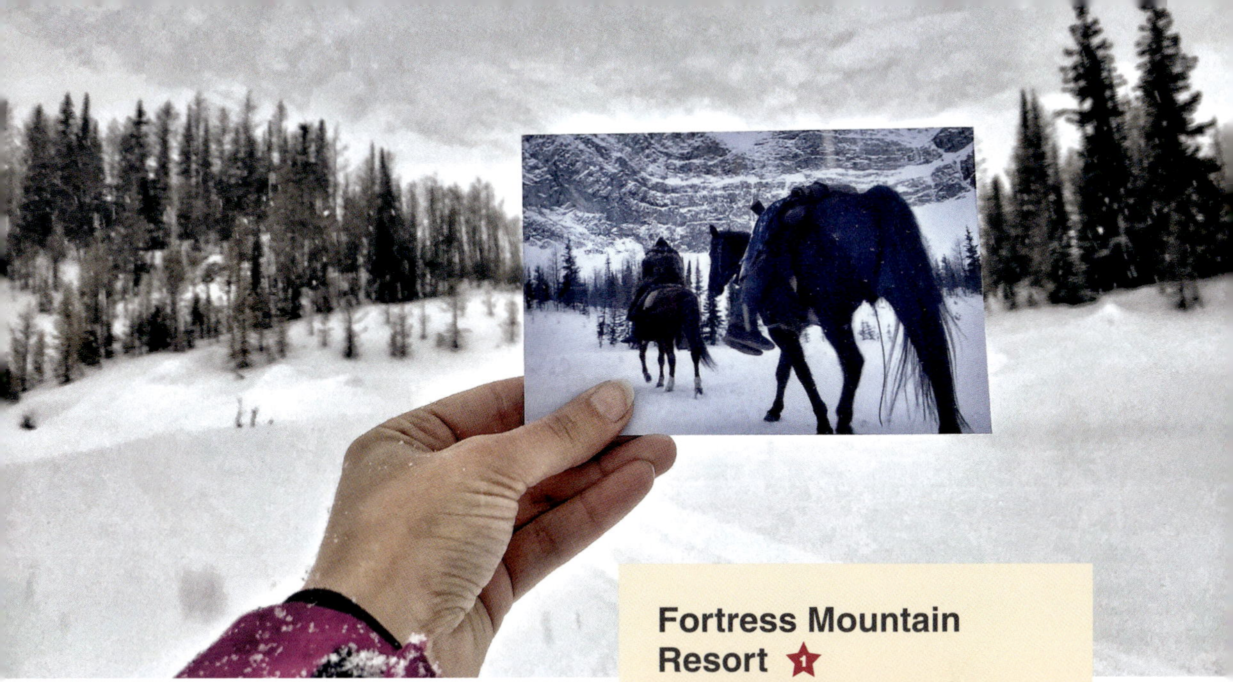

Fortress Mountain Resort ★1

50.824847, -115.197784, Kananaskis, Alberta

Derzeit gibt es konkrete Pläne, den Fortress Mountain wieder als Skigebiet zu eröffnen. Bis es so weit ist, kann man sich hier über den Veranstalter KPOW per *»Cat«*, also Pistenraupe, zu den Tiefschneehängen bringen lassen. Auf Anfrage werden auch Filmtouren angeboten, soweit nicht gerade Dreharbeiten stattfinden.

skifortress.com
kpow.ca

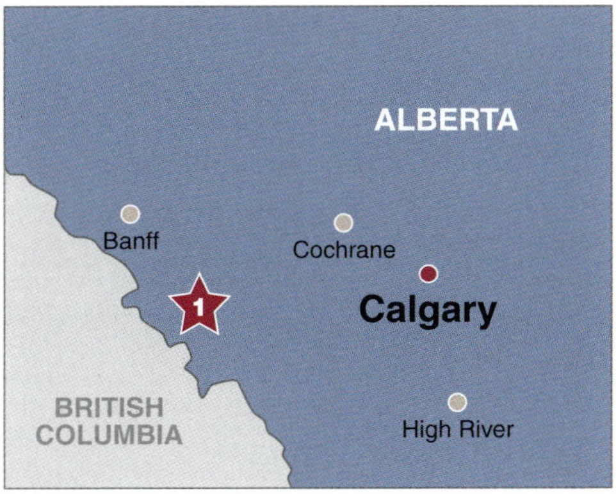

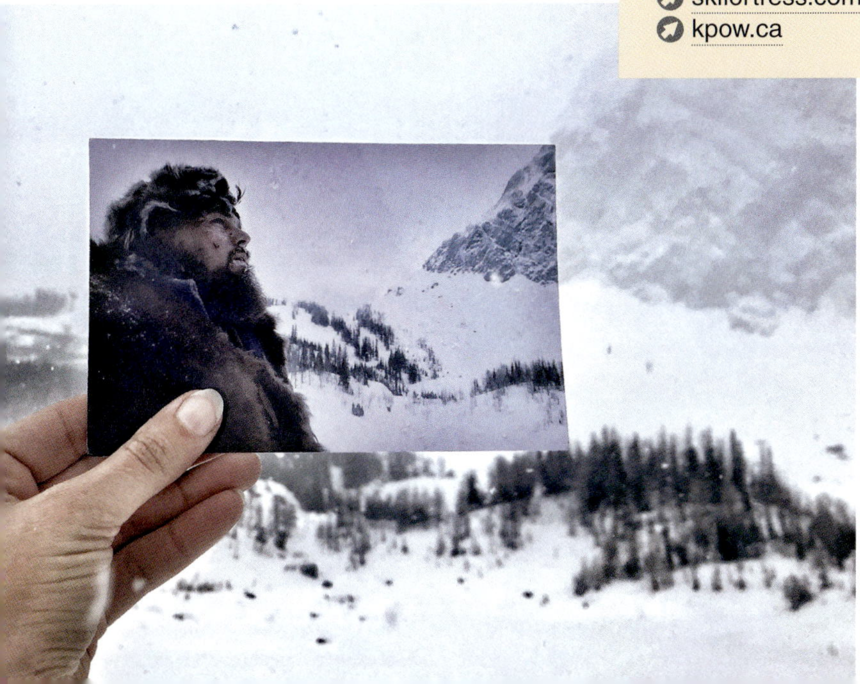

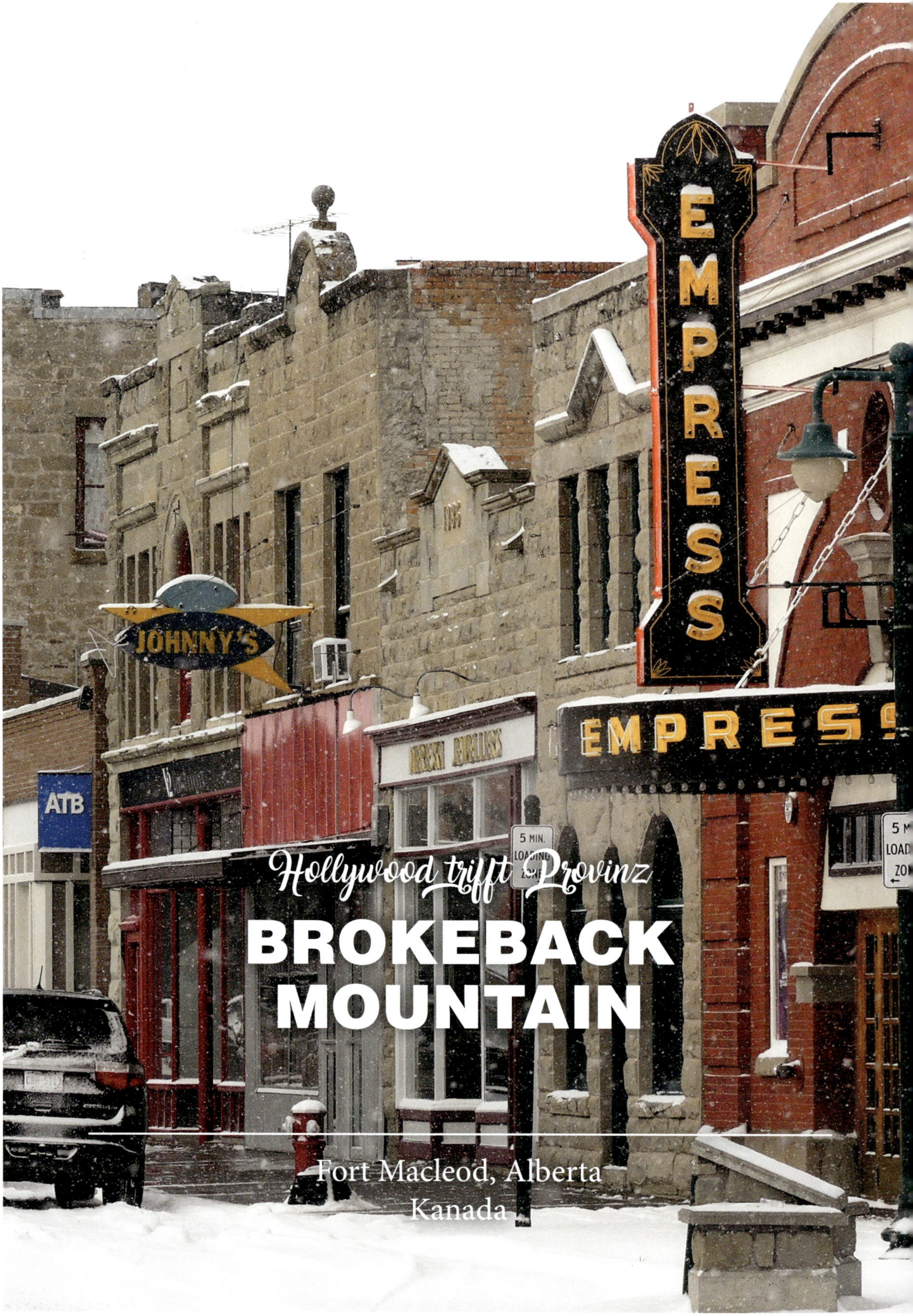

Hollywood trifft Provinz

BROKEBACK MOUNTAIN

Fort Macleod, Alberta
Kanada

New York, Los Angeles, London. Das fällt den meisten Leuten ein, wenn ich ihnen erzähle, dass ich gerne an Drehorte reise. Doch viel häufiger führen mich meine Filmreisen an unbekannte Orte, die ich ansonsten wohl nie zu sehen bekommen hätte. Unbekannt zumindest bei der Mehrheit der Touristen. Bei Filmemachern sind häufig gerade beschaulichere Ecken beliebt, da man dann in Ruhe drehen kann. Ein solcher Ort ist die kanadische Kleinstadt Fort Macleod im Süden von Alberta. Ein verschlafenes Nest, das es jedoch immer wieder auf die große Leinwand schafft.

Ich bin hauptsächlich hier, da einige Szenen aus Ang Lees Neo-Western *Brokeback Mountain* in Fort Macleod entstanden. Der Ort bildet ein Puzzleteil der fiktiven Stadt Riverton in Wyoming. Begleitet werde ich von Karen Guidos, die in Alberta als Location Managerin arbeitet und mich die vergangenen Tage davor bewahrt hat, irgendwo in der Wildnis der Rocky Mountains verloren zu gehen oder beim Setjetting von einem Bären überrascht zu werden. Jetzt stehen wir in der historischen Main Street und das einzig wilde ist der eiskalte Wind, der uns die Schneeflocken ins Gesicht peitscht. Karen schaut alles andere als glücklich, denn heute ist ihr Geburtstag und vermutlich hatte sie sich diesen doch etwas feierlicher vorgestellt. Ich blicke die Straße hinunter, auf der im Science-Fiction-Meisterwerk *Interstellar* Matthew McConaughey als NASA-Pilot Cooper mit seiner Familie im Auto vor dem Staubsturm flüchtet. In der zweiten Staffel der Krimiserie *Fargo* ist dieselbe Straße immer dann zu sehen, wenn Kirsten Dunst als Peggy zur Arbeit geht. Statt einem Friseurladen ist dort heute eine Brauerei. Verrückt, wie sich die Filmwelten hier vermischen.

Heute Morgen standen wir vor dem JC Edgar Building, an dem eine der wichtigsten Szenen in *Brokeback Mountain* entstand: Alma sieht durchs Fenster, wie Ennis und Jack sich bei ihrem Wiedersehen küssen. Ein Anwohner berichtete uns, dass an dem Gebäude eine Zeit lang ein Schild auf die filmische Bedeutung hinwies. Mittlerweile wurde es entfernt, da nicht mehr so viele Menschen deswegen herkommen. Den Filmruhm merkt man dem Provinz-Städtchen insgesamt nicht an. Das ist hier schließlich nicht New York. Wer bewegte Bilder sehen möchte, hat Glück. In der Main Street sehe ich ein Kino, noch dazu ein besonders schönes: das Empress Theatre, das bereits 1912 öffnete. Wir spazieren weiter zum Queen's Hotel am Anfang der Main Street. Im Erdgeschoss des Sandsteingebäudes befindet sich eine urige Kneipe. Ein paar Männer mit Karohemd und Hosenträgern genießen ihren Feierabend. In *Brokeback Mountain* macht Heath Leadger alias Cowboy Ennis dort eine romantische Bekanntschaft mit Kellnerin Cassie. Karen und ich machen Bekanntschaft mit der Jukebox und dem lokalen Bier, feiern schließlich doch noch gebührend ihren Geburtstag.

Ein paar Jahre später sitze ich im Kino und verfolge, wie der Ecto-1 in Jason Reitmans Fortsetzung *Ghostbusters: Legacy* durch die Straßen braust, um Geister zu jagen. Da trifft der Protonenstrahl plötzlich ein Gebäude mit dem Schriftzug »Empress«. Und ich erkenne sofort: Es ist das Kino in Fort Macleod. Die Main Street wird zum *Ghostbusters*-Drehort. Und so hat Fort Macleod doch noch etwas mit New York gemeinsam.

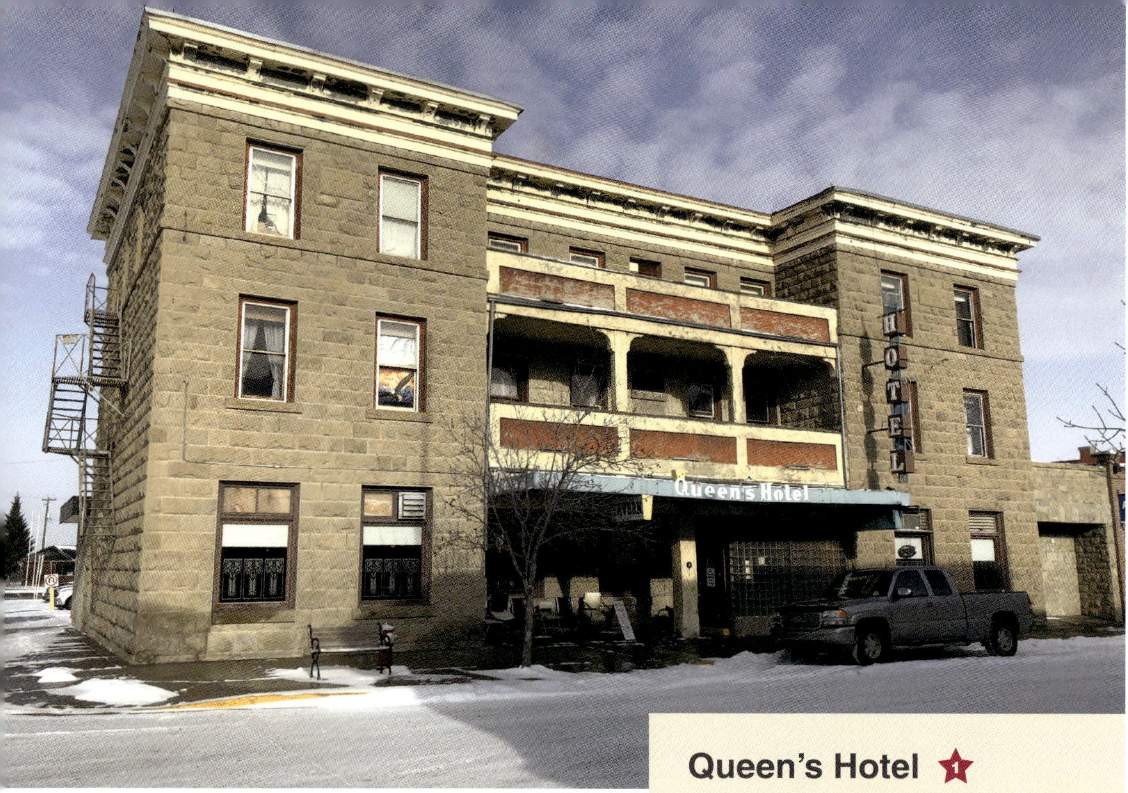

Queen's Hotel ★1

207 24th Street,
Fort Macleod, Alberta

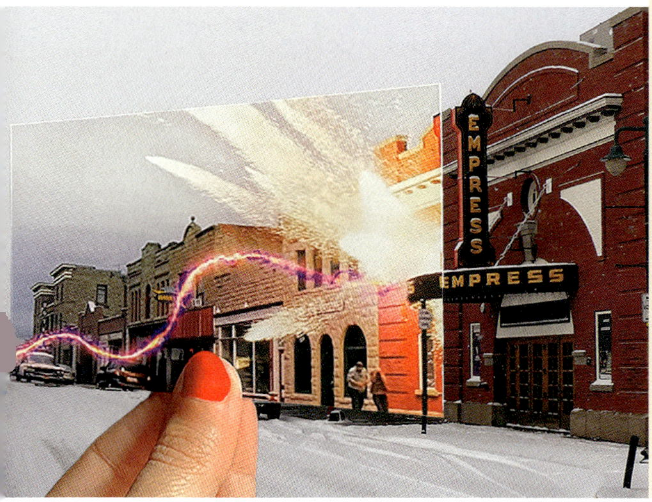

Das 1903 erbaute Hotel war eines der ersten Sandsteingebäude der Stadt und steht heute unter Denkmalschutz. Heutzutage wird es nicht mehr als klassisches Hotel betrieben, sondern ist bekannt für seine Kneipe und die günstigen Apartments. Zum Empress Theatre ist es von hier nur eine Minute Fußweg. Die Ghostbusters hätten hier wirklich zu tun: In dem Kino, sagt man, spukt es.

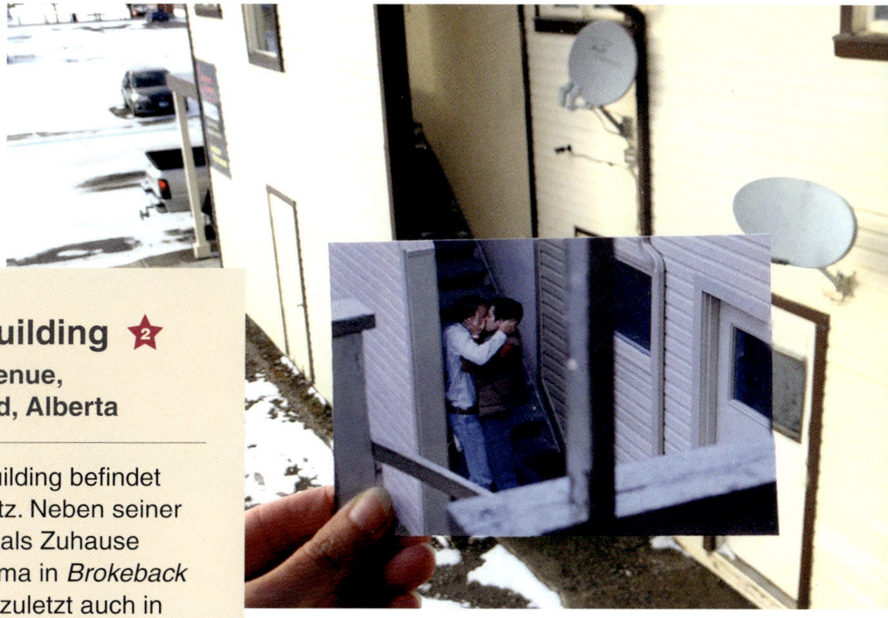

JC Edgar Building ★2

2422 3rd Avenue, Fort Macleod, Alberta

Das JC Edgar Building befindet sich in Privatbesitz. Neben seiner berühmten Rolle als Zuhause von Ennis und Alma in *Brokeback Mountain* war es zuletzt auch in der Romanverfilmung *Lass ihn gehen* mit Diane Lane und Kevin Costner zu sehen.

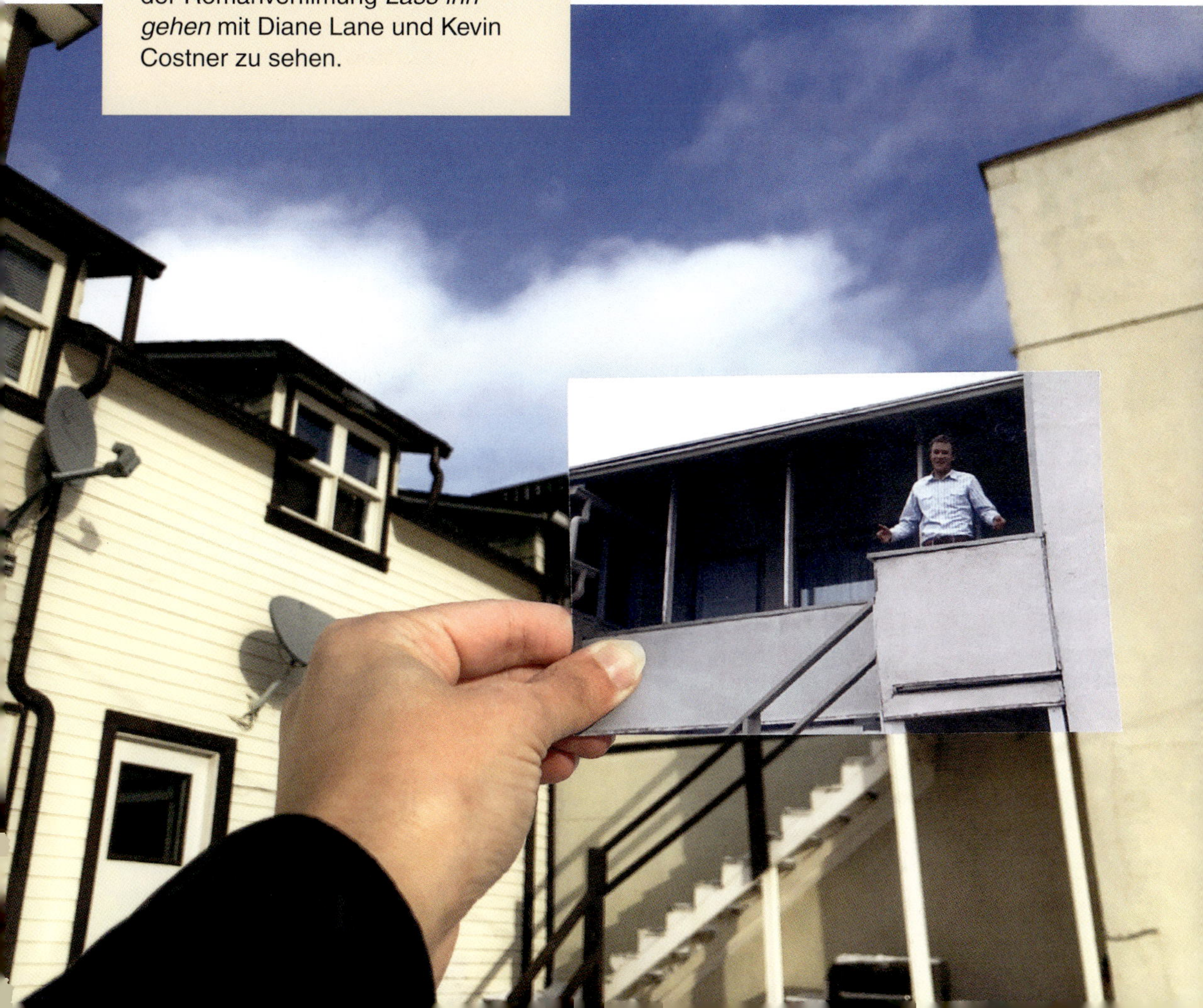

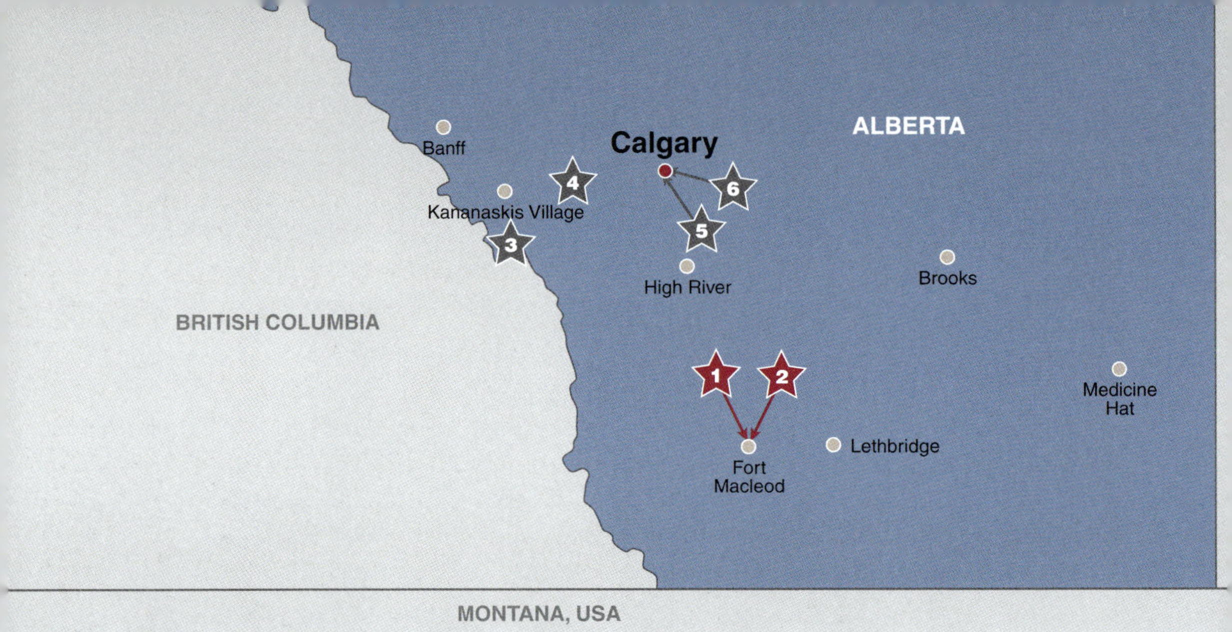

Weitere Filmtourismus-Tipps zu

Alberta

Upper Kananaskis Lake

50.610861, -115.118682, Kananaskis, Alberta

Am Upper Kananaskis Lake gelangt man zum markantesten Drehort aus *Brokeback Mountain:* Hier stellen Ennis und Jack schmerzlich fest, dass sie nach all den Jahren keine gemeinsame Zukunft haben. Der Berg im Hintergrund ist in Wahrheit der Mount Lyautey.

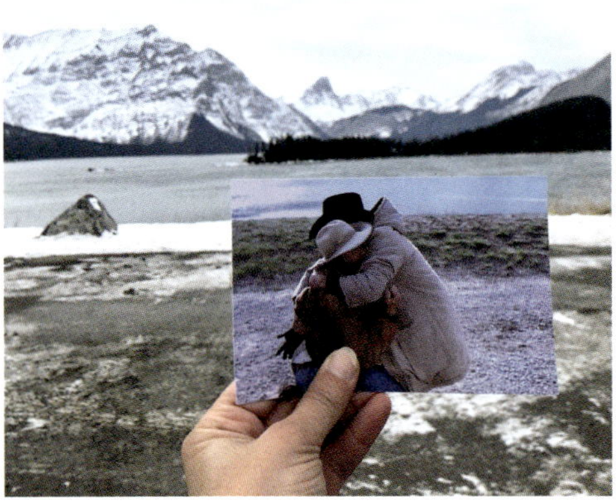

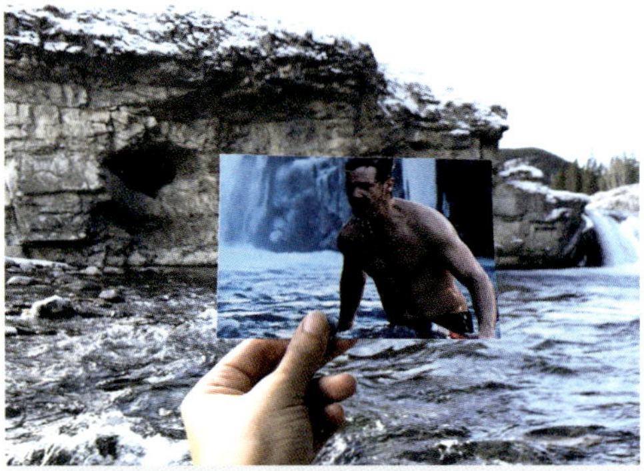

Elbow Falls

50.868075, -114.77881, Bragg Creek, Alberta

Zwischen Calgary und dem Kananaskis Country befinden sich die Elbow Falls. Auf der gegenüberliegenden Seite der Wasserfälle entsteigt Jeremy Renner in der Anfangsszene des Actionthrillers *Das Bourne Vermächtnis* den kalten Fluten, im Film sind die Elbow Falls als Trainingsgelände für Spezialeinheiten in Alaska verortet.

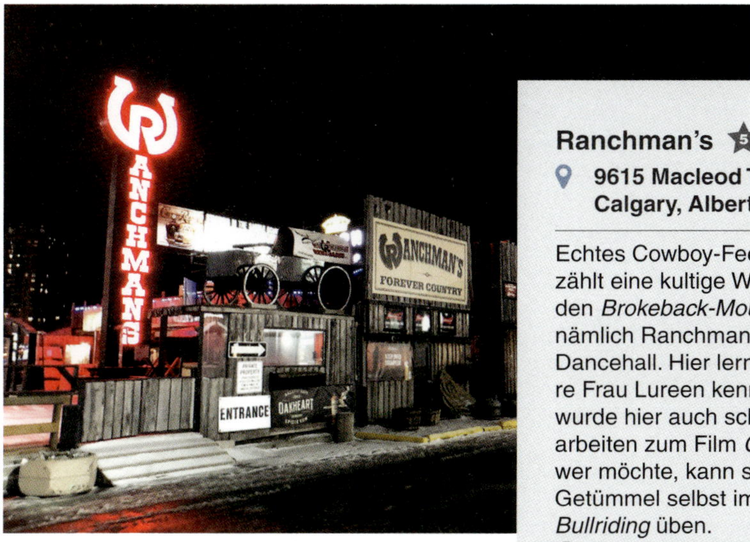

Ranchman's 5

9615 Macleod Trail SE, Calgary, Alberta

Echtes Cowboy-Feeling: In Calgary zählt eine kultige Western-Bar zu den *Brokeback-Mountain*-Drehorten, nämlich Ranchman's Cookhouse & Dancehall. Hier lernt Jack seine spätere Frau Lureen kennen. Kräftig getanzt wurde hier auch schon bei den Dreharbeiten zum Film *Cool Runnings.* Und wer möchte, kann sich im munteren Getümmel selbst im *Line-Dancing* oder *Bullriding* üben.

ranchmans.ca

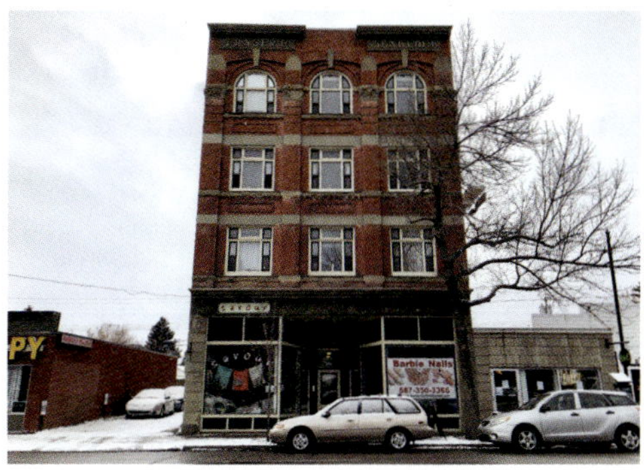

Inglewood 6

Calgary, Alberta

In Inglewood, dem ältesten Viertel Calgarys, gibt es jede Menge kleine Restaurants, Shops und Boutiquen. Serienfans können sich hier entlang der 9th Avenue auf die Spuren von *Fargo* begeben und in Minnesota wähnen. Die Adresse des Bo Munk Insurance Shops, in dem Martin Freeman in Staffel 1 als Versicherungskaufmann Lester Nygaard arbeitet, lautet 1225 9 Ave SE. In Wahrheit befindet sich hinter dem Schaufenster die Boft Fine Rugs Gallery.
Das Haus, in dem Ewan McGregor alias Ray Stussy mit seiner Ex-Klientin und Freundin Nikki in Staffel 3 wohnt, befindet ist nur 200 Meter entfernt, 1329 9 Ave SE.

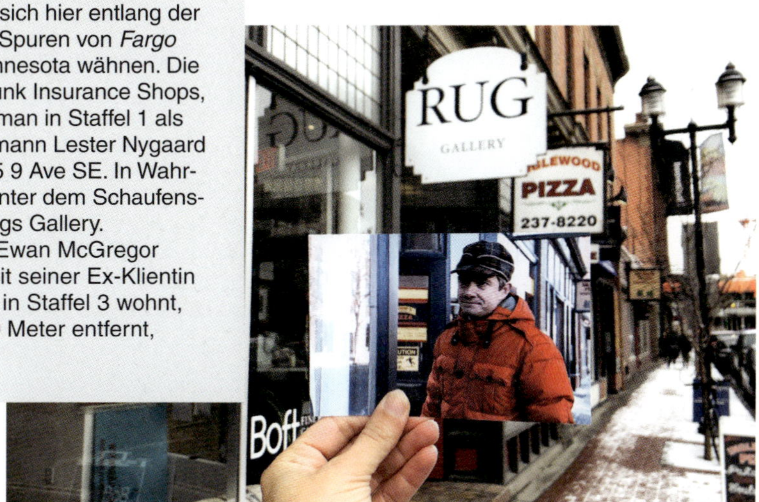

Nicht von dieser Welt

PROMETHEUS

Dettifoss,
Island

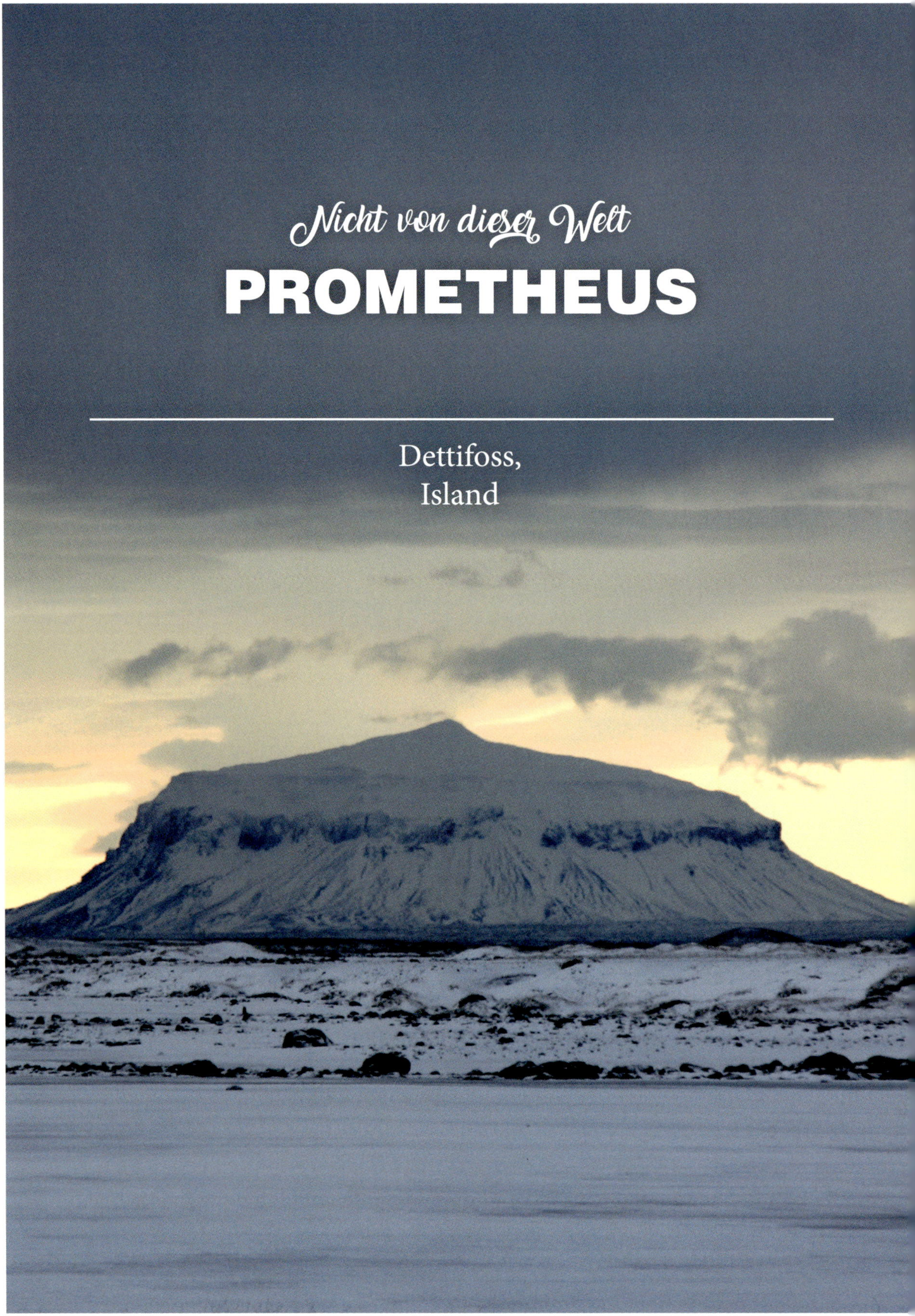

Meine Nase schmerzt vor Kälte. In meinen Ohren herrscht ein pausenloses Rauschen. Die Sonne ist gerade verschwunden. Direkt vor mir stürzen riesige Wassermassen in die Tiefe und in der Gegenrichtung steigen dampfende Gischtwolken in die Höhe. Island hat mir wieder mal eine doppelte Lektion erteilt, nämlich zum einen darin, wie unglaublich eindrucksvoll die Landschaft hier ist, und zum anderen, dass es gerade im Winter überhaupt nicht in meiner Hand liegt, was ich davon zu sehen bekomme.

Auch jetzt im Moment stehe ich nicht da, wo ich eigentlich hinwollte. Mein Ziel war die Abbruchkante auf der Ostseite des Dettifoss-Wasserfalls. In der Anfangsszene von Ridley Scotts *Prometheus* stürzt sich hier ein geheimnisvoller, außerirdischer Hüne ins Wasser. Doch die Straßen dahin sind gesperrt. Und auch das Westufer erreiche ich nur über Umwege, da Schnee und Eis den direkten Weg zur Aussichtsplattform abschneiden. Ein wesentlich längerer Trail, teils mit Matten und Stegen gesichert, führt mich schließlich kurz nach Sonnenuntergang hierher.

Was hat mich noch mal dazu gebracht, ausgerechnet im Winter herzukommen? Ach ja, die Chance auf Polarlichter, die ruhigere Nebensaison und der Umstand, dass auch die meisten Filme und Serien hier zur kalten Jahreszeit gedreht wurden. Wenn es um Naturgewalten geht, gewinnt Island beinahe jedes Drehort-Casting. Die Erde vor der Sintflut? Ein unwirtlicher Eisplanet? Eine menschenleere, postapokalyptische Welt? Island kriegt die Rolle sicher.

So wie im Science-Fiction-Blockbuster *Oblivion*. Der Krater, der im Film als ehemaliges Football-Stadion im postapokalyptischen New York City zu sehen ist, stand heute Nachmittag auf meinem Plan. Er ist im Prinzip ganz einfach zu finden, von der Ringstraße 1 biegt man an der F88 Richtung Süden ab. Doch auch dort machte mir eine vereiste Straße klar: Bis hierher und nicht weiter. Der kurze Frust darüber wurde dann schnell vom fantastischen Anblick der unberührten Winterlandschaft abgelöst.

Nachdem mich Island schon tagsüber mit seiner rauen Schönheit und Unberechenbarkeit überrascht hat, gibt es nachts noch einen drauf: Im Sel Hotel am Myvatn See sehe ich bei einem eher zufälligen Blick aus dem Fenster plötzlich grüne Lichter am Vollmondhimmel tanzen. Schnell mache ich das Licht aus. Die berühmten Polarlichter einmal live erleben zu dürfen, über dieser ohnehin schon surreal wirkenden Landschaft, ist pure Magie.

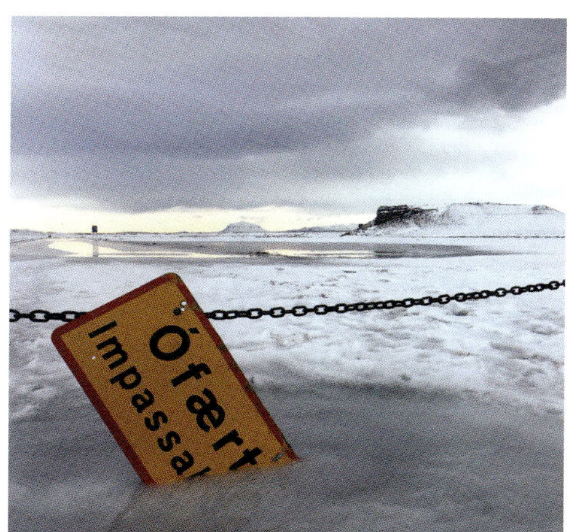

Man könnte sagen, jeder Tag hier ist wie eine Sneak Preview mit Gänsehaut-Garantie. Man weiß nicht, was einen erwartet, aber der Film enttäuscht nie.

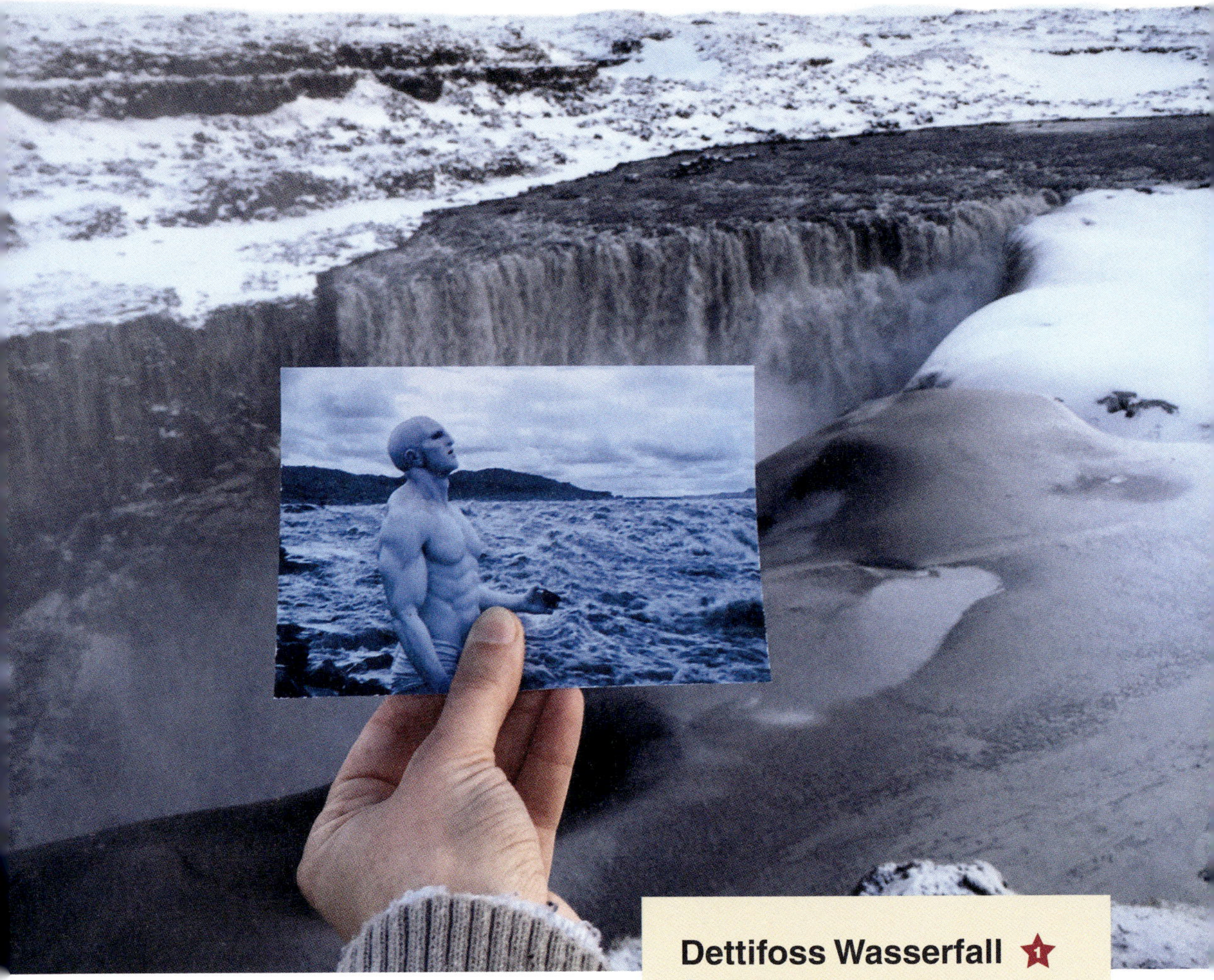

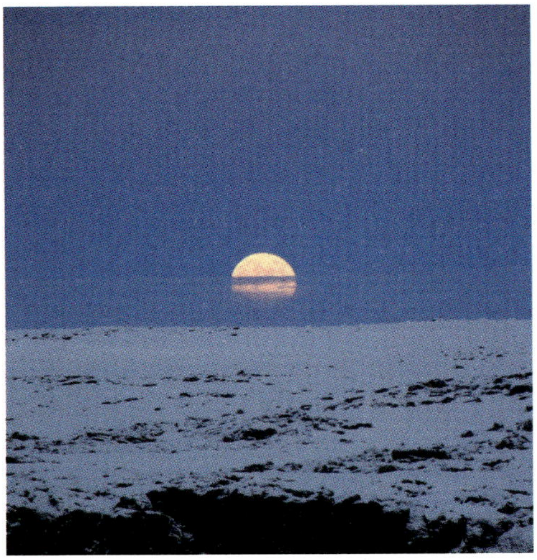

Dettifoss Wasserfall

65.815340, -16.384006, Island

Der Dettifoss ist einer der größten Wasserfälle Europas. Pro Sekunde stürzen durchschnittlich fast 200 Kubikmeter Wasser 45 Meter in die Tiefe. Zur Ostseite, dem Drehort aus *Prometheus,* gelangt man über die F864. Vom Parkplatz sind es hier nur ein paar Meter bis zur Sturzkante des Wasserfalls. Über die F862 erreicht man das Westufer mit Wanderweg zur Aussichtsplattform.

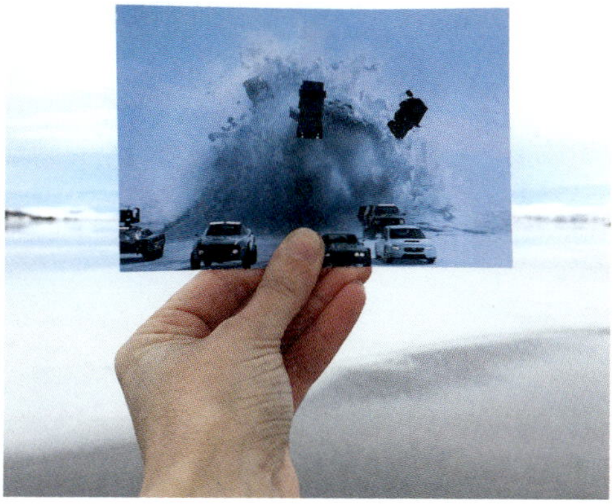

Sel Hotel ★2

Skútustaðir 2c, Mývatn, Island

Der See Myvatn, übersetzt Mückensee, war in *Fast & Furious 8* mit einer 50 cm dicken Eisschicht als Barentsee auf der Leinwand zu sehen. Das Filmteam nächtigte im Sel Hotel, das Gästen einen praktischen *»Northern Lights«*-Weckruf anbietet. An der östlichen Seite des Sees entstanden die *Game-of-Thrones*-Szenen, die in den ersten Staffeln jenseits der Mauer spielen.

myvatn.is

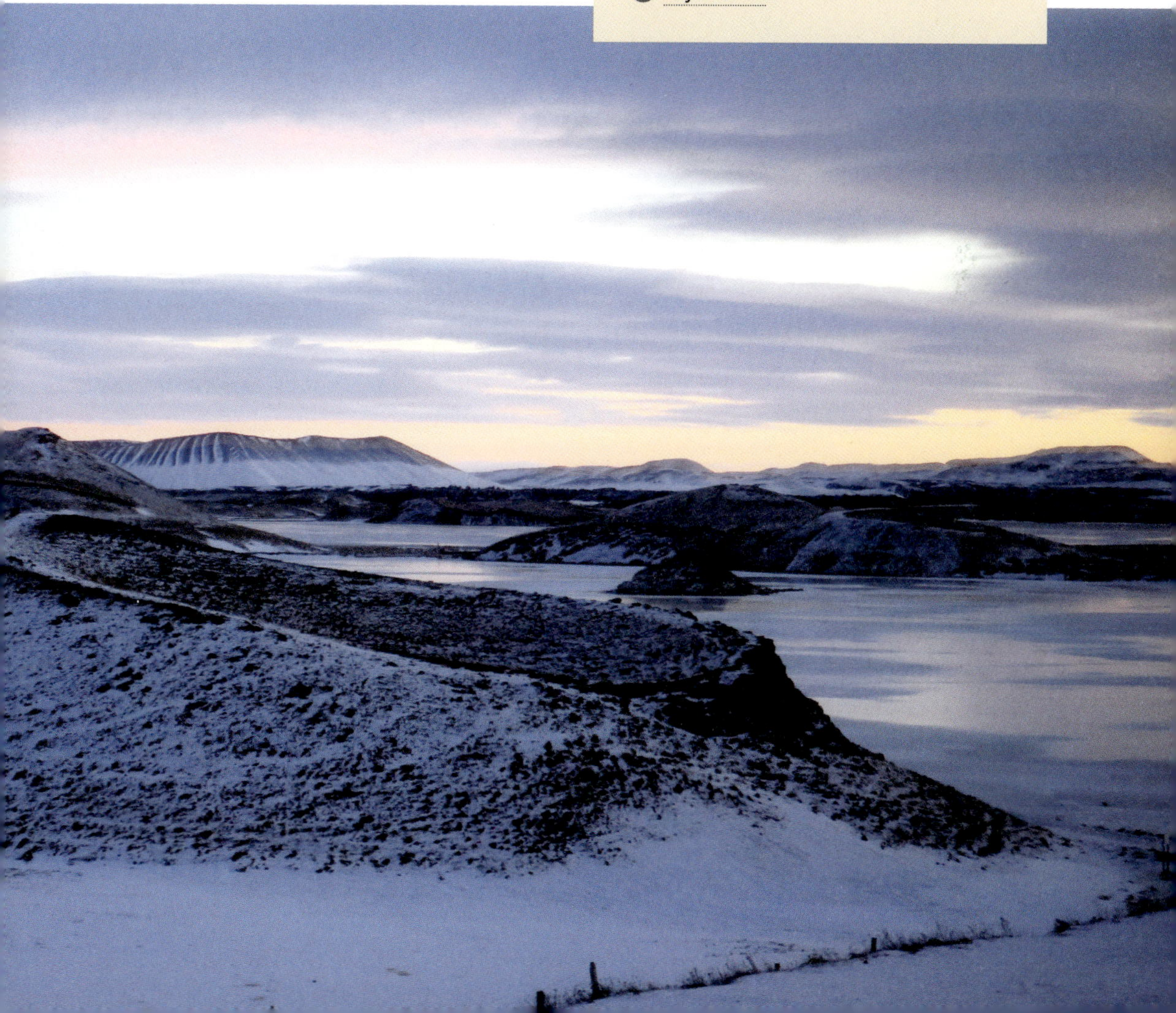

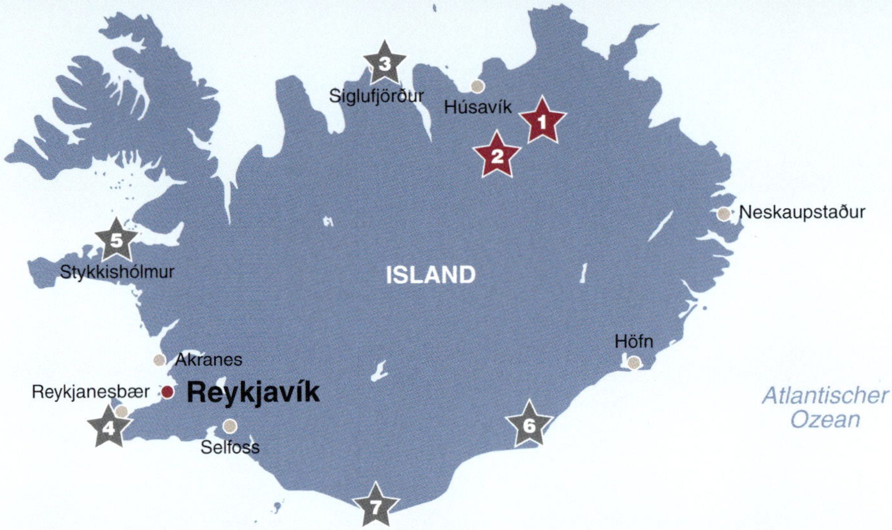

Weitere Filmtourismus-Tipps zu

Island

Sigló Hótel ★3

Snorragata 3, Siglufjörður, Island

Siglufjörður, die nördlichste Stadt Islands, wurde für die isländische Krimireihe *Trapped* zum Hauptdrehort eines verschlafenen Fischerdorfes, das sowohl mit mysteriösen Todesfällen als auch einem eisigen Schneesturm konfrontiert wird. Bei den Dreharbeiten befand sich das heutige Sigló Hótel noch im Bau, wurde aber samt Barbereich für eine Verfolgungsjagd zur Filmkulisse.

beta.keahotels.is/siglo-hotel

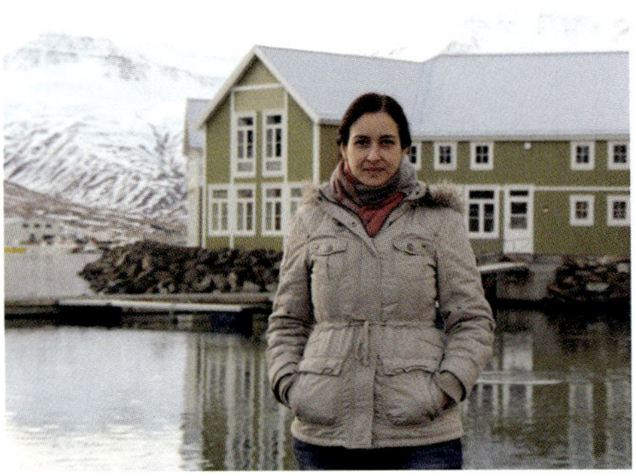

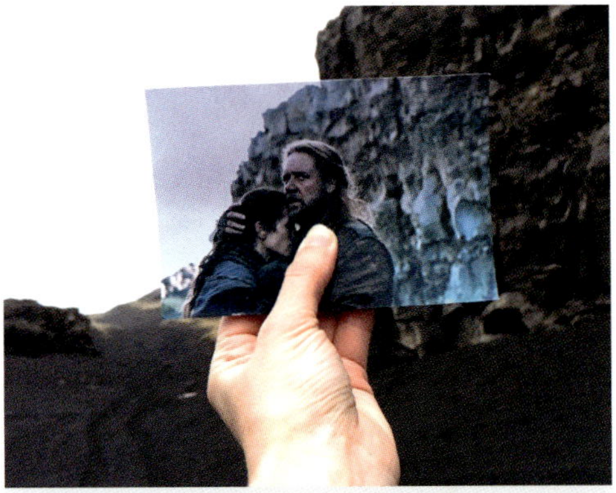

Brücke zwischen den Kontinenten ★4

63.868451, -22.674980, Hafnir, Island

In der Nähe von Sandvík lassen sich viele Gräben und Risse in der Vulkanlandschaft entdecken. Die »Brücke zwischen den Kontinenten« verbindet symbolisch die auseinanderdriftenden Kontinentalplatten von Nordamerika und Europa. Folgt man dem Graben weiter Richtung Meer, betritt man zumindest filmisch wieder prähistorisches Gefilde, denn hier entstand der Bibelfilm *Noah*.

Hafnargata

Stykkishólmur, Island

Ground control to Major Tom! Ben Stiller steigt hier zu den Klängen von *Space Oddity* im Film *Das erstaunliche Leben des Walter Mitty* in letzter Sekunde in den Helikopter ein. Die 1.200 Einwohner von Stykkishólmur erklärten sich bereit, während der Dreharbeiten »unsichtbar« zu bleiben. Eines der Häuser wurde extra für den Dreh schwarz angestrichen. Eine echte Bar gibt es dort leider (noch) nicht.

Svínafellsjökull

64.007118, -16.866200, Svínafell, Island

Svinafellsjökull, eine Gletscherzunge des Vatnajökull, schlüpfte für Christopher Nolans *Interstellar* in die Rolle des unbewohnbaren Eisplaneten, auf dem Matt Damon als Dr. Mann aus dem Kälteschlaf erwacht. Vom Parkplatz aus ist man schnell am Gletschersee. Wer direkt auf dem bläulichen Gletscher wandern möchte, sollte vorab eine geführte Tour buchen.
guidetoiceland.is

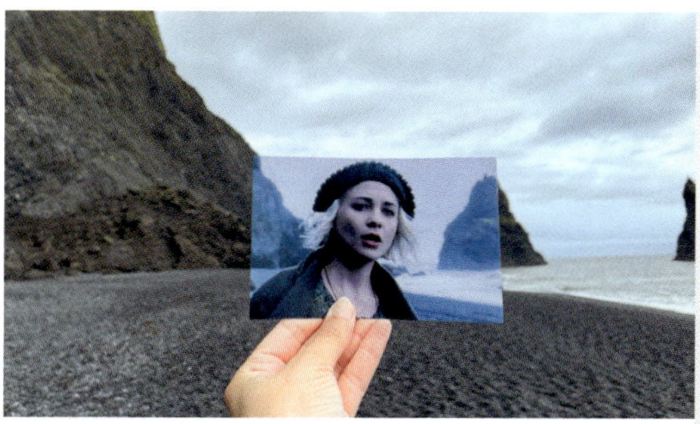

Reynisfjara

63.406791, -19.059018, Vík, Island

Der Strand Reynisfjara in der Nähe von Vík í Mýrdal im Süden von Island ist mit seinem schwarzen Kies, den Basaltsäulen und bizarren Felsformationen ein beliebtes Ziel bei Touristen und Filmemachern. So wurde etwa *Star Trek: Into Darkness* oder die Serie *Sense 8* hier gedreht. Vorsicht vor den kräftigen Wellen: Sie treiben häufig weiter den Strand hinauf, als man es erwartet.

► Weitere Island-Drehorte in den Kapiteln *Game of Thrones* (siehe Seite 234) und *Star Wars* (siehe Seite 244)

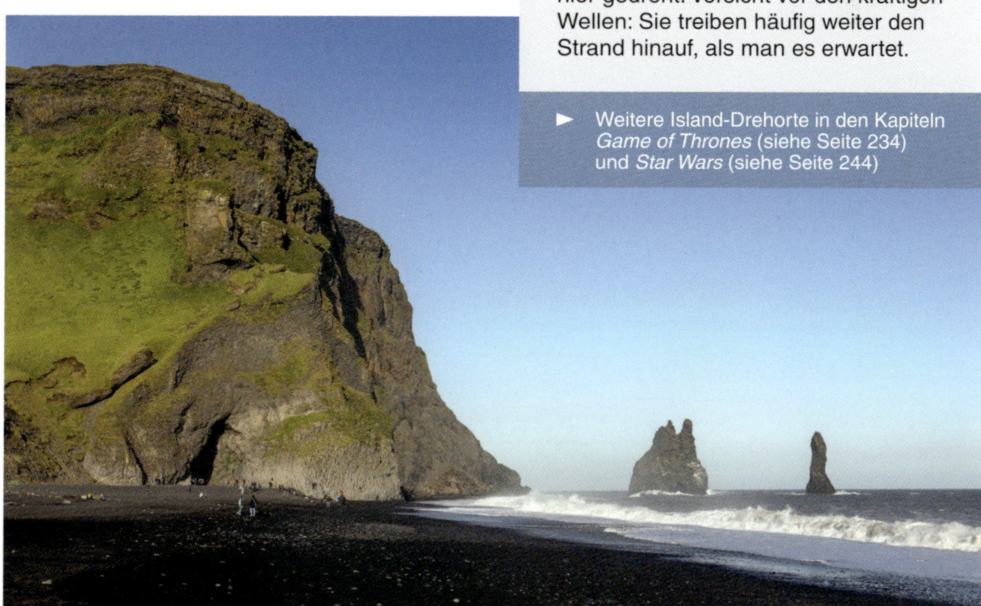

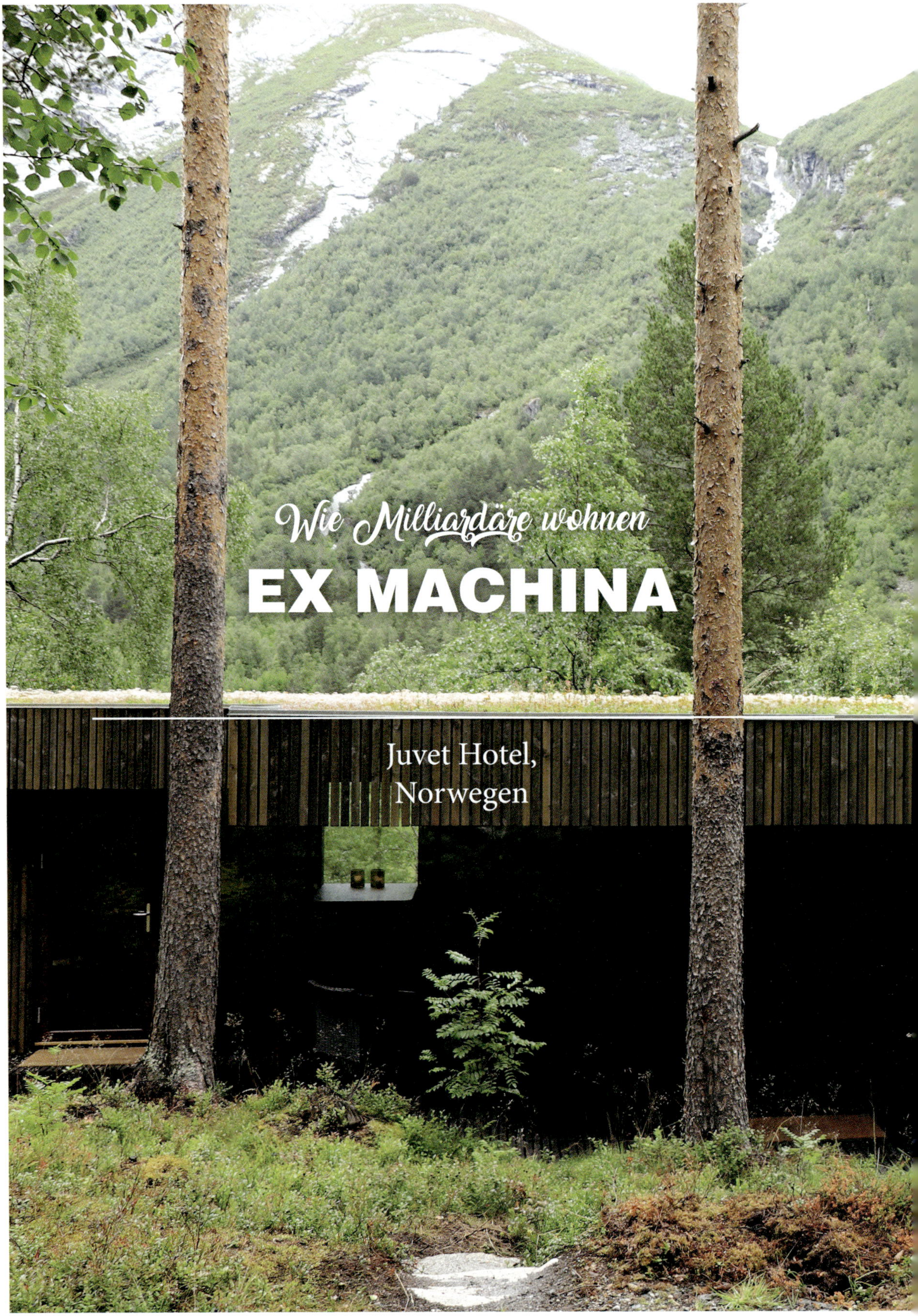

Wie Milliardäre wohnen

EX MACHINA

Juvet Hotel,
Norwegen

Die Welt der Superreichen bekommt man so gut wie nie zu sehen. Wenn doch, dann am ehesten im Kino, zumindest wie die Filmemacher sich diese Welt vorstellen. Und da hat sie selten mit Prunk und Protz zu tun, sondern mit einem ganz anderen Luxus: Privatsphäre. So auch in Alex Garlands Sci-Fi-Kammerspiel *Ex Machina,* in dem Internet-Milliardär Nathan, Programmierexperte Caleb und Roboterfrau Ava in einer abgeschiedenen, hoch technisierten Luxusvilla im Herzen von Alaska aufeinandertreffen.

Schon als ich den Film zum ersten Mal auf der großen Leinwand gesehen habe, habe ich inständig gehofft, diesen Ort möge es doch bitte wirklich geben und er sei nicht nur dem Kulissenbau entsprungen. Eine kurze Recherche auf dem Handy, direkt nach dem Abspann des Filmes, lieferte mir schließlich den Namen meines neuen Sehnsuchtsortes: das Juvet Hotel in Valldal, ein Landschaftshotel in Norwegen.

Beinahe fünf Jahre später stehe ich nun hier, irgendwo im Nirgendwo. In einer modernen Hütte mit Blick auf einen wunderschönen Landstrich direkt vor meiner Nase. Ist das wirklich wahr hier? Oder eine Fototapete? Der smaragdblaue Fluss, der durch das felsige Ufer rauscht, bestätigt mir: alles echt. Selbst das garstige Wetter draußen kann dem fantastischen Panorama nichts anhaben.

Das Juvet erfüllte die hohen Ansprüche des Filmteams: moderne Architektur inmitten atemberaubender Landschaft. *Ex Machina* holte sich den Oscar für die besten visuellen Effekte. Gäbe es einen solchen Preis auch für Drehorte, dieses Hotel hätte ihn meiner Meinung nach verdient.

Die modern designten Chalets, aus denen das Juvet besteht, wurden von den norwegischen Architekten Jensen und Skodvin entworfen. Während im Film eine Besucherkarte mit Foto als Schlüssel dient, benötige ich für den Zutritt nur einen Türcode. Die meisten Filmszenen wurden im Spa-Bereich des Hotels gedreht. Auf der kleinen Terrasse vor dem Spa trifft der nervöse Caleb zum allerersten Mal auf Firmenchef Nathan, der ihn in sein privates Refugium eingeladen hat, um KI-Androidin Ava zu bewerten. Jetzt baden hier zwei Hotelgäste im warmen Whirlpool.

Mit einem Schirm bewaffnet mache ich mich auf einen kleinen Spaziergang und finde sowohl die Wiese, auf der der Hubschrauber Caleb absetzt, als auch die Stelle am Fluss, an der Ava wiederum auf den Heli wartet. Unter dem kleinen Holzdach hoch über dem Fluss, an dem Caleb Nathan fragt, warum er Ava gebaut hat, mache ich eine kurze Regenpause. Meine Gedanken schweifen jetzt sorgenvoll um das Thema des Filmes und die These, wonach künstliche Intelligenz irgendwann die menschliche Intelligenz übertreffen wird.

Auf meinem Rückweg zum Chalet sehe ich einen Rasenmäher-Roboter gemächlich seine Runden drehen. Wie beruhigend. Von ihm geht heute keine Gefahr aus. Und abhauen will er auch nicht.

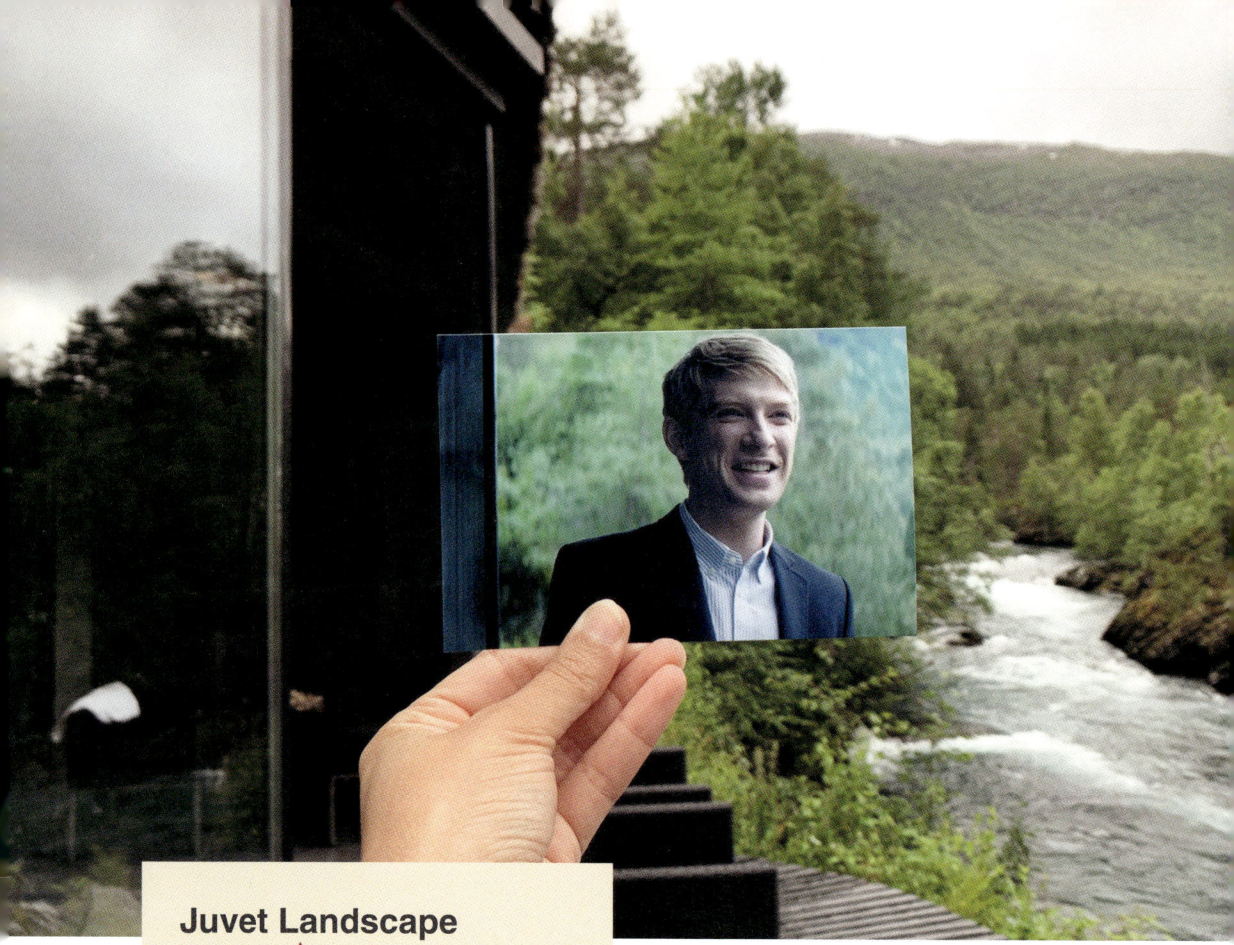

Juvet Landscape Hotel ★1

Alstad 24, 6210 Valldal, Norwegen

Das Viersternehotel diente als wichtigste Location für *Ex Machina* und während der Dreharbeiten in Norwegen auch als Unterkunft für den Regisseur und die Filmcrew. Die sieben Chalets sind unterschiedlich, aber alle modern eingerichtet. Je nachdem aus welcher Richtung man kommt, empfehle ich bei An- oder Abreise den filmreifen Trollstigen mit seinen Haarnadelkurven zu fahren.

juvet.com

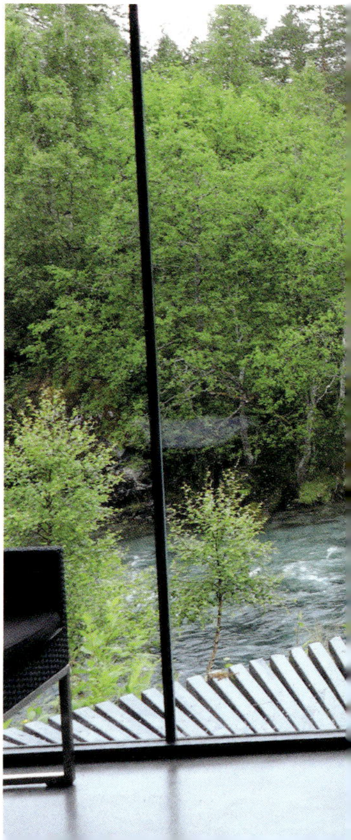

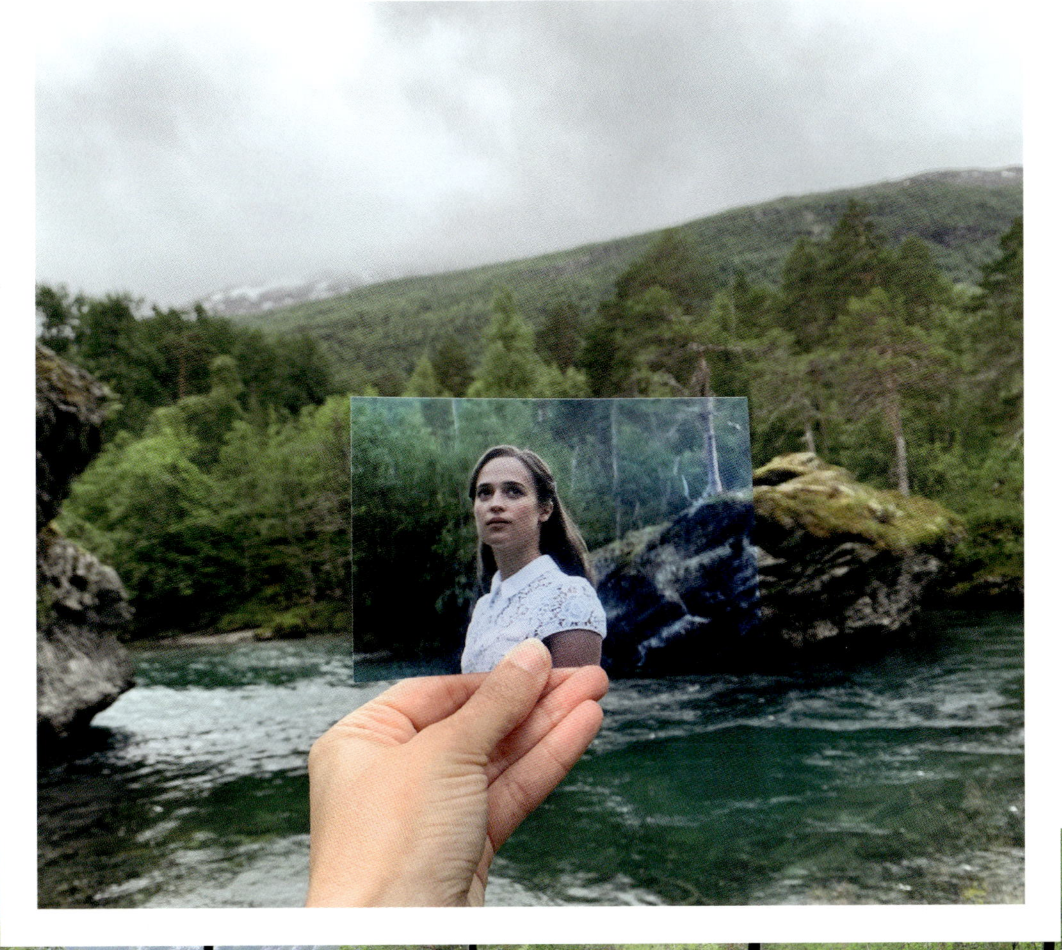

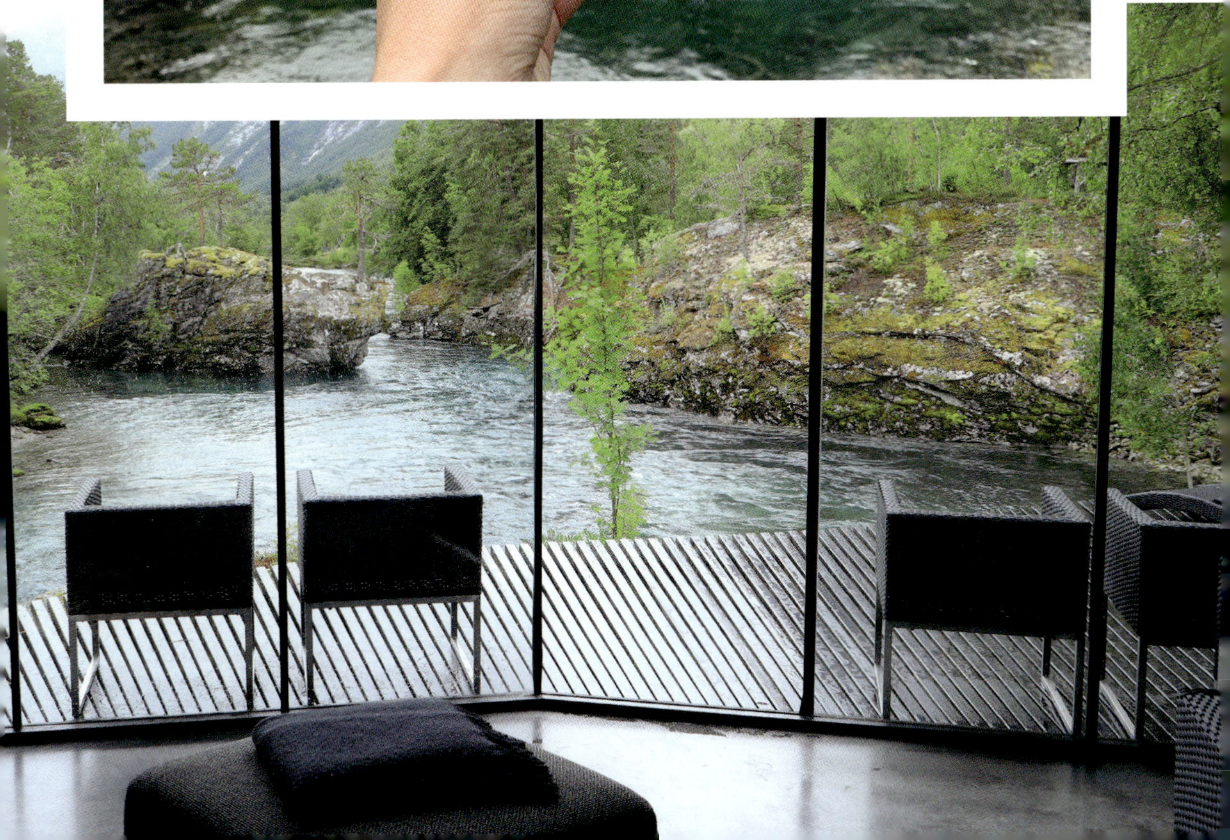

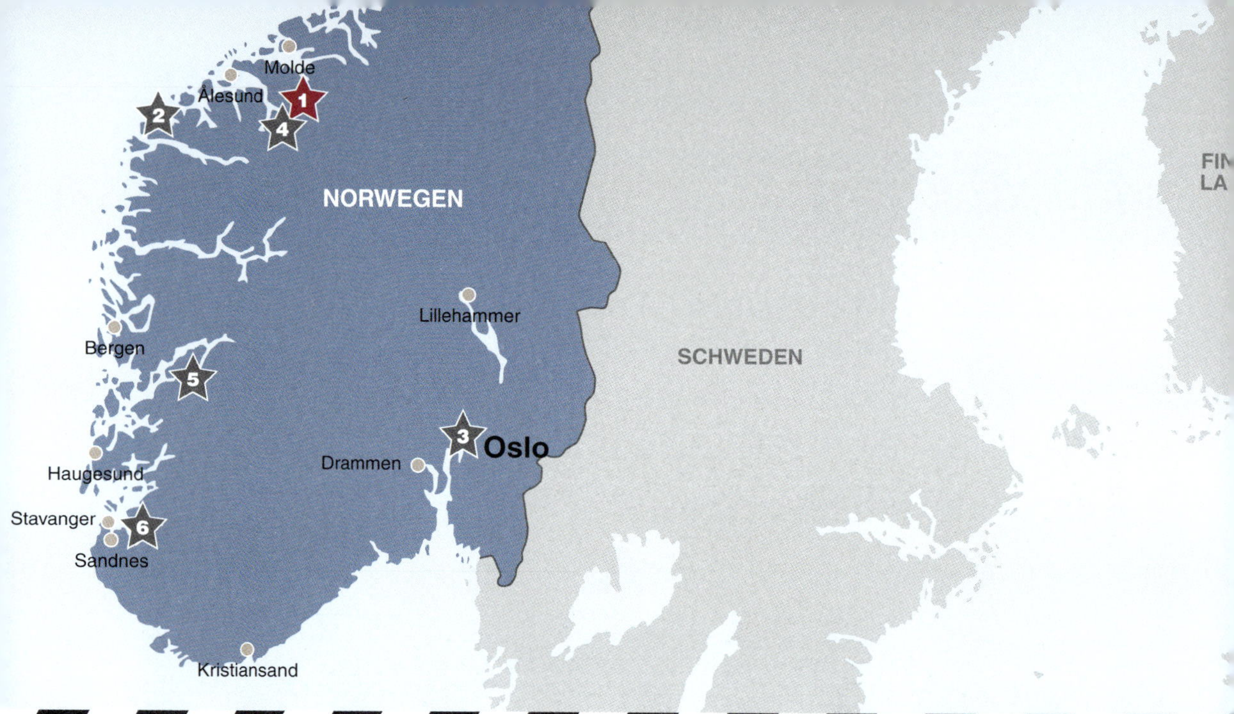

Weitere Filmtourismus-Tipps zu

Norwegen

Myresanden 2

Indre Drage, Stadlandet, Norwegen

Wenn Timothée Chalamet im Sci-Fi-Abenteuer *Dune* in seiner Rolle als Paul Atreides an einem Strand seines Heimatplaneten Caladan spazieren geht, tut er das in Wahrheit an der Westküste von Stadlandet, am Myresanden. Wer der Halbinsel einen Besuch abstattet, sollte unbedingt auch einen Stopp am Vestkapp einplanen. Das markante Kap thront 500 Meter über dem Meer.

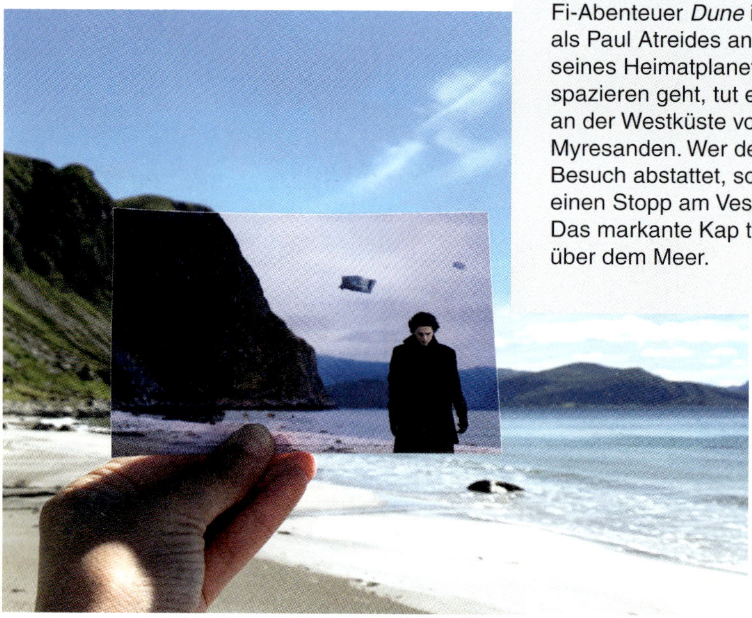

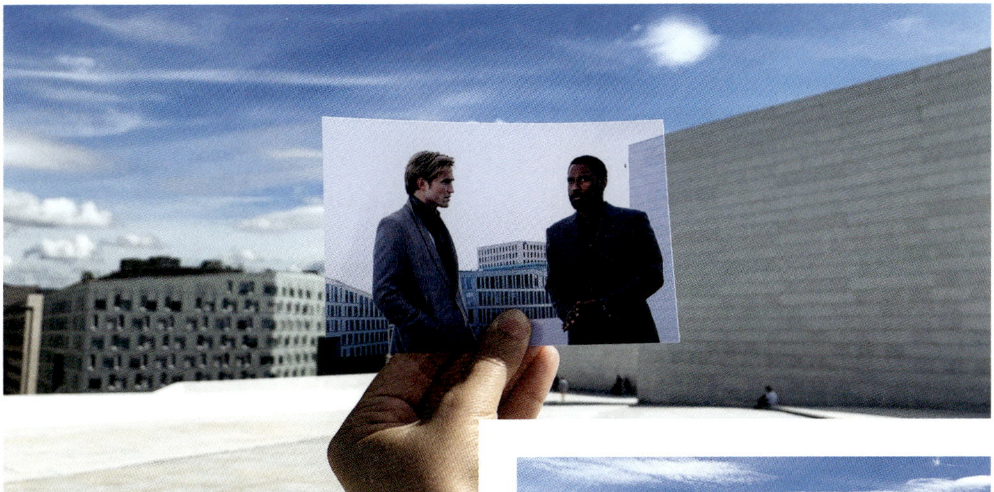

Operahuset Oslo ③

Kirsten Flagstads Plass 1, Oslo, Norwegen

In Christopher Nolans *Tenet* wird das Opernhaus Oslo zum Filmset. Das Bauwerk, das seit 2008 als Spielstätte der Norwegischen Oper dient, scheint mit seiner futuristischen Architektur und der strahlenden Fassade aus weißem Marmor wie gemacht für einen Nolan-Film. Das Operndach ist für Besucher frei zugänglich und bietet einen schönen Blick auf die Stadt und den Oslofjord.

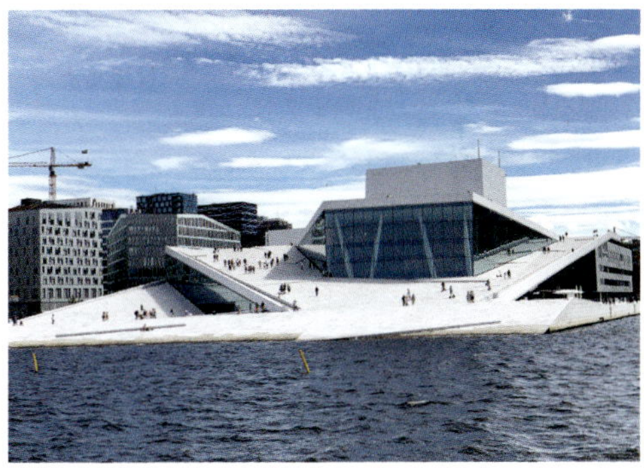

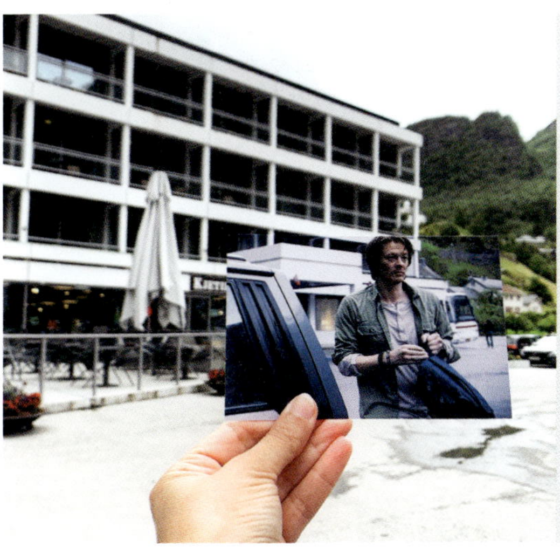

Geirangerfjorden Marina ④

Maråkvegen 51, Geiranger, Norwegen

Die Geschichte des norwegischen Katastrophenfilms *The Wave* ist am Geirangerfjord angesiedelt und von einem realen Felsbruch und der dadurch ausgelösten Flutwelle inspiriert. Eine Schifffahrt über den Fjord, vorbei an den steil herabstürzenden Wasserfällen, ist wunderschön. Den besten Blick von oben gibt es an den Aussichtspunkten Flydalsjuvet oder Ørnesvingen, übersetzt Adlerschwinge.

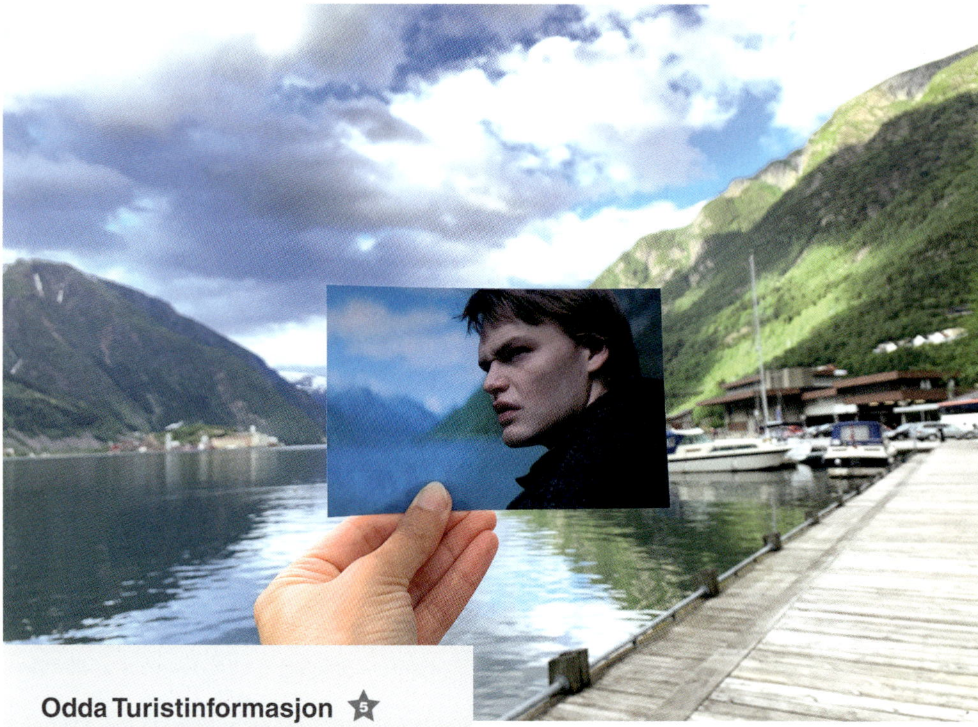

Odda Turistinformasjon ⑤

Torget 2, Odda, Norwegen

Fast alle Drehorte der Netflix-Serie *Ragnarök* für das fiktive Edda, vom Hafen bis zur Schule, befinden sich in der Stadt Odda am Sørfjord und wurden – bis auf das Anwesen der Familie Jutul – kaum für den Bildschirm verändert. Inzwischen hat Netflix der Stadt sogar einen Gedenkstein zur Serie vermacht, der in der Nähe des Torget am Wasser aufgestellt wurde.

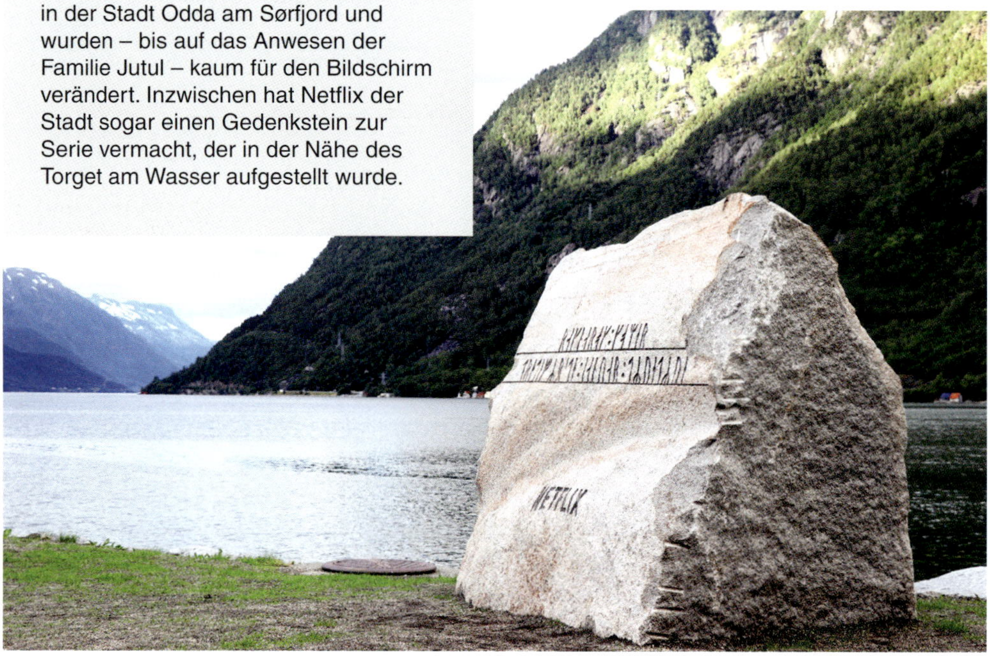

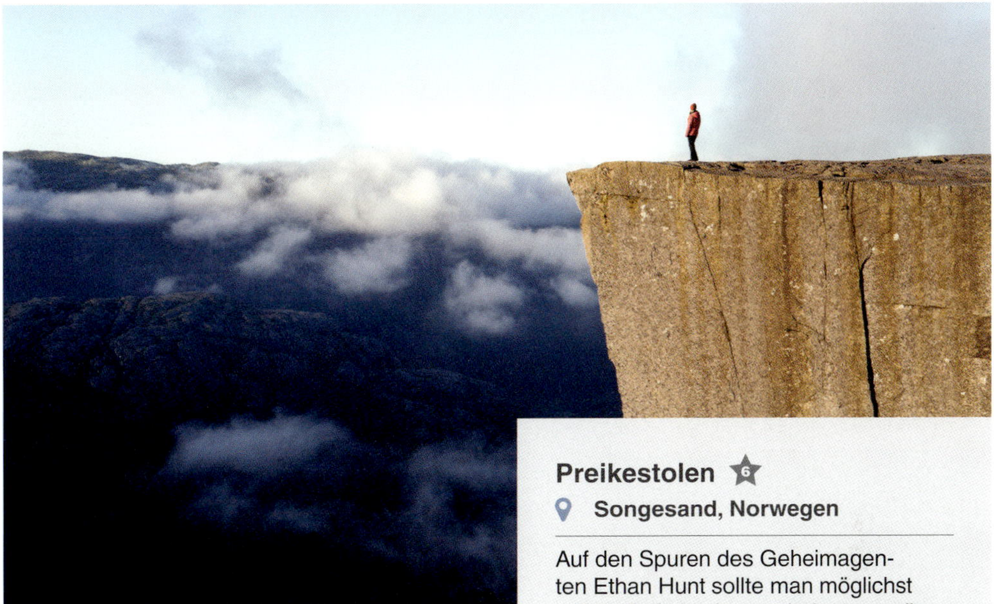

Preikestolen ★6

Songesand, Norwegen

Auf den Spuren des Geheimagenten Ethan Hunt sollte man möglichst schwindelfrei sein, zumindest was die Schlussszene von *Mission: Impossible – Fallout* betrifft. Der Showdown am Rand einer messerscharfen Klippe im Himalaya-Gebirge entstand in Realität auf dem berühmten Preikestolen – auf Deutsch Predigtstuhl. Zum Felsplateau führt eine etwa zweistündige Wanderung, die mit einem herrlichen Blick über den Lysefjord belohnt wird.

► Weitere Norwegen-Drehorte in den Kapiteln *James Bond* (siehe Seite 256) und *Star Wars* (siehe Seite 244)

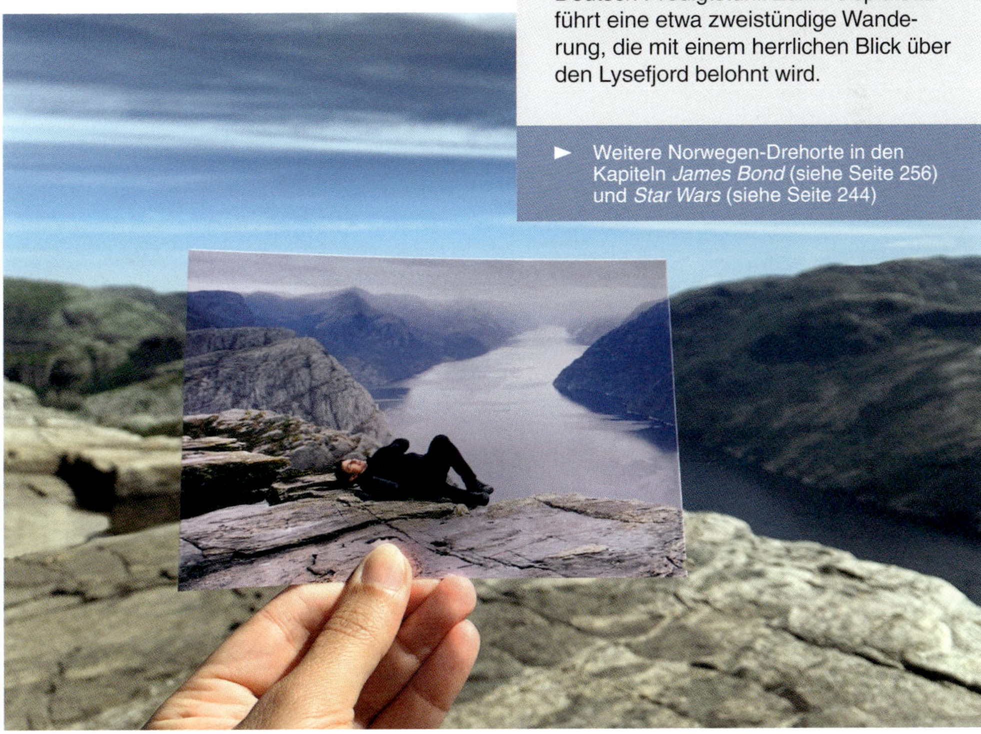

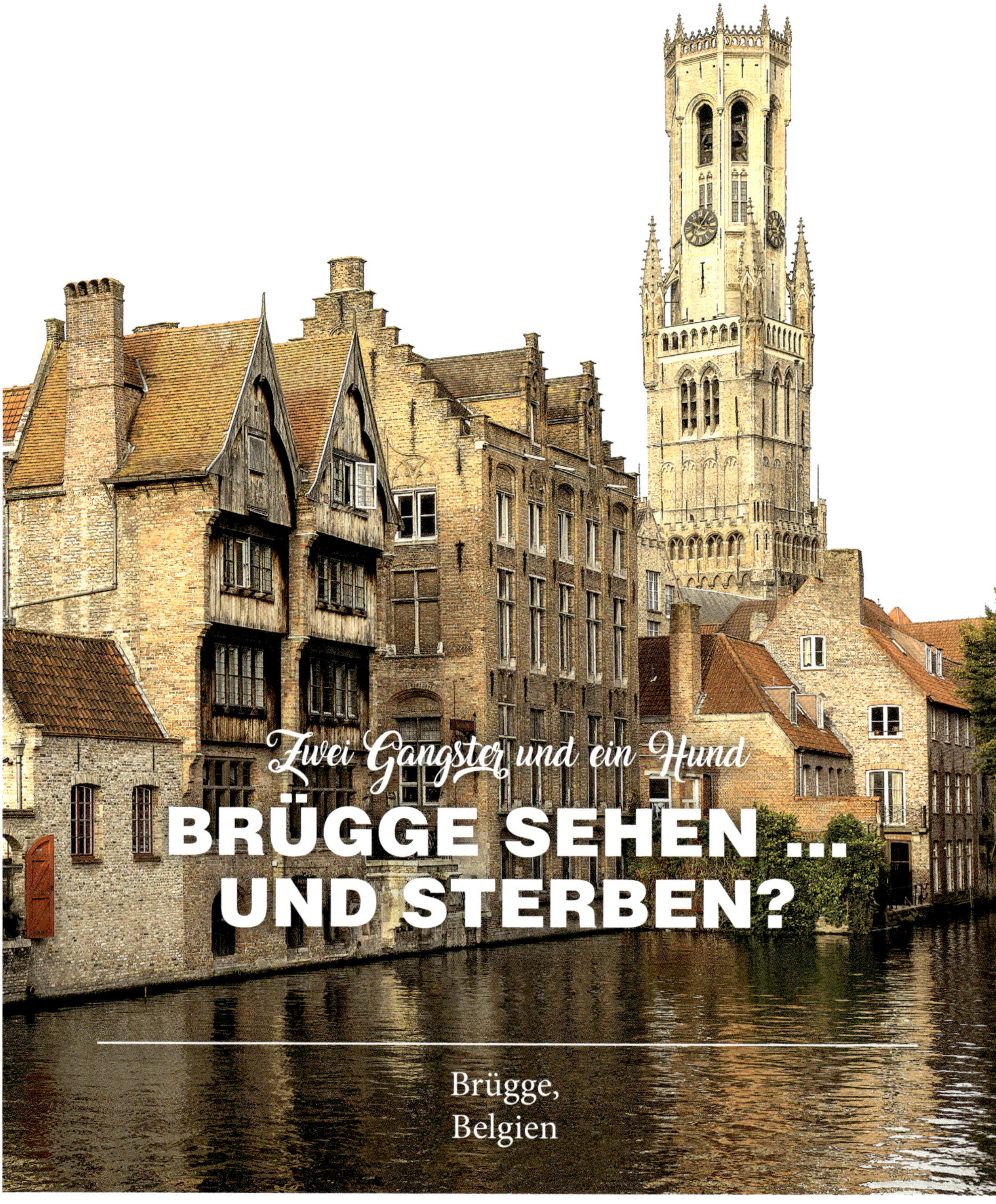
Zwei Gangster und ein Hund
BRÜGGE SEHEN …
UND STERBEN?
Brügge,
Belgien

»Vielleicht ist genau das die Hölle, in Brügge zu sein bis in alle Ewigkeit!« So lautet zumindest die Vermutung von Auftragskiller Ray, der im düsteren Märchen *Brügge sehen ... und sterben?* zusammen mit Gangsterkollege Ken in dem belgischen Städtchen festsitzt. Und obwohl Brügge in dieser finsteren Story rund um Drogenhandel, Diebstahl und Mord alles andere als gut wegkommt, ist sie genau der Grund, weshalb ich nun selbst hier bin. Denn bei näherem Hinsehen wird der Film zu einem fantastischen Reiseführer durch die Stadt.

Ken begeistert sich für Brügge, Ray langweilt sich buchstäblich fast zu Tode. Schon als ich auf dem Marktplatz auf den über 80 Meter hohen Belfort blicke, bin ich eindeutig auf Kens Seite. Die mittelalterlichen Glockentürme, auch Belfriede genannt, sind für flämische Städte typisch und gelten als Symbol bürgerlicher Unabhängigkeit. Für die herrliche Aussicht von oben steige ich 366 Stufen die Wendeltreppe hoch, die Ray manchen Touristen nicht zutrauen will.

Nur hundert Meter weiter erreiche ich die Heiligblutbasilika, die eine der heiligsten Reliquien ganz Europas beherbergt. In einem silbernen Tabernakel wird die Phiole aufbewahrt, die im Jahr 1150 von einem Kreuzzug aus Jerusalem mitgebracht wurde und ein paar Tropfen Blut Jesu enthalten soll. In *Brügge sehen ... und sterben?* spielt die Basilika zwar auch eine Rolle, aber da sie den Brüggern nun mal so heilig ist, diente die Jerusalemkirche im Osten der Stadt als Double.

Dafür spielten viele Brügger selbst im Film mit – sogar der Bürgermeister. Und ein berühmter Hund. Nicht schlecht staune ich jedenfalls, als ich den Kanal am Steenhouwersdijk entlang spaziere und am offenen Fenster genau den haarigen Komparsen wiedererkenne, der auch einen Sekundenauftritt im Film hat. Er liegt genau an derselben Stelle wie in der kurzen Einblendung und hält ein Nickerchen, seine Schnauze an der frischen Luft. Sieht aus, als würde er die angebliche Langeweile der Stadt, die Ray so frustriert, richtig genießen.

Eine schnelle Recherche am Handy verrät mir, dass der Hund Fidéle heißt und quasi selbst schon zu den Touristenattraktionen der Stadt gehört. Auch bei den Bootsführern ist der Labrador Retriever bekannt. Durch die dauerhafte Präsenz an seinem prominenten Platz ist er der meistfotografierte Hund in Brügge. Und so hat er sich vermutlich seine Filmrolle im wahrsten Sinne im Schlaf ergattert.

Von Fidéles Plätzchen aus habe ich es nicht weit zur Groene Rei, wo Ray durch seine Brügger Freundin Chloë doch noch etwas seinen Aufenthalt genießt. Vorbei am Fischmarkt gehe ich über das Kopfsteinpflaster weiter zum Rozenhoedkaai, von wo aus Ken im Film gemütlich durch die Stadt schippert. Mein Blick geht zurück Richtung Belfort und links davon sehe ich das Relais Bourgondisch Cruyce, in dem Ken und Ray sich einquartiert haben. Augenblicklich wird es meine Lieblingsperspektive auf die Stadt.

Doch warum bloß kann Ray sich nicht für Brügge erwärmen? Bei all der Schönheit und Geschichtsträchtigkeit? Ken erklärt es uns im Film: Er ist der schlechteste Tourist der Welt!

Belfort ★1

Markt 7, Brügge, Belgien

Rund um den Marktplatz und den Glockenturm sind fast alle Drehorte aus *Brügge sehen ... und sterben?* gut zu Fuß erreichbar. Dabei kommt man automatisch an den schönsten Plätzen der Stadt vorbei. Filmstar Fidéle sucht man jedoch leider umsonst, er ist 2016 gestorben. Auf der Website der Stadt Brügge ist eine *Movie Map* mit allen Locations zum Film abrufbar.

visitbruges.be/in-bruges-movie-map-2020-de

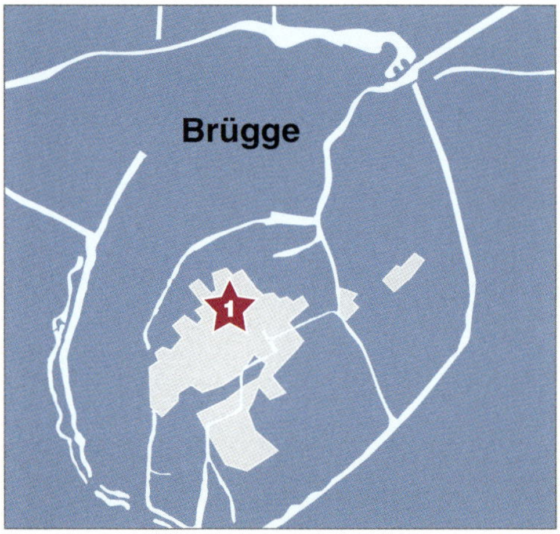

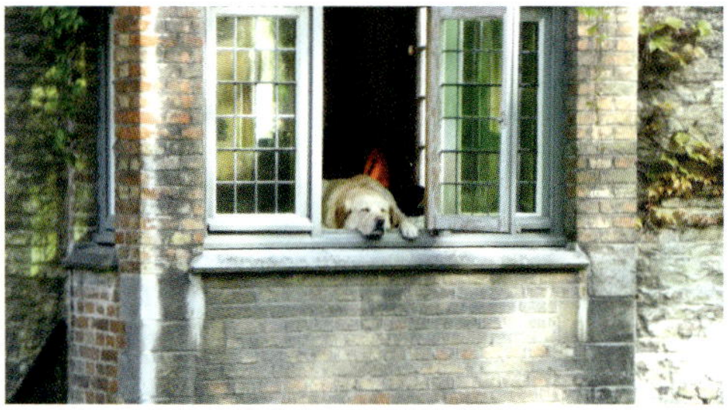

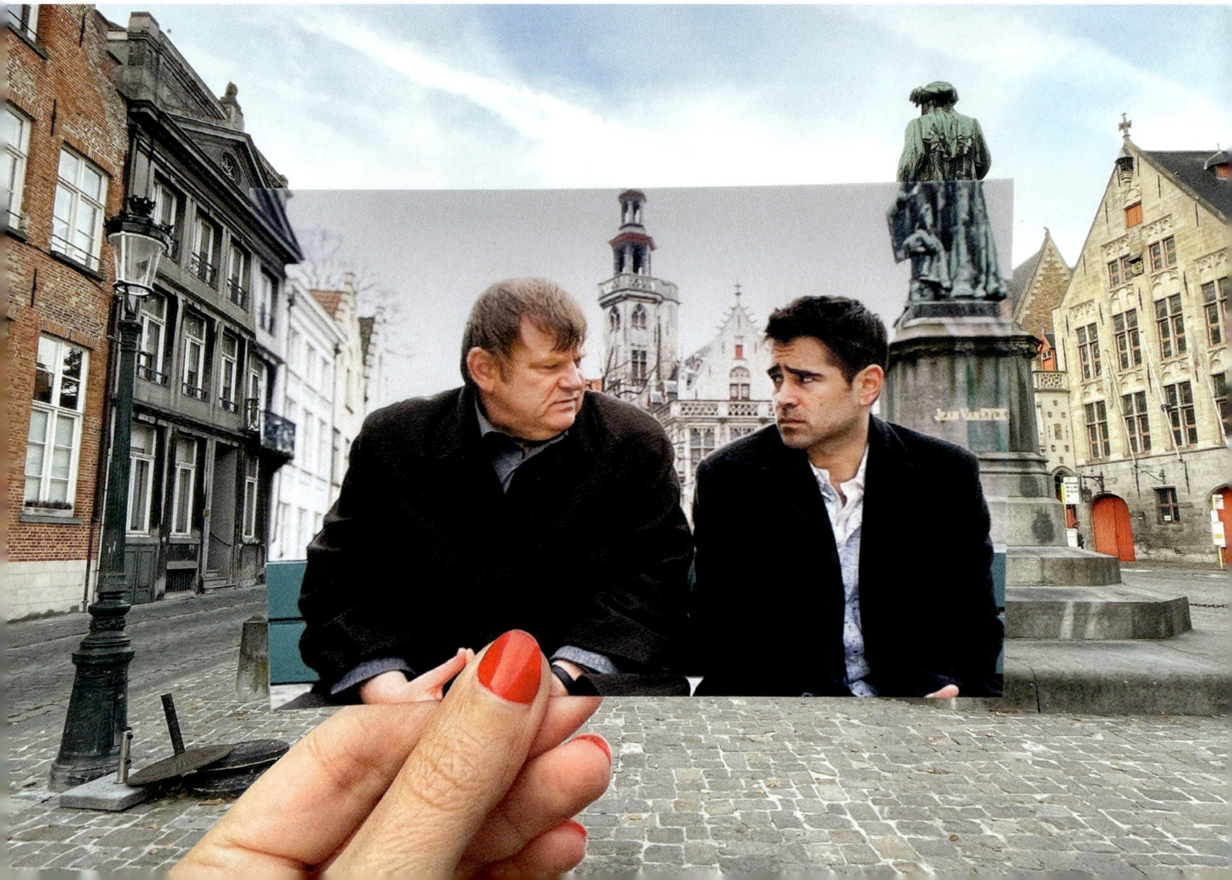

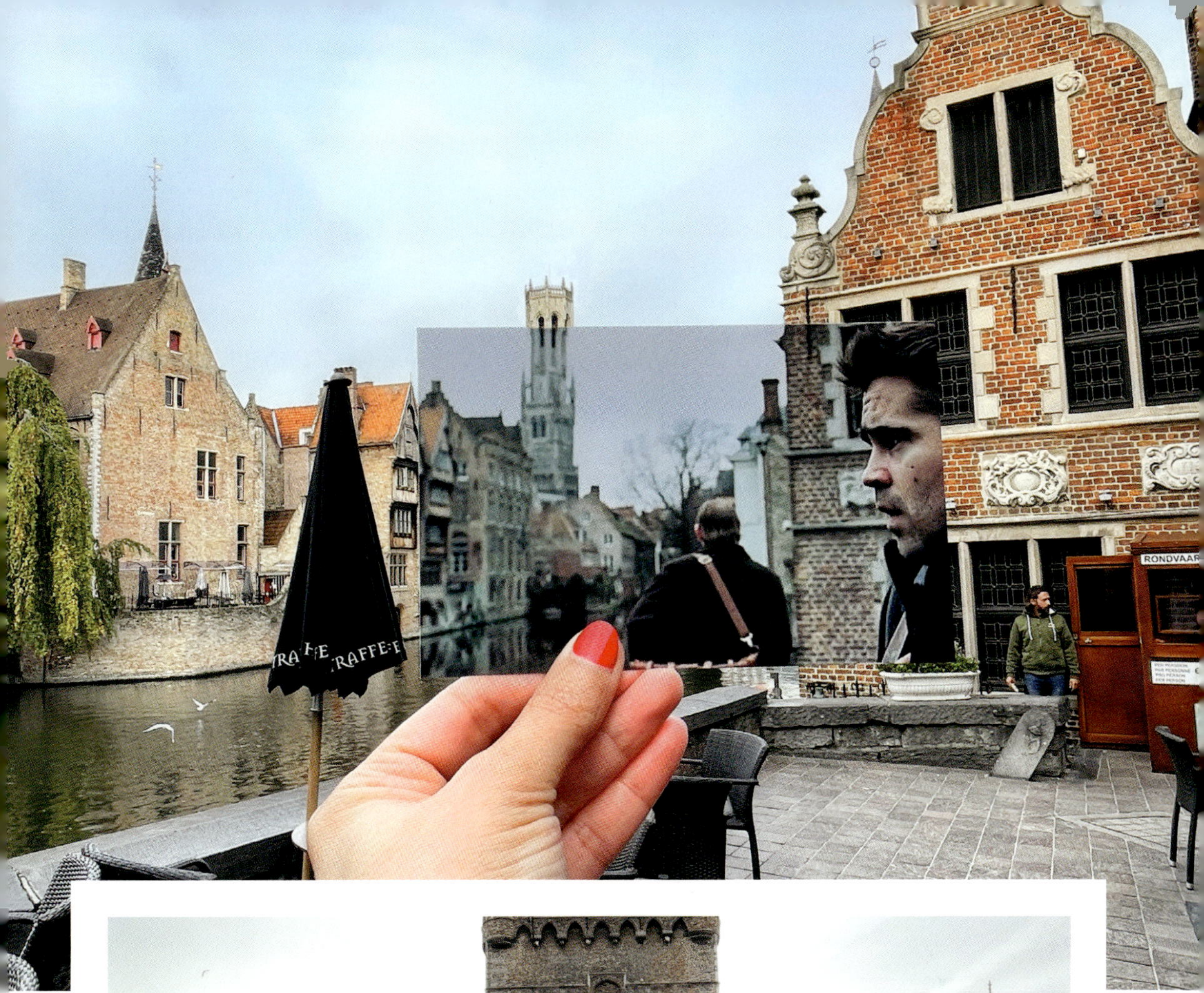
RONDVAAR

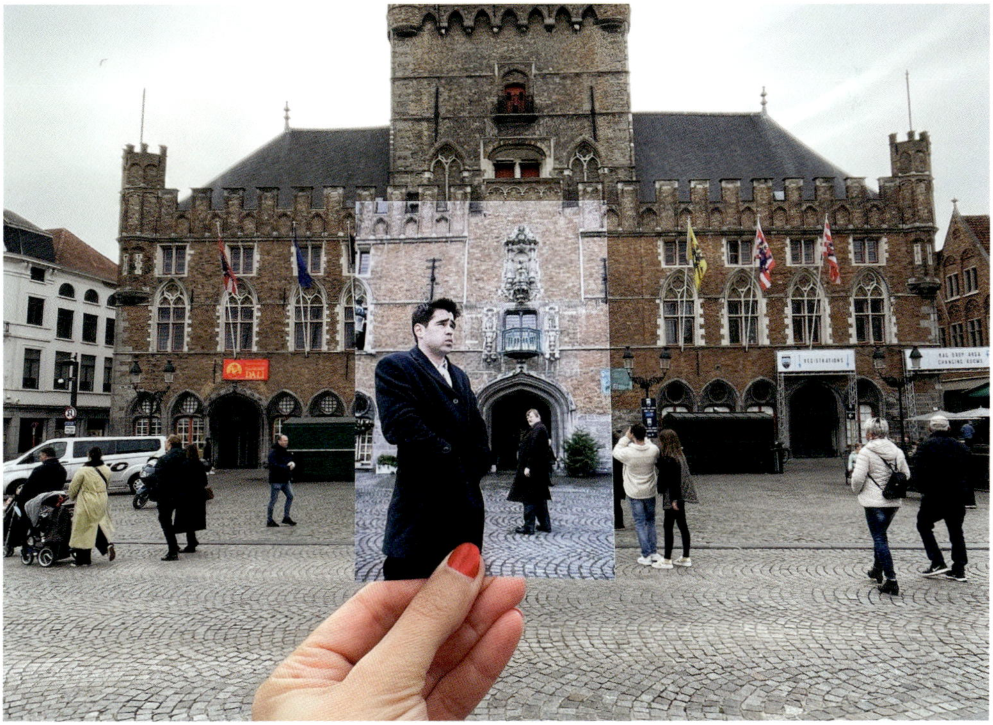

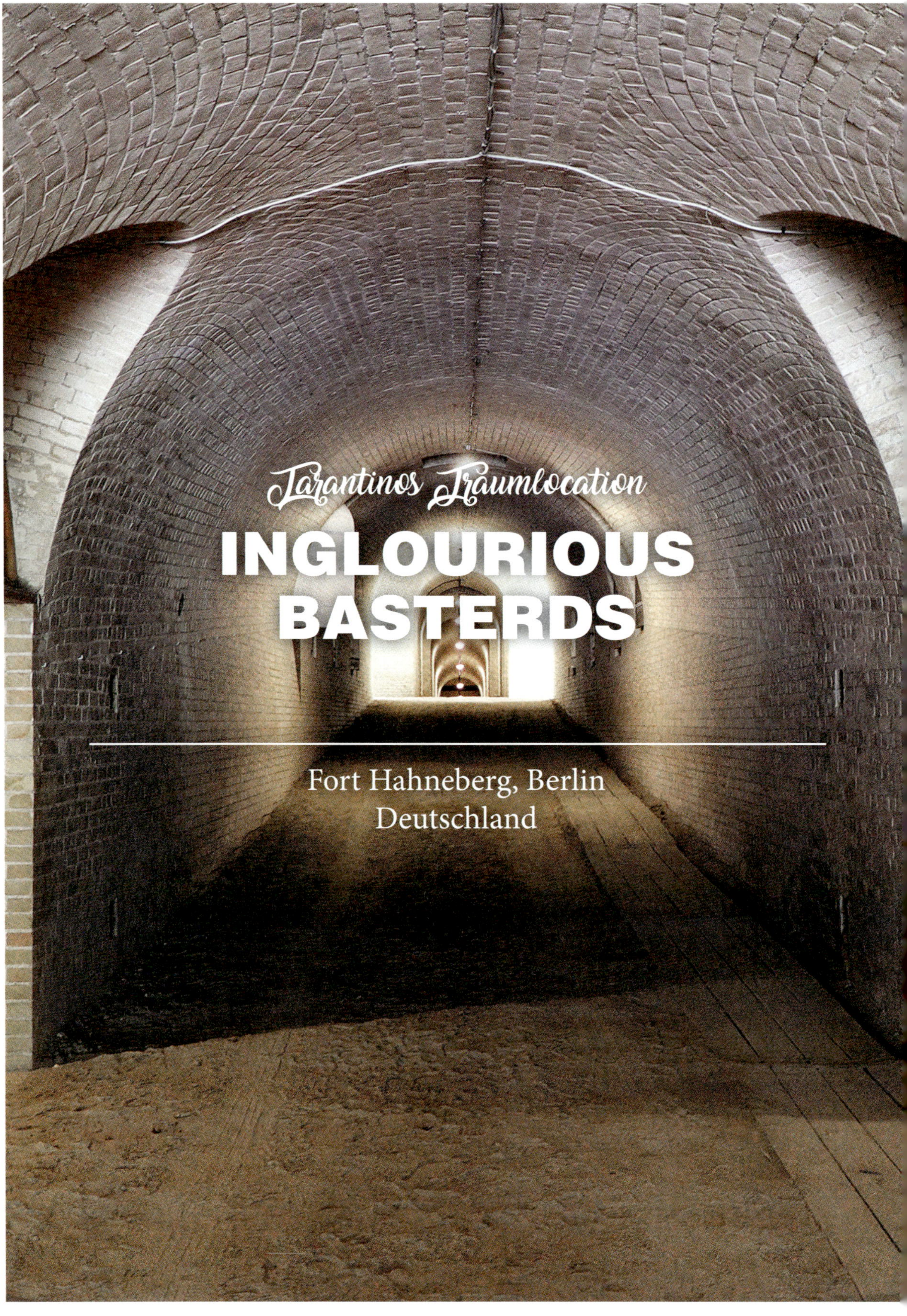

Tarantinos Traumlocation

INGLOURIOUS BASTERDS

Fort Hahneberg, Berlin
Deutschland

***»Beautiful!«*, schwärmte Quentin Tarantino als er sich 2008 auf Motivbesichtigung für seinen Nazi-Satire-Film *Inglourious Basterds* zum ersten Mal am Fort Hahneberg umsieht. Dann feuerte er mit einem imaginären Maschinengewehr eine Salve in die Runde. Von der Begeisterung des Kult-Regisseurs über diesen Drehort erzählt Siegfried Wittkopp, der heute eine kleine Gruppe von Geschichts- und Film-Interessierten durch die Anlage führt. Er ist Vorsitzender der Schutzgesellschaft, die sich seit ihrer Gründung 1993 um das einst vergessene Fort am westlichen Stadtrand von Berlin kümmert.**

Der Schutz gilt laut Wittkopp nicht nur der Festung selbst, sondern auch der Natur, die sich hier stark ausgebreitet hat. Ich bin ohnehin fasziniert von der ungewöhnlichen Geschichte des Forts: Ursprünglich wurde es 1888 zum Schutz von Spandau erbaut. Doch schon bei seiner Fertigstellung erfüllte es aufgrund neuer Waffentechniken nicht mehr seinen geplanten Zweck. Im Zweiten Weltkrieg diente es als Kaserne, nach Kriegsende wurden Teile des Forts gesprengt und als Baustoffquelle genutzt. Dann blieb der Ziegelbau jahrzehntelang, bis zur Wiedervereinigung, ein verlassener Ort im Sperrgebiet der Berliner Mauer. Eine lange Zeit, in der sich die Natur, darunter mehr als 250 Pflanzenarten, ungestört Raum zurückholen konnte.

Bereits lange vor Tarantinos Besuch haben Hunderte Fledermäuse das ramponierte Fort für sich entdeckt. Jedes Jahr kommen sie nun hierher zum Überwintern. Wittkopp zeigt auf die vielen Ritzen und Löcher im Gemäuer und sagt, das sei das perfekte Quartier für sie. Wir gehen weiter durchs kalte Gewölbe und da ich mich gleich zu Beginn der Tour als Filmtouristin geoutet habe, bekomme ich die Info, dass dort, in einer dunklen Ecke, die Gefängniszelle errichtet wurde, in der Til Schweiger als Feldwebel Hugo Stiglitz von den Inglourious Basterds befreit wird.

Kurze Zeit später gehen wir hintereinander durch den Schützengraben im Wald und die Tarantino-Fans in unserer Gruppe nesteln nun schon alle nervös an ihren Handys und Fotoapparaten herum. Wittkopp ahnt wohl, welche Frage gleich kommt, und zeigt uns den Stein, auf dem Brad Pitt im Soldaten-Outfit vor der Kamera saß. Pitt übernahm im Film die Rolle des Leutnants Aldo Raine, dem Anführer der Basterds. Mit seiner amerikanischen Guerilla-Truppe knöpft er sich in typischer Tarantino-Manier, also völlig erbarmungslos, die Nazis vor.

Während sich im Film in diesem Graben besonders brutale Szenen abspielen, in denen auch Eli Roth seinen großen Auftritt als »Bärenjude« Donny Donowitz hat, wurde hier im Fort Hahneberg und entlang seiner über einen Kilometer langen Außenmauer in Realität nie gekämpft. Und auch die Atmosphäre jetzt, mit fröhlichem Vogelgezwitscher aus dem Wald, könnte vom blutigen Filmgeschehen kaum weiter entfernt sein. Wir machen in Ruhe unsere Fotos, um uns herum summen die Wildbienen. Tja, wie Tarantino schon sagte: *»Beautiful!«*

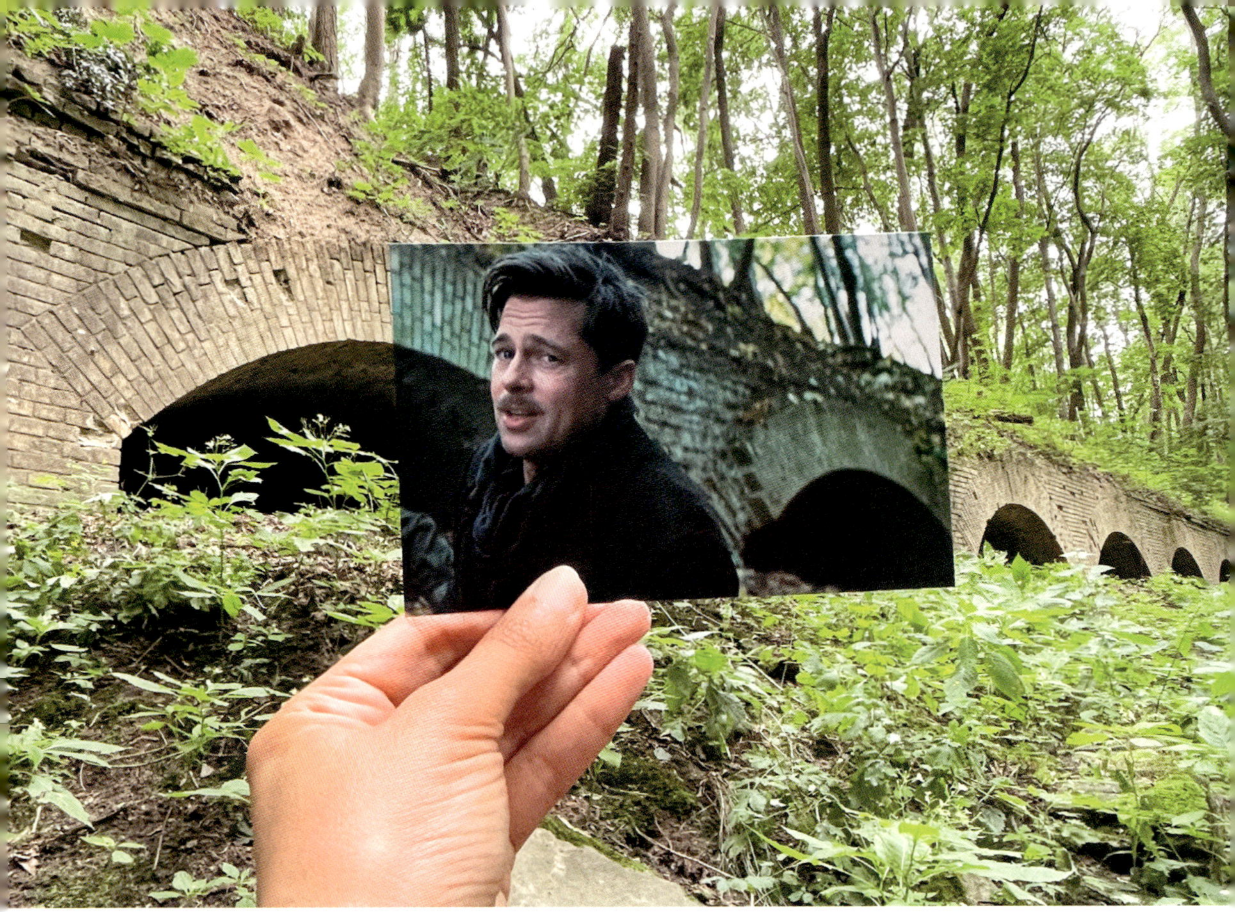

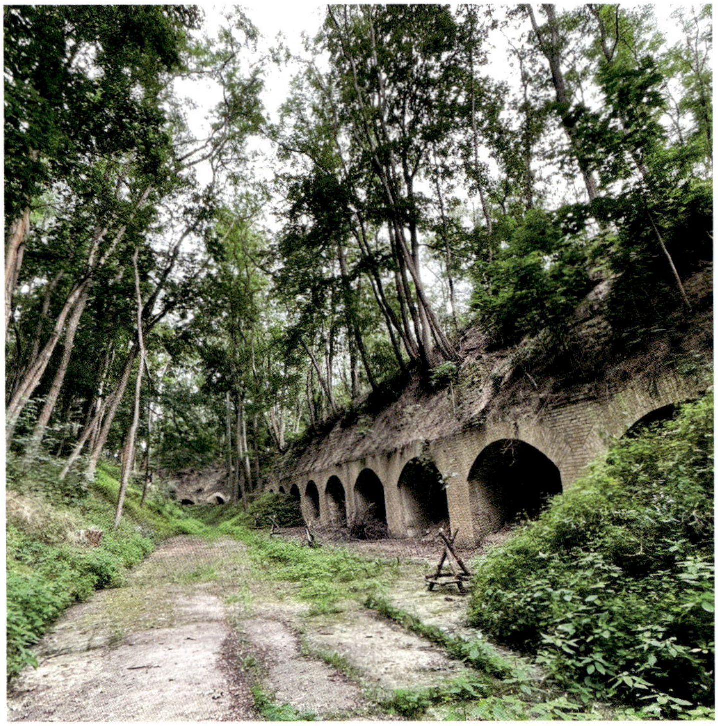

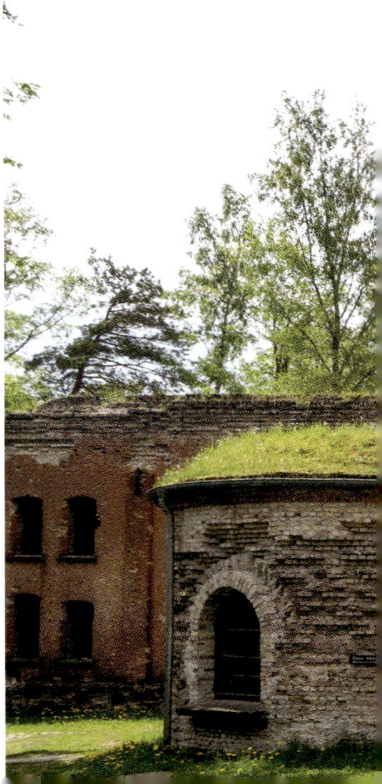

Fort Hahneberg 1

Hahnebergsweg 50, Berlin, Deutschland

Ein Besuch des Forts ist nur mit einer Führung und lediglich von April bis Oktober möglich. Die restlichen Monate dient das Fort den Fledermäusen als Winterquartier. Neben historischen Führungen gibt es auch spezielle Naturführungen und Schatzsuchen für Kinder.

forthahneberg.de

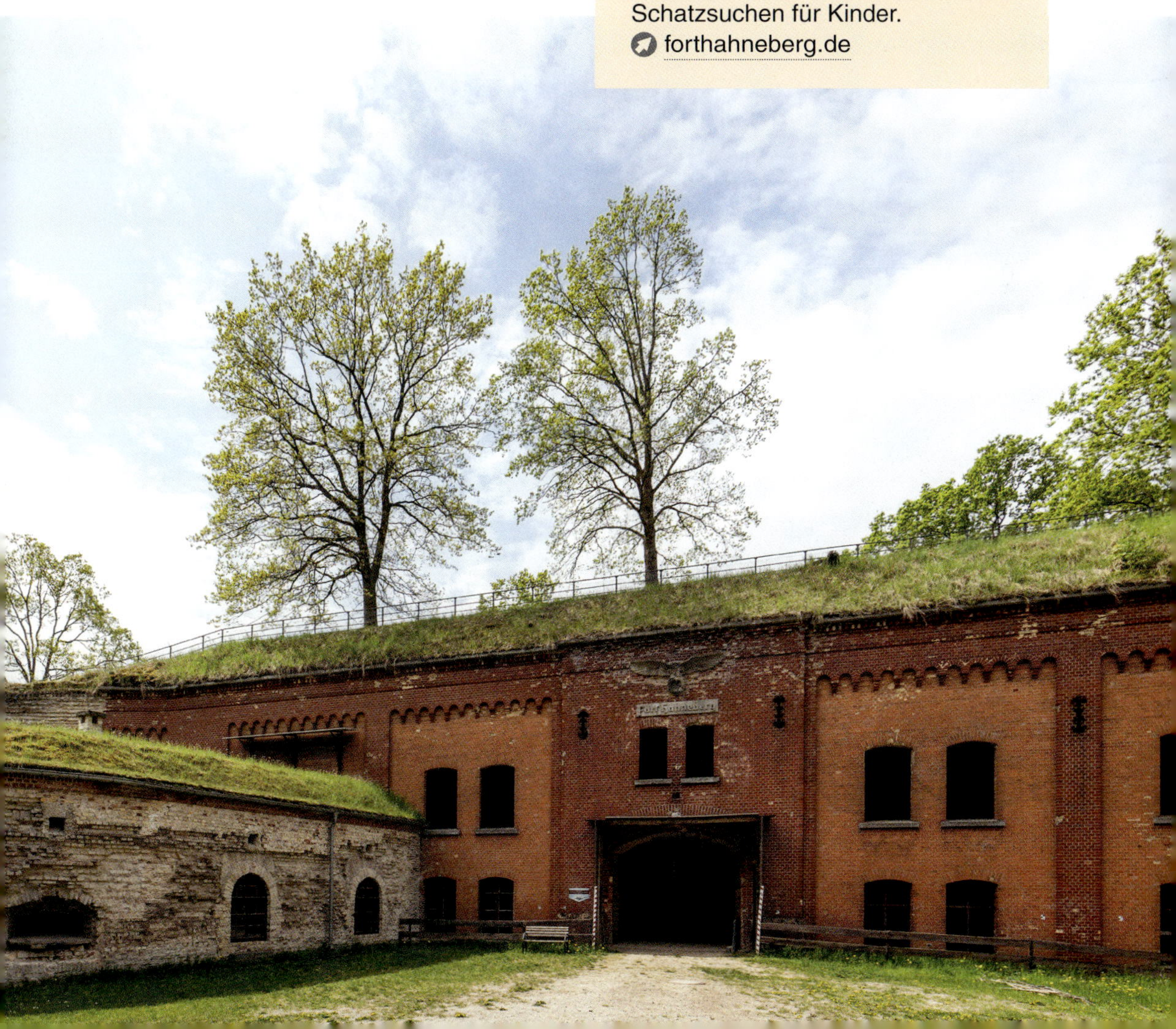

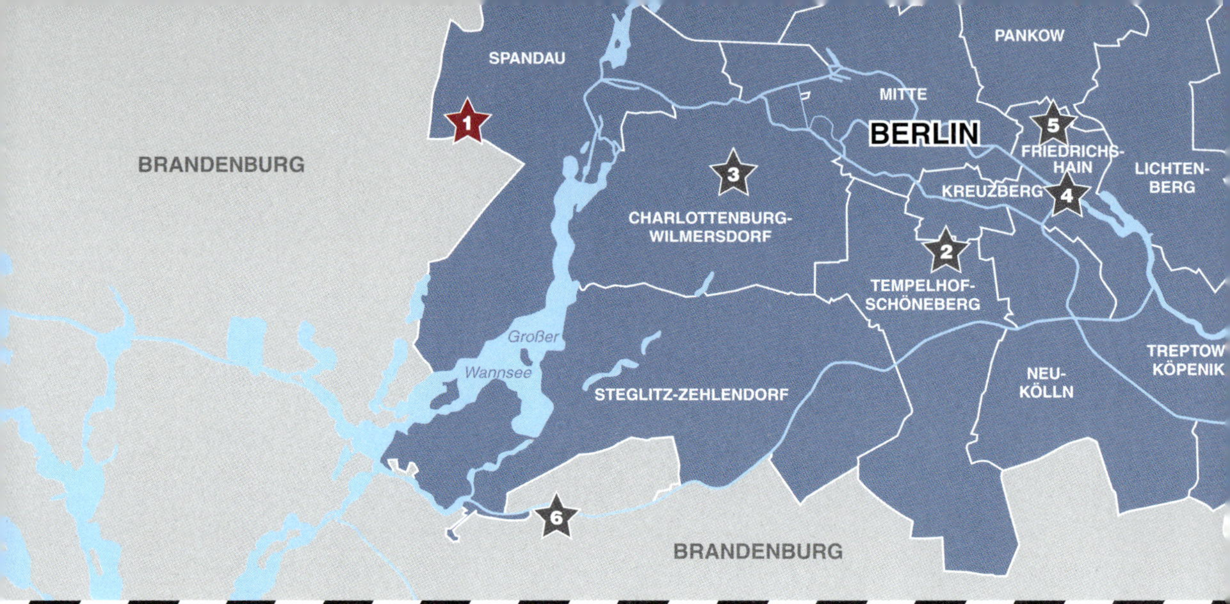

Weitere Filmtourismus-Tipps zu

Berlin

Flughafen Tempelhof 2

Platz der Luftbrücke 5, Berlin, Deutschland

Der ehemalige Militärflughafen Tempelhof in Berlin, wo die Flüge der historischen Luftbrücke von 1948 und 1949 stattfanden, wurde in *Die Tribute von Panem: Mockingjay 2* für die Szenen verwendet, die im Rebellenlagers des Distrikts 2 spielen. Steven Spielberg nutzte den Flughafen wiederum für seinen Thriller *Bridge of Spies* mit Tom Hanks. Das Flughafengebäude kann man auf verschiedenen Führungen besichtigen.

thf-berlin.de/fuehrungen

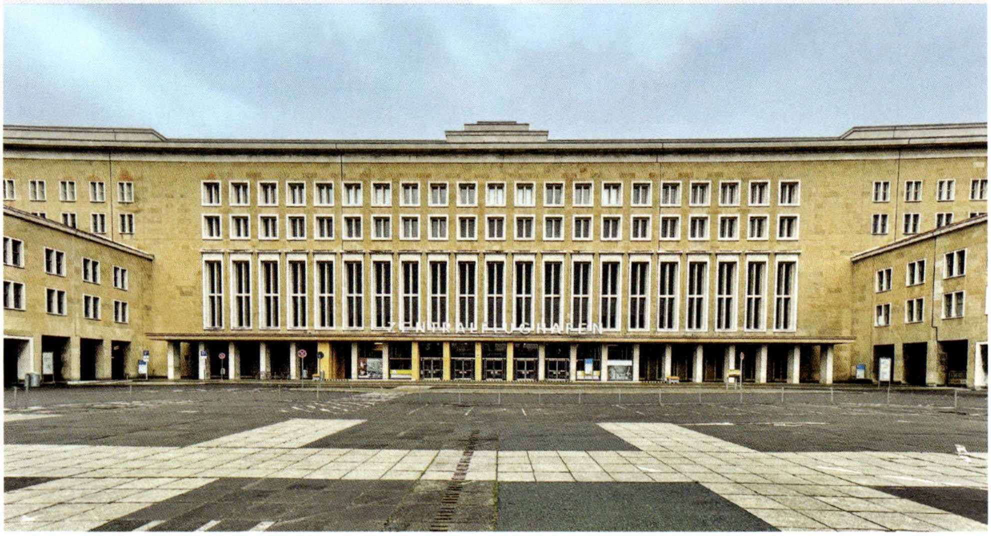

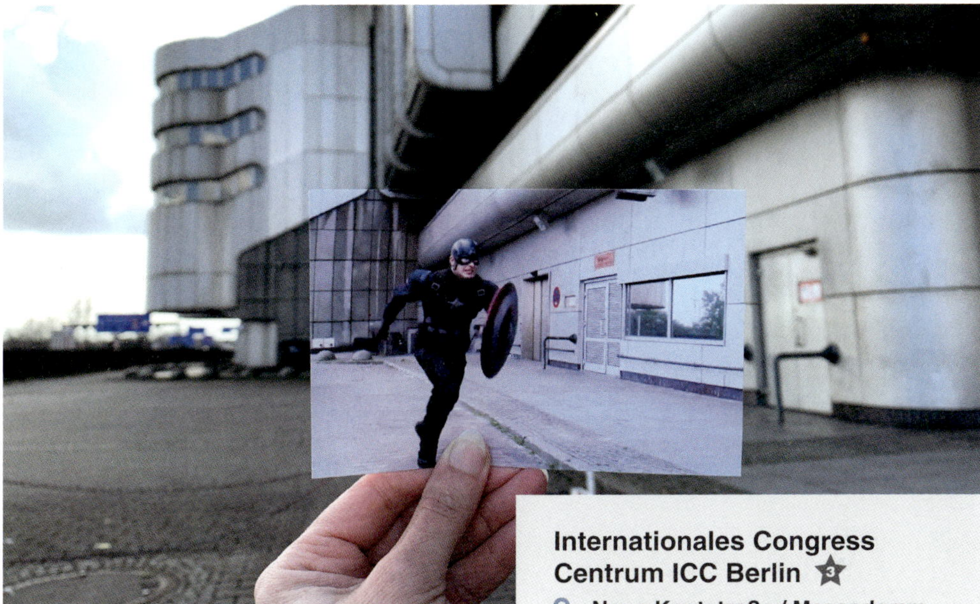

Internationales Congress Centrum ICC Berlin ★3

Neue Kantstraße / Messedamm, Berlin, Deutschland

Im Marvel-Film *The First Avenger: Civil War* liefern sich der Winter Soldier, Black Panther, Falcon und Captain America am ICC und der darunterliegenden Unterführung eine wilde Verfolgungsjagd, die schließlich von der deutschen Spezialeinheit GSG 9 beendet wird. Das marode ICC wurde 2014 geschlossen. Seine künftige Nutzung ist noch ungewiss. Dieselbe Unterführung am Messedamm, leicht wiederzuerkennen an den orangefarbenen Kacheln, diente in *Die Tribute von Panem: Mockingjay 2* als Untergrund des Kapitols und in *Die Bourne Verschwörung* als Double für den Moskauer Flughafen.

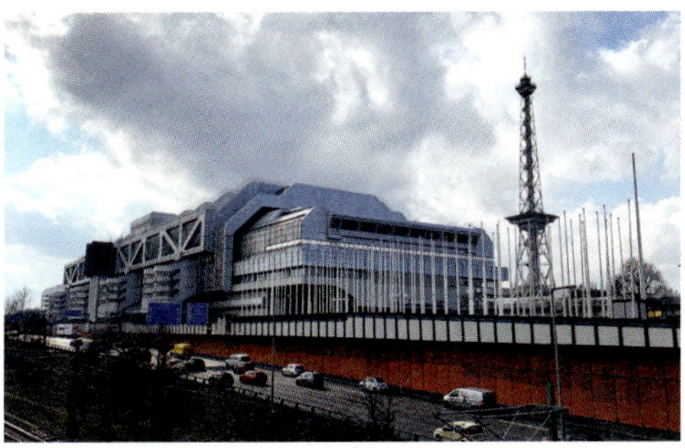

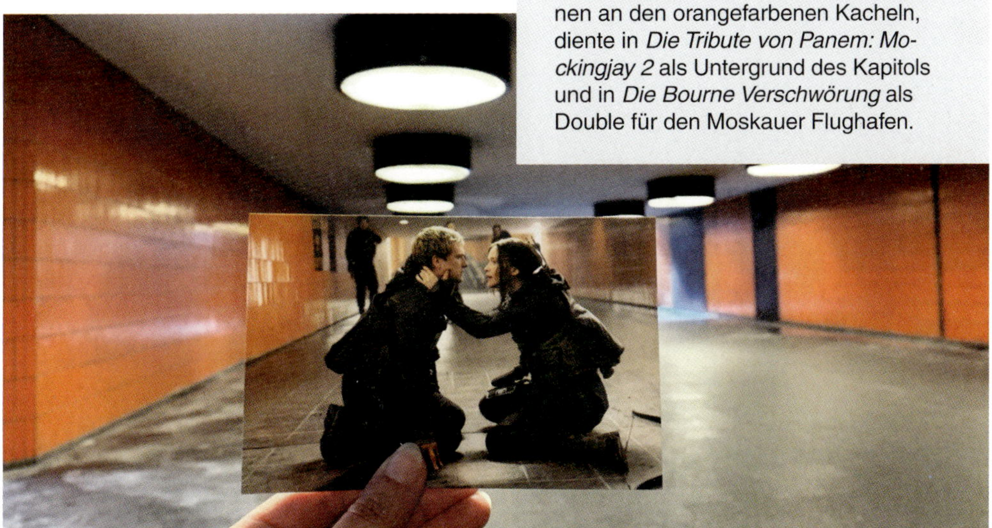

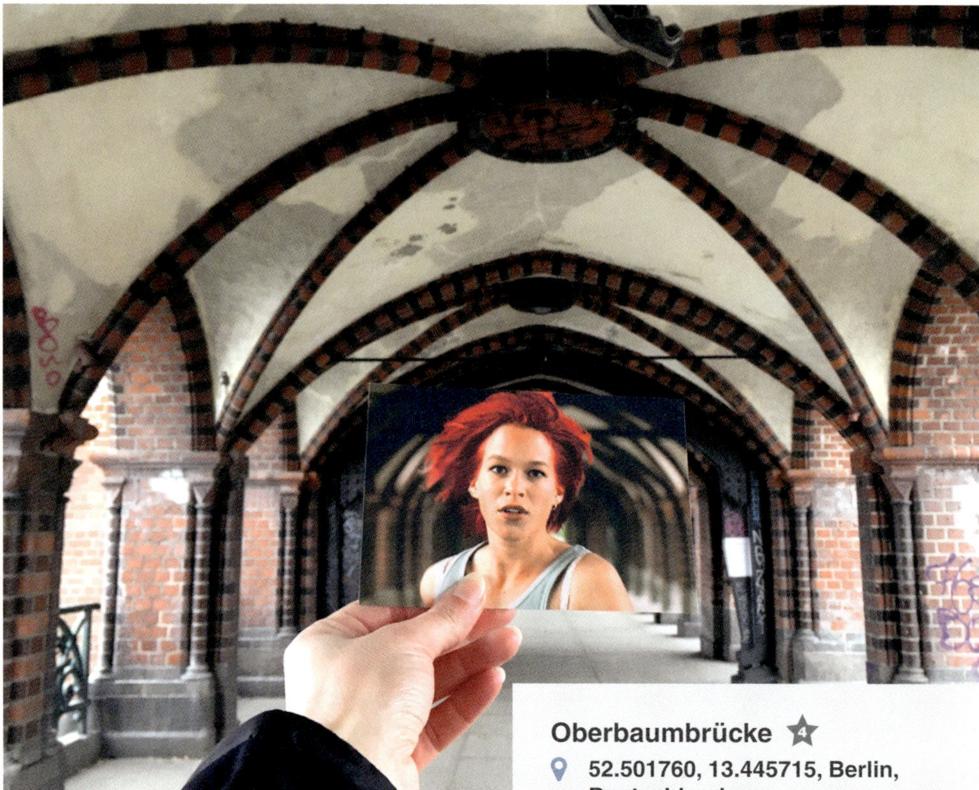

Oberbaumbrücke

52.501760, 13.445715, Berlin, Deutschland

Die rote Oberbaumbrücke verbindet die Berliner Stadtteile Kreuzberg und Friedrichshain. Mit ihren zwei Türmchen und dem Viadukt der Hochbahnlinie ist sie ein beliebtes Filmmotiv und sogar im Wappen der Stadt zu sehen. Über sie rannte Franka Potente in *Lola rennt* und von ihr stürzte das Taxi in *Unknown Identity* mit Liam Neeson und Diane Kruger an Bord.

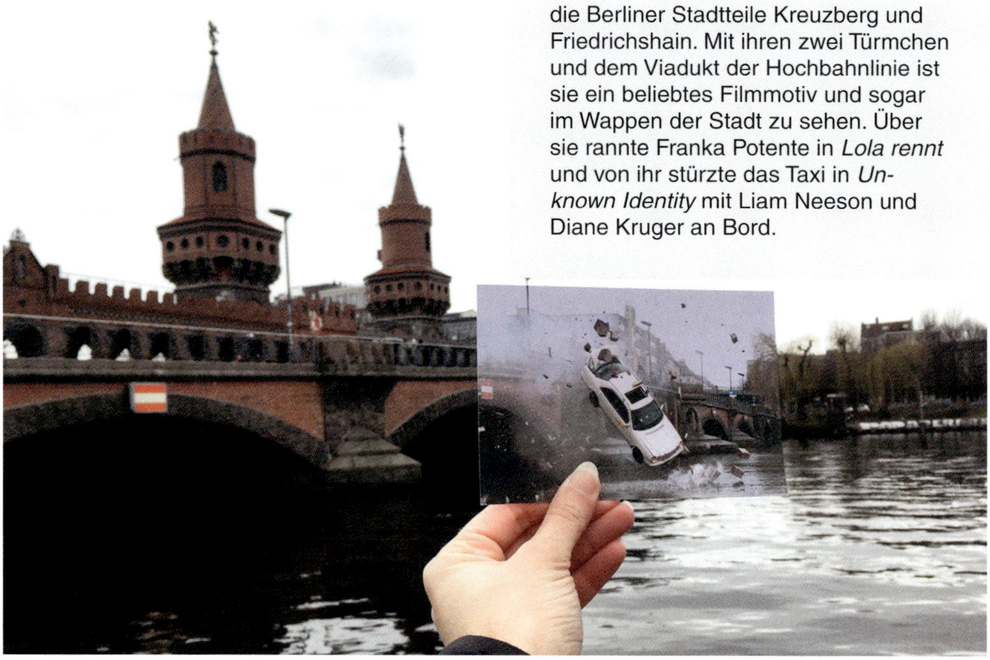

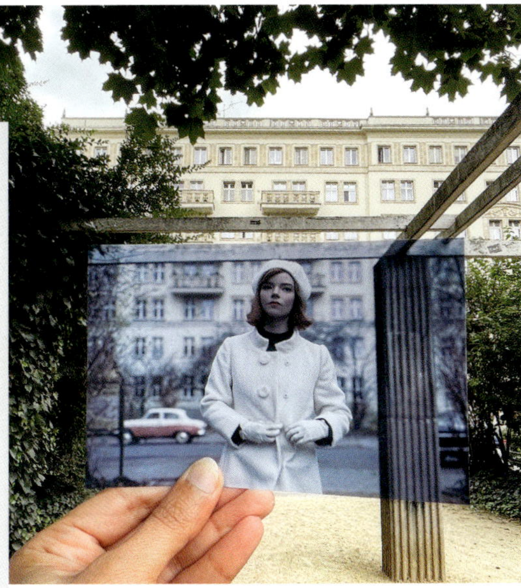

Rosengarten an der Karl-Marx-Allee

Karl-Marx-Allee 103, Berlin, Deutschland

Am Ende der Miniserie *Das Damengambit* läuft Schachgenie Beth durch die Straßen Moskaus – beziehungsweise in Wahrheit durch die Karl-Marx-Allee in Berlin. Bei dem Platz handelt es sich um den Rosengarten in der Nähe des U-Bahnhofs Weberwiese. Eine Gedenktafel erinnert hier noch an den Aufstand vom 17. Juni 1953, bei dem die Arbeiter auf den Großbaustellen der damaligen Stalinallee streikten.
Ein weiterer Drehort der Serie in der Karl-Marx-Allee ist das Kino International. Es diente bis 1990 als ein Premierenkino der DDR. Der Barbereich des Kinos ist als Hotelrestaurant zu sehen.

Südwestkirchhof Stahnsdorf

Bahnhofstraße 2, Stahnsdorf, Brandenburg, Deutschland

Einige Szenen der Netflix-Serie *Dark* wurden auf dem Südwestkirchhof Stahnsdorf gedreht, der sich außerhalb der Berliner Stadtgrenzen in Brandenburg befindet. Der weitläufige Waldfriedhof, der bereits vor hundert Jahren eröffnet wurde, bewegt sich in der Größenordnung des Pariser Père Lachaise, ist jedoch im Gegensatz zu diesem für Besucher eher noch ein Geheimtipp.
Die *Dark*-Drehorte befinden sich in und um die Friedhofskapelle, die an eine norwegische Stabkirche erinnert. Auf demselben Friedhof entstanden Aufnahmen für Roman Polanskis *Der Ghostwriter*.

suedwestkirchhof.de

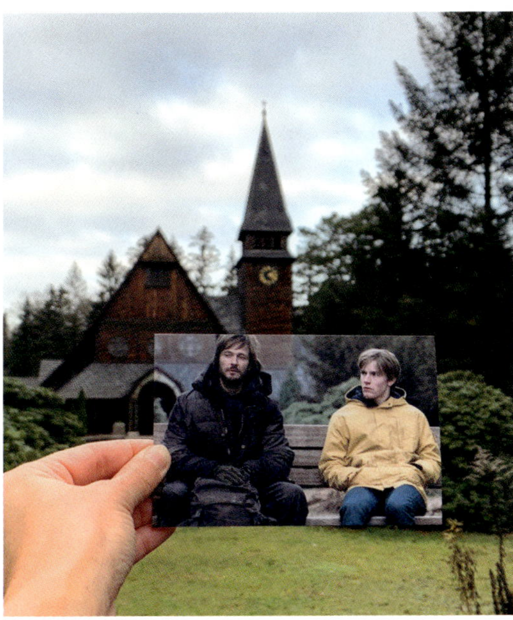

► Weiterer Berlin-Drehort im Kapitel *James Bond* (siehe Seite 256)

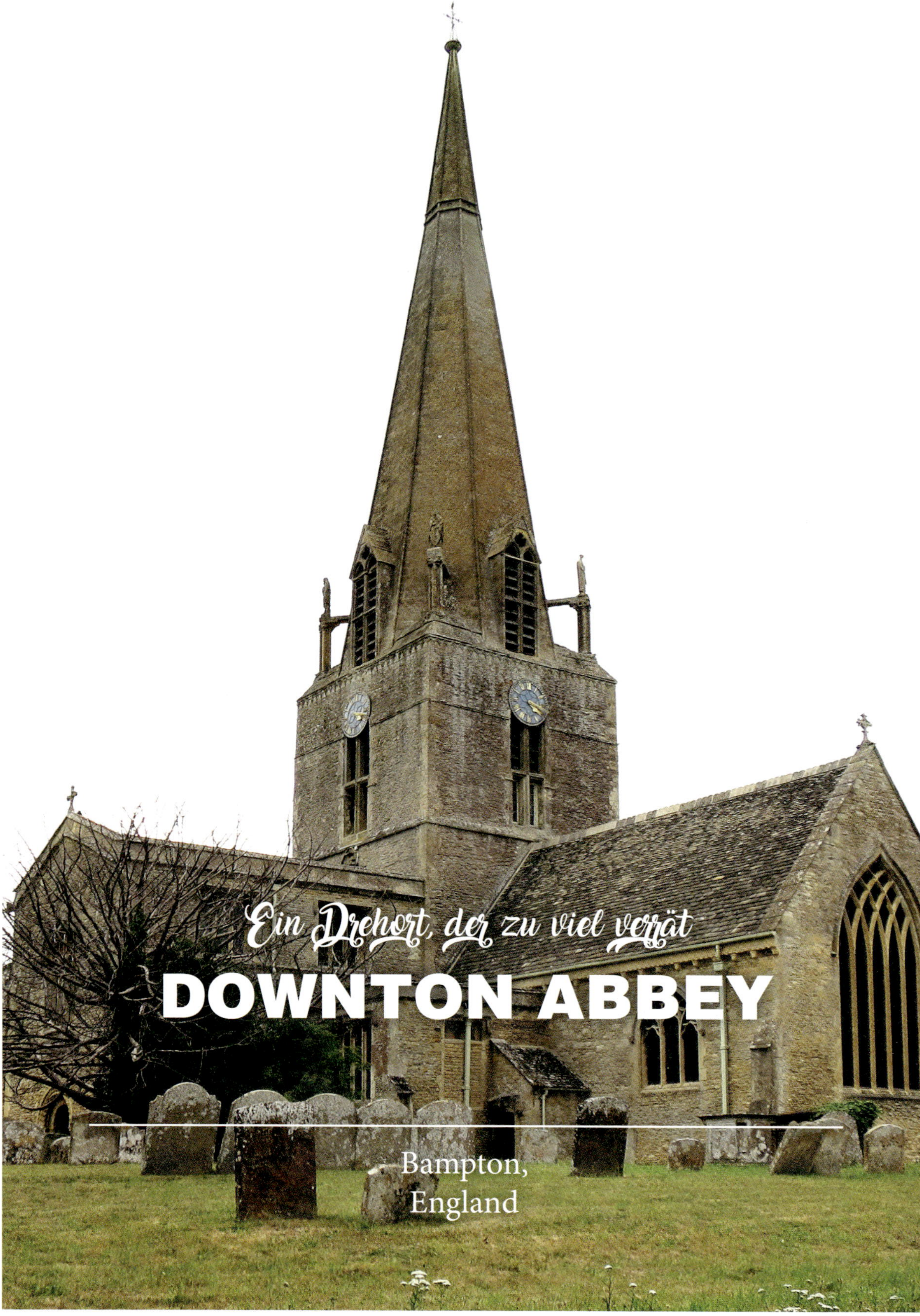
Ein Drehort, der zu viel verrät
DOWNTON ABBEY
Bampton,
England

Bei meiner Ankunft vor der Kirche sehe ich, wie gerade ein paar Blumengestecke auf einen Anhänger geladen werden.

Schwarz gekleidete Leute steigen hastig in ihre Wagen ein. Kurz darauf setzt sich der Autokorso auch schon in Bewegung. Komische Trauergesellschaft, ist mein erster Gedanke. Lässt man die Trauerkränze nach Beerdigungen nicht auf dem Grab, anstatt sie wieder mitzunehmen? Und da dämmert es mir: Hier war gar keine Beerdigung, jedenfalls keine echte. Anscheinend wurde eine Friedhofsszene gedreht. Vielleicht ja sogar für die Serie, wegen der ich heute hier bin?

Der Verdacht liegt nahe, denn das Örtchen Bampton am Rande der Cotswolds gehört bei den Locations für die britische Serie *Downton Abbey*, die sich um die adelige Familie Crawley und ihre Bediensteten zu Beginn des 20. Jahrhunderts dreht, als fiktives Downton zur Stammbesetzung. Ich erkenne sofort ein paar Ecken wieder. An vielen Häusern hängen sogar noch die Schilder, die auf ihre unterschiedlichen Rollen hinweisen: Da wäre zum Beispiel die Außenkulisse für den Pub Grantham Arms oder das Downton Cottage Hospital. Hinter letzterem verbirgt sich in Wahrheit das Bampton Community Archive. Dort kaufe ich neben einer *Movie Map* ein paar Souvenirs für die daheimgebliebenen Lord- und Ladyships.

Die St. Mary's Church in Bampton verwandelt sich für *Downton Abbey* regelmäßig in die Kirche St. Michael and All Angels. Auch dort weist heute ein Schild auf ihren Seriennamen und den Downton-Pfarrer hin. Vor dem Churchgate House, dessen Außenkulisse ich als Isobel Crawleys Haus erkenne, steht ein Obelisk, welcher sich ebenso als Teil des Setdesigns entpuppt, denn das Kriegerdenkmal ist den gefallenen Männern von Downton gewidmet.

Es deutet also alles darauf hin, dass hier gerade noch die Kameras liefen. Auf einmal spricht mich ein Tourist aus Deutschland an und fragt mich, ob ich nicht Schauspielerin sei. Ich fühle mich geschmeichelt, gebe mich aber als gewöhnliche Filmtouristin ganz ohne eigene Filmografie zu erkennen. Da erzählt er, dass eben ja noch die ganze Crawley-Familie samt Hund hier versammelt gewesen sei, auch Michelle Dockery alias Lady Mary habe er erspäht. Der Friedhof sei für die Dreharbeiten abgesperrt gewesen.

Meine Vermutung ist damit bewiesen und spätestens jetzt müsste mir klar sein, dass ich Gefahr laufe, mehr über die weitere Handlung zu erfahren als mir lieb ist. Wäre Lady Violet jetzt hier, würde sie mir sicher einen mahnenden Blick zuwerfen. Doch die Verlockung ist einfach zu groß. Nur ein paar Minuten später spaziere ich über den Friedhof, laufe die Gräber ab und stehe schließlich vor zwei ungewöhnlich blitzblanken Grabsteinen. Beim Lesen der darauf stehenden Namen sträuben sich mir die Haare. Was für ein Spoiler! Nein, gleich zwei!

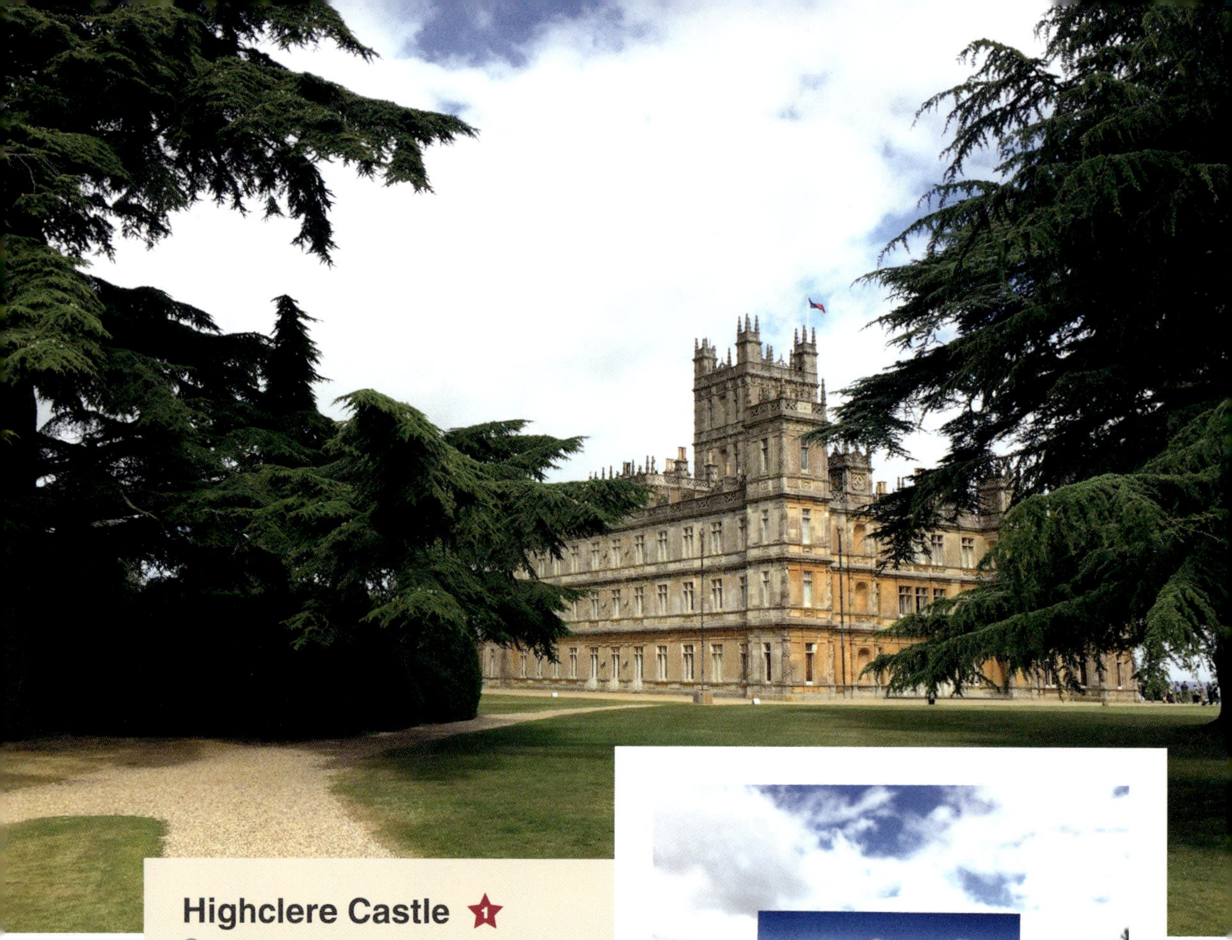

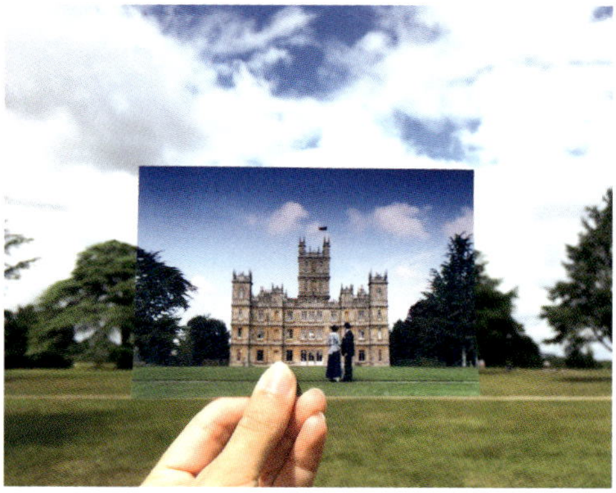

Highclere Castle

Highclere Park, Newbury, England

Nicht nur die Außenkulisse und die Gärten, sondern auch die prächtigen Innenräume des Herrenhauses übernehmen sowohl in der Serie als auch in den Kinofilmen die Hauptrolle von *Downton Abbey* als Sitz der adeligen Familie Crawley. In den Sommermonaten öffnet das Highclere Castle seine Türen für Besucher. Eine Führung durch das Haus sollte man bereits im Voraus reservieren. Nicht verpassen: einen *Afternoon Tea* mit *Scones* und *Clotted Cream* im Schlosscafé. Das Anwesen war übrigens auch schon in Stanley Kubricks *Eyes Wide Shut* zu sehen.

highclerecastle.co.uk

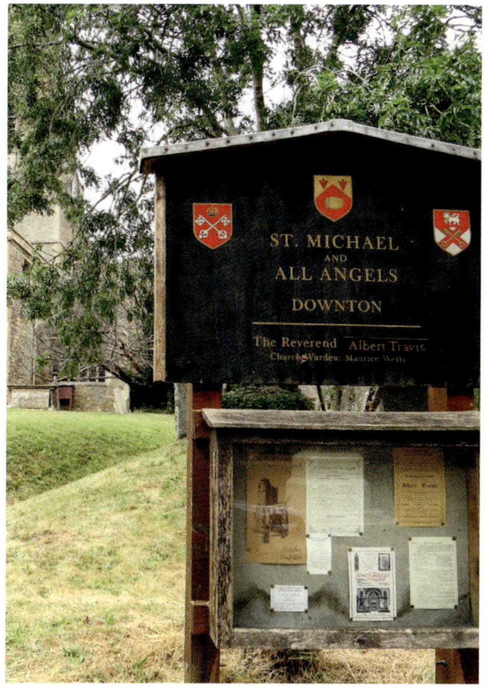

St. Mary's Church 2

5 Deanery Court / Broad Street, Bampton, England

Bampton, auch gern Bampton-in-the-Bush genannt, ist nur etwa eine Autostunde vom Highclere Castle entfernt. Sämtliche Dorfszenen, die in Downton spielen, entstanden hier entlang der Church View Street. Auch in der Dorfkirche St. Mary, die aus dem 12. Jahrhundert stammt, sowie auf dem danebenliegenden Friedhof wurden viele Szenen für *Downton Abbey* gedreht.

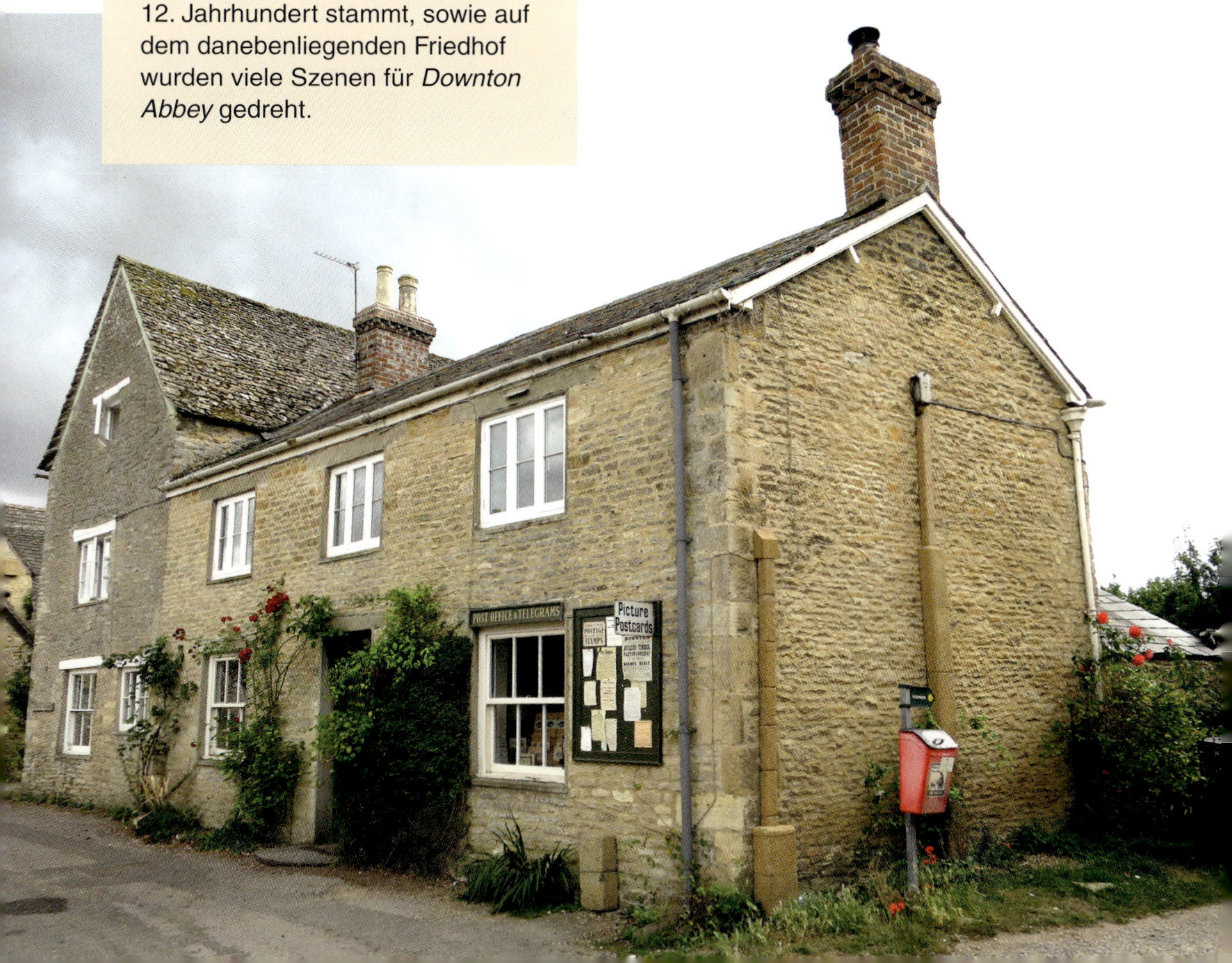

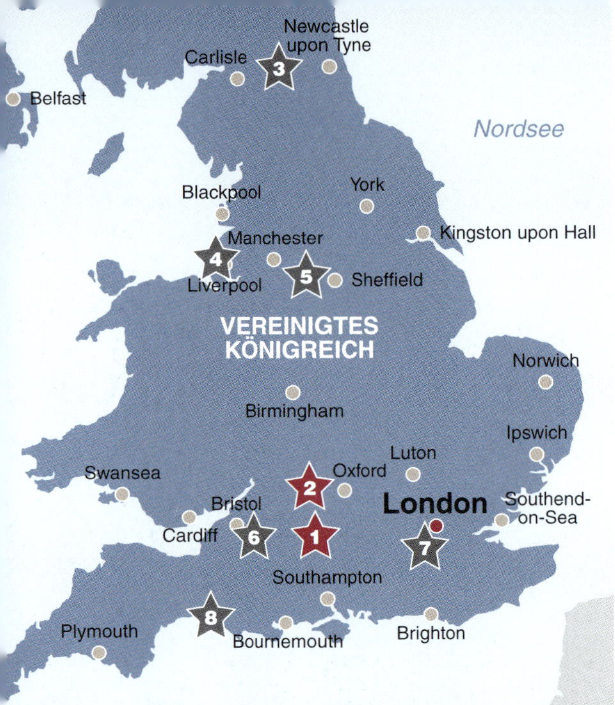

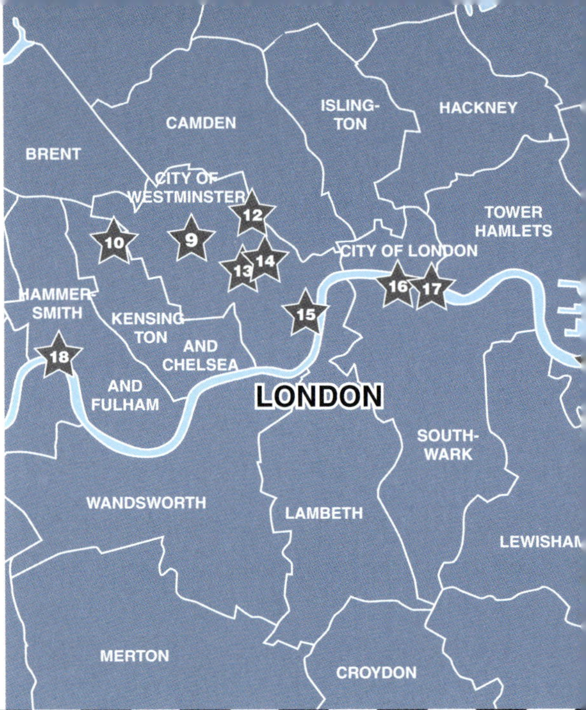

Weitere Filmtourismus-Tipps zu

England

Sycamore Gap, Hadrianswall 3

55.003601, -2.373899, Northumberland National Park, England

Der Hadrianswall, zwischen 122 und 128 n. Chr. auf Anordnung Kaiser Hadrians erbaut, markierte früher die Grenze des römischen Reiches und verläuft heute nahe der Grenze zwischen England und Schottland. Große Teile des Walls existieren heute noch. Am Sycamore Gap kennzeichnet ein großer Baum die Stelle zwischen zwei Erhebungen, an der für *Robin Hood – König der Diebe* gedreht wurde. Kevin Costner alias Robin Hood rettet hier einen Jungen vor den Männern des Sheriffs von Nottingham und trifft zum ersten Mal unsanft auf den Guy von Gisborne. Den Punkt erreicht man durch eine Wanderung vom Steel Rigg Car Park aus.

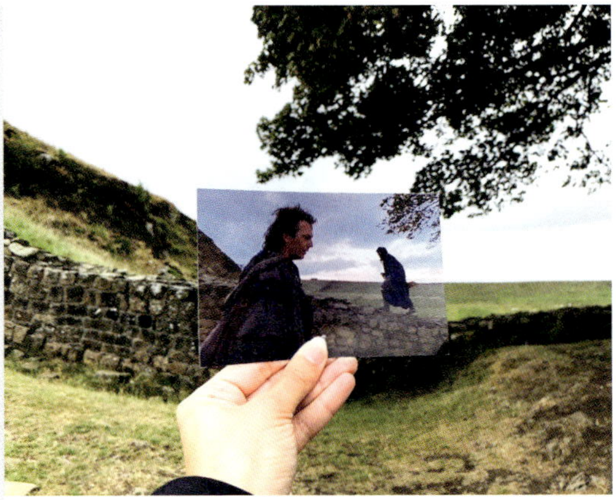

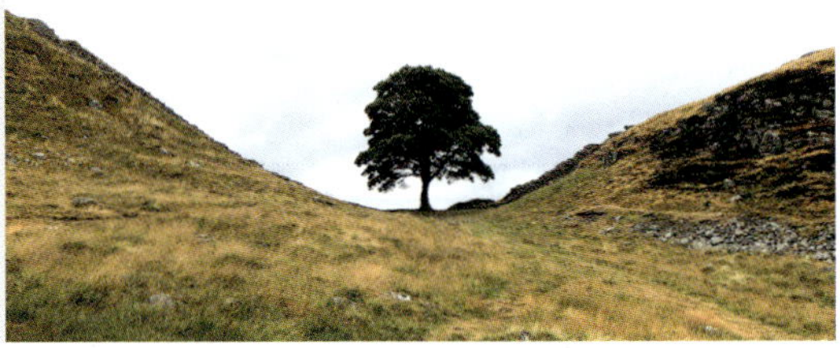

Titanic Hotel Liverpool 4

Stanley Dock, Regent Road, Liverpool, England

Die Hafenanlagen in Liverpool sind ein beliebtes Filmmotiv. Am Stanley Dock wurde etwa die Verfolgungsjagd in *Captain America: The First Avenger* gedreht. Dort befindet sich heute in einem ehemaligen Lagerhaus das Titanic Hotel mit coolem Industrial-Design. Am selben Dock fuhren auch schon Robert Downey jr. und Jude Law in *Sherlock Holmes* in der Kutsche vorbei.
Liverpool wird von Filmteams gerne als Drehort für das alte New York genutzt, wie zum Beispiel in *Phantastische Tierwesen,* aber auch für Gotham City wie in *The Batman* oder als Birmingham in der Serie *Peaky Blinders.* Eine ausführliche Filmtour bekommt man von Gary vom Anbieter Reel Tours.

titanichotelliverpool.com
reeltours.co.uk

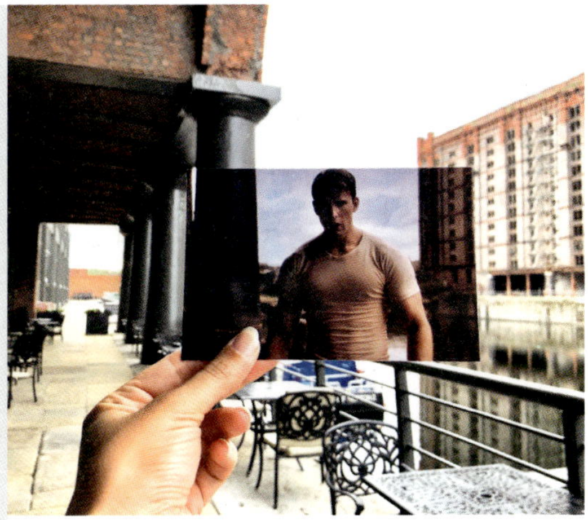

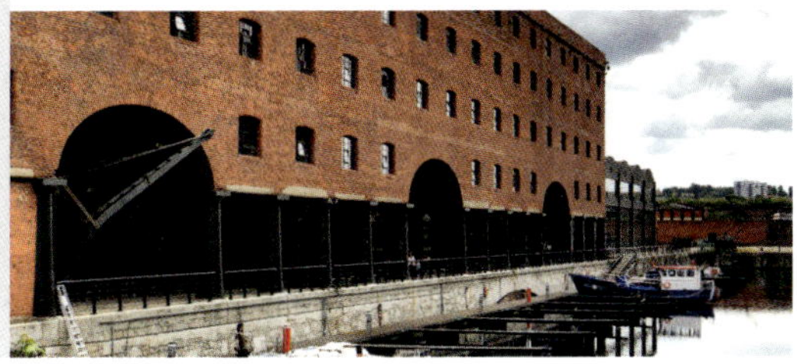

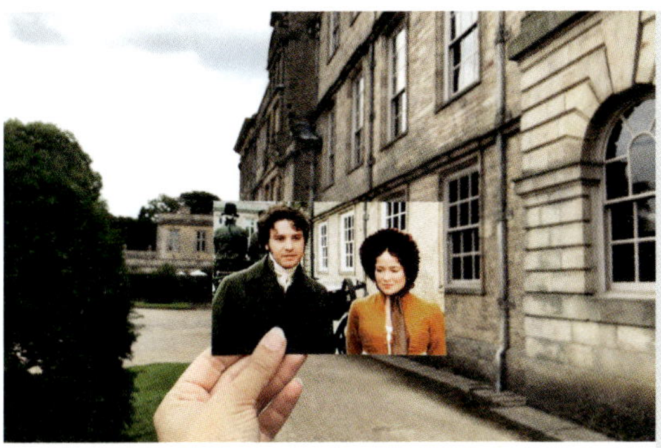

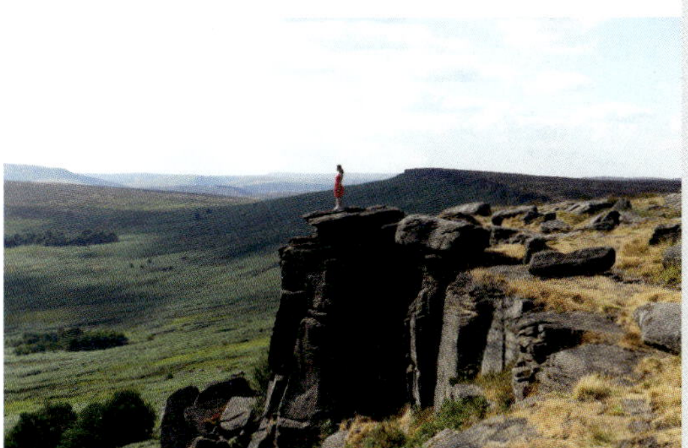

Peak District Nationalpark 5

England

Vor den Toren Manchesters breitet sich die Hügellandschaft des Peak District Nationalparks aus, der vor allem bei Jane-Austen-Fans begehrt ist. Für die Verfilmungen ihrer Bücher fand man hier die passenden Kulissen – für *Stolz und Vorurteil,* eines von Austens Hauptwerken, sogar gleich mehrfach: In der BBC-Serie von 1995 residierte Mr. Darcy im Lyme Park House. Im Kinofilm von 2005 hingegen diente das Chatsworth House als Landsitz Pemberley.
Und wer einmal wie Keira Knightley mit wehendem Kleid und Blick über die weite Landschaft über Liebe und Leben sinnieren möchte, sollte eine kleine Wanderung entlang der Klippen des Stanage Edge einplanen.

peakdistrict.gov.uk

Preservation Trust 6

1 Royal Crescent, Bath, England

Obwohl die Serie *Bridgerton* im Londoner Stadtviertel Mayfair's spielt, fand ein Großteil der Dreharbeiten in Bath statt. Die Stadt entwickelte sich im 18. Jahrhundert zum Treffpunkt der feinen Gesellschaft. Zu den *Bridgerton*-Drehorten gehören neben der Fassade der No.1 Royal Crescent als Zuhause der Familie Featherington auch die Bath Street und der Beauford Square.

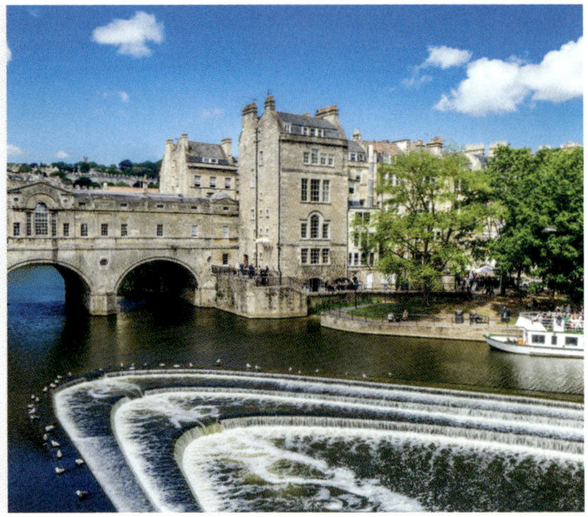

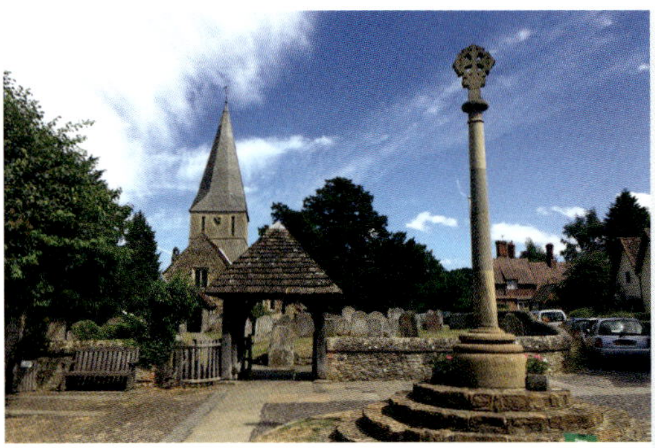

White Horse 7

Shere Lane / Church Lane, Shere, England

Das Örtchen Shere, südlich von London, diente als Kulisse für den Weihnachtsklassiker *Liebe braucht keine Ferien.* Das Rosehill Cottage gibt es leider nicht, dafür aber den gemütlichen White Horse Pub, in dem man hervorragend essen kann. Die Dorfkirche St. James, an der Amanda im Film ihren schweren Koffer durch den Schnee zieht, ist übrigens dieselbe, in der *Bridget Jones* am Ende des zweiten Teils mit Mark Darcy in die Zukunft schreitet.

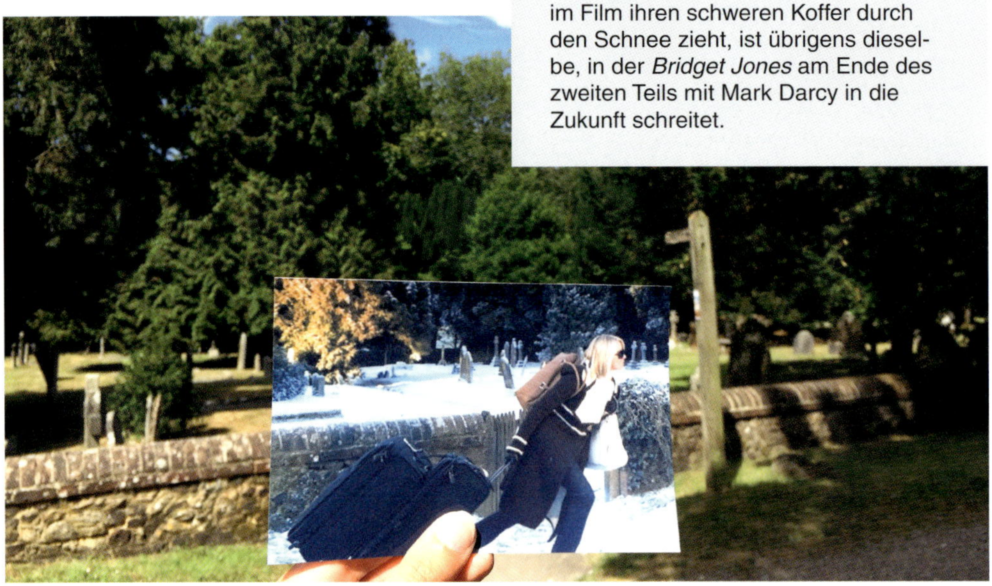

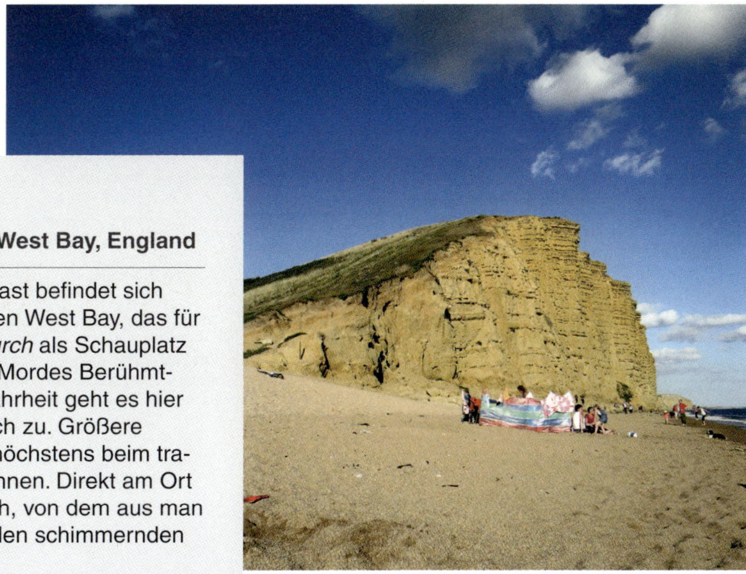

East Beach ⑧

Station Road, West Bay, England

An der Jurassic Coast befindet sich das Küstenstädtchen West Bay, das für die Serie *Broadchurch* als Schauplatz eines mysteriösen Mordes Berühmtheit erlangte. In Wahrheit geht es hier jedoch recht friedlich zu. Größere Aufregung gibt es höchstens beim traditionellen Bootsrennen. Direkt am Ort liegt der East Beach, von dem aus man auf die steilen, golden schimmernden Klippen blickt.

► Weitere England-Drehorte in den Kapiteln *James Bond* (siehe Seite 256) und *Star Wars* (siehe Seite 244)

Weitere Filmtourismus-Tipps zu

London

Paddington Station ⑨

Praed Street, London, England

»Bitte kümmern Sie sich um diesen Bären. Danke!«, steht auf dem Anhänger der kleinen Bronzestatue am Bahnsteig von Gleis 1 in der Paddington Station. Der Hauptbahnhof im Westen der Stadt war Namensgeber des peruanischen Bären, den Michael Bond im Jahr 1958 erfand, und Drehort für den Film *Paddington.* Fast genau an der Stelle der Statur wird der flauschige Filmheld von der Familie Brown aufgelesen.
Der Bahnhof hat auch schon früher filmische Berühmtheit erlangt: 1961 in Agatha Christies Miss-Marple-Krimi *16 Uhr 50 ab Paddington.* Vom Flughafen erreicht man den Bahnhof schnell und direkt mit dem Heathrow Express.

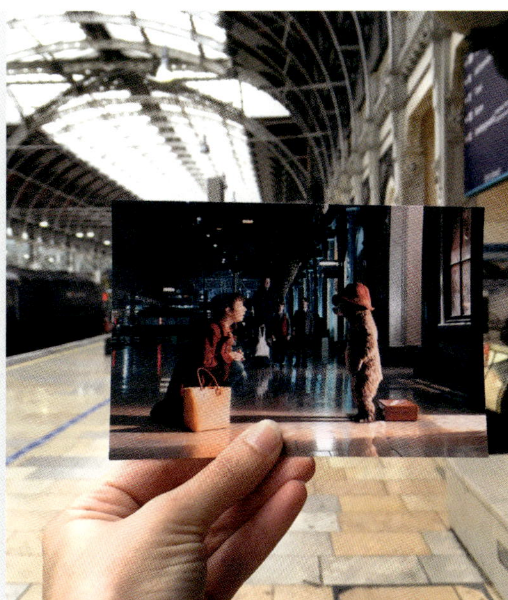

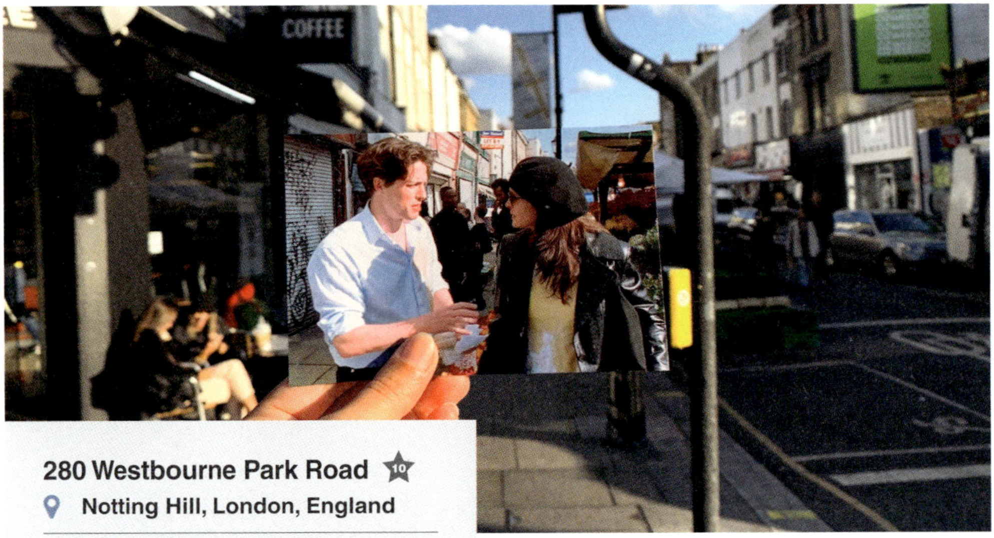

280 Westbourne Park Road

Notting Hill, London, England

Eine blaue Tür und das ganze Viertel *Notting Hill* wurden durch den gleichnamigen Film mit Hugh Grant und Julia Roberts weltbekannt. Vor Filmstart war das Gebäude, in dem William Thacker im Film mit Mitbewohner Spike lebt, übrigens noch das Zuhause von Drehbuchautor Richard Curtis. Der Buchladen The Notting Hill Bookshop diente als Vorlage für den Film und befindet sich in 13 Blenheim Crescent.

thenottinghillbookshop.co.uk

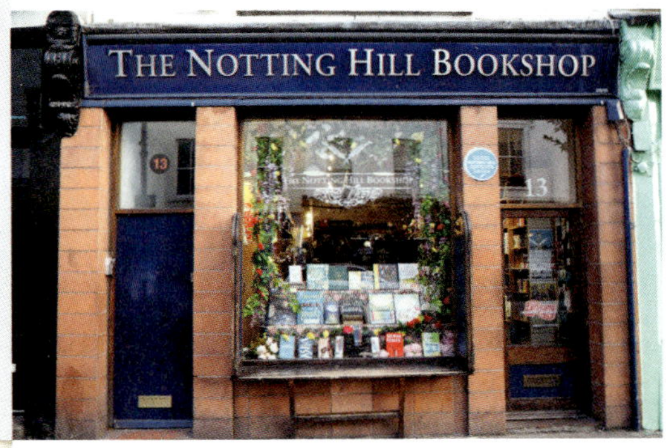

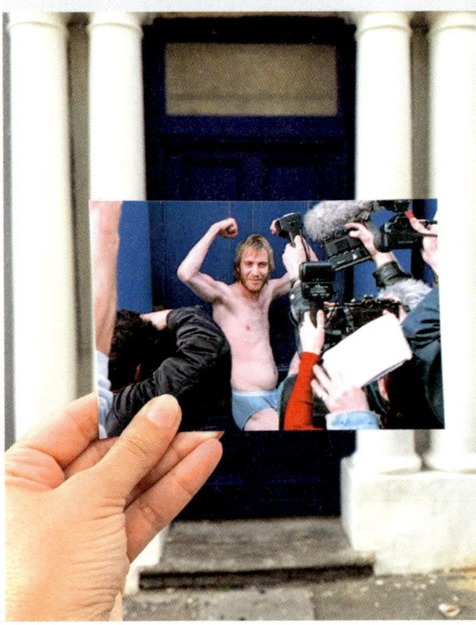

Old Royal Naval College

King William Walk, Greenwich, London, England

Das Old Royal Naval College gehört zu den bedeutendsten Barockbauwerken Englands. Als beliebter Drehort gleicht seine Filmografie der eines Superstars. Darunter finden sich zum Beispiel *Vier Hochzeiten und ein Todesfall, Die Eiserne Lady, Skyfall* oder *Cruella,* aber auch Serien wie *The Crown.* Für Filmfans gibt es am Wochenende einstündige Location-Touren, die man bereits vorab buchen sollte.

ornc.org

Speedy's Sandwich Bar & Cafe 12

187 North Gower Street, London, England

Eine weitere berühmte Londoner Film-WG ist die von Sherlock Holmes und Dr. John Watson. In der Serie *Sherlock Holmes* mit Benedict Cumberbatch und Martin Freeman befindet sich die Eingangstür jedoch nicht in der Baker Street, sondern in der North Gower Street, gleich links neben der roten Markise des Speedy's Café, in dem es ein Sherlock Breakfast mit Rührei und Lachs gibt. In der Folge *Ein Skandal in Belgravia* ist das Speedy's sogar selbst als Set zu sehen.
Für Detektivfans lohnt es sich, zusätzlich die reale Adresse der legendären Baker Street 221b aufzusuchen, denn dort befindet sich heute das Sherlock Holmes Museum.

sherlock-holmes.co.uk

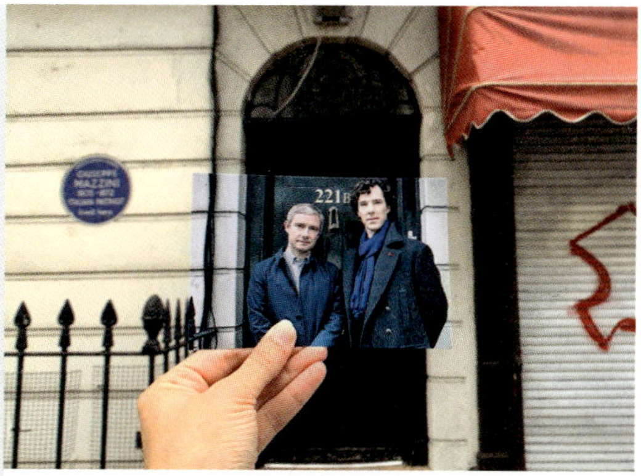

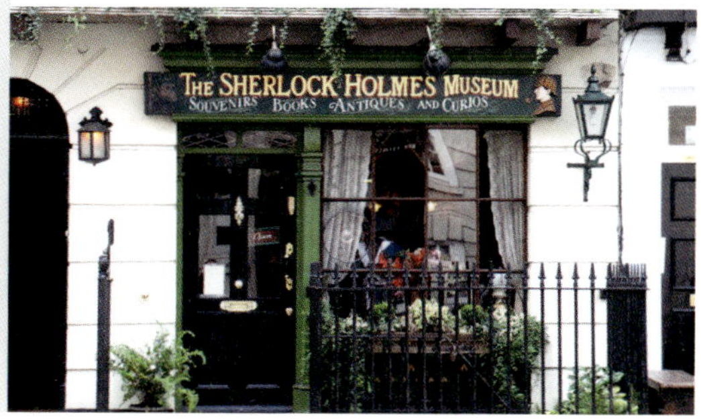

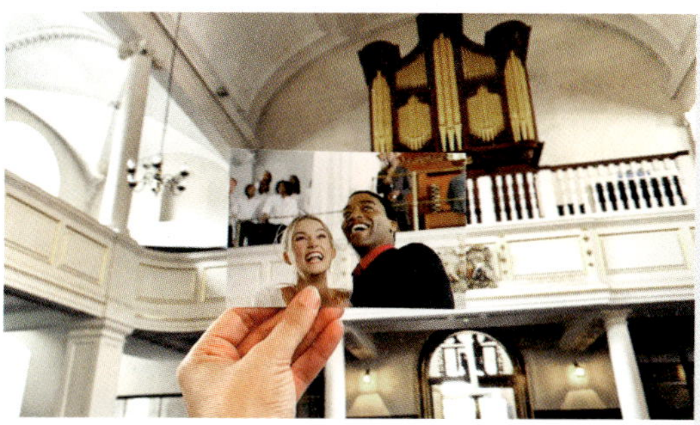

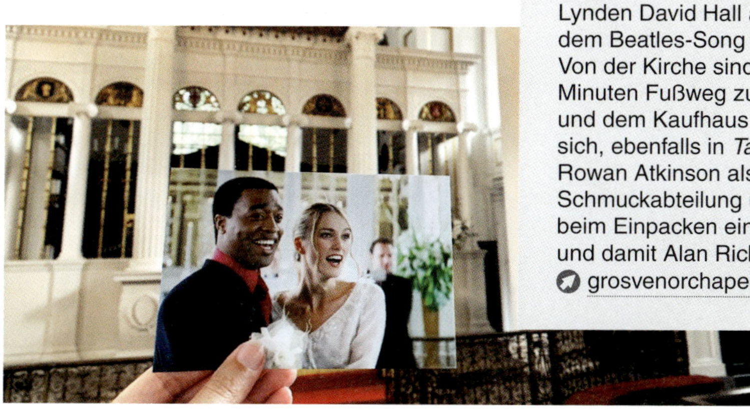

Grosvenor Chapel 13

24 South Audley Street, London, England

»All you need is love!« So hallt es im Weihnachtsklassiker *Tatsächlich ... Liebe* bei der Hochzeit von Peter und Juliet durch die kleine Grosvenor Chapel, als die beiden von einer in der Kirche verstreuten Kapelle und Sänger Lynden David Hall auf der Empore mit dem Beatles-Song überrascht werden. Von der Kirche sind es nur zehn Minuten Fußweg zur Oxford Street und dem Kaufhaus Selfridges, in dem sich, ebenfalls in *Tatsächlich ... Liebe,* Rowan Atkinson als Verkäufer in der Schmuckabteilung unendlich viel Zeit beim Einpacken einer Halskette lässt und damit Alan Rickman aufregt.

grosvenorchapel.org.uk

Huntsman & Sons ⑭

11 Savile Row, London, England

In und um London arbeitet auch die Geheimorganisation in der Agentenkomödie *Kingsman: The Secret Service* mit Colin Firth als Topagent Harry Hart. Deren Hauptquartier verbirgt sich, zumindest im Film, in den Räumen des Londoner Herrenausstatters Huntsman nahe des Picadilly Circus. Wer nicht auf der Suche nach einem schicken Herrenanzug ist, stürzt sich einfach fünf Minuten entfernt in der Regent Street ins Shoppinggetümmel.

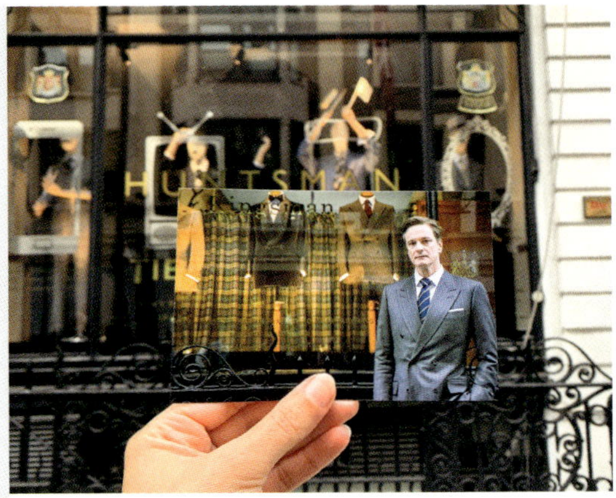

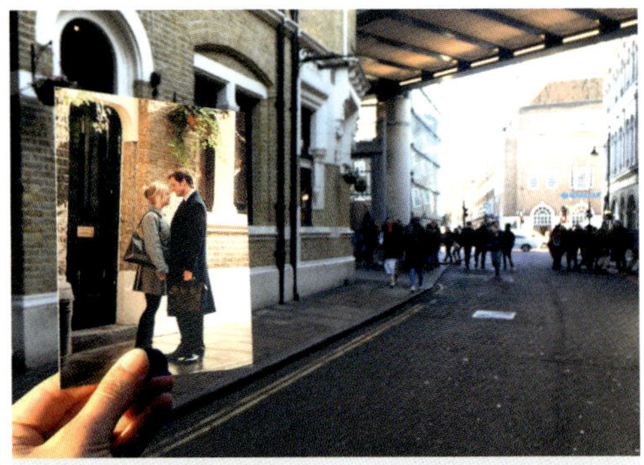

Westminster Abbey ⑮

20 Dean's Yard, London, England

In *The Da Vinci Code – Sakrileg,* der Verfilmung von Dan Browns Bestseller, machen sich Tom Hanks und Audrey Tautou auf die Suche nach dem Heiligen Gral, wobei Fakten und Fiktion gekonnt vermischt werden. Die Botschaft *»In London lies a knight a Pope interred«* – auf Deutsch: »In London liegt ein Ritter, den ein Papst begraben« – führt die beiden schließlich zur Westminster Abbey. Denn mit *»Pope«* ist nicht der Papst gemeint, sondern Alexander Pope, der die Grabrede für Isaac Newton schrieb. Der Wissenschaftler ruht auch in der Realität in der Abtei, die vor allem aufgrund der britischen Krönungszeremonien bekannt ist.

westminster-abbey.org

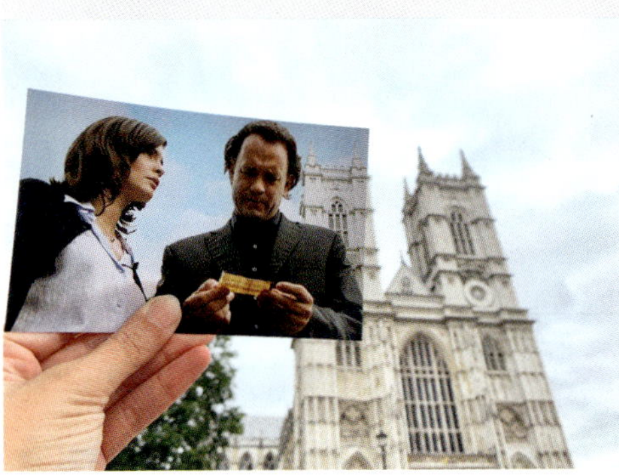

The Globe Tavern ⑯

8 Bedale Street, Borough Market, London, England

Südlich der Themse, nahe der London Bridge, betritt man am Borough Market das Terrain von *Bridget Jones.* Deren Apartment befindet sich über dem Pub The Globe. Der Borough Market selbst ist in den Filmen natürlich ebenfalls zu sehen. In der Fortsetzung *Bridget Jones' Baby* schleift die schwangere Bridget hier beispielsweise einen Weihnachtsbaum hinter sich her.

Für die Dreharbeiten hat man den ganzen Markt für einen Tag gemietet und die Ladenbesitzer in den Film miteinbezogen. Wer sich an einem der über 150 Stände gestärkt hat, kann sich anschließend dahinter auf dem Wolkenkratzer The Shard London von oben ansehen.

theglobeboroughmarket.com

boroughmarket.org.uk

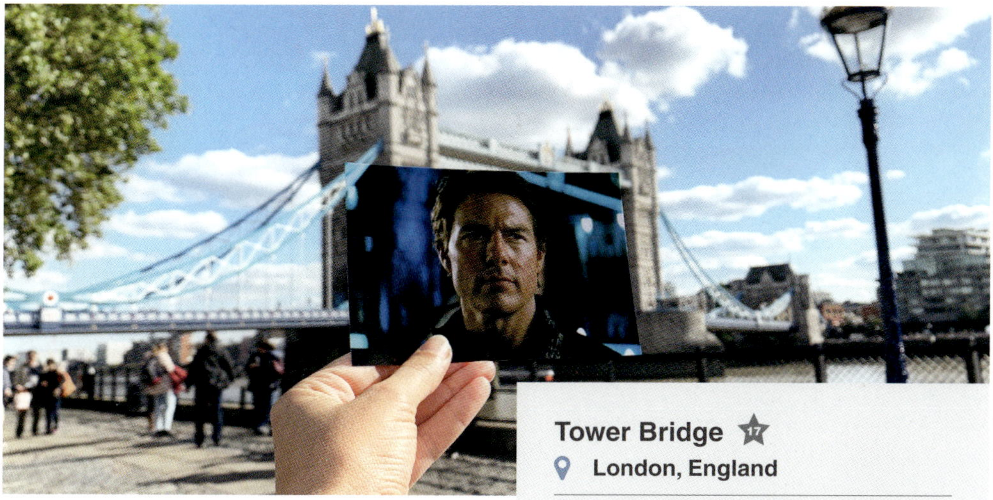

Tower Bridge 17

London, England

Als Wahrzeichen der Stadt ist die Tower Bridge häufig auf der großen Leinwand zu sehen. Eine besonders prominente Rolle bekommt sie im actionreichen Showdown des Filmes *Spider-Man: Far From Home,* der sich in, auf und um die Brücke abspielt, auch wenn in diesen Szenen natürlich einige Studiokulissen und CGI mit im Spiel sind.
In *Mission: Impossible – Rogue Nation* ist die Brücke im Hintergrund zu sehen als sich Ethan Hunt mit Benji samt Bombengürtel am Tower of London trifft. In den Brückentürmen der Tower Bridge gibt es eine Ausstellung über die lange Geschichte des Bauwerks. Die Stege dazwischen bieten eine besondere Perspektive auf London und durch einen gläsernen Boden den Blick in die Tiefe.

towerbridge.org.uk

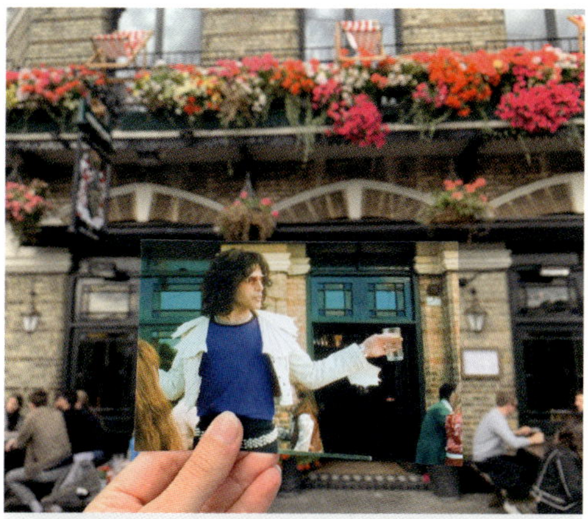

Rutland Arms 18

15 Lower Mall, London, England

Im Pub Rutland Arms, direkt an der Themse im Londoner Stadtteil Hammersmith, findet das erste Treffen der Band Queen und Manager John Reid im Freddie-Mercury-Biopic *Bohemian Rhapsody* statt. An selber Stelle treffen sich *James Bond* und M in *Keine Zeit zu sterben* mit Blick auf die Hammersmith-Brücke.

greeneking-pubs.co.uk/pubs/greater-london/rutland-arms

► Weitere London-Drehorte in den Kapiteln *James Bond* (siehe Seite 256) und *Harry Potter* (siehe Seite 222)

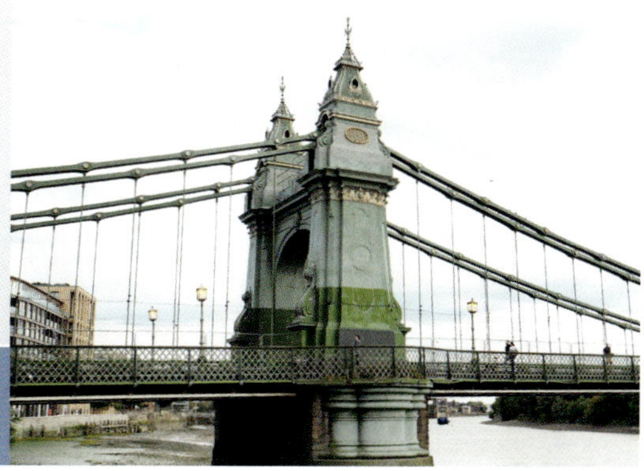

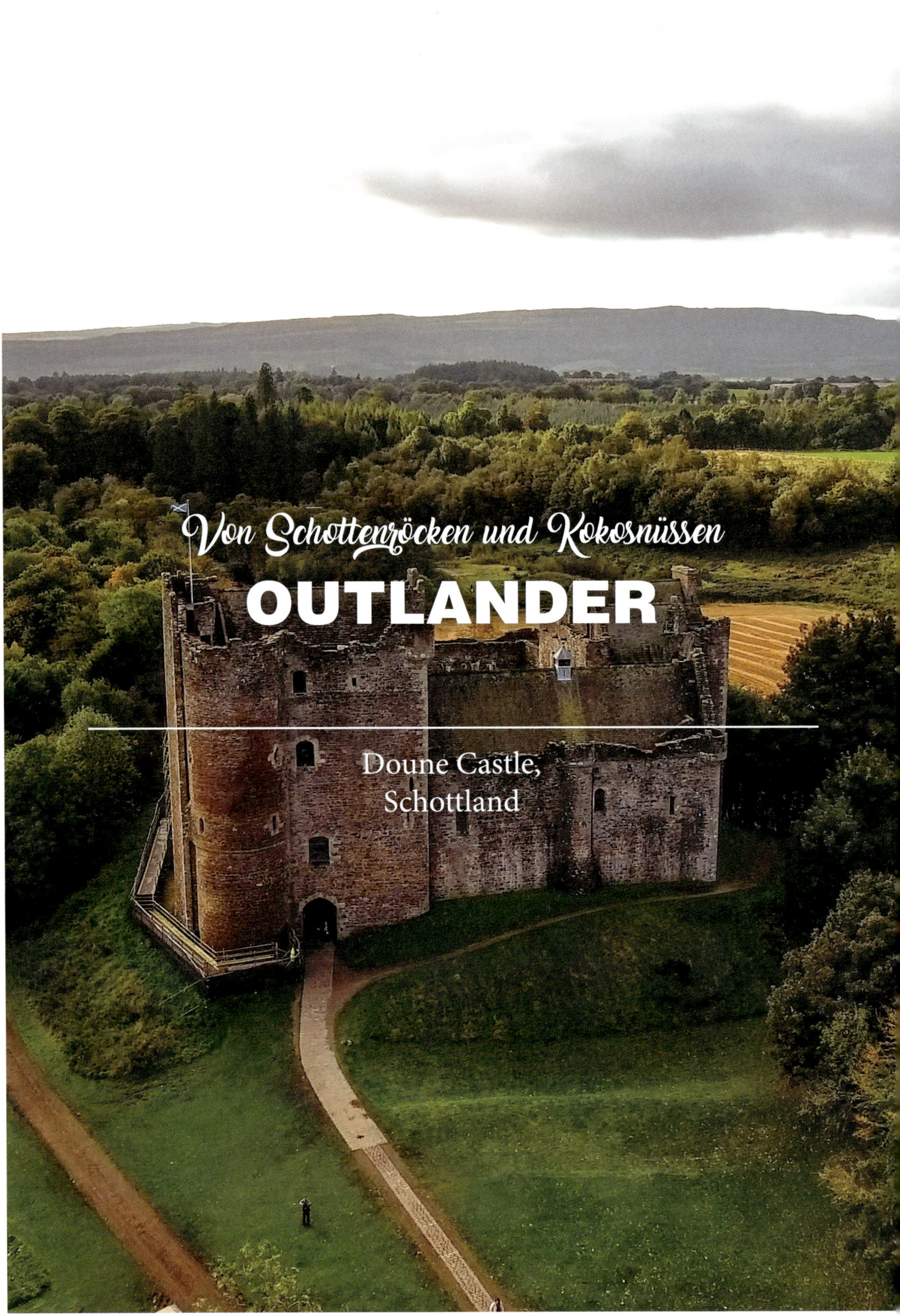

Von Schottenröcken und Kokosnüssen

OUTLANDER

Doune Castle,
Schottland

Es kann nur einen geben. Den einen Ort, an dem alles begann. Und meine Leidenschaft für Filmschauplätze begann in Schottland. Auf meinem allerersten Roadtrip mit einer Freundin war ich von den Highlands völlig verzaubert. Doch hin und wieder wurde das sogar noch getoppt und zwar immer dann, wenn wir zufällig an die Orte kamen, die ich schon seit vielen Jahren aus dem Kino oder dem heimischen Wohnzimmer kannte.

Es fühlte sich dann an, als ob sich auf magische Weise ein Fenster von der Realität in die Filmwelt öffnet. Ein kurzes Eintauchen in die Welt der großen Highland-Dramen, von *Braveheart* bis *Highlander.* Selbst das schlechte Wetter konnte meine Euphorie nicht trüben, denn Mel Gibson steht als William Wallace ja auch ständig im Regen. Bei der Fahrt durch die Landschaft rauschten die dazugehörigen Szenen wie Filmtrailer vor meinem inneren Auge vorbei.

Und so geht es mir auch jetzt wieder, als ich mich dem Doune Castle nähere. Heute bin ich wegen der Serie *Outlander* hier, für die die Festung die Rolle von Burg Leoch, der Heimat des MacKenzie-Clans, übernimmt. Schon die Bücher von Diana Gabaldon haben eine riesige Fangemeinde. Die Verfilmung der Highland-Saga macht die Drehorte, zu denen auch die Burg gehört, zu realen Sehnsuchtsorten für die Zuschauer. Auch mich hat es mal wieder gepackt. Bei Schottland im Cast werde ich einfach immer schwach.

Doch im Filmgeschäft ist die Burg schon lange: 1975, lange bevor Sam Heughan als Jamie Fraser den Kilt anzog, drehte die britische Komikergruppe Monty Python hier den Großteil ihrer Kultkomödie *Die Ritter der Kokosnuss.* Eine lustige Szene jagt die andere: König Artus erreicht die Burg mit Kokosnussgeklapper auf einem imaginären Pferd. Über die Brüstung spotten die hochnäsigen französischen Wachen über ihn, bevor die Kühe über die Zinnen fliegen. In das Burginnere wird der trojanische Hase hineingeschmuggelt ... und so weiter und so witzig. Im Film diente das Doune Castle gleich für drei verschiedene Schauplätze. Bei dem schmalen Budget der Produktion konnte man sich nicht so viele unterschiedliche Drehorte leisten.

Bei *Outlander* braucht es einen mystischen Steinkreis, um Claire in das 18. Jahrhundert zurückzuwerfen. Ich brauche nur die Burg zu sehen und bin gedanklich sofort auf Zeitreise. Zu einzelnen Filmszenen, aber auch zu vergangenen Urlauben, die mich immer wieder mal nach Schottland geführt haben. Vielleicht bin ich ja in zehn oder zwanzig Jahren wieder wegen einer ganz anderen Geschichte hier.

Nach meinem Burg-Rundgang schaue ich noch kurz im Souvenir-Shop der Burg vorbei. Neben vielen typischen Schottland- und Ritter-Souvenirs gibt es mittlerweile eine große Auswahl an Erinnerungsstücken für die *Outlander*-Fans. Tassen und T-Shirts, Schmuck und Decken. Ja, sogar ein *Outlander*-Kochbuch. Doch ganz in der Ecke sehe ich sie in einer kleinen Holzkiste, das Stück zu fünf Pfund: die Kokosnusshälften zum Klappern.

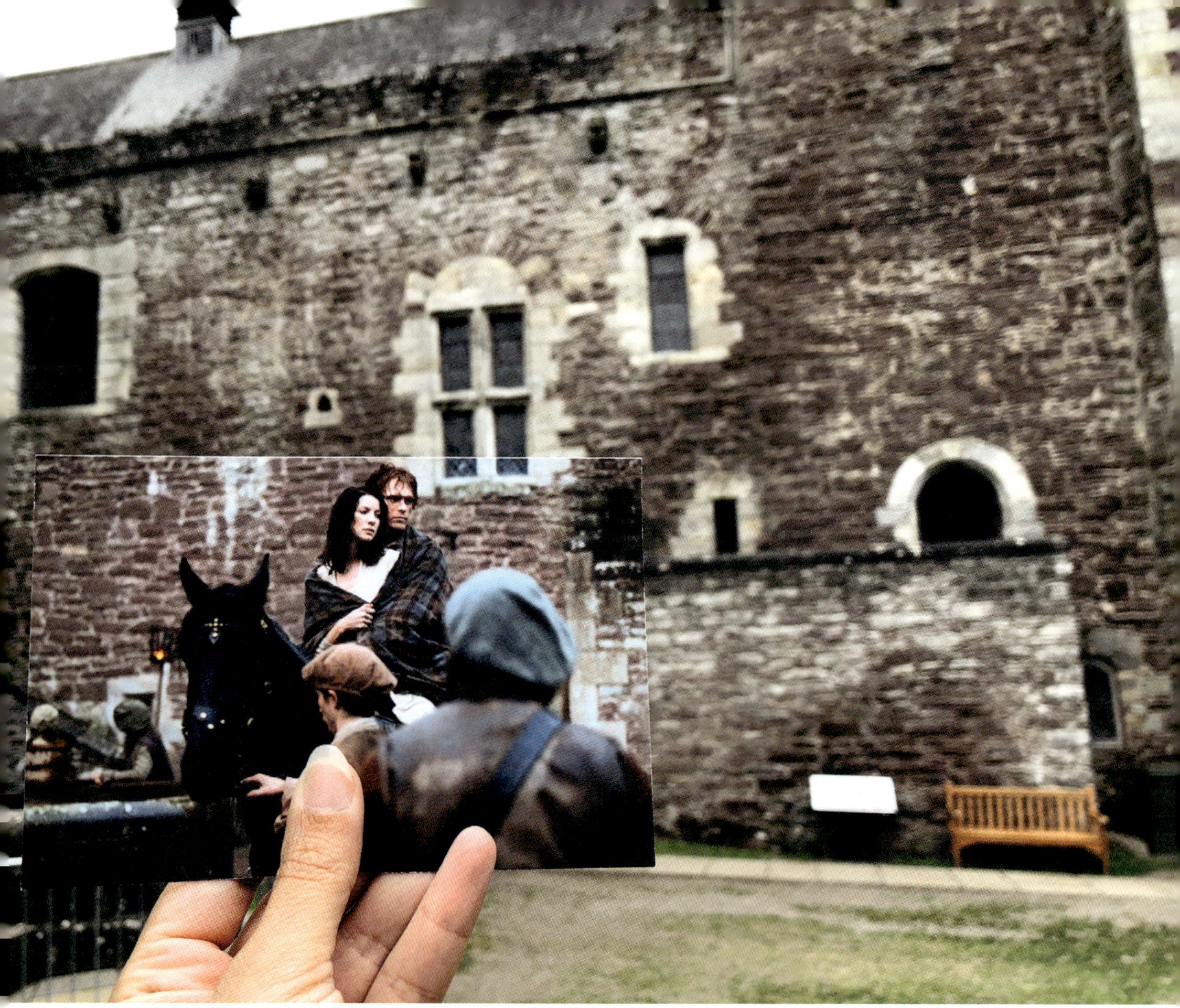

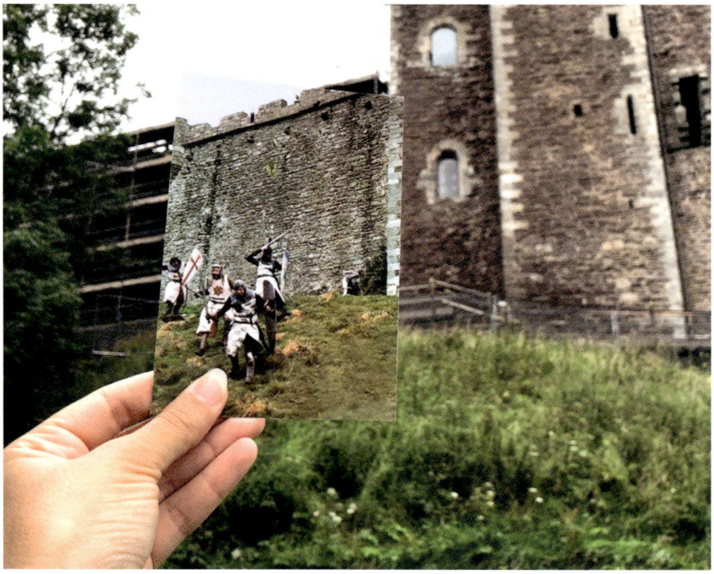

Doune Castle ★1

Castle Hill, Doune, Schottland

Neben seinen Rollen in *Ritter der Kokosnuss* und *Outlander* hatte Doune Castle auch ein paar kurze Auftritte als Burg Winterfell in der ersten Staffel von *Game of Thrones.* Während der Öffnungszeiten haben Besucher Zugang zum Burghof mit dem zentral gelegenen Brunnen, zur großen Halle sowie zum Wohn- und Küchenturm. Zur Besichtigung der Burg empfehle ich auf jeden Fall den Audioguide, denn die von Monty-Python-Mitglied Terry Jones gesprochene Tour ist nicht nur informativ, sondern auch unterhaltsam.

historicenvironment.scot/visit-a-place/places/doune-castle

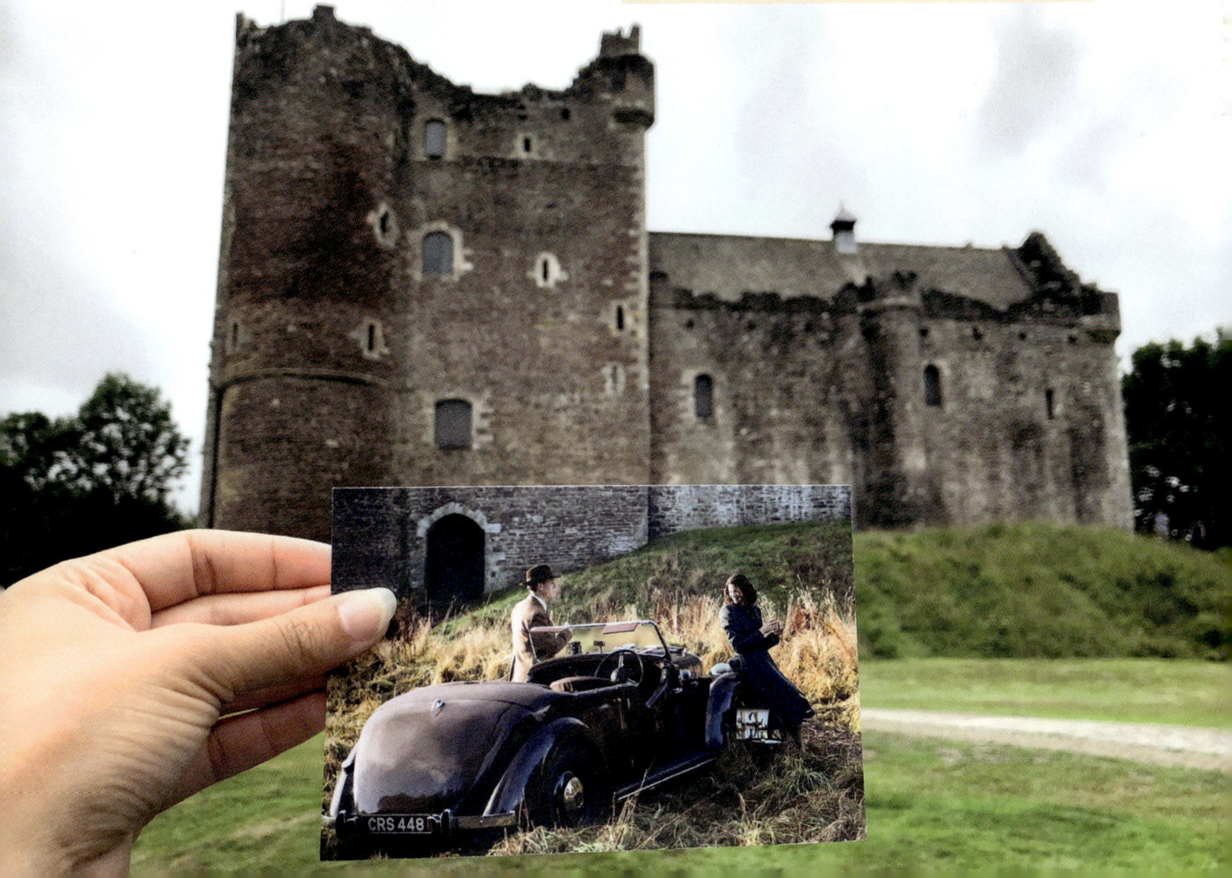

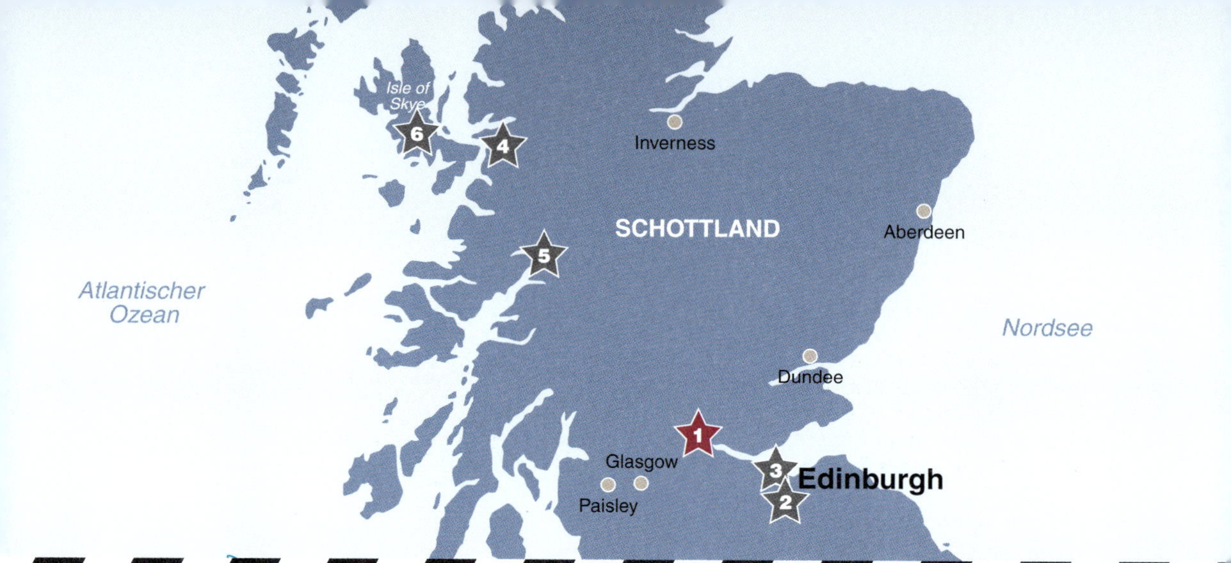

Weitere Filmtourismus-Tipps zu

Schottland

Rosslyn Chapel (2)

Chapel Loan, Roslin, Schottland

Die aus dem 15. Jahrhundert stammende Rosslyn Chapel, nur wenige Autominuten von Edinburgh entfernt, kam in *The Da Vinci Code – Sakrileg* zu Filmehren. Bei seiner Gralssuche kommt Tom Hanks als Robert Langdon hier hinter das lang gehütete Geheimnis um Kryptologin Sophie Neveu. Da die Krypta der Kapelle nicht zugänglich ist, kursieren auch im wahren Leben wilde Spekulationen darüber, was sich darin verbergen könnte.

rosslynchapel.com

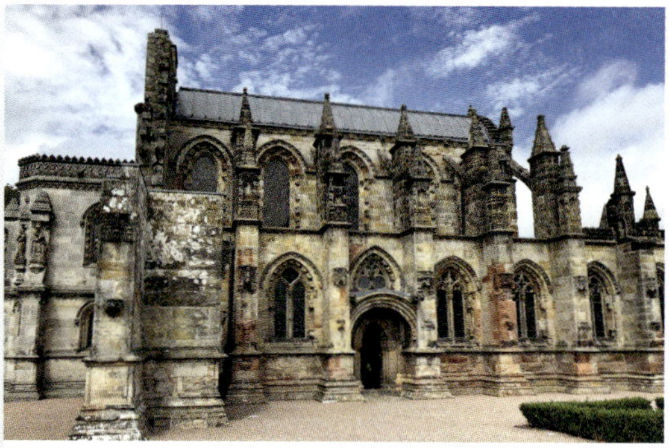

111 Princes Street (3)

Edinburgh, Schottland

Der erste *Trainspotting*-Film wurde hauptsächlich in Glasgow gedreht, doch ein paar Locations gehören wirklich zu Edinburgh. So zum Beispiel die Princes Street, die Renton & Co. gleich zu Beginn des Filmes entlang rennen. Es handelt sich um die Haupteinkaufsstraße der Stadt, darüber thront das eindrucksvolle Edinburgh Castle.

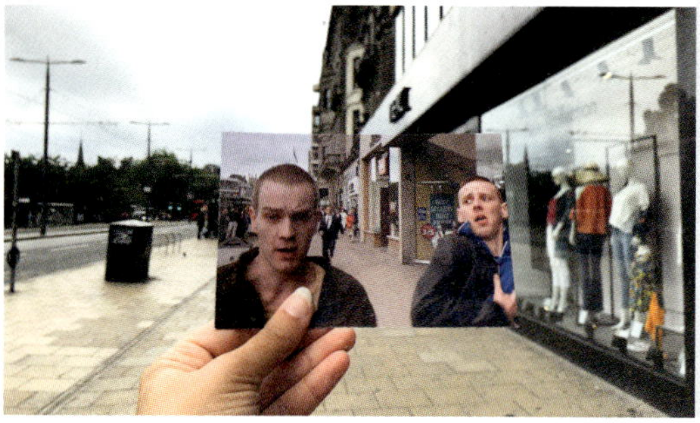

Eilean Donan Castle ★4

57.273881, -5.516119, Dornie, Kyle of Lochalsh, Schottland

Christopher Lambert spielt in den Achtzigern den unsterblichen *Highlander* Connor MacLeod. Die Heimat des Clans ist das Eilean Donan Castle, das am Loch Duich in den westlichen schottischen Highlands liegt. Da die Burg mit der steinernen Brücke bereits für viele Filmen als Kulisse diente, wie zum Beispiel *Verliebt in die Braut* oder *James Bond – Die Welt ist nicht genug,* gilt sie in der Filmwelt als Wahrzeichen Schottlands.

eileandonancastle.com

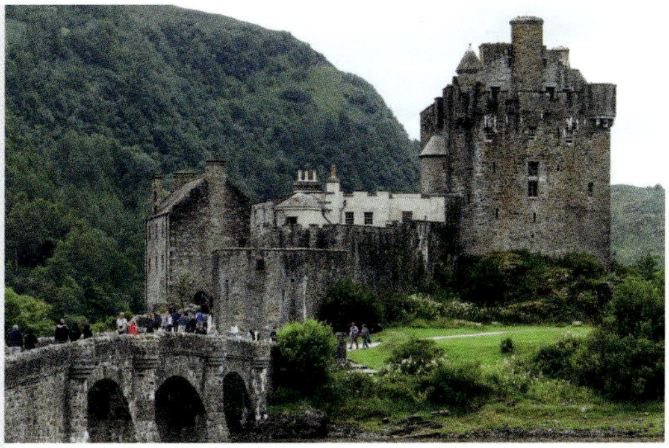

Braveheart Car Park ★5

56.816070, -5.079377, Glen Nevis, Schottland

Wer denkt bei Schottland nicht an *Braveheart?* Mel Gibson verkörpert darin die tragische Figur des Nationalhelden William Wallace. Im Glen Nevis Valley am Fuße des Ben Nevis wurde für den Film das Dorf Lanark errichtet, in dem Wallace aufwächst und sich später in die schöne Murron verliebt. Das mittelalterliche Dorf wurde nach dem Dreh wieder abgebaut, so dass dort nur noch der Braveheart Car Park an den Film erinnert. Die tolle Landschaft ist natürlich noch dieselbe.

Isle of Skye ★6

Schottland

Um die Insel Skye ranken sich zahlreiche Mythen und Sagen von Feen, Geistern und Elfen. Als geheimnisvoller Filmschauplatz war die Insel beispielsweise in *Macbeth* mit Michael Fassbender, *Snow White and the Huntsman* mit Kirsten Stewart und *Breaking the Waves* mit Emily Watson im Kino zu sehen. Regisseur Ridley Scott drehte hier Szenen für *Alien* und *Prometheus.*

visitscotland.com/de-de/destinations-maps/isle-skye

► Weitere Schottland-Drehorte in den Kapiteln *James Bond* (siehe Seite 256) und *Harry Potter* (siehe Seite 222)

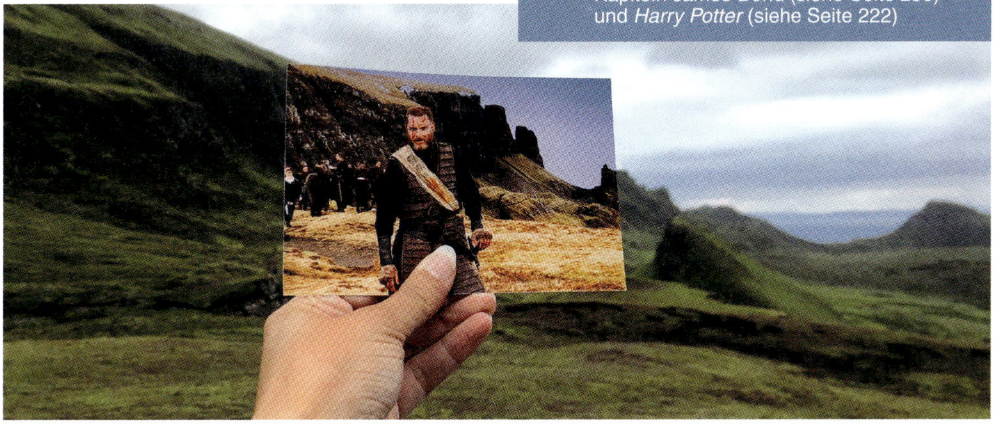

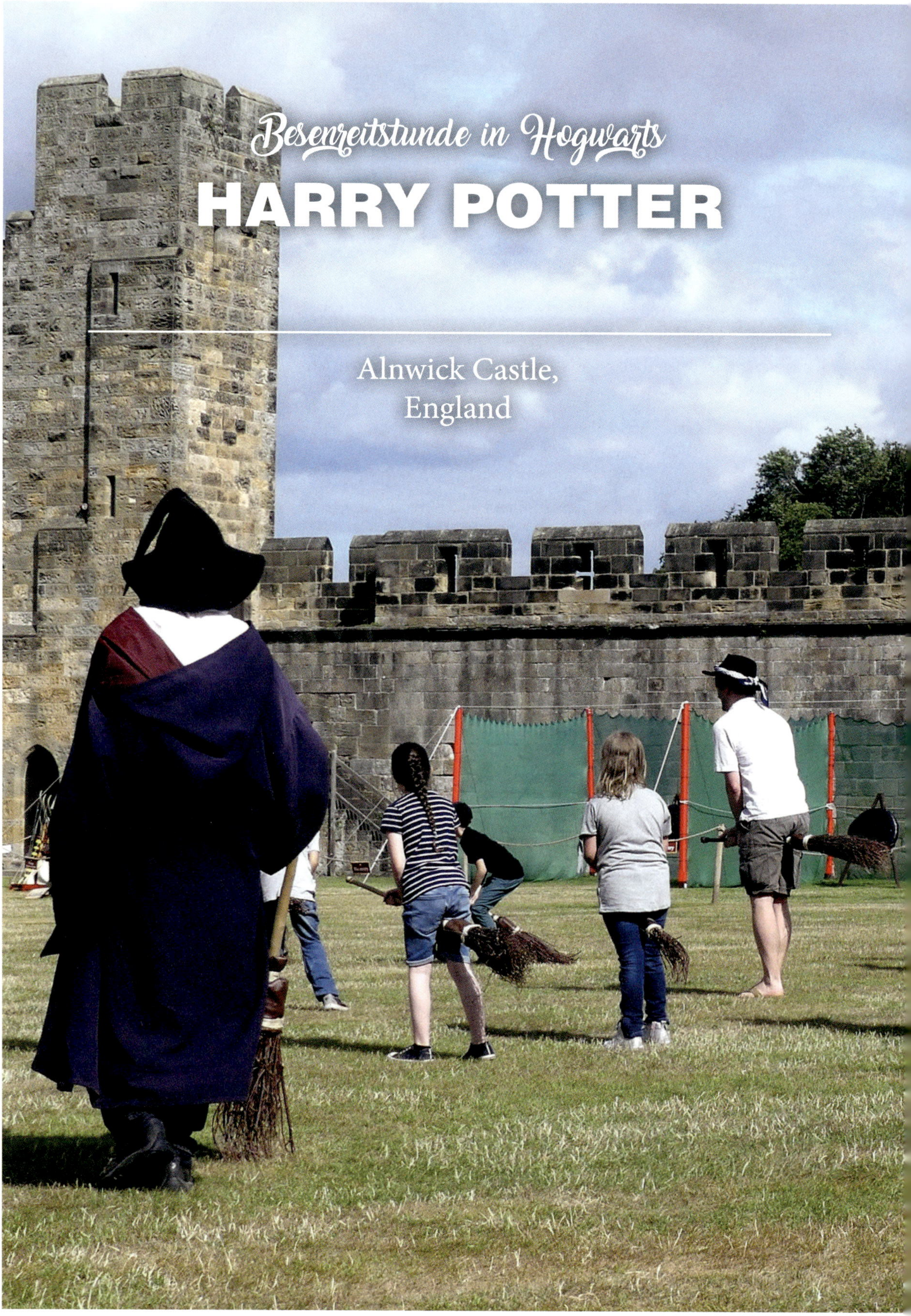

Besenreitstunde in Hogwarts

HARRY POTTER

Alnwick Castle,
England

Immer wenn ich an besonders geschichtsträchtige Orte komme, gehe ich davon aus, dass ihre filmische Vergangenheit vor Ort wenig durchscheint. Und häufig behalte ich recht. Dann muss ich die Hinweise darauf mit der Lupe suchen oder mich hartnäckig durchfragen. Doch es gibt Ausnahmen. Das Alnwick Castle, Herrschaftssitz des Dukes von Northumberland, gehört zu meiner Überraschung dazu.

Die gewaltigen Gemäuer haben in ihren 900 Jahren Historie sicher schon vieles gesehen, aber heute sehen sie dasselbe muntere Schauspiel wie ich: Alt und Jung hüpfen im Schlosshof mit Reisigbesen über die Wiese, angeleitet von einem Mann mit eisengrauem Bart, lila Mantel und schwarzer Mütze sowie lauter, strenger Stimme. Immer wieder schickt er einzelne Teilnehmer zum Startpunkt zurück, weil derjenige beim »Stopp«-Ruf nicht augenblicklich stehen bleibt. Die Kinder haben unheimlich viel Spaß und sind mit Feuereifer dabei. Und auch ihre Muggel-Eltern machen fröhliche Gesichter. Vermutlich schon allein deshalb, weil sie an der Besenreitstunde teilnehmen dürfen. Selbst Familie Dursley dürfte sich hier wohl einreihen. *Broomstick Training* heißt das Zauberwort.

Man muss also gewiss kein Drehortexperte sein, um zu erkennen, dass sich hier einer der Schauplätze für die Zauberschule Hogwarts befindet. Ja, genau hier hatte Harry Potter im Film *Der Stein der Weisen* seine erste turbulente Besenflugstunde bei Madam Hooch. Um die Ecke lernte er die Regeln der in der Zaubererwelt so beliebten Sportart Quidditch und auch die Bruchlandung auf der Peitschenden Weide wurde neben weiteren Hogwarts-Szenen hier auf dem Schlossgelände gedreht.

Alnwick Castle, nach dem Buckingham Palace das zweitgrößte bewohnte Schloss Großbritanniens und früher bekannt als »Windsor des Nordens«, ist einer der gefragtesten Drehorte Nordenglands. Bereits seit den Fünfzigern hatte das Schloss verschiedene Auftritte in Kino- und Fernsehproduktionen. So unterschiedliche, dass es für mich als Zuschauerin mitunter schon verwirrend wurde. Als ich die Schlossanlage zum Beispiel als Brancaster Castle in einer Weihnachtsepisode von *Downton Abbey* erkenne, ist es ein ähnlich seltsames Gefühl, wie zu dem Zeitpunkt, als ich den Hogwarts-Hausmeister Filch plötzlich als Lord Walder Frey in *Game of Thrones* wiedersehe. Bei Schauspielern wie bei Drehorten muss ich mich erst einmal an ihre neue Rolle gewöhnen.

Doch zurück zu den hüpfenden Besen und Nachwuchs-Harry-Pottern. Die Nachfrage nach dem imaginären Flugunterricht scheint groß, denn schon ist die nächste Gruppe von Schülern am Start. Wer besonders gut mitmacht, bekommt ganz Hogwarts-gemäß zehn Punkte für sein Haus als Belohnung. Ein kleiner Junge mit Umhang zeigt ein breites Malfoy-Grinsen. Meine Gedanken driften derweil ab: Verrückt, dass der erste Harry-Potter-Roman schon vor mehr als zwanzig Jahren erschienen ist. Selbst der letzte Film der Reihe hat schon über zehn Jahre auf dem Buckel. Die Fanliebe aber scheint ungebrochen und wer weiß, wie viele Generationen sie noch erfasst. Durch die Bücher oder die Filme oder beides. Da fällt mir die Schlüsselszene zwischen Dumbledore und Snape ein: »Nach all den Jahren?« – »Immer!«

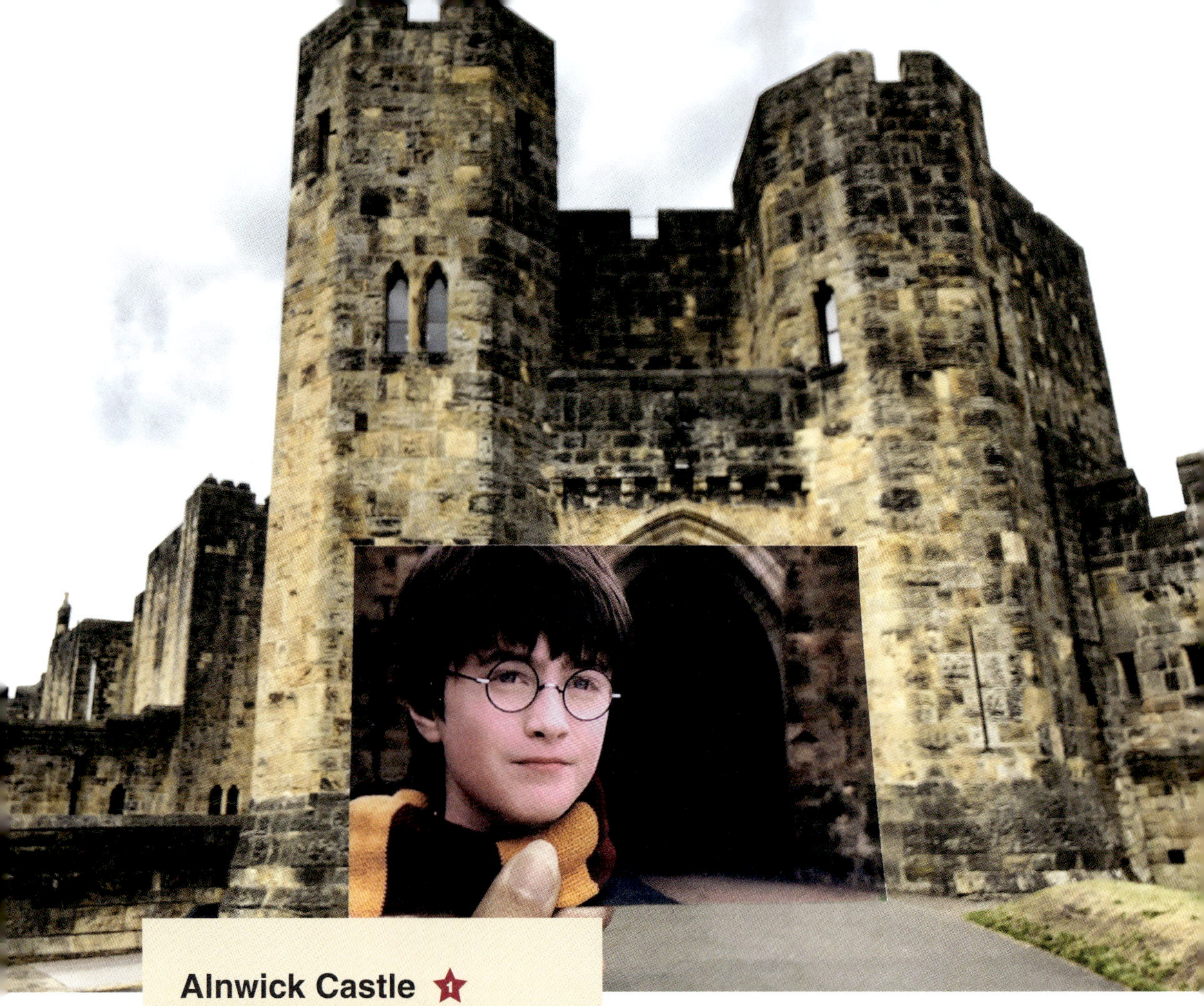

Alnwick Castle

55.415621, -1.705725, Alnwick, England

Das Schloss befindet sich etwa 45 Autominuten nördlich von Newcastle upon Tyne. Neben seiner bekanntesten Rolle als Hogwarts war es unter anderem in der Serie *Downton Abbey* sowie in den Kinofilmen *Elizabeth, Robin Hood – König der Diebe* und *Transformers: The Last Knight* zu sehen. Die Besucher können sich im Schlosshof gratis im Besenreiten unterrichten lassen. Neben den vielen Touren zur turbulenten Vergangenheit des Schlosses gibt es auch eine spezielle Filmtour.

alnwickcastle.com

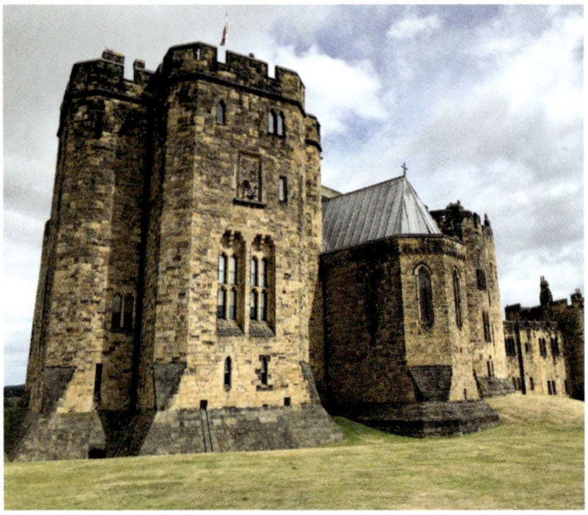

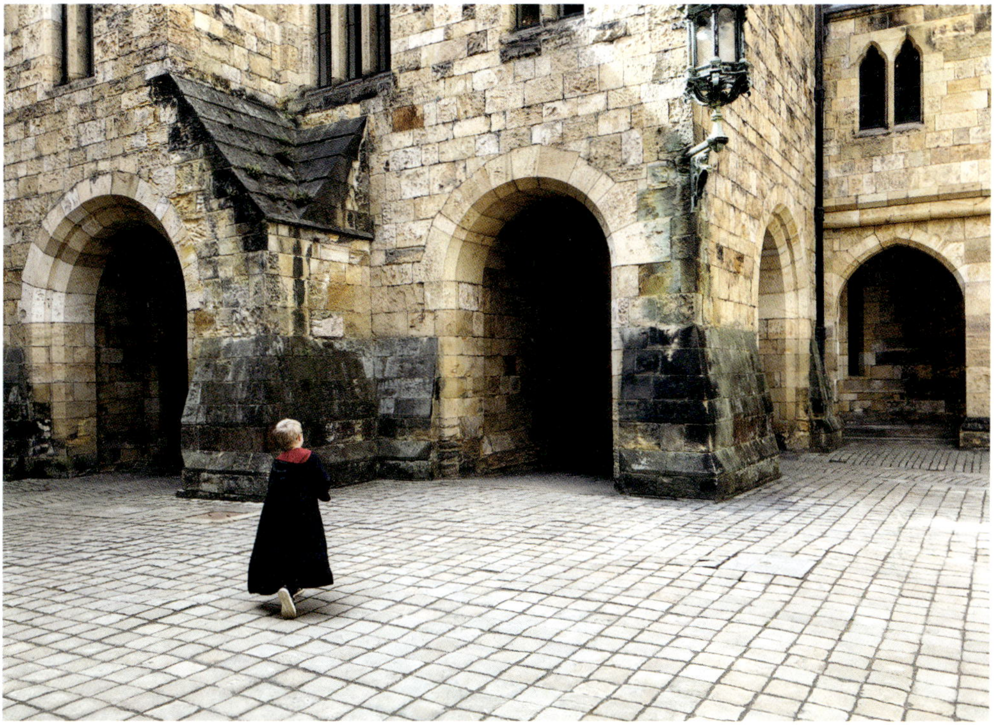

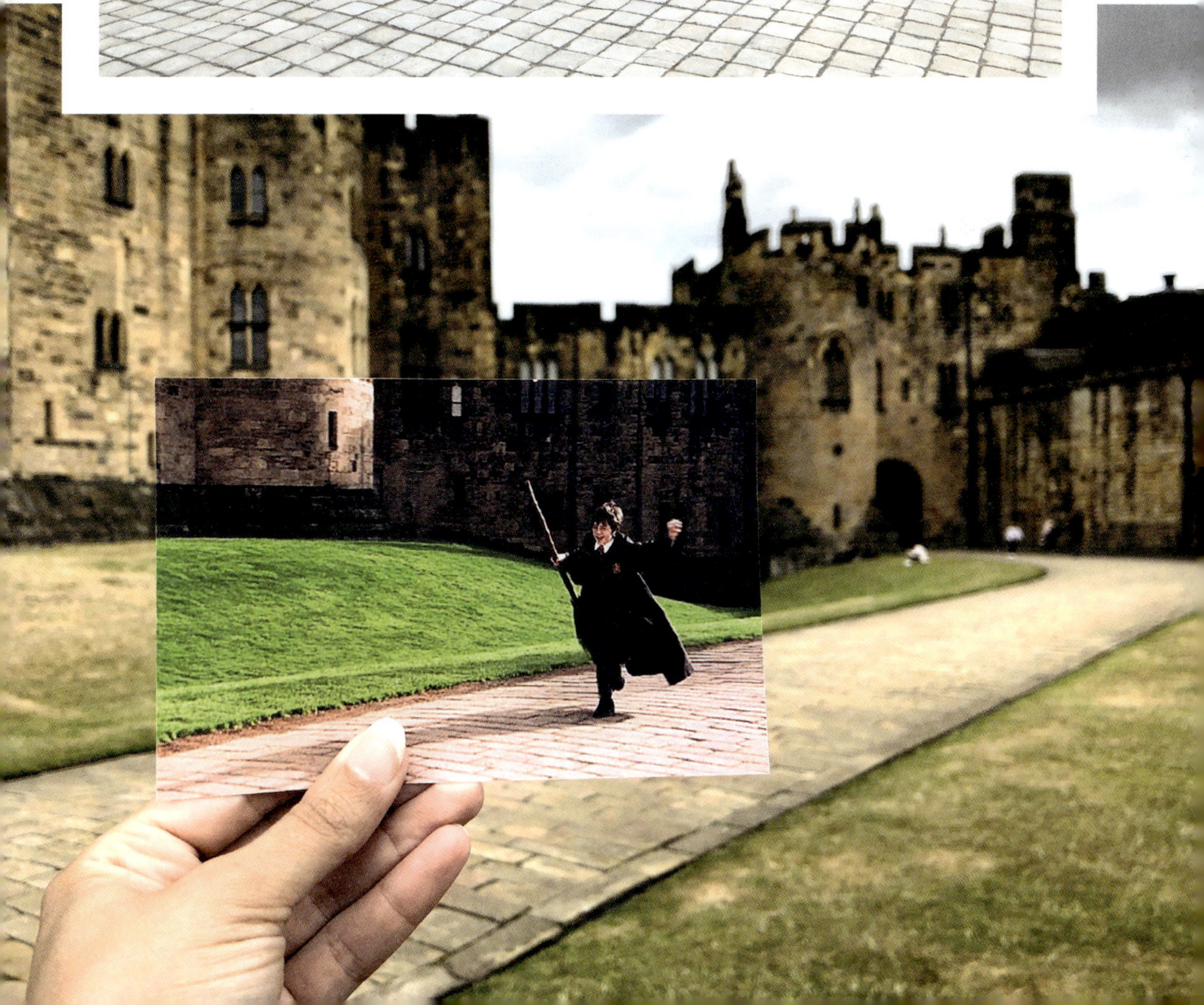

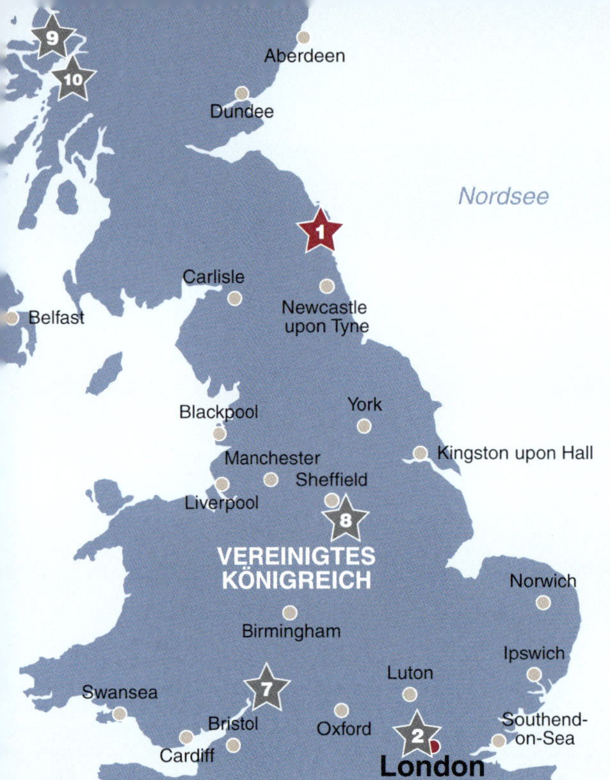

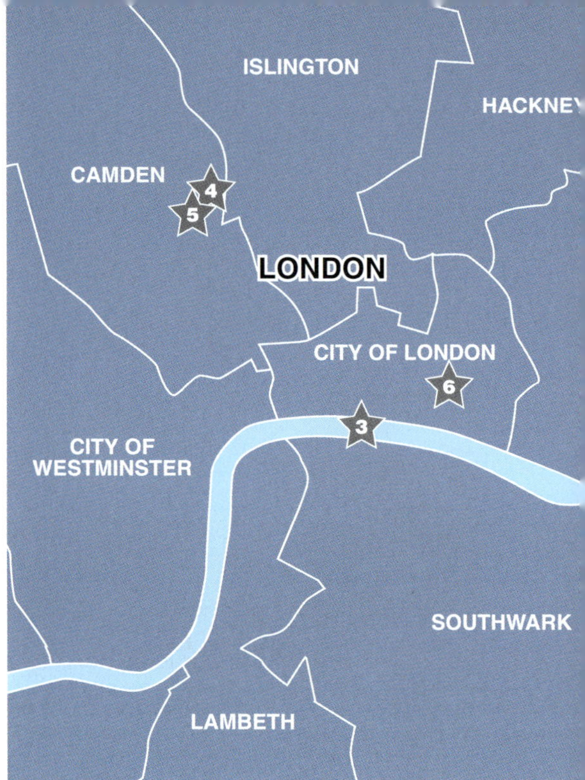

Weitere Filmtourismus-Tipps zu

Harry Potter

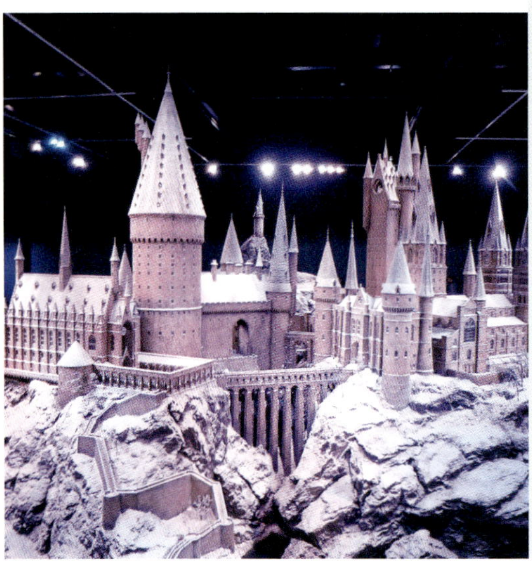

Warner Bros. Studio Tour London ★2

Studio Tour Drive, Leavesden, England

Sämtliche Studioaufnahmen der *Harry-Potter*-Filme entstanden in den Leavesden Film Studios in der Nähe von Watford, rund 30 Kilometer nordwestlich von London. Nach Abschluss der Dreharbeiten zum letzten Film der Reihe wurde ein Teil des Studios zur Warner Bros. Studio Tour »The Making of Harry Potter«. Auf der Tour bietet sich die Möglichkeit, zahlreiche Originalkostüme, Filmsets und Requisiten zu bestaunen sowie Hintergründe und Tricks zur Entstehung der Filme zu erfahren. Man kann dort locker vier Stunden verbringen. Fans bekommen hier, mit Ausnahme von Fahrgeschäften, das volle Programm.

wbstudiotour.co.uk

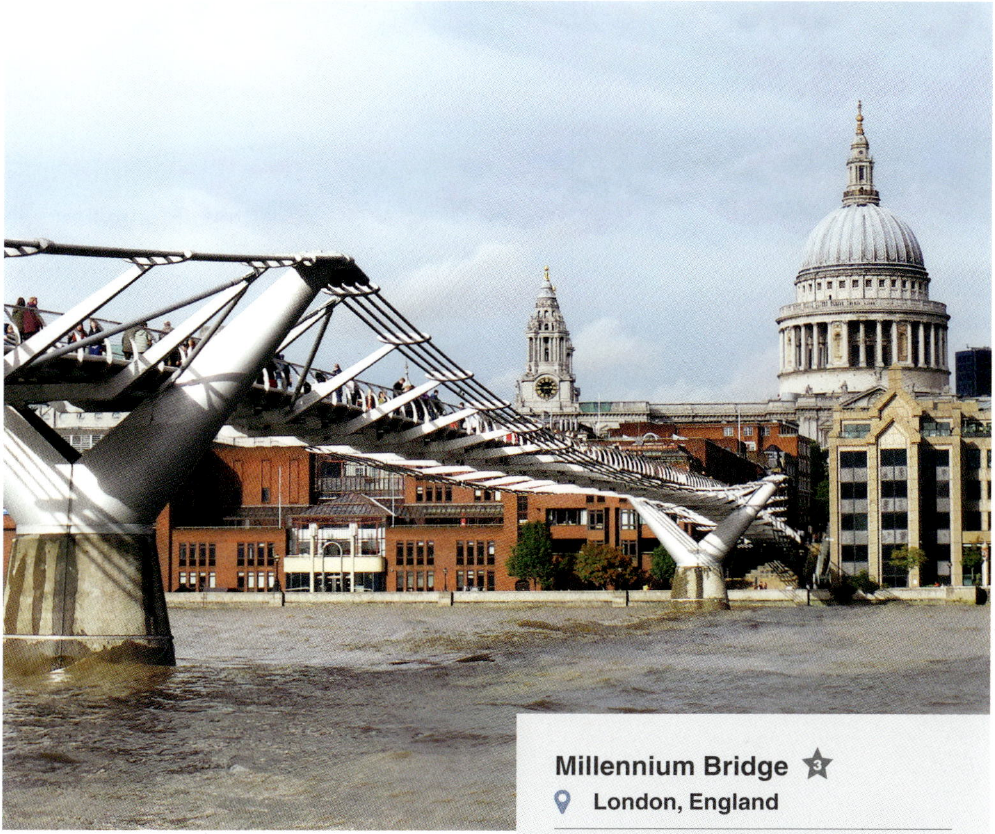

Millennium Bridge ★3

London, England

Die Fußgängerbrücke Millenium Bridge überquert die Themse von der Tate Modern zur St. Paul's Cathedral. In *Harry Potter und der Halbblutprinz* wird sie von magischen Kräften völlig zerstört. Weitere Drehorte in London sind die Lambeth Bridge, auf der sich der Fahrende Ritter in *Harry Potter und der Gefangene von Askaban* zwischen zwei entgegenkommenden Bussen hindurchzwängt, und die Westminster Tube Station, in der Mr. Weasley in *Harry Potter und der Orden des Phönix* das Londoner U-Bahn-System kennenlernt.

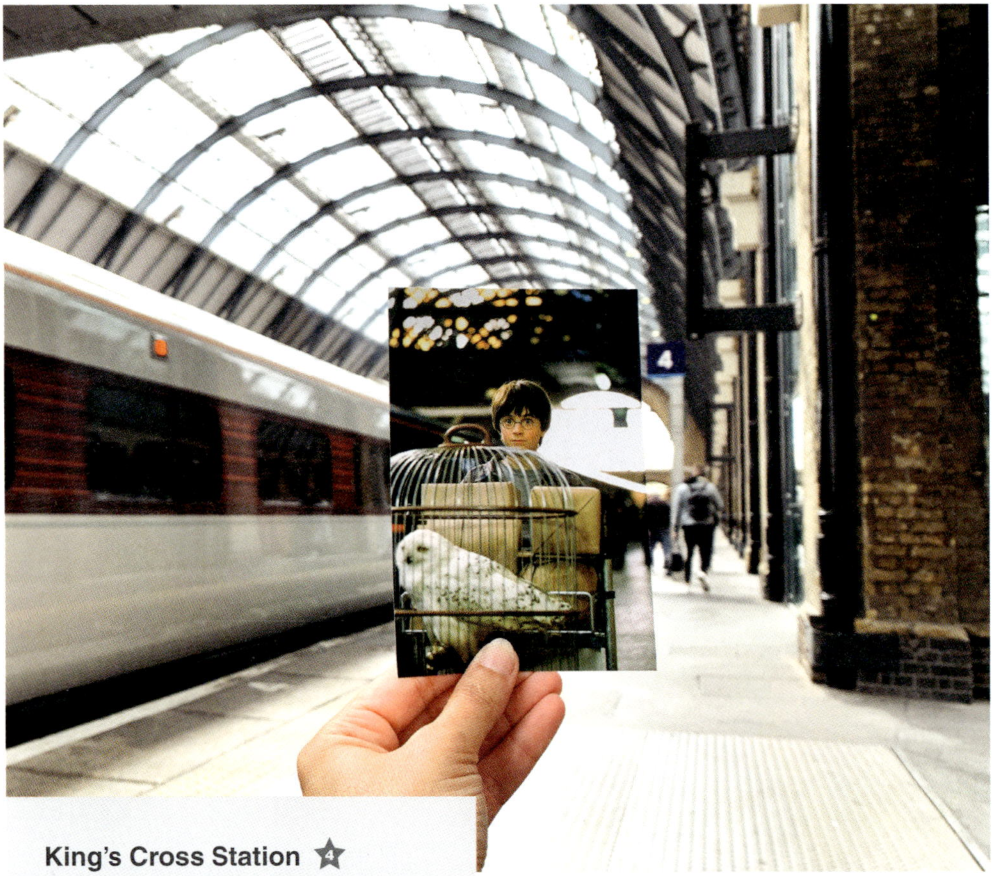

King's Cross Station ★4

Euston Road, London, England

Das fiktive Gleis 9 ¾ fand seinen Ursprung im Londoner Bahnhof King's Cross. Die Szene, in der Harry Potter durch eine Mauer zum Hogwarts Express gelangt, wurde in Realität auf dem Bahnsteig von Gleis 4 und 5 gedreht. An der besagten Stelle ist heute ein Trolley Point platziert, doch mit dem Umbau des Bahnhofs 2012 hat man sich für die Potterheads etwas einfallen lassen: In der Haupthalle kann man sich an einem speziellen Fotopunkt mit Gepäckwagen und wehendem Schal ausstatten und scheinbar selbst durch die Wand sausen. Gleich daneben befindet sich ein *Harry-Potter*-Shop mit Zauberstäben, Bertie Bott's Every Flavour Beans, Kuscheleulen & Co.

networkrail.co.uk/communities/passengers/our-stations/london-kings-cross

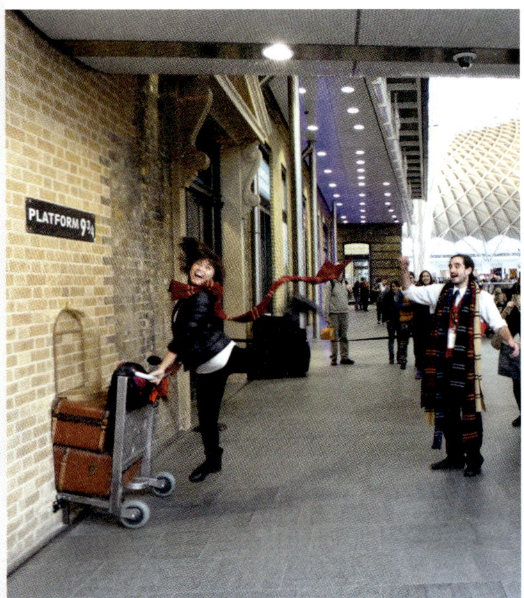

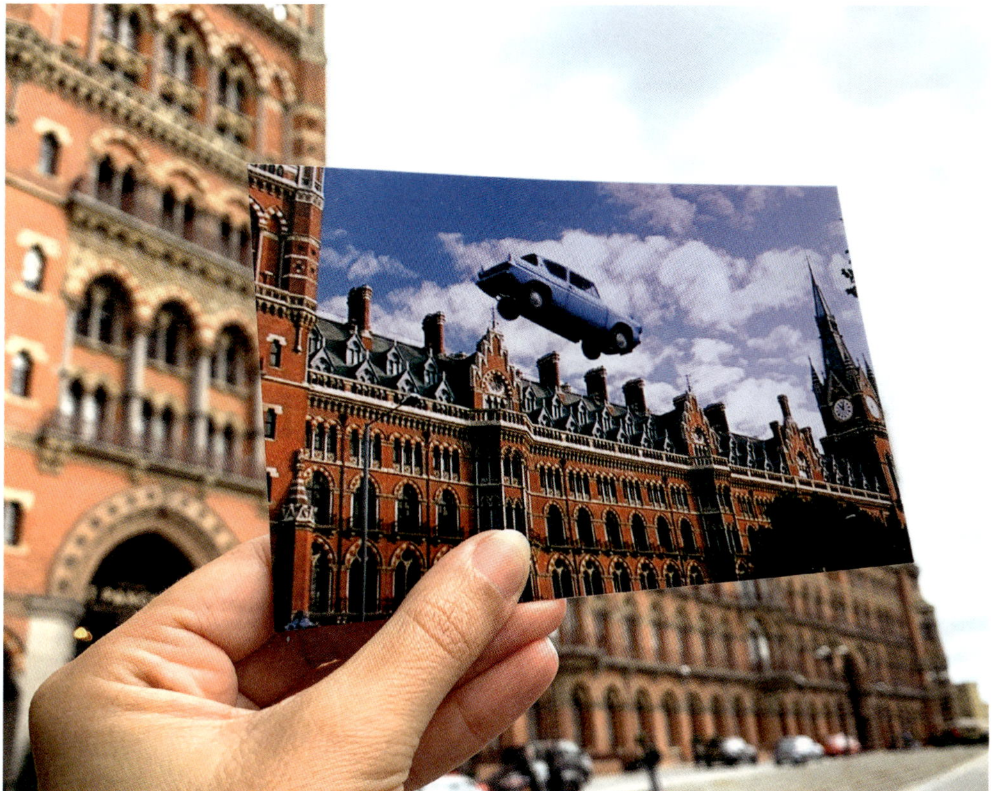

St. Pancras International Station

Euston Road, London, England

Für *Harry Potter und die Kammer des Schreckens* diente der benachbarte Bahnhof St. Pancras anstatt der King's Cross Station als Außenkulisse für die Szene, in der der magische Ford Anglia der Weasleys durch seine unsichtbaren Kräfte abhebt. Mit seiner neugotischen Fassade und dem Uhrenturm ist St. Pancras aber mindestens genauso filmogen wie sein Nachbar.

stpancras.com

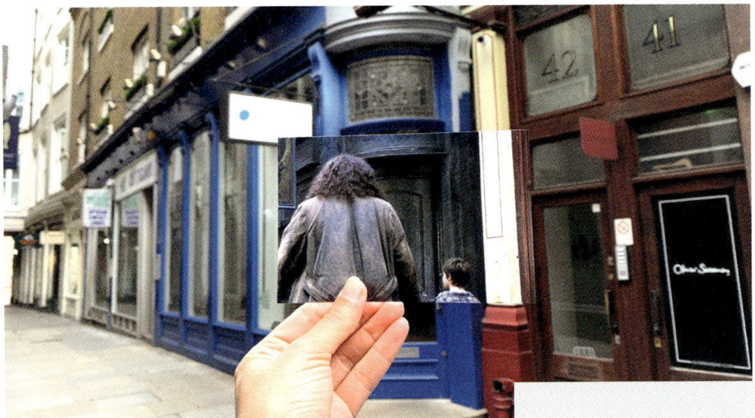

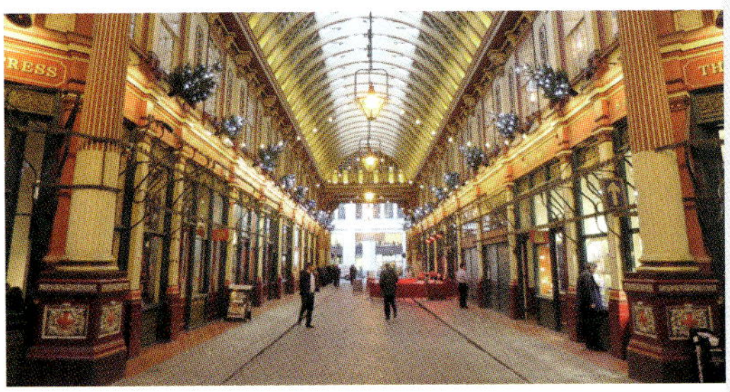

Leadenhall Market 6

Bull's Head Passage, London, England

In *Harry Potter und der Stein der Weisen* gelangt Harry über den Eingang zum Zauberer-Pub *Zum Tropfenden Kessel* in die Winkelgasse, um seine Unterrichtsmaterialien zu kaufen. Muggel finden die Tür in der Bull's Head Passage 42, gleich beim Leadenhall Market. Dahinter verbirgt sich allerdings kein Pub. Der Leadenhall Market selbst war schon des Öfteren Drehort, zum Beispiel für *Johnny English* oder *Lara Croft: Tomb Raider.*

leadenhallmarket.co.uk

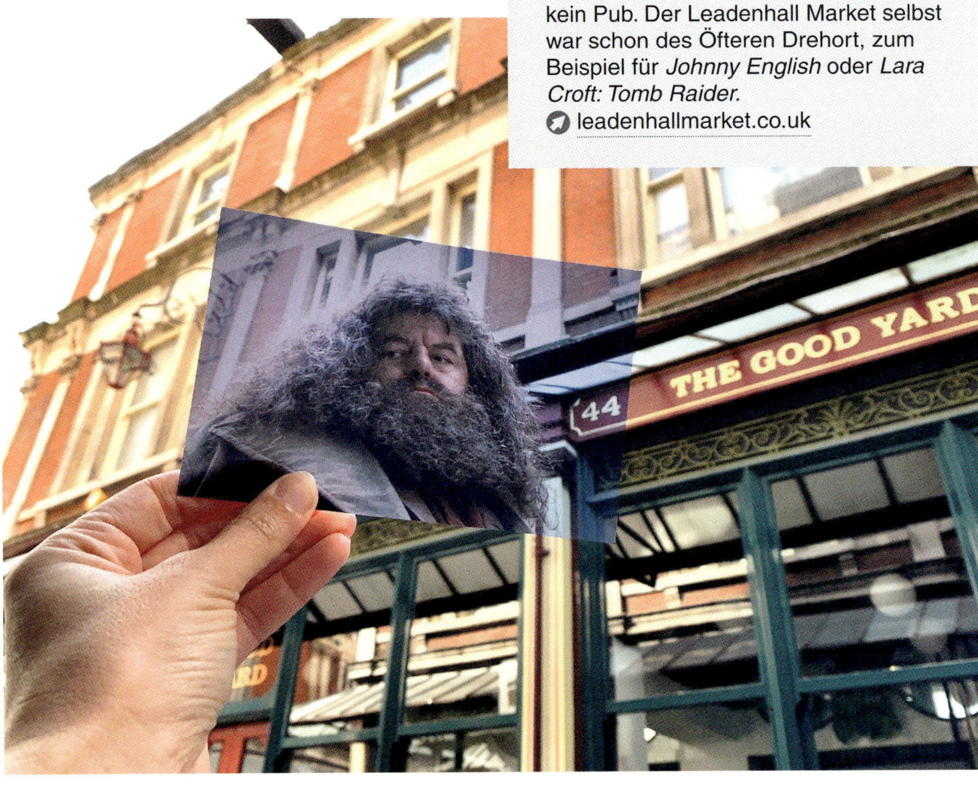

Gloucester Cathedral

12 College Green, Gloucester, England

Die Innenaufnahmen für Hogwarts entstanden in fünf verschiedenen Bauten. Einer davon ist die prunkvolle Gloucester Cathedral, in deren Kreuzgängen die Hogwarts-Schüler auf dem Weg zum Unterricht sind oder Harry und Ron sich vor einem Troll verstecken müssen. Auf einer Führung erfährt man dort nicht nur Fakten zur Kathedrale, sondern auch, wie das Bauwerk für den Filmdreh angepasst wurde.
Den fast kopflosen Nick oder die maulende Myrte trifft man hier nicht, wer es etwas unheimlicher mag, kann aber die Gruft besuchen. Der Legende nach wird diese von Mönchen des alten Klosters in Gloucester heimgesucht.

gloucestercathedral.org.uk

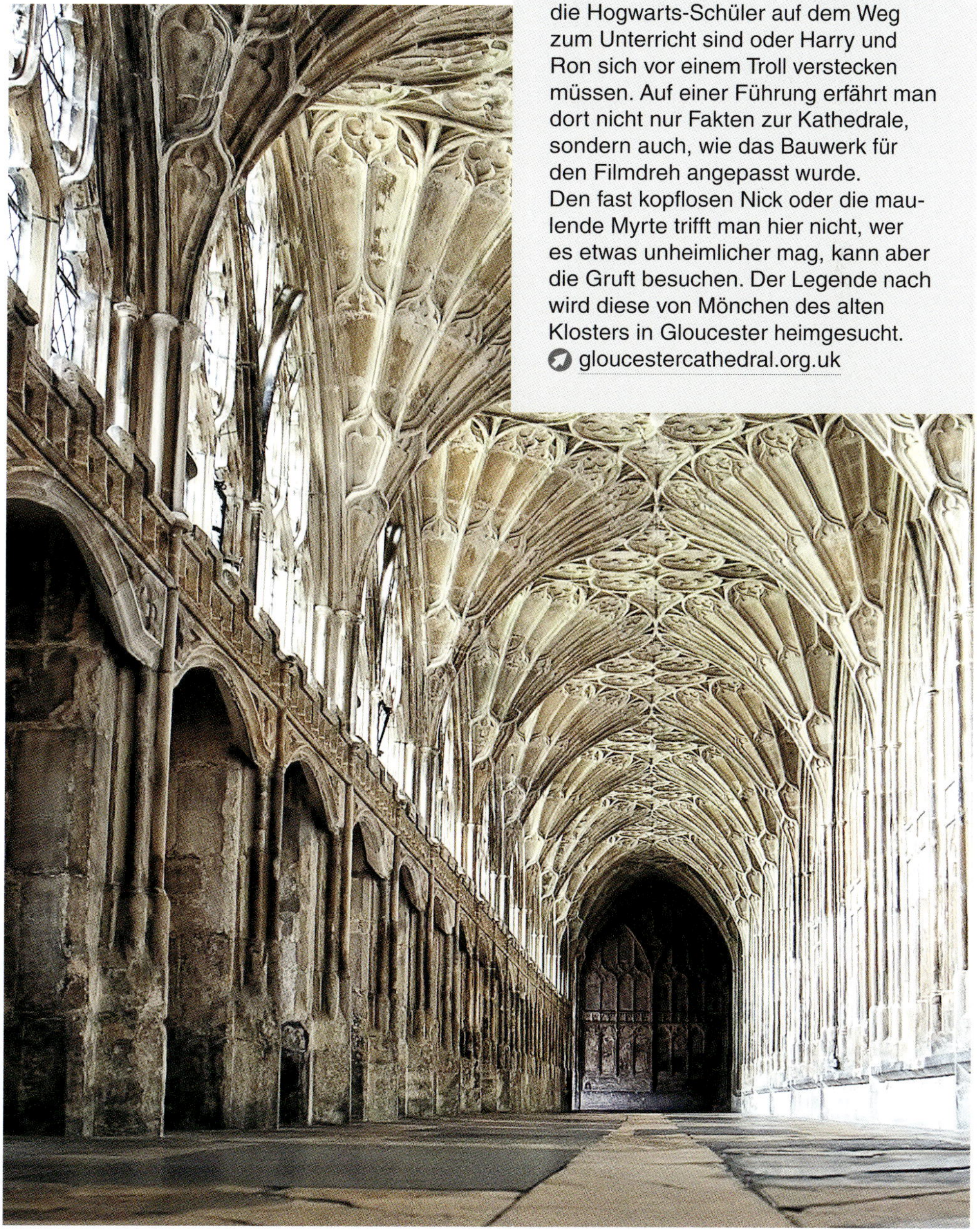

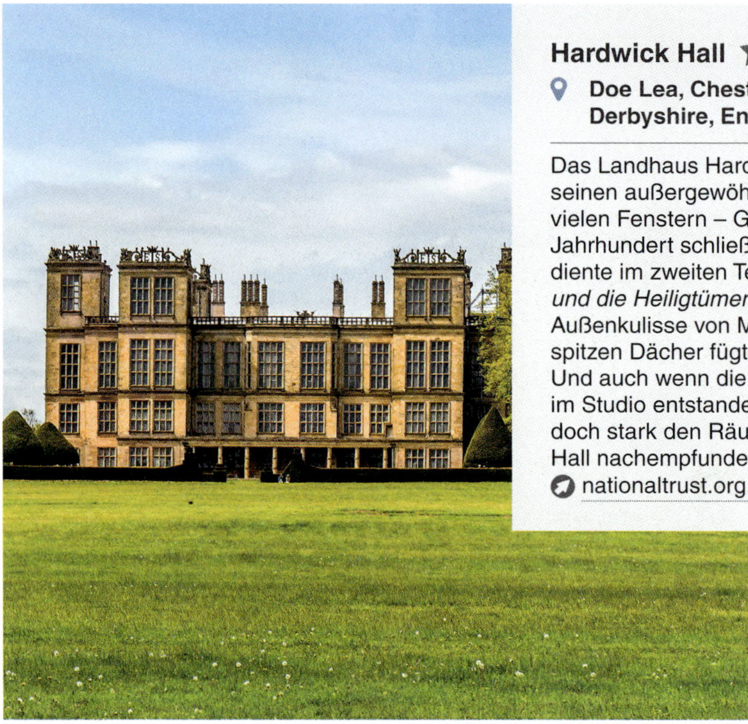

Hardwick Hall 8

Doe Lea, Chesterfield, Derbyshire, England

Das Landhaus Hardwick Hall mit seinen außergewöhnlich großen und vielen Fenstern – Glas galt im 16. Jahrhundert schließlich als Luxus – diente im zweiten Teil von *Harry Potter und die Heiligtümer des Todes* als Außenkulisse von Malfoy Manor. Die spitzen Dächer fügte man digital hinzu. Und auch wenn die Innenaufnahmen im Studio entstanden, war das Filmset doch stark den Räumen von Hardwick Hall nachempfunden.

nationaltrust.org.uk/hardwick-hall

Glenfinnan-Viadukt 9

A830 Road, Glenfinnan, Schottland

In die Rolle des Hogwarts Express schlüpfte der Dampfzug Jacobite Steam Train der West Highland Railway. Zu den Highlights der Bahnstrecke zwischen Fort William und Mallaig gehört das Glenfinnan-Viadukt, das auch Harry Potter auf seinem Schulweg überquert. Das 380 Meter lange Bauwerk mit 21 Pfeilern ist selbst für Muggel eine magische Kulisse.
Über den Glenfinnan Trail kann man unter dem Eisenbahnviadukt hindurchwandern. Loch Shiel ist ebenfalls in einigen *Harry-Potter*-Aufnahmen zu sehen.

visitbritain.com/de/de/glenfinnan-viadukt

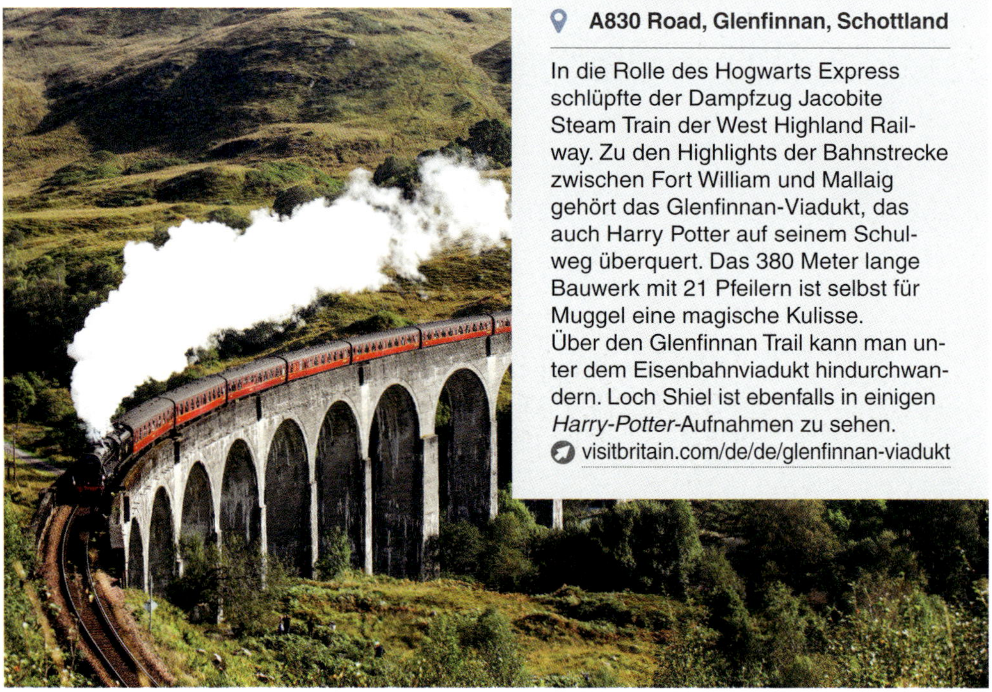

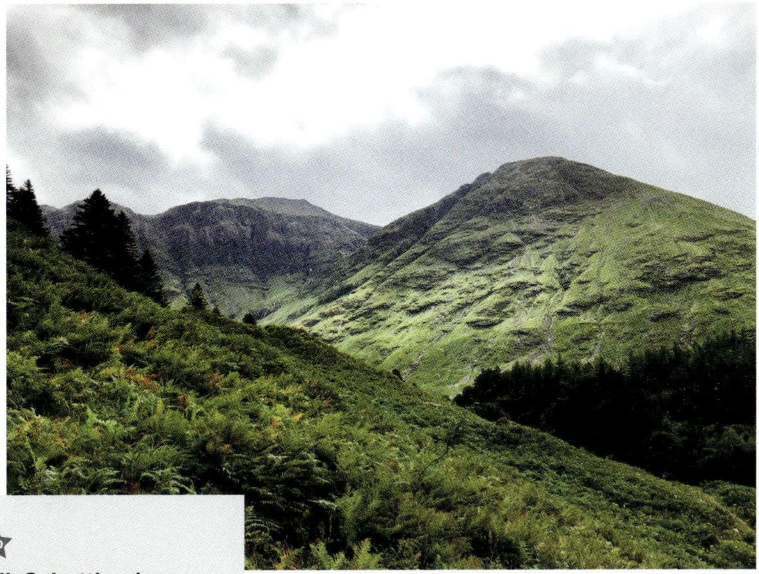

Clachaig Inn

Glencoe, Argyll, Schottland

Das Set für Hagrids Hütte in *Harry Potter und der Gefangene von Askaban,* in dem Harry, Hermine und Ron den Hippogreif Seidenschnabel retten wollen, wurde in den schottischen Highlands nahe Glencoe errichtet. Heute findet man dort zwar keine Filmspuren mehr, vom Hotel Claichaig Inn aus kann man jedoch innerhalb einer Viertelstunde an den einstigen Drehort am Hang wandern und den Ausblick auf die umliegenden Berge, den Wald Signal Rock und den See Torren Lachan genießen.

clachaig.com

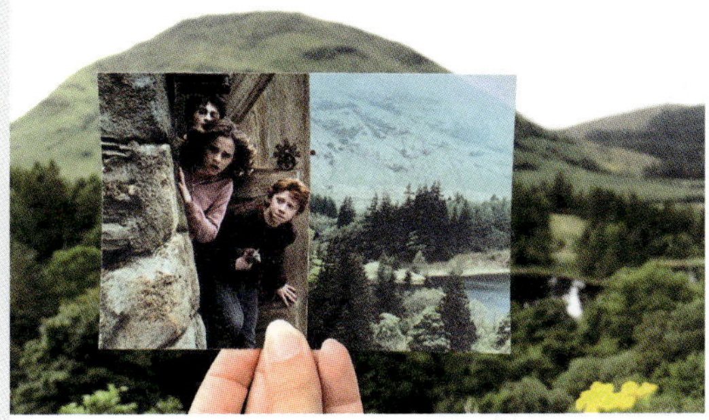

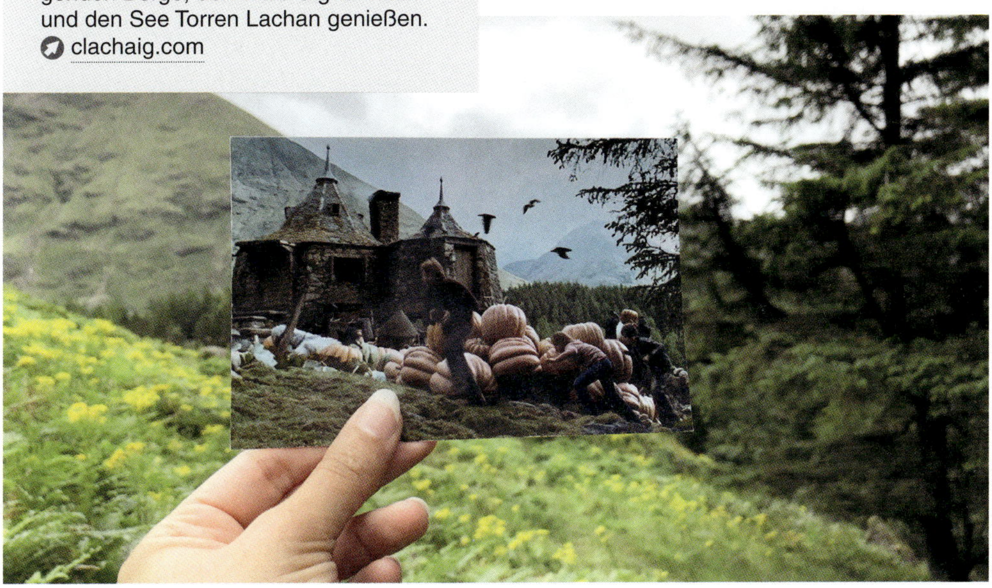

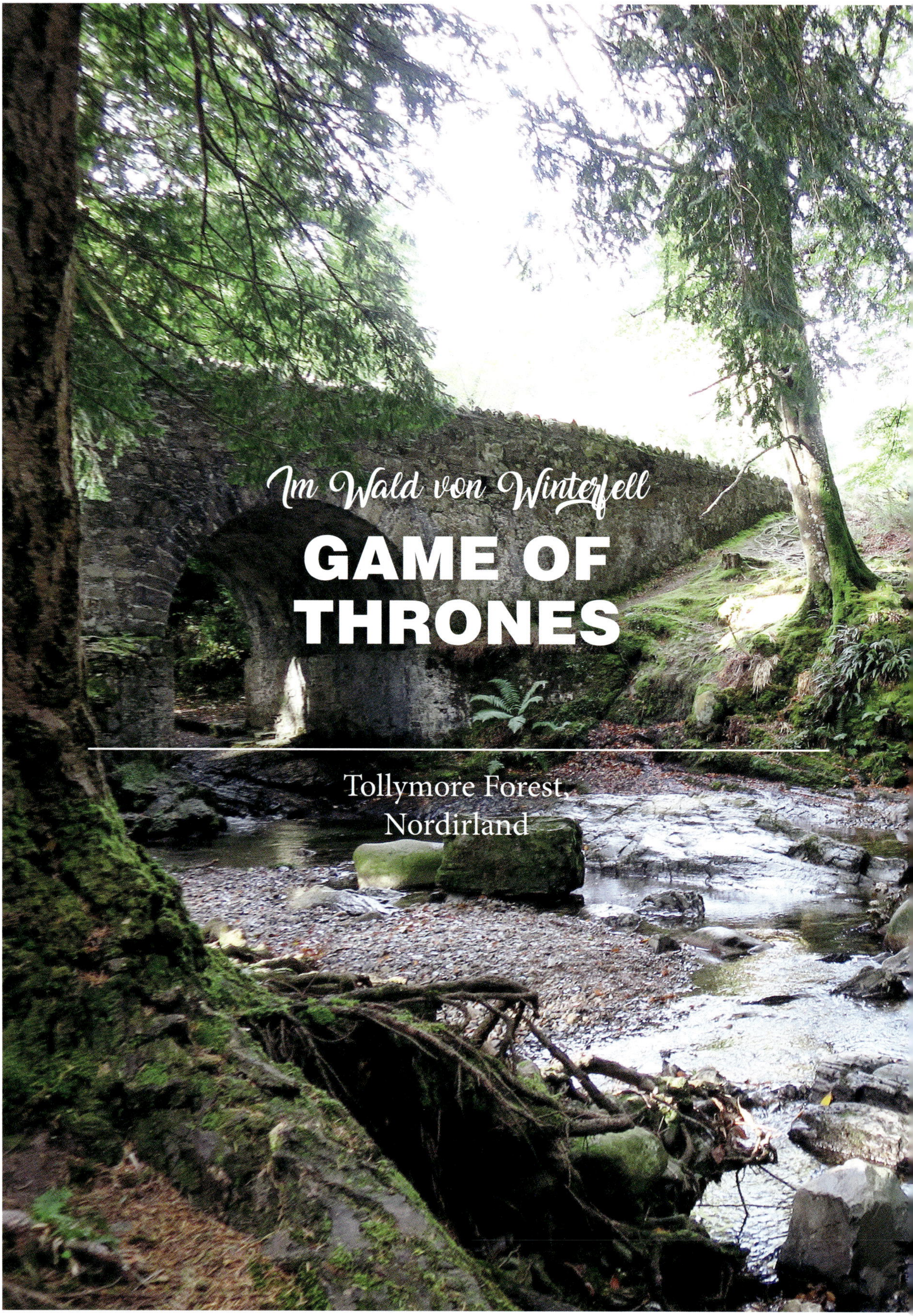

Im Wald von Winterfell

GAME OF THRONES

Tollymore Forest,
Nordirland

Was *Der Herr der Ringe* für Neuseeland ist, ist *Game of Thrones* für Europa: Einige der schönsten Landschaften wurden durch die Filme / die Serie weltberühmt. Bei Fantasy-Verfilmungen fasziniert mich ohnehin immer wieder, wie eine fiktive Welt ein Pendant in der realen Welt bekommt. Zwar existieren die Orte in der Vorstellung der Autoren und der Leser, doch erst durch die Auswahl der Drehorte bekommen sie ihren konkreten Look.

So wurde Neuseeland einst unverwechselbar zum Tolkien-Universum. Doch während es mit einer Reise nach Mittelerde bei mir aus den unterschiedlichsten und ärgerlichsten Gründen leider immer noch nicht geklappt hat, kenne ich Westeros mittlerweile wie meine Westentasche. Auf acht Reisen bin ich durch acht Staffeln gereist und habe die Orte kennengelernt, die zwar weit auseinanderliegen, durch *Game of Thrones* aber schließlich zu einer Einheit wurden. Fantastische Landschaften von Island bis Kroatien. Eine Location ist mir dabei aber ganz besonders ans Herz gewachsen: Der Tollymore Forest in Nordirland.

Hier trafen die Wächter der Nachtwache im Verfluchten Wald auf die Weißen Wanderer, die man schon seit Jahrhunderten für ausgestorben hielt. Für die unheimliche Szene wurde ein großes Waldstück künstlich eingeschneit, wie Tourguide William van der Kells mir und einer kleinen Gruppe von Serienfans vor Ort berichtet. Durch die uralten Mammutbäume gelangen wir nach ein paar Gehminuten an den Spinkwee River, an dem Ned Stark und seine Söhne die tote Schattenwölfin und ihre überlebenden Welpen fanden. Diese wurden zu treuen Begleitern für die Stark-Kinder Robb, Sansa, Arya, Bran, Rickon und natürlich für den angeblichen Bastardsohn Jon.

Den Ort erkenne ich anhand der großen Steinbrücke, der Altavaddy Bridge, leicht wieder. Während die anderen Thronies sich weiter um William scharen, versuche ich, an die genaue Stelle zu gelangen. Dafür muss ich etwas klettern, denn die kleine Holzbrücke, die man während der Dreharbeiten für die Produktion angebracht hat, ist längst fort. Unten angelangt lasse ich die Szene mit dem Ort ihrer Entstehung in einem Bild verschmelzen. Erst im Kopf, dann vor der Linse. Dann lausche ich andächtig dem Plätschern des Bachs. Es tut gut, an diesem friedlichen Ort zu sein, gleichzeitig überkommt mich eine Melancholie, mit der ich so nicht gerechnet habe. Doch es ist wohl so: Wenn man eine Geschichte über einen sehr langen Zeitraum verfolgt, blickt man an den Schauplätzen schon mal wehmütig auf deren Anfänge. Besonders, wenn man sich über die Staffeln hinweg von einigen Hauptcharakteren verabschieden musste. Ein Umstand, der ja gerade bei *Game of Thrones* zur besonderen Spezialität wurde, denn für Dutzende Hauptcharaktere kam der Winter erst gar nicht. Ganz egal, ob das Herz für die Starks, die Lannisters oder die Targaryens schlug, auf jeden warteten eigene Schockmomente. Valar Morghulis überall!

Umso so schöner, jetzt an diesem Plätzchen zu sein, wo selbst dem vorherrschend barbarischen *Game of Thrones* ein klein wenig Idylle und Heile-Welt-Gefühl anhaftet. Noch meilenweit entfernt von der Roten Hochzeit, der Schlacht der Bastarde, der Langen Nacht oder dem finalen Gerangel um den Eisernen Thron.

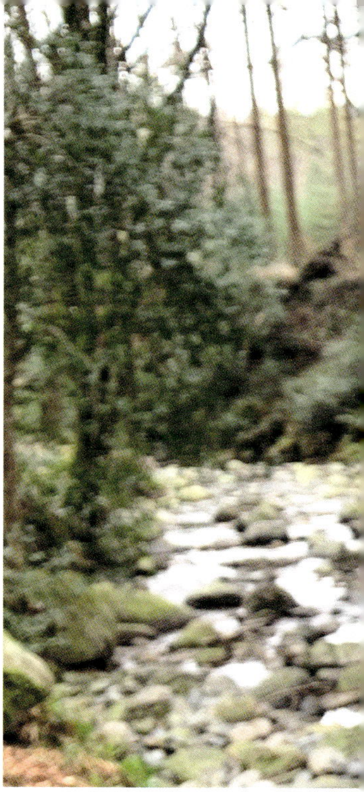

Tollymore Forest Park ★1

Nordirland

Der Tollymore Forest Park wurde für verschiedene Szenen in *Game of Thrones* genutzt, die alle rund um Winterfell spielen. Am Eingang erhält man einen Parkplan mit den Wanderwegen und Informationen zu den einzelnen Drehorten. Über den River Trail gelangt man zur Altavaddy Bridge.

nidirect.gov.uk/articles/tollymore-forest-park

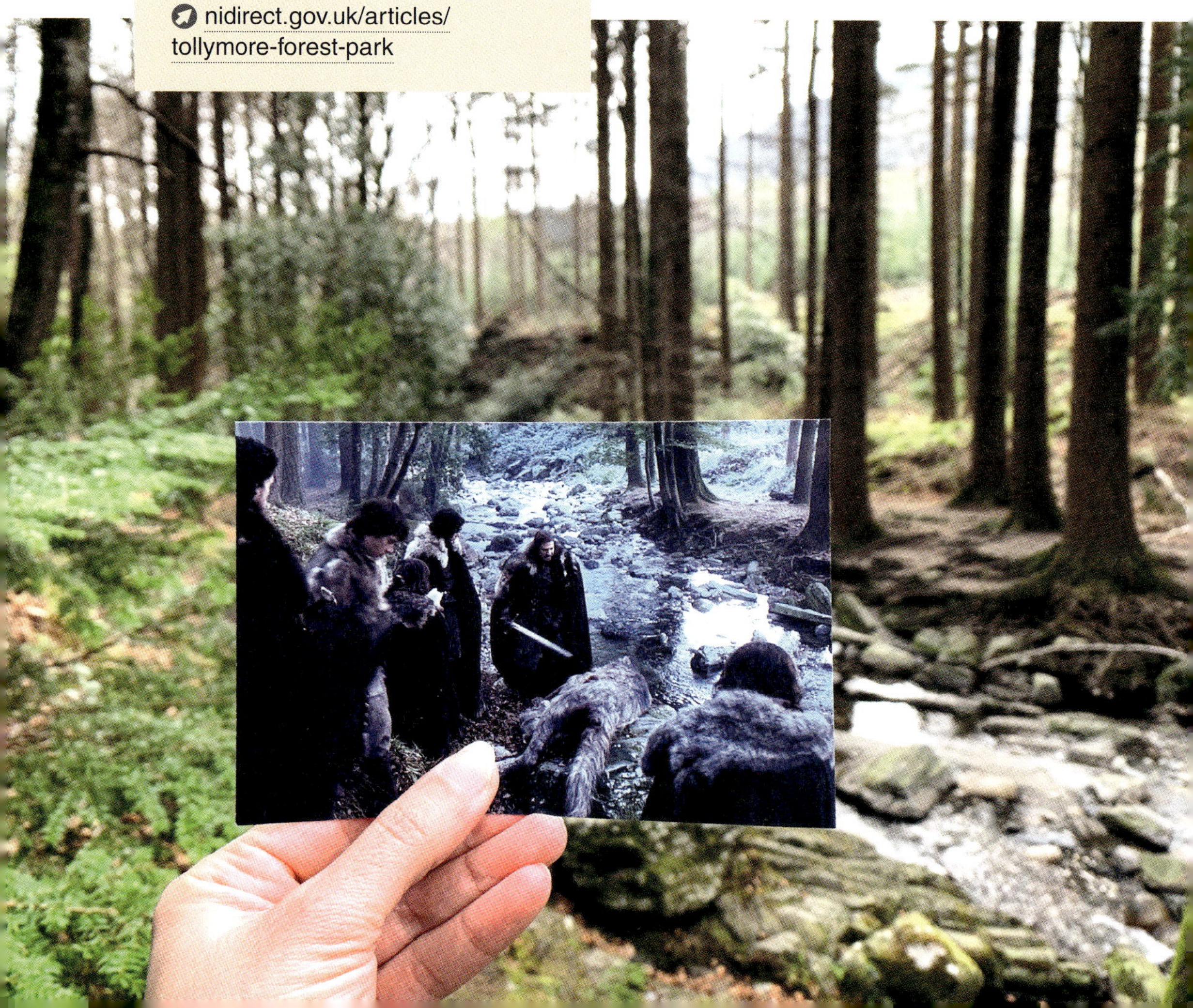

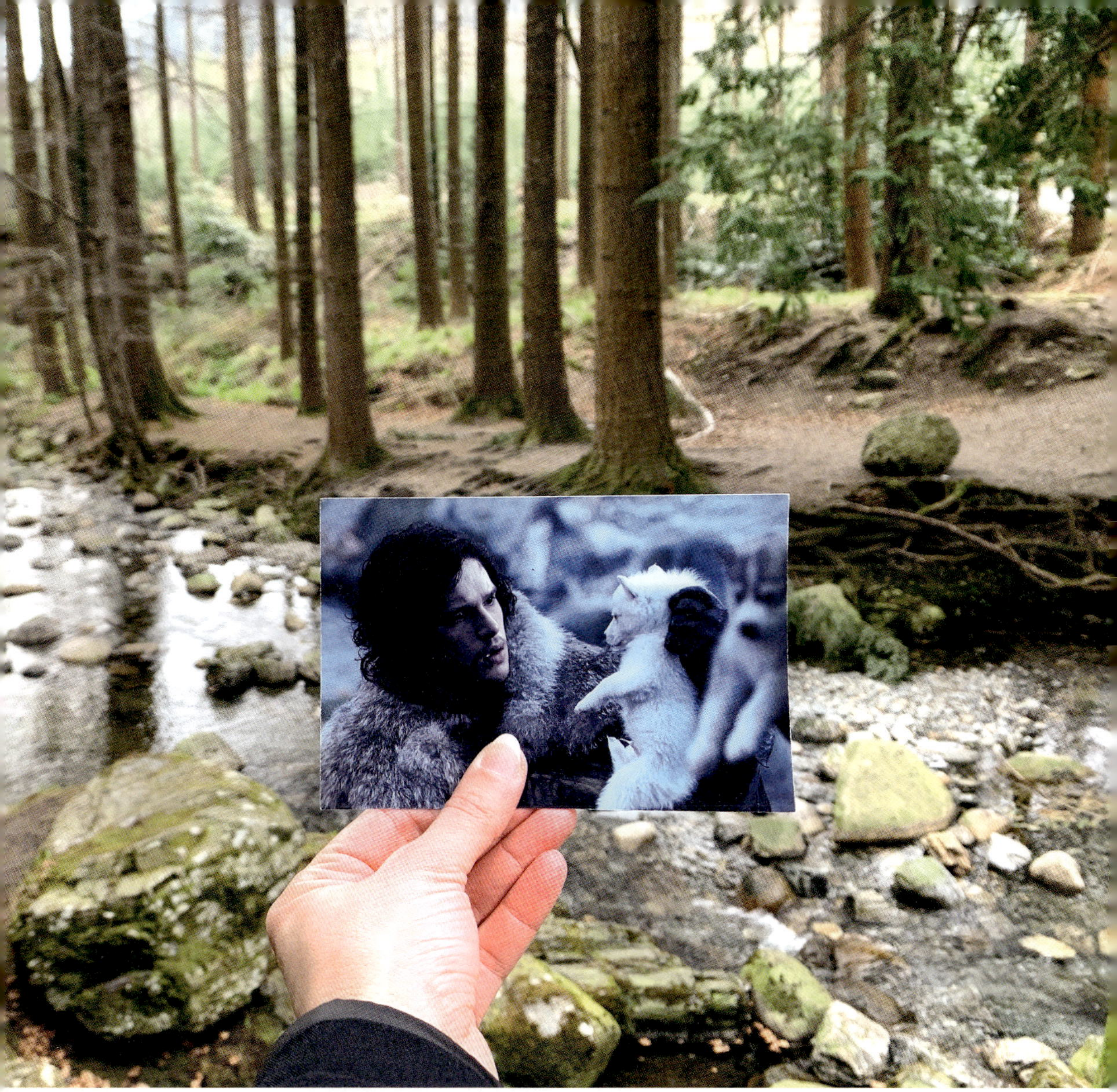

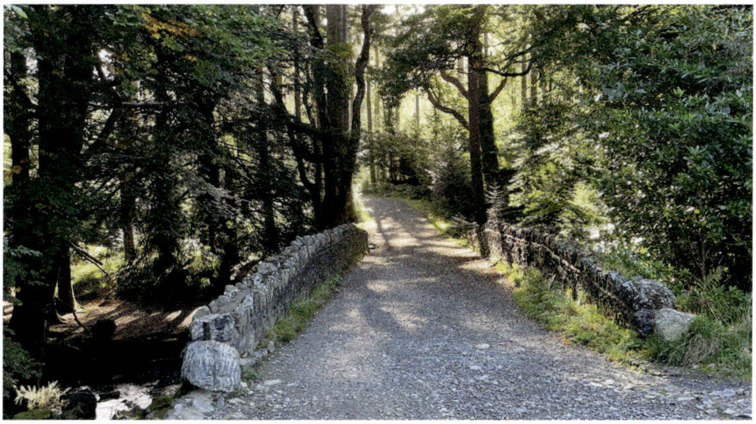

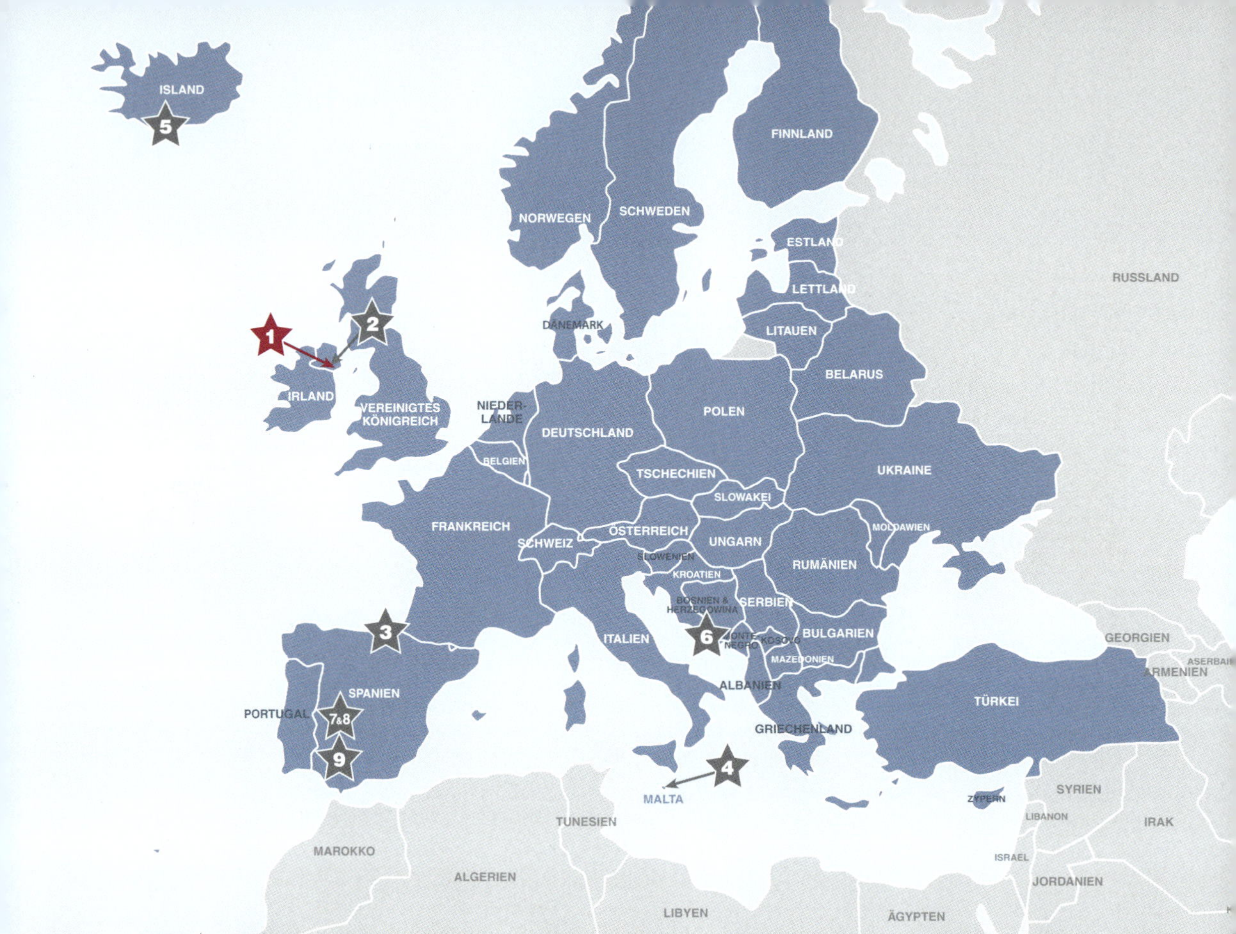

Weitere Filmtourismus-Tipps zu

Game of Thrones

Linen Mill Studios (2)

245 Castlewellan Road, Banbridge, Nordirland

Im Februar 2022 eröffnete die *Game of Thrones* Studio Tour in den Linen Mill Studios, wo etliche Szenen der Serie entstanden. Originalrequisiten, Fotos und Kostüme geben einen Blick hinter die Kulissen von Westeros, sei es der Große Saal von Winterfell, in dem der »König des Nordens« ernannt wurde, oder Daenerys Targaryens imposanter Thron von Drachenstein.

linenmillstudios.com

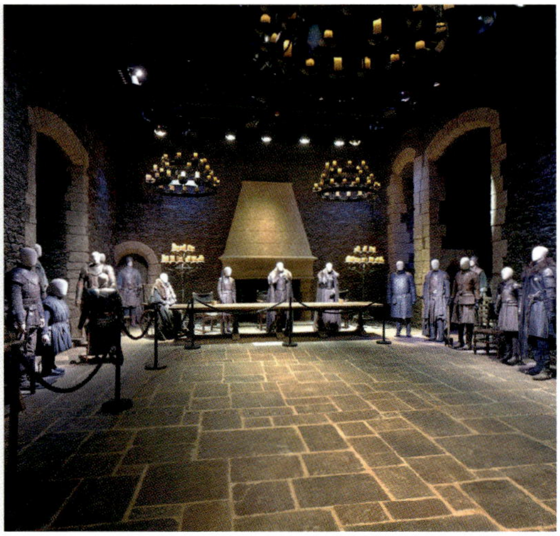

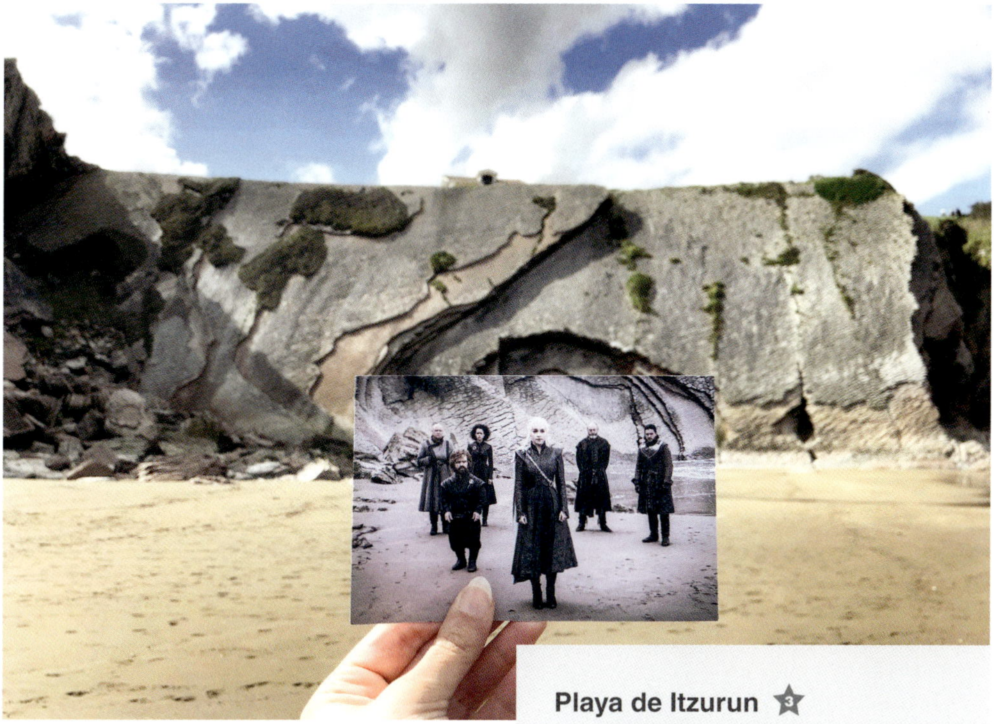

Playa de Itzurun 3

43.300286, -2.261049,
Zumaia, Spanien

Der Strand von Drachenstein mitsamt der Höhle, in der sich in der Serie das wertvolle Drachenglas befindet, ist in Wahrheit der Playa de Itzurun im spanischen Baskenland. Der Drehort mit den bizarren Felsformationen, die wie schmale Drachenrücken aus Sand und Wasser ragen, ist öffentlich zugänglich.

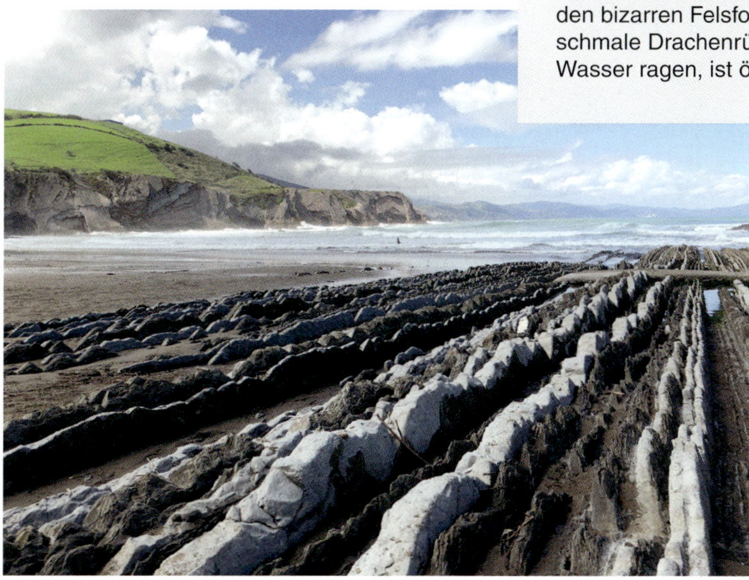

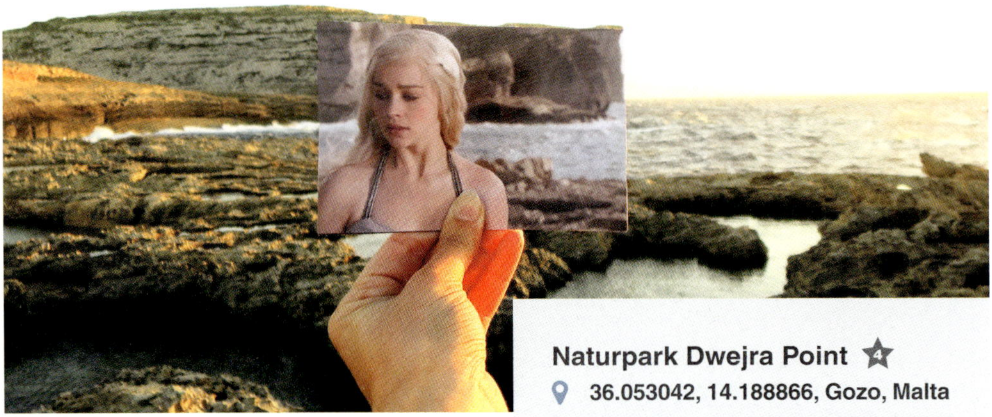

Naturpark Dwejra Point

36.053042, 14.188866, Gozo, Malta

Das Felsentor Azure Window, das als Kulisse für die dothrakische Hochzeit von Daenerys Targaryen und Khal Drogo diente, ist 2017 leider vollständig im Meer versunken. Doch die Umgebung mit ihrer markanten Felsenküste lohnt immer noch einen Besuch, aufgrund der Lage an der Westseite der Insel Gozo insbesondere bei Sonnenuntergang.

Skógafoss

63.532061, -19.511323, Gönguleið um Fimmvörðuháls, Island

Der Wasserfall, an den Jon und Daenerys ihren ersten gemeinsamen Drachenausflug machen und am liebsten gleich 1.000 Jahre dortbleiben würden, ist der Skógafoss im Süden Islands. Mit einer Breite von 25 Metern und einem Gefälle von 60 Metern gehört er zu den größten und schönsten Wasserfällen des Landes.

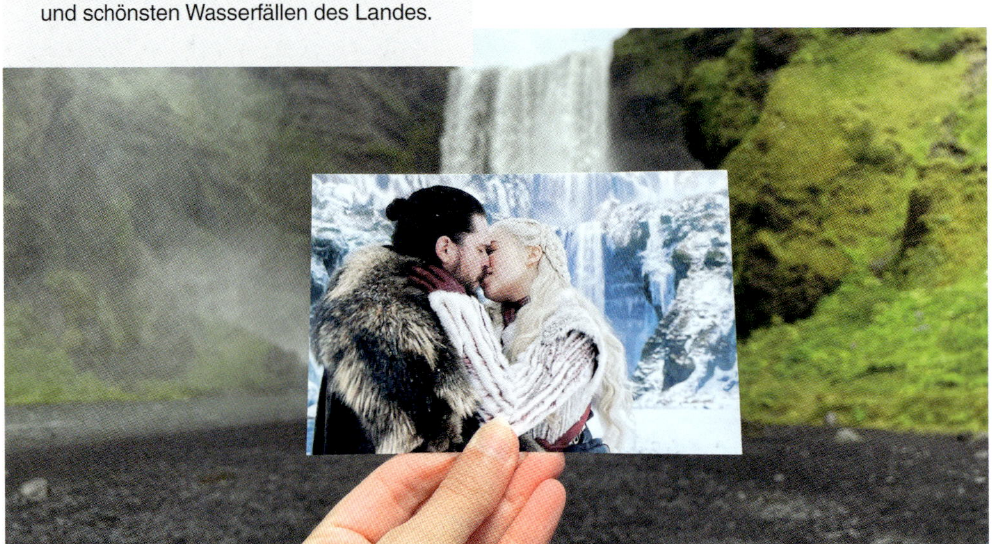

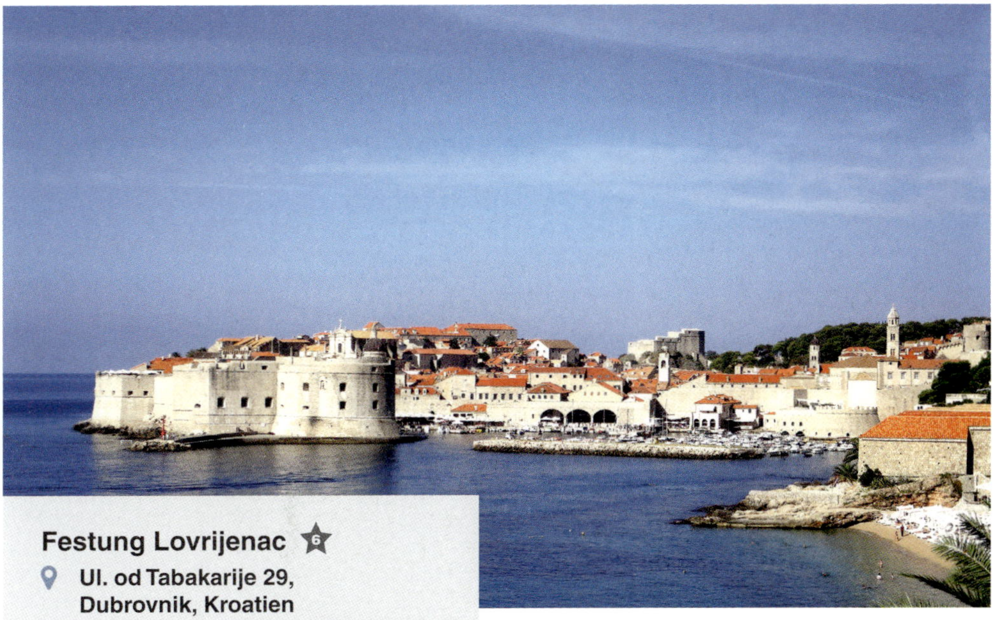

Festung Lovrijenac 6

Ul. od Tabakarije 29, Dubrovnik, Kroatien

Dubrovnik wurde für viele Szenen zum fiktiven Königsmund und dem Roten Bergfried. Das Bollwerk Lovrijenac bietet einen Blick über die Bucht von Schwarzwasser, in den Gassen der Altstadt wurde Cersei Lannisters eindringlicher *»Walk of Shame«* gedreht und die Festung Minčeta an der Stadtmauer diente als Kulisse für das Haus der Unsterblichen.

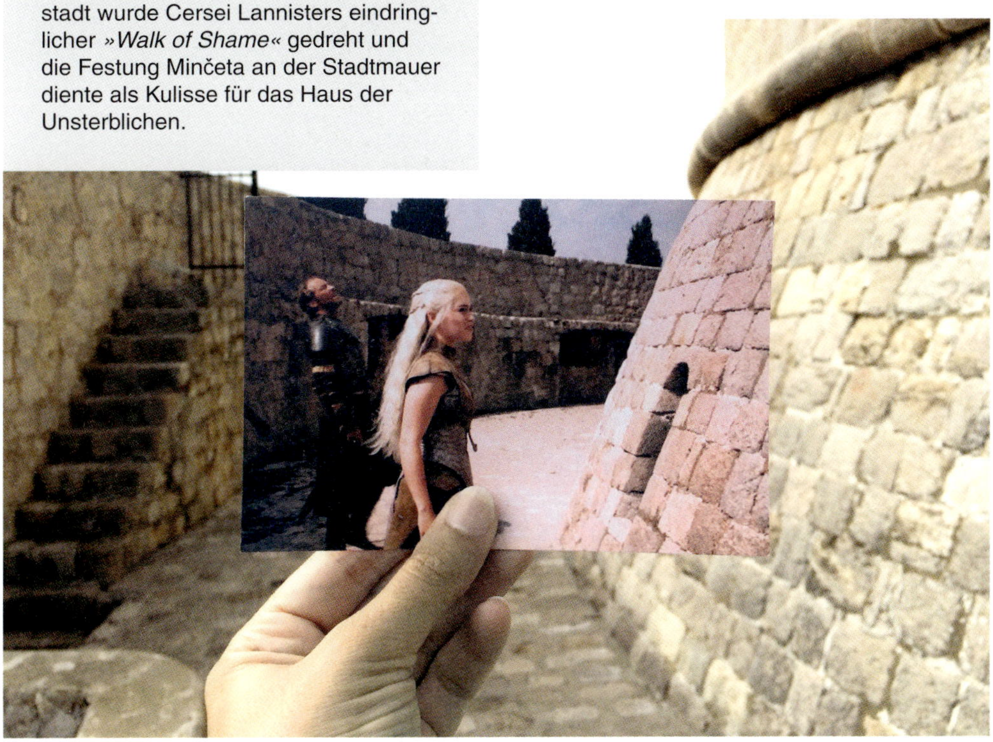

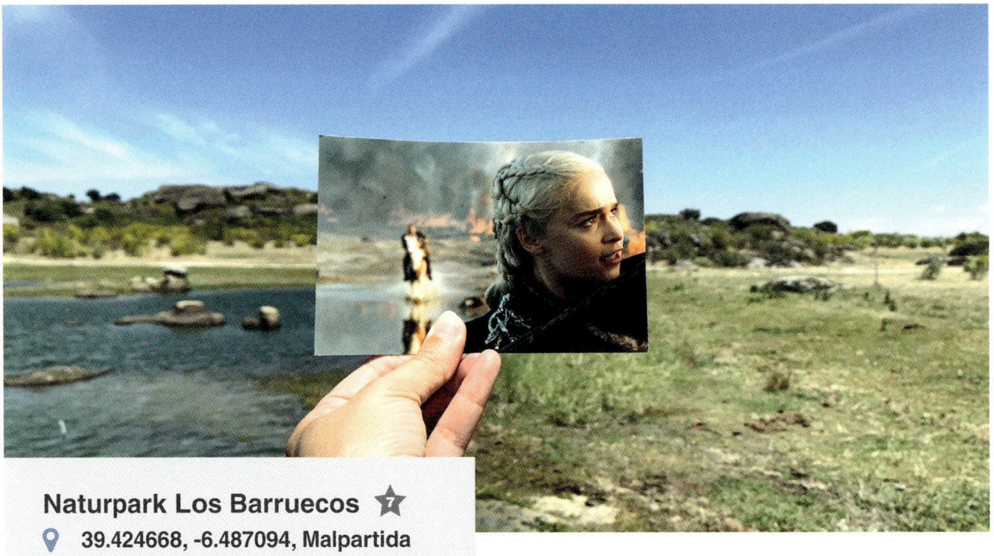

Naturpark Los Barruecos 7

39.424668, -6.487094, Malpartida de Cáceres, Extremadura, Spanien

Die weite Landschaft des Naturparks Los Barruecos ist durch ihre verstreuten Granitfelsen bekannt. Rund um den See des Barrueco de Arriba entstand eine der nervenaufreibendsten Szenen der Serie: Die Schlacht der Dothraki gegen die Lannisters. Drachen gibt es hier freilich keine, jedoch Europas größte Weißstorchkolonie.

Plaza del Castillo 8

1, Trujillo, Cáceres, Extremadura, Spanien

In Staffel sieben von *Game of Thrones* übernimmt das Castillo de Trujillo die Rolle von Casterlystein, das von den Unbefleckten problemlos eingenommen wird. In der letzten Episode ist die Burg dann noch mal als Stadtmauer von Königsmund zu sehen.
Cáceres und Trujillo dienten auch als Drehorte für das Prequel *House of the Dragon.*

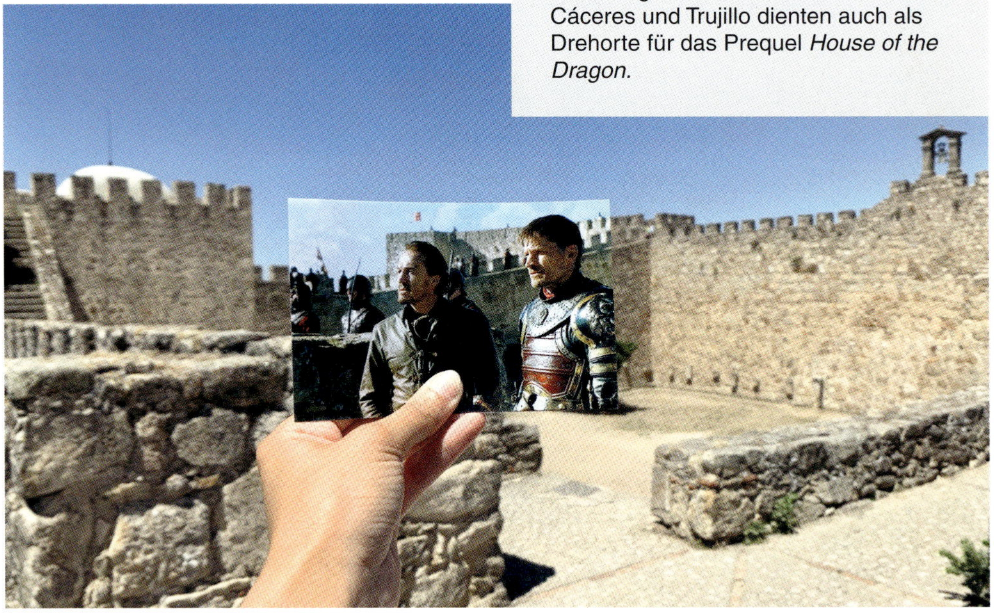

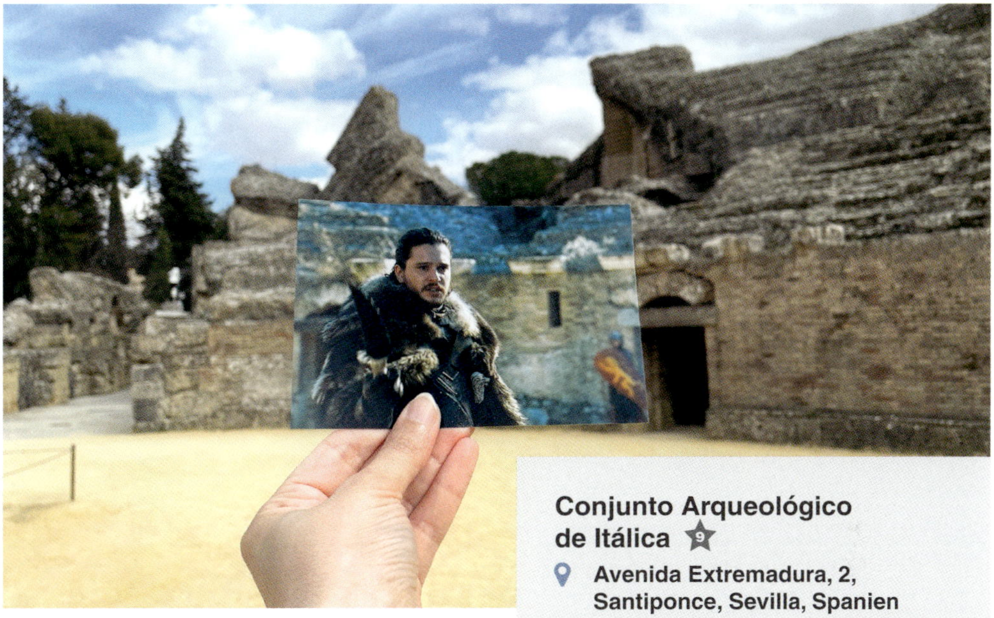

Conjunto Arqueológico de Itálica 9

Avenida Extremadura, 2, Santiponce, Sevilla, Spanien

Die Ausgrabungsstätte Itálica bei Sevilla diente gleich für zwei wichtige Szenen in *Game of Thrones* als Kulisse: Der König des Nordens verhandelt mit den beiden Königinnen Daenerys und Cersei eine Waffenruhe, um gemeinsam gegen die Weißen Wanderer zu kämpfen und in der letzten Episode wird an selber Stelle bestimmt, wer schlussendlich der neue König von Westeros wird.

museosdeandalucia.es/web/conjuntoarqueologicodeitalica

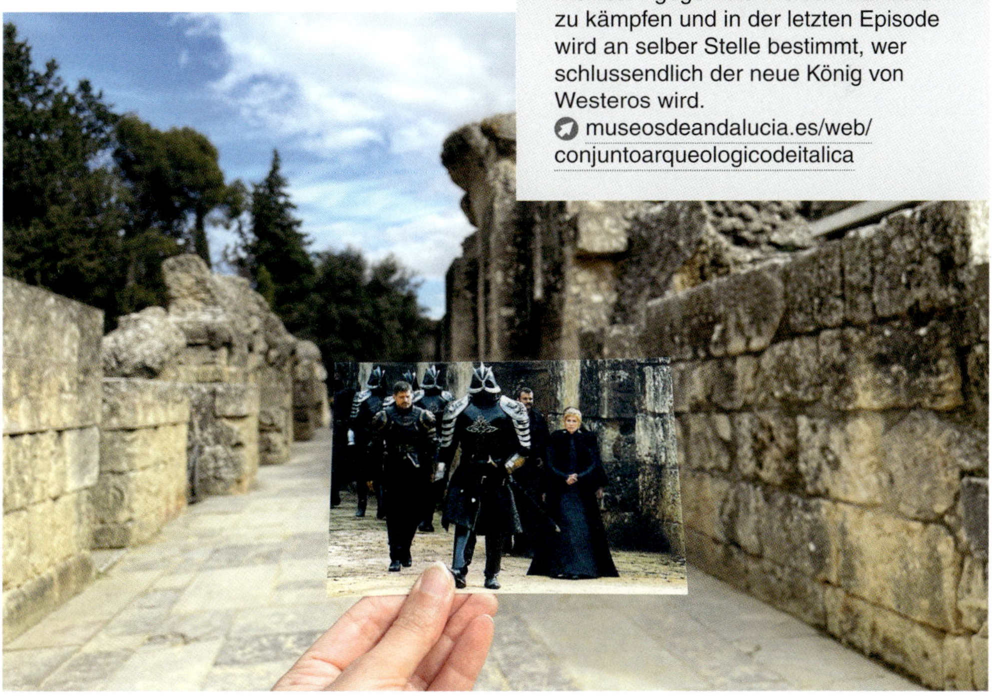

In einer weit, weit entfernten Galaxis

STAR WARS

Skellig Michael,
Irland

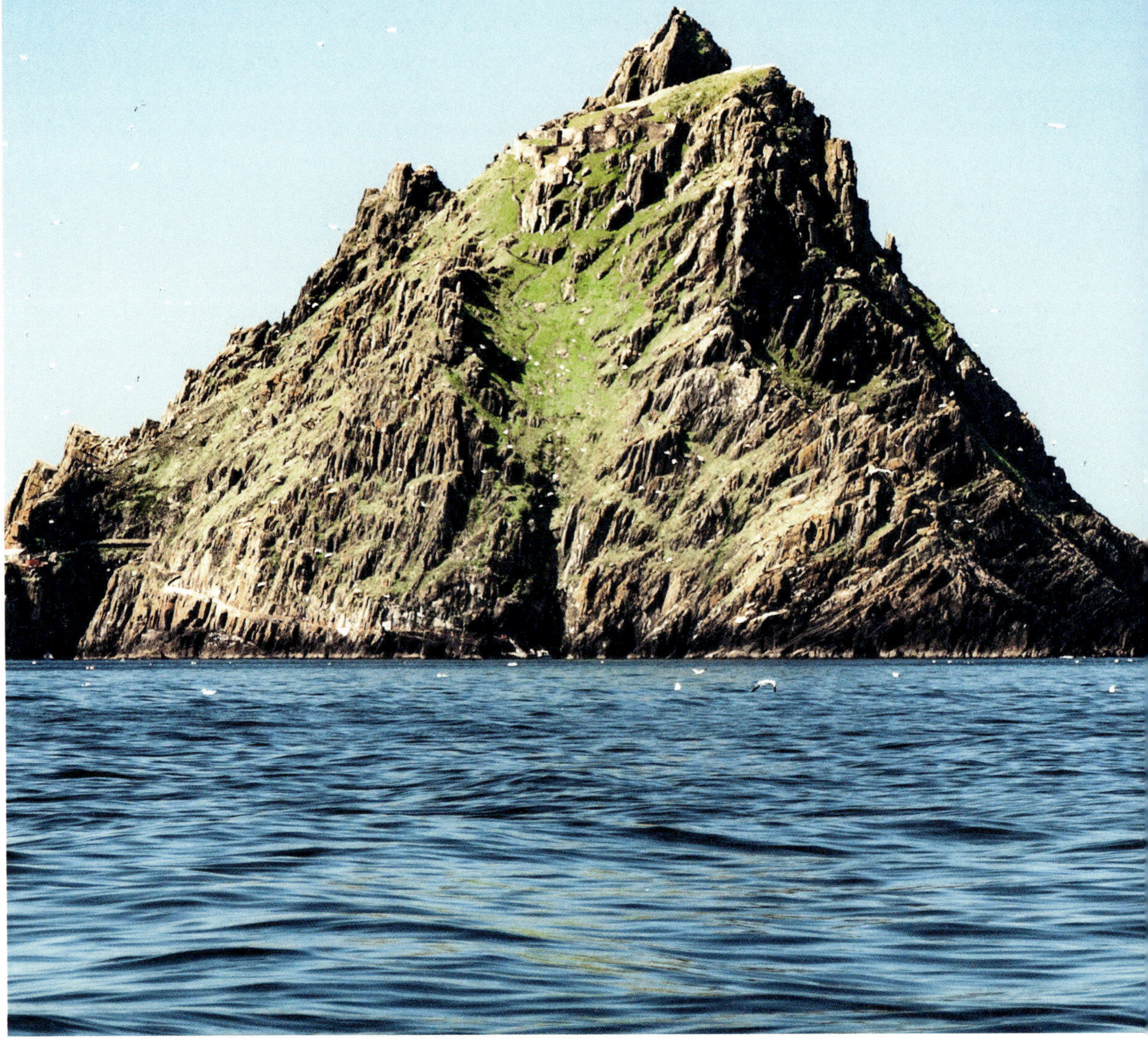

»Möge die Macht mit dir sein«, antwortet der Skipper auf meine Frage, was denn der Aufdruck »Go mbeidh an fórsa leat« auf seinem T-Shirt bedeutet. Und als ich am kleinen Hafen von Portmagee frühmorgens auf das Boot *Lady Clare* steige, weiß ich: Die Macht ist mit mir. Ansonsten wäre ich jetzt nicht hier. Es wäre kein strahlend blauer Himmel über mir. Und die Boote könnten nicht raus auf die Skelligs fahren. Das ist nämlich alles andere als selbstverständlich. Die letzten Tage fanden aufgrund des Wellengangs überhaupt keine Touren statt. Und mein Zeitplan lässt mir nur diese eine Chance.

Mein Ziel heißt Skellig Michael. Auf der zerklüfteten, grünen Insel findet Rey in den Schlussminuten des *Star-Wars*-Films *Das Erwachen der Macht* den verschwundenen Luke Skywalker und genießt in *Die letzten Jedi* am selben Ort dessen Ausbildung. Hier wird Irland zum Planeten Ahch-to und ich zu einem glücklichen *Star-Wars*-Fan.

Mit den Filmen und Figuren rund um *Star Wars* bin ich aufgewachsen. Ich sehe sie daher immer durch die Nostalgie-Brille, ob ich nun will oder nicht. Die Ankündigung neuer Spin-offs, Sequels und Serien sind für mich kein Fluch, sondern Segen, da ich so noch viele Geschichten und Schauplätze des beliebten Weltraummärchens zu Hause oder im Kino erleben kann. *Star Wars* legte den Grundstein für meine Fantasy- und Science-Fiction-Begeisterung sowie für mein Interesse an fiktiven Orten und deren realen Vorbildern. Tatooine, Endor, Naboo & Co. standen somit schon früh auf meiner Reisewunschliste.

Jetzt also Ahch-to. Und so abgelegen wie die Insel Skellig Michael ist, etwa zwölf Kilometer von der Küste Kerrys entfernt, wäre sie auch im wahren Leben keine schlechte Idee für ein Versteck, nicht nur für Jedis. Schon im 6. Jahrhundert haben Mönche hier ein Kloster gebaut, um sich vor den weltlichen Verlockungen des Festlandes zurückzuziehen. Heute lockt das weltliche Kino die Touristen dorthin.

Wie mir Gerard Kennedy, der Eigentümer des Moorings Guesthouse, gestern verriet, ging unter den Einheimischen während der Dreharbeiten die Angst um, Kultur und Natur auf Skellig Michael könnten von einem Ansturm der *Star-Wars*-Fans Schaden nehmen. Durch die schon immer geltende Begrenzung der Besucherzahl auf 180 pro Tag blieb dieser jedoch aus. Er meinte sogar, der Effekt sei rundum positiv: Die Saison ist um einige Wochen länger geworden und die jungen Leute hier haben wieder mehr Vertrauen in die Zukunft der Region.

Das Moorings Guesthouse, in dem ich übernachtet habe, liegt direkt am Hafen und war während der Dreharbeiten auch das Quartier des Produktionsbüros. Wie Gerard mir erzählte, hieß es in der allerersten Anfrage der Filmcrew, es gehe um einen Dokumentarfilm über Papageientaucher. Als er später eine Visitenkarte von Lucasfilm in der Hand hielt und die Schauspielernamen hörte, sagte ihm das auch noch nichts. Sein Sohn, großer *Star-Wars*-Fan, fiel hingegen aus allen Wolken, als er davon erfuhr.

Doch zurück zu meiner Tour. Außer mir sind noch elf weitere Insassen an Bord. Die Stimmung ist bestens, denn jedem ist bewusst, dass solche beinahe wind- und wolken-

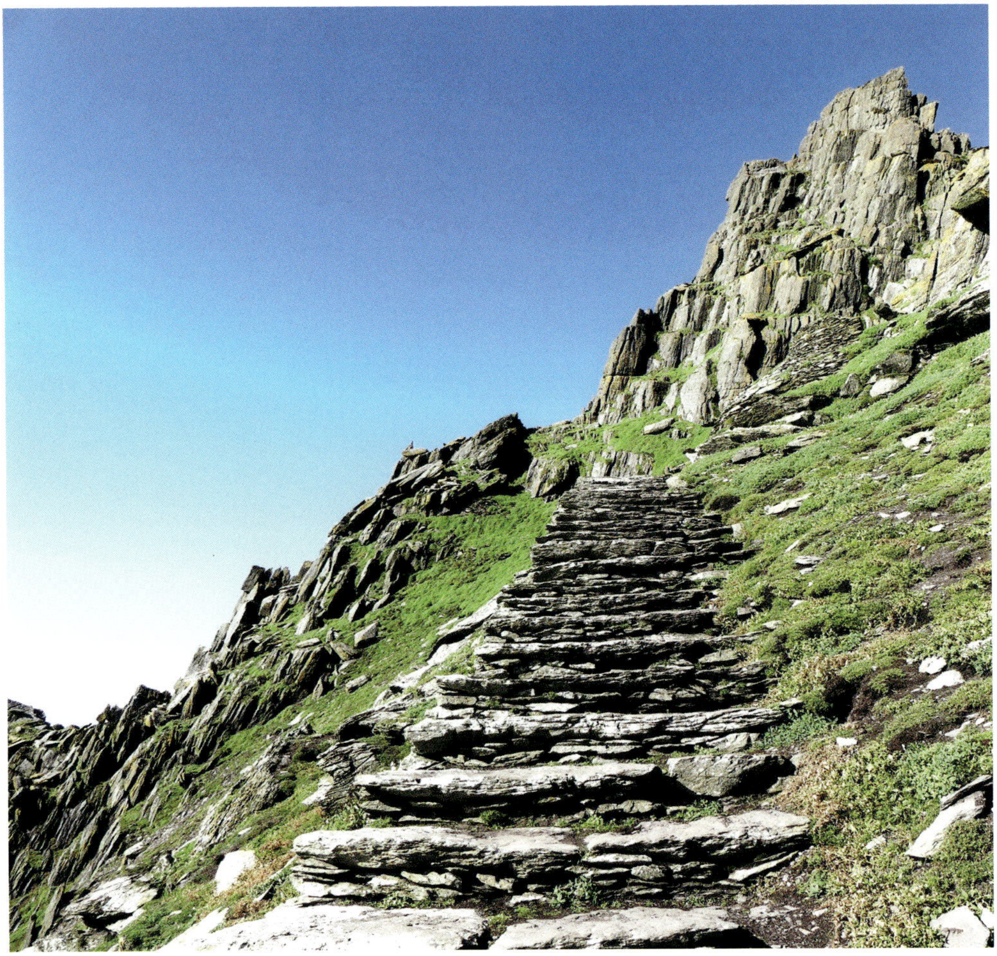

freien Tage eine echte Seltenheit sind. Als erstes steuern wir die Insel Little Skellig mit ihren zahllosen Vogelbrutstätten und einer der größten Basstölpelkolonien der Welt an. Das bestens geordnete Chaos an den Felsen ist ein beeindruckendes Schauspiel.

Als wir endlich Kurs auf Skellig Michael nehmen und die Insel vor meinen Augen immer größer wird, muss ich mich selbst zwicken. Ist das echt? Oder ein Hologramm auf dem Atlantik? Die Umrisse des grünen Eilands sehen jedenfalls exakt so aus wie im Film. Dem Locationscout muss bei diesem Anblick das Herz aufgegangen sein, genauso wie später dem Rest des Filmteams.

Wir gelangen alle sicher an Land und bekommen von einem der Guides noch eine kurze Einweisung, worauf wir auf der Insel achten sollen. Und dann geht es endlich die über tausend Jahre alte Steintreppe mit über 600 Treppenstufen hinauf bis zum Kloster. Skellig bedeutet übrigens steiler Fels – und das kann man hier durchaus wörtlich nehmen.

Statt den putzigen Porgs, die die Insel auf der Leinwand bewohnen, gibt es hier Puffins, also Papageientaucher, die vor allem im Mai und Juni auf Skellig Michael zum

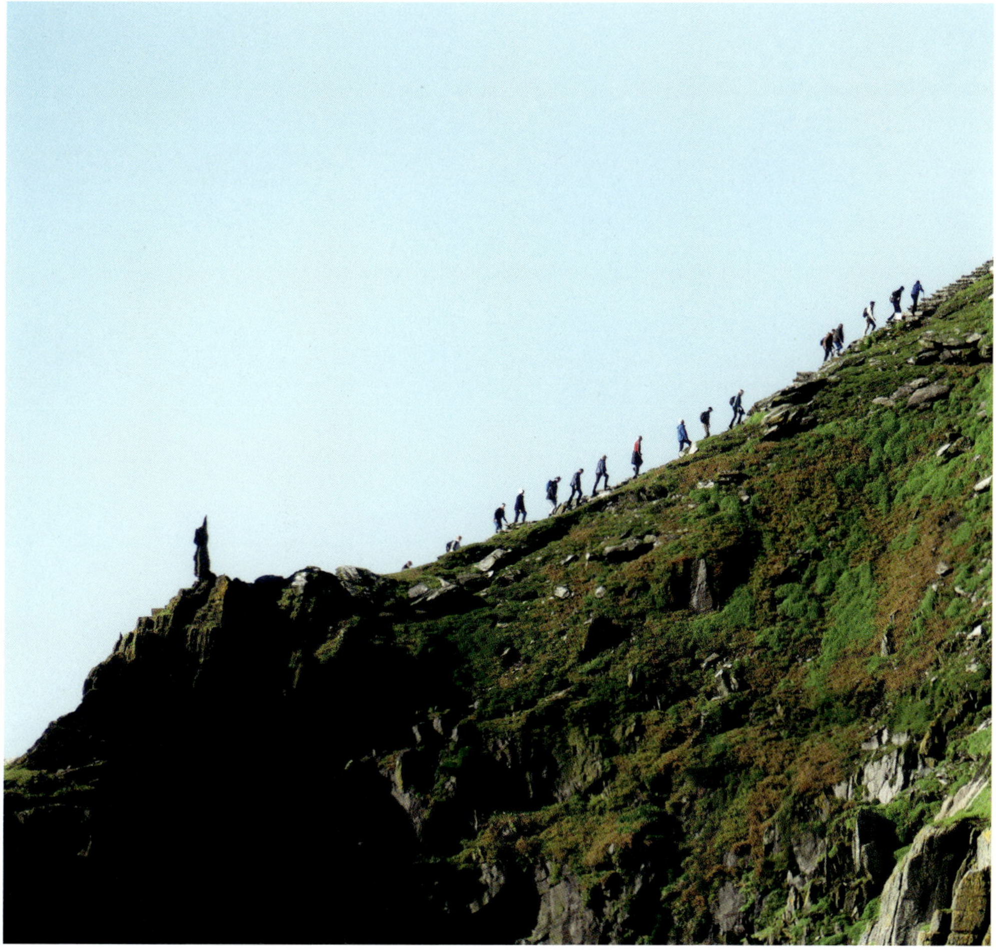

Brüten Station machen. Bei meinem Besuch sehe ich leider keinen, dafür aber jede Menge anderer Seevögel, die neugierig beäugen, wie unsere Gruppe den Berg hochkraxelt.

Man darf nur etwa zweieinhalb Stunden auf der Insel bleiben. In dieser Zeit versuche ich, möglichst viele Orte einzelner Filmszenen wiederzuerkennen. Der Hubschrauberlandeplatz etwa wurde in *Das Erwachen der Macht* digital zum Millennium Falken umfunktioniert. An der Stelle, an der Rey Luke Skywalker entdeckt, befinden sich mittlerweile Zäune. Ein paar Jungs machen hier Fotos mit ihren Lichtschwertern. Ich mache eine Pause.

Weiter geht es die Stufen hoch und dann sehe ich endlich das Kloster. Im Film ist es als ehemalige Jedi-Akademie von Luke Skywalker zu sehen. Die Klosteranlage besteht aus sechs bienenkorbartigen Steinhütten, die die Mönche hier schon im Jahr 588 gebaut haben. Wirklich unvorstellbar, wie sie an diesem abgelegenen und unwirtlichen Ort damals überleben konnten. Vielleicht war ja die helle Seite der Macht mit im Spiel.

Skellig Michael ★1

Irland

Ein Ausflug zur Insel Skellig Michael ist nur im Sommer und nur bei gutem Wetter möglich. Die Tickets reserviert man am besten über die Unterkünfte, da diese für ihre Gäste Kapazitäten auf den einzelnen Booten halten. Für die Übernachtung vor der Tour empfehle ich das Moorings in Portmagee.

skelligexperience.com
moorings.ie

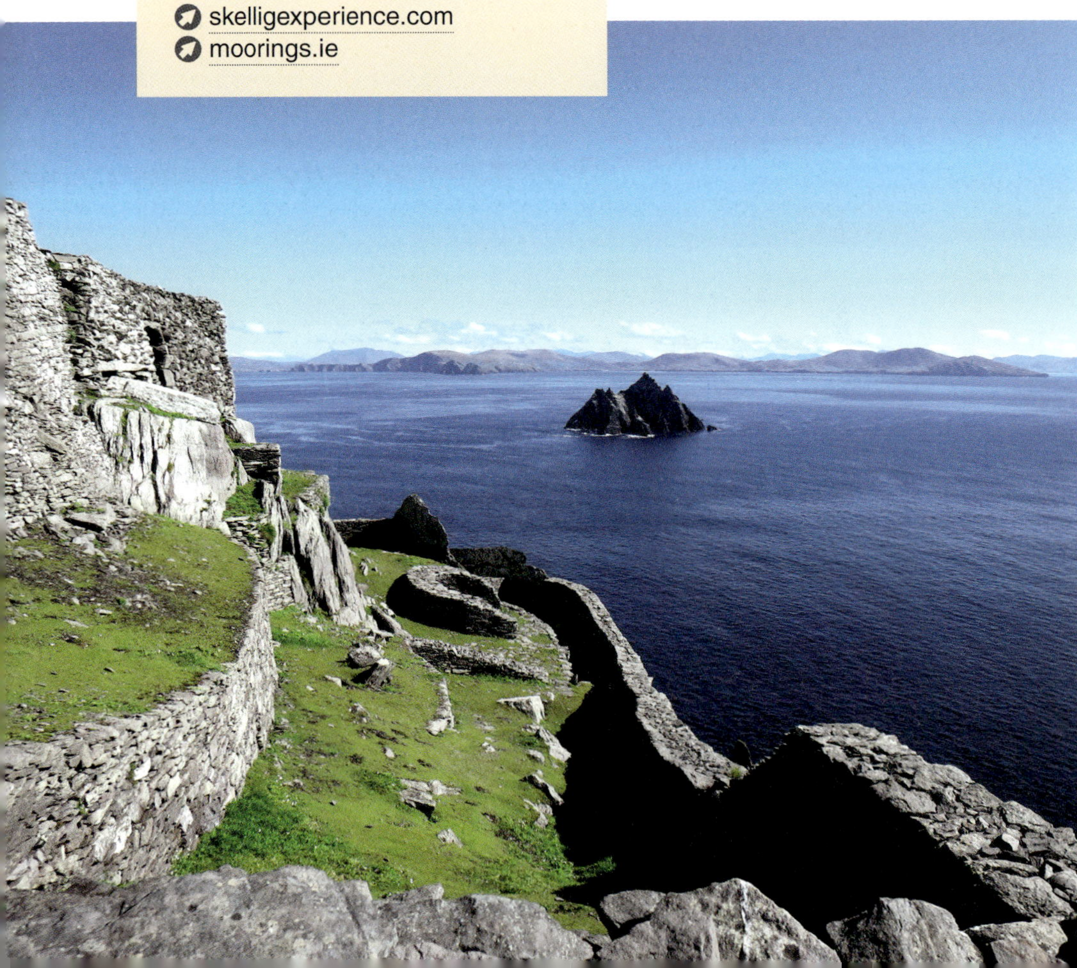

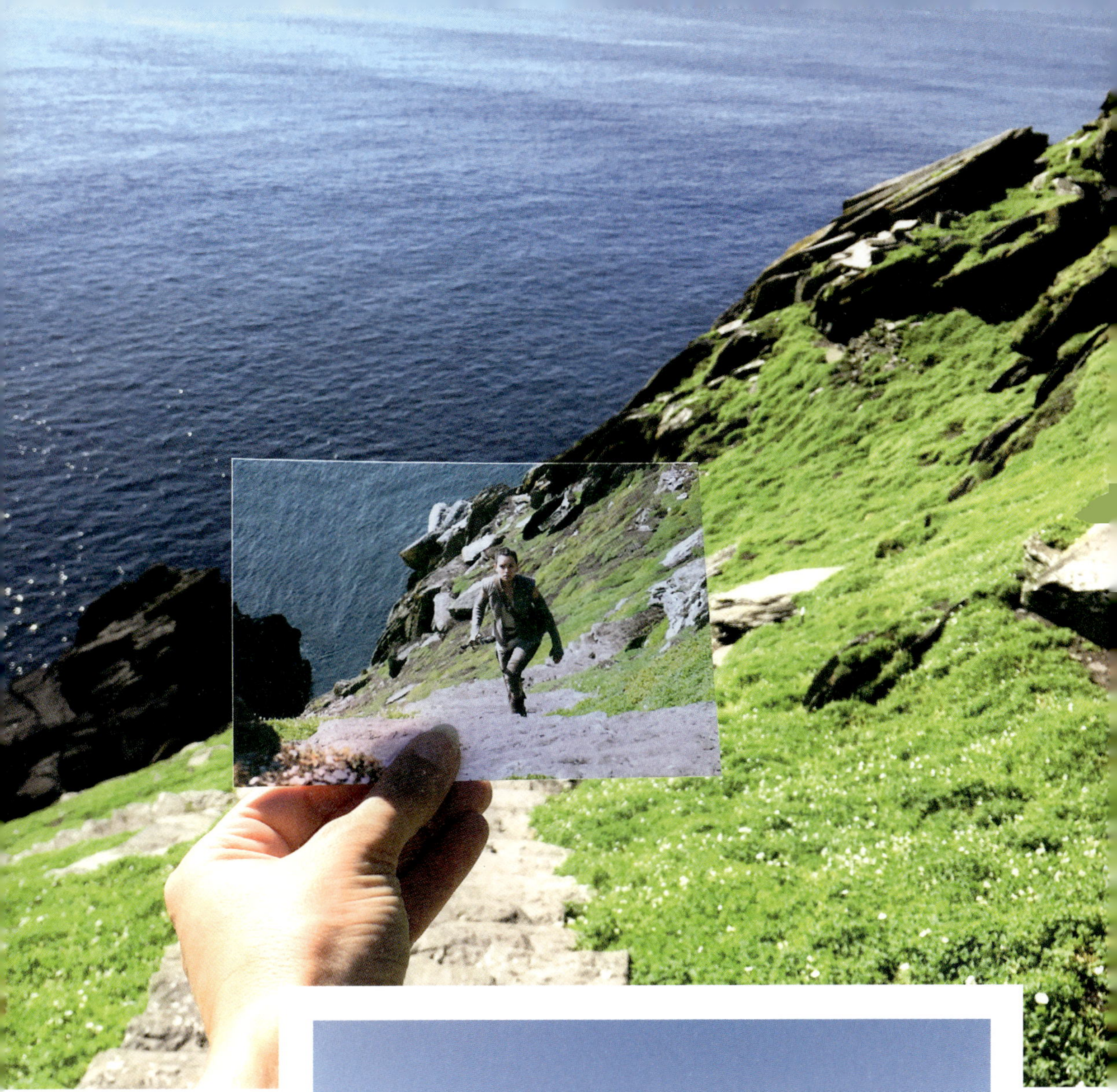

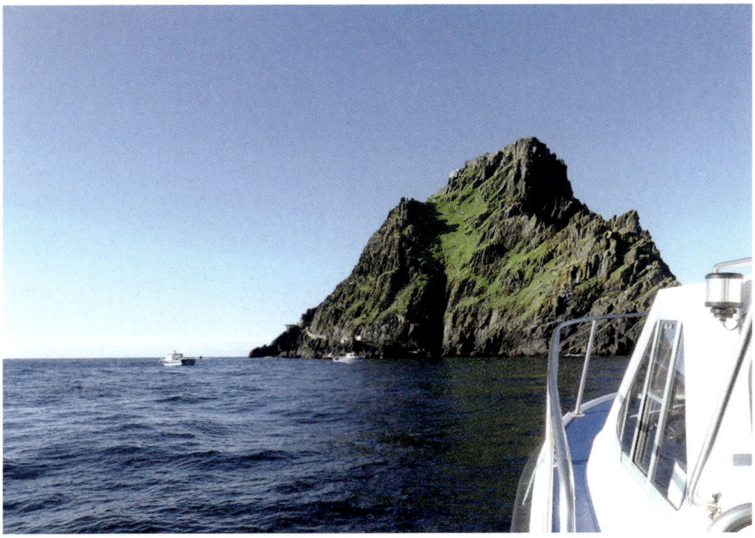

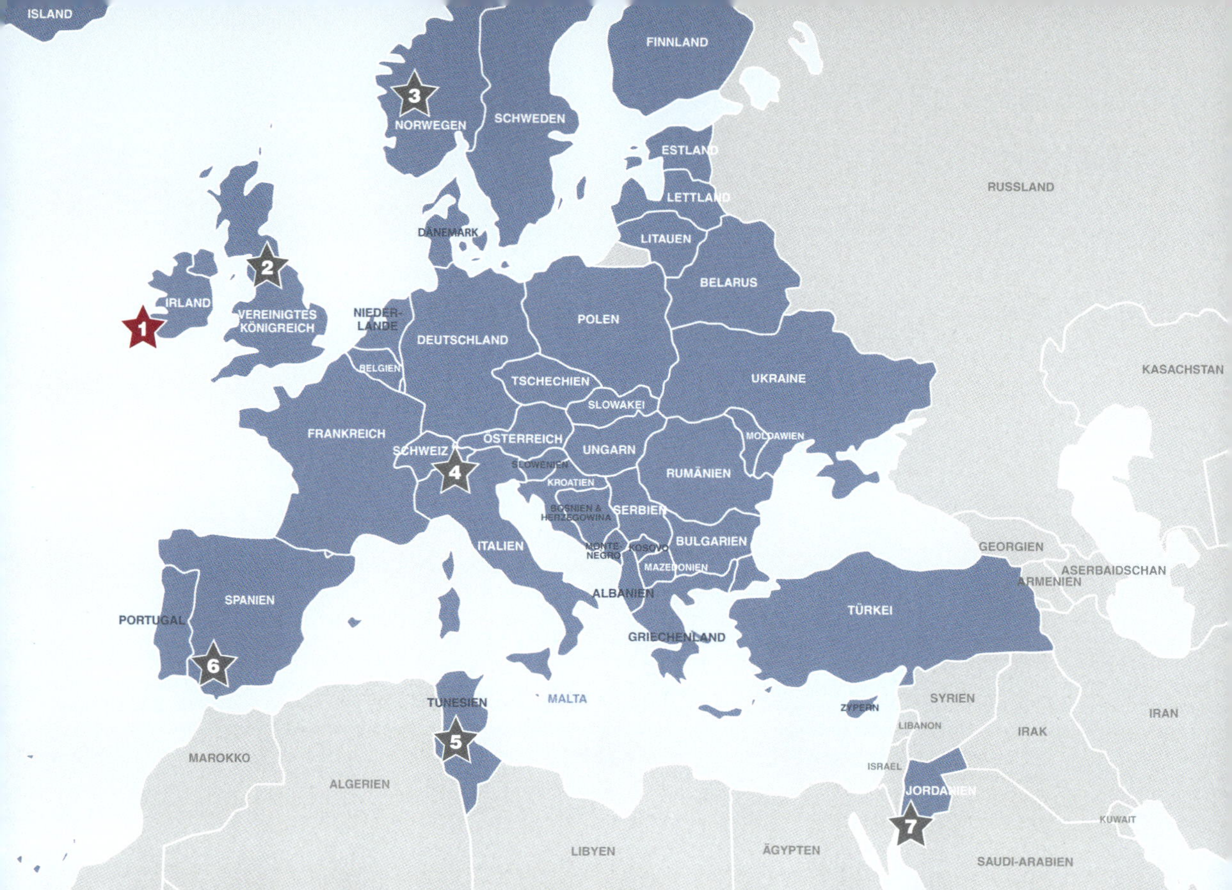

Weitere Filmtourismus-Tipps zu

Star Wars

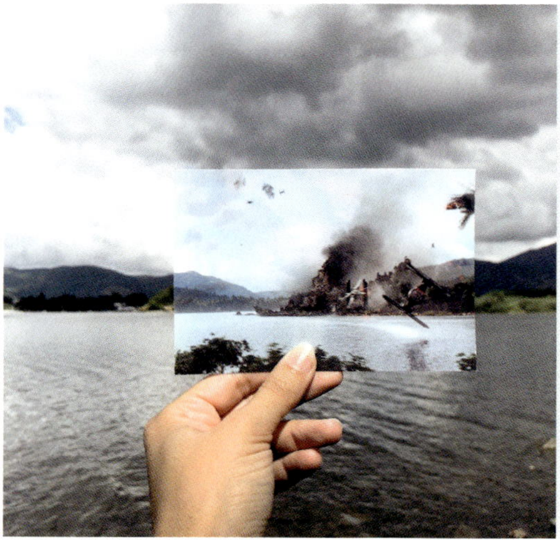

Lake District

England

Wer die Seenlandschaft des Planeten Takadona aus *Star Wars: Das Erwachen der Macht* einmal live erleben möchte, wird im nordenglischen Lake District fündig. Das Schloss von Maz Kanata wurde digital an den See Derwentwater versetzt, über den man im Film auch den Millennium Falken, sowie X-Wings und Tie-Fighter fliegen sieht. In Realität kann man den See per Ausflugsschiff erkunden.

lakedistrict.gov.uk

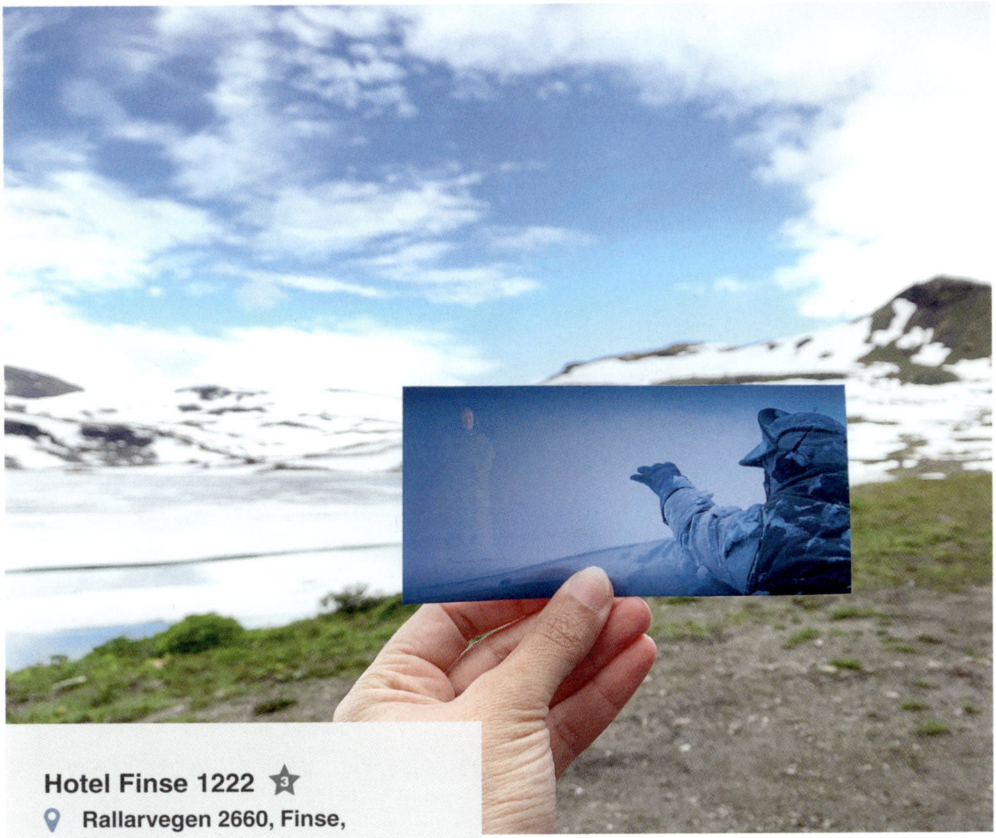

Hotel Finse 1222

Rallarvegen 2660, Finse, Norwegen

Wie wäre es mit einem Urlaub auf dem Eisplaneten Hoth? *Star-Wars*-Fans werden die Berglandschaft rund um Finse leicht wiedererkennen. Für die Anreise empfehle ich die Fahrt mit der Flåmbahn und dann ab Myrdal weiter mit der Bergenbahn. Der Bahnhof Finse liegt auf 1.222 m und gleich daneben befindet sich das Hotel Finse 1222, in dem die Filmcrew während der Dreharbeiten wohnte.

hotelfinse1222.no

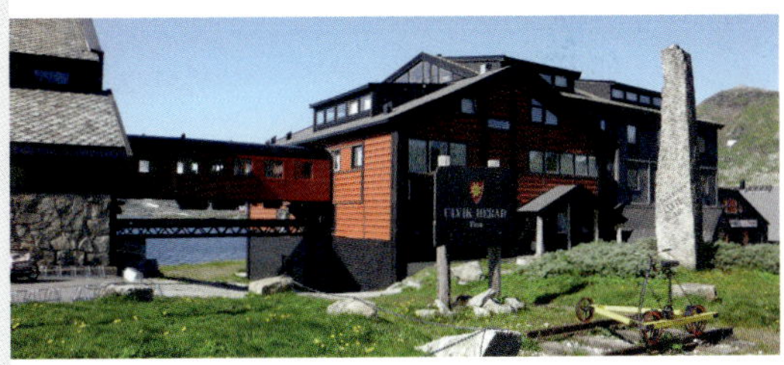

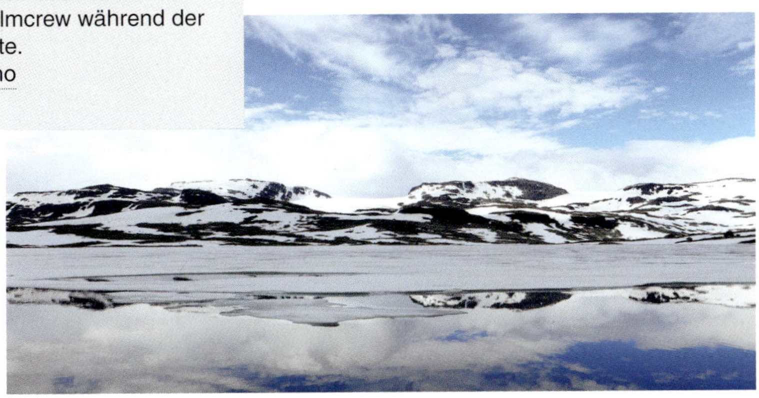

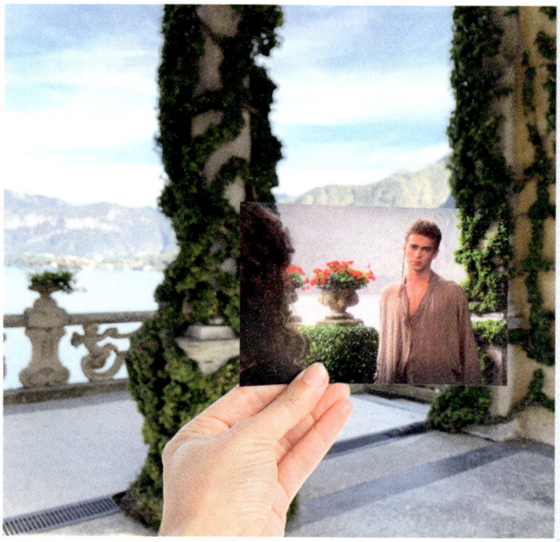

Villa del Balbianello 4

Via Guido Monzino, 1, Tremezzina, Italien

Die Villa del Balbianello am Comer See schlüpfte in *Star Wars: Episode II – Angriff der Klonkrieger* in die Rolle des Landsitzes der Familie Naberrie auf dem Planeten Naboo. Auf der Terrasse der Villa mit herrlichem Blick über den See kamen sich Anakin und Padmé im Film näher und heirateten hier später sogar. Siehe auch *James Bond* (Seite 256)

fondoambiente.it/luoghi/villa-del-balbianello

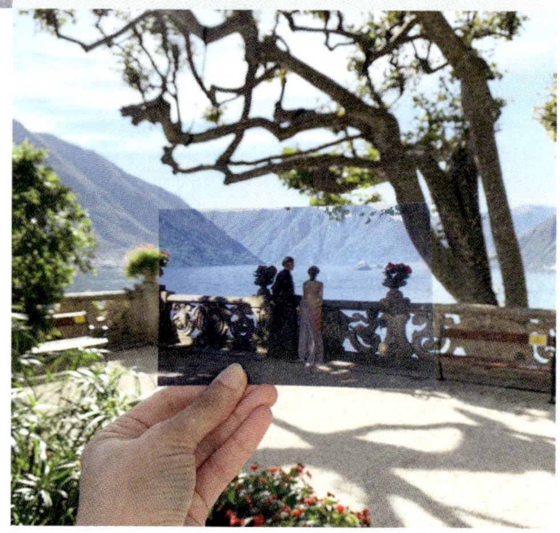

Chott el Djerid 5

Tunesien

In Tunesien befinden sich sowohl der namensgebende Ort des Wüstenplaneten Tatooine als auch zahlreiche Drehorte der *Star-Wars*-Saga. Zu den beliebtesten gehört der im riesigen Salzsee Chott el Djerid gelegene Kuppelbau, in dem Luke Skywalker in *Star Wars Episode IV: Eine neue Hoffnung* bei Onkel Owen und Tante Beru Lars aufwächst.
Der igluartige Bau in der Nähe von Nefta, der auch Lars Homestead genannt wird, drohte in den letzten Jahren komplett zu verfallen, wurde jedoch dank der Fan-Initiative »Save Lars« saniert. Vor Ort gibt es spezielle *Star-Wars*-Touren.

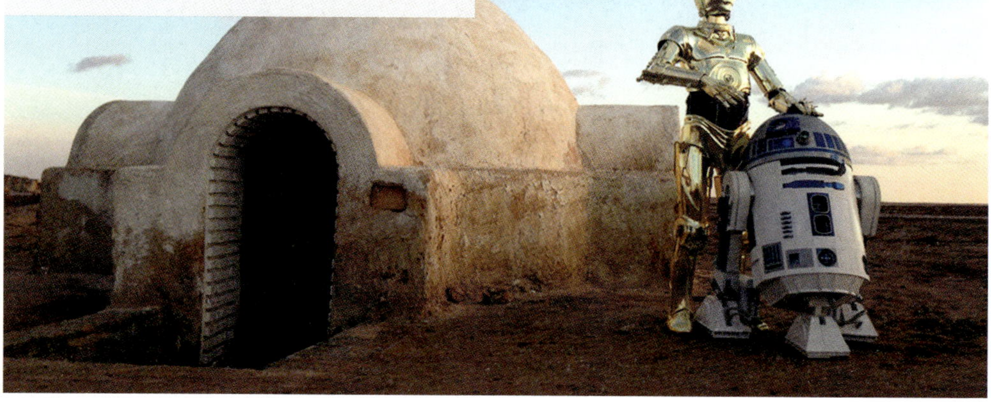

Plaza de España

Avenida Isabel la Católica, Sevilla, Spanien

Ebenfalls in *Star Wars: Episode II – Angriff der Klonkrieger* schreiten Anakin und Padmé über eine Fußgängerbrücke und durch einen lichtdurchfluteten Säulengang am Plaza de España in Sevilla, der die Kulisse für den Palast der Königin Amidala auf Naboo verkörpert. Die halbkreisförmige Anlage soll eine Umarmung des Landes Spanien mit seinen einstigen südamerikanischen Kolonien symbolisieren. Im Film wurde der Platz per CGI zu einem ganzen Kreis erweitert. Der Drehort wurde 2017 in die Liste der Schätze der europäischen Filmkultur aufgenommen.

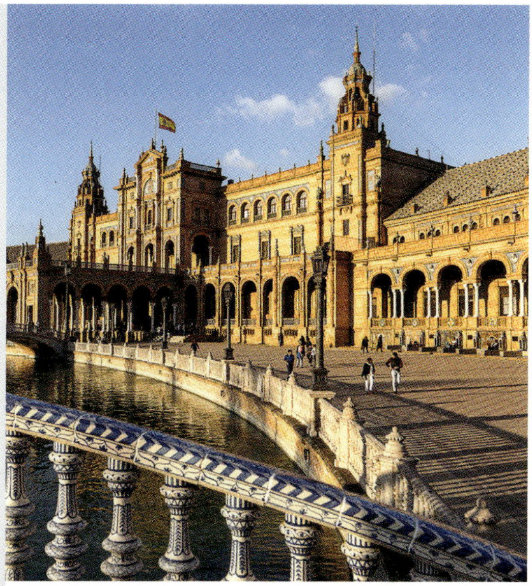

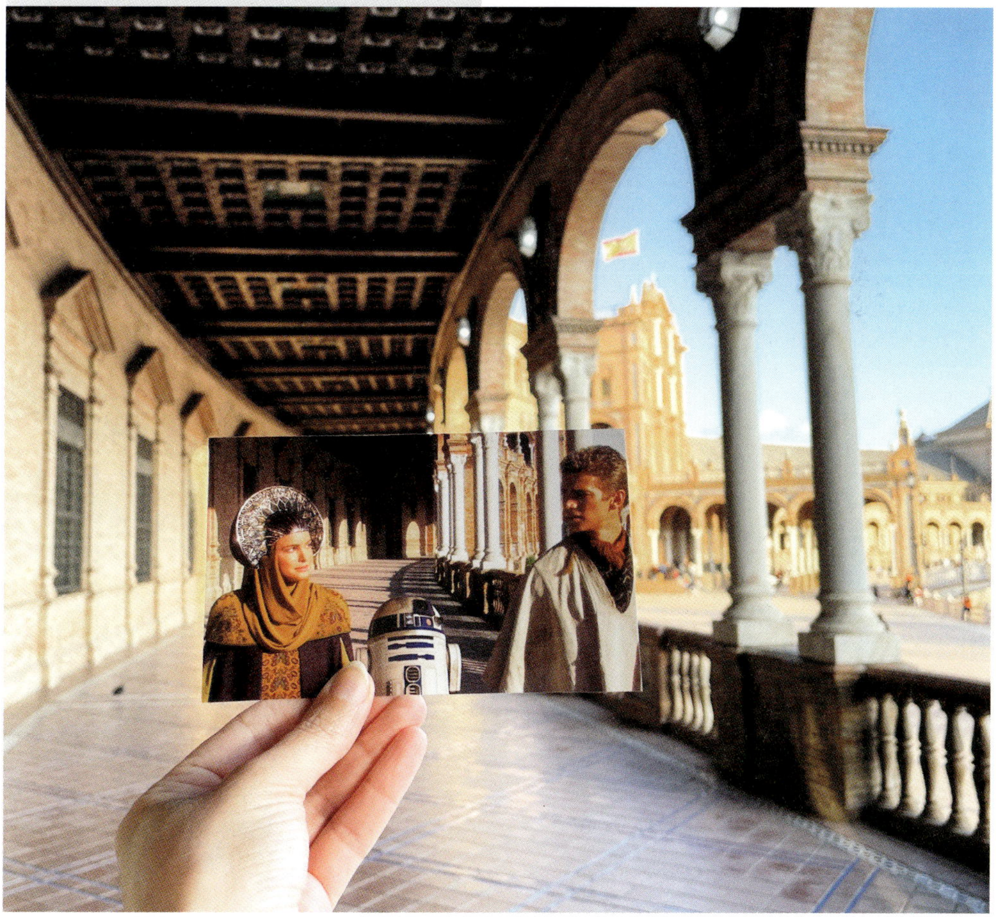

Wadi Rum

Jordanien

Im *Star-Wars*-Abenteuer *Der Aufstieg Skywalkers* ist der realistische Look des Planeten Pasaana der Wüste Wadi Rum in Jordanien zu verdanken. Die weitläufige Wüstenlandschaft ist bei Weitem kein Filmneuling: Bereits in *Rogue One: A Star Wars Story* diente sie als Umgebung für die heilige Stadt Jedha. Außerdem war sie sowohl in *Der Marsianer* als unwirtliche Marsoberfläche als auch in den legendären Wüstensequenzen von *Lawrence von Arabien* zu sehen. Wadi Rum erkundet man am besten auf einer Jeeptour.

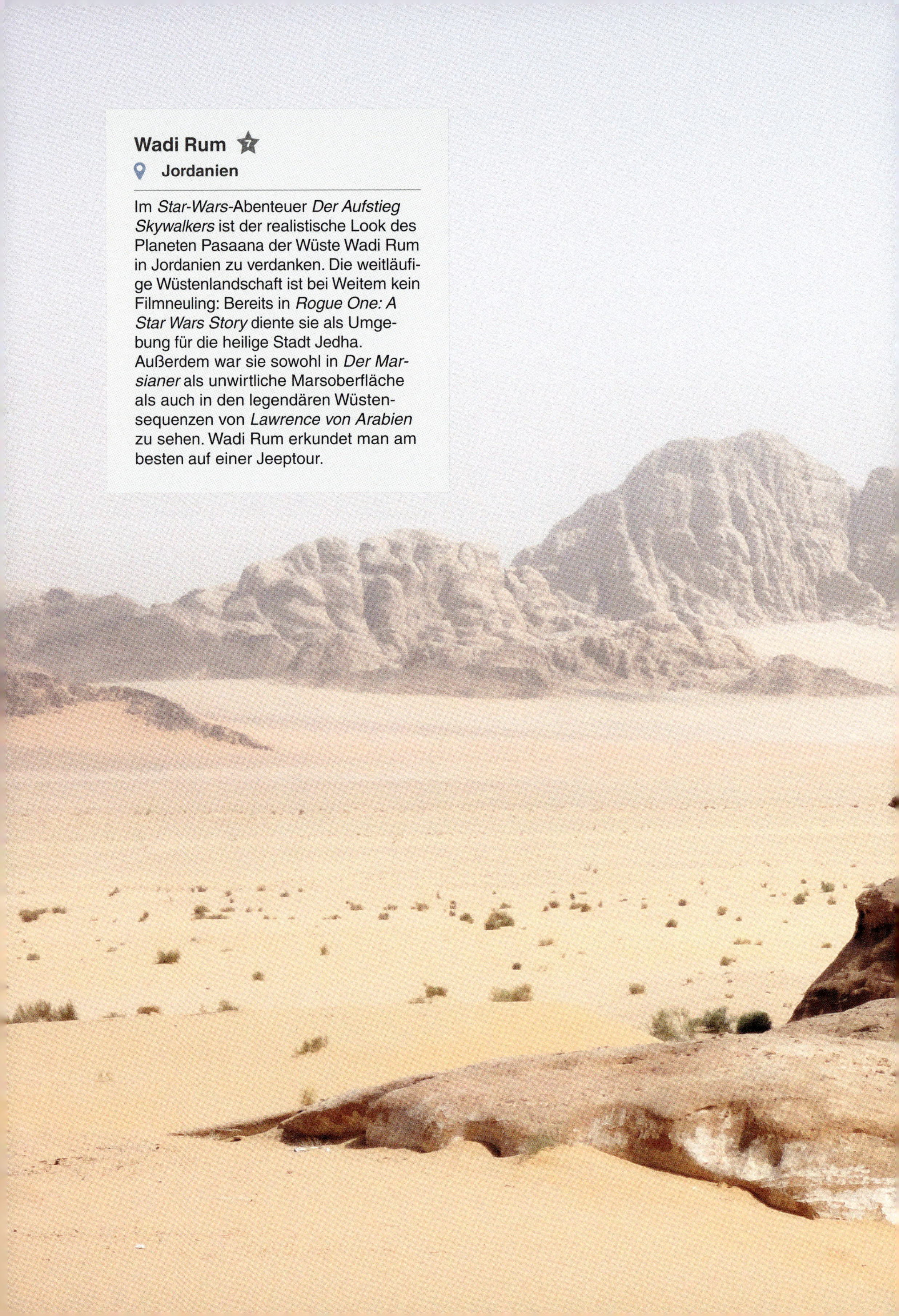

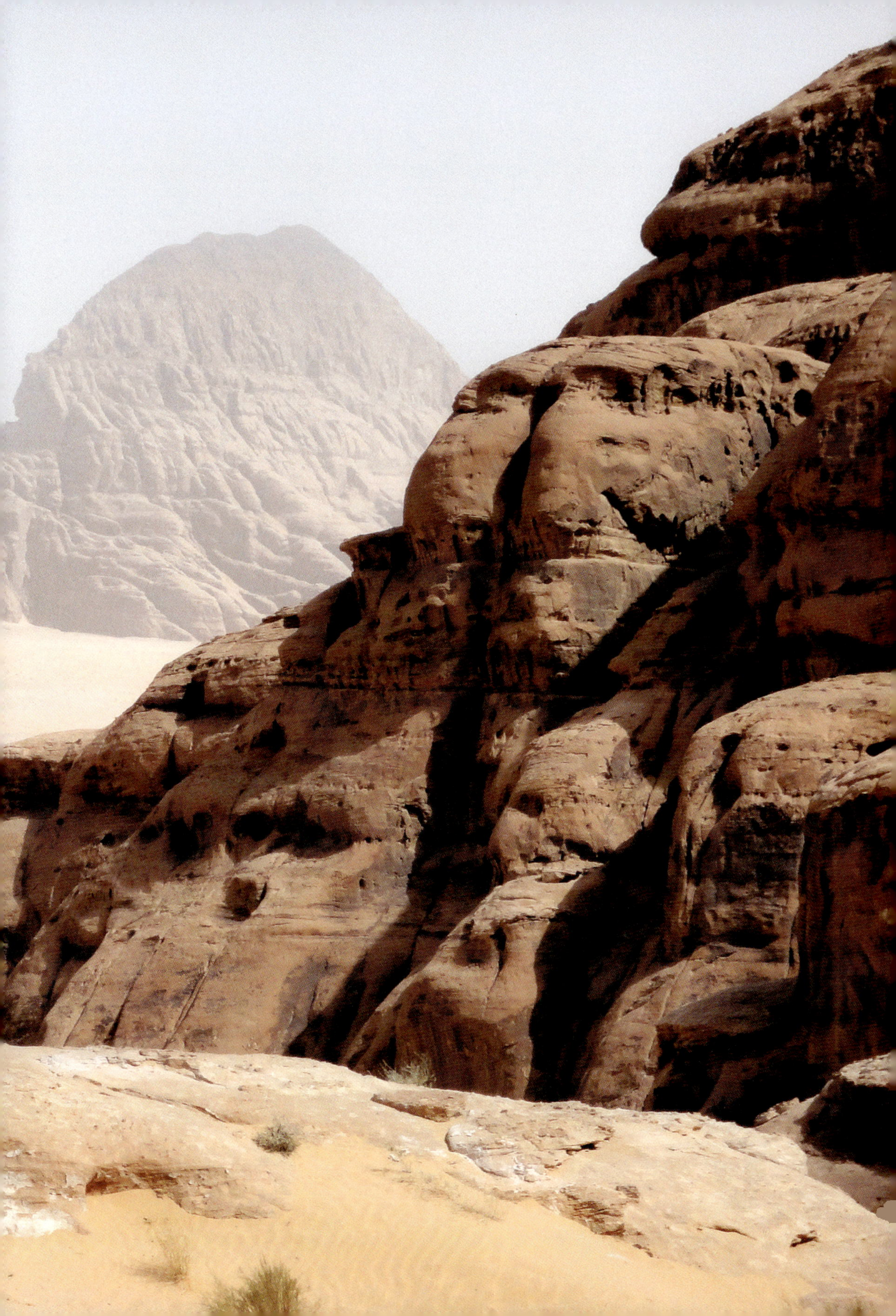

Mit 007 um die Welt

JAMES BOND

Weltweit

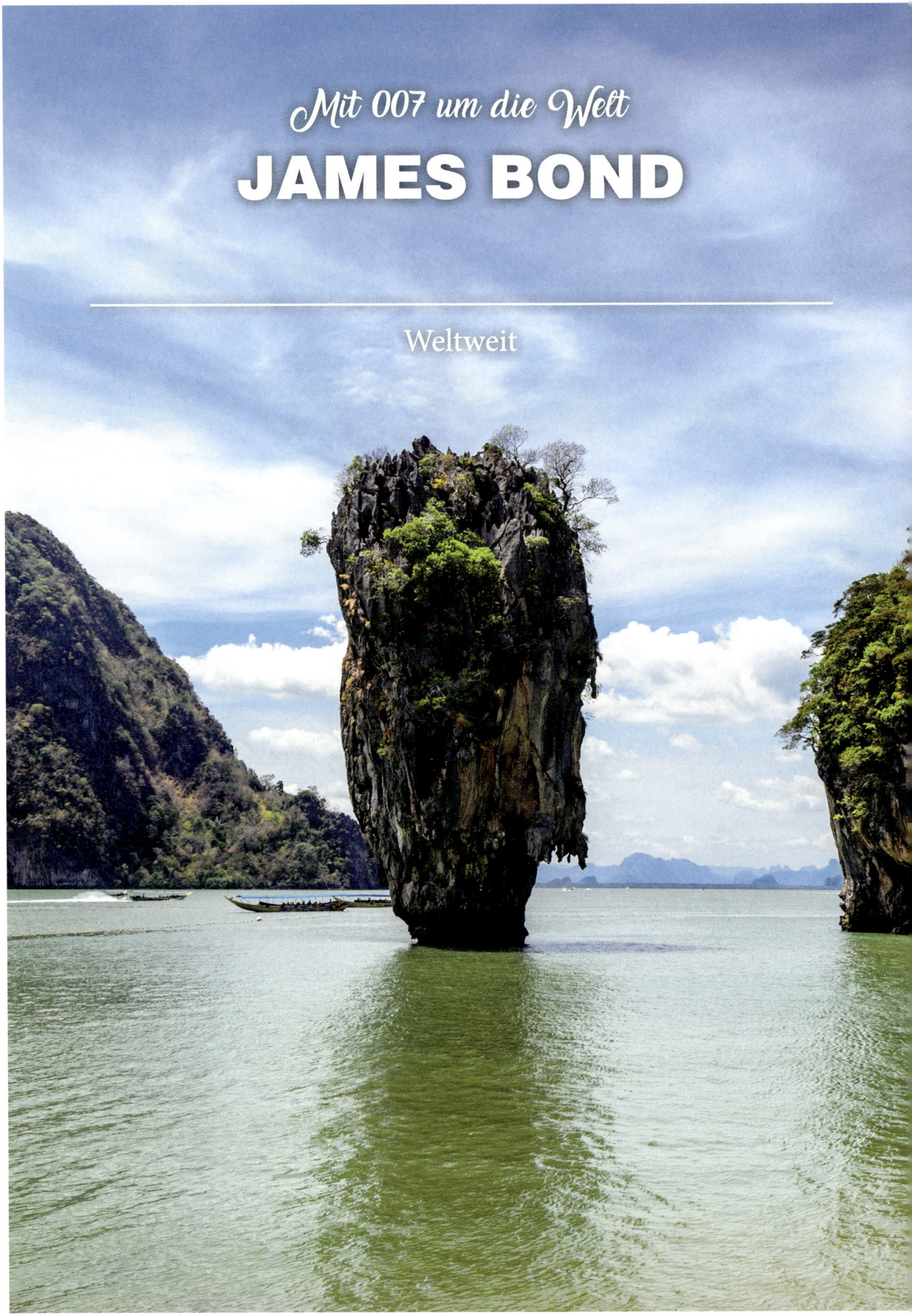

Wer schon einmal die Drehortliste eines Bondfilmes studiert hat, der weiß: Es ist kompliziert. Da geht der berühmte Geheimagent gerne mal in einem Land in ein Haus und kommt in einem anderen Land wieder heraus.

Die Welt ist quasi nicht genug: Ein Gebäude in Cornwall wird ungeniert mit isländischer Landschaft kombiniert, Thailand schlüpft ganz in die Rolle Vietnams, das andalusische Cádiz wird zu Havanna oder die Verfolgungsjagd durch Norwegen endet plötzlich in Schottland. Geografie geschüttelt und gerührt.

Doch eins ist klar: Keine andere Filmfigur ist so viel herumgekommen wie James Bond. Immerhin reist er schon seit sechzig Jahren auf der Kinoleinwand durch die Welt, die er selbst so oft gerettet hat. Und so findet man rund um den Globus unzählige Orte, die zum 007-Universum gehören.

Das sind meine persönlichen Filmtourismus-Tipps zu

James Bond

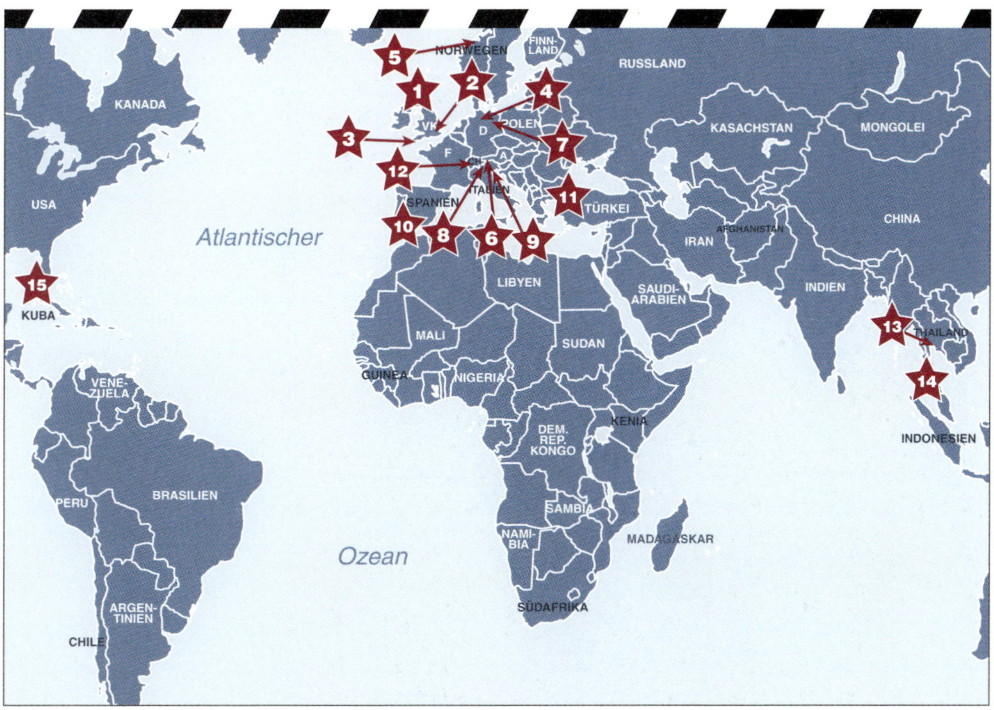

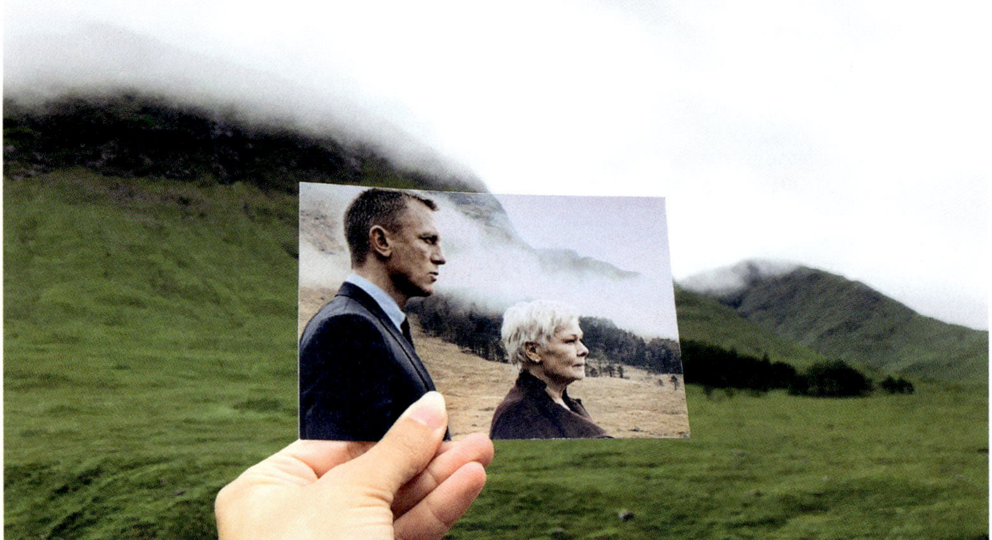

Glen Etive ★ 1

56.619466, -4.930720,
Ballachulish, Schottland

In *Skyfall* taucht Bond mit M in den Highlands unter. Während das Herrenhaus, in dem Bond seine Kindheit verbrachte, nur eine aus Gips und Sperrholz errichtete Filmkulisse war, gibt es die fantastische Landschaft, die man in der Anfahrtssequenz sieht, natürlich wirklich.
Gedreht wurde dafür im Glen Coe sowie im nahegelegenen Glen Etive, wo Daniel Craig den Aston Martin durch das Tal steuert und am River Etive parkt. Zu dem genauen Punkt gelangt man über eine kleine Single Track Road, die in der Nähe des Glen Coe Visitor Centers von der A82 abzweigt.

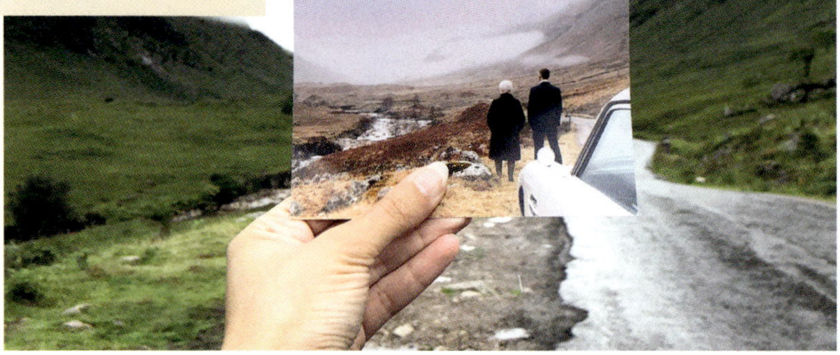

MI6 SIS Gebäude 2

85 Albert Embankment, London, England

Was wäre London ohne Bond und andersherum? Quer durch die Stadt finden sich etliche Drehorte. Besonders markant: Das MI6-Hauptquartier. Das Gebäude, übrigens tatsächlich das Hauptquartier des Secret Intelligence Service, war schon in vielen 007-Streifen zu sehen und bekam im Showdown von *Spectre* sogar eine Hauptrolle. Es ist nicht öffentlich zugänglich, kann jedoch bestens von der Vauxhall Bridge aus bewundert werden.
Wer nicht auf eigene Faust losziehen möchte, dem empfehle ich die *James-Bond*-Touren des Anbieters Brit Movie Tours. Man muss sich dann nur noch entscheiden, ob man lieber zu Fuß oder mit dem Bus durch London setjetten möchte.

britmovietours.com

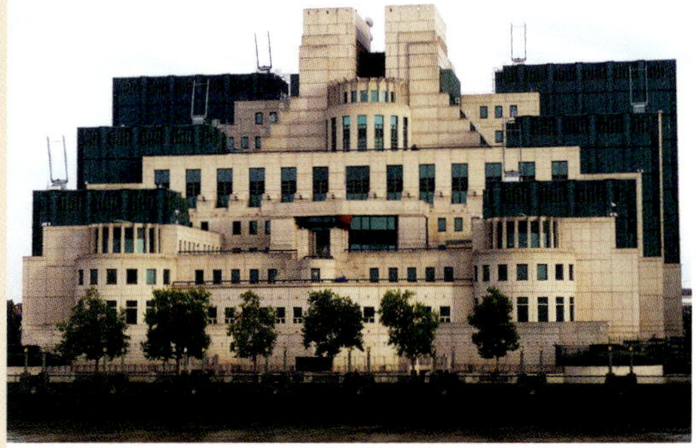

Eden Project 3

PL24 2SG, Bodelva, Cornwall, England

Das Eden Project, ein futuristischer Bau mit üppigen Pflanzenwelten der verschiedenen Klimazonen, tritt im *James-Bond*-Film *Stirb an einem anderen Tag* als Eispalast in Erscheinung. Die Kuppeln der Gewächshäuser wurden dafür mit Bildern aus Island kombiniert. Mutige können wie Pierce Brosnan an der Außenhülle der Kuppel hinabklettern oder sich an einem Seil über die Anlage gleiten lassen.

edenproject.com

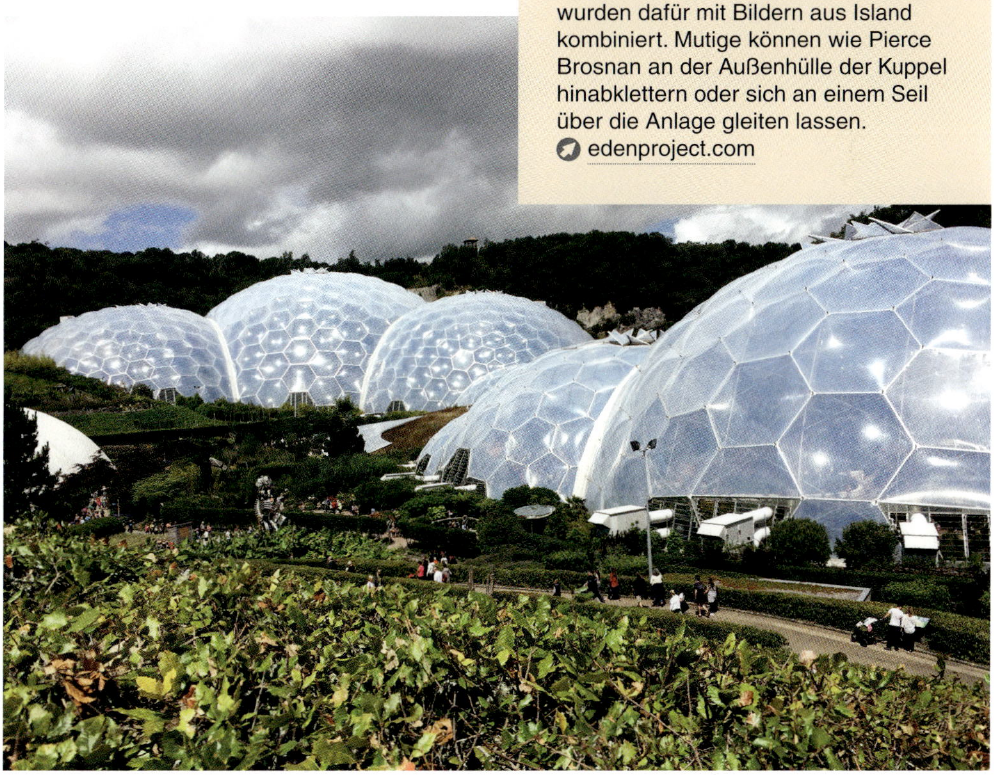

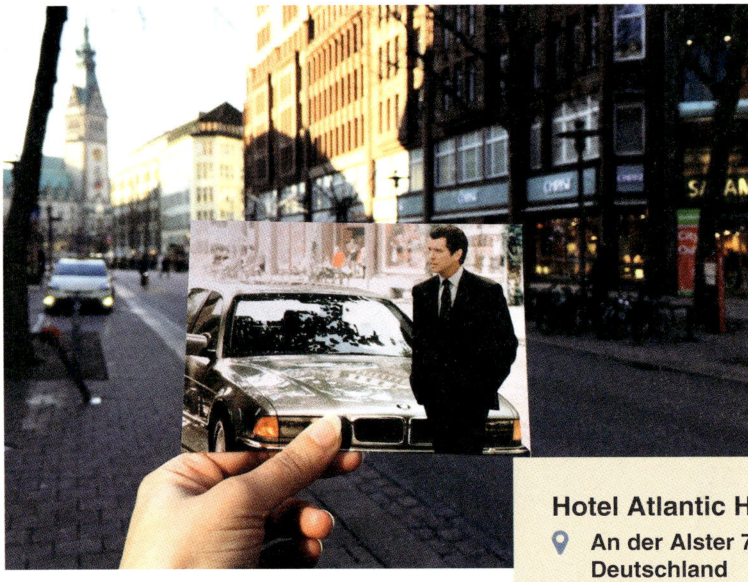

Hotel Atlantic Hamburg 4

An der Alster 72–79, Hamburg, Deutschland

Im 007-Streifen *Der Morgen stirbt nie* klettert Pierce Brosnan auf der Flucht vor Stamper von seiner Suite im Hotel Atlantic auf das Hoteldach. Von dort oben hatte er sicher einen schönen Blick über die Alster. Fragt mich aber bitte nicht, wie er vom Hotel aus in einem 700 Meter entfernten Schaufenster auf der Mönckebergstraße landen konnte.

brhhh.com/atlantic-hamburg

Storseisundbrua 5

Fv64 10, Averøy, Norwegen

Eine der schönsten Straßen Norwegens, die Atlantikstraße, die sich über sieben Brücken von Insel zu Insel schwingt, diente als Schauplatz für die wilde Verfolgungsjagd im *James-Bond*-Film *Keine Zeit zu sterben.* Besonders beeindruckend ist die Storseisundbrua, die größte Brücke der Strecke und gleichzeitig auch ihr Wahrzeichen. Weitere Szenen des Filmes entstanden in Norwegen am See Langvann, zu dem man von Hakadal aus in etwa einer Stunde wandern kann. Die Hütte wurde dort jedoch nur für den Dreh aufgebaut.

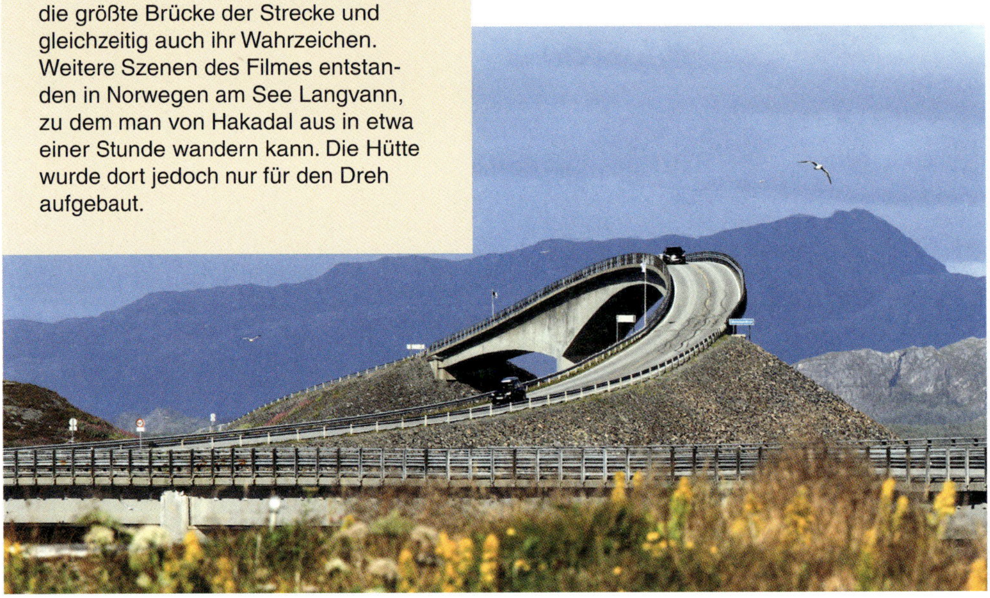

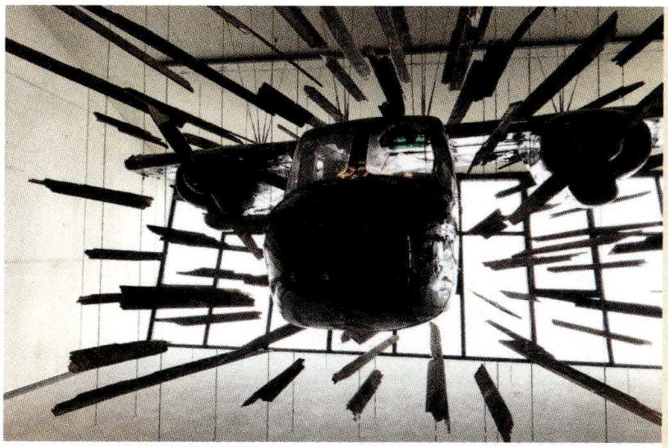

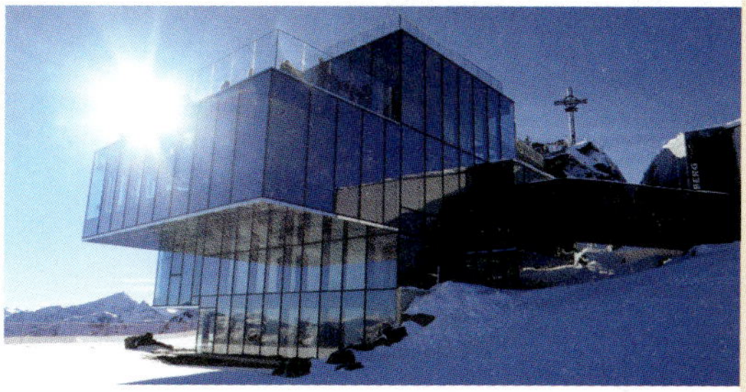

Restaurant ice Q 6

Gaislachkogl Bergstation, Dorfstraße 115, Sölden, Österreich

Im 007-Abenteuer *Spectre* verschlägt es Bond bei der Suche nach dem Oberbösewicht nach Tirol. Die Hoffler Klinik, in der Dr. Madeleine Swann als Psychologin arbeitet, ist in Realität das Restaurant ice Q auf dem Gipfel des Gaislachkogl. Erreichbar ist es mit der Bergbahn, die ebenfalls im Film zu sehen ist. Gleich neben dem ice Q befindet sich die *James-Bond*-Installation 007 Elements. Wie das Geheimversteck eines Bond-Bösewichts wurde sie von außen kaum sichtbar in die Bergwelt eingepasst. Diese Installation konzentriert sich zwar auf *Spectre,* beinhaltet aber auch Einblicke in die anderen Filme und klassischen Elemente der Reihe.

iceq.at

007elements.soelden.com

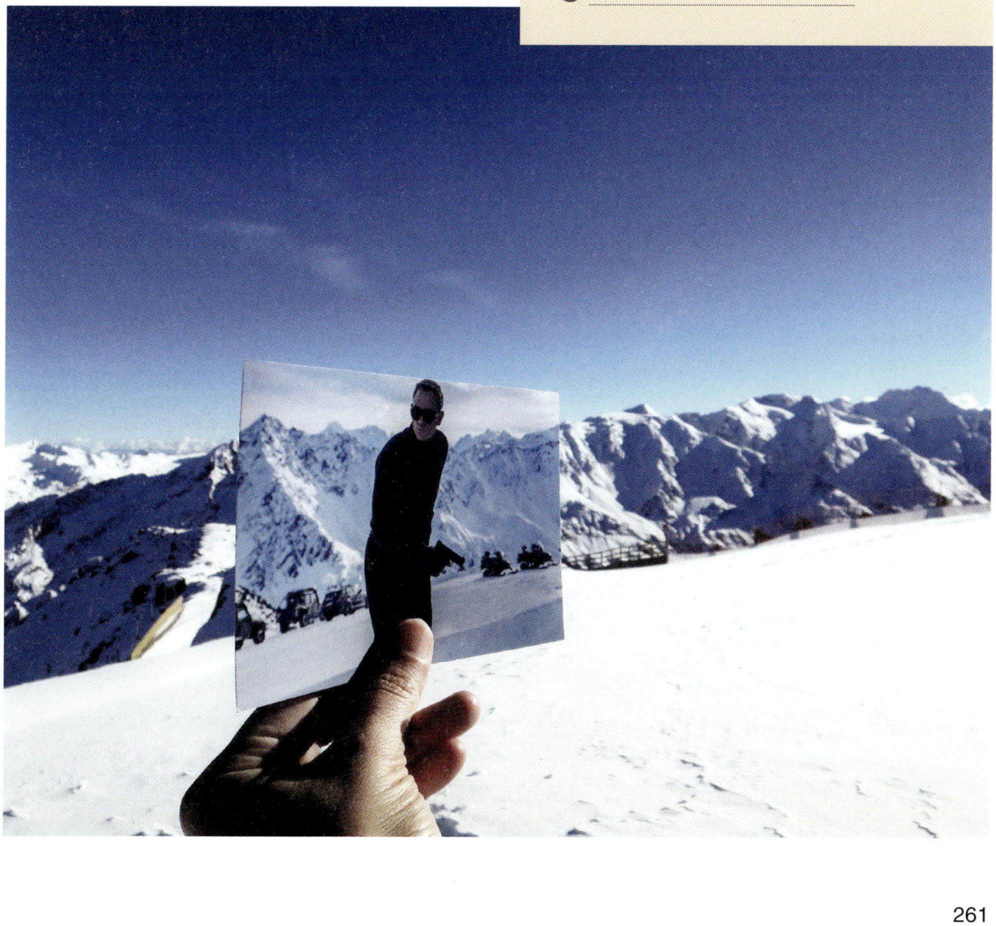

Checkpoint Charlie 7

Friedrichstraße 43-45, Berlin, Deutschland

»Vergessen Sie nicht, 007, Sie sind jetzt ganz auf sich gestellt.« So wird Roger Moore am damaligen Grenzübergang Checkpoint Charlie im Film *Octopussy* verabschiedet. Auch heute noch erinnert ein Nachbau des US-Kontrollhäuschens an den früheren Grenzpunkt in der Friedrichstraße, Ecke Kochstraße, tagtäglich besucht von Touristen aus aller Welt.

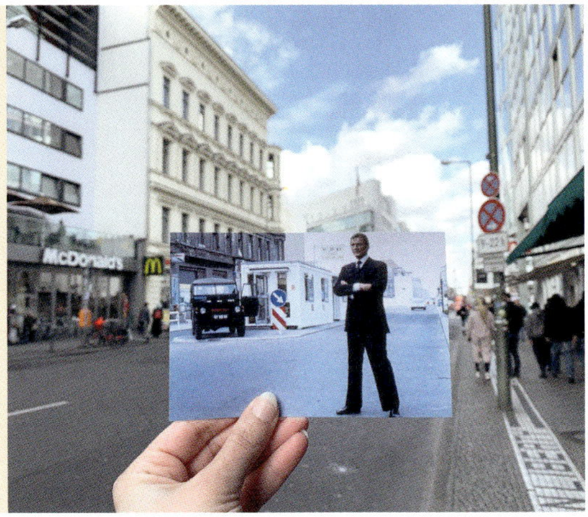

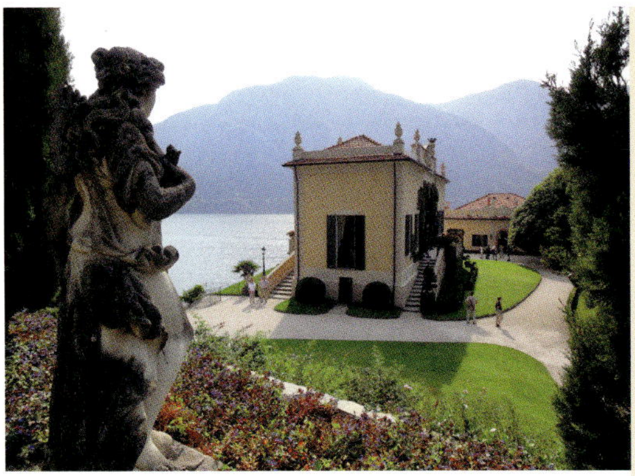

Villa del Balbianello 8

Via Guido Monzino, 1, Tremezzina, Italien

Der Comer See ist bekannt für seine prächtigen Villen am Seeufer. Für Bondfans lohnt sich vor allem die Villa del Balbianello, die sich auf der Spitze der Halbinsel Lavedo in Lenno befindet. Hier erholte sich Daniel Craig alias James Bond in *Casino Royale* von seinen Folterqualen und verriet Vesper das Passwort für sein Bankkonto. Ab Lenno gibt es einen privaten Bootservice zu der Villa, sie ist jedoch auch gut zu Fuß zu erreichen. Siehe auch Star Wars (Seite 244)

fondoambiente.it/luoghi/villa-del-balbianello

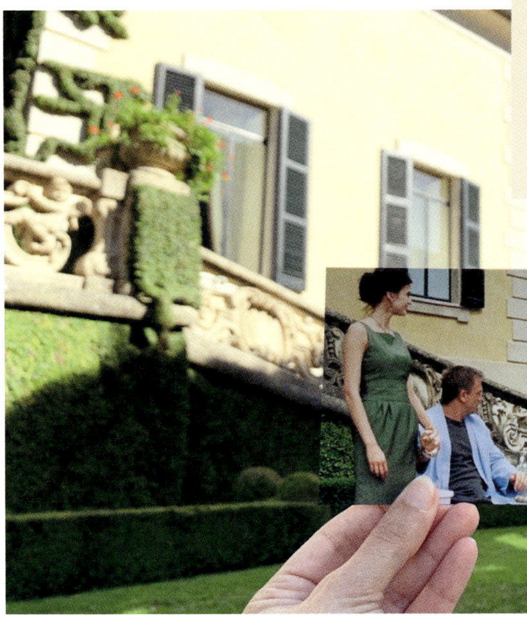
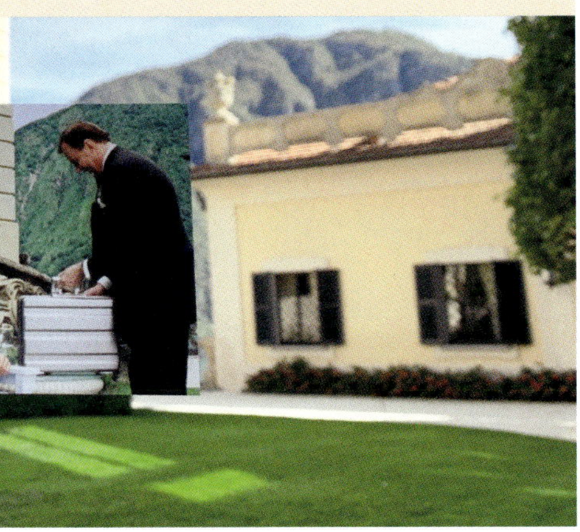

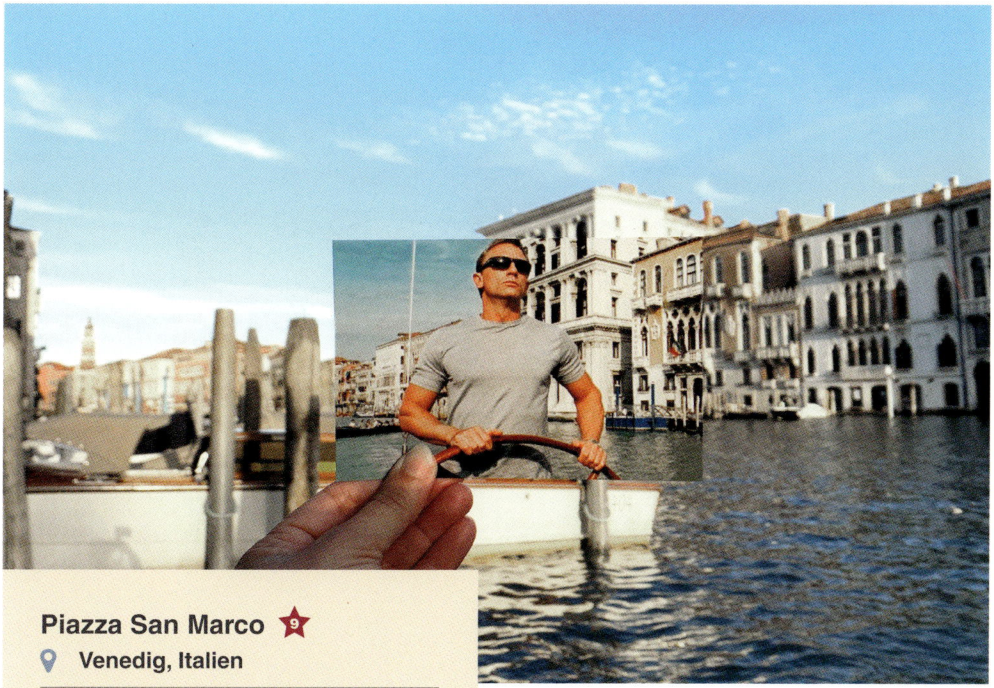

Piazza San Marco ⑨

Venedig, Italien

Venedig diente bereits drei verschiedenen Bondfilmen als Schauplatz und Drehort, wenn auch mit großem zeitlichen Abstand: *Casino Royale, Moonraker* und *Liebesgrüße aus Moskau.* Während Sean Connery jedoch nur kurz unter der Seufzerbrücke hindurchgondelt, verbringen Roger Moore und Daniel Craig wesentlich mehr Zeit in der Stadt. Der eine bei einer wilden Verfolgungsjagd, der andere auf der Suche nach Vesper Lynd.

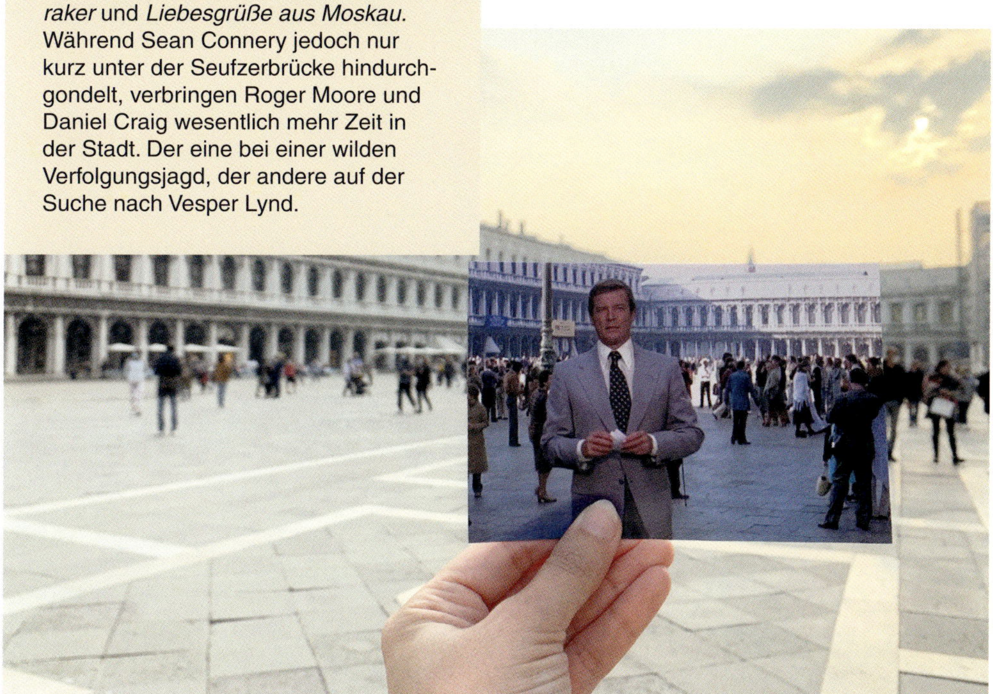

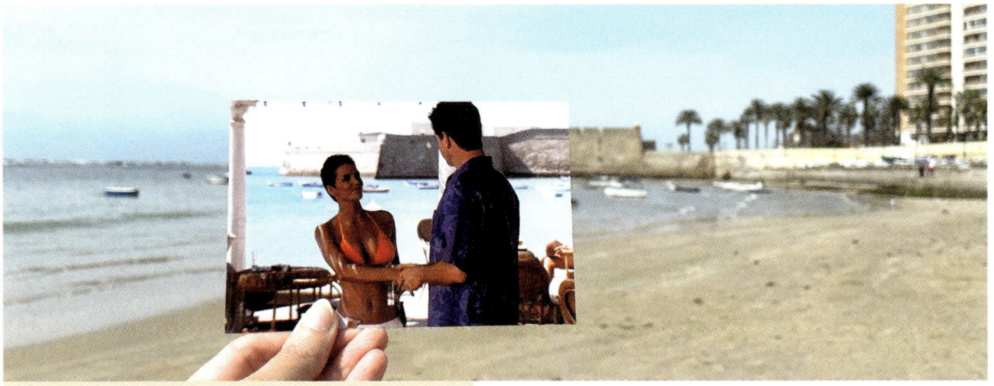

La Caleta ⑩

Avenida Duque de Nájera, Cádiz, Spanien

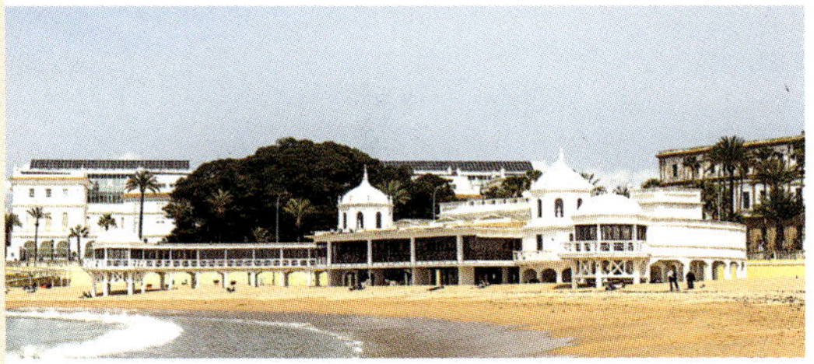

Wenn in *Stirb an einem anderen Tag* NSA-Agentin Jinx in Kuba aus dem Wasser steigt, blicken wir in Realität auf den Strand La Caleta und das alte Badehaus Balneario de la Palma im andalusischen Cadíz. Und auch Pierce Brosnan ist nicht etwa in den Gassen von Havanna, sondern in der Altstadt von Cadíz unterwegs.

Großer Basar ⑪

Beyazıt, Kalpakçılar Cd. No:22, Istanbul, Türkei

Zum dritten Mal nach *Liebesgrüße aus Moskau* und *Die Welt ist nicht genug* machte James Bond in *Skyfall* Station in Istanbul. Gedreht wurde hier beispielsweise auf dem Dach des Großen Basars, dem Kapali Çarsi im alten Istanbuler Stadtteil Eminönü. Auf das Dach dürfen Besucher leider nicht, aber der riesige Markt mit seinen überdachten Souks war ebenfalls Filmdrehort und lohnt auch so einen Besuch.

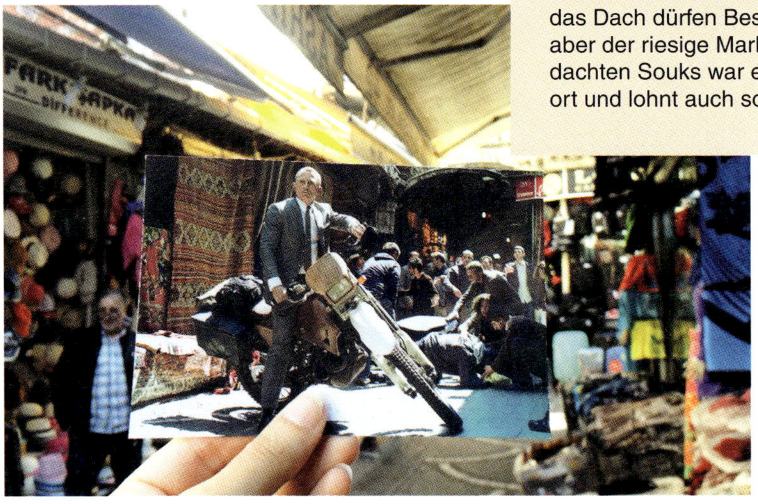

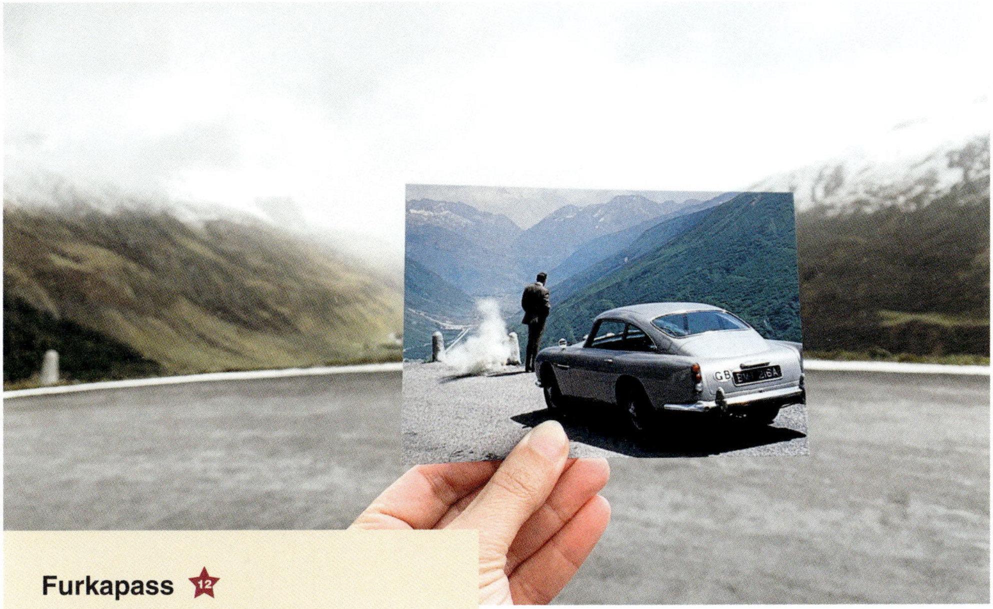

Furkapass 12

46.588343, 8.490181,
Realp, Schweiz

In *Goldfinger* verfolgt James Bond, gespielt von Sean Connery, den Rolls Royce von Goldfinger und gerät dabei beinahe in die Schusslinie von Tilly Masterson. Die Schlüsselszene entstand an der kurvigen Furkapassstraße.
Die Tankstelle in Andermatt gibt es leider nicht mehr, aber für Bondfans steht dort vor dem Hotel Aurora in der Gotthardstrasse noch eine 007-Zapfsäule als Erinnerung an den Film.

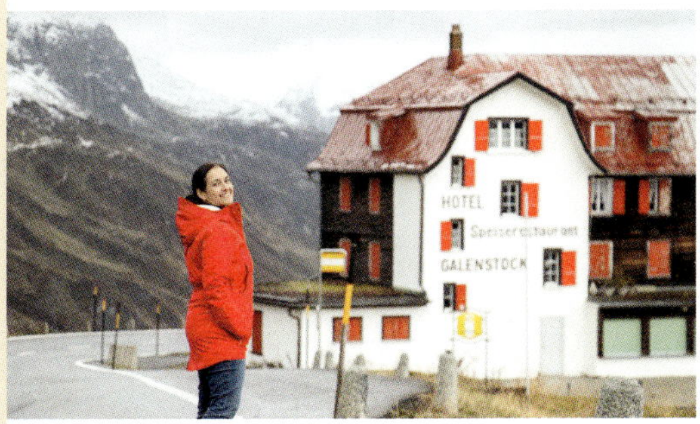

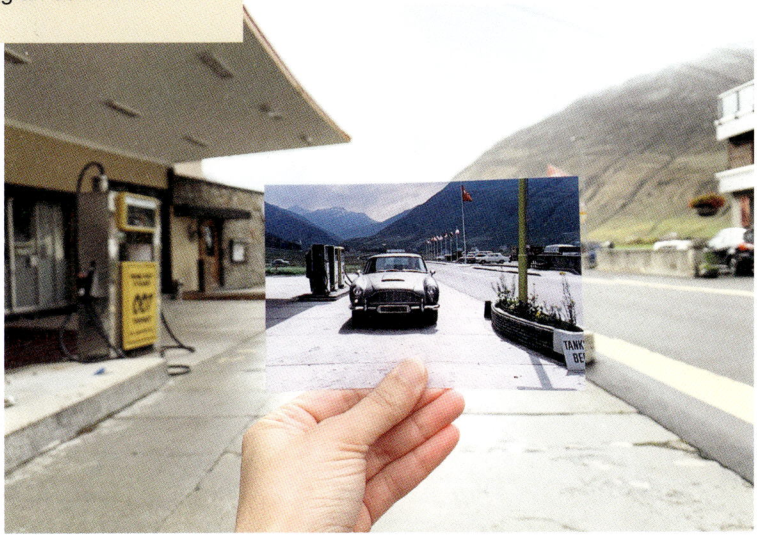

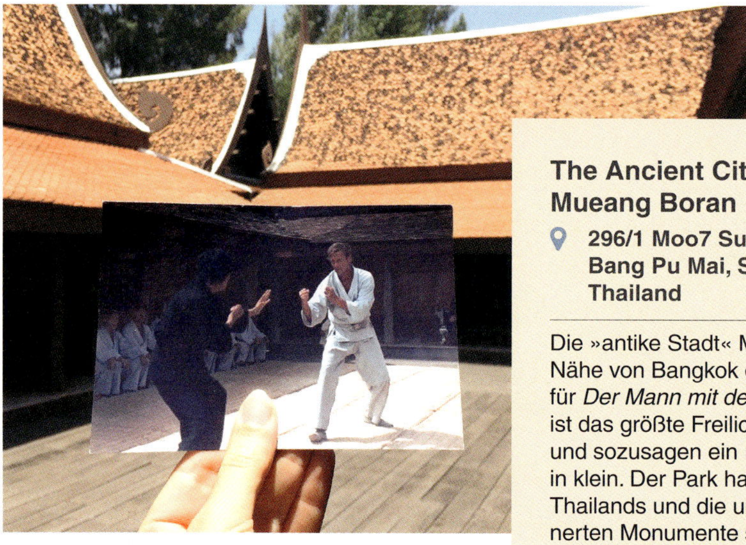

The Ancient City Mueang Boran 13

296/1 Moo7 Sukhumvit Road, Bang Pu Mai, Samut Prakan, Thailand

Die »antike Stadt« Mueang Boran in der Nähe von Bangkok diente als Drehort für *Der Mann mit dem goldenen Colt.* Es ist das größte Freilichtmuseum der Welt und sozusagen ein »Best of Thailand« in klein. Der Park hat die Umrisse Thailands und die um ein Drittel verkleinerten Monumente sind entsprechend geografisch angeordnet. Roger Moore musste sich hier in seiner Bond-Rolle im Dvaravati House als Karate-Kämpfer beweisen. Im gleichen Museum, in der Nähe des Phra Kaew Pavillon, machten sich übrigens die Jungs aus *Hangover 2* auf die Suche nach Teddy.

muangboranmuseum.com

Khao Phing Kan 14

8.274202, 98.501226, Amphoe Takua Thung, Phang-nga, Thailand

Sehr touristisch, aber dennoch Kult: Die Insel Khao Phing Kan in der Bucht von Phang-nga im Süden Thailands wurde durch *Der Mann mit dem goldenen Colt* als *James-Bond*-Insel berühmt. Sie diente als Versteck von Bond-Bösewicht Scaramanga. Im Film ragen die Sonnenkollektoren seines Solex-Generators aus der vorgelagerten Felsnadel Khao Ta-Pu. Auch die Strandszene zu Beginn des Filmes entstand auf Khao Phing Kan, die wörtlich übersetzt »Schiefer Felsen« heißt. Von Phuket aus starten zahlreiche Tagesausflüge in die Phang-Nga-Bucht – mit etwa halbstündigem Aufenthalt auf der *James-Bond*-Insel. Sie unterscheiden sich hauptsächlich in der Anzahl der Teilnehmer und der Art des Bootes.

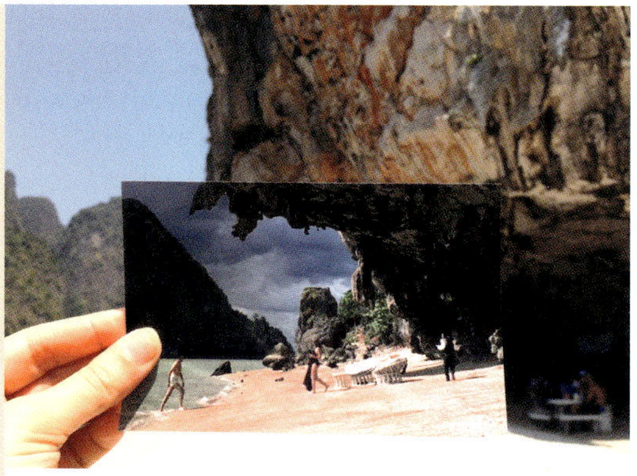

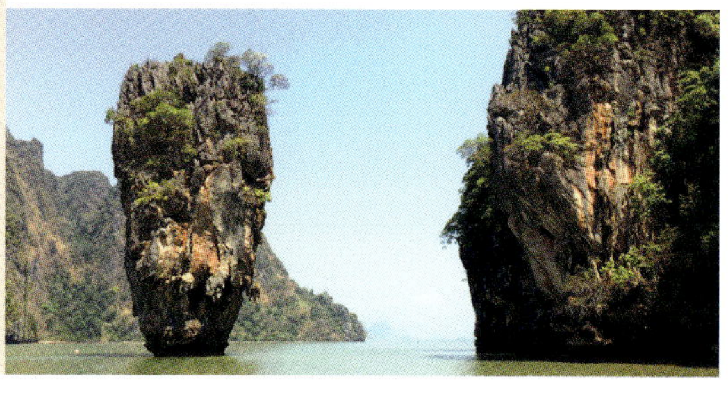

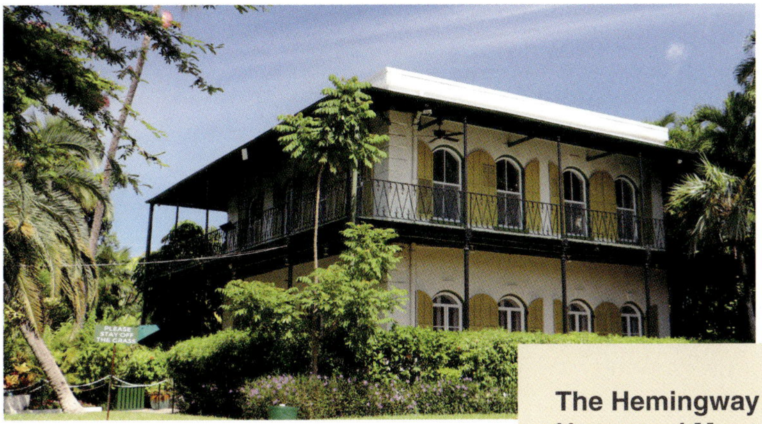

The Hemingway Home and Museum 15

907 Whitehead Street, Key West, Florida Keys, Florida, USA

Das Hemingway Haus gehört auch für Filmlaien zu den beliebtesten Sehenswürdigkeiten in Key West. Auf der Veranda des Anwesens, in dem Ernest Hemingway fast zehn Jahre lebte, verlor James Bond, diesmal verkörpert von Timothy Dalton, seine *Lizenz zum Töten*. Etliche Plakate im Haus zeigen außerdem die vielen Filme, die auf Basis von Hemingways Werken entstanden.
hemingwayhome.com

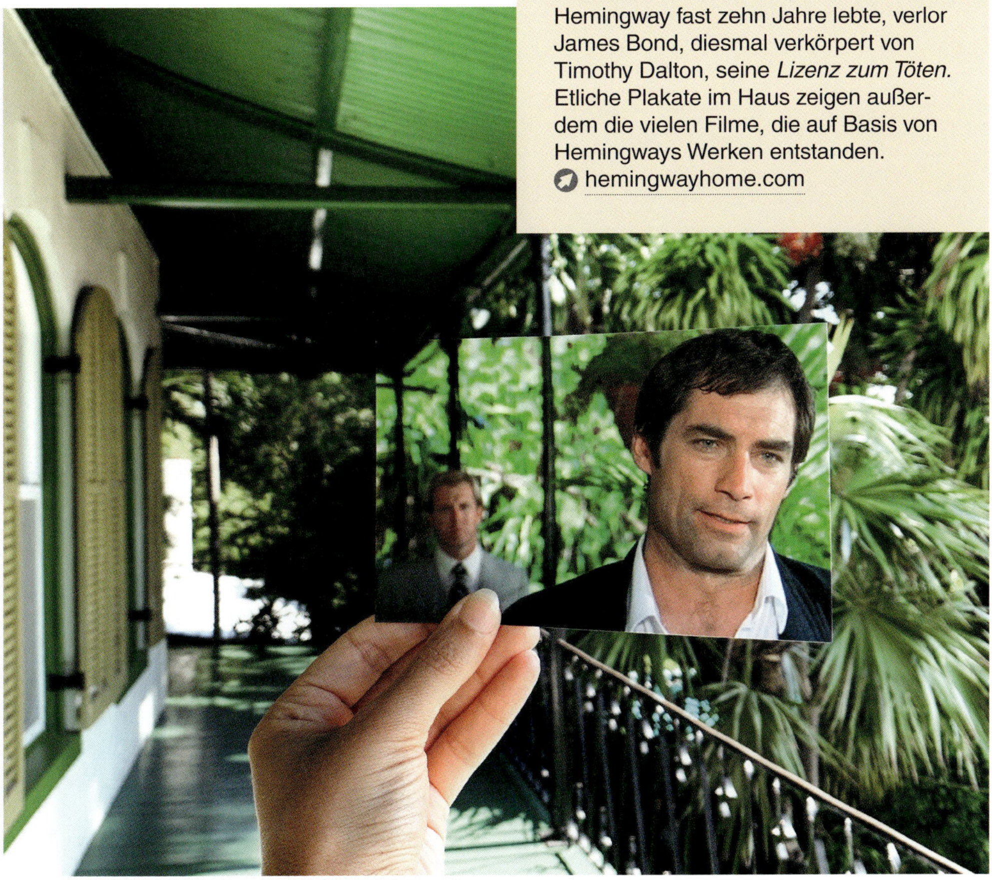

Regeln & Tipps für Filmtouristen

Das Leben der Anderen

Viele bekannte Drehorte werben für sich und heißen Filmtouristen ausdrücklich willkommen. Jedoch befinden sich unter den Filmschauplätzen häufig auch private Wohnhäuser. Auf diese sollte man lediglich einen Blick von der Straße aus werfen und das Grundstück nicht ohne Erlaubnis der Anwohner betreten.

Manche Leute wissen gar nicht, dass sie an einem Drehort wohnen. Zurückhaltung schadet also nie. Wenn man Glück hat, erfährt man von den Bewohnern aber hin und wieder auch lustige Anekdoten zum Dreh oder man wird auf einen Kaffee eingeladen. Mit seinem Verhalten als Filmtourist beeinflusst man letztendlich, ob dort auch künftig noch Filmtouristen willkommen sind.

Siehe auch *Zurück in die Zukunft,* Seite 10 / *Edward mit den Scherenhänden,* Seite 88

Into the Wild

Wer auf den Spuren eines Filmes oder einer Serie reist, verlässt häufig die üblichen Touristenpfade. Ohne Drehortsuche hätte ich selbst viele Gegenden vermutlich nie zu sehen bekommen. Ein herrlicher Nebeneffekt der Filmreisen, finde ich. Gerade in Städten ergibt sich so oft eine ganz neue Perspektive. Problematische Viertel besucht man jedoch besser nur tagsüber und mit einem ortskundigen Guide.

Siehe auch *Rocky,* Seite 120

Vom Winde verweht

Im Film sehen wir oft traumhafte Landschaften, die natürlich auch traumhaft bleiben sollen. Die Produktionsteams verpflichten sich in der Regel, das Set genauso zurückzulassen, wie sie es vorgefunden haben. Dies sollte auch für jeden Filmtouristen als selbstverständlich gelten.

Gebäude, die als Drehorte genutzt wurden, sind oft nicht für die Ewigkeit bestimmt. Häuser werden im Laufe der Zeit abgerissen oder stark verändert, sind plötzlich nicht mehr öffentlich zugänglich oder verschwinden ganz, vor allem, wenn sie eigens für den Film gebaut wurden. Am besten, man macht sich vor Ort auf alles gefasst.

Leider kommt es immer wieder mal vor, dass sich jemand an verlassenen Drehorten ein Souvenir in Form eines Mauerstückes verschafft oder sich mit eingeritztem Namen verewigt. Dabei eignet sich als unschädliche und nachhaltige Erinnerung nichts besser als ein simples Foto. So können sich auch andere Besucher möglichst lange an dem Ort erfreuen.

Siehe auch *Die Vögel,* Seite 28 / *Der Weiße Hai,* Seite 142

Es war einmal in Amerika

Während der Filmtourismus in Deutschland und Europa teilweise immer noch nischig daherkommt, ist dieser in den USA schon lange Mainstream. Da dort auch der Großteil an international bekannten Produktionen entstand, nimmt die USA auch gut die Hälfte dieses Buches ein. Die popkulturellen Stätten werden dort häufiger aktiv für die Nachwelt erhalten und nicht selten weisen Schilder, Plaketten und Statuen stolz auf die Filmhistorie der Orte hin.

Siehe auch *Forrest Gump,* Seite 48 / *Dallas,* Seite 80 / *Ghostbusters,* Seite 134

The Sound of Music

Wer noch ein Stück weiter in die Filmwelt abtauchen möchte, nimmt am besten den dazugehörigen Soundtrack zur Einstimmung mit. Nichts bringt einen schneller in die Atmosphäre der jeweiligen Szene zurück als der passende Song in Kombination mit dem Drehort. Warnung: Den Ohrwurm wird man meist nicht mehr los, so lange man vor Ort ist.

Siehe auch *Jurassic Park,* Seite 38 / *Der Weiße Hai,* Seite 142 / *Rambo,* Seite 160

Lost in Translation

Bei besonders kniffligen Drehorten kommt man kaum drumherum, sich vor Ort bei Einheimischen, Tourguides und anderen Touristen durchzufragen. Und diese wissen meist mehr über die Drehorte, als man denkt – auch wenn die Produktion schon lange zurückliegt. In Kambodscha führte mich der Reiseleiter zum Beispiel im Nu zum Lara-Croft-Tempel, auch wenn ich Skrupel hatte, überhaupt danach zu fragen. Er meinte, das Land verdanke dem Film schließlich auch die Rückkehr auf die filmische und touristische Landkarte.

In den örtlichen Tourismusbüros ist es hingegen eher selten, dass man dort ob der filmischen Berühmtheit einzelner Orte oder deren genauen Standort Bescheid weiß. Hier habe ich schon häufig ungläubige Blicke und Stirnrunzeln geerntet. Es kann jedoch weiterhelfen, den Angestellten die gesuchten Locations auf Screenshots oder ausgedruckten Fotos zu zeigen.

Siehe auch *Inglourious Basterds,* Seite 196 / *Edward mit den Scherenhänden,* Seite 88

Mission Impossible

Einige Filmstudios bieten Touren an und damit einen spannenden Blick hinter die Kulissen. Damit dies auch weiterhin möglich ist, sollten Besucher unbedingt die Bestimmungen des jeweiligen Studios befolgen. Dazu gehört insbesondere das Fotografierverbot an bestimmten Sets, vor allem bei laufenden Dreharbeiten. Häufig darf auf dem gesamten Gelände zudem nicht gefilmt werden.

Wer zufällig irgendwo auf Dreharbeiten stößt, wird schnell feststellen, dass dort Sicherheitsleute darauf achten, dass niemand Aufnahmen vom Dreh oder den Kulissen macht. Manchmal sind diese sowieso vollständig abgeschirmt. Es kann außerdem passieren, dass man sich vor Ort auch mal einen Spoiler einfängt und schon mehr über die Handlung erfährt, als einem lieb ist.

Siehe auch *Downton Abbey,* Seite 204

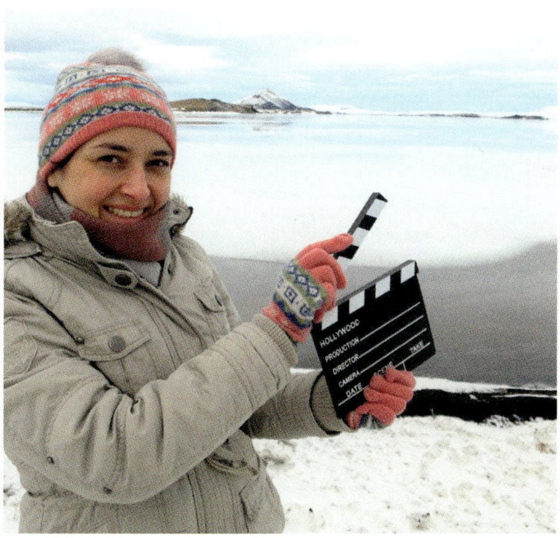

Legenden der Leidenschaft

Auf meinen Filmreisen treffe ich häufig andere Setjetter mit derselben Leidenschaft für Drehorte. Manche von ihnen teilen ihre Location-Funde ebenfalls öffentlich. Gerade auf Instagram hat sich so in den letzten Jahren ein nettes und austauschfreudiges Netzwerk von Filmtouristinnen und Filmtouristen aus aller Welt entwickelt.

Meine Seite findet man dort unter @filmtourismus – weitere Profile, die ich zur Inspiration empfehle und deren sympathische Inhaber ich in den letzten Jahren persönlich kennenlernen durfte, sind:

@phil_grishayev
@leslielovefilmlocations
@hollywood_irl
@filminglocations
@location.camera.action
@matzegebauer
@huntingbond
@skywalkingacrossthestars
@secretfamousplaces

Die Entdeckung der Unendlichkeit

Ich reise eigentlich ungern zweimal an denselben Ort, weil es schließlich so vieles auf der Welt zu entdecken gibt. Doch durch Filme und Serien multipliziert sich die Welt noch einmal auf ungewöhnliche Weise.

Da ist nicht mehr nur New York, sondern das New York aus *Der Pate,* das New York aus *Harry und Sally,* das New York aus *Ghostbusters,* das New York aus *Sex and the City* und so weiter und so fort. Und mit jedem neuen New-York-Film gibt es wieder einen anderen Blick auf ein und dieselbe Stadt. Das gleiche gilt für Los Angeles, San Francisco, Chicago, London, Paris, Rom, Berlin ... die Liste ließe sich unendlich fortsetzen.

Siehe auch *Ghostbusters,* Seite 134 / *Brokeback Mountain,* Seite 172 / *Outlander,* Seite 216

Register Filme & Serien

Ortsregister

Danke

Danke an Hendrik für die grenzenlose Unterstützung, nicht nur bei diesem Buch, sondern meinen ganzen Filmtourismus-Plänen, den Drehortreisen und allen verrückten Situationen und unglaublichen Gegebenheiten, die damit in den letzten Jahren verbunden waren. Ohne dich hätte ich so manchen Drehort gar nicht erst gefunden oder erreicht. Niclas und du seid meine liebsten Begleiter, auf Reisen und an allen anderen Tagen.

Danke an meine Eltern, dass ich in meiner Kindheit so viele Filme und Serien schauen durfte. Sie waren für mich das Tor zur Welt und die Sehnsucht, diese selbst zu entdecken, hält bis heute an.

Danke an die Freunde, die mich ermutigt haben, mein spezielles Hobby auch zu meinem Beruf zu machen, und sich mit mir immer wieder über kleine und große Erfolge freuen.

Danke an Regisseur Jason Reitman für das Vorwort. Ich liebe deine Filme und deine Filmliebe und freue mich schon riesig auf das nächste Ghostbusters-Abenteuer.

Danke an die Filmemacher, Schauspieler, Locationscouts, Tourguides und Filmtouristen, die mir bei meiner Drehortsuche geholfen haben. Hieraus sind viele neue Freundschaften entstanden.

Danke an Matthias und Svenja vom CONBOOK Verlag für eure Leidenschaft für besondere Reisebücher und dass ihr mich geduldig durch die Gewässer der Verlagswelt gelotst habt.

Danke an alle Leser und Follower meiner Filmtourismus-Seiten für das tolle Feedback und den anregenden Austausch über viele, viele Jahre. Ihr seid großartig.

Und danke an alle, die das hier lesen. Dafür, dass das Buch euer Interesse geweckt hat und ihr mit mir in Gedanken durch die Welt der Drehorte reist.

Bucket List

Drehorte, die ich selbst einmal besuchen möchte

Ort	Seite im Buch

Watch List

Filme, die ich mir ansehen möchte

	Titel	Bewertung
○		
○		
○		
○		
○		
○		
○		
○		
○		
○		
○		
○		
○		
○		
○		
○		
○		

Watch List
Serien, die ich mir ansehen möchte

Titel	Bewertung

Impressum

www.conbook-verlag.de
www.instagram.com/conbook_verlag
www.facebook.com/conbook

Lektorat: Kanut Kirches

Einbandgestaltung: FAVORITBUERO, München unter Verwendung von Fotos von Andrea David; die gezeigte Szene auf dem Cover unterliegt Schutzrechten: Forrest Gump © Paramount Pictures Corp. All Rights Reserved. Courtesy of Paramount Pictures.

Layout und Kartografie: David Janik

Druck und Verarbeitung: Florjancic tisk d.o.o., Slowenien

BILD- & KARTENNACHWEISE INNENTEIL

Bei mehreren Bildern steht in Klammern die Bildnummer gezählt von oben nach unten.

Copyrights der ausgedruckten Szenenfotos: S. 12–19: Zurück in die Zukunft: Universal Pictures • S. 21, 23: La La Land: StudioCanal • S. 22 (2): Almost Famous: Dreamworks Pictures / Sony Pictures • S. 22 (3): Catch Me If You Can: Universal Pictures • S. 22 (4): Once Upon a Time in Hollywood: Sony Pictures • S. 24 (1): The Artist: DCM • S. 24 (2), (3): Star Trek / Raumschiff Enterprise: NBC / ZDF • S. 25, 137: Ghostbusters: Columbia Pictures / Warner BroS. • S. 26: Halloween: Warner BroS. • S. 27: Kill Bill 2: Miramax Films / Buena Vista International • S. 30–33: Die Vögel: Universal Pictures • S. 35 (1): Jäger des verlorenen Schatzes: Universal Pictures • S. 35 (2): Milk: Focus Features / Constantin • S. 36: Vertigo: Paramount Pictures • S. 37: The Rock: Buena Vista International • S. 40, 41 (2): Jurassic Park: Universal Pictures • S. 41 (1): Kong: Skull Island: Warner BroS. • S. 44, 47: Lost: ABC • S. 45: Pirates of the Caribbean – Fremde Gezeiten: Walt Disney • S. 46: Blaues Hawaii: Paramount Pictures • S. 52, 53, 108: Forrest Gump: Paramount Pictures • S. 54: Spiel mir das Lied vom Tod: Paramount Pictures • S. 56 (1): Der Schwarze Falke: Warner BroS. • S. 56 (2): Ringo: United Artists • S. 57: Zurück in die Zukunft 3: Universal Pictures • S. 60 (1): Gravity: Warner BroS. • S. 60 (2): John Carter: Walt Disney • S. 61: Planet der Affen: 20th Century Studios • S. 65–67, 69 (1): Thelma & Louise: Metro-Goldwyn-Mayer • S. 68 (1): Hulk: Universal Pictures • S. 68 (2): Indiana Jones und der letzte Kreuzzug: Paramount Home Entertainment • S. 70: Zwei Banditen: 20th Century Studios • S. 71 (1): Mission: Impossible 2: Universal Pictures • S. 71 (2): Galaxy Quest: Universal Pictures • S. 72 (1): Independence Day: 20th Century Studios • S. 72 (2): Westworld: HBO • S. 73: Con Air: Touchstone Pictures / Buena Vista International • S. 86: Dallas: CBS • S. 92, 93: Edward mit den Scherenhänden: 20th Century Studios • S. 95: My Girl: Columbia Pictures • S. 97: Die Truman Show: Paramount Home Entertainment • S. 98: Der Schrecken vom Amazonas: Universal Pictures • S. 99: Police Academy 5: Warner BroS. • S. 100 (1): The Birdcage: Metro-Goldwyn-Mayer / United Artists • S. 100 (2): Scarface: Universal Pictures • S. 100 (3): African Queen: Lionsgate / StudioCanal • S. 101: Iron Man 3: Marvel / Concorde • S. 106, 107 (1): Grüne Tomaten: StudioCanal • S. 107 (2): Baby Driver: Sony Pictures • S. 109, 110 (1): Die Tribute von Panem: StudioCanal / Lionsgate • S. 110 (2): Stranger Things: Netflix • S. 111: The Walking Dead: AMC • S. 116–118: Dirty Dancing: Lionsgate • S. 122–126: Rocky: United Artists • S. 130: Der Prinz von Bel-Air: NBC • S. 132: 12 Monkeys: Universal Pictures / Concorde • S. 133 (1): The Sixth Sense: Constantin • S. 133 (2): Silver Linings: Senator • S. 139: The Avengers: Marvel / Walt Disney • S. 140 (1): Kevin - Allein in New York: 20th Century Studios • S. 140 (2): The Day After Tomorrow: 20th Century Studios • S. 141 (1): Sex and the City: HBO • S. 141 (2): Harry und Sally: Columbia Pictures • S. 146–149: Der Weiße Hai: Universal Pictures • S. 151 (1): Manchester by the Sea: Universal Pictures • S. 151 (2): Love Story: Paramount Pictures • S. 152: Good Will Hunting: Miramax Films / Universum • S. 153 (1): Shutter Island: Paramount Pictures / Concorde • S. 153 (2): Die Hexen von Eastwick: Warner BroS. • S. 156, 157: Twilight Saga: Concorde • S. 158: Final Destination: StudioCanal • S. 164: Rambo: StudioCanal • S. 166: Supernatural: The CW • S. 167 (1): Deadpool: Marvel / Fox • S. 167 (2): Fifty Shades of Grey: Universal Pictures • S. 171: The Revenant: Fox • S. 174: Ghostbusters: Legacy: Sony Pictures • S. 175, 176 (1): Brokeback Mountain: Focus Features / Paramount Pictures • S.176 (2): Das Bourne Vermächtnis: Universal Pictures • S. 177: Fargo: FX • S. 180: Prometheus: Fox • S. 181: Fast & Furious 8: Universal Pictures • S. 182: Noah: Paramount Pictures • S. 183: Sense 8: Netflix • S. 186, 187: Ex Machina: Universal Pictures • S. 188: Dune: Warner BroS. • S. 189 (1): Tenet: Warner BroS. • S. 189 (2): The Wave: Universum Film / SquareOne Entertainment • S. 190: Ragnarök: Netflix • S. 191: Mission Impossible - Fallout: Paramount Pictures • S. 194, 195: Brügge sehen ... und sterben: Focus Features / Tobis • S. 198: Inglourious Basterds: Universal Pictures • S. 201 (1): The First Avenger: Civil War: Marvel / Walt Disney • S. 201 (2): Die Tribute von Panem: Mockingjay: StudioCanal / Lionsgate • S. 202 (1): Lola rennt: X-Filme / Prokino • S. 202 (2): Unknown Identity: StudioCanal • S. 203 (1): Das Damengambit: Netflix • S. 203 (2): Dark: Netflix • S. 206: Downton Abbey: Focus Features • S. 208: Robin Hood - König der Diebe: Warner BroS. • S. 209 (1): Captain America: The First Avenger: Marvel / Paramount Pictures • S. 209 (2): Stolz und Vorurteil: BBC • S. 210: Liebe braucht keine Ferien: Universal Pictures • S. 211: Paddington: StudioCanal • S. 212: Notting Hill: Universal Pictures • S. 213 (1): Sherlock Holmes: BBC • S. 213 (3) (4): Tatsächlich ... Liebe: Universal Pictures • S. 214 (1): Kingsman: The Secret Service: Fox • S. 214 (2): Bridget Jones: Universal Pictures • S. 214 (3): The Da Vinci Code – Sakrileg: Sony Pictures • S. 215 (1): Mission: Impossible - Rogue Nation: Paramount Pictures • S. 215 (2): Bohemian Rhapsody: Fox • S. 218 (1), 219: Outlander: Starz • S. 218 (2): Ritter der Kokosnuss: Sony Pictures • S. 220: Trainspotting: Miramax Films / Universal Pictures • S. 221: Macbeth: StudioCanal • S. 224–233: Harry Potter: Warner BroS. • S. 236–242: Game of Thrones: HBO • S. 249–253: Star Wars: Lucasfilm / Walt Disney • S. 258–267: James Bond: Eon Productions / Metro-Goldwyn-Mayer / Sony Pictures

Lizenzbilder: S. 58: prochasson frederic / Shutterstock.com • S. 84: Denis Guignebourg • S. 87: Rosewood Mansion on Turtle Creek • S. 109 (3): Georges_Creations / Shutterstock.com • S. 119: Jon Bilous / Shutterstock.com • S. 126 (1): 26ShadesOfGreen / Shutterstock.com • S. 131 (1): Rob Goyette • S. 139 (3): Matej Kastelic / Shutterstock.com • S. 142: Larry Glick / Shutterstock.com • S. 159 (2): Simone Mondino / Wickaninnish Inn • S. 165 (1): Andreas Prott / Shutterstock.com • S. 165 (2): Emelie Peacock / The Hope Standard • S. 191: Kotenko Oleksandr / Shutterstock.com • S. 199: Matthias Süßen / Wikimedia / CC BY-SA 4.0 • S. 200: ksl / Shutterstock.com • S. 210 (1): Valdis Skudre / Shutterstock.com • S. 216: TreasureGalore / Shutterstock.com • S. 231: Jennifer A. Darrell / Shutterstock.com • S. 232 (1): Nicola Pulham / Shutterstock.com • S. 232 (2): Nathaphol Chantavaraluk / Shutterstock.com • S. 238: Game of Thrones Studio Tour / Northern Ireland • S. 244: shutterupeire / Shutterstock.com • S. 252 (3): Andreas Laube / Star Wars Fans Nürnberg e.V. • S. 256: Det-anan / Shutterstock.com

Alle übrigen Motive: Andrea David / Filmtourismus.de

Karten erstellt unter Verwendung der Lizenzkarten von: Rainer Lesniewski / Shutterstock.com mit Ausnahme von S. 124, 132: Globe Turner / Shutterstock.com • S. 194: Art Berry / Shutterstock.com

894358 02 22 7 • ISBN 978-3-95889-435-8

Die in diesem Buch dargestellten Zusammenhänge, Erlebnisse und Thesen entstammen den Erfahrungen der Autorin und/oder geben ihre Sicht der Ereignisse wieder. Die Auswahl der aufgeführten Drehorte und Filme ist subjektiv und erhebt keinen Anspruch auf Vollständigkeit. Die genannten Fakten wurden mit größtmöglicher Sorgfalt recherchiert, eine Garantie für Richtigkeit und Vollständigkeit können aber weder der Verlag noch die Autorin übernehmen. Lesermeinungen gerne an feedback@conbook.de

Wer noch mehr Drehorte entdecken und Andrea auf ihren Reisen durch die Filmwelt folgen möchte, schaut einfach auf ihrem Blog vorbei:
www.filmtourismus.de

Oder bei Instagram unter
@filmtourismus

Und bei Facebook unter
Filmtourismus.de

Die USA in 151 spannenden Momentaufnahmen

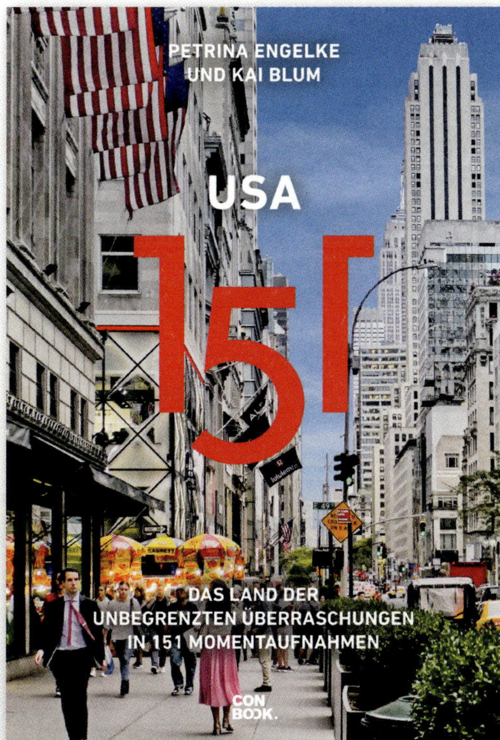

Die USA – eine von Einwanderern gegründete Heimat für Träume, Widersprüche und Extreme. Wo sonst kann man Mustangs auf Hochebenen und Aliens in der Wüste suchen, gibt es Wolkenkratzer in der Prärie, Austern im Containerhafen und Gemüsefelder in der Großstadt?

Folgen Sie den vor Jahren in die USA ausgewanderten Autoren Petrina Engelke und Kai Blum in ihren Alltag. Mit ihnen landen Sie beim Pow Wow, Tailgating oder Soulfood-Dinner. Begegnen Sie Helden, Haien und mindestens einem Heidenspaß; am Ende wundern Sie sich nicht mehr über Zwei-Dollar-Scheine, komische Klodeckel oder ein Ritual, das glatt aus der DDR stammen könnte.

»Ein Schmöker im besten Sinn des Wortes. Unterhaltend. Lehrreich. Wunderbar!«
(Frankfurter Allgemeine Zeitung)

Petrina Engelke und Kai Blum

USA 151

Das Land der unbegrenzten Überraschungen in 151 Momentaufnahmen

- Mit über 150 Bildern
- ISBN 978-3-95889-324-5
- www.conbook-verlag.de/buecher/usa-151

CON
BOOK.
www.conbook-verlag.de
instagram.com/conbook_verlag

Robinson Crusoe 2.0: Die Abenteuer eines modernen Nomaden

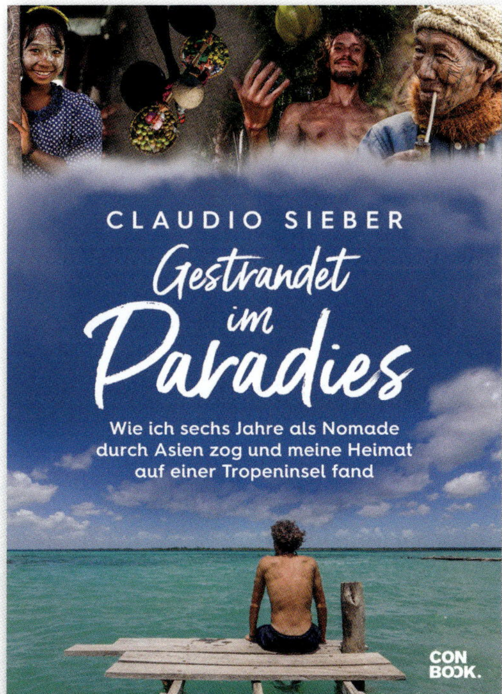

Claudio Sieber

Gestrandet im Paradies

Wie ich sechs Jahre als Nomade durch Asien zog und meine Heimat auf einer Tropeninsel fand

- Mit über 200 Bildern
- ISBN 978-3-95889-433-4
- ISBN 978-3-95889-439-6
- www.conbook-verlag.de/buecher/gestrandet-im-paradies

Ein Leben wie im Abenteuerroman

Alltag, Karriere, Familie, Freundschaften, Versicherungen und das vorab bezahlte Sockenabo – all das lässt der Schweizer Claudio Sieber zurück, als er sein Leben als Vagabund beginnt. Mehr als sechs Jahre lässt er sich als Abenteurer und Journalist durch Asien treiben, um am Ende auf Siargao zu landen, seinem persönlichen Paradies.

Dort angekommen blickt er zurück auf seine Reisen, die er mal zu Fuß, per Motorrad oder sogar auf einem kleinwüchsigen Pferd zurückgelegt hat. Ergänzt werden Claudios mitreißende Erlebnisse von spektakulären Fotografien, die insbesondere die Begegnungen mit den einzigartigen Menschen in den Fokus stellen.

Spektakulärere Geschichten und Fotografien aus 6 Jahren Asienreise

CON BOOK.
www.conbook-verlag.de
instagram.com/conbook_verlag

Von Squid Game über Parasite bis BTS: Unser bildstarkes Kompendium zu allen Trends made in Korea

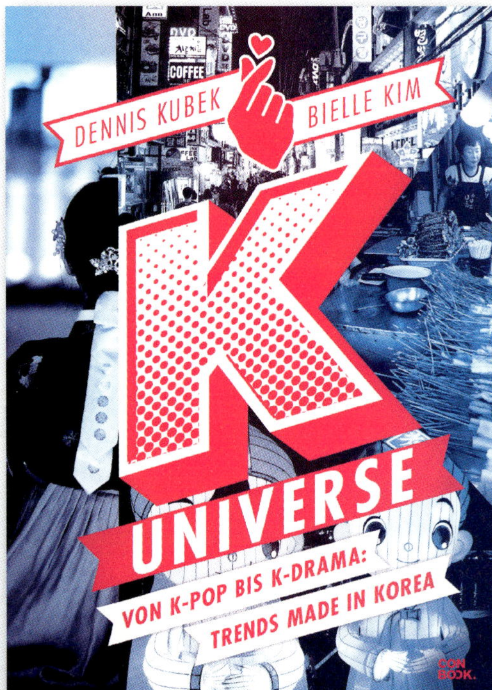

Dennis Kubek und Bielle Kim

K-Universe

Von K-Pop bis K-Drama:
Trends made in Korea

Mit über 200 Bildern

ISBN 978-3-95889-445-7

www.conbook-verlag.de/buecher/k-universe

Kein Land hat in den letzten Jahren die Populärkultur geprägt wie Südkorea. Mit immer neuen Trends und noch mehr Kreativität verzaubert K-Pop die Welt. K-Universe zeigt in über 70 Themenbereichen, mit beeindruckenden Fotos und vielen Hintergrundinformationen, was die koreanische Kultur ausmacht, welche Trends in diesen Tagen die Menschen begeistern und was wir alsbald Neues erwarten dürfen.

Vor Ort unterwegs mit zwei Koreaexperten probieren wir K-Food, verlieren uns im K-Entertainment, singen zu K-Pop und leben den K-Lifestyle. Immer mit dem Ziel vor Augen, am Ende die komplette Vielfalt des *K-Universe* abzubilden.

Trends made in Korea

- K-Pop mit Superstars von BTS bis Black Pink
- K-Food wie Kimchi, Dalgona Coffee oder K-BBQ
- K-Entertainment mit Squid Game, Parasite und der Bang-Kultur
- K-Lifestyle mit koreanischen Mode- und Kosmetiktrends, Internet-Phänomenen wie Mukbang, Robotern und Smart Cities

CON BOOK.
www.conbook-verlag.de
instagram.com/conbook_verlag